东阳年鉴

DONGYANG YEARBOOK

2016

总第13卷

方志出版社

中共东阳市委员会
东阳市人民政府
主办

东阳市人民政府地方志办公室 编

東陽年鑒

图书在版编目(CIP)数据

东阳年鉴. 2016 / 东阳市人民政府地方志办公室编
. — 北京：方志出版社，2017. 8
ISBN 978-7-5144-2502-4

Ⅰ. ①东… Ⅱ. ①东… Ⅲ. ①东阳-2016-年鉴
Ⅳ. ①Z525.54

中国版本图书馆CIP数据核字(2017)第207787号

东阳年鉴(2016)

编　　者：东阳市人民政府地方志办公室
责任编辑：李　静

出 版 人：冀祥德
出 版 者：方志出版社
地址　北京市朝阳区潘家园东里9号（国家方志馆4层）
邮编　100021
网址　http://www.fzph.org
发　　行：方志出版社图书经销中心
电话（010）67110500
经　　销：各地新华书店
印　　刷：金华市曙光印务有限公司

开　　本：889×1194　1/16
印　　张：25.75印张　16彩页
字　　数：832千字
版　　次：2017年 8月第1版　　2017年 8月第1次印刷
印　　数：0001~1200册

ISBN　978-7-5144-2502-4　　定价：280.00元

东阳市地方志编纂委员会

顾　　问：黄　敏

主　　任：姚激扬

副 主 任：李宝春　陈绍龙　蒋令树　楼伟龙　王庸华

委　　员：

许克宁（市委办）	胡旭升（人大办）	郭锦明（市府办）
卢伟民（金融办）	张　艳（政协办）	戈金辉（人武部）
陈敏芳（法　院）	韦　靖（检察院）	杜晓旺（纪　委）
李爱忠（组织部）	陈远京（宣传部）	张伟钢（统战部）
吴正明（政法委）	胡锡炎（农　办）	徐文金（党　校）
马旭升（编　办）	张忠鸣（党史研究室）	葛一军（发改局）
韦朝阳（经信局）	顾在响（教育局）	葛　剑（体育局）
郭丽君（科技局）	陈华胜（公安局）	叶文明（民政局）
徐春雷（司法局）	吕良勇（财政局）	黄正明（人力社保局）
张龙明（国土局）	陈建强（建设局）	徐生银（规划局）
李敢峰（交通局）	楼杰华（水务局）	邢方锦（农业局）
金国祥（林业局）	黄黎建（行政执法局）	楼红霞（商务局）
马景斌（文化局）	杜卫良（卫计局）	卢一峰（审计局）
吴　滨（环保局）	戚贤群（统计局）	陈其宪（安监局）
傅为民（市场监管局）	叶雪芳（粮食局）	葛德中（建管局）
许基法（供销总社）	厉红亮（招商局）	程国伟（档案局）
陈南征（影视文化产业管委会）	吴高强（总工会）	赵　炜（团市委）
方远帆（妇　联）	严剑平（国税局）	金　培（气象局）
詹卫军（供电公司）	吕志勤（邮政局）	黄益刚（电信公司）
沈伟新（人　行）	陆文献（木雕红木办）	钱喜讯（经济开发区）
郭旭军（吴宁街道）	赵军刚（白云街道）	马宗强（江北街道）
葛伟英（六石街道）	郭金刚（城东街道）	胡洪仁（南市街道）
赵小仙（横店镇）	单玲琳（南马镇）	吴启晓（巍山镇）
张巧玲（歌山镇）	吕惠勇（千祥镇）	杨松强（湖溪镇）
程亚军（画水镇）	单凯权（虎鹿镇）	许俊峰（东阳江镇）
应定国（马宅镇）	陈江炜（佐村镇）	郭立成（三单乡）

字、计量、纪年、表格、图片、标点符号等均按国家有关标准规定使用。本年鉴中的“省”“市”分别指“浙江省”“东阳市”，其他省、市则冠以地名。全书单位名称、专业术语首次出现时用全称并标注简称，此后一般用简称。

6.本年鉴刊用的稿件均由各部门、各镇乡街道提供，并经各单位主要领导审定和档案、保密部门审核。所刊载的综合性数据均由市统计局提供，条目中酌用各单位提供的数据。主要组织机构及主要负责人名录由市委组织部提供。本着“文责自负”的原则，条目撰稿人在文后署名。部分图片选自有关资料及网站，敬请作者与编辑部联系。

7.本年鉴随书配套出版电子版（光盘）。本年鉴内容在东阳市人民政府门户网站（http://www.dongyang.gov.cn/）上公布。

8.《东阳年鉴（2016）》的编辑出版，得到了全市各级领导和年鉴撰稿人员的大力支持，在此谨表谢意。由于编辑水平有限，书中疏漏和不完善之处，恳请广大读者批评指正。

《东阳年鉴》编辑部

2017年8月

东阳市政

电话区号:057

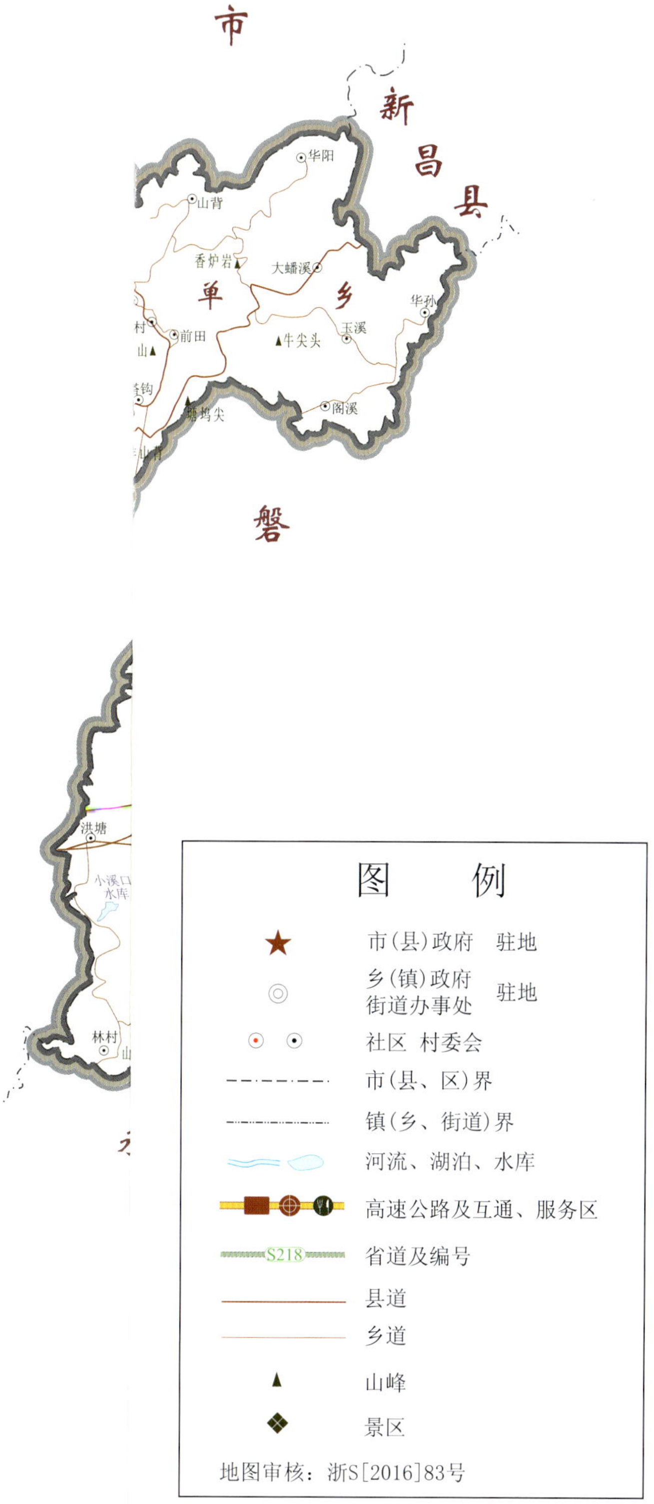

区图

王山坞
坞青山
王户口
浪坑口水库
家塘塍
西楼
塘下
青山头
光耀
周店
仙山
黄门里
东山楼
后溪
杨溪
石宅
东阳互通
荒塘角
麻车塘
朱村
破缺口
湖海塘
东阳收费站
茅蓬
塘下前
骆店
新杨武
杨武
哈比塘
湖塘
泉塘
石门堂
上徐施
桑园
新东湖村
东阳市江北上卢小学
望北公寓
东阳市江北第二小学
江北卫生院
前院门诊部
竹头沿
周官
王家弄
上卢
东阳市江北初级中学
月亮湾花园
洋塘水库
童家
东阳市江北上卢初级中学
广厦建设职业技术学院
王峰小区
合盈轩
东阳市江北中心小学
中央商业广场
东富
猴塘下
杨大路
百合新村
上葛城
黄金海岸公寓
北河头新村
黄金水岸
任畈
光芒新村
新联新村
金色港湾
人民检察院
东阳市
东阳剧院
华店
公安局
东阳市家具市场
渔映新村
金店新村
音乐广场
市场监督管理局
人民法院
艺海雅轩
211省道
中山大桥
东阳市市场管理局江北所
碧水名府
茗田花园
世纪花城
渔店
滨江豪园
望江小区
中江花园
金鑫花园
江北街道
江北派出所
东阳市档案馆
欧景花园
章店
金店
金鼎名苑
世纪花园
东阳江大桥
豫院小区
江南小区
新兴一品
望江阁
鼎鑫豪庭
东阳人家大酒店
江滨星城
艺海大桥
浙江省东阳中学
东阳市外国语学校
下陈
教师进修学校
东阳公路大厦
兴平公寓
江南名都
东阳城管白云大队
气象局
兴宁小区
江东大桥
华山综合门诊
博大世纪公园
新万家灯火大酒店
晨光名都
汉宁雅枫轩
卢宅社区
嘉华大酒店
汽车北站
红十字会医院
名都华庭
学士华府
蔡家
兴平社区
西河
浙江省东阳市第二高级中学
人民医院
众联锦苑
广域瑞园
东阳市吴宁初级中学
东阳广电大厦
明珠广场
东阳市吴宁第四小学
卢宅明清古建筑群
下洋新村
塘里庄
丁家
下庄
金沙滩酒店
东阳市吴宁第二小学
桂坡花园
天工锦苑
金宅
柿祥
310省道
东阳大厦
东阳市吴宁第一小学
农垦大厦
儿童公园
东阳市实验幼儿园
荷塘店
一都岸
东方小区
东阳商城
妇幼保健院
城东街道
吴宁街道
汽车东站
东岘雅苑
和平年代酒店
五交化大厦
中医院
东阳市房产管理局
林业大厦
东阳市中医院
农行新村
荷塘社区
野毛墩
新上屋新村
电力大厦
老年活动中心
佐店新村
藕荷塘
东阳市实验小学
万苑新村
朝阳新村
迎晖新村
东岘新村
东阳市吴宁第五小学
豪庭世家
金钩塘
孙村
218省道
红十字医院分院
南岘新村
华夏建设集团
吴宁第二初级中学
东阳市外国语小学
新310省道
汽车南站
博物馆
竹园
塘下庄
东阳市顺风高级中学
大山口水库
皇家别墅
南山文化产业园
南寺塔
217省道
东岘峰
甬金高速

2015年9月23日，中共中央宣传部副部长景俊海（前排左三）到东阳市调研（市委办提供）

2015年2月4日，横店集团控股有限公司与中国商用飞机有限责任公司签署航空产业合作协议，达成购买该公司生产的ARJ21-700飞机的意向（斯向阳/摄）

2015年3月9～11日，中国人民政治协商会议第十三届东阳市委员会第四次会议在东阳剧院召开（包康轩/摄）

2015年3月10～12日，东阳市第十四届人民代表大会第四次会议在东阳剧院召开（市委办提供）

2015年3月25日，中共浙江省委书记、省人大常委会主任夏宝龙（前排右二）到东阳市视察横店万花园（市委办提供）

2015年4月25日，国家卫生和计划生育委员会主任李斌（前排左二）到东阳市调研公立医院综合改革工作（斯向阳/摄）

2015年4月28日，第一届中国（东阳）木雕红木家具交易博览会（红博会）在中国木雕博物馆开幕（市委办提供）

2015年5月17日，中外1.5万名选手参加以“跑进电影，穿越历史”为主题的横店国际马拉松赛（柴澎勇/摄）

2015年6月13日是中国第十个“文化遗产日”，东阳市博物馆举行第四届百名儿童画恐龙活动（包康轩/摄）

2015年6月13日，中国木雕博物馆家训馆向广大游客开放（包康轩/摄）

2015年7月6日，东永高速公路全线通车。航拍于7月4日，位于东永高速公路与诸永高速公路交汇的马宅枢纽
（包康轩/摄）

2015年6月18日，以“新商圈·新城市·新生活”为主题的南街高峰论坛举办　　　（包康轩/摄）

2015年8月27日，公安部禁毒局、国家禁毒办副主任、中国禁毒基金会秘书长李宪辉（前排左一）到东阳参观禁毒教育馆（蔡伟华/摄）

2015年9月2日，由市委宣传部（文化局）主办、市文化馆承办的“五水共治·美丽乡村”巡回展和纪念中国人民抗日战争暨世界反法西斯战争胜利70周年图文展在镇乡街道巡回展出（包康轩/摄）

2015年9月9日，中共东阳市委书记黄敏（前排左二）看望实验小学教师（市委办提供）

2015年10月9日，中共东阳市委书记黄敏（右三）视察37省道改建工程（市交通局提供）

2015年11月19日，中共浙江省委常委、宣传部部长葛慧君（前排左二）到东阳市调研（市委办提供）

2015年12月16日，全省加强体育场地设施建设和利用工作现场会在东阳市南马镇花园村召开（市委宣传部提供）

目　录

中国共产党东阳市委员会

东阳市人民代表大会

东阳市人民政府

政协东阳市委员会

民主党派　工商联　人民团体

法治　军事

社会事务

农林　水利

工　业

商 贸

建筑　房地产

旅游　影视

财政　税收

经济管理与监督

金　融

城乡建设　环境保护

交　通

通　信

教育　体育

科学技术

文化 传媒

医疗卫生

街道镇乡

人物和表彰

附　录

索 引

Contents

特 载

以五大理念为引领
奋力开创东阳赶超发展新局面

——在市委十四届九次全体(扩大)会议暨市政府十四届八次全体会议上的报告(摘要)

中共东阳市委书记 黄 敏

2016年1月7日

一、2015年工作回顾

一年来，面对错综复杂的宏观环境和艰巨繁重的改革发展稳定任务，东阳市围绕年初工作部署，适应、把握、引领新常态，推进经济社会各项事业发展，取得显著成就。预计全年实现地区生产总值460亿元，比上年增长7.7%；实现财政总收入81.2亿元，其中一般公共预算收入48.6亿元，分别比上年增长16%和17.2%；实现规上工业增加值110亿元，比上年增长8%；社会消费品零售总额210亿元，比上年增长5%；外贸出口25.7亿美元，比上年增长6%；金融机构本外币存款余额880亿元，贷款余额700亿元，分别比上年增长8%和9%；城镇居民人均可支配收入41153元，农村居民人均可支配收入22307元，分别比上年增长8%和9%。财政总收入、一般公共预算收入、规上工业增加值等指标增幅居金华各县市前列。重点抓了六个方面工作。

1.扎实开展“三严三实”专题教育。市委常委会带头学习、带头上党课，组织开展四次集中专题学习，深入学习贯彻习总书记系列重要讲话精神，及时传达学习中央和省委主要会议、重要文件和领导同志讲话精神。坚持问题导向抓整改，深入学习贯彻《党章》和《准则》《条例》，开展市管党员领导干部党章党规党纪专题轮训，认真查摆、逐项整改“不严不实”问题。深入开展“从严管理落实年”活动，推进“学制度、明纪律、守规矩”“四个知晓”、不守规矩“十种现象”专项整治等载体活动。保持反“四风”高压态势，编印《贯彻中央八项规定精神“不可为”清单》，紧盯重要时间节点、重点领域环节，开展专项检查26次，查纠问题185个。

2.大力推进经济转型升级。扩大有效投资，建立经济形势季度分析和固定资产投资末位约谈机制，完成固定资产投资255亿元，比上年增长16.6%，其中技改投资91亿元，比上年增长25.8%，总量和增幅均居金华各县市前列。省“411”重大项目、省重点项目分别完成投资61亿元、48亿元，均超额完成全年任务。浙商回归到位产业资金34.6亿元，引进内资37.6亿元，实际利用外资2005万美元，均完成预定目标。产业提升稳步推进，抓好老工业园区改造和低效用地清理，盘活用地165.8公顷(2487亩)。新增规上企业55家，完成股改15家，唐德影视首发上市。入驻科技孵化中心项目10个，新增国家高新技术企业14家。影视文化旅游繁荣发展，圆明新园春园盛大开园，春秋唐园基本建成，横店国际马拉松赛成功举办，接待游客超1800万人次；横店影视文化产业实验区新增企业51家，达到638家，预计实现营业收入150亿元，上缴税费15亿元。建筑业稳中有进，创鲁班奖1只，完成总产值2200亿元，连续保持全国县级市首位。电商线上线下融合发展，新注册电子商务企业416家，交易额突破200亿元。农业"两区"建设扎实推进，粮食总产量达11.94万吨，建成东白山现代农业综合区和千祥中药材示范区，改造提升北江农垦场，健全农产品质量安全追溯体系，入选省首批农产品质量安全放心示范县。

3. 认真抓好重点领域和关键环节改革。健全改革推进机制和督查考核机制，10个金华市级以上改革试点、45项年内重点突破改革项目、10项一般改革项目有效实施。扎实推进资源要素市场化配置改革，完成城镇土地使用税调整、差别化信贷引导政策、宅基地有偿退出机制等14项改革任务。动态调整完善"四张清单一张网"，22项非行政许可审批事项全部取消。深化农村"三权"改革，农村宅基地使用权登记发证覆盖率达94%，96.7%的村(社)完成经济合作社股份制改革。完成市纪委派驻机构改革，市文化广电新闻出版局与市委宣传部实行合署办公，整合成立市卫生和计划生育局。横店镇入选国家首批中小城市综合改革试点。

4.持续改善城乡环境面貌。举全市之力推进横店城市风貌综合提升，建立书记、市长每周晨查制度，推进城市规划设计、洁化绿化亮化序化影视化、"万盛映象"主题街区改造等重点工作，整治成效初显。推进"五水共治"，浪坑溪获评全省河道建设生态示范工程；污水处理有限公司三期、江滨湿地公园投入运行；新建改造城镇污水管网136千米，120个行政村完成农村生活污水治理任务。跨行政区域交接断面水质连续2年考核优秀，"两江"出境断面水质达到III类水。实施十大治气专项行动，全面淘汰黄标车，推进"双禁"扩面，城市空气优良率达90.9%，成功创建省级生态市。重拳推进"三改一拆"，拆违235.4万平方米、"三改"340.1万平方米，创建"无违建乡镇(街道)"10个。推进顺畅工程，东永高速、望江大桥建成通行，37、40省道改建进展顺利。推进农村环境综合整治，推广农村生活垃圾分类减量化处理，建成3条精品线、23个精品村，完成平原绿化296.8公顷(4452亩)，获评省美丽乡村创建工作先进县市。

5.全力发展和改善民生。城镇新增就业1.49万人，登记失业率控制在3%左右，年收入4600元以下贫困现象全面消除。调整城乡居民基础养老金，机关事业单位养老保险实现并轨，全民参保登记率达100%。教育云规模化应用与教育教学深度融合，成功创建全国义务教育发展基本均衡县(市、区)。医药卫生体制改革有序推进，成功创建省卫生应急工作示范市。出生人口性别比为106.96，回归合理区间。建成木雕家训馆，74家农村文化礼堂实现"建、管、用"一体化。体育场地设施建设和利用工作得到省委夏宝龙书记批示肯定。通过省示范文明城市复评。组建"处非办"，完善处置机制，依法有序推进处非工作。建立平安创建月分析制度，健全立体化社会治安防控体系，平安创建有望实现"十连冠"。

6.全面落实从严治党责任。全力配合省委第七巡视组进驻我市开展巡视，认真做好问题梳理和前期整改工作。牢牢把握意识形态工作的主导权和领导权，壮大网军力量，开展清理网上政治类有害信息、扫黄打非等专项行动，网络空间日渐清朗。加强领导班子和干部队伍建设，完善领导干部实绩考核评价机制，落实机关公务员职务与职级并行制度。创新开展农村基层工作巡查，推行党员和村干部积分制管理，全面推进依法治村，选派"第一书记"、党委群众工作员，整转软弱落后村(居)党组织41个。严格落实党风廉政建设"两个责任"，支持纪委深化"三转"，严肃查处各类违纪违法行为，立案211件，处分党员干部192人，开除党籍79人。

在肯定成绩的同时，我们也要清醒看到存在的问题：如城市总体规划落后，重点发展板块不突出，公共服务设施不完善；工业仍是"短板"，龙头企业少，产业集聚度不高；建筑企业资质单一，资源未有效整合，"两链"风险较大；资金、土地等要素制约趋紧，违法用地现象突出；少数党员干部事业心、责任心有待加强，等等。这些问题都需要我们在今后工作中认真研究解决。

二、充分肯定"十二五"成就，科学谋划"十三五"发展

刚刚过去的"十二五"，是东阳市综合实力提升快、转型发展势头好、城乡面貌变化大、人民群众实惠多的时期。五年来，市委团结带领全市人民，顽强拼搏、开拓创新，顺利完成"十二五"规划确定的主要目标任务，经济社会各项事业取得了长足进步。回顾五年来的工作，主要抓了以下四个方面。

致力转型发展，综合实力不断增强。五年来，我们紧扣科学发展主题，深入实施"强市名城"发展战略，全力打好东阳人经济回归、"四换三名""四破攻坚"等系列组合拳，工业经济提质增效，文化产业繁荣发展，成为战略性支柱产业，第三产业占生产总值比重大幅提升，综合实力明显增强，多项主要经济指标持续位居金华

前列，财政总收入超过永康。

致力环境整治，城乡面貌显著改善。五年来，我们始终坚持走“绿水青山就是金山银山”的发展路子，大力推进“五水共治”，重拳整治六大重污染行业，全面取缔废塑行业，消灭垃圾河、黑臭河和全流域劣V类地表水，成功捧得省首批“大禹鼎”，荣获省农村治水优胜县市。积极推进“三改一拆”“五城同创”“四边三化”、平原绿化，成功创建国家卫生城市、省级森林城市。有序推进红椿巷区域改建、卢宅保护利用项目等重点工程，入选省首批美丽县城试点县市。

致力改善民生，社会事业日臻完善。五年来，我们大力保障和改善民生，办成一批大事好事。全市新增财力75%以上用于民生事业，每年征集并办好十大民生实事，获评全国“两基”工作先进单位，成功创建省级卫生强市，摘掉“出生人口性别比重点管理县(市)”的帽子。实现居家养老服务照料中心全覆盖，搭建“8890”等便民服务平台。社会治安、信访维稳、安全生产形势总体稳定，夺得“平安银鼎”。

致力从严治党，党风政风不断好转。五年来，我们深入开展党的群众路线教育实践活动、“三严三实”专题教育和“从严管理落实年”活动，持之以恒抓学习，驰而不息正作风，以良好的党风促政风带民风。严格贯彻执行中央八项规定精神、省委“28条办法”“六项禁令”和金华市委25条意见，“四风”问题有效整治，党员干部规矩意识不断增强，服务效能明显提升。开展“基层组织建设年”“全科干部、全心服务”“五星争创”等活动，营造风清气正的干事创业氛围。

这五年成绩的取得，是在上级正确领导下，在历届历任打下的工作基础上，全市人民接续奋斗、积极进取的结果。特别是党的十八大以来，全市上下认真学习贯彻习总书记系列重要讲话精神，扎实推进“四个全面”战略布局在东阳的生动实践，有力推进经济社会繁荣发展。我们要倍加珍惜来之不易的成绩，始终坚持务实管用的思路举措，科学谋划、真抓实干、克难攻坚，奋力开创赶超发展新局面。

科学谋划好全市“十三五”发展，事关赶超发展大局和全市人民切身利益，意义重大、影响深远。根据上级部署和要求，结合东阳市实际，市委起草《中共东阳市委关于制定东阳市国民经济和社会发展第十三个五年规划的建议》，提交本次全会审议。谋划“十三五”发展，必须把握六条原则：一是贯彻五大理念。创新、协调、绿色、开放、共享五大理念是推动东阳市“十三五”发展的重要遵循，要深刻学习领会其精髓和要义，找准与东阳的结合点，加快破解制约发展的突出问题，实现全市经济社会更高质量、更有效率、更加公平、更可持续的发展。二是突出规划引领。要重点做好经济社会发展规划、市域和城镇总体规划、土地利用总体规划等一系列规划，加快推进多规合一。注重规划的科学性、指导性，加强控制性详细规划的公开性和强制性，推动城乡建设转型，更好地融入都市区。三是注重改革发力。要坚持问题导向和效果导向，强化责任担当，扎实推进重点领域和关键环节改革，破解制约东阳发展的一系列体制机制问题，向存量要空间，向改革要发展，通过改革迸发强大活力。四是坚持转型发展。要正确把握新常态下增速换挡、结构优化、动力转换的规律性特征，坚定不移打好转型升级组合拳，加快传统产业改造升级和新兴产业培育，提高产业竞争力，不断增强赶超发展后劲。五是深化依法治市。要以全面加强土地管理为突破口，推进法治政府建设。坚持法治、德治、自治相结合，全面提升基层组织和基层政权建设水平。全面深化平安东阳和法治东阳建设，加强和创新社会治理，努力打造社会活力强、社会秩序优、社会风气正的县市。六是加强党的领导。坚持全面从严治党，落实“两个责任”，树立正确用人导向，培育好班长好班子好梯队，打造一支忠诚干净担当的干部队伍，为全面完成“十三五”时期各项目标任务提供坚强组织保证。

三、振奋精神，甩开膀子，全力以赴干好“十三五”开局之年的工作

2016年是本届党委政府的收官之年，是实施“十三五”规划的开局之年。做好今年工作，对全面落实“十三五”规划目标任务至关重要。今年我市经济社会发展工作的总体要求是：深入贯彻党的十八大、十八届三中、四中、五中全会和习近平总书记系列重要讲话精神，牢固树立创新、协调、绿色、开放、共享五大发展理念，全面落实省委、金华市委各项决策部署，以赶超发展为主基调，以提高经济发展质量和效益为中心，大力推进供给侧结构性改革，着力强化城区横店一体化和影视文化旅游双引擎带动作用，突出抓好稳增长、调结构、促转型、优环境、惠民生、保稳定、强党建等各项工作，努力实现“十三五”发展良好开局，为加快建设“影视旅游名城、经济文化强市、生态宜居东

阳"奠定坚实基础。

2016年东阳市发展的主要预期目标为：地区生产总值增长8%左右；一般公共预算收入增长11%；固定资产投资增长15%；社会消费品零售总额增长9%；城乡居民人均可支配收入增长8%；约束性指标全面完成上级下达任务。同时，全面落实"去产能、去库存、去杠杆、降成本、补短板"五大任务，发展要突出高质量、均衡性，推进结构性改革取得实质性进展，切实提高发展的质量效益和可持续性。

围绕上述目标任务，新的一年必须抓住关键点，打好组合拳，重点抓好以下八个方面工作。

1.以有效投入为龙头，不断增强发展后劲。

抓平台提升。东阳经济开发区要突出产城融合，加快长松岗工业功能区西拓东扩，吸引重大项目集聚，打造一流产业新城。横店电子产业园区要突出整合提升，推进磁性电子、生物医药、木雕红木、节能环保等产业向园区集聚，实现要素共享、技术共研、平台共用。镇乡工业功能区要突出提质增效，完善设施配套，提升承载力和产业规模。老工业园区要突出汰劣扶优，坚持拆改用并举，着力打造一批"企业集中、产业集群、要素集聚、土地集约"的小微园。特色小镇要高起点规划、高标准建设，突出产业、文化、旅游"三位一体"和生产、生活、生态"三生融合"，打造成传统和现代、人文和科技融合发展的特色平台。

抓招商引资。充分发挥在外东阳人联谊会（商会）平台作用，促进产业、资本、总部、人才全方位回归，确保全年引进内资40亿元以上，浙商回归到位产业资金30亿元以上。结合产业定位和发展导向，绘好"招商图"、建好项目库，强化精准招商。要紧盯500强企业、行业龙头企业、市外东阳籍上市企业及高新技术企业，统筹用好在外东阳人、招商干部、市级领导三支力量，大力引进一批产业链配套项目和战略性新兴产业。

抓项目推进。完善市级领导联系重点项目制度，落实"一个项目、一套班子、一抓到底"机制，深入开展重点项目征地拆迁"清零"百日攻坚等行动，全面梳理签约未落地、落地未开工、开工未竣工项目情况，分析原因，一项一策，有效破解审批进度慢、政策处理慢、项目推进慢等问题。突出抓好25个重点工业新续建项目、46个重点商贸服务业项目和25个政府性投资重点项目建设，确保固定资产投资增长15%以上，其中工业性投入增长5%以上。

抓要素保障。健全现场办公和"走企连心精准服务"机制，打好企业降费减负组合拳。搭好政银企交流合作平台，引导金融机构加大对实体经济支持力度，确保新增贷款80亿元以上。强化项目申报，争取更多用地指标；推进低效用地再开发，有效破解土地要素瓶颈制约。加快电力配套，确保110千伏防军变建成投运，110千伏金宅变开工建设，完成新增农网改造升级工程。

2.以转型升级为主线，切实提升发展质效。

提高先进制造业核心竞争力。坚持工业强市战略不动摇，成立工业经济转型升级领导小组及办公室，编制工业强市三年计划、十年规划，创新产业扶持政策，设立产业发展基金，打好"四换三名""三强一智造"等转型升级组合拳。实施40个重点技改项目、20个"两化融合"项目，壮大磁性电子、装备制造、生物医药、纺织服装、木雕红木等五大主导产业，提升发展皮具箱包、缝纫配件、金银丝、塑料塑胶、渔具等五大特色块状经济，培育通用航空、节能环保、新能源、新材料、现代建筑等五大新增长点，确保规上工业增加值增长8%以上。建立工业企业数据化平台，健全公顷产税收综合评价机制，实行用能权交易制度，通过兼并重组、破产清算等方式，推进企业优胜劣汰。强化企业梯度培育，继续推进"个转企、小升规、规改股、股上市"工作，力争新增亿元企业4家，完成股改10家，场外资本市场挂牌25家以上，企业上市（兼并重组）3家以上。

提升发展现代服务业。科学谋划经营性土地出让，引导房地产企业消化库存，稳定房地产市场。实施"一主三特五区"发展战略，争取省服务业强市试点。加快南街中心广场、奥特莱斯名品港、银泰百货等项目建设，丰富商贸业态。推进木雕城二期、汽配城二期等项目建设，繁荣发展专业市场群。加快中国木雕城国际会展中心、总部中心、金融一条街和白云综合物流园建设，发展会展经济、总部经济、金融服务和现代物流等生产性服务业。加快6大电子商务集聚区、10个重点专业市场网上平台建设，建好"东作云""一木红"等第三方电商平台，完成240个阿里巴巴"农村淘宝"网点布局。

做大做强传统优势产业。推动木雕红木产业更高层次发展。加强行业管理，健全行业准入退出机制，推行企业联盟标准，整顿规范木雕红木家具市场；加快木雕红木产业基地、国家木雕及红木制品质量监督检验中心和创意设计中心建设；实施名企名品名家战略，培育龙头企业，提升世界木雕之都影响力。打造建筑强市。加快建筑产业化基地建设，推动建筑施工向装备化、工业化、标准化等方向提升；加大专业资质扩容晋升奖励力度，实现经营领域由房建向市政、路桥、机场、码头、水利等延伸；鼓励建筑企业兼并重组，完善现代企业制度，做大做强“建企航母”、龙头企业，确保建筑业总产值与国民经济增幅同步，创鲁班奖1只以上。

加快发展现代农业。深化农业“两区”建设，新建粮食生产功能区22个、面积1200公顷(1.8万亩)，提升蔬菜基地建设，开展农业产业集聚区、现代特色农业强镇建设。发展生态循环农业，推广节约增产技术，发展农牧结合生态种养模式，实施农作物秸秆综合利用，加强废弃物资源化利用；发展休闲观光农业，创建示范点3个以上。培育新型农业经营主体，新增农业龙头企业5家，省级示范性农民专业合作社2家、家庭农场5家。建立农产品质量安全追溯体系。深入实施“富村四年计划”，确保村级集体经济总收入增长9%以上，转化集体经济薄弱村20个以上。

3.以影视文化和旅游为重点，着力构筑发展新高地。

放大影视文化产业优势。加快推进圆明新园夏园、秋园、冬园和梦上海、通用机场等重大项目建设，整合外景资源，打造全域化“大片场”。修改完善扶持政策，加大企业培育力度，开展影视类高新技术企业认定工作，引导企业进入资本市场直接融资，推动影视企业实质性落地。推进影视文化人才管理改革试验区建设，深化“横漂”管理服务六大行动，打造影视文化人才高地；加强国家级文化和科技融合示范基地建设，推进影视高端要素集聚。大力发展影视动漫、木雕竹编、建筑装潢等文创产业，争创国家级特色文化产业示范区。

构建大旅游发展格局。成立市文化旅游发展委员会，做好旅游规划，推动旅游与文化、体育、工业、商贸、会展等产业融合发展。以影视文化游为核心，加大市域旅游资源宣传推介力度，通过景点联票、开通旅游专线等方式，加快旅游要素整合，打响影视文化、木雕文化、古宅文化、休闲度假等旅游品牌，力争全年接待游客超2000万人次，旅游收入超150亿元。做优影视文化游，开发高科技特效体验、拍摄体验等项目，改造升级演艺节目，拓展教育功能，实现由观光式向体验式、互动式转型；做强木雕文化游，健全木雕博物馆旅游服务功能，加大“三宅”古建筑群开发力度，加快木雕小镇建设；做大休闲度假游，加快东白山旅游度假区、南山省级森林公园、北山生态养生区建设，创建一批乡村旅游示范点、特色文化村落和民宿特色村。

4.以改革创新为动力，持续释放发展活力。

深层次推进改革。统筹抓好市本级重点改革项目和金华市级以上改革试点，推进重点领域和关键环节改革取得新突破。深化行政审批制度改革。推进微政务和政务云建设，健全“四张清单一张网”运行机制。建立宽进严管的投资便利化制度，提高行政效率。深化经济体制改革。推进以资源要素差别化配置、产业结构调整创新、民间资本进入事业领域等为重点的县域经济体制综合改革。推进国土资源综合服务中心实体化运作，整合提升国有融资平台，提高融资水平。深化“三权到户、权跟户走”改革，建立健全土地流转制度，释放农村发展新活力。加快户籍制度改革，推行居住证制度，促进有能力在城镇稳定就业和生活的常住人口有序实现市民化，提高户籍人口城镇化率。

大力度推动科技创新。完善科技扶持政策，建立持续稳定的财政创新投入增长机制，确保R&D经费支出占GDP比重达2.1%以上。深化科技合作交流活动，着力从供给侧推动科技成果产业化。推进科技孵化中心多元化发展。实施高新技术企业梯队培育计划，全年新增高新技术企业10家、省级科技型中小企业20家。鼓励企业与高等院校、科研院所共建产学研联合体，建好研发中心、院士专家工作站和博士后工作流动站。以“千人计划”“双龙计划”为重点，统筹推进各类人才队伍建设，集聚一批领军人才和团队。

宽领域扩大开放。依托“义甬舟”海陆联运大通道，推动东阳陆港与金义综合保税区、宁波—舟山港联动发展，融入全省港口经济圈。加快影视、旅游、建筑、木雕等优势产业“走出去”步伐，提升国际知名度。继续抓好外资、外贸、外经工作，鼓励外资重点投向“高、新、尖”领域，确保全年实际利用外资2000万美元以上；巩固传统市场，开拓新兴市场，加快推进跨境电商发展，确保外贸出口增长6%以上。

5.以城乡统筹为方向，提高新型城镇化水平。

科学绘就城乡发展蓝图。加快市域总体规划修编，以省级经济社会发展总体规划编制试点为契机，实现与土地利用规划、产业发展规划、生态环境保护规划等多规融合、无缝对接。做好城市总体设计及迎宾大道、世贸大道两侧城市设计，推进城市建成区控规全覆盖。调整横店城市总体规划，实现镇域范围控规全覆盖。做好歌山、画水、千祥、虎鹿等镇的总体规划修编，提高控规覆盖率。启动村庄布局规划修编，加快新农村建设总体规划编制，优化村庄体系和村落空间布局。优化农房设计，突出“东派”民居特色，修编农房设计通用图集。理顺城乡规划管理机制，规范乡镇规划员管理，加大规划经费投入，引进优秀规划人才。

全面提升城乡建设品质。做精城区。推动东义同城化，谋划两地规划、基础设施、产业协作等重大事项合作，率先在旅游等方面取得突破。完善城市建设体制，统筹谋划城区重点板块开发，加快红椿巷区域改建、卢宅保护利用等工程建设；推行旧城改造“统拆不统征”模式，推广平面式安置方式，启动老公安局等区块和兴平花园等区块城中村改造；实施城区绿化景观和路灯节能改造；大力推行环卫“昌邑模式”，开展城区生活垃圾分类收集处理试点。推进城区横店一体化。加快40省道建设，谋划促进影视要素、游客资源互动流通，推动“双城”一体化发展；继续推进横店国家中小城市综合改革试点，全面完成城市风貌综合提升工作。做强城镇。提升中心镇集镇建设水平，增强综合承载力；其他镇乡发挥各自优势，实现错位发展。做美乡村。打造一批精品线和精品村，做好李宅、北后周村等历史文化村落保护利用，推进东阳江紫阳村高楼下、马宅七秩塘村等“东派”民居示范工程，形成一批具有“东阳记忆”的美丽乡村，争创省美丽乡村示范县。

加快完善城乡基础设施。构建大交通体系，突出抓好杭温高铁、甬金铁路、义东永高速、金义东轨道交通等项目的前期和服务保障工作，加大37、39等省道改建力度。打通振兴路、甘溪路、望江北路、乐园路等“断头路”，实施人民路、汉宁路和江滨南街优化改造，启动吴宁东路东延、城南西路“白改黑”工程。推进城乡公交一体化改造，启用新客运西站，启动客运总站和公交枢纽站建设，新建港湾式停靠站100个，投放公共自行车1000辆。深入实施农村路网优化工程，完成农村公路大中修工程65千米，提档升级30千米。完善城乡供水、供电和环保等基础设施，提升基础设施通达水平。

6.以“环境革命”为抓手，全力打造生态美丽东阳。

持续深化“五水共治”。落实“河长制”“排长制”，完成重点排污口综合治理。到2016年末，“两江”全流域基本达到III类水，出境断面III类水达标率75%以上，争创“清三河”达标县（市、区），再夺“大禹鼎”。完成第二污水处理厂一期工程和南马、巍山、画水工业区污水处理厂建设，启动江北污水处理厂建设；加快截污纳管，完成2个小区、15个截污点改造；加快农村生活污水治理，实现自然村全覆盖。加强水利基础设施建设，建成横锦灌区节水配套改造工程。抓好6个中小河流治理项目，实施农村河道综合整治30千米。做好防汛防台抗旱工作，完善城市排涝管网设施。推进农民饮用水安全提升工程，改善1万农村人口饮水条件。

强势推进“三改一拆”。深入开展“8+X”专项整治行动，实行新增违建即查即拆，加大力度整治缓拆和涉及消防安全的违法建筑，拆除违建150万平方米，争创“无违建乡镇（街道）”3个。做好拆后利用工作，拆后处置率达85%以上。完成城中村改造60万平方米、旧厂区和旧住宅区改造80万平方米。

统筹实施环境整治。深入开展大气污染防治十大专项行动，全面提升大气环境质量。开展危险废物和污泥专项整治，深化土壤污染防治行动。深化“四边三化”和“两路两侧”专项整治，消除沿边沿线脏乱差现象。推进拆违章、清杂物、种树木、改立面、理管线、做节点等村庄美化行动。全面推行农村垃圾分类减量化处理。

7.以改善民生为根本，让群众有更多获得感。

促进城乡居民增收。完善就业创业政策，发挥创业带动就业的倍增效应，鼓励创建大学生创业园、农村电商创业园、农民工创业园，助推高校毕业生、农村富余劳动力等重点群体就业创业。组织大型招聘、特色招聘等就业服务活动，全年新增城镇就业1万人以上。推进“低收入农户收入倍增计划”，实施精准脱贫，逐步把低收入群体纳入低保范围，确保不让一个人在全面小康中掉队。

扩大公共服务供给。加快教育发展。推进教育云规模应用与教育教学深度融合，实施第二轮学前教育三年行动计划，推动普高课程改革与新高考招生制度有机衔接，加快现代职业教育体系建设。加快东阳二中迁建、开发区初中、斯村小学等项目建设，支持民办教育发展，创建省教育现代化县（市、区）。加快医疗卫生事业发展。深化“双下沉、两提升”和分级诊疗制度，完成市影像诊断中心、心电诊断中心建设，争取基层首诊率达65%以上。启动市中医院迁建工程，分步推进城区医疗资源布局调整。落实全面放开二孩政策。加快市体育馆建设,推进体育设施向社会开放,广泛开展群众性体育活动,提高全民健康水平。

完善社会保障体系。以"全民社保"登记为抓手,稳步推进社保扩面征缴,继续落实阳光医保智能监管平台和村(居)医保基层服务平台建设,完成基本养老保险待遇标准和城乡居民低保标准调整。完善养老服务体系,开展居家养老服务中心星级评定,加快养老机构建设。推进城镇危旧房改造,改善农村无房户、危房户居住条件。实施兜底保障,完善社会救助,健全困难救助、福利慈善等机制,确保困难群众基本生活有保障。

增强公共文化凝聚力。广泛开展培育和践行社会主义核心价值观系列活动,深化基层文明创建,积极争创全国文明城市。健全公共文化设施网络和"建、管、用"一体化机制,规划建设市民活动中心,加快文化馆、美术馆和城市文化公园建设,新建农村文化礼堂10家以上。加强文艺精品创作,打响"百姓文化艺术节""特色文化广场"等特色文化品牌,不断丰富群众精神文化生活。

8.以平安创建为载体,全力维护社会和谐稳定。

抓好意识形态工作。落实意识形态工作责任制,推动党委负责人履行"一岗双责"。管好用好新媒体新媒介,建立网络舆情研判、应对处置、分级引导等机制,发挥网络舆情导控中心作用,加强网军队伍建设,开展网上专项整治行动,掌握网络舆论斗争主动权。

抓好平安东阳建设。围绕G20峰会等重大活动,加强各类社会风险排查化解管控,健全社会稳定风险评估机制,加强基层社会治理"一张网"建设,推进"网格化管理、组团式服务"与社会治理信息化建设"两网融合",依法处置"非访"案事件,确保"不出事、不惹事"。深化社会治安防控体系建设,深入开展打侵财、黄赌整治等专项行动,严厉打击暴力恐怖和各类违法犯罪活动。严防金融风险,依法妥善处置非法集资案件。严格落实安全生产"党政同责、一岗双责",加强重点行业、重点领域、重点部位、重点环节的整治和监管。建好"8890"、市民问政、行风热线等平台,积极回应群众关切。完善平安形势月度分析、模拟测评等机制,确保平安创建"十一连冠"。

抓好法治东阳建设。加快转变政府职能,推进法治政府建设。改革行政执法体制,成立综合行政执法局,推进跨部门、跨领域综合执法。改革司法体制,加快执法规范化建设,建立案件管理中心、涉案财物管理中心,实行办案质量终身负责制和错案责任倒查问责制。启动"七五"普法工作,完善公共法律服务体系,增强全社会的法治意识和依法办事能力。

四、全面从严治党,为落实"十三五"规划提供坚强保证

1.强化理论武装,深入学习贯彻新理念、新思想、新精神。通过党委中心组学习、文化大讲堂等多种形式,认真学习党的十八届五中全会、习总书记系列重要讲话精神,深刻领会核心要义,进一步提高领导能力和办事水平。要大力弘扬理论联系实际的学风,带着问题学习、对准问题思考,善于运用五大发展理念指导实践、破解难题,推动各项决策部署落到实处。

2.强化干部管理,着力建设忠诚干净担当的干事创业团队。严格落实《干部选拔任用条例》,坚持德才兼备、以德为先,坚持在"实战"中锤炼和培养干部。以乡镇换届为契机,全面加强乡镇领导班子和干部队伍建设。坚持"一线干部工作法",选派年轻干部深入转型升级、农村基层、信访维稳等一线锻炼。坚持从严监督管理,严格执行提醒、函询、诫勉制度。继续抓好超职数配备领导干部专项整治。探索建立不适宜担任现职领导干部"下"的举措,形成"能者上、庸者下、劣者汰"的从政环境。

3.强化基层基础,不断提升基层党组织创造力凝聚力战斗力。全面落实镇乡街道党(工)委书记抓党建主体责任和"第一责任人"职责,按照"整乡推进、整县提升"要求,扎实推进党建示范带建设。推行市领导"三包四联",落实农村基层党建"二十条",深化软弱落后村(居)党组织整顿。深化农村基层巡查制度,统筹抓好信访化解、行政村区域调整后续完善等难点工作。认真做好村级组织换届选举,选优配强村级班子。深化党员积分制管理,推广农村干部积分制管理,开展基层党组织书记轮训。推进"两新"党组织提升扩面。

4.强化党风廉政建设,始终把纪律和规矩挺在前面。扎实做好省委巡视组巡视反馈意见整改工作。认真落实"两个责任",运用好监督执纪"四种形态",加大"一案双查"和责任追究力度。持续开展正风肃纪,建立健全作风状况评价等作风建设长效机制。发挥市委反腐败领导小组作用,强化执纪执法部门协作配合和职能联动。以"零容忍"态度,开展查处发生在群众身边的不正之风和腐败问题专项行动。健全权力运行痕迹管理制度,着力构建不敢腐、不能腐、不想腐的体制机制。巩固派驻机构改革成果,确保充分履职、有效履职。

政府工作报告

——在东阳市第十四届人民代表大会第五次会议上(摘要)

东阳市人民政府市长　朱建军

2016年1月29日

一、"十二五"规划执行情况和2015年工作简要回顾

"十二五"时期,是东阳市发展史上很不平凡的五年。面对错综复杂的国内外环境和艰巨繁重的改革发展稳定任务,全市上下在上级党委、政府和市委的正确领导下,紧紧围绕"强市名城"发展战略,真抓实干,奋勇争先,综合实力快速提升,城乡建设加速推进,生态建设成效显著,社会民生明显改善,全面开创了赶超发展的新局面。地区生产总值从288亿元增加到464.7亿元(预计),年均增长9.6%;一般公共预算收入从19.4亿元增加到48.6亿元,年均增长19%;社会消费品零售总额从127亿元增加到229.9亿元,年均增长14.9%;金融机构本外币存、贷款余额分别从449亿元、304.2亿元增加到899.6亿元、702.9亿元,年均分别增长14.9%和18.2%;城镇和农村居民人均可支配收入分别从23245元、11412元增加到41229元、22430元,年均分别增长11.1%和12.1%;年均收入4600元以下贫困现象全面消除;三次产业结构从5.0∶52.1∶42.9到3.8∶48.0∶48.2。财政总收入、一般公共预算收入、规上工业增加值等多项主要经济指标增幅位居金华市前列。

(一)坚持抓改革重创新,发展活力日益显现

改革试点扎实推进。被列为省级资源要素市场化配置改革试点、土地管理相关审批权限先行委托下放市。完成林权股份改革试点。全国教育云规模化应用、财政支持粮食生产和省公立医院综合改革试点工作不断深化。省级金融创新示范市试点工作走在全省前列。"美丽县城"建设试点全面启动;横店镇全国中小城市综合改革试点稳步推进。

综合改革全面铺开。整合设立市场监管局、卫计局,获批成立浙江省横店影视文化产业实验区,完成不动产登记机构整合。理顺"大文化"、经济开发区及部分事业单位管理体制。"四张清单一张网"改革加速推进,减少行政权力事项2451项,完成非行政许可审批事项清理,实现联合审批、一表制审批和核准外工业企业投资项目"零审批"。创新政府购买服务机制。深入推进中介机构市场化改革和电子招投标。启动农村确权赋权改革。建立工业企业综合效益评价体系,调整土地使用税等级和征收办法,推行差别化水、电价政策,实行主要污染物排污权有偿使用和交易管理。

科技创新不断增强。研究与试验发展经费支出占GDP比重达2.1%,比"十一五"末提升0.9个百分点。新增企业研发中心18家、省级企业研究院5家、企业与高校院所联合共建研发机构10家。新增国家高新技术企业20家、创新型示范企业1家。新增授权专利9567件。获国家科学技术奖1项、省科学技术奖11项。列入国家级重大科技计划、科技支撑计划项目各1项。被列为国家传统知识知识产权保护示范市。10家企业入孵市科技孵化中心。新增中国驰名商标3件、省著名商标25件、省名牌产品27只。

(二)坚持调结构促转型,经济实力不断增强

工业经济快速提升。规上工业产值从272.9亿元增至534.5亿元,年均增长14.4%;规模以上企业从243家增至535家;亩产税收和单位电量税收分别增长24.6%和44.6%。整合提升省级园区和镇乡工业功能区,新增发展空间466.7公顷(7000余亩)、入区企业267家;推进老工业区块改造提升和企业低效用地清理,盘活存量用地330.9公顷(4963亩);企业总部中心主体工程基本完成。木雕小镇列入第二批省级特色小镇创建名单。磁性产业集群在全国处于领先地位,生物医

药、装备制造、针织服装等主导产业提质升级。新增亿元以上企业20家；联宜电机列入省“三名”企业首批培育试点。累计完成工业技改投资314亿元，实施“两化”融合项目253个、投资60.3亿元，列入省首批“两化”深度融合国家示范试点区域，东磁公司成为工信部“两化”融合管理体系贯标试点企业。“浙商回归”到位资金99.3亿元，引进内资145亿元。完成企业股改40家，新增上市企业3家、借壳上市3家、新三板挂牌6家、区域资本市场挂牌31家；新引进银行业金融机构7家，新设小额贷款公司6家；成立东阳农商银行和民间融资服务中心。持续开展走访企业服务活动，建立市领导企业现场办公制度；创立“同筑梦想·共享阳光”小微企业担保基金，企业贷款周转金增加到3亿元。使用财政资金转贷总额达47.3亿元。

建筑业年总产值达2229亿元，连续七年居全国县（市）级首位，年均增长15.3%；获“鲁班奖”11只，获“中国建筑之乡”、省首批建筑强市称号。建筑业对地方财政的贡献度不断提高。

商贸服务业更加繁荣。白云专业市场群初具规模，江南十字街、江北甘溪路商业街区日益繁荣，金华一百、新光太平洋等商贸综合体建成开业。改造提升农贸市场31家，创建省放心农贸市场7家；348个行政村实现连锁配送，乡镇连锁覆盖率达到100%。新增省三星级以上市场12家，木雕城二期市场建成开业。电子商务经营主体2000余家，年营业额超50亿元，2015年入围全国大众电商创业最活跃县区第28位。国际会展中心投入使用，举办展会20余场次，成交额超3亿元；举办2014世界工艺文化节和5届东博会。对外贸易逆势前行，境外投资快速增长。

影视文化旅游融合发展。影视文化产业实验区成为国家级文化和科技融合示范基地；新增入区企业210家，入区企业数达645家；累计拍摄影视剧791部，实现营业收入489亿元，上缴税收52.5亿元。圆明新园（春园）开园。中国木雕博物馆建成开业；获评“中国红木家具之都”“世界木雕之都”。东白山获批省级旅游度假区，落鹤—社姆山成为省级风景名胜区，卢宅保护利用项目有序推进。累计接待游客6712.9万人次，旅游总收入473.9亿元。

现代农业提质升级。建成粮食功能区和现代农业园区13000余公顷（20余万亩），“二综、二区、十园”通过省级验收，粮食生产综合机械化率达77%，被评为全国粮食生产先进县。完成市中心粮库一、二期工程建设。规模化、产业化经营快速发展，建成一批种养结合的生态循环农业示范基地，家庭农场和农民专业合作社分别达255家和342家。成为首批国家森林生态产品生产基地。获省首批农产品安全监管示范市等称号。

（三）坚持抓统筹促协调，城乡面貌焕发新容

美丽县城迈出新步伐。城市化水平达63%。完成市域总体规划修编评估及纲要初步方案，制定美丽县城建设试点三年行动计划，完成旅游发展总体规划等专项规划。围绕“环境治污、交通治堵、提升城市品位、完善城市功能”目标，投资68.5亿元，实施城建项目625项。红椿巷旧城改造重建稳步推进，黉门广场、江滨景观带等成为城市新亮点。实施“三改”912万平方米，拆违711万平方米。改造优化城区道路30余条。建成区绿化覆盖率达40.2%。成功创建国家卫生城市，通过省级文明示范城市复评、省级环保模范城市技术评估。大力开展横店城市风貌综合提升工作；千祥镇成为金华市级中心镇。

美丽乡村建出新特色。启动农村住房连片改造260个片区，改造农房1.2万户，连片拆除危旧房110万平方米。启动空心村整治试点。深入实施“四边三化”，打造美丽乡村风景线和精品村。市第二垃圾填埋场建成使用，基本实现农村生活垃圾一体化处理，建成洁美村175个、秀美村95个；被评为省美丽乡村创建工作先进市。

基础建设取得新进展。交通设施投资54.6亿元，比上年增长59.7%。东永高速、画南下线、怀万线建成通车，37省道、40省道改建进展顺利，高速公路总里程达94.6千米，新增公路里程164.5千米；完成公路大中修437千米、危桥重建43座；城乡公交一体化改造基本完成，行政村公路通达率100%、班车通达率98%。城西客运站建成，横店客运中心投运；投放城区公共自行车3000辆。完成第二自来水厂一期建设及管网改造，市域自来水覆盖率达98%，解决和改善32万农村居民饮水问题。新建550千伏、220千伏变电站各1座、110千伏变电站4座，电网变电总容量实现翻番。市内4G网络和城区重点公共区域无线Wi-Fi工程基本建成，完成有线网络双向数字化改造和数字电视整转。

（四）坚持抓治污强环保，生态环境持续改善

五水共治强力推进。深化“河

长制”,创新“执行河段长”和“排污口治理长”工作机制,统筹推进11个中小河流治理工程和7个中小河流治理重点县项目,完成农村河道综合整治203.8千米,泗渡溪、浪坑溪成为省级最美河流。完成城区截污点改造120余个,铺设排水管网47.2千米,污水集中处理率达85%。城镇污水处理设施加快建设,市污水处理有限公司二、三期工程、江滨湿地公园建成运行。完成农村生活污水治理项目541个,管网铺设总里程超520千米,获评省农村生活污水治理优胜市。关停制砂加工点105个、青石加工企业18家、养猪场242家。两江流域地表水控断面水质明显好转,Ⅲ类水比例持续提高。水利建设投资达15.8亿元,完成山塘整治174座、渠道改造335.3千米,建成高效节水灌溉面积800公顷(1.2万亩)。获全省“五水共治”工作优秀县(市)大禹鼎。

节能减排重拳出击。废塑、电镀、印染和化工等重点行业完成整治提升,整治废塑重点村21个、加工户1394家;关停电镀等各类企业71家。大力推进大气污染整治,完成磁性行业“煤改气”整治企业83家、炉窑247条,拆除烟囱116条。淘汰锅炉497台。城乡“双禁”工作成效明显,率先在省内实行全区域全时段黄标车禁行,淘汰黄标车11982辆。通过清洁生产阶段性审核验收企业80家。万元GDP能耗累计下降20%以上。城市环境空气质量优良率在金华市排名第二。

生态建设持续发力。全面开展农村环境综合整治提升,建成治理设施224套。创建国家级生态镇乡10个、省级生态镇乡(街道)2个、金华市级生态街道2个、省级和金华市级绿色社区6个、金华市级生态村80个。通过省级生态市考核验收和省级环保模范城市创建技术评估。完成平原绿化2400公顷(3.6万亩),森林覆盖率达59.3%,成功创建省级森林城市。

(五)坚持办实事惠民生,社会保持和谐稳定

社会事业取得长足发展。市财政民生支出累计达168.9亿元,每年新增财力的70%用于民生事业。实施《学前教育三年行动计划》和义务教育段学校校长、教师交流机制,建成开发区初中等一批基础设施项目,创建标准化学校88所,获评全国“两基”工作先进单位、全国义务教育发展基本均衡市。医药卫生体制改革深入推进,多元化办医体系初步形成,成为国家级慢性病综合防控示范区和省卫生强市。出生人口性别比重点管理县成功“摘帽”。市体育馆完成主体钢结构工程,部分公共体育设施向社会开放,获“全国老年气排球之乡”等称号。古生物资源、历史文化遗产保护利用不断加强,基层公共文化服务体系更加健全,新农村文化礼堂建设成效突出;市档案馆晋升为国家二级馆。

大力支持工青妇工作,人民武装、民宗、侨台、市志、统计、外事、气象、供销、慈善、红十字等工作进一步加强。

社会保障体系日益完善。新增城镇就业60178人、再就业24057人,城镇登记失业率控制在4%以内。完成城乡居民医保制度整合,完善被征地农民保障政策,全面推行社保一卡通;妥善解决特殊领域2.1万退休人员养老问题和2300余人生活困难补助。城乡居民基本养老保险和医疗保险参保率分别达98%和97%。形成多元化社会养老服务体系,每千名老人拥有养老服务床位42张;建成居家养老服务照料中心390家。健全低保标准动态调整机制;建成安置房24万平方米,低保住房困难家庭实现“应保尽保”。

“平安东阳”建设成效明显。道路交通、消防、危化矿山、建筑施工、红木家具等重点行业和领域“打非治违”专项行动深入开展,安全生产三项指标继续保持“零”增长;防汛、抗旱、森林消防等防灾工作责任制全面落实。社会治安防控体系进一步健全,人员密集场所动态视频、监测探头全覆盖。“清网行动”“破案会战”“利剑”等专项行动扎实开展,连续保持命案和五类恶性案件100%侦破率。健全矛盾纠纷预防排查调处机制,探索社会应急管理创新,组建应急联动队伍40余支。平安创建实现“十连冠”。

各位代表,五年来,在全力推进东阳经济社会发展的同时,我们也注重加强政府自身建设。自觉接受市人大及其常委会法律监督、工作监督和市政协民主监督,认真办理人大代表建议和政协委员提案。建立市政府常务会议学法制度,落实行政负责人出庭应诉规定,政府法律顾问制度、重大决策和规范性文件合法性审查机制进一步健全。“市民问政”常态化运行,政务服务网东阳分厅、“8890”便民服务平台正式启用。机关单位办公用房清理全面落实,“三公”经费下降24.1%,“五统一”管理启动实施。“一线工作法”全面推广,“多沟通、到现场、强执行、敢担当”工作要求有效落实,“马上干、现场干、合力干”工作氛围不断浓厚。

刚刚过去的2015年是“十二五”规划的收官之年。我们以实施四个“十大工程”为抓手，主动适应新常态，抓改革促转型、治环境保民生，全力打造经济社会发展升级版。地区生产总值比上年增长8%（预计）；财政总收入81.2亿元，财政总收入和一般公共预算收入分别比上年增长12.7%和11.7%；社会消费品零售总额比上年增长10.1%；金融机构各项存款余额比年初增长9.9%；城乡居民人均可支配收入比上年分别增长8.2%和9.6%。各项社会事业得到新发展。

产业转型稳步推进。启动横店通用航空和巍山六怀功能区建筑构配件两大新兴产业基地建设。磁性材料行业列入省“机器换人”分行业试点目录。实施画水上坞等9个老工业园区改造，清理盘活低效用地165.8公顷（2487亩）。电商线上线下融合提速，新增电商企业416家。建成东白山现代农业综合区和千祥中药材示范区。

城乡建设加快实施。修编完善（2006~2020年）土地利用总体规划；完成地下空间开发利用、综合交通发展等专项规划；启动迎宾大道、世贸大道两侧城市设计。红椿巷A-14地块安置房工程结顶，吴宁西路地下人防工程基本完成。完成22省道六石至迎宾大道段“二改一、白改黑”工程。市第二污水处理厂工程进展顺利；农村生活污水治理和垃圾分类减量化处理稳步推进。

重大项目有效突破。新增省级重点建设项目5个、省扩大有效投资“411”重大项目5个，重大产业项目入库数继续位居全省县（市）级首位。引进浙商回归资金34.5亿元，引进内资40.9亿元，实际利用外资2005万美元。

生态环境明显改善。坚持水岸同治，东阳江、南江、青溪等三条跨行政区域河流水质稳定在Ⅲ类水，交接断面水质连续两年考核优秀，省、金华市6个控断面地表水水质达标率100%。完成旧城区26个截污纳管项目建设及61家重污染企业整治工作。建成镇级污水管网136千米。

社会事业协调发展。扎实开展户籍人员社保参保入户调查，全民参保登记达100%。优化城区教育、卫生资源布局，新增义务教育标准化学校16所、塑胶运动场地58个；实施国家新一轮基药制度，成为省卫生应急工作示范市。举办首届横店国际马拉松赛。

二、“十三五”时期的奋斗目标和主要任务

各位代表，“十三五”时期是全面建成小康社会的决胜阶段，也是加快东阳赶超发展的攻坚时期，面对新的形势和任务，既需要我们科学谋划理清思路，更需要我们凝心聚力抓好落实。根据中共东阳市委《关于制定东阳市国民经济和社会发展第十三个五年规划的建议》，市政府制定《东阳市国民经济和社会发展第十三个五年规划纲要（草案）》，提请大会审议。

“十三五”时期东阳市经济社会发展的指导思想是：深入贯彻党的十八大以来历次全会和习近平总书记系列重要讲话精神，紧紧围绕“四个全面”战略布局和“八八战略”总要求，牢固树立创新、协调、绿色、开放、共享的发展理念，坚持赶超发展主基调，坚持转型升级不动摇，紧扣提高经济发展质量和效益这一中心，着力强化城区横店一体化和影视文化旅游双引擎带动，全力打造“影视旅游名城、经济文化强市、生态宜居东阳”，高水平全面建成小康社会，为建设“两富”“两美”现代化东阳打下更加坚实的基础。

“十三五”时期我市经济社会发展的主要目标是：经济增速高于全省平均水平、保持金华前列，提前实现地区生产总值、人均生产总值、城乡居民收入“四翻番”目标，高水平全面建成小康社会；始终保持奋力赶超的发展态势，经济总量位居全省县市上游水平，实现争先晋位。

根据上述指导思想和奋斗目标，“十三五”时期我市经济社会发展的主要任务是：

（一）强化创新驱动，打造实力东阳

深入实施创新驱动发展战略，扎实推进重点领域改革，加快形成以创新为引领的经济体系和发展模式。

争创“工业建筑强市”。主动对接“中国制造2025”，科学编制百亿产业集群发展规划，坚持不懈推进“大平台、大产业、大企业、大项目”建设，做大做强磁性电子、装备制造、生物医药、针织服装、木雕红木五大主导产业，提升发展皮具箱包、缝纫配件、金银丝、塑料塑胶、渔具五个块状经济，积极培育通用航空、节能环保、新能源、新材料、现代建筑五大新兴产业，规上工业产值突破千亿大关，争取进入全省工业强市行列。提升建筑业专业化、现代化、工业化、国际化发展水平，做强骨干企业，做精专业企业，实现由建筑大市向建筑强市转变。

打造“影视旅游名城”。深化国家级文化和科技融合示范基地建设，争创国家级特色文化产业示范区，推进影视文化产业全域

化发展，实现由拍摄基地向“影视之都”转型。实施“一都二城三镇四区十村”旅游发展工程，打响四大旅游品牌，打造知名文化休闲旅游目的地城市，到2020年年接待游客3000万人次以上。发挥木雕竹编等传统工艺优势，加快与红木、影视、旅游等产业融合发展。

繁荣“商贸市场新市”。培育做大商贸流通主体，有序推进城市综合体建设，大力发展连锁经营等业态，促进城乡流通业繁荣发展。推动白云市场群差异化集聚、专业化发展，提高影响力和辐射力。提升电子商务发展水平，建成六大电商集聚区和十大重点市场网上平台。实施服务业发展十大工程，引领生产性服务业向价值链高端延伸、生活性服务业向精细化转变。

建设“农业现代化市”。着力构建现代农业产业体系，推动农业产业规模化、生态化、品牌化发展。加强粮食安全和农产品质量安全体系建设，提升农业“两区”建设水平，建成粮食生产功能区10666.7公顷(16万亩)、现代农业园区6666.7公顷(10万亩)。推广应用先进技术和农机装备，提高农业生产集约化、农业服务社会化水平，力争进入全省基本实现农业现代化县(市)第一方阵。

（二）加强统筹协调，打造宜居东阳

坚持区域协同、城乡协调、物质文明和精神文明并进，着力建设宜居宜业的“浙中都市新区”。

建设美丽精品城市。提高规划编制质量和执行刚性。深化“五城同创”，推进“美丽县城”建设，加快老城区改造步伐，提升新城区开发水平，打造“三山两江明秀美、人居生活和乐美、功能产业活力美、城乡空间品质美、文化景观精致美”的精品城市。

提升基础联通水平。谋划推动金义东城际轻轨、杭温高铁等重大项目建设，加快实施金甬铁路和义东永高速建设，建成启用横店通用机场；加快国省道改建步伐，完善“四纵五横十八连”公路网络，实现中心镇通高速、所有乡镇通国省道、行政村通三四级公路。加快水利、能源、信息网络等基础设施建设。

推进城区横店一体发展。加快城区和横店之间的交通建设，推动影视文化游与木雕文化游、古宅文化游、休闲度假游全面对接，促进产业发展互补和游客资源互通。继续加大横店小城市培育力度，深化国家中小城市综合改革试点，推进横店城市风貌大提升，加快建设“国际化影视名城”“中国特色旅游休闲小镇”。

推动“两个文明”协调发展。大力实施核心价值观普及、优秀文化传承、文化礼堂建设、最美风尚培育、网络空间清朗、诚信东阳建设“六大行动”，深入开展文明出行、文明餐桌、文明旅游等主题实践活动，提高市民文明素质，争创全国文明城市。

（三）坚持绿色生态，打造美丽东阳

强化“绿水青山就是金山银山”发展理念，加强生态文明建设，争创国家级生态文明示范市、国家环保模范城市、国家园林城市和国家森林城市。

坚持不懈抓环境治理。统筹开展水、大气、土壤等环境综合治理。巩固“五水共治”成果，全市水系水质基本达到Ⅲ类水。推进治气十大行动，PM2.5浓度逐年下降。深化“三改一拆”，争创省“无违建县(市)”。推进“空心村”和农村环境综合整治。全面推行城乡生活垃圾分类收集处理。

持之以恒抓生态建设。大力开展绿化造林，森林覆盖率59.5%以上。开展河道清淤，完成城区水系联通工程，加强湿地保护。加快推进江滨景观带、南山森林公园和北山生态养生区建设。争创省美丽乡村示范县(市)、省休闲农业与乡村旅游示范县(市)。

强化监管抓环境保护。实行最严格的用地、用水和环境保护管理制度。开展能源和水资源消耗、建设用地等总量和强度双控行动。创新监管机制，开展联动综合执法，提高环境保护、资源节约和高效利用水平。

（四）促进开放联通，打造活力东阳

依托“义甬舟”大通道和金义都市区，积极融入“一带一路”、长江经济带，提升开放水平，增强发展活力。

融入大区域发展。发挥地处“义甬舟”海陆联运大通道沿线优势，推动东阳陆港与金义综合保税区、宁波—舟山港的联动发展，融入全省港口经济圈。积极承接长三角经济带先进产业和要素转移，在更高层次上参与分工合作。

加速东义同城化。以“接轨都市区、共建核心片、推动同城化”为目标，加强与义乌的全面对接，加快基础设施共建，加强产业布局协调，推动客流物流等资源整合，促进社会民生事业共建共享，携手打造金义都市区的东部中心。

提高经济外向度。积极推动优势产业“走出去”，扩大市场份额，提升行业影响力。提高招商引资质量，做好资本、项目、人才等要素“引进来”文章，鼓励外商重点投向高端制造业、高新技术产业和现代服务业。

（五）加快共享发展，打造幸福东阳

坚持以人为本，促进基本公共服务均等化，使全市人民在全面小康社会建设中有更多的获得感。

百姓生活更加富裕。完善创业就业扶持政策，通过推动全民创业、扩大就业、提高最低工资标准等途径，实现居民收入和经济增长同步。大力开展精准扶贫，实施低收入农户收入倍增计划，确保低收入群体收入增幅高于全市平均水平。

社会保障更加有力。坚持普惠性、保基本、均等化、可持续的方向，全面建成覆盖城乡居民的社会保障体系。稳步推进社保扩面征缴，健全社保待遇正常增长机制。完善社会救助体系，加强弱势群体社会保障。改善无房户、危房户居住条件。

民生事业全面改善。坚持教育领先发展，完成城区教育资源布局调整，高水平普及十五年基础教育，争创省教育基本现代化市。健全城乡医保和基本药物、分级诊疗制度，推进市中医院、红十字会医院迁建，每千人医疗床位数达6.5张。促进人口均衡优质发展。加大公共体育设施建设力度，争创省体育强市。加强养老机构建设，每千名老人养老床位数达50张。

社会治理安定和谐。完善党委领导、政府主导、社会协同、公众参与、法治保障的社会治理体制机制，加强法治政府建设，提高社会治理法治化水平。夯实基层基础，加强社会治安、安全生产、食品安全等领域监管，深化“平安东阳”创建。

三、2016年政府的主要工作

2016年是本届政府的收官之年，也是“十三五”规划的开局之年。当前，国际形势错综复杂，不确定因素很多。国内形势总体向好，但下行压力依然较大。2016年政府工作的指导思想是：深入贯彻落实上级精神和市委决策部署，围绕建设“影视旅游名城、经济文化强市、生态宜居东阳”总目标，大力推进供给侧结构性改革，加快发展方式、产业结构、城乡建设、生态文明、社会事业转型升级，为“十三五”和全面建设小康社会开好局、起好步。2016年东阳市经济社会发展的主要预期目标为：地区生产总值增长8%左右，一般公共预算收入增长11%，城乡居民人均可支配收入增长8%，全面完成上级下达的节能减排任务。

围绕以上目标，重点抓好以下六个方面工作：

（一）提振信心，迎难而上，开创经济增长新局面

凝聚共识提信心。面对当前经济下行压力和民间融资风险等诸多问题，我们既要看到问题的存在，更要看到支撑我市经济持续增长的基本面。全市上下要落实精神增信心、学习先进增信心、优化服务增信心，以项目建设和产业发展为重点，正主业、兴实体、抓创新，积极扩大有效投资，全面落实减负政策，不断优化服务环境，全力保障我市经济稳健发展。

多措并举稳增长。注重供给端和需求端协同发力。以实施“十大重点工程”为抓手，深入开展“百日攻坚”行动，加快建设一批产业转型、基础设施、公共服务等重大项目，发挥投资对增长的关键作用，固定资产投资增长15%以上。加快重点商贸服务业项目建设，吸引本地和周边县市居民以及外来游客在东消费，发挥消费对增长的基础作用，社会消费品零售总额增长9%以上。巩固传统市场，开拓新兴市场，外贸出口增长6%以上。

提能增效优环境。协调推进重点领域改革试点，全面开展县域经济体制综合改革。健全“四张清单一张网”运行机制，推行行政审批和管理事项线上服务、网上办理。建立宽进严管的投资便利化制度，激发“大众创业、万众创新”热情。推进国土资源综合服务中心实体化运作，推行不动产统一登记。多渠道争取新增建设用地指标，盘活存量建设用地100公顷（1500亩），完成城镇低效用地再开发66.7公顷（1000亩）。创新金融支持实体经济方式，发挥企业转贷周转资金作用。防范化解企业“两链”风险，严打非法集资、逃废债等违法犯罪行为，维护良好金融生态环境。支持企业通过上市、发债等直接融资，完成股改12家，争取上市2家、新三板和区域资本市场挂牌15家，组建民间资本管理公司2家。

（二）致力转型，加速升级，推动产业发展新提升

大力发展先进制造业。成立市工业经济转型升级领导小组，设立产业发展引导基金，完成工业经济转型升级和五大主导产业专项规划编制，完善企业效益综合评价和差别化扶持政策，推动磁性电子、装备制造、生物医药、针织服装、木雕红木等五大主导产业加速转型升级。围绕打造“产业新城”，推进长松岗工业功能区空间拓展，完成广福东街东延，启动木雕小镇建设二期；完善镇乡工业功能区基础设施配套，提升平台承载能力；继续推进9个老工业园区（区块）改造和低效用地清理，对“僵尸”企业通过兼并重

组、债务重组及破产清算实现市场出清。发挥在外东阳人联谊会等平台作用，强化产业链招商、专业化招商、精准化招商，引进内资40亿元以上，到位“浙商回归”资金30亿元以上。鼓励企业加大研发投入，支持设立研发中心和开展产学研合作；推广创新券应用，提高科技孵化中心入驻孵化率；新增高新技术企业10家、省级科技型中小企业20家。引导企业加大有效投入，推进技术改造，实施重点新建（续建）工业项目26个、重点技改项目45个、“两化”融合项目25个以上。深入实施“三名工程”和“小微企业三年成长计划”，新增10亿元企业1家、亿元企业4家，“小升规”40家以上、“个转企”300家以上；争创中国驰名商标1只、浙江名牌2只、省著名商标5只、“浙江制造”品牌培育试点企业1家。

鼓励建筑企业资质扩容晋升，走多元化、专业化发展道路，强化内部管理，提高综合施工能力和风险防范能力，巩固房屋建筑业务，开拓公共建筑市场，推动东阳木雕建筑装饰走向全国市场，“走出去”对外承包工程，推进建筑产业现代化，保持建筑业总产值平稳增长，争创“鲁班奖”1只、省杯40只。

加快发展影视文化旅游业。进一步完善影视产业扶持政策，鼓励影视企业进入资本市场、创立品牌和申报高新企业。加快圆明新园建设，建成“梦上海”和春秋（唐）园，继续推进新场景和外景地建设。加强人才引进培养和“横漂”群体管理服务，打造高科技后期制作中心，优化从立项审片到版权保护全流程服务，吸引高端要素在实验区集聚。办好横店影视节。加快开发高科技体验性旅游演艺节目，做大做优文化休闲旅游，推进旅游目的地建设；基本建成卢宅民俗历史文化街区和旅游服务中心；加快东白山高山湿地公园建设；创建一批乡村旅游示范点、特色文化村落和民宿特色村；支持花园村创建国家AAAAA级景区。年接待游客2000万人次以上。

做优做强商贸服务业。争取省服务业强市试点。大力培育城区三大核心商圈，建成银泰百货和名品港一期，加快南街中心广场建设，规划建设总部中心城市综合体。加速白云市场群转型提升，加快木雕城二期、汽配城二期等项目建设，争取列入省现代商品市场集群建设试点。完成农贸市场改造3家，创建省文明规范市场2家。加快6大电商集聚区和十大重点市场网上平台建设，建成农村（社区）电商服务站120家。办好第十一届“东博会”、第二届“红博会”和第八届休闲购物节，举办各类展会20场以上。推进国际物流园二期建设和白云综合物流园项目前期。引导支持企业消化库存，稳定房地产市场。大力培育发展其他生产性服务业和生活性服务业。

积极推进农业现代化。深化财政支持粮食生产综合改革试点，新建粮食生产功能区1200公顷（1.8万亩），加快建设蔬菜产业百亩基地、千亩示范园和万亩产业带。完成市中心粮库三期主体工程。积极培育现代农业经营主体，新增农业龙头企业5家、市级规范化农民合作社10家、示范性家庭农场15家。大力发展高效生态农业，建成国家香榧产业示范基地1333.3公顷（2万亩）、省级木本油料提升项目266.7公顷（4000亩）、农产品质量安全追溯示范基地12家。实施小型水库除险加固和山塘整治12座，完成横锦灌区节水配套改造和40千米农田渠道改造，新增高效节水农田133.3公顷（2000亩）。垦造耕地133.3公顷（2000亩）。加强防汛防台抗旱、动植物疫病和森林有害生物防控等工作。开展第三次全国农业普查。

（三）全域统筹，镇街联动，谱写城乡建设新篇章

加快建设美丽县城。修编完善市域总体规划，做好城市总体设计和迎宾大道、世贸大道两侧城市设计，推进城市建成区控规全覆盖。开展第一次地理国情普查。加快红椿巷区域配套建设，建成南门广场及地下停车场。启动总部中心配套项目和人才公寓建设。实施人民路、汉宁路、江滨南街和城南东路等道路优化改造，完成吴宁东路东延一期，打通甑山路西延、学士北路北延等“断头路”。开展老住宅小区标化改造试点，抓好藕荷塘等7个“城中村”改造和上进等6个小区农房改造。继续实施江滨景观带及周边亮化工程，推进城市主干道重要节点景观改造，启动猴塘湖公园、木雕文化公园建设，完成城区三大公园和江心岛改造。

加快建设实力强镇。围绕“镇区景区化、景区全域化”目标，优化横店中心镇区和景区周边城市设计，扎实推进城市风貌提升，建成“万盛映像”电影主题街区，完成218省道和镇区主要道路“白改黑”，建设一批特色街、特色村和景观线。引导南马与横店小城市建设规划对接，提升五金机械、红木家具产业发展水平。推动巍山镇区向西拓展，加快东粮广场开发，提高商业集聚度。修编完善歌山、画水、千祥、虎鹿

等镇域总体规划，实施一批基础设施项目，提高集镇规划建设管理水平。引导生态型镇乡因地制宜发展生态农业、乡村旅游和体育休闲等产业。

加快建设美丽乡村。启动村庄布局规划修编；突出“东派民居”特色，修编农房设计通用图集，启动农房带图审批试点。优先安排农民建房指标，重点解决无房户、危房户住房困难，改造农房3000户以上。健全“五位一体”运维体系，完成41个行政村生活污水处理设施建设，推进农村生活垃圾分类减量化处理扩面，实现行政村全覆盖。深化“四边三化”行动，完成省道沿线“赤膊房”整治，开展“三整一拆”农村环境综合整治，创建美丽乡镇1个、精品线2条、精品村10个。深化农村“三权”改革。深入实施“富村四年计划”，转化集体经济薄弱村20个。完成农民培训1.36万人次。培育农家乐(民宿)集聚村2个、休闲观光农业示范点3个以上。

完善城乡基础配套。加快推进义东永高速、金义东城际轻轨、杭温高铁建设前期，争取开工建设金甬铁路，建成横店通用机场一期。完成37省道改建路面工程和40省道改建路基工程，开工建设39省道复线，加快推进22省道改建前期。实施省道“白改黑”提升改造31千米；完成农村公路大中修65千米、提升改造30千米。完善城乡公交一体化改造，新增港湾式停靠站100个、公共自行车1000辆，新建绿道50千米。加快110千伏金宅变建设，建成投运110千伏防军变。大力实施光纤入户工程，扩大公共区域免费Wi-Fi覆盖面。

提升城乡管理水平。完善城市管理体制机制，常态化开展占道经营等街面秩序整治，加强商品住宅物业管理，提升市容管理水平。推广“昌邑模式”，提高保洁质量；开展城区生活垃圾分类收集处理试点，启动污泥处理中心和餐厨垃圾处理中心建设；做好国家卫生城市复评省级考核准备，创建金华市级卫生镇2个。加强南午岭等交通堵点和事故多发路段整治；加大交通违法行为查处力度，创建黉门广场严管示范区。完善违法建设防控“两网化”管理机制，深入开展“8+X”专项整治，扎实开展城镇危旧房改造，争取拆除违法建筑150万平方米，完成旧住宅区改造50万平方米、旧厂区改造30万平方米、“城中村”改造60万平方米，创建金华市级“无违建镇乡(街道)”3个。

(四)立足长效，强化治理，提升生态文明新高度

深化“五水共治”。力争南江全流域达到Ⅲ类水体，东阳江全流域基本达到Ⅲ类水体，全市水域基本达到可游泳的水质，争创省“清三河”达标市。从严落实“河长制”，开展智能化河道巡查。建成投运市第二污水处理厂一期和3个乡镇工业区污水处理厂；完成横店污水处理厂和歌山污水处理设施提标改造。实施城区3个小区、艺海北路和新增截污点的截污纳管改造；加快镇级污水管网建设。开展低小散块状特色行业与城区“六类”服务业水污染整治。完成11个中小河流治理和7个重点县项目扫尾工作，实施农村河道综合整治30千米。排查整治城市易涝积水点。改善提升1万农村人口饮水条件。

推进环境整治。严格执行环境影响评价，完善刷卡排污总量管理制度，实施排污权有偿使用，推行环境监管网格化管理。深化大气治理，完成高污染燃料锅炉淘汰改造，引进天然气等清洁能源，加强扬尘、烟尘和七大行业挥发性有机废气治理，深化机动车排气污染整治，稳步推进“双禁”扩面，做好垃圾、秸秆禁焚和综合利用工作，PM2.5浓度比上年下降5个百分点以上。开展清洁土壤行动，加强危险废物和污泥污染防治，推进城区高耗能、重污染企业搬迁改造，实施疑似污染场地排查。

加强生态建设。开展新一轮森林资源二类调查，完成山地更新造林106.7公顷(1600亩)、平原绿化造林133.3公顷(2000亩)，推进森林抚育、林相改造1000公顷(1.5万亩)以上，创建省级森林城镇1个、省级森林村庄2个。创建国家级生态镇1个、省级生态街道2个、金华市级生态村12个。推行建设占用耕地耕作层剥离和再利用。加强地质灾害防治和废弃矿山治理。

(五)共创共享，公平均衡，增进普惠民生新福祉

广覆盖推进社会保障。加大财政民生投入，办好十大民生实事。完善就业创业扶持政策，激发大众创业就业热情，新增城镇就业1万人以上。调整完善被征地农民、城乡居民基本养老和医疗保险制度，改革医保支付方式，保障社保基金安全运行。开展居家养老服务照料中心星级评定，支持民营资本发展健康养老产业，新增机构养老床位200张；实施南市、东阳江等镇街敬老院改造；依托“8890”建立“虚拟养老院”。完善社会救助体系，推行低保标准城乡一体化，加强重度残疾人等特困群体生活托底保障。启动市救助站、救灾物资储备中心建设，新增避灾安置点20个以上。

开展双拥模范城创建。开工建设市公共租赁住房(一期)。

高质量发展社会事业。优化城乡教育资源布局，完成东阳二中迁建、防军小学、斯村小学、市机关幼儿园江北分园等项目建设,启动建设西庄小学。继续推进义务教育标准化学校创建和“名师名校长”工程。扩大集团化办学范围，推动教育云应用与教育教学深度融合。提高普惠性等级幼儿园覆盖面。加快建设国祥实验学校、文荣实验学校和花园外国语学校。支持广厦学院“专升本”和横店影视学院特色化办学。稳步实施城区医疗资源布局调整，推进市中医院、红十字会医院迁建前期。启用横店文荣医院,完成市人民医院多层停车场建设。推行分级诊疗、双向转诊,基层就诊率65%以上。开展设备更新添置三年行动，提高基层医疗机构装备和诊疗水平。实施全面“两孩”政策,改革完善计生服务管理,加强出生人口性别比综合治理。深入开展“文化走亲”“文化下乡”等活动,新建农村文化礼堂10家以上。争取全国文明城市创建提名。加强传统特色村落、森林古道以及文物、非遗等保护利用。加快推进市体育馆和中小学校塑胶运动场地建设,加大全民健身广场、体育休闲公园建设利用力度,机关、学校体育设施向社会开放。办好市第七届运动会和全球华人篮球赛、全国气排球赛。

支持工青妇等人民团体开展工作,继续做好人民武装、民宗、侨台、外事、供销、邮政、慈善、红十字会、关心下一代等工作,发展广电、气象、科普、档案、地方志等事业。

全方位加强社会治理。深化平安东阳建设,力夺“平安金鼎”。完善公共法律服务体系建设,启动“七五”普法。提升基层组织自治能力,培育发展公益慈善、社区服务等4类社会组织。做好村委会换届选举工作。加强社会治理信息化建设，构建基层社会治理“一张网”。健全社会矛盾纠纷预防化解机制，全力做好G20杭州峰会安保和信访维稳工作。推进立体化治安防控体系建设，保持对违法犯罪的高压态势，依法推进非法集资案件处置工作。巩固省农产品质量安全监管示范县创建成果，实行最严格的食品安全监管制度。深入推进道路交通、消防、建筑施工等重点行业领域专项治理和“三企业、两场所”整治,减少各类安全事故发生。

(六)民本为重,依法行政,打造法治政府新形象

强化公共服务。正确处理好政府与市场关系，切实把政府职能转到主要为各类市场主体创造统一开放、竞争有序的市场环境上来。完善财政资金配置机制,健全基本公共服务体系，努力提供更多更好的公共产品和公共服务。加强电子政务建设,完善网上审批服务平台,提高在线咨询、网上办理效率和质量。推进“8890”部门热线整合。启动市行政服务中心搬迁。完成公务用车改革。

坚持依法行政。严格实施《东阳市重大行政决策程序规定》,提高行政决策科学化、民主化、法制化水平。自觉接受市人大及其常委会的法律监督、工作监督和市政协民主监督，认真执行人大决议决定，提高人大建议意见和政协提案办理质量，虚心听取各民主党派、人民团体和社会各界的意见建议,主动接受司法监督、舆论监督和公众监督。深化政务公开,继续办好《市民问政》《行风热线》《每周聚焦》等栏目。

切实改进作风。强力整治“庸懒散浮拖”等不良现象,大力弘扬求真务实、敢于担当的好作风,倡导团结干事、务实高效,争当“能谋事、会担事、肯干事、干成事、不出事”的“五事”干部,筑牢防线、不破红线、守牢底线、谋好战线、冲锋一线，真正把心思花在谋划工作上,把精力用在推进落实上,把成效体现在东阳更好更快发展上。

加强廉政建设。认真贯彻落实中央八项规定和《廉洁自律准则》,深化简政放权,推进正风肃纪,以权力“瘦身”促廉政“强身”。加大监察、审计、财政监督力度，坚决防止“四风”问题反弹,营造干部清正、政府清廉、政治清明的良好政治生态。

名词解释：

1.“四张清单一张网”:是指推行政府权力清单、责任清单、企业投资项目负面清单、财政专项资金管理清单及浙江政务服务网东阳分厅。

2.“三名”工程:是指2013年省委、省政府做出实施“四换三名”工程的决策部署,全面推进腾笼换鸟、机器换人、空间换地、电商换市和培育名企名品名家。“三名”即着力培养知名企业、知名品牌、知名企业家。

3.“两化”融合:是指电子信息技术广泛应用到工业生产的各个环节,信息化成为工业企业经营管理的常规手段。信息化进程和工业化进程不再相互独立进行，不再是单方的带动和促进关系,而是两者在技术、产品、管理等各个层面相互交融,彼此不可分割,并催生工业电子、工业软件、工业信息服务业等新产业。“两化”融合包括技术融合、产品融合、业务融合、产业衍生四个方面。

4.“二综、二区、十园”:是指现代农业综合区、主导产业示范区、特色农业精品园。“二综”指东白山现代农业综合

区、城郊现代农业综合区；“二区”指佐村茶叶主导产业示范区、千祥中药材主导产业示范区；“十园”指歌山尚侃花卉精品园、歌山雪舫生猪精品园、马宅中药材精品园、湖溪何氏肉鸽精品园、歌山罗非鱼精品园、佐村梦的农庄精品园、南溪青枣精品园、三单榧哥香榧精品园、西甑山林场香榧精品园、佐村鑫峰香榧精品园。

5.“三改一拆”：是指全省统一开展的改造旧住宅区、旧厂区、城中村和拆除违法建筑三年行动。

6.“四边三化”：是指2013年省委、省人民政府提出的，在公路边、铁路边、河边、山边等区域开展洁化、绿化、美化行动。

7.“河长制”：是指由各级党政主要负责人担任“河长”，负责辖区内河流的污染治理。“河长制”是从河流水质改善领导督办制、环保问责制所衍生出来的水污染治理制度，目的是为了保证河流在较长的时期内保持河清水洁、岸绿鱼游的良好生态环境。

8.“五水共治”：是指省委十三届四次全会提出的，要以治污水、防洪水、排涝水、保供水、抓节水为突破口的倒逼转型升级。

9 政务服务网东阳分厅：是指按照浙江省、金华市的统一模式，遵循全省统一的业务技术标准和规范，在整合全市政府门户网站和行政服务中心、便民服务中心的行政审批、便民服务等电子政务系统基础上构建的网上政务服务平台，东阳市政务服务网分厅已于2015年6月25日正式上线运行，目前已将35个部门的所有审批事项纳入政务服务网，面向互联网用户提供办理指南、表格下载、网上咨询、投诉评价等服务。

10.“8890”便民服务平台：是指由政府主办的非应急公益服务平台，为市民提供咨询、求助、投诉等非应急社会治理类服务；该平台充分整合党政资源、市场资源和社会服务资源，打造“急事找110，难事找8890”的新型政府服务模式。

11.四个“十大工程”：是指东阳市2015年度的十大民生实事、十大重点工程、十大招商引资项目、十大文化创新工程。

12.“一都二城三镇四区十村”旅游发展工程：是指东阳市旅游业发展“124工程”，“一都”指以横店影视城为核心的国际影视之都；“二城”指中国木雕文化博览城、卢宅古建城；“三镇”指东阳木雕小镇、横锦创作休闲小镇、欧美影视小镇；“四区”指东白山省级旅游度假区、三都—屏岩省级风景名胜区、落鹤·社姆省级风景名胜区、佐村三单农耕文化休闲旅游区；“十村”指花园、李宅、蔡宅、斯村、天山、白泉、新东、南江、岱溪、大爽等十个旅游特色乡村。

13.“四纵五横十八连”公路网络：是指构建“四纵五横十八连”为骨架，为东阳市打造内畅外通的公路网络。“四纵”指S26诸永高速公路、义东永高速公路、G351台州至小金、S209桐乡至永康公路；“五横”指S315三门至婺城公路、G1512甬金高速公路、G527象山至义乌公路、东永高速公路、S214萧山至磐安公路；“十八联”指歌山—怀鲁公路、徐田—巍山—东白山公路、老37省道、南市梨凤—李宅公路、老40省道—后葛线—大永线、老39省道、花廿线—横店环镇北路—南上湖—郭宅公路、老22省道、稠岭线、横店—南马公路、横店—千祥公路、东小线、千祥—马宅公路、三联—徐宅—湖溪公路、横窈线、胡歌线、上岭线、东尚线。

14.“义甬舟”大通道：是指浙江省“十三五”规划的“义甬舟”开放大通道平台，即为加快义乌、宁波、舟山三地的物流和交通大通道建设，形成三地更为紧密的经济贸易联系，加快建设浙江海上丝绸之路，进一步提振浙江外贸经济，形成国际化、全球化贸易大通道。

15.“五位一体”运维体系：是指以第三方专业机构为服务主体，县乡村户各司其职的农村生活污水治理设施运行维护管理体系，五位即“第三方专业机构、县、乡、村、户”。

16.“三整一拆”：是指以“整乱堆乱放、整空心空地、整管线立面，拆乱搭乱建”为主要内容开展的农村环境综合整治行动，提升农村居住环境品质，促使农村生产生活转型升级。

17.“富村四年计划”：是指通过四年的努力，力争到2016年，使全市112个省定经济薄弱村集体经济收入达到10万元以上，其中经营性收入不低于5万元，基本满足村级组织运转需要。

18.“8+X”专项整治：其中“8”是指“两路两侧”和交通主干道两侧环境整治、重点村整治、空心村整治、拆违“回头看”专项行动、拆后清理利用专项行动、乱搭乱建乱堆乱放清理整治、卫片执法图斑专项整治、影响消防安全违法建筑专项整治；“X”是指根据浙江省、金华市统一部署开展的其他专项整治行动。

19.“双禁”扩面：是指2015年1月1日起，在东阳市中心城区、全市山林全年禁止销售、禁止燃放烟花爆竹。随着城市建设的发展，“双禁”区域将逐步扩大，2015年10月1日起，中心城区的“双禁”范围从原先东至迎宾大道；南至南山顶；西至八华路（北延伸至北山）、城南西路、象金路；北至北山顶扩展至吴宁街道、白云街道、江北街道所辖全部区域；上卢管理处所辖迎宾大道东侧绿化带以西区域。

20.“8890虚拟养老院”：是指应用互联网等信息技术，以8890便民服务平台为信息支撑，以生活照料、家政服务、精神慰藉、康复护理、应急援助为服务重点，整合政府、市场、社会养老服务资源，更好满足居家老年群体多多元化、动态化、个性化服务需求，解决老年人居家生活“不方便、不安全、不开心”等问题。

专 辑

深化改革概述

【概况】 2013年11月，中共十八届三中全会拉开全面深化改革的大幕。东阳市紧跟中央和省、金华市的决策部署，2014年3月，成立东阳市委全面深化改革领导小组，东阳市委书记任组长。设立办公室，抽调专人办公。成立经济体制、法制和社会领域改革等6个改革专项小组（2015年11月调整为8个改革专项小组）。2014年1月8日，东阳市委十四届五次全会审议通过《中共东阳市委关于认真学习贯彻党的十八届三中全会精神全面深化改革再创体制机制新优势的实施意见》，明确全面深化改革工作总体目标和任务。2015年2月，制定《东阳市2015年度全面深化改革工作要点》，明确年内改革工作指导思想、工作目标、重点任务和推进举措。

【经济体制改革】 推进资源要素市场化配置改革，有35项任务，涉及17个牵头部门。完成城镇土地使用税调整、差别化信贷引导政策、宅基地有偿退出机制、科技创新政府引导机制、财政科技奖励政策、多层次人力资源市场、产业平台建设管理体制、核准目录外企业投资项目不再审批、商事登记制度等16项改革任务。完善产业转型提升机制，对画水镇上坞村、城东街道等9个老工业园区和吴宁街道、湖溪镇等8个相对集中的工业区分类编制规划，开展试点工作，推动“腾笼换鸟”（把现有的传统制造业从目前的产业基地“转移出去”，再把“先进生产力”转移进来，以达到经济转型、产业升级）。完成画水镇、巍山镇、湖溪镇、南市街道4个镇乡街道11个老工业园区（区块）的规划编制工作。老工业园区（区块）内改造企业增加建筑面积30余万平方米，淘汰6吨以下燃煤小锅炉68个。实施旧厂区改造20户、60余万平方米。北江农垦场原有20余家“低小散”企业，全年税收不足100万元，安全隐患突出，改革后统一实施物业联建，建成一期工程8幢、5万平方米标准化厂房。完善《东阳市国有企业经营者经营目标责任制考核暂行办法（修订）》，加强国有资产管理。制订《木雕红木家具行业准入标准》，规范检验检测机构，完成南马红木家具雕刻、油漆公共服务平台建设，完善广告投放、诚信经营相关管理规章制度。修订完善电子商务促进政策，开展电子商务进万村工程试点，全年增加电子商务企业近300家。推进省级金融创新示范市工作。全年发行各类债务融资工具83.4亿元；完成IPO上市1家，兼并重组3家，“新三板”挂牌3家，区域资本市场挂牌4家，完成股份制改造11家；在会企业3家，处于上市实质性进程15家。报批金融一条街建设整体规划，筹建民间资本管理公司1家。

【法制和社会领域改革】 推进政府职能转变和机构改革。2015年4月3日，设立卫生和计划生育局。突出“大文化”行政管理体制改革方向，实施市文化局与市委宣传部合署办公；对原市博物馆、中国木雕博物馆、市文物管理办公室的管理体制进行改革，整合职责，调剂人员编制。开展农口、交通等系统事业单位职能综合、机构整合、人员融合试点工作，实行同性质单位人员统一调配。推进“四张清单一张网”（“四张清单”：第一张清单是政府的权力清单、第二张是政府的责任清单、第三张是企业投资项目负面清单、第四张清单是政府部门的专项资金管理清单，“一张网”：浙江政务服务网）、综合行政执法改革。成立东阳市人民政府深化“四张清单一张网”改革推进职能转变协调小组，制定印发《2015年东阳市深化“四张清单一张网”改革推进简政放权放管结合转变政府职能工作方案》，明确责任单位和时间进度，推进“四张清单一张网”建设。2015年，重点开展权力事项网上的比对、调整工作，完成非行政许可审批事项的清理工作，22项非行政许可审批事项清零。加强行政处罚结果信息公开工作，浙江政务服务网东阳分厅依托市电子政务外网，实现政务公开、网上审批、效能监察于一体的“一站式”网上政务服务平台。全市35个部门的所有审批事项纳入政务服务网，公开上网行政审批事项469项，便民服务事项216项，通过网上申报的事项375项。推进基层治理法治化。推行村级“小微权力”规范化运行。编制村级组织和村干部“权力清单”，规范运行流程，实行“小微权力”阳光运行，加强对不守规矩村干部的监督管理，立案查处不守规矩村干部37人。建立健全社会维稳工作机制。实施基层社会治理信息化建设试点，以“互联网+”引领基层社会治理；建立社会稳定工作“三色”（蓝色通知单、橙色督查令、红色问责卡）预警工作机制；开展“多警联勤”勤务改革、交通事故处警模式改革试点工作。

【文化体制领域改革】 创新影视文化产业发展机制。拟制文化影视时尚产业三年行动计划；为争取省文化广电新闻出版局下放影视剧立项初审权做准备工作；开展影视文化后十年扶持政策调研；文化产业保持强劲增长势头。实施文化产业“十大创新工程”。万花园春园开园；完成木雕特色小镇概念性规划和初步论证并上报省政府；完成横锦休闲创作小镇优化设计；木雕大师产业园投产运营；确定卢宅民俗文化街功能布局；完成横店文影CBD项目设计方案评审工作，完成万盛映象·电影主题特色街区设计方案。实施镇容镇貌整治工程、镇区设施功能提升工程、影视文化景观建设工程三大工程。创新基层公共文化服务体系。完善农村文化礼堂“建管用”一体化机制；在全省建立家训家风教育馆和示范点；推进文化惠民，实施机关单位及学校体育场等公共文体设施对市民开放；盘活东阳剧院资产，引入市内外优秀文艺团队开设“周末剧场”，演出节目30余场。

【生态文明领域改革】 建立“排污有偿、污染赔偿、生态补偿”机制和用能总量核定和指标交易制度。制定《东阳市主要污染物排污权有偿使用和交易管理办法》；核定65家重点企业的初始排污权，签订排污权有偿使用费1400余万元。制定《东阳市用能权有偿使用和交易办法》，委托第三方开展全市企业初始用能权核定工作。健全镇村生活污水治理机制。改进“河长制”，增设执行河长、河段长。创新设立“重点排污口治理长”，全市41个重点排污口由市级领导一对一领衔包干。加大《每周聚焦》栏目曝光力度，查纠违法行为。建立河长微信群、农村生活垃圾分类处理等8个微信群。江滨景观带湿地公园运行，完成老城区24个截污纳管项目、400余个城区污染源点的改造，新建和改造城区污水管网23千米，11个建制镇建成污水管网112千米，完成106个行政村农村生活污水治理任务。农村垃圾分类处理行政村覆盖率55%。东阳江、南江6个省、金华市控监测断面地表水质均达到三类水。东阳市1条河流（浪坑溪）被评为全省河道建设生态示范工程。东阳市通过省级生态市创建、省环保模范城市技术评估，被评为全省美丽乡村先进县市。建立大气污染防治机制。推进大气治理“十大”专项行动，开展环境执法“雷霆行动”，淘汰黄标车2700余辆，城市环境空气优良率90.3%，金华地区排第二名。推进“空心村”整治。制定1个主政策和7个配套文件，在41个村先行试点，涉及试点村总户数14360户、总人口38983人。

【城乡一体化领域改革】 建立城市保洁长效机制。试行城区环卫管理“昌邑模式”，在白云街道开展试点。市五创办与市爱卫办合署办公，强化统筹协调、检查督促职能。加快农村“三权”制度改革。全市514个村经济合作社通过社员代表会议决议，启动股份制改革工作。其中，488个村社发布股份制改革实施方案，基本完成股份制改革，占村社总数的94.94%。全市量化资产总额85.08亿元。全市发放土地使用证14269本，农村宅基地确权登记率88.6%。实施林业总场改革，基本完成总场改革后定性、定编、定经费的落实工作。实施城乡公交一体化改造。印发《城乡公交一体化改造实施方案》，统一管理5家客运企业、82条农村客运班线计196辆班车，按照“定线路、定班次、定时间、定站点、定票价”原则，统一排班、统一调度、统一结算，全部实行公车公营；推进教育卫生体制改革。深化国家数字教育资源公共服务平台（国家教育云）规模化应用试点，完成硬件平台搭建，形成空间运用、网络教研、网络课堂等6种应用模式。制订《东阳市义务教育段学校校长教师流动实施细则》，推动城乡学校教师校长合理流动。推动双向转诊制度，完成社区卫生服务中心（卫生院）、服务站门诊电子病历建设。落实新一轮国家基本药物制度，增加常用药和慢性病治疗用药。

【党的建设制度改革】 完善党内治理制度，建立作风建设常态化机制。制订“两个责任”(党委负主体责任，纪委负监督责任)，落实实施细则及考核办法；严惩违法违纪行为，立案96件，处分党员干部37人，其中开除党籍14人。深化党员积分制管理办法。试行农村干部积分制管理，完善村级组织运行机制。

(徐海青　王凯婷)

深化改革典型案例

【深化影视文化管理体制改革】 改革前：横店影视文化产业实验区管辖区域与横店镇、南马镇、湖溪镇、城东街道等行政区域重合，机构职能交叉，实验区管委会职能虚化，实验区所辖区域规划、建设各自为政。部门指导上，文化管理职能分散，统筹不够。

改革举措：整合横店镇、横店影视产业实验区、横店影视文化产业实验区、文化广电新闻出版局、旅游局力量，统一人员力量，统一设立党委，浙江横店影视产业实验区管委会与浙江省横店影视文化产业实验区管委会实行“一套班子、两块牌子”。改革文化事业单位管理体制，撤销市婺剧团、东阳剧院和东阳市电影总公司3家事业单位，成立东阳市婺剧艺术传承中心和东阳市婺剧演出有限公司、东阳市电影放映有限公司两家国有独资企业。实行市委宣传部与市文化局合署办公，完成市博物馆和中国木雕博物馆的整合。

改革成效：加强对全市文化产业的领导，实验区365平方千米区域实行统一规划管理，统一协调建设，统一影视文化产业方面事项审批，统一招商引资，统一人事管理，实现镇乡街道建设规划与影视文化产业规划的无缝对接。

【城区“多警联勤”勤务模式探索】 改革原因：在传统警务模式中，各警务室、治安岗亭、交警岗亭、城际卡点等站点建设和使用通常由各警种分头落实、各自为战，导致警力调度、应急处置未能进行统筹和整合，无法发挥其应有的效益。各站点的工作时间固定、勤务方式变化少和管理模式单一，在一定程度上与动态的社会治安存在“两张皮”现象，工作缺乏针对性和实效性。

改革举措：从实际出发、从实战出发，统筹考虑各警种职能，对城区部分警务室和治安岗亭的布局和功能进行整合，合理选址、重新定位，建设一批“多警联勤”综合型警务站，实行派出所社区民警、交警路面执勤警力、巡特警巡逻警力以及在部分站点整合刑侦大队出租车管理警力集约办公。“多警联勤”综合型警务站实行“多点一站、多警一站”模式，整合“派出所社区警务点、交警网格化执勤点、巡特警动中备勤点”3大功能，在主要城际出入口的警务站整合“出租车管理城际卡点”功能，逐步形成“资源整合、集约用警、一体运作、注重实战”的“多警联勤”警务站勤务模式。

改革成效：促进警力延伸，覆盖巡防网格。“多警联勤”综合性警务站发挥“值守点、接警点、处警点、服务点、宣传点、信息点、盘查点、堵控点”8个职能，方便各警种实行静态驻点与动态巡逻相结合，依据辖区动态治安情况，按需在治安、交通环境复杂地区设置卡点，实现巡逻防控前移和警务触角延伸，提升街面见警率，很大程度上解决警力使用和处警效率上存在的不足。提升反应能力，占据处警先机。警务站配备公安专网，指挥中心可实行扁平化“点对点”指挥调度，对“两抢”、寻衅滋事、打架斗殴等街面现行案件以及交通拥堵事件指令警务站民警先期出警，及时对各类警情做出快速反应，先期处置各种警情，保护案件、事件现场，及时固定可疑人员信息。追踪热点难点，开展综合治理。通过警力下沉，融入社区群众，随时随地接受报警求助，发动辖区群防群治力量，获取各类预警信息，及时发现处置辖区各类矛盾纠纷隐患，让其成为距离百姓最近、接触百姓最多的前沿阵地。服务破案侦查，提高打击效能。通过采取全天候定点震慑、联合巡控、不定时设卡拦截检查，可以根据指令第一时间做出反应、采取措施。

【深化东义融合发展机制】 改革背景：东阳、义乌同属东义都市区，两地城区紧密相连，人流、物流密切，加速推进两地融合发展是两地人民的共同愿望。但在遇到具体问题时，无法完全摆脱从行政区域的角度来思考“谁吃掉谁，谁吞并谁”的想法，在观念上严重束缚两地经济社会发展和百姓的交流，两个城市之间融合发展面临地方保护主义和行政壁垒的主要障碍，两地优势共享明显不足。

改革思路和举措：建立两地政府之间的沟通协调机制；推进义东交通全面对接，加快两市主城区之间、主城区与中心镇之间的快速通道建设；区域市场一体化，共同营造统一开放的市场环境；社会事业资源互补发展，在文教、环保、体育、医疗卫生、社保等领域开展合作。按照先易后难、逐步推进的思路，东阳与义乌相关职能部门确定交通路网、旅游资源合作、公共交通同城、医保同城结算、环保合作机制5个方面内容为推进合作事项，实现同城化发展，共建浙中城市群。

改革成效：交通路网对接成效明显。完成甬金铁路沿义乌站接轨方案规划、廊道走向对接工作，推进37省道东阳李宅至义乌青岩刘段工程。S211（22省道）东阳怀鲁—义乌山口段改建工程项目完成与义乌的线位对接、工可审查、项目立项。

旅游资源实现优势互补。2014年4月，联合举行东阳义乌“双城游”签约暨启动仪式，签订义乌市风景旅游管理局与东阳市旅游局、义乌市国际商贸城与东阳市横店影视城、东阳中国木雕城等多个层面的合作协议，启动东义“双城游”，推出“游在横店，逛在义乌”的三日游精品路线，成立东阳市旅游信息中心，印发《关于利用义乌、横店客流资源促进商贸旅游业发展的奖励办法》，提高奖励幅度，推动旅行社在各旅游客源地拓展地接业务，2014年双方互送游客超50万人次。2015年义乌文交会首次在东阳设立分会场，布置50个标准展位、1000平方米的东阳馆，安排免费巴士接送，实现义乌商贸客流和东阳影视木雕游客流的融合交流。

两地公交班车互通密切。东阳至义乌班车计51辆、1447座、197班次。其中东阳西站至义乌江东客运站班车24辆、696座、120班次；东阳市境内乡下巍山、溪口、怀鲁、岭脚、凌头、横店、吴良、南江、千祥、亭塘等至义乌江东客运站班车20辆、522座、45班次；王坎头至义乌南方联客运站班车1辆、29座、2班次；东阳东站至义乌火车站班车6辆、210座、30班次。义乌至东阳班车计24辆。其中义乌江东客运站至东阳西站客运班车13辆，义乌至横店5辆，义乌火车站至东阳东站班车6辆。

【探索实施联合接访机制推动信访化解工作】 改革背景：日常信访工作中存在群众重复访不断，越级上访居高不下以及信访事件办理效率低的问题；部门接访中存在推诿、责任不落实，信访处理不及时，群众不满意的问题。

改革举措：2014年8月，成立联合接访中心，抽调涉及信访问题较多的部门，实行派驻制，落实人员统一派驻中心联合接访。群众来访由中心统一登记后、当场分类转办交办、信访事项责任单位现场接访、受理、协调并限期办结，实现关口前移、现场接访、联合办公、限时办结。2015年，重点建立完善相关工作运行机制，确保各项制度落实到位，进一步提升工作实效。搬迁信访局，打造接访中心，内设综合接待室、调解室、法律咨询室、心理干预室，“两代表一委员工作室”以及各个单位的信访接待室。注重中心的细节设计，为来访群众提供休息室、免费饮水处、配备急救药品等，通过摆放盆景、墙上贴挂“有话好好说，有理慢慢讲”等引导性标语以及播放舒缓情绪的背景音乐等方式，为来访群众营造一个放松焦虑情绪的舒适环境。合理筛选派驻单位。着眼便民与效益的最大公约数，把市国土局、市行政执法局、市规划局、市住建局、市人力社保局、市民政局6个涉及信访量最多的单位，明确为常驻联合接访单位，要求各单位每天上午落实1名熟悉政策业务、善于群众工作的中层以上干部入驻中心，开展联合接访。实施派驻单位进入退出机制，根据不同时段信访形势及特点，对派驻单位名单进行调整。规范完善运行机制。信访局负责联合接访中心的日常管理，制订联合接访中心运行机制，明确派驻单位的工作职责，建立接访日志等。开展对派驻单位的日常考核，考核结果纳入全市对各单位的年终总体考评，确保实效运行。

改革成效：通过联合集中办公，省掉交办转办等中间环节；通过当场接待、受理，信访接待中心由“中转站”变成“终点站”；对涉及多个部门的信访事项，在联合接访中心可以快速召集多部门联合处理，确定主办协办单位，防止部门推诿而增加矛盾，方便群众诉求，提高信访事项办理的效率。联合接访中心自运行以来，答复率100%，信访件处理化解时间基本上从原来的2～3个月缩短到1个月内，信访有效化解率从原来的60%提升到80%。

【深化二手房交易评估改革】 改革前：二手垂直房交易税收征管采取“一案一评”的方式，即交易一户评估一户，这种征管方式存在诸多弊端。一方面由于存量垂直房交易过程中，交易的主体大多数为个人，为了低报成交价，个人与个人之间的房屋买卖往往以“阴阳合同”的形式签订，从而偷逃税款。另一方面，一案一评制度运行中，纳税人进行二手垂直房交易，需要先评估后审核再办理，程序烦琐，同时也留下一定的人为寻租空间。

改革举措：改单套评估制为区块评估制。2014年，选定两个小区进行试点，由中介公司负责对试点小区的数据进行采集、分析，在考虑每幢楼房朝向、地理位置、区段、建筑时间等综合因素后，确定一个基准价，定期将数据采集和评估结果传送给市地税局，综合历史价格、市场价格等因素，经多次审核修改，将评估数据导入税友龙版的房产评税模块产生最低基准价。纳税人如果有一套二手房要交易，“税友龙版”房产评税系统将自动给出房屋所在区块最低基准价，征税窗口将根据两证上的建筑面积计算出交易价格，从而根据合同价与系统价孰高原则确定计税依据，实行只要资料齐全，随到随办。2015年，重点推进二手垂直房区块评估改革扩面，基本实现东阳市全部规范小区存量垂直房通过系统评税全覆盖。

改革成效：提升办事效率，规范计税价格。未实施二手房评税前，采用的是“一案一评”的方式进行交易，纳税人办理房产交易税收首先需经过第三方中介评估，拿出一份评估报告后方可到窗口缴纳相关税费。采用二手房评税系统后，纳税人可根据系统价格确定交易价格直接到窗口缴税。

（徐海青　王凯婷）

金华市级以上改革试点项目

表1

序号	试点项目	批准单位及批准时间	责任单位及实施时间	进展情况
1	国家中小城市综合改革试点—横店镇	国家发改委 2015.3	市发改局 2015.3~	接到试点文件后成立领导组织，在市发改局设立办公室。召集各相关部门召开横店镇国家中小城市综合改革试点工作座谈会，听取全市各部门及横店镇对本次改革试点的意见建议。在结合各方意见及深入调研的基础上，起草改革试点方案，5月，在修改完善的基础上完成《浙江省东阳市横店镇国家中小城市综合改革试点实施方案》（修改稿）。6月，具体实施方案报省发展和改革委员会，省发改委将全省试点方案统一报国家发改委审批。10月末方案获批
2	国家数字教育资源公共服务平台规模化应用专项试点（第一轮试点工作结束，根据国家教育部安排，此项试点2016年继续推进）	教育部 2012.11	市教育局 2012.11~2015.12	按照《国家教育资源公共服务平台规模化应用试点实施方案》的要求，经过两年的努力，在建设、培训、应用和形成长效机制等方面进展如下：创新建维模式，构筑有力支撑。按照“政企联合，优势互补，支持教育，发展共赢”的原则，升级改造主干万兆、千兆到校的“校校通工程”，新建东阳教育云数据中心，遵循国家教育云平台技术规范，搭建国家教育云平台东阳中心，完成“三通一平台”的建设（即宽带网络校校通、优质资源班班通、网络学习空间人人通、国教育资源公共服务平台东阳中心）。强化教师培训，夯实应用基础。开展“51329”培训工程，完成332名校长的信息化领导力培训，680名骨干教师的信息技术与教学应用融合能力培训，300名技术人员的专业培训，145名教科研骨干的云环境下教科研实践培训，2480名教师的教育技术提升能力的培训。推进三类应用，形成东阳特色。制定《国家教育资源公共服务平台规模化应用东阳市试点实施方案》和《东阳市国家教育云规模化应用试点中小学校（幼儿园）推进工作方案》，将教育云的应用分为“规定应用、自选应用、创新应用”三类，因地制宜，分层推进。在网络空间、网络教研、网络课堂、数字化学习等六个方面形成典型应用模式。探索机制创新，确保长效发展。在经费保障、应用考核和奖励、人员保障、企业参与等方面探索长效机制。截至2015年6月，该试点工作先后在全省教育局长会议、全国新媒体新技术教学应用研讨会、国家教育资源公共服务平台规模化应用试点工作全国会议上做典型发言，受到教育部、中央电教馆、省教育厅领导的高度评价。试点工作成果还应邀参展全国中小学教育信息化应用展览活动、第十届上海教育博览会，应邀参加浙江省第一批教育部教育信息化试点单位应用案例展。《国家教育云规模化应用东阳试点应用纪实》以全省排名第一入选“浙江省教育信息化应用视频案例”

续表 1

序号	试点项目	批准单位及批准时间	责任单位及实施时间	进 展 情 况
3	资源要素市场化配置改革综合试点	省政府 2014.9	市发改局 2015.2~	2015 年 2 月，制定《东阳市资源要素市场化配置改革总体方案》，成立领导小组，同时按照土地、科技、人才等资源要素分成 8 个专项小组，由全市 17 个重要职能部门牵头负责督促落实各自领域 35 项资源要素改革任务。坚持每季度听取工作情况汇报，每季度进行监督检查。市领导及时协调解决工作中存在的问题。各项改革任务都按照《总体方案》的时间安排有序推进。完成城镇土地使用税调整、差别化信贷引导政策、宅基地有偿退出机制、科技创新政府引导机制、财政科技奖励政策、多层次人力资源市场、产业平台建设管理体制、核准目录外企业投资项目不再审批、商事登记制度等 16 项涉及土地、金融、人才、科技要素方面的改革任务，先后出台相关政策文件 47 件
4	金融创新示范市	省金融办 2013.4	市金融办 2013~2016 年	推进企业对接多层次资本市场。处于实质性上市进程企业 18 家，其中影视企业 11 家，工业及其他企业 7 家。“新三板”挂牌活跃，顶峰影业、青雨影视挂牌“新三板”，新安传媒、新媒诚品报送申报材料。野风药业等 20 余家企业签约或进场尽职调查。设立东阳市民间资本管理公司前期工作有序进行。逐步完善多元化金融服务体系。组建民间融资服务中心，开业以来累计撮合成交金额 15.04 亿元。东阳农信联社改制为“浙江东阳农村商业银行股份有限公司”，并于 2015 年 3 月挂牌运营。东阳市富民村镇银行于 2014 年营业。逐步优化金融生态环境。印发企业金融风险预警监测实施方案，建立企业金融风险预警监测体系，每月编制金融运行参考月报，对金融运行数据进行分析并提出意见建议供市领导决策
5	浙江省中小学教育质量综合评价改革试点县	省教育厅 2014 年	市教育局 2014~2017 年	试点以来，狠抓“四维减负”（心理减负、课外减负、课堂减负、家庭减负），建立“减负”一系列制度，实施中小学《学校作息时间表》、《班级每日课外作业量登记表》等“五表”公开制，向规范办学要质量，并推进督查落实。聚焦课程，关注课堂，向 45 分钟要质量。在小学开展“智慧课堂，快乐校园，特色学校”为主题的创建活动，初中开展“规范办学，轻负高质，一校一品”主题创建活动。校校制订《学校课程建设的顶层设计方案》，多次召开全市中小学课程建设推进会，分享学校课程建设的思路和经验。探索课堂教学模式改革，教师实行集体备课，资源共享；备精每一堂课，优化教学设计和课堂教学过程，减轻教师学生负担。建立课堂教学质量评价制度；评选“轻负担高质量”示范教师；建立音体美等“术课教案”评价制度；加强“轻负高质”课题研究和成果推广。此外，变一次性终端评价为事前、事中、事后全过程全方位监控评价。严控中小学生课外作业量，教师布置的作业必须全批全改。以 11 个“教研科研基地”为中心，辐射周边镇乡学校同步备课、协同教研、统一教学进度和考核评价，推进区域教研科研活动重心下移，发挥群体智慧，改进教研方法，提升执教能力。实施教育部“体育艺术 2+1 项目”，确保“每天一小时”，向阳光体育要质量。狠抓队伍建设，靠校长和教师两支队伍保质量。实施“名师名校长”工程，创造性抓好“三飞工程”（“雏雁起飞”工程、“群雁齐飞”工程、“领雁高飞”工程）。9 月，省教研室通报：东阳市义务教育质量指标（27 项）整体居全省前列，特别是全市初二学生“学业成绩标准达成指数”为 96.1 全省 92.8、金华 94.8）、初二学生“学业均衡指数”90.4（全省 45.8、金华 61.4）

续表 1

序号	试点项目	批准单位及批准时间	责任单位及实施时间	进展情况
6	财政支持粮食生产综合改革	省财政厅 2014 年	市财政局 2014~2016 年	理清改革思路，制订工作方案。成立改革试点工作领导小组，研究制定《东阳市财政支持粮食生产综合改革试点工作实施方案》，明晰试点工作总体目标、基本原则、主要任务和工作举措。整合财政政策，支持粮食生产。建立统一规划、统一审核、统筹使用和分类管理的财政奖补机制，将原有的 6 项扶持资金合并为 3 项补贴。(1)实施耕地保护补贴。全年为 16 万户享有农村集体土地承包经营权的农户或流转合同约定由其享有补贴的种粮大户发放该项补贴 2552 万元。(2)实施规模种粮补贴。提高规模种植大户的复种面积起点标准，加大补贴力度，推行阶梯式增加的补贴方法。这一政策直接推动东阳种植大户种粮规模适度扩大。最新统计数据显示，全市有 3.35 公顷(50 亩)以上种植大户 445 户，复种粮食面积 8602.8 公顷(12.84 万亩)，户均种植粮食 19.3 公顷（288.5 亩），大户复种面积比上年增长 10.2%。(3)实施政府购买服务政策。上半年增加烘干机 75 台，烘干能力提高 70%以上，提高早稻收割效率，增加对大型高效植保机械的补贴，推动服务主体购买大型高效植保机械近 10 台，统防统治服务能力大幅度提高。创新资金管理，提高扶持效益。制定出台《东阳市财政支持粮食生产综合改革专项资金管理办法(试行)》，明确财政支持粮食生产综合改革专项资金用途，规范工作程序，提升资金绩效
7	非税收入收缴电子化改革	省财政厅 2015.6	市财政局 2015.7~	被确定试点以后，东阳市选定与社会公众密切相关的道路交通违法罚款作为试点项目，部门联动协作，强化支付平台建设。根据金华印发的《金华市财政局存储设备扩容、交互平台项目建设方案》的指示，联合全市交警支队，对原有的网络系统进行升级改造，完成网络的安全联通，统一公共支付平台系统的数据管理，做到因特网、政务外网以及财政专网的数据互联。加强技术人员培训。组织业务人员和技术人员参加平台培训，协同市交警大队开展非税征管系统模块和票据业务的专项培训，加强平台建设过程中的难点突破。历时 3 个余月完成全市交警执收的道路交通违法罚款接入统一公共支付平台的开发、联调等工作，7 月，上线试运行(网银于 7 月末开通，支付宝于 8 月末开通)。该平台不仅实现浙江政务服务网网上统一公共支付功能，更在全省范围内率先实现银联、支付宝缴款功能，做到缴款方式多样化、缴款途径便捷化。下步：提升统一公共支付平台功能。进一步提升完善，部署实施对接统一公共支付平台刷卡支付功能的开发；协同代收机构开发对接统一公共支付平台的自助终端支付等支付渠道；在浙江政务服务网门户网站下开发公共支付业务的二级网站。合理确定代收机构支付渠道。在确保财政资金安全和符合统一规范的要求下，合理确定代收机构及支付渠道。在省政府确定全省接入代收机构的基础上，妥善确定收款银行，在现有开设财政结算账户的商业银行中选择确定，防止扩大范围

续表 1

序号	试点项目	批准单位及批准时间	责任单位及实施时间	进展情况
8	创建影视文化人才管理改革试验区	金华市委组织部 2015.4	市委组织部 2015.5~2017.12	5 月，印发《东阳市关于创建影视文化人才管理改革试验区的实施方案》及任务清单；成立由市委副书记任组长、相关部门负责同志担任成员的工作领导小组，开展影视文化产业调研。7 月，组织横店影视职业学院 20 名专业教师到 11 个机关部门开展为期两个月的挂职锻炼，建立院校与政府部门人才交流机制；启动以“最美横漂人”为主题的第二届横漂才艺大比拼活动，9 月，进行初选、决赛；8 月，印发《东阳市影视文化高层次人才认定标准（试行）》。加强横店影视职业学院建设。建立院校与影视企业战略合作机制，如横店红点影视制作公司依托学院设立定点培训基地，开设后期制作、摄影摄像等课程，由企业老总亲自授课。组织学生参与本地影视拍摄演出，有 3 名学生担任相关影视剧主角。开展影视文化人才项目申报。引进网传天下、派格华创、点点购等 26 家新兴影视企业，影视文化人才首次申报金华市“双龙计划”创新人才、创业项目共 5 人，其中入围答辩 3 人，确定 1 人入选，实现“双龙计划”影视人才“零”的突破。打造横锦创作休闲小镇。小镇设在东阳江镇，总规划面积 11749 余公顷，水域面积 900 余公顷，核心区块先行建设项目面积 18.4 余公顷（275 亩），2015 年 2 月，完成土地摘牌和设计招标。建设影视文化人才书苑。书苑设在横店影视职业学院内，占地面积 600 平方米，有独立的创作室、书画室、茶室以及文体活动场所

（徐海青　王凯婷）

2015“美丽东阳”旅游摄影大赛获奖作品

卢 宅 摄影／卢 兵

大事记

1月

6日 市"五水共治"工作座谈会召开。会议提出2015年"五水共治"工作总目标：至2015年年末，东阳江全流域基本达到Ⅳ类水体，出境断面Ⅲ类水达标率80%以上，南江全流域基本达到Ⅲ类水质。

同日 东阳市社会保障全民参保登记动员暨防范处置企业拖欠工资工作会议召开。

7日 金华市委副书记、市长暨军民到东阳主持召开座谈会，就《政府工作报告（征求意见稿）》向市有关部门负责人、部分在东阳的金华市人大代表和政协委员征求意见。

8日 市委十四届七次全体（扩大）会议暨市政府十四届六次全体会议在市行政中心召开。会议回顾总结2014年工作，研究部署2015年工作，动员全市上下坚持法治引领，深化改革创新，拼搏进取，奋发作为，在新常态下打造强市名城"两美"东阳。

同日 省政府批准设立东阳东白山省级旅游度假区，东白山成为东阳市首个省级旅游度假区，也是浙江省首个高山台地型生态养生度假区。

9日 市"深化万名医师支援农村卫生工程"启动仪式在佐村镇佐村中心卫生院举行。

12日 浙江民泰商业银行金华东阳支行开业。

13日 第八届"浙商女杰"表彰活动在省人民大会堂举行，东阳市露欣实业有限公司董事长、总经理龚淑娟获"浙商女杰杰出成就奖"。

15日 在全省"五水共治"工作电视电话会议上，东阳市获2014年浙江省"五水共治"工作优秀县（市、区）"大禹鼎"，湖溪镇清潭村党支部书记李永君被授予全省"五水共治"工作先进个人。

21日 省委宣传部副部长、省文明办主任龚怡吟，省新闻出版广电局副局长王国富一行，现场指导在横店热拍的电视剧《抗倭英雄戚继光》。

24日 全省"关注森林"工作会议召开，东阳市被授予2014年度"浙江省森林城市"称号。

29日 东阳市政银企对接洽谈会举行。会上，17家银行与80家企业签订银企合作协议，综合授信总额52.5亿元。

同日 东阳市中心城区公共停车系统规划方案获原则通过。至2017年，市中心城区规划布设73个公共停车场（含3个对外停车场），可折算为公共停车泊位约1万个。

30日 中国木雕博物馆开馆。开馆仪式上，中国木雕博物馆再次获赠由各地大师创作的45件作品。

2月

2日 市政府与浙商银行在市行政中心签署全面战略合作协议，双方签约额200亿元。

3日 市民政局在南市养老中心举办市居家养老服务照料中心护理员培训。全市270余家居家养老服务照料中心的400余名从事为老年人服务的人员参加学习培训。

4日 浙江在线新闻网站2014年度支站总结表彰大会在杭州举行，东阳新闻网获"十佳支站"称号。

5日 全市深化农村确权赋权改革工作汇报会召开。全市村经济合作社启动股份制改革经济合作社280个，完成股改121个。

11日 省军区司令员少将王海涛到东阳慰问现役军级领导亲属。

15日 市落实党风廉政建设责任制情况汇报反馈会举行。

16日 浙江省县市区域报最佳媒体奖评奖结果揭晓，《东阳日报》获"最具媒体影响力奖"（全省仅4家县市级报纸上榜）。

17日 浙江唐德影视股份有限公司在深圳交易所创业板挂牌上市。

28日 全市干部大会暨农业农村工作会议在东阳剧院召开。

同日 全市建筑业工作会议

召开。全市建筑企业建安产值连续六年蝉联全国县级市第一位。

3月

5日　全市纳税十强企业表彰大会召开。

同日　东阳农商银行开业。东阳农商银行前身为东阳市农村信用合作联社。

9～10日　中国人民政治协商会议第十三届东阳市委员会第四次会议在东阳剧院召开。

11日　省发改委主任谢力群到东阳对扩大有效投资工作进行调研。实地考察横店影视城万花园景区、横店通用机场、浙江联宜电机股份有限公司、中国木雕博物馆等地。

10～12日　东阳市第十四届人民代表大会第四次会议在东阳剧院召开。

13日　市“3·15”国际消费者权益日纪念大会暨市消保委委员会议召开。

同日　市精神病医院举行东阳市第七人民医院、杭州市第七人民医院协作单位挂牌仪式。

16日　东阳市明堂、中信、卓木王、九龙堂、名流等10家红木家具企业参展第33届国际名家具(东莞)展览会。

19日　全市工业经济与科技创新大会在东阳剧院召开。

19～20日　省人大常委会委员、农委主任委员俞仲达到东阳调研粮食安全工作情况、农村集体资产管理和股份制改革情况。

22日　全国爱国卫生运动委员会授予东阳市“国家卫生城市”称号。东阳市成为金华地区继义乌、金华之后第三个获“国家卫生城市”称号的城市。

25日　团市委、市志愿者协会在广厦学院举行“青春助力·两美东阳”志愿服务年活动启动暨青年网络文明志愿者总队成立仪式。

26日　新晋省工艺美术大师座谈会召开。第五届浙江省工艺美术大师评选结果揭晓，东阳市有15人获“浙江省工艺美术大师”称号。

27日　由香港《镜报》发起、面向内地和港澳台的第四届杰出企业责任奖颁奖典礼上，横店集团创始人、横店四共委主席徐文荣获杰出企业责任奖感谢奖。

30日　横店·中国圆明新园在香港举行全球首发礼。

31日　全省建设平安浙江工作电视电话会议召开，东阳市连续第九年获平安县(市、区)称号，获全省平安建设银鼎(9连冠银鼎，12连冠金鼎)。

4月

3日　市十四届政府第五十一次常务会议在市行政中心召开。会议听取关于2015年《政府工作报告》若干重点工作、十大民生实事工程和十大重点工程任务分解情况的汇报。

7～8日　省美丽县城试点工作座谈会在东阳召开。

8日　全市“五水共治”暨大气污染防治工作推进会召开。

9日　省水利厅厅长陈川到东阳调研部分水利项目建设情况。

同日　市台胞台属联谊会横店分会成立。

10日　东阳市·磐安县沟通合作联席会议在市行政中心举行。双方签订战略合作协议。

12日　中国狮子联会浙江艺都服务队成立，标志着东阳首个国际性民间公益慈善组织诞生。

同日　由中天集团首期出资5000万元、向民政部申请成立的国家级非公募慈善基金会——中天爱心慈善基金会成立。

10～15日　副市长陈军到北京走访调研花儿影视、华谊兄弟传媒、唐德影视等东阳市在北京办公的11家上市、拟上市影视企业。

16日　建设平安金华工作会议在金华市召开。东阳市被授予2014年度“金华市社会管理综合治理优秀县(市、区)”，六石街道、城东街道、横店镇、南马镇、市人民法院刑庭、市公安局南马派出所、市人民医院被授予2014年度“金华市综治平安维稳工作先进集体”。

17日　全市粮食生产推进会召开。会议部署2015年粮食生产任务和主要内容，明确扶持政策要向适度规模经营倾斜。

同日　东阳市妇保院开创全国中西医结合妇幼健康的“东阳模式”。国家中医药管理局第一次到妇保院进行系统调研。

21日　全市粮食工作会议召开。

22日　东阳市获“浙江省农村文化礼堂建设先进县市”。

24日　国家卫生和计划生育委员会主任李斌到东阳调研加快推进公立医院综合改革工作。

25日　浙江大学医学院附属邵逸夫医院与东阳市中医院医疗合作签约挂牌仪式在中医院举行。

4月28日至5月3日　第一届中国(东阳)木雕·红木家具交易博览会(红博会)在国际会展中心举行，近10万人到场，达成意向成交额3000余万元。

29日 由中国社会科学院财经战略研究院县域经济课题组完成的《中国县域经济发展报告(2015)》在北京发布。东阳市列全国县域经济竞争力百强县第24位、全国县域经济发展潜力百强县第32位。

5月

4日 国家卫生计生委副主任、国家中医药管理局局长王国强到东阳走访调研市妇幼保健院。

6日 全市2014年度土地卫片执法整改工作情况汇报会召开。会议通报省国土厅土地卫片执法整改工作约谈情况。

10日 横店圆明新园(万花园)启幕。中央电视台、新华社、中国新闻社、《中国日报》《大公报》、英国路透社、美联社等120余家境内外媒体参加。

11日 在福建县域电子商务峰会上，阿里研究院发布2014年中国"电商百佳县"榜单。东阳市入围，列第20位，网商指数和网购指数均高于百佳县均值。

12日 全市工业经济形势分析暨重点项目推进会在市行政中心召开。

13日 省委常委、纪委书记任泽民到东阳调研木雕传统文化和家训家规教育工作。

15日 市首届"富坤茶文化博览会"开幕，展会吸引100余家市内外参展商参展。

16日 名品港·浙中奥特莱斯全球品牌招商大会在东阳举行，有42个国内外品牌签约入驻名品港·浙中奥特莱斯。

同日 2015年浙江省海峡两岸急诊质控高峰论坛在市人民医院召开，海峡两岸10余家医疗机构的200余名医学专家及急诊医务工作者代表参加论坛。

17日 以"跑进电影，穿越历史"为主题的2015"中行杯"横店国际马拉松赛在横店影视城举行，国内外15000名选手参加。

22日 2015中国养老服务业高峰论坛在东阳举行。本届高峰论坛的主题是"医养结合的中国模式"，"医养结合"是政府倡导、民间全力探索的新模式，也是未来中国解决老龄化问题的重要模式。

23日 民政部社会福利和慈善事业促进司司长俞建良到东阳调研养老服务工作。

同日 市中亚电影文化博物馆在东阳江镇开馆，是中国首批文化电影博物馆之一。

同日 第二届全国旅游服务高层论坛暨中国旅游服务品牌颁奖盛典在北京召开，花园村被授予"中国最美文化旅游乡村"称号。

6月

2日 中央电视台新闻联播"领航科技 创新中国"栏目，对东阳籍科学家潘建伟带领的量子物理科研团队，领跑国际量子物理研究、攀登科学高峰的事迹进行报道。

同日 省中心镇发展改革和小城市培育试点领导小组审定通过的2014年小城市培育试点考核结果在全省小城市培育试点工作现场推进会上公布，横店列全省36个试点镇之首，获450万元奖励。

5日 浙江省台谊会第四届三次理事会暨全省台联基层组织建设经验交流现场会在横店召开。

6日 500千伏吴宁变电站工程被中国电力建设企业协会评为"2015年度中国电力优质工程奖"。

9日 在金华投资环境推介会暨项目签约仪式上，东阳市现场签约项目3个，总投资额超6亿元。

14日 全市首家助产士门诊在市妇女儿童医院成立。

18～19日 省发改委调研组到东阳对农业农村基础设施建设进行走访、座谈。

19日 在杭州举行的"2015浙商商业地产高峰论坛"上，东阳中国木雕城项目获"2015浙商商业地产十大标杆"称号。

22日 首届"梦幻横店"全国气排球邀请赛在横店影视城开幕，全国各地56支代表队参加比赛。

23日 陈月星将军档案资料捐赠仪式在市档案局举行。档案资料包括陈月星将军生前用过的书籍、军功章、笔记本、手稿等物件。

27日 "两美东阳·毅路有爱"农商银行第二届青年毅行活动在节庆广场举行，社会各界的1900余名毅行者参加活动。

7月

3日 省人大代表金华中心组40余人到市南马镇花园村开展"美丽乡村"建设专题视察调研活动。

同日 "首届浙江省工艺美术优秀人才表彰会"在中国木雕博物馆举行，东阳市有19人获"省工艺美术优秀人才"称号。

同日 东白山绿野谷、惜缘谷功能区详细规划通过论证。

同日 东阳青雨传媒股份有限公司在"新三板"挂牌上市。

6日　东永高速公路开通。

10～12日　浙江省武术协会承办的2015年第十届浙江国际传统武术比赛在杭州黄龙体育中心举行，东阳武术协会代表队获30枚金牌、13枚银牌、3枚铜牌。

13日　“五证合一”营业执照首发仪式在市行政服务中心举行。

15日　中共浙江省委党校副校长、博士生导师郑仓元教授在市行政中心三楼报告厅做“学习习近平总书记治国理政思想，协调推进‘四个全面’战略布局”专题辅导报告。

17日　省交通运输厅党组成员、省公路局局长洪秀敏到东阳考察指导交通建设工作。

22日　浙江合旺香榧股份有限公司在浙江股权交易中心上市。

23日　全国人大常委会副委员长吉炳轩带队的全国人大常委会消费者权益保护法执法检查组到东阳检查。

28日　东阳市首届电商服务资源对接会暨东阳市电子商务公共服务中心成立大会召开。

8月

4日　中宣部、国家新闻出版广电总局组织召开《大圣归来》研讨会。

4～5日　国家林业局驻上海专员办检查组到东阳市各地对保护发展森林资源工作开展实地检查。

5日　省委督查组到东阳督查“五水共治”工作。

6日　省人大常委会《浙江省绿色建筑条例》立法调研组到东阳调研建筑节能管理和绿色建筑立法情况。

8日　浙江省住院医师规范化培训基地联合体建设管理培训班暨海峡两岸住院医师培训研讨会在市人民医院举行。

同日　全国少儿珠心算比赛在横店举行，全国16个省市自治区的400余人参赛，东阳市80余人参赛。

同日　浙江华红影视文化有限公司在浙江股权交易中心Q板挂牌。

10日　横店·中国世界野生动物标本馆开馆，展出1200余只(件)野生动物标本。

12日　金华市人大常委会副主任江跃进到东阳调研深化司法监督工作情况。

14日　国家新闻出版广电总局副局长童刚到横店影视股份有限公司罗田横店影城调研县级影院经营管理情况。

18~19日　全国乡村旅游提升与旅游扶贫推进会议在黄山市召开。会上推出中国乡村旅游“千千万万”品牌，东阳市南马镇花园村入选首批中国乡村旅游模范村。

19日　由省农办副主任高启华带队的省考核验收组对东阳市省“美丽乡村”先进(县)市创建工作进行考核。

同日　东阳市14岁少年施锦楷在德清举行的浙江省·静冈县友好交流乒乓球大赛上，获男子单打初中组第一名。

20日　湖南省永州市党政代表团30余人到东阳实地考察影视文化产业发展情况。

21日　全市首届“企业培训师”开班典礼在横店东磁大厦举行。

同日　中国出入境检验检疫协会确定540家进出口企业为“中国质量诚信企业”，东阳的浙江联宜电机股份有限公司、浙江普洛医药科技有限公司、冀发集团有限公司3家企业入选。

22日　广厦控股集团、中天发展控股集团上榜2015中国企业500强榜单。

27日　东阳中国木雕城二期大师坊试营业，33名省级以上工艺美术大师携数百件大师精品入驻。

同日　中国工艺美术协会木雕艺术专业委员会在中国木雕博物馆国际会议厅举行成立大会。

28日　浙江森林食品认定委员会在杭州召开全体会议，对2015年度浙江省森林食品基地进行审议认定。东阳的西垣玉山香榧专业合作社、会稽山西垣香榧专业合作社、鑫峰农林开发有限公司、国有生态公益林保护总站黄皮岭分站被命名为省森林食品基地。浙江森太农林果开发有限公司、浙江康大实业有限公司、东阳市方圆茶叶专业合作社通过省森林食品基地复认。

31日　省经信委、省统计局联合公布2014年度浙江70个“百亿级”工业强镇综合评价结果，横店镇列第四位。

是月　浙江省10个“文化产业重点县(市、区)”和30家“省重点文化企业”名单出炉。东阳市上榜“文化产业重点县(市、区)”。浙江横店影视城有限公司、华谊兄弟传媒股份有限公司入选“省重点文化企业”。

9月

2日　首批22个金华市级重点培育特色小镇创建对象名单公布。东阳市横锦创作休闲小镇、欧美影视小镇和木雕小镇入围。

7日 2015年中国红木家具大会暨第七届全国红木家具经销商大会在东阳红木家具市场开幕。

同日 东阳市通过国家传统知识知识产权保护试点工作验收。

8日 省人大常委会副主任茅临生到东阳调研"基层群众办事审批难事项"专题监督活动。

9日 第十四届"中国国际住宅产业暨建筑工业化产品与设备博览会"在北京召开。住房城乡建设部为中天建设集团有限公司等15家新批准的"国家住宅产业化基地"企业授牌。

11日 东阳市通过国家森林生态产品生产基地评审。

同日 省级生态市创建验收组到东阳对全市省级生态市创建工作进行实地考核及预验收。

12日 《中国摄影报》"走进东阳"影友联谊会在东阳日报社举行。

15日 推出圆明新园—花园村—中国木雕博物馆、中国木雕博物馆—卢宅—李宅、中国木雕博物馆—卢宅—三都胜境3条新旅游线路。

15~16日 省政协"'五水共治'长效机制建设"第三监督组第二监督小组到东阳开展民主监督活动，对治水工作进行"回头看"。

19日 在第九届全国残疾人运动会暨第六届特殊奥林匹克运动会上，东阳市残运健儿获三金三银成绩。

20日 东阳市17名红木专业人才获中国红木艺术大师、中国红木经营管理大师称号。

21日 东阳市明堂红木家具有限公司报送的平面浮雕《梦》获2015观澜杯全国首届红木雕刻大赛特等奖，获5万元奖金。

23日 中宣部副部长景俊海带领中宣部、中国文联、中央电视台相关负责人到东阳专题调研横漂管理服务工作情况。

25日 东阳市汽车流通行业协会成立。

10月

4日 《东阳厉氏文化志》在横店小学举行出版发行大会。

5日 省军区司令员张明才到东阳对人武部进行检查指导，听取东阳基本情况和检验评估准备工作汇报。

11日 省军区副司令员周少锋带领南京军区检验评估组到东阳对市人民武装动员准备建设情况进行检查指导。

12日 浙江省企业联合会、浙江省企业家协会、浙江省工业经济联合会发布2015浙江省百强企业榜单。东阳市广厦控股集团、中天集团、花园集团、歌山建设集团入选。

14日 省民政厅副厅长王忠志到东阳督查指导民生工作，强调相关部门要加强沟通，完善民生补助救助资金使用渠道，确保各项措施落实到位，做好低保养老服务。

18日 省、金华以及东阳市体育局领导到花园村传达省委书记夏宝龙就体育工作做出的重要批示精神，对花园村充分利用体育设施开展全民健身运动展开专题调研。

20日 省委第七巡视组到东阳市开展巡视工作，召开动员会。

22日 温州市政协考察团到东阳对影视文化产业发展情况进行实地考察，重点考察横店圆明新园(万花园)景区。

23日 《生活与法》《东阳老娘舅》电视栏目在市行政中心举行开播仪式。

同日 市临床医学检验中心在市人民医院举行启动仪式。

27日 省级生态市考核验收工作汇报会在市行政中心召开。东阳市通过省级生态市验收。

27~28日 省委常委、温州市委书记陈一新带队的温州市党政代表团调研东阳市文化产业发展情况。

28~29日 金华市共青团大脚掌走基层教育实践活动动员会暨金华市青少年综合服务平台建设现场推进会在东阳举行。

30日 市新生代创业创新人士联谊会成立。

同日 省人民武装动员准备检查评估总结会在东阳召开，省军区领导分组参观金华军分区和衢州军分区图板展示、市人武部装备器材库，召开交流会，观看金华军分区加强后备力量建设纪实录像等，对东阳市人武部的迎检准备工作表示肯定，赞其为"东阳模式"。

31日 省国防科工办主任王伟民带队的省特色小镇调研组到东阳调研木雕小镇建设工作，对产业布局、配套设施建设等提出建议和意见。

11月

3日 东阳江省级河长、副省长熊建平到东阳检查"河长制"落实情况。

同日 "十三五"规划工业及建筑业发展座谈会在市行政中心召开。

5日 "浙江省卫生应急工作

示范市”创建工作考评组到东阳考评创建工作，对东阳市卫生应急工作表示肯定。

6日 水利部太湖流域管理局局长叶建春带队到东阳开展水利发展“十三五”规划调研及中小河流治理督查，先后到歌山镇金塘畈口、城东街道泗渡溪和广义桥、江北街道浪坑溪和渔溪、临江大桥等地，实地查看中小河流治理情况，对东阳市在河道两岸建设城市绿道的做法表示肯定。

同日 东阳市通过创建“浙江省环境保护模范城市”技术评估。

8日 世界民族艺术与生活跨界峰会在木雕博物馆召开，主题为“世界手工艺与生活”。

同日 第五届中国木雕红木家具发展论坛在世贸君澜大酒店举行。

8～12日 第十届中国（东阳）木雕竹编工艺美术博览会召开。

同日 “浙商建业杯”浙江省首届老年书画大赛颁奖典礼在东阳中国木雕城二期举行。

10日 “十三五”规划影视文化旅游发展座谈会在市行政中心召开。

11日 第十届中国（东阳）木雕竹编工艺美术博览会优秀作品评比结果公布。120余件参评作品获本次活动金奖，130余件获银奖，近100件获铜奖。

11～12日 金华市人大常委会金华江流域水环境综合整治工作督查组到东阳检查水环境整治工作。

同日 东阳市凭“侯阳高腔”项目入选第二批省传统戏剧之乡。

17日 由省林业厅副厅长杨幼平带队的省验收组对东白山省级现代农业综合区进行考核，同意通过验收。

18日 省委常委、宣传部长葛慧君到东阳对“横漂”政策意见起草情况和横店镇城市风貌综合提升工作进行调研。

27日 尚贤慈善教育基金会成立。

30日 市网络界人士联谊会成立。

是月 东阳市国税、公安、法院、人行、市场监管等11个部门联合签署《关于对重大税收违法案件当事人实施联合惩戒措施的合作备忘录》，税收“黑名单”制度在东阳市落地。

12月

3日 省财政厅厅长、省地税局局长钱巨炎到东阳调研横店影视旅游产业情况。

4日 市青少年综合服务中心启动仪式在市疾控中心举行。

9日 市同心商家联合会在海天大酒店举行成立大会。

15日 省文化厅厅长金兴盛到东阳对推动文化发展繁荣进行调研。调研期间，金兴盛实地考察木雕小镇、卢宅保护利用工程现场、中国木雕博物馆家训馆等地。

16日 海关总署副署长鲁培军到东阳对东阳国际物流园项目进行走访调研。

18日 东阳市传统村落保护工作领导小组成员会议召开。蔡宅村、大爽村入选2014年第三批中国传统村落。

同日 东阳市易制毒化学品行业协会成立。

19日 合肥东阳人联谊会（商会）成立。

20～21日 市委、市政府党政代表团到浦江县、诸暨市、桐乡市等地，对“五水共治”“三改一拆”“美丽乡村”建设、城市建设、集镇整治等工作进行学习考察。

22～23日 省政协常委、委员工委主任朱贤良到东阳检查年收入4600元以下贫困人口脱贫工作情况。

同日 由市委宣传部（文化局）、市直机关工委、市教育局、团市委、市慈善总会、市图书馆主办、市梦想公益志愿者协会承办的图书漂流公益活动启动。

24日 浙江横店圆明新园有限公司与浙江积分宝控股有限公司、德安杰环球顾问集团签署合作协议，共同打造积分宝消费养老的旅游板块。

同日 浙江省电子商务服务资源巡回对接会（东阳站）暨亚马逊宣讲会在市行政中心举行，全市近200家规模以上企业、外贸企业和电商企业有关人员参加会议。

25日 横店圆明新园领衔的“泛长三角旅游景区联盟”在横店成立。温州雁荡山、江苏宜兴张公洞景区、安徽太极洞景区等近百家景区加入联盟。

同日 南马镇入围2015年中国淘宝镇，南马镇东湖村、防军村、南湖村和歌山镇西宅村入围2015年中国淘宝村。

28日 由中国人民解放军国防事业基金会和中国国史教育委员会批准成立的中华民族艺术文化院落户横店圆明新园。

同日 九三学社东阳市支社成立暨第一次全体社员大会召开。

（东　鉴）

地情概览

建置沿革

【概况】 春秋时，吴越争霸，越王勾践都大越（今绍兴），今东阳地属越国。战国时，楚伐越，又属楚。

秦王政二十五年（前222年），定荆、江南地，灭楚国，于故吴、越地置会稽郡（《史记·秦始皇本纪》。会稽郡治所在吴县，今苏州市）。翌年统一六国，推行郡县制，今东阳地为诸暨、乌伤县之一部分，属会稽郡。

西汉初，广封刘姓子弟为王，实行郡、国并行之制。高祖六年（前201年）以会稽郡为荆国，高祖十二年更名吴国，景帝四年（前153年），复为会稽郡，今东阳地历为所属。元封五年（前106年），郡国之上初置十三州刺史部，会稽郡隶扬州刺史部。新莽时改诸暨为疏虏，乌伤为乌孝。东汉建武初（25年）悉复旧名。汉末兴平二年（195年），析诸暨置吴宁县（《后汉书·郡国志》"诸暨县"刘昭注、《宋书州郡志·东阳太守》），取"吴地安宁"之义，治所在水门村（也作大门村），为东阳建县之始，属会稽郡（东汉永建四年，会稽郡治山阴——今绍兴），隶扬州。

三国吴宝鼎元年（266年），分会稽郡西部置东阳郡，治所在长山县（今金华）。《方舆胜览·婺州》载：以郡"在金华山之阳，縠水之东，因名东阳"。东阳一名始此，隶扬州。吴宁县遂属东阳郡。两晋不变。南朝宋孝建元年（454年），分扬州之会稽、东阳……五郡为东扬州，治所在会稽郡。后废置不常，至永光元年（465年）复并入扬州（《宋书·州郡志》）。吴宁县在南朝宋、齐朝属东阳郡，隶扬州或东扬州。南朝梁普通五年（524年）复置东扬州，太平元年（556年）又罢，梁还于东阳郡兼置婺州，陈永定三年（559年）又改缙州，梁、陈朝还改东阳郡为金华郡，陈天嘉三年（562年）于会稽再置东扬州（《梁书·武帝纪·敬帝纪》《资治通鉴·梁纪二十一》《嘉庆重修一统志·金华府》、杜佑《通典·州郡十二》《陈书·文帝纪》）。吴宁县在梁、陈朝属东阳郡、金华郡，隶婺州、缙州、东扬州。

隋开皇九年（589年），改东扬州为吴州，废金华郡置婺州，废吴宁县入诸暨，分五乡入乌伤（《隋书·地理志》、嘉靖《浙江通志·地理志》、康熙《新修东阳县志·建置》）。同年改长山县为吴宁县，开皇十二年复改东阳县，十八年再改金华县（《隋书·地理志·东阳郡》、《元和郡县志·婺州》）。与现东阳市之"吴宁""东阳"先后异地同名。大业初，废吴州置越州，大业三年（607年）复改越州为会稽郡、婺州为东阳郡。今东阳地隋代则分属越州、会稽郡，婺州、东阳郡。

唐武德四年（621年），罢郡置州，改会稽郡为越州，东阳郡为婺州。垂拱二年（686年）、析义乌县（唐武德七年改乌伤县为义乌县）东冲要地及废吴宁县故地置东阳县（新、旧《唐书·地理志》、万历《金华府志·建置沿革》）。县名由来，唐《元和郡县志·婺州》、《旧唐书·地理志·婺州》均有"取旧东阳郡名"之记载。县治即今吴宁镇。属婺州，隶江南道。天宝元年（742年），复改婺州为东阳郡。东阳县属东阳郡。隶江南东道。乾元元年（758年），再改东阳郡为婺州，东阳郡从此不再置。东阳县属婺州，隶浙江东道（治越州）。大历十二年（777年），升东阳为望县（《唐会要》卷七十）。

五代，东阳县隶吴越国，仍属婺州。吴越王钱镠与淮南杨氏交恶，以"淮寇未平，耻闻逆姓"为由，于后梁开平四年（910年），奏改东阳县为东场县（《舆地广记·两浙路》、嘉靖《浙江通志·地理志》、康熙《新修东阳县志·建置》）。后晋天福四年（939年），于婺州置武胜军节度，东场县仍为所属。

北宋太平兴国三年（978年），吴越纳土归宋。淳化元年（990年），改婺州武胜军为婺州保宁军节度。咸平二年（999年），复东场县为东阳县（《读史方舆纪要·金华府》、万历《金华府志·建置沿革》）。属婺州，隶两浙路。南宋，复分两浙路为东西路，东阳县属婺州，隶两浙东路（路治绍兴府）。

元至元十三年（1276年），改婺州为婺州路。东阳县属婺州路，初隶江淮行省，后隶江浙行省浙东道宣慰司（《元史地理志·江浙等到处行中书省》）。浙东道宣慰司初治婺州路，大德六年（1302年）移治庆元路（今宁波）。元末至正十八年（1358年）十二月，朱元璋克婺州，改婺州路为宁越府。至正二十年正月又改金华府（《明史·地理志·金华府》）。东阳，县属金华府。明初，隶浙江等处行中书省（省治杭州），洪武九年（1376年）六月，改行中书省为承宣布政使司，东阳县隶浙江承宣布政使司（《明史地理志·浙江》）。清承明制东阳县属金华府，隶浙江省金衢严道（《清史稿地理志·金华府》）。

民国元年（1912年）2月废道府制，东阳县直属浙江军政府。民国3年（1914年）6月又行道制，东阳县属金华道（道尹行政公署初驻兰溪，民国6年（1917年）7月移衢县。（《重修浙江通志稿·行政》、陈镐基现行行政区划一览表》），隶浙江省。民国16年废道实行省县二级制，东阳县直属浙江省（内政部《中华民国行政区域简表》）。实现省县二级制后，因省境辽阔，对县政指挥难周，省县之间又设行政督察区。民国24年8月，浙江省普遍推行行政督察区，东阳县历属浙江省第四、第三、第四、第五、第三、第八行政督察区（黄绍竑《五十回忆·下册》、历年《浙江省政府公报》《重修浙江通志稿·行政督察区制》、内政部方域司编《中国之行政督察区》）。民国28年（1939年）4月7日，行政院核准置磐安县，安文、大盘等地入磐安。

1949年5月，东阳县属浙江省第八行政公署，10月属金华专区。1958年11月，磐安县撤销，全境并入东阳县。1968年4月改专区为地区，东阳县属金华地区。1983年7月，析置磐安县。1985年5月，金华地区撤销，金华市升地级市，实行市管县体制，东阳县属金华市。1988年5月25日，经国务院批准，撤销东阳县改置东阳市（县级），浙江省直辖，行政委托金华市代管。

（《东阳市志》）

行政区划

【概况】 全市11个镇，1个乡，6个街道办事处，行政村347个，城市社区14个，农村社区29个。命名商住区8个，道路2条，自然村更名1个。

【街、路、住宅区命名】 1月4日，将浙江新光建材装饰城开发有限公司开发的位于南街与黉门广场东北角、占地面积11902平方米、总建筑面积63154平方米、商业面积20070平方米的商住区命名为“黉门商厦”。2月2日，将东阳市广诚置业有限公司开发的位于吴宁四校以东、新安街以南、艺海北路以西、陈宅街以北占地面积15509.4平方米，总建筑面积50703.23平方米的住宅区命名为“广诚悦府”。将江北街道凤凰社区提出申请的位于塘里小区南起甘溪西街、北止广福西街长400米，宽12米道路命名为“塘里路”。5月20日，将东阳市三阳银

2015年年末东阳市驻村分中心、行政村及社区一览

表2　　单位：个

名　称	驻村分中心	行政村	社　区
全　市	58	347	43
吴宁街道	–	–	11
南市街道	3	27	–
白云街道	–	–	8
江北街道	2	3	10
城东街道	3	18	1
六石街道	3	22	1
歌山镇	3	21	–
巍山镇	6	29	2
虎鹿镇	4	18	–
佐村镇	5	25	–
三单乡	3	14	–
东阳江镇	3	27	–
湖溪镇	3	28	–
横店镇	6	17	10
马宅镇	3	17	–
千祥镇	4	33	–
南马镇	3	30	–
画水镇	4	18	–

泰置业有限公司开发的位于八华南路以东、平川路以南、西塘路以西、兴平西路以北占地面积64966.9平方米，总建筑面积418540平方米的商住区命名为“东阳银泰城”。将东阳市六顺房地产有限公司开发的位于六石街道东方新秀针织有限公司以东、针织路以南、大兴南街以西、照生拉链厂以北占地面积5581平方米，总建筑面积15788.12平方米的商住区命名为“绿溪华府”。7月14日，将东阳市国耀置业投资有限公司开发的位于横店镇康庄南街168号占地面积16947平方米、总建筑面积128504平方米的商住区命名为“财富和园”。9月14日，将东阳市大喜农业开发有限公司开发的位于江北街道上卢社区仙山水库以东、冷水坑以南、里塘以西、仙山小区以北占地面积60152平方米，总建筑面积54268平方米的商住区命名为“黉门里”。11月4日，将浙江星飞置业有限公司开发的位于吴宁街道八一路以东、吴宁东路以南、艺海路以西、城东街道办事处以北占地面积3584.2平方米，总建筑面积53597.61平方米的商住区命名为“东艺名园”。将起于诸永高速歌山出口100米匝道处，止于连接楼西宅与乔宅村居道路，长2100米、宽6米的环凤凰谷道路命名为“凤凰路”。11月16日，将东阳雅筑房地产开发有限公司开发的位于江北街道迎宾大道以东、渔店小区以南、锦溪路以西、定安街以北占地面积55795平方米，总建筑面积118522平方米的商住区命名为“东方诚品”。12月16日，将东阳市云禾置业有限公司开发的位于吴宁街道红椿街以东、镇圣街以南、南街以西、棋盘街以北占地面积13674平方米，总建筑面积73559.94平方米，广场面积6456平方米的商业区命名为“南街中心广场”。

【自然村更名】 1月29日，经市政府研究，同意虎鹿镇后坟自然村更名为厚文自然村，更名后该自然村管辖区域、隶属关系不变。

（周志伟）

人 口

【概况】 2015年年末，东阳市总户数316306户，比上年增长0.3%；总人口836397人，比上年增长0.3%。其中：男性人口423516人，占50.6%，女性人口412881人，占49.4%。人口性别比102.6（女为100）。自2015年起，农业、非农业人口改为城镇、乡村人口。60周岁以上老龄人口171815人，占总人口的20.5%，比上年增长0.7个百分点。60岁以上老龄人口占总人口20%以上的街道镇12个。年内出生人口9705人，出生率为11.6‰；死亡人口5180人，死亡率6.19‰；人口自然增长4525人，人口自然增长率为5.41‰，比上年提高0.62个千分点。

2015年年末东阳市人口构成

表3

项 目	单 位	2014年年末	2015年年末	比上年增%
总户数	户	315289	316306	0.3
总人口	人	834213	836397	0.3
男	人	423272	423516	0.05
女	人	410941	412881	0.5
城镇人口	人	–	377918	–
乡村人口	人	–	458479	–
0～17岁	人	140770	137216	–2.5
18～34岁	人	181838	182147	0.2
35～59岁	人	346282	345219	–0.3
60岁以上	人	165323	171815	3.9
老龄人口率	%	19.8	20.5	0.7

2015年年末东阳市各镇乡街道人口情况

表4

名 称	总户数（户）	比上年增长（%）	总人口（人）	比上年增长（%）	男（人）	女（人）	性别比（女为100）	60岁以上人口(人)	老龄人口率（%）
全 市	316306	0.3	836397	0.3	423516	412881	102.6	171815	20.5
吴宁街道	32198	-4.4	85201	-4.8	41838	43363	96.5	14092	16.5
南市街道	16284	0.9	44522	1.2	22864	21658	105.6	8997	20.2
白云街道	15660	1.3	40313	0.6	19927	20386	97.7	6578	16.3
江北街道	24465	5.3	62093	3.4	31124	30969	100.5	11387	18.3
城东街道	15169	0.9	41643	1.8	20924	20719	101.0	8137	19.5
六石街道	15771	2.5	40078	2.5	20105	19973	100.7	8506	21.2
巍山镇	26628	-0.9	71127	-0.1	35960	35167	102.3	16126	22.7
虎鹿镇	11273	0.4	30682	-0.6	15696	14986	104.7	6824	22.2
歌山镇	15646	-0.7	41792	0.2	21172	20620	102.7	9539	22.8
佐村镇	9411	0.4	25445	-0.7	13352	12093	110.4	5657	22.2
东阳江镇	8245	1.0	22600	0.04	11586	11014	105.2	5401	23.9
湖溪镇	16540	-0.1	42073	0.2	21160	20913	101.2	10074	23.9
马宅镇	9950	0.6	25563	-0.1	13056	12507	104.4	5762	22.5
千祥镇	17811	-0.4	45530	-0.7	23602	21928	107.6	10296	22.6
南马镇	22419	1.1	60132	1.8	31223	28909	108.0	12590	20.9
画水镇	21097	持平	54697	-0.3	28335	26362	107.5	11386	20.8
横店镇	33539	1.1	91474	2.0	45573	45901	99.3	18205	19.9
三单乡	4200	0.2	11432	-1.1	6019	5413	111.2	2258	19.8

说明：1.老龄人口率为60岁及以上的人口占总人口的百分率

2.江北街道含上卢管理处户数、人口

（王昌喜）

地理位置

【概况】 东阳市位于北纬28°58′08″~29°29′55″，东经120°04′17″~120°44′03″。地处浙江省中部。东、东南与磐安县相邻，南、西南与永康市接壤，西、西北与义乌市相连，北与诸暨市毗邻，东北与嵊州市为邻。人民政府驻江北街道江滨北街18号，距金华市区62.16千米。辖区东西最大距离71.6千米，南北最大距离56.1千米，总面积1746.81平方千米。境内以丘陵为主，占总面积的54.19%，平原占总面积的30.85%。会稽山、大盘山、仙霞岭延伸入境，形成三山夹两盆、两盆涵两江的地貌。地势东高西低，中部山峦自东向西，将境域分为南乡和北乡。境内最高峰东白山，主峰称太白峰，位于虎鹿镇北部边境会稽山脉，海拔1194.6米。全市最低点白云街道吴山村，海拔67米。境内主要河流东阳江、东阳南江主流走向从东向西，经婺江、兰江流入钱塘江。

（东 鉴）

气 象

【气候特点】 2015年，东阳市气候异常，气温偏高，雨量雨日偏多，日照偏少。7~9月温度较常年偏低，出现凉夏，其他月份均较常年偏高；梅汛期出现二度梅；7月出现大范围冰雹天气；11～12月出现连阴雨天气。

【气温】 年平均气温18.4℃，较常年偏高0.8℃。年极端最低气温-2.0℃，出现在1月2日和12月18日；年极端最高气温39.1℃，出现在8月5日。年内出现气温≥35℃的高温天气23天，比常年(29.3天)偏少；气温≥37℃的高温天气8天；气温≤0℃以下的低温天气6天，比常年(25天)明显偏少。

【雨量】 年雨量1867.6毫米，比常年偏多33.2%。年内1月、3月和4月降水量比常年偏少，其余各月比常年偏多。11～12月全市出现罕见的阴雨天气，累计雨量347.9毫米，比常年(116.3毫米)偏多199.1%，破同期历史记录(1997年321.0毫米)。

【雨日】 年雨日168天，比常年(152.6天)偏多15.4天，1、3、4、6、8月雨日比常年偏少，其余各月雨日比常年偏多。年内雨量≥10.0毫米降水日数63天，比常年(45天)偏多18天；雨量≥25.0毫米降水日数23天，与常年(14天)偏多9天；50毫米以上暴雨日3天，与常年(3天)持平。

【日照】 年日照1309.8小时，比常年(1771.4小时)偏少26.1%。

【灾害天气】 受第9号台风"灿鸿"影响，7月10～12日东阳市东部、北部地区出现暴雨，部分大暴雨，其他地区中到大雨，平均雨量61.9毫米。其中最大降水出现在虎鹿镇西垣村，降水228.4毫米，大于200毫米1个站，大于100毫米6个站，大于50毫米14个站。极大风速大于17米/秒(8级)2个站(浪坑坞20.3米/秒、佐村19.5米/秒)。全市受灾人口15994人，农作物受灾1834公顷，绝收174公顷，严重损坏房屋84间。直接经济损失3431.5万元，其中农业损失2467万元。

【人工增雨作业】 1月6日16时、18时10分、20时20分，4月3日1时35分，在歌山镇孟婆山林场进行人工增雨作业。

2015年东阳市主要气象要素

表5

要　素	1月	2月	3月	4月	5月	6月	7月	8月	9月	10月	11月	12月	平均/合计
平均温度(摄氏度)	7.4	8.7	12.8	18.8	23.1	26.1	27.4	28.2	23.9	20.4	14.7	8.7	18.4
降水总量(毫米)	48.6	124.9	96.1	104.6	162.5	279.6	345.6	156.0	109.2	92.6	210.7	137.2	1867.6
日照时数(小时)	98.6	98.8	90.7	166.2	120.4	84.7	156.6	151.1	105.7	129.7	45.7	61.6	1309.8

(许江锋　蔡玉莲)

2015年东阳市发展综述

【概况】 东阳市辖6个街道、11个镇、1个乡，总面积1746.81平方千米。2015年末，总户数31.63万户，总人口83.64万人。年人口自然增长率5.42‰。

2015年，全市实现生产总值464.31亿元，按可比价计算，比上年增长8.0%。其中，第一产业增加值17.54亿元，增长1.2%；第二产业增加值223.21亿元，增长7.9%；第三产业增加值223.97亿元，增长8.6%。三次产业比重由2014年的3.9∶49.0∶47.1调整为3.8∶48.0∶48.2，第三产业比重首次超过第二产业，比上年提高1.1个百分点。按户籍人口计算，全市人均生产总值55585元，比上年增长5.30%。财政总收入81.19亿元，比上年增长15.97%；其中，一般公共预算收入48.62亿元，比上年增长17.2%。一般公共预算支出61.04亿元，比上年增长27.03%。完成固定资产投资(不含农户)254.21亿元，比上年增长15.9%。社会消费品零售总额229.90亿元，比上年增长10.1%。国际会展中心投入使用；举办第一届中国(东阳)木雕·红木家具交易博览会和第十届中国(东阳)木雕竹编工艺美术博览会；东阳市被列为浙江商品国际采购中心创建试点城市。进出口总额27.24亿美元，比上年增长1.9%，其中：出口额25.44亿美元，增长4.7%；

进口额 1.80 亿美元，下降 25.6%。全市与 176 个国家和地区建立贸易关系，其中，出口超 1 亿美元的国家和地区 5 个，美国为第一大贸易伙伴。全市新批外商投资企业 5 家；合同利用外资 2889 万美元，增长 39.8%；实际利用外资 2005 万美元，下降 17.2%。年末全市拥有商品交易市场 87 个，商品交易市场成交额 230.05 亿元，增长 3.0%。年末金融机构本外币存款余额 899.63 亿元，比上年末增长 9.9%，其中：人民币存款余额 892.61 亿元，增长 10.6%。金融机构本外币贷款余额 701.93 亿元，比上年末增长 9.1%，其中：人民币贷款余额 699.96 亿元，增长 9.7%。IPO 上市 1 家（唐德影视），借壳上市 1 家（欢瑞世纪借壳星美联合），兼并重组 6 家，挂牌企业 13 家（其中新三板挂牌 6 家）。全市保险机构保费收入 194881 万元，比上年增长 11.7 %，其中：财产险保费收入 87949 万元，比上年增长 12.4%；人身险保费收入 106932 万元，比上年增长 11.1%。全市居民人均可支配收入 33578 元，比上年增长 8.6%。分城乡看，城镇常住居民人均可支配收入 41229 元，比上年增长 8.2%；农村常住居民人均可支配收入 22430 元，比上年增长 9.6%。农村居民收入的增幅高于城镇居民，城乡统筹发展进一步推进。

粮食作物播种 19019 公顷，比上年下降 2.6%；粮食产量 11.93 万吨，比上年减少 0.3 万吨，减产 2.5%。年末全市农田有效灌溉 21.34 千公顷，节水灌溉 18.73 千公顷，旱涝保收 17.49 千公顷。农业机械总动力 50.24 万千瓦，比上年增长 0.4%。水稻机插 3622.6 公顷，比上年增长 4.1%。东阳市获中国森林生态产品（香榧）生产基地、全省美丽乡村创建工作先进县（市）等称号，创建省级森林城市、省级农产品质量安全放心示范县，成为首批浙江省农产品质量安全可追溯示范县，农业行政执法工作连续 9 年全省先进。

全市 538 家规模以上工业企业完成增加值 44.16 亿元，比上年增长 9.3%。完成规模以上工业销售产值 483.37 亿元，增长 9.0%。出口交货值延续年初以来的下滑态势，完成出口交货值 119.32 亿元，增长 6.9%，比上年同期大幅下降 2.1 个百分点。内销产值 382.56 亿元，增长 6.9%，对销售的贡献率为 110.3%。规模以上工业新产品产值比上年增长 23.5%，新产品产值率为 30.6%，比上年同期提高 7.0 个百分点。服装产量 10484 万件，增长 6.5%，木质家具产量 8.93 万件，增长 11.2%。磁性材料行业列入省“机器换人”分行业试点目录。横店东磁列入工信部 2015 年两化融合管理体系贯标试点企业。横店东磁、得邦照明和花园电子 3 家企业分别获 2015 全国电子信息优秀企业“领军企业”“优秀创新企业”和“优秀企业”称号。

建筑业增加值 52.37 亿元，比上年增长 9.7%。全市 201 家资质以上建筑企业完成总产值 2228.77 亿元，比上年增长 6.0%，其中外省产值 1682.17 亿元，增长 3.4%，占建筑企业总产值的 75.5%。建筑企业房屋建筑施工 30804.26 万平方米，增长 2.9%，其中：新开工 10171.75 万平方米，下降 13.3%；房屋建筑竣工 7080.01 万平方米，下降 3.5%。建筑业总产值连续七年蝉联全国县（市）级第一，新创“鲁班奖”1 项（郑州绿地千玺广场）。

交通，公路客运量 1630 万人次，比上年下降 5.0%，旅客周转量 67773 万人千米，下降 17.3%；公路货运量 875 万吨，比上年增长 5.2%，货物周转量 71146 万吨千米，增长 2.1%。机动车辆快速增长，年末全市民用汽车拥有量 180823 辆，其中私人汽车 170337 辆，比上年末分别增长 16.1%和 17.4%。

全市邮电业务收入 107324 万元，比上年增长 2.0%。年末拥有本地电话用户 16.36 万户，其中：城市电话用户 9.60 万户，乡村电话用户 6.77 万户。年末移动电话用户数 125.79 万户，其中 3G 移动电话用户 8.07 万户、4G 移动电话用户 50.49 万户。新增互联网宽带接入用户 2.13 万户，年末拥有 27.13 万户；年末行政村宽带覆盖率为 100%。

全市接待国内外游客 1825 万人次，比上年增长 16.9%；实现旅游收入 137.73 亿元，比上年增长 21.7%。其中：接待国内游客 1821 万人次，增长 17.0%，实现国内旅游收入 136.59 亿元，增长 21.8%。接待入境游客 3.69 万人次，增长 0.8%，国际旅游外汇收入 1849 万美元，增长 7.6%。圆明新园（春园）开园。东阳市获评省旅游发展十佳县市。

全市拥有高等院校 2 所，当年招生数 4846 人，在校学生 14724 人，毕业生 4861 人。年末全市拥有普通高中 11 所，当年招生数 5570 人，在校学生 14513 人；职业中学 5 所，当年招生数 2261 人，在校学生 6682 人。初中毕业升高中段学校比例为 98.5%。全市初中 33 所，当年招生数 9549 人，在校学生 28199 人。初中入学率、巩固率均为100%。全市小学87所,当年招生数12273人,在校学生71582人。小学学龄人口入学率、巩固率均为100%,小学毕业升初中比例为100%,义务教育学龄人口入学率为100%。全市有幼儿园189所,当年招生数13329人,在园幼儿37334人;有省等级幼儿园153所,省等级幼儿园招生覆盖面87.0%。全市特殊教育学校1所,当年招生数25人,在校学生124人。东阳成功创建全国义务教育发展基本均衡市。

全市列入地市级以上科技项目92项,其中国家级13项、省级48项、地市级31项,新到位上级科技资金946万元,其中国家级30万元、省级916万元。全市新立市级科技项目21项,其中工业类9项、农业类11项、社会发展类1项。全市年末拥有地市以上独立研究开发机构75家,省级高新技术企业研发中心22家,其中国家级企业技术中心2家。新认定地市级以上高新技术企业31家,累计112家。获科技进步奖40项,其中省级4项、地(市)级7项。科技成果鉴定36项。专利申请受理2035项,其中发明专利368项;专利申请授权1638项,其中发明专利173项。

拥有文化馆1个,组织文艺活动32次,举办训练班26次;公共图书馆1个,藏书35.8万册;文化艺术表演团体1个,演出场次296场;剧院1个、电影院2个。建成农村文化礼堂91家,创建并命名市级以上文化示范村(社区)41个。实施文化惠民工程,完成送戏下乡133场,送电影下乡7832场,“美丽非遗进文化礼堂”活动20场,送书102647册、送展览讲座104场、骨干培训4841人次、文化走亲5场。深化文化事业单位改革,推动文化旅游融合发展,推出“文化节目进景区”活动,演出132场。全市文化市场健康平稳有序,开展检查816人次,检查文化经营单位1234家次。有线电视用户22.88万户,其中数字电视22.66万户。广播综合覆盖率为100%,电视综合覆盖率100%。拥有档案馆1个,开放各类档案518121卷,其中新中国成立前6437卷、新中国成立后511684卷。

参加地市级以上运动会获得金牌47枚,银牌54枚,铜牌54枚,其中:省级比赛金牌2枚,银牌7枚,铜牌5枚。全市有二级运动员6人,向上级输送体育人才5人。全市销售体育彩票10039.95万元,比上年增长12.3%。成功举办首届横店国际马拉松赛。

有医疗卫生机构534个,其中医院、卫生院(含社区卫生服务中心)29个,门诊部9个,妇幼保健院1个,疾病预防控制中心1个,卫生监督所1个,计划生育技术服务机构1个,其他卫生机构2个,诊所、医务室、村卫生室、社区卫生服务站490个。拥有床位4462张,其中医院、卫生院床位4052张,妇幼保健院床位350张。有卫生技术人员6240人,其中执业医师1953人,执业助理医师398人,注册护士2019人。农村卫生服务继续改善,农村自来水普及率由上年的98.0%提高至98.1%,自来水受益人数67.73万人。东阳市成为省卫生应急工作示范市。金华市首家医学临检中心和“健康东阳”服务平台建成并投入使用。

建成环境噪声达标区1个,面积25平方千米。烟尘控制区2个,面积54.4平方千米。城区拥有污水处理厂1座,污水处理厂日处理能力8.9万立方米,城市污水处理率为95.1%。建成自然保护区5个,面积为14780公顷,市(地)级生态乡镇11个,街道3个。规范化合格饮用水源保护区5个。全市6个主要河段及湖库市控以上断面中,Ⅰ~Ⅲ类水质断面占100%,满足水环境功能区目标水质要求断面占100%。城区“双禁”(烟花爆竹禁止销售、禁止燃放工作)范围进一步扩大,由原先的区域扩大到吴宁、白云、江北三街道所辖全部区域及上卢管理处所辖迎宾大道东侧绿化带以西区域。平均气温18.4℃,比常年偏高0.8℃,年总降水量1867.6毫米,比常年偏多32.4%,年降水日数168天,比常年偏多14天。年日照时数1309.8小时,比常年偏少26.1%。全市灰霾日数58天;城市环境空气质量二级以上天数为323天,城市环境空气质量优良率在金华各县市排名第2位。生态公益林建设44087公顷,新增生态公益林优质林分2334公顷,生态公益林优质林分37452公顷,占公益林总面积的85%。森林面积10.08万公顷,森林覆盖率为59.3%,年末森林蓄积量500.78万立方米。发生各类事故162起,死亡89人,受伤108人,直接经济损失203.32万元,分别比上年下降8.0%、0%、15.0%、13.7%。全年未发生较大及以上事故。道路交通发生事故157起,死亡84人,受伤108人,直接经济损失45.82万元,分别比上年下降7.7%、上升1.2%、下降15.0%、下降1.4%。平安创建实现“十连冠”。

年末全市城镇职工基本养老保险参保人数261385人,城镇职工基本医疗保险参保人数214330人,失业保险参保人数115307

人，工伤保险参保人数218782人，生育保险参保人数109054人。全市最低月工资标准由上年的1470元提高到1660元，失业保险金标准由上年的1103元/月提高到1245元/月。年末全市城乡居民基本养老保险参保人数232182人，年内新增参保2882人。参保缴费人员124900人，扣缴保费收入3191.27万元。全市60周岁以上享受城乡居民基本养老保险金待遇人员107282人，发放率100%，发放金额21797.09万元。年末城乡居民基本医疗保险参保人数651928人，年内新增参保8526人。城乡基本医疗保险享受待遇424678人次。被征地农民基本养老保障参保30367人，年内新增参保3821人，享受待遇人员8568人，发放金额4794.50万元。年末拥有各类社会福利单位27个，床位6668张，收养各类人员2788人。农村“五保”对象集中供养率为98.0%，城镇“三无”对象集中供养率为100%。全市有低保对象4887人，发放最低生活保障金2488万元。筹集医疗救助资金1245万元，实际救助1045人次，发放救助金574万元。发放救灾款33.4万元，救济灾民730人。社区服务功能日臻完善，建立乡镇（街道）社区服务中心（站）18个，建成社区居家养老服务照料中心131个，建立捐赠接收站（慈善超市）19个。全市有抚恤优待对象8162人，发放抚恤金2877.01万元、义务兵优待金1339.14万元、困难补助经费18.9万元。退役义务士兵自主就业率为100%，发放自主就业一次性经济补助金471.05万元。

（卢群凯）

组织机构及其负责人

中共东阳市委委员

书　记　徐建华（ ~2015.07）
　　　　黄　敏（2015.07~ ）
副书记　朱建军
　　　　申屠福华（~2015.01）
　　　　姚激扬（2015.01~ ）
常　委　徐建华（ ~2015.07）
　　　　黄　敏（2015.07~ ）
　　　　朱建军
　　　　姚激扬（2015.01~ ）
　　　　申屠福华（~2015.01）
　　　　卜亚男（女）
　　　　李宝春
　　　　俞佩芬（女）
　　　　王天仁
　　　　卢壮寅（ ~2015.06）
　　　　楼守威
　　　　李　强
　　　　胡勇春
　　　　陈　刚
　　　　李玉林（2015.06~ ）

市委工作（派出）机构及直属单位

办公室
主　任　卢洪标
信访局
局　长　金国祥
组织部
部　长　陈　刚
常务副部长　许克宁
新经济与新社会组织工作委员会
书　记　李爱忠
宣传部
部　长　楼守威
常务副部长　王国虎（ ~2015.03）
　　　　陈远京（2015.03~ ）
文化广电新闻出版局
局　长　马景斌
互联网信息办公室
主　任　陈汝宏（2015.03~ ）
统战部
部　长　施侍良
政法委员会
书　记　卜亚男（女）
维护稳定工作领导小组办公室
主　任　韦上升
防范和处理邪教问题领导小组办公室
主　任　杨正明
党　校
校　长　陈　刚
常务副校长　顾在响（ ~2015.03）
市直属机关工作委员会
书　记　吴月兰（女）
老干部局
局　长　张跃民
党史研究室
主　任　俞中强（ ~2015.07）
台湾工作办公室（市政府台湾事务办公室）
主　任　吕康银
机构编制委员会办公室
主　任　卢敏兴

中共东阳市纪律检查委员会

书　记　胡勇春
副书记　杜晓旺

东阳市人民代表大会常务委员会

主　任　施侍伟
副主任　徐仲军
　　　　王玉才
　　　　韦上升
　　　　陈绍龙
　　　　徐立刚
　　　　楼美姣（女）
党组书记　施侍伟
办公室
主　任　吴　刚

法制工作委员会
主　任　单健中
财政经济工作委员会
主　任　孙毓良
科教文卫工作委员会
主　任　杜珠芳（女）
城乡建设工作委员会
主　任　潘锡林
代表工作委员会
主　任　张　宇
农业农村工作委员会
主　任　吴荣斌

东阳市人民政府

市　长　朱建军
副市长　李宝春
　　　　王天仁
　　　　虞乐生（女）
　　　　陈　军
　　　　蒋银生
　　　　斯民娅（女）（～2015.07）
　　　　毕伟文
　　　　蒋令树
　　　　次　央（女）（2015.04～ ）
　　　　王　华（2015.07～ ）

市政府工作（派出）机构及直属单位

办公室
主　任　张望峰
法制办公室
主　任　俞益钟
农业和农村工作办公室（城乡一体化办公室）
主　任　曹正标
机关事务管理局
局　长　黄文明（～2015.03）
　　　　许朝对（2015.03～ ）
发展和改革局（物价局）
局　长　桑国平
经济和信息化局
局　长　胡旭升
教育局
局　长　徐文金
体育局
局　长　金晓明
科学技术局
党组书记　许朝对（～2015.03）
局　长　赵晓珍（女）
民族宗教事务局
局　长　张伟钢
公安局
局　长　李　强
监察局
局　长　杜晓旺
民政局
局　长　叶文明
司法局
局　长　胡锡炎
财政（地税）局
局　长　沈银福
人力资源和社会保障局
局　长　吕美忠（～2015.03）
　　　　黄正明（2015.03～ ）
国土资源局
局　长　张龙明
住房和城乡建设局
局　长　蒋凯跃
规划局（人民防空办公室）
局　长　吕指江（～2015.03）
　　　　顾在响（2015.03～ ）
人民防空办公室主任
　　　　吕指江（～2015.03）
　　　　顾在响（2015.03～ ）
交通运输局
局　长　沈宇超
水务局
局　长　邢方锦
农业局
局　长　吴梦良
林业局
局　长　赵忠明
城市管理行政执法局
局　长　杜卫良
商务局
局　长　叶华龙
卫生和计划生育局
局　长　斯武民（2015.03～ ）
审计局
局　长　卢一峰
环境保护局
局　长　马旭升
统计局
局　长　葛德中（～2015.03）
　　　　戚贤群（2015.03～ ）
安全生产监督管理局
局　长　葛一军
市场监督管理局
局　长　韦力朝
经济合作交流办公室（招商局）
主　任　厉红亮
粮食局
局　长　徐强胜
建筑业管理局
局　长　虞跃桂（～2015.03）
　　　　葛德中（2015.03～ ）
旅游局
局　长　吴高强
供销合作总社
主　任　许基法
档案局
局　长　张正望（～2015.01）
　　　　程国伟（2015.03～ ）
浙江省横店影视文化产业实验区管委会
主　任　赵耀亮
浙江省横店影视文化产业实验区
党工委书记　黄阳明
浙江横店影视产业实验区管委会
办公室主任　单凯权
东白山生态旅游区管委会办公室
主　任　倪新火
公共资源交易管委会办公室
主　任　史天宝（～2015.07）
市政府外事办公室
主　任　杜安武
市政府侨务办公室
主　任　李荣跃
行政服务中心管委会
主　任　王显耀

东阳日报社

总　编　　赵志强

广播电视台

党委书记　　李道生（~2015.03）
贾志光（2015.03~）

台　长　　贾志光

省、金华市驻东阳市（共管）工作机构

东阳玉米研究所

所　长　　蒋云才

国税局

书　记　　严剑平

局　长　　黄碧波

气象局

局　长　　金　培

供电局

局　长　　汪志奕

党委书记　　姜　勇

电信局

局　长　　张　斌

邮政局

局　长　　吕志勤

烟草专卖局（分公司）

局　长（经理）　傅龙萍

东阳市人民法院

院　长　　鲍大兵

东阳市人民检察院

检察长　　胡宇翔

中国人民政治协商会议东阳市委员会

主　席　　王正明

副主席　　郭巧范（女）
施侍良
韦国锋
蔡捷飞
华伟跃
张卫伟
楼伟龙

秘书处

秘书长　郭志明

办公室

主　任　张　艳（女）

经济科技工作委员会

主　任　厉锦文（2015.02~　）

提案与委员工作委员会

主　任　王文龙（2015.02~　）

资源环境与农业农村工作委员会

主　任　董章奇（2015.02~　）

教育文化卫生体育与文史资料工作委员会

主　任　曹永刚（2015.02~2015.09）

社会法制民族宗教与港澳台侨工作委员会

主　任　徐卫东（2015.02~　）

东阳市人民武装部

部　长　李玉林

政　委　卢壮寅（　~2015.03）
孙富庆（2015.03~　）

群众团体

总工会

主　席　华伟跃

党组书记、常务副主席　陈金彪

共青团东阳市委员会

书　记　许俊峰

妇女联合会

主　席　郭丽君（女）

工商业联合会

主　席　蔡捷飞

党组书记、常务副主席　杨竹山

科学技术协会

主　席　斯群胜

残疾人联合会

理事长　许树峰

文学艺术界联合会

主　席　陈远京（~2015.03）

红十字会

专职副会长　　胡德良

镇乡街道党政组织

浙江省东阳经济开发区

管委会主任　　卢洪标

党工委书记、管委会常务副主任　吕金荣

吴宁街道

党工委书记　　程晓忠

人大工委主任　陈日明

办事处主任　　施晓强

白云街道

党工委书记　　钱喜讯

人大工委主任　朱章星（~2015.04）

办事处主任　　方　勇

江北街道

党工委书记　　傅为民

人大工委主任　杜志赛

办事处主任　　赵　锋

六石街道

党工委书记　　郭锦明

人大工委主任　单俨彬

办事处主任　　滕恩良

城东街道

党工委书记　　李敢峰

人大工委主任　张朝堂

办事处主任　　徐育阳

南市街道

党工委书记　　吴　滨

人大工委主任　张志伟（~2015.01）
周晓沸（2015.01~）

办事处主任　　张志伟

横店镇

党委书记　　俞佩芬

人大主席　　吴闪闪

镇　长　　赵耀亮

南马镇

党委书记　　张　雷

人大主席　　胡洪仁

镇　长　　吴盛龙

巍山镇

党委书记　黄阳明（～2015.01）
　　　　　楼国民（2015.01～）

人大主席　申屠顺达（～2015.03）
　　　　　赵军刚（2015.03～）

镇　长　马　刚（～2015.03）
　　　　申屠顺达（2015.03～）

歌山镇

党委书记　韦朝阳

人大主席　厉新文

镇　长　马伟大

千祥镇

党委书记　徐春雷

人大主席　申屠国锋

镇　长　王鹤群（女）

湖溪镇

党委书记　楼国民（～2015.01）
　　　　　方雪飞(女)（2015.01～）

人大主席　张荣询

镇　长　方雪飞(女)（～2015.01）
　　　　王松明（2015.01～）

画水镇

党委书记　吕良勇

人大主席　何小飞

镇　长　何芳萍

虎鹿镇

党委书记　史南京

人大主席　黄跃龙

镇　长　马红斌

东阳江镇

党委书记　黄文明（2015.03～）

人大主席　任伟军

镇　长　楼杰华

马宅镇

党委书记　叶雪芳（女）

人大主席　何富豪

镇　长　韦　健

佐村镇

党委书记　赵小仙（女）

人大主席　俞建红

镇　长　蒋　明

三单乡

党委书记　程国伟（～2015.03）
　　　　　马　刚（2015.03～）

人大主席　程国伟（～2015.03）
　　　　　马　刚（2015.03～）

乡　长　陈南征（～2015.01）
　　　　郭立成（2015.01～）

（王　晖）

2015"美丽东阳"旅游摄影大赛获奖作品

白泉新农村　摄影／孙振华

中国共产党东阳市委员会

概 述

【概况】 2015年，东阳市实现地区生产总值464.31亿元，比上年增长5.7%；完成财政总收入81.19亿元，其中一般公共预算收入48.62亿元，分别比上年增长16.0%和17.2%；实现规模以上工业增加值105.95亿元，比上年增长5.7%；社会消费品零售总额229.90亿元，比上年增长10.1%；外贸出口25.44亿美元，比上年增长4.7%；金融机构本外币存款余额899.63亿元，贷款余额701.93亿元，分别比上年增长9.9%和9.1%；城镇居民人均可支配收入41229元，农村居民人均可支配收入22430元，分别比上年增长8.2%和9.6%。扩大有效投资，建立经济形势季度分析和固定资产投资末位约谈机制，完成固定资产投资254.21亿元，比上年增长15.9%，其中技改投资91.70亿元，比上年增长26.0%。

健全改革推进机制和督查考核机制，10个金华市级以上改革试点、45项年内重点突破改革项目、10项一般改革项目有效实施。推进资源要素市场化配置改革，完成城镇土地使用税调整、差别化信贷引导政策、宅基地有偿退出机制等14项改革任务。动态调整完善“四张清单一张网”，22项非行政许可审批事项全部取消。深化农村“三权”改革，农村宅基地使用权登记发证覆盖率达94%，96.7%的村（社）完成经济合作社股份制改革。完成市纪委派驻机构改革，市文化广电新闻出版局与市委宣传部实行合署办公，整合成立市卫生和计划生育局。横店镇入选国家首批中小城市综合改革试点。

建立书记、市长每周晨查制度，推进城市规划设计、洁化绿化亮化序化影视化、“万盛映象”主题街区改造等重点工作。推进“五水共治”，浪坑溪获全省河道建设生态示范工程；污水处理有限公司三期、江滨湿地公园投入运行；新建改造城镇污水管网136千米，120个行政村完成农村生活污水治理任务。跨行政区域交接断面水质连续两年考核优秀，“两江”出境断面水质达到Ⅲ类水。实施十大治气专项行动，全面淘汰黄标车，推进“双禁”扩面，城市空气优良率达90.9%，创建省级生态市。推进“三改一拆”，拆违235.4万平方米、“三改”340.1万平方米，创建“无违建乡镇（街道）”10个。推进顺畅工程，东永高速、望江大桥建成通行，37省道、40省道改建进展。推进农村环境综合整治，推广农村生活垃圾分类减量化处理，建成3条精品线、23个精品村，完成平原绿化296.8公顷，获评省“美丽乡村”创建工作先进县市。

城镇新增就业1.49万人，登记失业率控制在3%，年收入4600元以下贫困现象全面消除。调整城乡居民基础养老金，机关事业单位养老保险实现并轨，全民参保登记率100%。教育云规模化应用与教育教学深度融合，创建全国义务教育发展基本均衡县（市、区）。医药卫生体制改革推进，创建省卫生应急工作示范市。出生人口性别比为106.96（女为100），回归合理区间。建成木雕家训馆，74家农村文化礼堂实现“建、管、用”一体化。体育场地设施建设和利用工作得到省委夏宝龙书记批示肯定。通过省示范文明城市复评。组建东阳市非法集资案件处置领导小组办公室（简称处非办），完善处置机制，依法有序推进处置非法集资案件工作。建立平安创建月分析制度，健全立体化社会治安防控体系。

配合省委第七巡视组进驻东阳市开展巡视，开展清理网上政治类有害信息、扫黄打非等专项行动。加强领导班子和干部队伍建设，完善领导干部实绩考核评价机制，落实机关公务员职务与职级并行制度。创新开展农村基层工作巡查，推行党员和村干部积分制管理，全面推进依法治村，选派“第一书记”、党委群众工作员，整转软弱落后村（居）党组织

41个。落实党风廉政建设“两个责任”,支持纪委深化“三转”,严肃查处各类违纪违法行为,立案211件,处分党员干部192人,开除党籍79人。

(付丹阳)

市委重大决策和活动

【“三严三实”专题教育】 市委常委会带头上党课,组织开展4次集中专题学习,深入学习贯彻习总书记系列重要讲话精神,传达学习中央和省委主要会议、重要文件和领导同志讲话精神。坚持问题导向抓整改,深入学习贯彻《中国共产党党章》和《中国共产党纪律处分准则》《中国共产党纪律处分条例》,开展市管党员领导干部党章党规党纪专题轮训,认真查摆、逐项整改“不严不实”问题。深入开展“从严管理落实年”活动,推进“学制度、明纪律、守规矩”“四个知晓”、不守规矩“十种现象”专项整治等载体活动。保持反“四风”高压态势,编印《贯彻中央八项规定精神“不可为”清单》,紧盯重要时间节点、重点领域环节,开展专项检查26次,查纠问题185个。

【环境革命】 对“五水共治”“三改一拆”“四边三化”“两路两侧”、农村垃圾分类、美丽乡村建设等载体进行整合,以美丽乡村(美丽城镇)为目标,打造美丽环境。突出三大板块,深化“五城同创”,提升集镇风貌,建设精品线、精品村,形成美丽县城、美丽城镇、美丽乡村齐头并进的格局。打好四场战役,推进乱搭乱建、墙体广告、蓝色屋面等十大问题整治,打好“两路两侧”整治攻坚战;开展“8+X”专项整治行动,建立违建举报平台,强化责任追究,打好“三改一拆”攻坚战;消除沿边沿线脏乱差现象,并向周边区域延伸,打好“四边三化”攻坚战;落实“河长制”“排长制”,开展治水评估、查漏补缺,抓好市镇村三级污水处理设施建设及运维,打好“五水共治”攻坚战。破解三个难题,因村制宜发展民宿、小吃、旅游购物等特色产业,破解产业植入难题;严格落实新建道路两侧的规划控制,并加大沿线农房、店铺等整治改造力度,破解公路沿线整治难题;从产业促动、习惯养成、村规民约等多个层面入手,破解抓常抓长难题。

(付丹阳)

图1 1月8日,市委十四届七次全体(扩大)会议暨市政府第六次全体会议召开

市委重要会议

【市委十四届七次全体(扩大)会议】 于1月8日上午召开。会议主要任务是学习贯彻中共十八大、十八届三中、四中全会和中共中央总书记习近平系列重要讲话精神,按照省委十三届六次全会和金华市委六届八次全会决策部署,回顾总结2014年工作,研究部署2015年工作,审议通过《中共东阳市委关于全面深化法治东阳建设的实施意见》,动员全市上下坚持法治引领,深化改革创新,拼搏进取,奋发作为,努力在新常态下打造强市名城“两美”东阳。金华市委常委、东阳市委书记徐建华作题为《坚持法治引领,深化改革创新,打造强市名城“两美”东阳》的工作报告。市委副书记、市长朱建军部署工作。市委副书记申屠福华主持会议。市委委员、候补委员,市纪委委员,市人大正副主任,市政协正副主席,市人武部部长,市法院院长,市检察院检察长,副市级领导,各镇乡街道、上卢管理处党政正职,机关部门主要领导,市政府驻外工作机构负责人,市级老领导,各民主党派主要负责人,广厦建设职业技术学院、横店影视职业技术学院、东阳中学、市人民医院主要负责人,部分市党代表、市人大代表、市政协委员参加会议。

【市委十四届八次全体(扩大)会议】 于7月30日上午召开。会议主要任务是学习贯彻中共中央总书记习近平在浙江考察时的重要讲话精神，按照省委十三届七次全会和金华市委六届九次全会决策部署，总结上半年工作，部署下半年任务，审议通过《中共东阳市委关于全面加强基层党组织和基层政权建设的实施意见》，动员全市上下坚持固本强基，汇聚强大合力，全力推动强市名城“两美”东阳建设迈上新台阶。市委书记黄敏作《坚持固本强基 汇聚强大合力 推动强市名城“两美”东阳建设迈上新台阶》的工作报告。市委副书记、市长朱建军部署下一阶段工作。市委副书记姚激扬主持会议。市委委员、候补委员，市纪委委员，市人大正副主任，市政府副市长，市政协正副主席，市人武部部长，市法院院长，市检察院检察长，副市级领导，镇乡街道、上卢管理处党政正职，机关部门主要领导，市政府驻外工作机构负责人，市级老领导，各民主党派主要负责人，广厦建设职业技术学院、横店影视职业技术学院、东阳中学、市人民医院主要负责人，部分市党代表、市人大代表、市政协委员、优秀村书记代表参加会议。

图 2　7 月 30 日，市委十四届八次全体（扩大）会议暨市政府第七次全体会议召开

【全市干部大会暨农业农村工作会议】 于 2 月 28 日在东阳剧院召开。会议强调，要坚定新常态下加快“三农”发展的信心和决心，以“治水、拆违、整空、美村、富民”为重点，打造“业更强、村更美、民更富”的美丽新农村，开创东阳市“三农”改革发展新局面。金华市委常委、东阳市委书记徐建华讲话，对开展“千名机关干部下农村”活动提出要求。市委副书记、市长朱建军主持会议。会议表彰 2014 年全市“三农”战线上涌现出来的各类先进集体和个人。巍山镇、市农业局、东阳农商银行、画水镇洪塘村负责人在会上作交流发言。市委常委，市人大正副主任，市政府副市长，市政协正副主席，市人武部部长，市法院院长，市检察院检察长，副市级领导，市机关各部门、各单位主要领导，农口部门班子成员，各镇乡街道、上卢管理处班子成员，各行政村、农村社区书记、主任，2014 年度各类先进代表在主会场参加会议。市机关各部门班子成员在副会场参加会议。各镇乡街道、上卢管理处全体机关干部，机关部门、单位驻镇乡街道机构负责人，大学生村干部在分会场参加会议。

【全市工业经济与科技创新大会】 3 月 19 日在东阳剧院召开。市委常委、常务副市长李宝春主持会议。市委副书记姚激扬宣读表彰文件，市委副书记、市长朱建军在会上做工作报告。金华市委常委、东阳市委书记徐建华对抓好 2015 年的工业经济与科技创新工作提出三点意见：切实增强新常态下发展工业经济的主动性、精准谋划新常态下发展工业经济的路线图、不断汇聚新常态下发展工业经济的大合力。全市工业经济各类先进单位和先进个人受到表彰，市经信局、经济开发区、横店集团、浙江日升昌药业有限公司负责人作表态发言。市四套班子领导、人武部政委、市法院院长、市检察院检察长和其他副市级领导，各镇乡街道、经济开发区、上卢管理处党政正职、分管工业领导，经发办（局）全体成员，全程代理员，市机关各部门、各单位主要领导，主要涉工部门中层以上领导，全市规模以上工业企业负责人，2014 年度各类获奖企业代表参加会议。

（付丹阳）

市委办公室工作

【概况】 2015 年，市委办公室对接拟定各种会议方案 166 个，直接参与接待来宾 44 批，配合做好接待方案 98 个，接收办理上级来文 446 件，下级请示报告 23 个，下发市委、市委办文件 247 个，会议纪要 51 个。

【综合协调工作】 起草市委十四届八次、九次全会报告、全市干部大会暨农业农村工作会议报告、市委务虚会报告、市委关于制定东阳市第十三个五年规划的建议等重要文稿，起草各类报告、讲话、会议纪要250余篇。《接轨都市区 推进同城化》《抓实镇乡街道党(工)委党建工作责任》等文稿在《金华通讯》刊出。

【调研工作】 完成木雕产业发展、行政村区域调整、空心村整治、横店集镇建设、影视产业发展、工业发展等多个课题的调研，为领导提供有价值的决策信息和调研成果，《东阳木雕，延续千年辉煌之路》得到金华市委主要领导批示。《推进东阳文化产业全域化的实践成效和目标思路》等多篇文章在《政策瞭望》《金华通讯》上发表。牵头开展市级领导重点课题调研和全市优秀调研文章评选。陪同广东省智库、省委政研室、金华政研室等单位到东阳市开展影视文化、网格化管理、湿地保护、违法建筑处理等调研工作。起草《中共东阳市委关于制定东阳市国民经济和社会发展第十三个五年规划的建议》《中共东阳市委关于加强和改进党的群团工作意见》等多个重要文件。起草党建工作会议、统战群团工作会议、计生工作调研等多个讲话材料。编发《今日东阳》12期，编发《东阳政研》3期，编发《浙江雕艺》3期。

【督查工作】 每周、每半月或每月对市委主要领导批示件、市委专题会议纪要落实情况进行跟踪督查；每月对市委常委扩大会议纪要落实情况、《今日聚焦》《正风问效》曝光问题整改情况进行督办；每季度对全市重点建设项目、十大民生实事、十大重点、人口计生情况编发督查通报；年末组织相关部门人员对全市镇乡街道、机关工程部门单位进行年度工作目标责任制考核，评定考核等次。全年开展决策督查124次，发放督办通知书40个，编发督查通报59期、督查情况专报85期。

【信息工作】 编发《东阳通讯》(专报)6期、《一周要讯》23期、增刊8期，紧急信息《重要信息呈阅》18期；上报信息被省委办采用47篇，被金华市委办采用74篇。

【保密工作】 开展第三次全国保密普查，组织检察院、市委组织部2家单位通过涉密网络测评工作，开展日常保密工作管理，完成《保密工作》征订工作。

(付丹阳)

纪检监察

【概况】 2015年，全市镇乡街道设纪检监察组织19个，其中乡镇纪委12个、街道纪工委6个、上卢管理处纪委1个，配备乡镇专职纪检干部57人。对市纪委派驻机构实行统一管理改革，对派驻机构的业务、干部、编制、职数、工作经费实行统一管理（使用政法专项编制派驻机构人员编制不划转，工资、晋升等待遇保障在原单位不变），撤销市本级党和国家机关内设纪检监察机构和市监察局派驻监察室，整合市纪委派驻机构，按照“9+6”模式设置15家派驻纪检组(综合派驻9家、单独派驻6家)，包括市纪委派驻第一至第九纪检组，市直机关纪工委、市纪委驻市公安局纪检组，市纪委驻市检察院纪检组，市纪委驻市法院纪检组，市纪委驻市教育局纪检组，市纪委驻市卫计局纪检组，实现市直部门派驻监督全覆盖。东阳市纪委(监察局)机关有内设职能科室12个，设派驻机构15个，有纪检监察干部74人。

【市纪委十四届五次全会】 2月3日，中共东阳市第十四届纪律检查委员会第五次全体(扩大)会议召开。会议学习贯彻中共十八大及十八届三中、四中全会和习近平总书记系列重要讲话精神，按照中央纪委十八届五次全会、省纪委十三届四次全会、金华市纪委六届五次全会和市委十四届七次全会的部署，回顾总结2014年党风廉政建设和反腐败工作，研究部署2015年任务。金华市委常委、东阳市委书记徐建华出席会议并做重要讲话。全会审议通过市委常委、纪委书记胡勇春代表市纪委常委会所做的《坚持从严治党依规治党，坚定不移推进党风廉政建设和反腐败斗争》的工作报告。

【党风廉政建设责任制和党委主体责任落实】 执行“三书两报告”制度，落实市委《落实党风廉政建设党委主体责任和纪委监督责任实施细则(试行)》，健全党委主抓直管党风廉政建设的工作机制。加强党风廉政建设责任制巡查，市委、市政府14名领导带队，到部分单位就主体责任落实等情况进行检查，查纠问题36个，发放整改意见书14份。深化党委(党组)履行主体责任情况报告工作，重点报告主要负责人履行“第一责任人”职责和廉洁自律情况，全市镇乡街道和6个部门单位党委主要负责人向市纪委当面报告并接受评议。加大“一案双查”和责任追究力度，给予党政纪处分2人。

【党风廉政教育】 举办党章党规党纪专题集中培训班，组织645名市管党员领导干部进行为期三天的集中培训，指导各地各部门做好对所属党员的专题教育培训。督促全市各级党组织和党员干部学习贯彻新修订的《中国共产党廉洁自律准则》和《中国共产党纪律处分条例》。强化纪律约束，加大对中央、省委、金华市委和东阳市委决策部署落实情况的监督检查力度，推动“三改一拆”“五水共治”“横店城市风貌综合提升”等重点工作落实。注重挖掘提炼传统家规家训文化，建成木雕家训馆，弘扬中华优秀传统文化，增强纪律教育感染力。加大“581”（“我不要”的谐音）廉政账户政策宣传力度，全市党员干部主动上缴礼金、有价证券、支付凭证等折合人民币58.4万元，比上年增长38.4%。协助市委做好省委巡视组到东阳巡视相关工作，加强跟踪检查，督促有关单位抓好整改。

【作风建设】 坚持把贯彻执行中央八项规定精神作为监督执纪问责的经常性工作来抓，编印下发《贯彻执行中央八项规定精神“不可为”清单》，紧盯重要节点，抓关键抓具体，严肃查纠顶风违纪和隐形“四风”问题。开展市属国有企业和金融机构“四风”问题等专项整治和专项检查27次，查纠问题210个，党政纪处分5人，诫勉谈话58人。对问题突出的，市纪委主要领导与分管副市长“一对一”约谈单位党委、纪委主要负责人，约谈16人。督促有关部门出台规范公款存放办法，对财政资金以招投标方式实施竞争性存放。

【违法违纪案件查办】 市纪委受理群众来信来访413件（次），其中实名举报203件；立案211件，其中要案13件；处分党员干部192人，其中开除党籍76人，为国家和集体挽回经济损失240余万元；为31名党员干部澄清问题，保护干部干事创业的积极性。市人民检察院立案侦查贪污贿赂等职务犯罪11件15人。市人民法院审结贪污贿赂等职务犯罪案件8件10人。创新执纪方式，探索实践监督执纪“四种形态”，做到抓早抓小、动辄则咎。谈话函询34人，及时提醒党员干部守住纪律底线。开展重点疑难信访专项治理，232件中央巡视组交办信访和61件省委巡视组交办信访全部提前办结，其中转立案32件，移送司法机关处理10件。进一步规范执纪审查工作程序，制订执纪审查核实性谈话和谈话室使用工作规范。加强执纪审理和申诉复查工作，开展党政纪处分决定执行情况检查。

【农村基层党风廉政建设】 发挥乡镇纪委业务指导作用，健全完善业务培训、工作例会等一系列制度，推动村务、居务监督规范化。按照“六个有”（有办公室、有牌子、有公章、有意见箱、有公开栏、有工作日志）建设标准，开展“校务、院务、企务”监督委员会建设，形成完整的基层监督网络。落实市委开展农村基层巡查工作和加强“不守规矩”村干部管理的部署要求，组织开展侵害群众利益问题重点整治，排查处置侵害群众利益问题线索58条；立案查处农村党员干部违纪违法案件57件，比上年增长96.6%，其中农村主职干部29人，比上年增长93.3%。

【纪检监察干部队伍建设】 推进市直部门派驻监督全覆盖，制订《关于对市纪委派驻机构实行统一管理改革的实施方案》，设立派驻机构15家，其中单独派驻6家、综合派驻9家，统一名称、统一管理。深化乡镇纪委回归主业工作，制定《乡镇纪委工作规程（试行）》，按照“3+X”模式（“3”即纪委书记、纪委副书记及1名纪委委员专职；“X”即同时配备若干名其他兼职纪委委员）配备乡镇纪委专职干部，明确工作职责，完善工作制度，加强绩效管理。配备乡镇专职纪检干部57人，占乡镇纪检干部总数的68.7%。在全市纪检监察系统组织开展打造“七个纪检”主题教育实践活动，按照“三严三实”要求整改，不断巩固和深化教育实践活动成果。强化内部监督管理，开展反映纪检监察干部线索大起底、大排查，严查跑风漏气、以案谋私、违规审查等行为，坚决防止“灯下黑”。建立健全“周夜学、月论坛”制度，完善市纪委常委会议事规则和工作流程规范，建立下级纪委向上级纪委报告工作制度，着力实现以制度管人、按流程办事。

（方鹏航　龚俊琳）

信访工作

【概况】 2015年，东阳市到京非正常上访下降72%，国家重大政治活动期间实现零赴京非正常上访；初次信访事项10日办结、社会力量参与信访工作、非正常上访的依法治理等做法受到省、金

图 3　4 月 30 日，举办全市信访干部培训会

华市的肯定和推广；全市信访工作在金华考核中获优秀。

【信访工作责任落实】　发挥考核机制导向作用，明确信访工作的属地管理责任、事权单位责任和一把手责任。针对市非法集资问题突出、群体性上访不断、负面舆情多发的现状，成立市处理非法集资问题领导小组。百日维稳攻坚大会战期间，全市 120 件隐患较大信访事项、24 个突出信访维稳问题、127 名重点人员及涉桐乡专业市场的 3 名重点信访人员，逐一由各镇乡街道落实化解稳控责任，没有发生到第二届互联网大会上访的情况。

【初次信访事项办理提速】　对一般性初次信访事项，把《信访条例》中信访事项办理的 60 日期限缩短到 10 日。全年受理一般性初次信访事项 648 件，办结 600 件，10 日内办结率 92.59%。金华市联席办转发《东阳市初次信访事项十日办结工作规范》，刊发东阳市抓初次信访事项 10 日办结工作的经验材料，此项工作在全省推开。

【推行“阳光信访”】　通过在全市推广运用浙江省网上信访信息系统，信访事项实行“网下受理，网上交办；网下办理，网上反馈”。办理情况向信访人公开，广大群众成为信访工作的“监督员”和“裁判员”，形成倒逼机制，增强信访责任部门工作责任心。全市信访事项办理满意率 70.59%。

【推行精准信访】　按照权力清单，实行精准交办，减少推诿情况的发生，实现“事事有回音，件件有着落”；事权单位分管领导要对每个信访件办理结果进行审核并签署意见，再由信访局进行审核，对办理差错的信访件，退回重办；按照“一个案子、一名领导、一个班子、一套方案、一抓到底”要求，对 134 件信访件进行督查，确保责任的落实；化解 5 起信访疑难案件。

【信访秩序规范】　群众到信访部门反映涉法涉诉信访问题的明显减少，选择法定渠道进行申诉的明显增多。以“依法信访，共筑和谐”为主题，开展《信访条例》施行十周宣传活动。全市依法治理非正常上访，做好维护信访秩序工作。

【信访干部队伍建设】　全市信访部门结合“三严三实”专题教育活动，举办 3 期信访工作业务培训，360 名信访干部接受培训。组织信访任务较重的镇乡街道、部门单位信访干部轮流到信访局顶岗学习，熟悉掌握办理流程，提升信访干部的业务能力和综合素质。

（徐德胜）

组织工作

【概况】　2015 年，全市基层组织 2630 个，其中党委 106 个、党总支 173 个、党支部 2351 个；另有部门党委 27 个、各类党组 26 个、市委派出工委 8 个。党员 61410 人，其中，女性 12545 人，少数民族 61 人，45 岁及以下 24734 人，大专及以上学历 18113 人。全年发展党员 1010 人，其中女性 406 人。

【领导班子和干部队伍建设】　组建 18 个巡查组对每个镇乡街道开展常态化巡查；加强对退出现职领导干部的管理，安排 152 名退出现职领导干部到 18 个镇乡街道担任农村工作局级指导员；制定《东阳市领导班子和领导干部综合分析研判工作办法（试行）》，开展市级领导班子和党政工作部门领导班子分析研判，全方位动态掌握情况。协调安排西藏、宁夏等外来挂职干部，选派 3 人到金华市机关部门挂职锻炼。加强干部一线实践锻炼。从市管副职后备干部、市机关部门中层干部和 2014 年中青班学员中选派 31 人和白云街道干部组成 4

个小组，对白云街道（商贸园区）重点项目开展攻坚月活动；配合横店小城市风貌提升改造开展人员选派，抽调13名机关干部参与横店通用机场拆迁工作；选派2人到横店镇挂职镇长助理；选派1人参与金义东城际轨道交通前期工作；从乡镇街道选派3人到北京、上海、广州等地区进行为期一年的挂职锻炼；安排98名新录用公务员到横店开展小城市风貌提升综合整治工作。

【干部人事制度改革】 修订完善《东阳市机关事业单位工作人员调动管理办法》《党政领导班子和领导干部年度考核办法》。分2批50人次对部分市机关部门领导干部进行调整和充实。完成市委宣传部与市文化广电新闻出版局、市卫生局与市计生局的机构撤并、职能整合、人事调整相关工作。配合横店小城市培育“扩权强镇”工作，调整派驻机构有关人员。推进机关公务员职务与职级并行工作，完成全市83个单位上报材料初审和26家单位的测评、公示工作。

【干部监督管理】 完成市农办等9家单位25名超职数配备干部的消化整改工作以及机关部门单位党委委员享受副科等问题的整改。开展党政领导干部在企业兼职（任职）工作“回头看”。推进干部人事档案专项审核工作，完成审核登记档案数220卷。加强出入境证照的管理工作，全年市管领导干部审批因私出国14人、因公出国39人，催收未统一上缴的市管领导干部出国（境）证照7本、新任市管干部出国（境）证照5本。加强退出现职干部日常监督和跟踪管理，通报全市退出现职市管领导干部担任农村工作局级指导员有关情况的专项检查结果。

【干部教育培训】 举办新型城镇化专题研讨班、“两美”建设专题研讨班、电商换市专题研修班、中青年干部培训班等12期主体班次。规范3个金华市级以上现场教学基地和全市15个现场教学基地。印发《关于规范社会化培训的通知》，对公务员、事业单位人员参加社会培训相关学费的报销奖励制度进行修订。规范学历学位教育，完成167人的学历学位更改、审核、归档工作。

【党建工作责任制落实】 印发《2015年镇乡街道基层党建工作考核细则》，明确市、镇、村三级抓基层党建工作的责任目标。制定《镇乡街道党（工）委书记履行基层党建工作责任制考评办法（试行）》，指导每名书记确定并抓好两项2015年领办基层党建工作项目。编发《东阳市农村基层党建工作规范手册》，每月定期开展基层党建工作专项督查并纪实性通报，督查情况作为年终镇乡街道基层党建工作考核的重要依据。印发《关于建立健全镇乡街道组织建设办公室工作制度的通知》《东阳市镇乡街道组工干部落实基层党建工作责任追究办法（试行）》等一系列制度，加强镇乡街道组工队伍教育管理。

【党建示范带和党建示范点建设】 开展示范点和示范带建设，完成37省道示范带沿线两新党组织建设21个，培育金华市级党建示范点7个，东阳市级党建示范点4个。制定《东阳市农村党建示范点和示范带建设规划》《东阳市农村基层党建示范点创建标准》。4月，召开全市党建示范点建设现场会，组织各镇乡街道组工干部现场参观并部署具体工作任务；9月，开展为期一个月的专项检查，督促并指导首条37省道党建示范带沿线镇乡街道的迎检工作。

【规范村级组织运行】 梳理确定村级组织运行、党员干部队伍“不守规矩”、历史遗留问题和重点矛盾纠纷、创业承诺任务等“四张清单”，理清村（居）存在问题并落实整改。排摸确定41个软弱涣散村（居）党组织，从全市选派41名优秀干部担任“第一书记”。制定《关于全面推进依法治村的实施意见》，提升依法治村水平，该做法在中组部内参刊出，并被《浙江日报》以内参形式报省委书记夏宝龙参阅。制定实施《关于进一步推进行政村区域调整后续完善工作的意见》。

【农村干部队伍建设】 2月，举办以“守规矩”为主题的培训班一期；11月，举办全市农村党组织书记党建工作专题培训班，并指导各镇乡街道完成其他村两委干部集中培训。推行农村干部积分制管理办法，在横店镇、南马镇和巍山镇开展党委群众工作员选聘试点工作，选聘6名优秀农村书记担任党委群众工作员。制定《关于对行政村主职干部基本报酬发放办法进行调整的通知》。加大农村干部先进典型的宣传力度，全市11名村（居）党组织书记被评为金华市“优秀村（居）党组织书记”，全年在各级媒体刊登优秀村（居）党组织书记事迹42篇。湖溪镇清潭村党支部书记李永君的先进事迹，在金华市“三严三实”专题教育活动动员大会上做报告，并在金华各县(市、区)巡回报告;李永君参加浙江省优秀村党组织书记示范培训班,并作为金华地区的代表作交流发言。

【党员队伍管理】 印发《关于进一步深化完善农村党员积分制管理工作的通知》,强化后进党员整转力度,全市114名党员被确定为不合格党员进行教育整转。6月4日,《浙江日报》将该做法作为全省党员教育管理特色做法予以介绍。完成村(居)党员户亮牌工作,推行党员联系服务群众一卡(登记卡)、一公示(联系服务群众情况每月公示)、一考核(列入党员积分考核)制度。开展镇乡街道党员服务中心流动党员组织关系清理工作,建立村(居)外出流动党员的管理制度。组织26名省、市、县三级党代表开展"我为美丽乡村建设献一策"调研视察活动,实地视察东阳市美丽乡村建设推进情况,收集党代表美丽乡村建设意见建议21条。加大党建新闻片、专题片拍摄及上报力度,建立全市党建电视栏目信息员队伍和党建电视栏目"以奖代补"制度,畅通基层党委、组织部、电视台三者间的线索报送、选题、拍摄通道。

【两新组织党建】 推行"党建+"工作模式,将党建工作与企业转型升级、技术改造、安全生产等工作相结合,提升两新党建的活力和影响力。开展"村企共建治水"活动,新增村企共建10对,全市非公企业专利申请328件,授权专利293件。开展"百名律师进百企"活动、开展法制宣传教育讲座活动86次,提供法律咨询2700余人次、帮助修订和完善村规民约、合同、协议等47件。推行"行业协会+会员企业"党建模式,推进两新党组织融合互动、协调发展。开展"党建跟着项目走、支部建在工地上"党建模式,全市建筑企业建党组织227个。开展"横漂"党建工作,举办"横漂"人才大比拼活动。印发《关于开展两新党组织"覆盖检修"行动的通知》,规范两新党组织活动场所"三个一"要求和"十个一"标准。推进党群服务中心建设,规范新建党群服务中心15个,授予东阳经济开发区、白云街道小商品工业园、横店电子产业园区、野风集团4个党群服务中心为东阳市两新组织首批五星级党群服务中心。印发《关于在全市两新组织中开展党员五星积分制管理的实施意见》《关于在东阳外地市场党组织中深化"五星争创"活动的意见》,规范外地市场支部党建工作。

【党员远程教育】 开展远程教育终端站点"两查两提高"专项活动,发现问题32个,全部完成整改。建立一支由52名信息员组成的党建电视栏目信息员队伍,实行信息员培训季会制,收到新闻线索320余(条),被省党建频道采用13条(次)、省新闻联播采用2条(次)、金华台《先锋广角》采用17条(次)、金华新闻联播采用8条(次)。组织开展共产党员微信、易信和东阳远程教育微信推广工作,完成近4000名党员的订阅关注。验收通过14个规范化的村(居)远程教育广场,96个远程教育广场(影院)。发挥"东阳远教"微信公众平台作用,发布党建信息730余条。

【人才工作】 印发《2015年全市人才工作要点》《2015年全市人才(招才引智)工作考核细则》,明确部门工作重点,对部门单位人才工作实行量化积分考核。制定《市委人才工作领导小组成员单位"权力清单""责任清单"》,明晰成员单位的职责和权力。开展人才申报工作,5人入围国家"千人计划"答辩、1人入选省"千人计划"、4人入选金华"双龙计划"。新增市拔尖人才"百人计划"中影视文化人才序列,单列3人以上面向影视文化优秀人才选拔。开展第二批"百博入企"活动,新增5名高校博士挂职4家企业。印发《关于报送高层次人才服务项目和服务对象的通知》,跟进人才服务工作,面向"千人计划""双龙计划"专家和金华市级"拔尖人才",发放人才金卡,增设"领军人才服务专窗"服务人才。《金华日报》《金报东阳》推出东阳人才整版宣传、《都市快报》等省级媒体推出的高层次人才典型事迹专栏中刊登金一甿、郭振荣、陆光正、丁林贤和詹威强5人的典型事迹。

印发《东阳市关于创建影视文化人才管理改革试验区的实施方案》及任务清单。建立试验区创建工作季度报告制度及相关部门考核评价办法。印发《东阳市影视文化高层次人才认定标准(试行)》,单列15个事业编制用于横店影视职业学院引进高端人才,与红点影视制作公司、网传天下等公司联合设立定点培训基地。组织开展"横漂"技能培训15期,参加培训人员达900人(次)。

印发《东阳市大学生村官量化积分管理制度》,开展大学生村干部"创业富民促发展、创新服务惠民生"活动,组织12名大学生村干部参加金华市电商培训,3名大学生村干部参加中共中央组织部培训。开展大学生村干部吆喝新农村等10余次实践活动。实施大学生村干部有序流动，其中考录公务员6人，考入事业单位3人。

（王航波）

宣传工作

【概况】 2015年，东阳市宣传思想文化战线以中共十八届三中全会精神为指导，学习宣传习近平系列重要讲话精神为主线，开展党的群众路线教育实践活动，全面推进中国特色社会主义理论普及，为加快推进“强市名城”现代化东阳建设提供精神文化支撑。

【纪念抗日战争胜利70周年群众性主题教育活动】 7月1日，印发《关于组织开展纪念中国人民抗日战争暨世界反法西斯战争胜利70周年群众性主题教育活动的通知》，开展社会宣传，悬挂宣传横幅近1000条、张贴标语5000余张、各农村刊出专题黑板报600余期。组织开展“不能忘却的记忆”主题展览、农村巡回展览、抗战题材书法和美术展等系列活动。各镇乡街道、部门单位、农村社区、企业、学校结合各自实际，举行诗歌朗诵、抗战歌曲大合唱、演讲比赛、党课学习、抗战老兵宣讲、祭扫烈士墓、走访慰问等纪念活动。《东阳日报》组织3个整版公益广告宣传，东阳广播电视台从9月1日起每天至少播出片花5条、抗战音乐介绍10首、老兵故事4条、抗战音乐30首；东阳新闻网开设《东阳抗战史》《东阳抗战故事》《东阳抗战英雄》《寻访抗战遗址》等栏目，推出抗战老战士和遗址系列专访暨“网络寻访抗战故事”专栏，推出两期“勿忘国耻圆梦中华·纪念抗战胜利70周年”知识竞赛活动。

【学习型党组织建设】 1月27日，印发《关于做好〈习近平谈治国理政〉学习宣传工作的通知》，组织全市党员领导干部学习以习近平同志为总书记的党中央的治国理念和执政方略。2月3日，印发《关于2015年全市党委（党组）中心组理论学习的意见》。3月6日，印发《关于做好〈习近平关于党风廉政建设和反腐败斗争论述摘编〉等理论读物学习宣传工作的通知》，把《习近平关于党风廉政建设和反腐败斗争论述摘编》等理论读物作为党委（党组）理论学习中心组的学习辅助用书，纳入党员干部学习必读书目，帮助广大党员干部深化对重大理论和现实问题的认识。组织中心组围绕中共十八届三中、十八届四中、十八届五中全会精神，“四个全面”战略布局，“三严三实”和习近平总书记系列讲话精神等主题开展集中学习活动。编发《东阳理论学习》6期、《八面风论坛》3期、《市委中心组理论学习情况通报》5期、《党委（党组）中心组

图4　2月6日，由浙江省与新华社联合拍摄的《美丽浙江》形象宣传片摄制组专程到东阳取景木雕设计、雕刻现场、创作成品

理论学习情况通报》4 期，面向各党委（党组）中心组发放理论学习资料 1.8 万余册。

【全民阅读活动】 2 月 5 日，市委宣传部联合卫生、文化、科技、司法、农业、林业、科协等 10 个部门，在湖溪镇开展文化、卫生、科技"三下乡"集中活动。7 月，组织"党员读书月"活动，开展"月月读"、中心组集中学习、党员干部读书交流、红色图书展销、读书体会征评等一系列活动。组织做好"绿水青山就是金山银山"重要思想论述理论文章约稿工作。8 月 21 日，举行"三严三实"红船精神专题学习研讨会，市委书记黄敏主持会议并讲话。市人大常委会主任施侍伟、市政协主席王正明、市委副书记姚激扬等市四套班子领导出席会议，并在会上作交流发言。9～10 月，开展 2015 年社会科学普及周活动，完成金华市第二十一届社会科学优秀成果奖申报工作。围绕"中华人民共和国环境保护法""三严三实""茶与健康、茶与廉政""宗教文化和社会和谐""四个全面""党的十八届五中全会精神"等专题，邀请专家领导在东阳文化大讲堂举办专题报告会。

【农村文化礼堂建设】 新建成农村文化礼堂 17 家，累计 91 家。优化提升城东街道单良村、虎鹿镇溪口村等 5 家农村文化礼堂，探索农村文化礼堂建管用一体化机制。4 月，启动单良村、大联村、王宅村 3 家文化礼堂进行家风家训示范点建设。9 月 23 日，中央宣传部副部长景俊海在省委宣传部副部长唐中祥等领导的陪同下，视察横店镇雅堂村农村文化礼堂建设和活动开展情况，对东阳市利用农村文化礼堂为横漂管理服务工作给予肯定。6 月，在全市农村文化礼堂组织开展"学家训、立家训、树家风"活动，推动家风家训进农村文化礼堂，同时市委宣传部联合文化、文联等有关部门在农村文化礼堂开展"婺韵新声"文化漂流、文艺会演、思想道德教育图片巡回展览，以及"百姓、村干部、专家、道德"四支乡音宣讲团走进农村文化礼堂等一系列活动。

【群众性精神文明创建】 以提升市民文明素质为根本实施基础设施完善工程、开展市容环境整治工程、组织交通秩序优化工程，组织诚信主题论文征评活动、"两美东阳、文明旅游"行动、"诚信为人，诚信从业"主题教育实践活动和"节俭节约、我们在行动"活动；设置思想道德建设等各类宣传牌 500 余块、宣传海报 4500 余张、宣传提示牌 5.5 万余块。通过省示范文明城市复评。修订完善东阳市文明单位和文明村（社区）创建管理办法。创建东阳市文明单位 13 个、文明村 7 个；创建巍山镇中心小学乡村学校少年宫。

会同教育局开展"好人进校园"活动，组织身边好人走进中小学校园、走进课堂，用先进事迹感召、教育学生，引导树立正确的世界观、人生观和价值观。按照上级要求做好"春泥计划"（以农村行政村为单位，依托现有各类场所，集聚整合社会力量和资源，在中小学寒暑假、传统节日和双休日等校外时间，组织引导农村未成年人开展实践体验活动）各项工作，开展"温暖的旅程"未成年人暑期亲子读书活动、美德故事比赛、童谣比赛等活动。

【家训家风宣传教育活动】 开展"学家训、立家训、树家风"主题活动；在农村文化礼堂开设家训馆、家训长廊，开展"寻找传统家训"和"寻找老故事"活动，在家谱村史、牌匾楹联中寻找收集全市各村的历代好家训 186 条、老家风故事 311 个，并将这些传统好家训和老家风故事在文化礼堂家训馆、家训长廊展出宣传，教育感染群众。通过长辈口述、家人共议等形式，编立家训 1.6 万余条，挖掘出群众身边的家风家教好故事 420 个。会同教育局组织开展家训主题征文活动，向中小学生提供免费门票，邀请他们到木雕家训馆领略东阳木雕文化、接受家训家风教育。4 月 13 日，《浙江日

图 5 上卢文化礼堂

图 6　木雕家训馆

报》头版头条以“千门万户育新风——东阳乡村社区广泛开展家训家规家风教育纪事”为标题介绍东阳市家训家规家风教育活动情况。12 月 9 日，市委书记黄敏在金华市美丽乡村和农村精神文明建设现场会上交流发言，介绍东阳市家训家风教育活动情况。组织 57 期“去陋扬善”电视道德讲堂，每周一课，围绕日常工作生活中涉及精神文明的方方面面，用东阳方言，以讲述老百姓身边道德故事的形式，倡导“爱国、敬业、诚信、友善”价值观；在东阳广播电视台微信同步播出，在“东阳新闻网”开设专题视频，“东阳发布”微博、微信公众号等媒体同步播放。

【社会主义核心价值观宣传教育活动】 继续开展“去陋扬善”社会主义核心价值观宣传教育实践活动，制定《东阳市培育社会主义核心价值观实施方案》，明确核心价值观宣传教育实践活动的内容和要求。2 月，组织开展 2014 年度“最美东阳人”、第四届东阳市道德模范评选活动，评选出 10 名道德模范、10 名提名奖获得者。吕剑剑被评选为金华市第四届道德模范，吴兆震、虞辉、卜孝明、吴坚强、朱灿霞 5 人被评为“浙江好人”，25 人被评为“金华好人”。通过发放宣传光盘、制作事迹展板、媒体专题报道等形式褒扬凡人善举，发挥道德模范的示范引领作用。编印道德模范事迹书籍《有一种力量叫榜样》；走访、慰问道德模范和身边好人，了解他们的生活和工作、学习情况。开展“红榜送好人”活动，将道德红榜送到好人所在的镇、村（社区）、单位，并在文化礼堂、公示栏、宣传栏等公共场所进行展示，宣传身边好人的感人事迹。

【新闻宣传】 组织开展贯彻落实“市委全会精神”“市两会”“整改进行时”、践行社会主义核心价值观、“五水共治”“三改一拆”“五城同创”“一户多宅清理和空心村整治”“双禁”“学习贯彻十八届五中全会精神”、横店城市风貌提升等近 20 个重大专题新闻宣传。开设《每周聚焦》栏目，以舆论推动“五水共治”“三改一拆”、五城同创等中心工作。组织第一届红博会媒体集中宣传、中国木雕博物馆开馆集中采访、浙江省第六届异地采访活动、2015 浙江省自行车公开赛东白山爬坡赛等进行集中采访宣传、浙江电视台钱江频道 10 期真人秀节目录制、横店影视城禁毒工作集中采访、横店圆明新园开园和横店国际马拉松媒体集中宣传，第七届休闲购物节活动，召开第十届木雕竹编工艺美术博览会媒体通报会。在金华市级以上重点媒体刊发稿件 3000 余篇（条），其中省级媒体 1000 余篇（条），国家级媒体 400 余篇。同时在《中国新闻报》《浙江日报》《金华日报》先后推出有关专题专版报道。

【互联网信息宣传管理】 净化网络环境，开展清理网上政治类有害信息、扫黄打非、清理网上歪曲党史国史、治理网络敲诈和有偿删帖、打击网上银行卡买卖等专项行动；加强属地互联网信息管理，督促市内网站和微信严格落实"微信十条""账户十条"等新规章和网络实名制新要求，加强对微博、微信、新闻客户端等移动新媒体的内容管理；坚持网络舆情工作24小时值班制度，开展涉及东阳网络舆情的监看、研判、报送、抄告、引导和处置工作；分析研判涉及东阳舆情300余起，编印《涉东网络舆情周报》20期，报送重大网络舆情专报25期，发送《网络舆情抄告单》8份，落实上级互联网管理要求和宣传工作提示3400余条。策划制作《东阳抗战史》《东阳抗战故事》《学习贯彻市委全会精神》《横店圆明新园（万花园）盛大启幕》《2015年横店国际马拉松》《每周聚焦》《2014"最美东阳人"评选》《微力无穷·我家的春节》《第四届网友植树节》《61个儿童61个心愿》等30个专题。至年末，"东阳发布"微博粉丝人数超过15万人，微信关注人数6.5万人。

【宣传队伍建设】 完成宣传文化部门职能综合、机构整合、人员融合工作，理顺全市文化产业发展工作机制。设立市互联网信息办公室，建立市委网络安全和信息化领导小组；调整市网络新闻宣传管理中心的工作职能，新设市网络舆情导控中心，初步形成网信办及"一科室两中心"的工作架构。组织宣传文化干部开展"坚定清醒、勇于担当"主题教育实践活动；制订宣传文化队伍教育培训计划，完善宣传文化队伍培训上岗制度，推进宣传文化领导干部、宣传干事、基层宣传员、民间文艺人才、文化志愿者、网评员、社科人才、讲师团等各支人才队伍建设；组织开展各类学习培训，并提供活动平台，为全市宣传文化人才创设良好的学习发展环境。9月21～25日，组织50余名镇乡街道和重点部门新闻发言人赴浙江大学开展专题培训。11月，组织"十佳记者""飘萍新闻奖"和"优秀新闻栏目"评选等活动。

（杜倩倩）

统战工作

【概况】 加强统一战线同心思想建设、履职能力建设，发挥民主监督职能，加强社会服务，扩大同心品牌社会效应。依法管理宗教事务，夯实基层主体责任，维护民族宗教领域和谐稳定。按照"扩面提质增效"要求，建设各地东阳人联谊会、商会。开展"双十服务"等活动，拓展港澳台海外统战工作。创新工作载体，加强非公经济和网络界等新兴领域统战工作。利用QQ群、统战网站、微信群等宣传渠道，收集统战相关信息，编印统战信息11期，编印东阳联谊动态27期，《东阳人》9期；做好相关调研工作，指导各统战团体搞好专题调研，撰写调研报告。建立全员参与机制，强化激励机制，扩大统一战线的社会影响力。

【统战工作调研活动】 中央、省委和金华市委统战工作会议召开后，组织开展统战工作大调研活动，组织多层面专题学习。召开统战部全体机关干部专题学习会、全市统一战线各单位主要负责人和办公室主任（秘书长）专题座谈会、组织统一战线骨干成员专题学习会。7月25日，邀请省委统战部副巡视员、研究室主任杨卫敏为全市统一战线骨干成员做学习贯彻中央统战工作会议精神报告会；组织由统一战线各单位组织、全员参与的专题学习会，确保每一位统战成员了解掌握会议精神和《中国共产党统一战线工作条例（试行）》《中国共产党浙江省委员会统一战线工作实施细则（试行）》要求。12月31日，市委书记黄敏专题调研统战工作。

【多党合作、政治协商】 在市政协第十三届四次全体会议上，各民主党派、工商联、无党派人士提

图7　12月31日，市领导调研统战工作

交提案128件，其中民建基层委员会《关于加强市区行道树科学选择与管理的建议》《关于加快义乌疏港高速公路东阳延伸段规划、立项和报批的建议》、市知联会《关于加强我市建筑垃圾处理，创造整洁有序生态环境的建议》《关于加大山区“保供水”投资力度的建议》、新联会《关于加速推行垃圾分类处理的建议》《关于持续推进“美丽乡村”建设的建议》等被列为全市重点提案和建议。6月，各民主党派开展党派调研周活动，组织党派成员到企业、社区及有关单位针对广大群众关注的热点、难点问题进行调研：农工党东阳市委会开展“严格环境执法、创建美丽东阳”的调研、民盟东阳市基层委员会开展“历史文化古村落的开发与保护”的调研、民进东阳支部开展“提升影视文化层次，建设美丽横店”的调研；同月，组织全市各民主党派、工商联和无党派代表人士开展以“加入民主党派（知联会）为什么、组织发展靠什么、我为东阳做什么”“事业成功靠什么、人生出彩为什么、历史责任是什么、我为东阳做什么”的大讨论；协助市委印发关于调整、完善市领导和市机关部门对口联系民主党派、工商联及有关统战团体的文件，组织各民主党派、工商联负责人和无党派代表人士召开情况通报会、座谈会8次，协助各民主党派考察发展新成员27人。

【基层协商民主规范化建设】 统战部协助市委开展全市基层协商民主规范化建设工作，制订《关于推进基层协商民主规范化建设的指导意见》。4月28日，召开全市基层协商民主规范化建设工作会议，对基层协商民主工作进行动员部署；5月25～29日，市委统战部牵头成立3个督导组，对各镇乡街道基层协商民主规范化建设工作开展情况进行一周的专项督导，至6月30日，全市镇乡街道和上卢管理处均成立基层协商民主议事会（简称基层商议会），固定商议员347人，召开基层商议会21次，提供意见建议113条，被采纳意见建议72条，化解重大矛盾纠纷3起。11月5日，巍山镇王宅村召开协商民主议事会成立大会。11月25日，虎鹿镇葛宅村召开协商民主议事会成立大会。

【民革班子届中调整】 按照《东阳市各民主党派关于加强组织建设若干问题座谈会纪要》精神，针对民革领导班子成员中个别同志年龄偏大、届数超规定且长期不在东阳工作和生活等问题，指导民革进行届中班子调整。

【基层商会建设】 市工商联出台关于镇乡街道商会换届工作实施意见，对13家镇乡街道基层商会换届工作进行指导，注重规章制度、统计台账等运作细节，开展基层商会规范化建设。建立和落实在东阳的异地商会长效活动机制，组织开展项目推介、资源共享等联谊和交流活动。加强基层商会党建工作，协调市委两新工委组建在东阳的异地商会党支部。协调市农商银行与在东阳异地商会签订银商战略合作协议，搭建新型融资平台，解决在东阳的异地创业人员融资难问题。

【“同心”品牌建设】 开展“同心·送温暖”活动，组织全市各民主党派、市工商联、侨联、知联会、新联会等9个统战成员单位近50人，对全市三单乡青溪村、阁溪村等8个行政村部分贫困家庭及三单乡中小学贫困学生和六石街道新建村一四胞胎家庭，捐助价值9.4万元的慰问金和物品。6月17日，在农工党“同心·实践基地”——市聋哑学校召开第二次全市统一战线“同心·实践基地”建设现场推进会，进一步规范基地建设，推进“同心·实践基地”建设；全市统战系统建立8个“同心·实践基地”，同时上报的“以‘四有标准’打造同心实践基地”经验做法被列为浙江省申报2015年度全国统战工作实践创新成果入围篇目。7月28日，组织全市统一战线“同心·促发展”论坛活动，各民主党派、工商联和知联会的13名统一战线人士发言，近200名统一战线各界代表人士参加论坛。

【非公经济领域统战工作】 以会员企业为重点，组织开展以“菜单式”服务为重点的“进企送服务”活动，帮助企业解决实际困难和问题。落实“三方四家”工作职责，落实全市“双爱”活动推进计划，开展“双爱”宣传周和规模以上民营企业调研活动，做好会员企业数据库录入、企业社会责任调查和中小微企业专题监测等工作，为全国工商联开展民营企业500强发布提供依据。

【东阳市网络界人士联谊会成立】 11月30日，东阳市网络界人士联谊会成立，会议选举东阳石猿广告传媒总经理王雨潇为市网络界人士联谊会首届会长。市网络界人士联谊会首批会员有91人，其中网络意见人士37人，网络管理技术人员21人，新媒体从业人员13人，网络经济人士20人。

【纪念抗日战争胜利70周年系列活动】 动员全市统一战线成员单位通过多种形式服务抗战老兵，组织民政部门及相关人员共同开展寻找抗战老兵活动，找到在世的抗战老兵116人。5月，组织全市统一战线成员单位参加金华市统一战线纪念抗日战争胜利70周年书法展和征文活动；开展慰问抗战老兵、举办抗战老兵图片展、组织抗战老兵游览横店红军长征博览城等一系列关爱老兵活动。

【东阳人联谊总会工作】 3月9日，组织召开全国各地东阳人联谊会、商会二届四次会长会议。金华市委常委、东阳市委书记徐建华对东阳人联谊总会和各地东阳人联谊会、商会工作予以充分肯定，并就做好2015年工作提出要求：助力家乡转型升级、汇聚回归工程的强大合力、共树重诺守信的品牌形象。8月8日，全国各地东阳人联谊会、商会会长二届五次会长会议在郑州举行。9月19日，南京东阳人联谊会、商会成立。12月19日，合肥东阳人联谊会、商会成立。4月25日，嘉兴东阳人联谊会换届暨嘉兴东阳商会成立庆典完成。指导衢州、宁波、广东等地东阳人联谊会、商会做好换届工作。全年签约洽谈回归项目18个，签约资金达15亿元，存款回归流量96.2亿元，存量达8亿元。办好《东阳人》杂志和编印《东阳联谊动态》。编印出版9期《东阳人》(其中增刊3期)，计4.5万册，编印《东阳联谊动态》简报27期2300份。

【港澳台海外统战工作】 4月4～5日，接待香港回乡祭祖团110余人回乡，组织参观东阳中国木雕城、中国木雕博物馆和横店影视城。7月24日，到深圳筹建香港东阳青联会，召开青少年专题座谈会，组建香港浙江东阳青年微信群。8月3～5日，举办香港东阳籍青少年“情系家乡追梦东阳”夏令营活动，香港的25名东阳籍青少年及其亲属分别到横店镇、南马镇花园村、卢宅肃雍堂和东阳中学、外国语初中学校参观交流。加强与海外侨团和重点人士的联系，重视培养侨团新生力量。组建美国纽约、芝加哥等地和东阳人在澳大利亚、欧洲的微信群和QQ群。5月29日，召开“服务10家企业、破解10个难题”活动，分别到15家规模以上企业对接互动，解决3个难题。市侨办侨联开展“双十”活动，助推东阳经济发展被省侨联评为2015年度全省侨联系统15件最具有影响力工作。

（胡自力）

图8 9月19日，南京市东阳商会成立

侨务侨联

【概况】 2015年，接收来信15件，接待来电来访30人次。对来信来访、来电来访及时进行登记，办结率达90%以上。办理华侨回国定居3人，“三侨生”(归侨青年、归侨子女、华侨在国内的子女)子女升学加分身份认定4人，侨眷身份认定5人。走访涉侨企业13家，帮助协调解决难题5个。“两会”期间，侨界政协委员提交11件提案议案。

10～11月，走访调研杭州“浙江海外高层次人才创业园”、苏州“海创园”，考察杭州康奋威科技、浙江尚越光电科技、浙江海牛环境科技、杭州凯盟科技以及苏州天演药业、汉明科技等公司，撰写调研报告提交市委、市政府。

【联谊交流】 8月，组织35名重点留学生家属到杭州海创园考察浙江尚越光电科技有限公司。9月25日，邀请东阳市妇幼保健院院长、东阳资深养生专家，在东阳宾馆开展“老年人的养生知识”讲座，52名留学生家属参加。

【海外人才助力家乡发展】 开展“东阳籍回国创业创新高端人才家乡行”和“海外东阳籍博士教授回家乡助发展”活动。4月，有针对性地向100余名东阳籍海外（海归）高端人才发送47个东阳骨干企业技术难题，走访对接15家规模以上企业，确定15家企业作为本次活动的服务对象。

【“双十服务”活动】 开展“服务10家企业、破解10个难题”活动。把企业在人才、技术、项目、产品等方面的难题反馈给东阳籍海外人才，让他们团结各类精英提供支持，帮助企业解决难题；将国外引进的人才、技术、项目、产品等信息及时反馈给企业，帮助企业更好地走出去。5月29日，召开“服务10家企业、破解10个难题”活动推进会，市四套班子领导以及全市15家骨干企业主要负责人、骨干企业负责该项活动工作人员和部分机关部门负责人参加会议。

（边　梅）

对台工作

【概况】 2015年，东阳市台联界13名政协委员和10名列席委员参加市政协第十三届四次会议，提交提案、建议案25件，其中，界别团体提案2件、委员个人提案23件。台联界开展市政协“万里江河四季访行动”“走遍千村看治水”民主监督活动。5月25日，台联界政协委员对六石街道范围的鹤岩溪、石马溪、桐坑溪等中小河流治理工作和村庄的污水治理及卫生情况进行监督指导。9月10日，台联界政协委员对六石街道后周村、石马溪等村开展“五水共治”专项视察活动。春节、中秋传统节日，开展走访慰问台胞、台属、台企活动，走访定居台胞、重点台属、台企90余户，向在台同胞寄送200余封贺卡和慰问信。对市台办“两富”指导员联系村的4户贫困结对户进行节前走访慰问。走访慰问吴宁街道张灿彪等4户贫困台属户，并送上慰问金和慰问品。开展“情系台企、共谋发展”的台企服务月活动，走访调研市重点台胞、台属及台联会副会长企业，协调解决台资企业面临的困难与问题，为台资企业营造良好的投资环境。全年办理商务赴台申报手续11批16人次。在《东阳台联》和东阳台办·台联网站（http://www.dytbtl.com/）进行涉台宣传，发行《东阳台联》季刊4期，2400余份，东阳台办·台联网站点击率达6万人次。接待台胞台属到访，调解牵涉台胞台属矛盾纠纷3起，协同有关部门处理房屋拆建、宅基地审批3起，全年东阳市到台湾考察、探亲、旅游、商务1658人次，台胞到东阳参访、探亲、旅游、商务2068人次。

【东阳与台湾合作交流】 5月13日，东阳籍知名台胞王必立（王惕吾先生之子）一行4人到东阳市人民医院参访考察。5月16日，2015年浙江省海峡两岸急诊质控高峰论坛在市人民医院召开，来自海峡两岸10余家医疗机构的200余名医学专家及急诊医务工作者代表参加论坛。5月20～27日，东阳市台联江北分会组织30名台联理事赴台湾访亲。6月5日，以“两岸一家亲”为主题的金华市台联书画展在东阳市横店东磁大厦举行，展出金华台湾两地80余幅书画作品。6月8日，台湾三立电视股份有限公司总经理张荣华到东阳考察横店影视城外景拍摄基地，省台办相关工作人员陪同考察。6月29日至7月5日，东阳市现代农业交流团赴台湾考察现代农业技术、休闲农业、精致农业、生态农业发展。7月12～18日，东阳市影视文化交流团到台湾开展主题为“相互交流、共同发展”的交流考察活动。7月24日，国台办举行2015年两岸重点交流项目——第三届台湾青少年神州公益骑行活动，由两岸师生、志愿者和工作人员等78人组成的骑行团途径东阳市，并举行东阳站启动仪式。7月27日，81名两岸视觉艺术类专业的大学生到东阳考察黄小明木雕艺术馆。8月21～27日，东阳市城市交通与管理考察团赴台湾考察交流城市交通与管理工作。8月26日至9月1日，经济贸易考察团赴台湾开展以“加强经贸项目交流，推动东阳台湾两地经贸合作”为主题的公务考察活动。9月13日，台湾TVBS电视台记者黄荷婷、陈盈仁一行到横店影视城明星梦工厂进行专题采访拍摄。11月4日，台湾南投雕刻工会一行28人在金华市台办领导的陪同下到东阳参访交流。11月6～10日，台湾苗栗县政府副县长邓桂菊率政府参访团、台湾木雕艺人参展团、台湾少数民族舞蹈队共31人到东阳市参加第十届中国（东阳）木雕竹编工艺美术博览会。开幕式上，举行台湾三义木雕精品馆入驻中国（东阳）木雕城揭牌仪式，台湾苗栗县副县长邓桂菊、东阳市人民政府副市长陈军代表双方揭牌。12月16日，高雄市里长联谊会一行16人到东阳市参观访问。

【台湾文创产品首次亮相东博会】 台湾三义木雕协会会长蔡献堂等16名专业木雕艺人的60余件木雕作品和文创产品在第十届中国（东阳）木雕竹编工艺美术博览会木雕城一期一楼设立的台湾作品

图 9　11 月 8 日，举行台湾三义木雕精品馆入驻中国（东阳）木雕城揭牌仪式

展区展出，其中 19 件作品在东博会期间被收购。台湾的文创产品首次亮相第十届中国（东阳）木雕竹编工艺美术博览会。展会期间，台湾南投喜列克文化艺术团献上精彩的少数民族歌舞表演，展现独特的宝岛风情。11 月 9 日，台湾木雕艺人参展团及少数民族舞蹈队参加第十届东博会颁奖仪式在香格里酒店举行。颁奖仪式上，东阳市委副书记姚激扬为台湾木雕和文创产品参展人员颁发参展作品获特别金奖证书，为台湾少数民族舞蹈队颁发“表演奖”。台湾木雕参展团团长俞川心获“优秀组织奖”。

【台胞捐赠】 4 月 3 日，素有台湾“制冷大王”之称的东阳籍知名台商陈和贵清明到东阳探访母校南马高中，捐款 100 万美元助力学校发展。11 月 27 日，陈和贵捐赠 1 亿元设立的尚贤慈善教育基金会成立暨捐赠仪式举行。所捐资金用于国祥实验学校建设。国祥实验学校选址在江滨北路以南，东阳江以北，市广电大楼以东地块。项目总占地 9.3 公顷，总投资 3.5 亿元。学校规划设寄宿制初中 48 个班，可容纳学生 2400 余人。

【考察调研对台工作】 2 月 5 日，金华市台办副主任邵芙春带领的慰问组到东阳市走访慰问市重点台胞、台属代表。2 月 7 日，国台办协调局领导在相关工作人员的陪同下，到东阳走访调研台商投诉协调工作情况。3 月 17 日，金华市经济开发区台联会到东阳市考察交流台联组织建设情况。3 月 24 日，义乌市台办、台联到东阳市就对台工作和台联基层组织建设工作进行考察交流。4 月 3 日，玉环县台办主任龚强到东阳市台联白云分会学习交流对台工作经验及做法。4 月 28 日，东阳市台联会吴宁分会赴浦江县台办、台联会学习基层台联先进经验和成功做法。5 月 7～8 日，东阳市台联会组织常务理事赴衢州市台联会学习基层台联先进经验和成功做法。10 月 15～16 日，市台联会白云分会组织理事成员等到玉环县考察交流，学习其基层台联先进经验和成功做法。8 月 5 日，金华市台办主任蓝群英、副主任邵芙春到东阳市调研对台工作。9 月 15 日，金华市台办副主任张伟欣、投诉协调处处长陈海珍到东阳调研涉台婚姻情况。10 月 11 日，义乌市台联后宅分会到东阳市台联白云分会学习交流对台工作经验及做法。

【台联重要会议】 4 月 9 日，东阳市台联横店分会成立暨第一次代表大会在横店镇召开。横店镇、南马镇、千祥镇、马宅镇等镇的 67 名台胞台属代表参加大会，会议审议通过《东阳市台联横店分会章程》，选举产生 23 名横店分会第一届理事会成员。会议选举产生分会会长、副会长、秘书长，聘请名誉会长。6 月 5 日，浙江省台属联谊会理事会暨基层工作现场会在东阳市横店东磁大厦召开。全省各县、市（区）60 余名台联理事参加会议。全国政协常委、省政协副主席、民革省委会主委、省侨联主席、省台谊会会长吴晶出席会议。12 月 29 日，东阳市台联会六届二次理事会暨成立三十周年大会在东阳大厦举行。

（楼六生）

市直属机关工委工作

【概况】 2015 年，市直机关工委召开市直机关党建工作会议、党委书记党建述职会议各 1 次；举办市直机关党组织书记培训班、党务干部专题业务培训班、预防职务犯罪专题讲座各 1 期；组织参加全市入党积极分子培训 61 人，考试合格 61 人；收到党员关爱基金捐款 169705 元；收缴党费 563558 元。市直机关有党组织 187 个，其中直属机关党委、纪委 9 个，党总支 9 个，党支部 169 个；管理党员 4842 人；创市直机关

图 10　7 月 1 日，组织市直机关新党员到市档案馆举行入党宣誓仪式

“学习型党组织”92 家；金华市“机关党建示范点”3 家；各级廉政文化进机关示范点 8 家，其中金华市级 7 家，省级 1 家；各级文明单位 92 家，其中东阳市级 65 家，金华市级 20 家，省级 7 家。

【党员学习教育】 为各机关党组织征订《党课参考》《党员文摘》，给每位党员赠阅《“四个全面”党员干部读本》，丰富党员学习资料。7 月，连续第六年开展市直机关“党员读书月”读书征文活动，收到读书体会文章 65 篇，评选表彰优秀体会文章 8 篇、组织奖 2 家。2014～2015 年度调研文章《加强机关基层党建思考》《党建跟着工程走支部建在项目上》《新形势下加强机关文化建设的若干认识与思考》分别获金华市机关党建优秀调研成果一等奖、二等奖、三等奖。执行落实每月 10 日的市级机关“党员活动日”制度，督促各党组织以议政议事、组织生活、学习教育、为民服务等形式开展活动，及时督查通报。

【机关党组织建设】 规范机关党组织设置，抓好换届选举工作。完成市直机关 7 个直属机关党委、11 个党总支、156 个党支部年度“五星争创”星级评定、晋位升级工作。新建市市场监督管理局、市委宣传系统 2 个直属机关党委和 2 个直属机关纪委，市国家税务局机关第一和第二、市市场监督管理局机关第一至第九、市委宣传部（市文化广电新闻出版局）机关第一和第二、国家统计局东阳调查队、市卫生和计划生育局机关、市纪委派驻机构第一和第二 17 个党支部；整建制转入 9 个党支部；撤销市质量技术监督局、市人口和计划生育局 2 个党总支，撤销市国家税务局机关、市工商行政管理局机关、市食品药品监督管理局机关、市食品药品监督所、市质量技术监督局机关、市产品质量检测中心、市质量技术监督基层站所、市质量技术监督局离退休、市委宣传部机关、市文化广电新闻出版局机关、浙江横店影视产业实验区管委会办公室、市卫生局机关、市人口和计划生育局机关 13 个党支部；2 个党支部按期换届；1 名直属机关党委书记、1 名党总支书记、1 名党总支副书记、1 名直属机关纪委书记、20 名党支部书记、7 名党支部副书记届中调整。坚持新任书记任职谈话制度。新任书记任职谈话 22 人。做好发展党员工作，加强党员组织关系管理，新吸收预备党员 36 人，预备党员转正 31 人，接转党员组织关系 912 人。市国税局直属机关党委、市档案局机关党支部、市医保处党支部 3 家党组织被金华市直机关工委命名为金华市“机关党建示范点”。

【“从严管理落实年”活动】 开展“学制度、明纪律、守规矩”和落实从严管理“四个知晓”等专题活动。3 月，成立工委“从严管理落实年”活动领导小组，研究出台实施方案。4月，梳理12项《市直机关工委从严管理制度清单》，制定4个整改项目12条具体举措的《市直机关工委领导班子整改任务书》。4月22日，开展“学制度、明纪律、守规矩”专题党课。

【机关党建主体责任落实】 与所属党组织签订《机关党支部目标管理责任书》，履行党风廉政建设“第一责任人”职责，落实“五个不直接分管”“三书两报告”制度，上好廉政党课。参加市管党员领导干部党章党规党纪专题集中培训，学习《中国共产党廉洁自律准则》《中国共产党纪律处分条例》并参加知识测试。发挥市直机关纪检监察职能作用，协助处理党员违纪案件。举办预防职务犯罪专题讲座一期；处理不合格党员15人，其中警告6人、严重警告1人、留党察看1人、开除党籍7人。6月，举办市直机关党组织书记培训班，启动市直机关党组织书记三年轮训计划；10月，举办市直机关党务干部专题业务培训。12月，召开市直机关党委书记抓党建述职会议，向市委常委会进行机关党建工作书面述职。

【建党94周年纪念活动】 各党组织开展有意义的党日活动、党内政治生活锻炼专题活动；开展“学家训、立家训、树家风”主题活动、市直机关“党员读书月”读书征文活动；开展党员关爱基金捐款和走访慰问活动，收到捐款169705元，慰问机关困难党员28人，发放慰问金15000元，慰问机关新中国成立前入党的老党员3人，发放慰问金2400元；开展“微心愿”征集和认领活动，征集对象为机关支部困难党员职工，征集微心愿312个，认领率100%。

（吕剑锋）

老干部工作

【概况】 2015年年末，全市离休干部117人，年龄最大的96岁、最小的82岁；享受县处级待遇52人、科局级65人。2015年落实老干部“两项待遇”（政治待遇、生活待遇），发挥老干部重要作用，为“强市名城”“两美”东阳建设凝聚力量。

【离休干部政治待遇】 1月14日，召开全市经济社会发展情况通报会，市委常委、副市长王天仁向离退休干部通报全市2015年经济社会发展情况。6月24日，召开离休干部大会。9月1～2日，开展走访慰问活动，把中国人民抗日战争胜利70周年纪念章、慰问金以及红色书籍和专题片、“浙江省老干部纪念中国人民抗日战争胜利暨世界反法西斯战争胜利70周年文艺演出活动”光盘送到抗战老干部手中。举办8次县处级离休干部集中学习会，为每位在东阳离休干部征订《金报东阳》《浙江老年报》《健康与生活》，发放《中老年生活实用口袋书》；为居住市外离休干部每人征订《东阳日报》；为离退休干部党支部征订《离退休干部党支部学习参考》。9月24～25日，举办全市离休干部读书会，邀请专家分别做《解码幸福，缔造快乐》《秋冬季节话养生》报告，参观木雕博物馆、横店万花园（春苑）和世界野生动物标本馆；组织实施“四大行动”，即“红色典藏”“走基层、看变化、促发展”“争做最美老干部”“银色人才志愿”行动；开展庆祝“抗日战争胜利70周年”活动，采访8名抗战老干部，形成回忆录《红色典藏——金华市抗战老干部的烽火人生》。

【离休干部生活待遇】 落实机关事业单位离休干部增加离休费和生活补贴。2月，市政协主席王正明带领工作人员上门慰问离休干部1人，局领导带队上门慰问142人次；三八妇女节慰问女离休干部9人；开展“迎国庆、庆重阳”走访慰问工作，重点走访90岁以上老干部；走访省外异地安置老干部3人；及时看望住院离休干部，帮扶生活有特殊困难的离干遗属16人；协调处理12名离休干部去世后的丧葬事宜。11月，组织部、老干部局联合印发《关于开展2015年离休干部“两项待遇”落实情况检查的通知》，组织开展老干部“两项待遇”情况检查。

【东阳老年大学】 老年大学开设声乐、书法、绘画等17门课程，学员1240人次。1月，培新路教学点撤销，合并到建设路校区统一办学。9月26日，老干部局、关工委联合举办“中秋国庆，老少同庆”文艺会演，演出17个节目。11月30日，金华老年大学送教活动到东阳老年大学，给学员们上一堂应急救护常识课。

【老干部活动】 老干部活动中心全年接待老干部1万余人次。4月，开展“最美老干部、最美老伴、最美子女”评选活动，评选分别产生1名金华市级“最美”人员。4月1日，组织城区离休干部到革命烈士陵园开展清明节扫墓活动；组织参加金华市委老干部局“老人节书画作品展”活动，经过收集、筛选，选送书法作品 4 幅、绘画作品 4 幅。征订《人民日报》《浙江日报》《老同志之友》《老年教育》等四十余种报纸杂志，保证老同志学习资料。

（叶园园）

党校教育

【概况】 市委党校与市行政学校、市干部教育培训中心实行“三块牌子、一套班子”的办学体制。做好干部培训工作，参与全市各类干部教育活动，为机关、企事业单位、农村和学校讲课 90 余场次。

【干部培训】 举办主体班次培训班 10 期 2013 人次，协助组织部完成办班 3 期 953 人次。具体为：农村主职干部培训班（800 人）、新型城镇化专题研讨班（47 人）、“两美”建设专题研讨班（36 人）、中层干部报告会（500 人）、“电商换市”专题研讨班（61 人）、工业经济转型升级专题研讨班（42 人）、新任市管领导干部培训班（46 人）、中青年干部培训班（43 人）、农村党组织书记党建工作培训班（399 人）、政法系统干部培训班（39 人）、全市入党积极分子培训班（3 期 953 人）。对外承接部门与社会办班，完成部门办班 31 期 8500 人次，社会办班 33 期 7900 人次。拓展对外培训，承接外来培训班 7 期 389 人次，培训对象来自全国多个省市自治区。

【函授教育】 有大专班等 2 个函授班次，拥有学员 107 人；年内毕业班 1 个，毕业学员 68 人；有校内外 7 名教师承担相关课程的授课任务。

【社会科研】 省委党校第十七批规划课题立项 3 项；金华市社科联课题立项并结题 4 项，其中 2 项获评优秀；入选省委党校理论研讨会论文 3 篇，其中《“小城镇培训试点”的农村城镇化研究——基于横店镇的实践对浙江的启示》获二等奖；入选金华市党校系统研讨会论文 4 篇；完成《关于东阳加快发展的几点思考》《东阳市扩大有效投资所面临的问题和对策探析》2 个市级课题，其中《东阳市扩大有效投资所面临的问题和对策探析》获东阳市优秀调研文章评选一等奖。

（祝 一）

史志工作

【概况】 4 月，市机构编制委员会明确“东阳市史志办公室”更名为“中共东阳市委党史研究室”，同时增挂“东阳市人民政府地方志办公室”牌子。5 月，金华市机构编制委员会批复同意中共东阳市委党史研究室为正科级事业单位。

【《中国共产党东阳历史（第二卷）》编写】 根据省、市两级党史研究室审稿意见及部分在东阳工作过的老领导、老同志的审稿建议，党史研究室组织编撰人员对《东阳地方党史二卷征求意见稿（第二稿）》进行修改补充，印刷装订形成《中国共产党东阳历史第二卷（1949~1978）》征求意见稿（第三稿）。将该书稿寄送省、市有关专家及在东阳的老领导、老同志审读，再次征求意见。8 月，《中国共产党东阳历史第二卷（1949~1978）》征求意见稿（第三稿）审读意见反馈会再次召开，省委党史研究室从文字、标点、注释的规范化，以及相关内容的精简、人员点名等提出审读意见和建议。

【《东阳市抗日战争时期人口伤亡和财产损失课题调研集》出版】 9 月，《东阳市抗日战争时期人口伤亡和财产损失课题调研集》由浙江人民出版社正式出版发行，全书近 58 万字，从调研报告、专题研究、档案资料、文献资料、报刊资料、口述资料、大事记、附录 8 个方面对抗日战争时期东阳人口伤亡和财产损失等情况进行整理、记述和归类。

【《东阳古村落》丛书出版】 3 月，《东阳古村落（下）》由西泠印社正式出版发行。《东阳古村落》丛书以图文并茂的形式，对全市 35 个古村落和现存的东阳城区古民居以及从东阳各乡镇拆迁至横店明清民居博览城中的部分古民居，在地理环境、建筑风貌、历史文化、名人姓氏、民俗民风、传说故事等方面，多角度、全方位地作全面系统的客观解读。向人们展示东阳古村落在建筑文化、农耕文化、水利文化、生态文化等方面的独特魅力。

【抗日战争胜利 70 周年系列纪念活动】 协助市南山省级森林公园管理处，做好对东岘峰景观游步道及爱国主义教育基地工程中所涉及的抗日战争时期历史人物纪念墙、沙盘式样及文字资料的提供、修改和审查工作。协助市委宣传部做好日本侵华罪证受访者信息的采集。协助市台办做好有关抗战遗迹的摄制工作。两会期间向市政协会议提交《关于修整裘家岭石笋岩抗日阵亡将士公墓的意见》的提案。协助东阳广播电视台做好《东阳记忆·纪念抗日战争胜利70周年》栏目的拍摄工作,在东阳市广播电视台新闻综合频道播出《中共领导下的东阳人民抗日救亡运动》《抗日时期东阳党组织的重建与发展》等20余集。联合东阳日报社推出“铭记历史,梦圆中华——纪念抗日战争胜利70周年”系列报道,推出“史料篇”“人物篇”“探寻篇”等30余篇文章。协助东阳新闻网开展《寻找东阳抗战记忆》群众性主题教育活动,在东阳新闻网上开设《东阳抗战史》《东阳抗战故事》《东阳抗战英雄》《寻访抗战遗址》等栏目。联合东阳发布推出“勿忘国耻 圆梦中华·纪念抗战胜利70周年”知识竞赛活动,并负责提供本次竞赛题目。纪念抗日战争胜利70周年暨抗日名将朱福星先生塑像落成仪式。协助档案局开展纪念抗日战争胜利70周年图片资料展,提供有关档案资料和书籍。在《东阳史志》期刊上推出纪念抗日战争胜利70周年特刊1期。

【东白山革命游击根据地陈列馆建设】 4月,众华审计事务所对东白山二期工程决算进行审计。5月,审计资料报市审计局备案,对三期布展工程的初步设计、施工方案设计进行细化深化,与市财政局进行沟通、修改。三期布展工程预算通过市财政局项目预算中心审核定案。

【《东阳市志》编纂】 市志编辑部先后召开3次市志主编会议和1次市志编辑工作会议,对二轮修志工作进行专题研究,总结2014年二轮修志工作,就2015年如何推进二轮修志工作进行深刻探讨,明确2015年修志工作指导原则是寓分纂于总纂之中,寓资料采集于分纂之中,寓评审于编纂之中。组织各编辑对2014年整理的志稿初稿进行补充完善,政治部类新完成《东阳市志·政府》志稿初稿,自然部类志稿初稿基本完成。

【《东阳年鉴(2014)》出版】 《东阳年鉴(2014)》是由中共东阳市委员会和东阳市人民政府主办,东阳市人民政府地方志办公室编纂,上海人民出版社出版,系统记述2013年东阳市自然、政治、经济、文化、社会等方面的情况。《东阳年鉴(2014)》采用分类编辑法,分类目、分目、条目三个层次,以条目为主要载体。全书设类目33个,分目216个,条目1248个,表格58个,图片91张,字数680千字。书后设主题词索引和表格索引。

【《东阳年鉴(2015)》编纂】 1月,市委办、市府办印发《关于〈东阳年鉴(2015)〉编纂工作的意见》的通知,明确《东阳年鉴(2015)》编纂工作计划和框架设计,编纂原则、编纂要求和编纂步骤。4月,编辑人员进行分工协作,通过电子邮件、电话、QQ群、见面交流等方式,对各承编单位撰稿人员进行一对一指导,便于承编单位开展年鉴资料的征集和编纂工作。11月末,完成初稿,送印刷公司排版。

(许慧扬)

关心下一代工作

【概况】 市委办印发《东阳市2015年关心下一代工作要点》。在全市组织评选关心下一代工作先进集体和先进个人活动,评选出先进集体25个,先进个人42人。从中推荐三单乡关工委等5个单位为金华市先进集体,吕洪元等9人为金华市先进个人。

【助学工作】 组织实施中天爱心慈善基金助学工作和金华市“福彩牵手·助圆大学梦”的大学贫困生资助活动。中天爱心慈善基金资助150人,其中大学新生86人,在校就读大学生64人;金华福彩资助大学新生10人。每人资助5000元。计80万元。

【夏令营活动】 8月10~16日,以体验生活、磨砺意志、结交朋友、开阔视野为主题的为期一周的城乡少年手拉手夏令营在三单乡举行。营员从全市城乡小学三至六年级的学生中自愿报名产生,按年龄分设四个营。所有营员、辅导员和工作人员统一着装、统一食宿、统一活动、统一管理。具体活动以体验生活、社会实践为主,实行统分结合,动静结合,室内外结合等,全程由辅导员跟踪指导服务。有营员201人,辅导员和工作人员47人。

【“希望之星”评选】 8月,东阳市开展第四届“希望之星”评选活动,设“文明之星”“智慧之星”“科技之星”“技能之星”“艺术之星”“体育之星”6个奖项。评选产生东阳市第四届“希望之星”108人,其中“文明之星”50人;“智慧之星”16人;“技能之星”7人;“科技之星”10人;“艺术之星”12人;“体育之星”13人。

【法制辅导员志愿者】 1月9日,在市公安局二楼组织50余名法制辅导员以如何参与保护未成年犯罪嫌疑人合法权益工作的业务培训，并颁发给聘书。向市财政争取未成年人保护工作专项资金20万元。志愿者参与公、检、法的审理未成年犯罪嫌疑人案件530余人次。

【纪念抗日战争胜利70周年活动】 组织以“铭记历史，向往和平”为主题的全市少儿书画创作赛和中小学生演讲赛。书画赛参赛的有300余人，其中儿童绘画91人，少年绘画83人，儿童书法77人，少年书法51人。演讲赛进入决赛（在各校、单位预赛后产生）的共47人，其中高中6人，初中17人，小学24人。

【少儿艺术团演出】 6月1日，市少儿艺术团与市外国语小学文艺社团小朋友联合在外国语小学体艺馆举行“七彩童年庆六一”文艺演出，副市长蒋令树出席并讲话。9月26日，与市委老干部局联合在市剧院举行由市少儿艺术团和市中老年文艺爱好者参与的“2015中秋国庆老少同庆”文艺晚会。

（赵国强）

“五城同创”工作

【概况】 2015年，东阳市通过“灭蝇、灭鼠”先进城区复查、省示范文明城市复查，省环保模范城市、省级生态市创建的技术评估。3月22日，全国爱国卫生运动委员会授予东阳市“国家卫生城市”称号。

【“五城同创”宣传工作】 在《东阳日报》、东阳广播电台投入70万元开展宣传报道；电视、电台（如“天气预报”“新闻东东腔”等）中播放美丽县城建设和五城同创公益广告及标语；与人民群众密切接触的电费单、水费单上印制相关标语，进行舆论宣传；刊发专题报道简报18期，扩大工作影响力；开展“小手拉大手”宣传活动，让学生群体影响家长改变乱扔垃圾等行为；组织开展美丽县城摄影大赛，发掘市民身边美景。

【“美丽县城”创建】 1月，东阳市被列为全省第一批十一个“美丽县城”试点县市之一，成立美丽县城建设领导小组，以市委书记为组长、市长为第一副组长。召开3次工作座谈会，对工作指标进行分析，讨论部门工作职责。完成《东阳市美丽县城试点三年（2015~2017）行动计划》编制工作，初步确定大小工程项目98项（不包括规划类项目），其中24项列入市政府投资重点项目、重大前期项目、一般性投资项目、一般性投资前期项目，共计投资约181亿元；编制完善地下空间利用、城区停车系统、木雕小镇发展等专项规划，启动城市色彩、夜景照明等规划编制工作，完成篁门广场周边街景立面设计。3月31日，专题召开“美丽县城”建设工作动员大会。4月7~8日，承办首个全省“美丽县城”试点工作交流座谈会。6月9日，市人大听取和审议市政府关于“美丽县城”建设情况报告。11月5日，市政协组织城乡建委对“美丽县城”建设工作进行视察，根据人大、政协意见，组织相关部门进行整改落实。

【首个全省“美丽县城”试点座谈会】 7~8日，省美丽县城试点工作座谈会在东阳召开。省首批11个美丽县城试点出炉，东阳市成为金华市首个美丽县城试点。东阳市以“美丽县城”建设为抓手，完成对地下空间利用、城区停车系统等专项规划；推进治堵保畅工程，保护利用历史文化街区，完善绿化景观工程；开展城区及山林烟花爆竹“双禁”工作，深化“五水共治”“四边三化”“三改一拆”等工作。会议指出，各县市在创建“美丽县城”中，要发挥区位、产业、资源、文化特色优势，注重环境保护、功能提升和民生保障，打造空间精致、特色彰显的美丽县城。

图11　9月28日，机关单位组织工作人员到共建社区进行文明劝导（包康轩／摄）

【城区空闲地整治】 完成城区空闲地整治58宗，绿化面积88.3万平方米，其中种植灌木4.1万平方米、各类草皮56.36万平方米、种植各类乔木1.49万株。修建临时停车场15处2.93万平方米，总投资达1850万元。组织多部门参加工作协调会、部署会3次，组织市领导督查8次。对城区空闲地围墙的墙绘进行摸底调查，对破损及空缺的围墙进行重新绘制，增补面积约5000平方米。

【省示范文明城市复评通过】 制定印发《关于做好浙江省示范文明城市复评迎检工作的通知》，对迎检任务职责进行具体分工。组织召开工作动员大会、督查工作部署会、模拟考评工作会、迎检大会等；组建6个工作督查小组对示范文明城市复评工作进行督导检查；9月15日，组织开展模拟考评。10月14～16日，通过省、金华市文明办组织的复评。

【"灭鼠灭蝇先进城区"省级复查通过】 市爱卫办完善除四害工作网络，组织开展城区四害孳生地调查工作，制定《东阳市四害密度监测工作方案》《东阳市"灭鼠灭蝇先进城区"复查和创建"灭蚊先进城区"迎检工作实施方案和技术方案》；举办除四害工作培训班，召开"灭鼠、灭蝇先进城区"迎检工作动员会；开展春、秋两季除四害活动；分发灭鼠毒饵4400千克、灭蚊蝇药剂1000千克、灭蟑饵剂7万包、灭蟑烟剂6.5万个、灭蟑方便贴5000盒、球形芽孢杆菌500千克、《四害防治知识小册子》2万本、通告1000份、另新建设灭鼠毒饵站3000座并进行固定，城区所有农贸市场四害消杀服务完成续签。10月26～28日，通过"灭鼠灭蝇先进城区"省级复查。

【督查考核】 市委、市政府将"五城同创""美丽县城"建设列入镇乡街道、机关部门的年度目标责任制考核。市五创办按要求分类制定街道、机关单位卫生、园林绿化、街路共建等11个考核细则，并在6月、9月和12月组织考核，考核结果进行全市通报。开展金华市精品城市考核的部门协调和整改意见的督促落实工作，发放整改意见书5份，督查整改落实事项182件；组织书记市长工作督查14次，完成领导批示、来信、来电、来访15件。基本实现五创办与爱卫办共同履行统筹协调、检查督促职能，实现建成区范围路灯的统一监管，重点实施空闲地环境综合整治任务，出台后续管理办法。

（吕楚麟）

2015"美丽东阳"旅游摄影大赛获奖作品

家 训 摄影／楼跃麟

东阳市人民代表大会

人大重要会议

【市十四届人大四次会议】 于3月9～12日召开，应到代表289人，实到282人。会议听取和审查市人民政府市长朱建军所做的政府工作报告；审查、批准东阳市2014年国民经济和社会发展计划执行情况及2015年国民经济和社会发展计划草案的报告；审查、批准2014年全市和市级预算执行情况及2015年全市和市级预算草案的报告；听取和审查市人大常委会主任施侍伟所做的东阳市人民代表大会常务委员会工作报告；听取和审查市人民法院院长鲍大兵所做的东阳市人民法院工作报告；听取和审查市人民检察院检察长胡宇翔所做的东阳市人民检察院工作报告。

【市人大常委会会议】 2015年，市十四届人大常委会召开6次常委会会议。

市十四届人大常委会第二十五次会议于2月9日召开。会议听取和初审《东阳市人民政府工作报告(征求意见稿)》《东阳市人大常委会工作报告（征求意见稿)》《东阳市人民法院工作报告(征求意见稿)》《东阳市人民检察院工作报告(征求意见稿)》；听取和初审关于东阳市2014年国民经济和社会发展计划执行情况及2015年国民经济和社会发展计划草案的报告；听取和初审关于2014年全市和市级财政预算执行情况及2015年全市和市级财政预算草案的报告；听取和审议市政府关于2015年政府投资重大项目计划情况的报告，市政府关于审计查出问题整改落实情况的报告。会议审议提出市十四届人大四次会议议程(草案)、主席团和秘书长名单(草案)、议案审查委员会名单(草案)、财政预算审查委员会名单(草案)，提请市十四届人大四次会议预备会议通过；审议提出市十四届人大四次会议日程(草案)、主席团常务主席名单(草案)、执行主席分组名单(草案)、副秘书长名单(草案)，提请市十四届人大四次会议主席团第一次会议通过；审议通过市十四届人大四次会议各代表团召集人名单，各代表团正、副团长名

图12 2月9日，市十四届人大常委会第二十五次会议上，市人大常委会首次举行新任命人员向宪法宣誓仪式

单,列席人员名单,上主席台就座人员建议名单;审议通过东阳市第十四届人大常委会代表资格审查委员会关于补选市第十四届人民代表大会代表的代表资格审查报告。会议审议通过依法辞去人大代表职务的议案,人事任免以及其他有关事项。

市十四届人大常委会第二十六次会议于4月9日召开。会议期间,开展全国"两会"精神和新《中华人民共和国立法法》专题辅导讲座,审议通过市人大常委会2015年工作要点。审议通过《东阳市人大常委会关于对全市司法机关司(执)法人员依法履职、公正司(执)法情况开展监督的实施方案》《东阳市人大常委会关于对市法院法官、市检察院检察官开展履职评议的工作方案》。会议通过有关人事任免和其他有关事项。

市十四届人大常委会第二十七次会议于6月12日召开。会议听取和审议市政府关于"美丽县城"建设情况的报告。审议通过《东阳市人民代表大会常务委员会关于加强审议意见督办的实施办法》和《东阳市人民代表大会常务委员会关于市级财政预算审查监督的办法》。听取和审议关于许可对人大代表依法采取强制措施的报告,审议关于接受辞去代表职务的议案。会议决定任命次央为东阳市人民政府副市长,审议通过其他人事任免事项。

市十四届人大常委会第二十八次会议于8月24~25日召开。会议听取和审议市政府关于2015年上半年国民经济和社会发展计划执行情况的报告。会议听取市政府关于2014年市本级财政决算报告,审查批准2014年市本级决算;听取和审议市政府关于2015年上半年财政预算执行情况的报告;听取和审议市政府关于2014年财政预算执行和其他收支情况审计工作报告;听取和审议市政府关于大气污染防治专项工作的报告;听取和审议公检法司机关司(执)法工作人员依法履职公正司(执)法情况的报告;开展市人民法院法官、市人民检察院检察官履职评议;会议审议通过《东阳市人大常委会关于加强镇(乡)财政预算审查监督工作的指导性意见》。会议决定任命王华为东阳市人民政府副市长,决定免去斯民娅的东阳市人民政府副市长职务,审议通过其他人事任免事项。

市十四届人大常委会第二十九次会议于10月26日召开。会议听取和审议市政府关于森林系列创建工作情况的报告;听取和审议市政府关于市十四届人大四次会议代表建议意见办理情况的报告;听取和审议关于东阳市环境功能区划编制情况的报告,通过《关于批准东阳市环境功能区划的决议》;听取和审议市政府关于财政收支预算调整方案的报告,通过《关于批准2015年东阳市财政收支预算调整方案的决议》;听取和审议市政府关于深化医药卫生体制改革工作情况的报告。会议审议通过人事任免事项及其他有关事项。会议对"人民满意法官""人民满意检察官"进行表彰。

市十四届人大常委会第三十次会议于12月23日召开。会议听取和审议市政府关于《东阳市土地利用总体规划(2006~2020年)》调整完善情况的报告,经审议表决,做出《关于批准〈东阳市土地利用总体规划(2006~2020年)〉调整完善的决议》。会议听取和审议市政府关于人大年度审议意见落实情况的报告;听取和审议市政府关于审计查出问题整改落实情况的报告;听取和审议市政府关于2015年地方政府债务限额及收支情况的报告;审议通过《东阳市组织实施宪法宣誓制度办法》;审议通过《关于召开东阳市第十四届人民代表大会第五次会议的决定》,决定市第十四届人民代表大会第五次会议于2016年1月28日在东阳召开。会议审议通过关于接受代表依法辞去职务的报告,以及其他有关事项。

(陈 煌)

人大重要活动

【专项工作报告审议】 人大常委会听取和审议"一府两院"专项工作报告18个,提出审议意见6个;人大常委会主任会议听取专题汇报3个,提出建议意见3个。

人大常委会听取和审议市政府关于"美丽县城"建设工作情况的报告并开展专题视察,配合金华市人大开展在东阳的省人大代表"美丽乡村"建设视察调研活动,提出市政府要完善规划强化对接,挖掘优势彰显特色,健全机制加强管理等审议意见。人大常委会听取和审议市政府关于东阳市大气污染防治工作情况的报告,提出落实责任完善机制、强化关键领域污染治理、健全完善工作机制、强化保障狠抓落实、加强宣传营造氛围等审议意见,推动市政府及有关部门实施十大治气专项行动,全面淘汰黄标车,推进"双禁"扩面和高污染燃料锅炉的淘汰改造等,有效改善城市环境空气质量。人大常委会听取和审议市政府关于全市深化医药卫生体制改革工作情况的报告，要求政府着力解决城区医院布局调整缓慢、基层医疗机构发展动力不足、财政投入机制不完善、医疗收费标准未理顺等问题，加快医改步伐。

人大常委会主任会议听取市政府关于新型农业经营主体培育工作情况的汇报，提出市政府要认真思考和布局经济格局、加强政策扶持、提升规模档次、完善运行机制、改进投入保障等建议意见，进一步推动新型农业经营主体发展壮大；听取市政府关于"四张清单一张网"工作情况的汇报，提出整合公共服务资源、完善配套设施规范运行、加快推进乡镇街道权力清单编制等建议；听取市政府关于科技专项资金使用情况的汇报，要求政府完善制度，调整财政经济政策，明确政策导向，加大科技投入，为全市创新发展转型升级提供财政支撑。

【专项工作评议】 人大常委会继续抓好东阳江流域水污染治理和"四边三化"行动的专项工作评议，全程跟踪监督，确保各项工作有序推进。组织人大代表和群众参与本区域"五水共治"和大气污染防治工作监督检查，开展"已治理河流"再监督活动，对全市春季绿化情况进行检查调研，及时督促政府查漏补缺。配合金华市人大开展水环境综合整治督查，督促市政府加强整治提升后工业重污染企业的长效管理；专题视察农村生活污水治理工作，专项督查镇级污水处理设施建设运营和截污纳管工程质量情况，不定期检查东阳江、南江流域水质情况。要求政府进一步规范垃圾收集处理机制，加快镇级污水设施建设并发挥作用，探索完善市、镇、村三级污水处理设施的运行管理机制，确保水污染治理工作进度和质量。

【档案法律法规执法检查】 11～12月，人大常委会组成执法检查组对全市贯彻实施《中华人民共和国档案法》和《浙江省实施〈中华人民共和国档案法〉办法》等法律法规情况开展执法检查。采取自查抽查、座谈走访相结合的方式，对全市8个镇乡街道和4个政府部门的档案工作进行抽查，形成检查意见反馈交办，提出市政府及有关部门要增强档案法制意识、强化业务指导和培训、加强档案监管、加快推进信息化建设等检查意见，并进行督促整改落实，推动档案管理水平进一步提升。

【人大代表专题视察】 2015年，人大常委会组织代表专题视察7次，提出视察意见7个。

1月6～7日，人大常委会组织部分市人大代表对水源保护地生活污水治理工程实施情况进行专题视察。提出要科学规划、因地制宜采用治污模式，加大投入、全力破解资金瓶颈制约，严格管理、加快工程项目实施进度等视察意见。

3月20日，人大常委会组织部分市人大代表对城区空闲地整治工作情况进行专题视察。提出市政府要按因地制宜、节约有效原则，统筹考虑、科学安排整治方案，尽快制定整治工作资金补助政策等视察意见。

4月23日，人大常委会组织部分市人大代表对水污染治理和大气污染防治工作情况进行专题视察。提出市政府要及时总结治水治气工作经验，不断完善工作思路，标本兼治注重长效监管，健全完善治水治气工作后续维护监管保障机制等视察意见。

8月27日，人大常委会组织部分市人大代表对市空心村整治工作情况进行专题视察。提出市政府要强化整治工作领导，加强政策、业务和技术指导，宣传法律法规政策，立足长远搞好规划、加强协调配合，严格执法强化督查等视察意见。

9月17日，人大常委会组织部分市人大代表对市农村生活污水治理工作情况进行专题视察。提出市政府及相关部门要因地制宜树立科学治水理念、狠抓落实坚定目标不动摇、多措并举确保资金投入、加强管理严把工程质量关、建章立制狠抓项目长效管理等视察意见。

9月24日，人大常委会组织部分市人大代表对市影视文化产业项目推进情况进行专题视察。针对一批具有示范和带动性的影视文化产业项目受土地、资金等要素制约，推进难度较大，外景地建设不够规范等问题提出营造良好的政策和发展环境、加快推进大项目建设、推进影视拍摄外景基地建设等视察意见，得到市政府高度重视，重点研究落实影视文化产业项目推进工作。

12月3日，人大常委会组织部分人大代表对市公安科技强警工作进行专题视察。提出提高科技强警重要性认识。多管齐下形成合力、注重效益提升水平、加强教育管理等视察意见。

【"两官"履职评议】 人大常委会组织市人大代表和社会各界，开展市人民法院法官、市人民检察院检察官（"两官"）履职评议工

图 13　8 月 24 日，在市十四届人大常委会第二十八次会议上，市人大常委会组织开展市人民法院法官、市人民检察院检察官履职评议工作

作。4 月，制定深化司法监督、开展“两官”履职评议工作实施方案，召开动员大会，对两项工作进行部署。5～8 月，成立 2 个调研组，采用召开座谈会、查访检查办案审讯工作区、查看讯问录音录像资料、查阅案卷、旁听庭审等形式对司法机关及评议对象进行定向调研检查。6 月，组织全市各代表小组开展专题视察和代表联组活动，对各司法机关和评议对象进行测评。8 月 24 日，市十四届人大常委会第二十八次会议听取和审议相关部门和个人履职情况的报告，并进行满意度测评。根据测评结果，决定授予：蒋旭华、黄兰蔚“人民满意法官”称号；方丽萌、匡锦华“人民满意检察官”称号。

【代表建议意见督办】　人大常委会督办市十四届人大四次会议期间代表提出的 345 件建议意见和 13 件旁听公民建议，代表建议办结率 100%、满意率 98.8%。完善督办制度，规范代表建议办理、答复、回复等程序，健全预交办、集体面商、“不满意件”二次交办、跟踪督办、落实销号等机制，提高建议督办实效。突出督办重点，从代表建议中确定 12 件事关民生、综合性强、涉及面广的重点建议，由政府领导领办和人大主任会议重点督办，促进热点难点问题的解决。注重“不满意件”的二次督办，整理出南午岭交通、塘西良种场搬迁、农民建房等代表反馈不满意的难点问题，要求市政府引起重视，找出原因，限期办理，并逐一做出明确答复。

【乡镇人大主席团规范化建设】　7～12 月，人大常委会在巍山镇人大开展加强基层人大主席团规范化建设试点工作，拟制乡镇人大主席团规范化运行细则，探索镇乡人大工作的新途径、新方法。试点工作得到省、金华市人大的肯定，在全省加强乡镇人大工作和建设座谈会上作为先进典型进行交流发言。

【信访受理】　重视来信来访工作，处理来信 144 件，接待来访 472 人次，对其中 16 件重点信访件进行督办。

（陈　煌）

东阳市人民政府

概 述

【概况】 2015年是“十二五”收官之年，全市实现生产总值464.31亿元，按可比价计算，比上年增长8.0%。三次产业比重由2014年的3.9∶49.0∶47.1调整为3.8∶48.0∶48.2，第三产业比重首次超过第二产业，比上年提高1.1个百分点。按户籍人口计算，全市人均生产总值55585元，比上年增长5.3%。财政总收入81.19亿元，比上年增长15.97%；其中，一般公共预算收入48.62亿元，比上年增长17.2%。扩大有效投资，完成固定资产投资255亿元，比上年增长16.6%，其中技改投资91亿元，比上年增长25.8%，总量和增幅均居金华各县市前列。省“411”重大项目、省重点项目分别完成投资61亿元、48亿元，均超额完成全年任务。浙商回归到位产业资金34.6亿元，引进内资37.6亿元，实际利用外资2005万美元。产业提升稳步推进，抓好老工业园区改造和低效用地清理，盘活用地166公顷。新增规上企业55家，完成股改15家，唐德影视首发上市。入驻科技孵化中心项目10个，新增国家高新技术企业14家。影视文化旅游繁荣发展，接待游客1825万人次，圆明新园春园开园，春秋唐园基本建成，横店国际马拉松赛举办；横店影视文化产业实验区新增企业51家，达到638家。建筑业稳中有进，创鲁班奖1项，完成总产值2228.77亿元，连续保持全国县级市首位。电商线上线下融合发展，注册电子商务企业416家，交易额超200亿元。推进农业“两区”建设，粮食总产量11.94万吨，建成东白山现代农业综合区和千祥中药材示范区，改造提升北江农垦场，健全农产品质量安全追溯体系，入选省首批农产品质量安全放心示范县。

【东阳市列“百强县”第24位】 5月，由中国社会科学院财经战略研究院县域经济课题组完成的《中国县域经济发展报告(2015)》在北京发布。东阳市列全国县域经济竞争力百强县第24位、全国县域经济发展潜力百强县第32位。

【烟花爆竹禁止销售、禁止燃放工作扩面】 1月1日起，东阳市中心城区、山林全面实行烟花爆竹禁止销售、禁止燃放（简称“双禁”）。10月1日后，“双禁”范围扩大为：吴宁、白云、江北街道所辖全部区域，上卢管理处所辖迎宾大道东侧绿化带以西区域；全市山林（含林区生态公墓、墓地、林地等）；法律法规、规章规定的其他禁售、禁放烟花爆竹的地点和场所。时间上，实施全年“双禁”。

【中国木雕博物馆开馆】 1月30日，中国木雕博物馆开馆暨馆藏作品捐赠仪式在中国木雕博物馆举行。捐赠仪式上捐赠壁

图14 1月30日，中国木雕博物馆开馆

挂、落地屏、竹根雕、屏风等作品 45 件。亚太地区手工艺大师、中国工艺美术大师陆光正出任首任馆长。

中国木雕博物馆坐落于东阳市世贸大道 180 号，总建筑面积 2.6 万平方米，总投资 5 亿余元，由市政府联手复星集团、阿里巴巴等七大浙商建设，杭州正野博展艺术有限公司设计，2010 年上海世博会的艺术顾问徐征野担任总设计师。2011 年奠基，历时三年完工，是中国第一座全面展示木雕历史文化，集收藏、研究、陈列三大功能于一体的专业木雕博物馆。展区面积近 1.6 万平方米，分为六大空间，内设中国木雕历史展厅、中国木雕与社会生活展厅、当代中国木雕大师展厅、世界木雕展厅、中国竹工艺专题展厅、临展厅和特展厅，展出作品 3000 余件（套）。首次尝试在展厅内移入一栋完整的古建花厅。

为增加展览趣味性，博物馆里设置窗花世界、吉祥图案、名人与木雕等“木雕小专题”，面向青少年设计游戏、动画、影片、查询欣赏等五六十个互动项目。

【首届横店国际马拉松开赛】 5 月 17 日，2015“中行杯”横店国际马拉松赛在横店影视城举办。本次比赛以“跑进电影，穿越历史”为主题，由浙江省体育局、金华市人民政府主办，东阳市人民政府、横店集团承办，国内外的 15000 名选手参加比赛。

【第十届中国（东阳）木雕竹编工艺美术博览会】 11 月 8 日，以“传承东阳木雕艺术，弘扬中国传统文化”为主旨的第十届中国（东阳）木雕竹编工艺美术博览会，在东阳中国木雕城开幕。本届博览会由中国工艺美术协会、中国林业产业联合会、中国轻工工艺品进出口商会、市人民政府主办，中国工艺美术协会木雕艺术专业委员会、省工艺美术行业协会、省林业产业联合会、东阳中国木雕城承办，为期 5 天，100 余名国家级、省级工艺美术大师，20 余个省市地区的工艺美术协会和红木家具行业及采购商代表参加。本次博览会设标准展位 1300 个，展览面积 46 万平方米，分为东阳中国木雕城一期、二期以及木雕城国际会展中心 3 个展区，设木雕、根雕、木雕（红木）家具、竹编竹雕、非遗展区、特色木制工艺品等展区。东阳针刺无骨花灯、东阳竹编、东阳道情在内的 20 余个东阳非物质文化遗产首次亮相东博会。其间，举办“2015 中国木雕红木家具发展论坛”活动，围绕当下中国木雕产业发展以及红木家具运用、发展、传承等问题展开讨论，为展商打开新的营销模式。

【东白山省级现代农业综合区通过验收】 11 月 17 日，东白山现代农业综合区通过省级验收。自 2010 年以来，推进东白山省级现代农业综合区创建工作。东白山现代农业综合区以茶叶、香榧、蔬菜为主导产业，三大产业建成面积 1872 公顷，完成规划数的 102.7%，总投资 28413 万元，完成规划数的 149%。

【首批城区免费公共 Wi-Fi 开通】 公共 Wi-Fi 服务项目是 2015 年东阳市十大民生实事之一，12 月 30 日，城区 48 个场所和 70 个公交停靠站开通“i-zhejiang-DY”免费公共 Wi-Fi。首批 Wi-Fi 建设覆盖行政大楼、便民服务大厅、博物馆、剧院、车站、会展中心、江滨景观带、公交停靠站等场所，室内 AP758 个，室外 AP241 个。

【省委书记批示体育场地设施建设利用工作要推广东阳经验】 省委书记夏宝龙先后 5 次针对体育场地设施利用工作做出批示，省长李强在《政府工作报告》中提出把“公共体育设施和学校体育场地设施免费或低收费向社会开放”作为民生实事项目。10 月，省委书记夏宝龙就《浙江日报》刊发的一则东阳花园村对人民广场进行改造后赛事不断的新闻，做出批示：“各体育设施都要充分利用，东阳的经验要推广，应该列入全省体育考核。”12 月 15 ~ 16 日，全省加强体育场地设施建设和利用工作现场会在东阳市花园村召开，市长朱建军作交流发言。近年来，东阳市加强体育设施建设和利用，推进体育设施向社会开放，全民健身运动蓬勃开展。东阳市花园村成为全省体育场地设施建设、利用的示范点，各地体育部门到花园村学习、取经。

【建筑业实现全国“七连冠”】 东阳市建筑企业实现稳定增长，完成建筑业总产值 2229 亿元，比上年增长 6%，连续 7 年蝉联全国县（市）级首位；建筑业实缴地方税费 9.3 亿元，比上年增长 4.1%。

（严军飞）

重要政事

【“美丽县城”试点创建】 2015 年，东阳市作为浙江省首批 11 个美丽县城试点县（市）之一和金华市首个美丽县城试点县（市），开展“美丽县城”建设，巩固提升国家卫生城市形象。加强规划引领，编制《东阳市美丽县城试点三年（2015~2017）行动计划》，完成地下空间利用、城区停车系统等专项规划；深化“五水共治”“四边三化”“三改一拆”等工作，着力在治水治污治气治堵方面下功夫，推进老旧住宅区改造，美化城市景观风貌，打造生态宜居美丽东阳。

【横店城市风貌综合提升工作】10月19日，东阳市召开千人大会部署横店城市风貌综合提升工作，成立由市委书记黄敏、市长朱建军任总指挥的领导小组，下设办公室及综合协调、规划设计、项目管理、后勤保障4个专项工作小组，计划实施17个区块的274个整治项目。风貌提升工作以洁化、绿化、亮化、序化、影视化“五化”为工作重点，实施镇容镇貌整治、镇区设施功能提升、影视文化景观建设“三大工程”，达到“镇区景区化、景区全域化”的整治目标。通过“专业团队”+“本地资源”编总体规划、补控制性详细规划、做修建性详细规划，镇区控制性详细规划实现30平方千米全覆盖，整体设计凸显影视特色。按照“一次设计、分步实施；先地面后立面，先专线后支线，先硬件后软件”的工作思路，推进重大项目建设，补齐基础设施建设落后的短板。推进环境美化，做好“万盛映象”电影主题街区、旅游专线和景区周边360度风貌提升。以“三最两美一特色”月度竞赛活动为载体，做好村（小区）环境美化。推进特色村创建和产业植入，推进横店影视产业全域化，全力打造亮点和特色。

【“五水共治”工作】2015年，东阳市进一步完善“河长制”，坚持“水岸同治”。东阳江、南江、青溪等三条跨行政区域河流水质稳定在Ⅲ类水，交接断面水质连续两年考核优秀，省、金华市6个控断面地表水水质达标率100%，基本实现“两年提水质”的目标。完成旧城区26个截污纳管项目建设及61家重污染企业整治工作。建成镇级污水管网136千米。

（严军飞）

市政府重要会议

【市政府全体会议】1月8日，十四届政府第六次全体会议召开。会议的主要任务是：深入学习贯彻中共十八大、十八届三中、四中全会和习近平总书记系列重要讲话精神，按照省委十三届六次全会和金华市委六届八次全会决策部署，回顾总结2014年工作，研究部署2015年工作，动员全市上下坚持法治引领，深化改革创新，拼搏进取，奋发作为，努力在新常态下打造强市名城“两美”东阳。

7月30日，十四届政府第七次全体会议召开。会议的主要任务是：认真学习贯彻习近平总书记在浙江考察时的重要讲话精神，按照省委十三届六次全会和金华市委六届八次全会决策部署，总结上半年工作，部署下半年任务，动员全市上下坚持固本强基，汇聚强大合力，全力推动强市名城“两美”东阳建设迈上新台阶。

【市政府常务会议】1月8日，市十四届政府第四十八次常务会议召开。会议讨论并原则同意《东阳市资源要素市场化配置改革总体方案》《东阳市强镇扩权改革实施方案》《关于进一步推进横店镇小城市培育发展机制改革的实施方案》《关于加快推进省信息化和工业化深度融合国家综合性示范区建设的实施意见》，要求根据会议提出的意见建议修改完善后下发实施。会议讨论并原则同意《关于开展调整城镇土地使用税政策促进土地集约节约利用工作的通知》《关于成立城镇土地使用税政策调整工作领导小组的通知》《关于加快推进新型建筑产业现代化的若干意见》《东阳市农房集聚建设补偿安置的若干意见》《东阳市农房集聚建设补偿安置实施细则》，要求根据会议提出的意见建议修改完善后下发试行。会议讨论并原则同意《关于进一步加快旅游业发展的若干意见》《关于加快民宿旅游发展的若干意见（试行）》，要求根据会议提出的意见建议修改完善后再提交有关层面研究。会议讨论并同意安委办提出的安全生产标准化和小微企业安全生产托管奖励、补助的政策建议，要求在春节前组织开展一次全面的安全生产大检查活动。

1月21日，市十四届政府第四十九次常务会议召开。会议讨论并原则同意在对提交讨论的《东阳市建设工程扬尘污染防治管理办法》根据会议提出的意见建议修改完善后下发实施。会议讨论并原则同意确定金华市东永高速投资有限公司为东永高速公路项目业主单位。会议讨论并原则同意《2015年政府投资项目和产业发展类重点项目计划》《东阳市2014年国民经济和社会发展计划执行情况与2015年国民经济和社会发展计划草案的报告》《关于2014年全市和市级财政预算执行情况及2015年全市和市级财政预算草案》，要求根据会议提出的意见建议修改完善后提交有关层面研究。会议组织学习《新行政诉讼法实施对政府依法行政的影响》。

2月10日,市十四届政府第五十次常务会议召开。会议讨论并原则同意2014年“三改一拆”“无违建”创建考评结果及奖励补助方案,要求根据会议提出的意见建议修改完善后下发执行。会议讨论并原则同意2014年东阳市市长质量奖评审结果。会议讨论并原则同意2014年度纳税大户评选结果,要求根据会议提出的意见建议修改完善后进行公布表彰。会议讨论并原则同意2014年度商贸服务业、重点商贸服务业项目竞赛和“十佳商贸企业、十佳优秀经营者”“东阳市建企航母、龙头企业、十强企业、十强专业企业、先进集体”考评结果,要求根据会议提出的意见建议修改完善后发文通报。会议讨论并原则同意对红椿巷区域A-04-02地块建筑设计方案进行优化调整。会议讨论并原则同意《关于加快推进2015年度农业农村工作的若干意见》、2014年度政府特别奖评奖结果,要求根据会议提出的意见建议修改完善后再提交市委常委会研究。会议要求对《东阳市关于促进民办教育健康发展的实施意见》《东阳市关于促进民营医疗机构健康发展的实施意见》根据会议提出的意见建议修改完善后再提交有关层面研究。

4月3日,市十四届政府第五十一次常务会议召开。会议讨论并原则同意《关于进一步明确消防安全岗位职责的意见》《关于进一步强化国土资源管理完善土地执法长效机制的实施意见》《关于对违法用地、违法建设实行“两网化”管理的通知》,要求根据会议提出的意见建议修改完善后再提交市委常委(扩大)会议研究。会议讨论并原则同意《东阳市城区“六类”服务业水污染专项整治工作意见》,要求根据会议提出的意见建议修改完善后再提交有关层面研究。会议讨论并原则同意《关于加快推进东阳市农村宅基地确权登记发证工作的实施意见》《东阳市农村宅基地确权登记具体操作指导意见(实行)》,要求根据会议提出的意见建议修改完善后下发实施。会议讨论并原则同意《关于完善城乡居民基本养老保险制度的实施意见》《关于深入推进“三改一拆”行动、“无违建”创建工作的实施意见》《东阳市2015年“三改一拆”“无违建”创建工作考评及奖励补助办法》《东阳市关于加大土地开发整理复垦力度切实提高补充耕地能力的意见》《东阳市建设占用耕地耕作层剥离和再利用实施办法》《关于开展“一户多宅”清理和空心村整治工作的通知》《关于分解落实2015年若干重点工作任务的通知》《关于分解落实2015年十大民生实事和十大重点工程任务的通知》,要求根据会议提出的意见建议修改完善后下发执行。会议同意自2015年1月1日起全市城乡居民基本养老保险基础养老金标准由每人每月110元调整为每人每月130元。为尽快启动市第二生活垃圾填埋场气发电项目建设,会议原则同意采用竞争性磋商的采购方式引进企业。会议原则同意传感器工业园项目在公开招投标中设置条件。

4月24日,市十四届政府第五十二次常务会议召开。会议讨论并原则同意《东阳市企业投资项目全流程高效审批管理办法(试行)》《关于进一步加强林道和林业生产用房占用林地管理工作的通知》,要求根据会议提出的意见建议修改完善后再提交有关层面研究。会议讨论并原则同意《关于深入开展招商引资活动的若干意见》,要求根据会议提出的意见建议修改完善后下发实施。会议讨论并原则同意《关于扩大我市非绿标车限行区域范围的通告》《关于市政府领导领办市人大代表重点建议意见和政协重点提案的通知》,要求根据会议提出的意见建议修改完善后下发执行。会议讨论并原则同意《东阳市国有企业经营者经营目标责任制考核暂行办法》《东阳市小型水利工程建设与管理体制改革实施方案》,要求根据会议提出的意见建议修改完善后下发试行。会议要求各镇乡街道和市有关部门要在五一节前开展一次全面的安全生产大检查活动。

5月14日,市十四届政府第五十三次常务会议召开。会议讨论并原则同意《东阳市全面清理违法违规建设项目环保专项行动工作方案》《2015年浙江政务服务网东阳分厅建设工作要点》《2015年度审计项目计划》,要求根据会议提出的意见建议修改完善后下发实施。会议讨论并原则同意《东阳市资本市场工作考核办法》《东阳市上市挂牌后备企业管理办法》《关于明确东阳市上市挂牌培育企业服务联络组成员的通知》《城中村改造或城市房屋拆迁、征收安置户国有土地增补和登记发证等历史遗留问题协调会议纪要》,要求根据会议提出的意见建议修改完善后下发执行。会议讨论并原则同意《关于促进民办教育健康发展的实施意见》,要求根据会议提出的意见建议修改完善后再提交有关层面研究。会议要求各镇乡街道和市有关部门要高度重视本次土地审计整改任务，确保如期完成整改工作，尽快完成相关政策的修订完善。

5月28日，市十四届政府第五十四次常务会议召开。会议讨论并原则同意《关于老工业园区（区块）改造升级的若干意见》《东阳市招商引资奖励暂行办法》《东阳市国有建设用地使用权转让和土地利用条件改变管理办法》《东阳市国有土地使用权出让收支管理办法》，要求根据会议提出的意见建议修改完善后再提交有关层面研究。会议讨论并原则同意《关于我市调整完善我市基本医疗保险有关政策的通知》，要求根据会议提出的意见建议修改完善后下发执行。会议讨论并原则同意退还歌山集团东义路107号地块超容积率部分出让金。

6月25日，市十四届政府第五十五次常务会议召开。会议讨论并原则同意《东阳市创新服务券使用管理办法》《东阳市专利权质押贷款管理办法》《东阳市节约用水管理办法》《关于进一步加强烟花爆竹禁售、禁放工作的实施意见》《关于深入推进依法行政加快建设法治政府的实施意见》《政府法律顾问工作规则（试行）》《行政处罚结果信息公开实施办法（试行）》《关于调整社会医疗救助政策的通知》《东阳市消防安全两类责任追究暂行办法》，要求根据会议提出的意见建议修改完善后下发执行。会议讨论并原则同意《东阳市民间信仰事务管理办法》，要求根据会议提出的意见建议修改完善后下发试行。会议讨论并原则同意《东阳市公共自行车服务系统二期实施方案》，要求根据会议提出的意见建议修改完善后组织实施。会议讨论并原则同意向上申报设立东阳市民间资本管理公司。

7月20日，市十四届政府第五十六次常务会议召开。会议讨论并原则同意《关于城区生活垃圾分类收集处理试点工作的实施意见》《东阳市环境功能区划》，要求根据会议提出的意见建议修改完善后下发实施。会议讨论并原则同意《东阳市人民政府办公室关于调整义务兵家属优待金和2014年冬季退役士兵自主就业一次性经济补助标准的通知》，要求根据会议提出的意见建议修改完善后下发执行。会议讨论并原则同意《东阳市农房集聚区（迎宾大道东地块）高层平面集聚建房有关政策的规定（试行）》，要求根据会议提出的意见建议修改完善后再提交有关层面研究。会议讨论并原则同意金丽温省级天然气管道金衢段配套管道工程东阳支线项目（东阳段）政策处理工作方案、南市养老中心部分地块处置工作方案，要求根据会议提出的意见建议修改完善后组织实施。会议原则同意以部分市场化模式试行“昌邑模式”。会议讨论并原则同意将全市的政府高中教育质量奖额度提高至500万元。会议讨论并原则同意2014年扩大有效投资和扩大有效投资“会战攻坚”项目考核结果。

7月30日，市十四届政府第五十七次常务会议召开。会议讨论并原则同意《东阳市信用信息管理暂行办法》《东阳市企业信用联合奖惩办法》《东阳市放宽企业住所（经营场所）登记条件实施细则》《东阳市住宅电梯维修更新管理办法（试行）》，要求根据会议提出的意见建议修改完善后下发执行。会议讨论并原则同意《2015年~2017年东阳市城镇危旧房屋治理改造规划》《东阳市2015年度危旧房治理改造工作计划》《东阳市城乡公交一体化改造实施方案》，要求根据会议提出的意见建议修改完善后下发实施。会议讨论并原则同意2015年政府投资项目增补情况，要求根据会议提出的意见建议修改完善后再提交有关层面研究。

8月31日，市十四届政府第五十八次常务会议召开。会议讨论并原则同意《东阳市行政败诉案件通报与过错责任追究暂行办法》《关于进一步加快我市光伏应用产业健康发展的实施意见》《东阳市人民政府办公室关于政府向社会力量购买服务的实施意见》《东阳市高污染燃料锅炉整治实施方案》，要求根据会议提出的意见建议修改完善后下发执行。会议讨论并原则同意《东阳市新能源汽车推广应用工作实施方案》《东阳市扩大有效投资“百日攻坚”活动实施方案》、全市土地利用总体规划调整完善和永久基本农田划定工作方案，要求根据会议提出的意见建议修改完善后组织实施。会议讨论并原则同意《东阳市人民政府办公室关于公布行政规范性文件清理结果的通知》，要求根据会议提出的意见建议修改完善后下发公布。会议讨论并原则同意《东阳市非法集资问题专项整治活动实施方案》，要求根据会议提出的意见建议修改完善后以市委办、市府办联合发文的形式下发。会议讨论并原则同意《东阳市湿地保护规划》《关于市便民服务中心搬迁总部中心总部大楼的建议》，要求根据会议提出的意见建议修改完善后再提交有关层面研究。会议要求各分管副市长牵头抓好市人大常委会、政协委员会有关审议、视察意见整改落实工作。

10月10日，市十四届政府第五十九次常务会议召开。会议讨论并原则同意《东阳市市长质量奖评审管理办法》《东阳市新能源汽车推广应用工作实施方案》《东阳市财政资金竞争性存放管理暂行办法》《东阳市城区自来水价格改革和污水处理费标准调整方案》《东阳市"无违建村(社区)"创建标准及验收办法(试行)》，要求根据会议提出的意见建议修改完善后下发执行。会议讨论并原则同意《深化农村土地承包经营权确权登记颁证工作的实施意见》，要求根据会议提出的意见建议修改完善后组织实施。会议讨论并原则同意《东阳市财政支农专项资金管理暂行办法》，要求根据会议提出的意见建议修改完善后再提交有关层面研究。会议明确成立批而未供和闲置低效土地处置"百日攻坚"专项行动领导小组，抓好相关整改落实督查工作，做好全市批而未供和闲置低效土地清理和处置工作。会议讨论并原则同意关于东阳世贸大酒店配套项目涉及土地出让问题的建议意见，按照国家法律规定公开出让。会议讨论并原则同意关于华能新型建材有限公司、东阳市八方建筑材料有限公司地块收回工作的意见和建议。

11月12日，市十四届政府第六十次常务会议召开。会议讨论并原则同意《中共东阳市委、东阳市人民政府关于加强禁毒工作的实施意见》《关于进一步规范设施农用地管理工作的通知》《东阳市公共租赁住房管理暂行办法》《东阳市重大行政决策程序规定》，要求根据会议提出的意见建议修改完善后下发执行。会议讨论并原则同意《进一步促进全市经济平稳发展创新发展的若干意见》《东阳市关于推广运用政府和社会资本合作模式的实施意见》《东阳市小微企业三年成长计划实施方案(2015~2017)》《东阳市机关事业单位房地产统一管理工作实施意见》，要求根据会议提出的意见建议修改完善后下发实施。会议讨论并原则同意《东阳市民间资本管理公司管理办法(试行)》，要求根据会议提出的意见建议修改完善后下发试行。会议讨论并原则同意《东阳市安全生产"党政同责、一岗双责"暂行规定》《关于整合不动产登记职责机构编制等事项的实施意见》，要求根据会议提出的意见建议修改完善后再提交有关层面研究。会议讨论并原则同意将东阳市最低月工资标准调整为1660元，非全日制工作最低小时工资标准调整为15.2元。会议讨论并原则同意在东阳市人民政府作为被告的行政诉讼案件时，根据工作流程建议做好出庭应诉相关工作。会议讨论并原则同意将歌山建设集团总部项目(江滨北街地块)的用地性质从原来的商业办公用地改为商业住宅用地。

【市政府市长办公会议】 7月22日，市十四届政府第五十九次市长办公会议召开，专题研究全市机关事业单位工资制度兼津补贴调整方案。会议原则同意关于完善机关事业单位工资制度兼津补贴调整方案，要求根据会议提出的意见建议修改完善后组织实施。

8月7日，市十四届政府第六十次市长办公会议召开。会议讨论并原则同意《东阳市高污染燃料锅炉整治实施方案》，要求根据会议提出的意见建议修改完善后再提交有关层面研究。会议讨论并原则同意城区重要公共区域免费Wi-Fi建设项目采取室外室内站点同时建设的方案。

(严军飞)

民生实事工程

【市政府十大民生实事工程】 2015年，东阳市政府十大民生实事工程及完成情况：

推进城乡生活污水治理和饮水保障。结合旧小区改造工程，推进城区截污纳管工作，城区污水处理率85%以上。启动136个村生活污水治理项目建设，实现行政村全覆盖。提升改造1.4万农村人口饮水条件。

责任单位：市农业和农村工作办公室、建设局、水务局，各镇乡人民政府、街道办事处

完成情况：完成28个截污纳管项目，实施3个小区和7条道路的污水管网建设，疏通管道23千米，铺设雨污水管道26千米，城区污水集中处理率85%。全市农村污水治理工程管网开工579个自然村，基本完工337个自然村。提升改造1.43万农村人口饮水条件。

推进大气污染综合防治。全面落实实施工地"7个100%"(施工现场100%围挡、工地沙土100%覆盖、工地主要道路100%硬化、拆除工程100%洒水、出工地运输车辆100%冲净车轮车身且密闭无泄漏、暂不开发的场地100%绿化、外墙脚手架密目式安全网100%安装)要求，创建绿色工地10家以上。淘汰全市所有黄标车，完成干洗业废气治理。秸秆综合利用率86%以上。全市林区

和中心城区全年实施烟花爆竹“双禁”制度。

责任单位：市环保局、建管局、行政执法局

完成情况：在建工地扬尘控制基本达到“7个100%”要求，创建金华市级绿化工地4家，东阳市级绿化工地11家。淘汰黄标车5682辆，全部淘汰2005年前注册的营运黄标车，完成干洗业废气治理。全市农作物秸秆综合利用率达到90.4%。全市林区和中心城区全年实施烟花爆竹“双禁”制度。

提升居家养老服务能力和社会救助水平。建设村级居家养老服务照料中心（服务站）130家以上，启动市社会养老中心建设。逐步缩小城乡低保差距，将农村最低生活保障标准提高到城市最低生活保障标准的80%以上；按人均15元标准筹集医疗救助资金，落实困难群众医疗救助即时结报。实施低收入农户收入倍增计划，确保低收入人群全部达到省定扶贫标准（2015年家庭人均纯收入5500元）以上。

责任单位：市民政局、人力社保局、农业和农村工作办公室

完成情况：建成村级居家养老服务照料中心131家。市社会养老中心项目根据市委市政府统筹安排进行落实。东阳市城市低保标准由588元/月调整到664元/月，农村低保标准由424元/月调整到532元/月，调整后农村低保标准占城市低保标准比例由72%上升到80%。按人均15元的标准筹集医疗救助资金，制定《关于调整东阳市社会医疗救助实施意见的通知》，进一步明确救助对象，提高低保等特殊困难群体救助比例，完善东阳市医疗救助政策。低收入人群全部达到省定的新扶贫标准4600元以上。

提升住房保障水平。开工建设公共租赁房394套。完成残疾人安居工程55户。安排26.7公顷（400亩）土地指标用于城中村改造、农民建房等。启动建设农房集聚区，完成农房连片改造2000户。

责任单位：市建设局、残联、农业和农村工作办公室

完成情况：公共租赁房正在进行建设用地报批、建筑设计方案公示。完成残疾人安居工程56户。落实26.7公顷（400亩）土地指标用于城中村改造、农民建房等。农房集聚区建设项目出台相关政策，完成农房改造2150户。

推进城乡环境卫生综合治理。城区环卫管理试行“昌邑模式”。创建农村环卫示范镇乡街道3至5个，创建农村环卫示范村50个。全面推行农村生活垃圾减量化处理。推进横店镇区秩序整治、农房立面改造等八大环境综合整治工程，投资1.57亿元完成218省道、影视大道提升改造。

责任单位：市发改局、行政执法局、农业和农村工作办公室、横店镇

完成情况：完成白云区块环卫保洁和智能环卫系统招标工作，组织实施市场化运行。全面推行农村生活垃圾减量化处理，全市建成机器房10个并投入使用，完成145个村的太阳能堆肥房建设，146个村发放连体式分类垃圾桶8.5万个，垃圾清运车部分购置和改装到位。横店镇秩序整治参照创国卫标准，分17个区块，推进以卫生保洁、绿化提升、城市管理和部分工程为重点的环境综合大整治活动。完成218省道标线漆划、标志更新完善、安保设施更新。完成影视大道（国防路——长征路）道路改造第一期工程、九龙路部分路段改建工程、夏源大桥桥梁改造工程，第二期工程全面开展。

实施城区交通治堵工程。推进昌盛路、甘溪路、望江路、八华路等道路延伸工程建设；推行城乡公交一体化改造，新增公交车辆20辆，新增公交线路1条，优化公交线路6条，新投放公共自行车2000辆；加大智能交通科技投入，完善交通指挥系统综合平台建设，全面推行城区主要道路公共停车位停车收费机制。全力打造城区主干道行人、非机动车道的畅行通道。

责任单位：市“治堵保畅办”、建设局、交通局、公安局

完成情况：昌盛路南延工程东义路——东甑山路段完成初步设计批复；珊瑚路——东义路段完成水污稳定层浇筑；北延工程世贸大道——东江滨南街段完成部分管道工程。甘溪路学士路至迎宾大道段完工。望江路（北四路至北五路）箱涵开工建设，浪坑溪以北污水管网埋设和浪坑溪箱涵建设基本完成。八华路（广福路至北四路）完成项目可行性研究批复和预算编制。城乡公交一体化改造工作基本完成。增加公交20辆以上，增加的2条公交线路完成线路的规划。确定6条公交线路的优化。投放公共自行车2000辆。投入600余万元完成第七期智能交通的新建和改造，增加“电子警察”20个。完成迎宾大道、世贸大道信号控制系统升级。现阶段建设完成投入停车收费试运营的区域泊位设置计891个:停车场3个设泊位613个；路面16个区设泊位278个。

推进教育均衡和公共文化体育设施开放。义务教育标准化学

校比例达到80%；中小学校塑胶跑道运动场地覆盖率达到85%；创建“阳光食堂、透明厨房”中小学校比例达到80%。实施第二轮学前教育三年行动计划，等级幼儿园招生覆盖面达到85%以上；普惠性幼儿园覆盖面达到70%以上。公共文化体育设施和学校体育场地设施闲时向社会开放。新建农村文化礼堂10家、市民文化礼堂1家。

责任单位：市教育局、文化局、体育局

完成情况：义务教育标准化学校比例达到86.67%；中小学校塑胶跑道运动场地覆盖率达到85%；创建“阳光食堂、透明厨房”中小学校比例达到100%。实施第二轮学前教育三年行动计划，等级幼儿园招生覆盖面达到88.5%以上；普惠性幼儿园覆盖面达到76.05%以上。全市有23家机关学校等单位向社会开放。建成农村文化礼堂17家，并对原已建成的5家农村文化礼堂进行提升。

强化食品药品质量安全保障和医疗卫生服务。加快城乡食品安全网格化建设，构建基层食品安全共治格局。整合成立市食品药品检测检验中心，完成实验室检测设备安装。深入实施新三年农贸市场改造提升行动，新改造3家农贸市场为放心市场，城区农贸市场食品安全快速检测室免费向社会开放，完成河山菜场、下湖严菜场、上西菜场改造，农贸城（花鸟市场）主体结顶。大型、特大型餐饮企业和学校食堂阳光厨房建设率达到30%。建立预约挂号信息服务平台，基本药物目录从500种增加到800种。

责任单位：市市场监管局、卫生局

完成情况：全市食品安全“织网”工作基本完成，形成全覆盖框架。全市所有镇乡街道完成“一张网”融合建设。市食品药品检测检验中心实验室施工进入最后阶段。西门菜场、横店菜场、西牌楼菜场完成省放心农贸市场创建。全市城区菜场配备22个食品安全快速检测箱，东门菜场和西门菜场等7家市场的检测室全天候向社会免费开放。3家农贸市场完成改造提升，并投入使用。农贸城（花鸟市场）主体结顶。完成阳光厨房建设27家，大型、特大型餐饮企业和学校食堂阳光厨房建设率达到35%。“健康东阳”公众服务平台于10月末建设完成并投入使用。国家新一轮基本药物制度于5月15日实施，基层卫生院用药从500余种增加到1050种。

实施“全民社保”登记。建立东阳市“全民社保”基础数据库，基本完成全市83万本地户籍人员的“全民社保”调查登记工作，加快实现符合条件人员应保尽保。

责任单位：市人力社保局

完成情况：年内三次组织开展入户调查、业务和数据录入培训、系统录入、数据比对核查等工作，完成205063人的入户调查工作，完成率为100%；数据录入189749人，录入数完成100%，基本建立83万本地户籍人员的社保基础信息数据库，全市本地户籍且符合参保条件的人员建立动态管理系统，为实现应保尽保、加快推动社会保障制度人员全覆盖奠定基础。

实现城区重要公共区域免费Wi-Fi全覆盖。由政府出资购买无线宽带网络服务，覆盖行政大楼、办事大厅、汽车站、公立医院以及市民广场、人才市场、大型商场、大型超市等公共场所，供市民免费使用。

责任单位：市经信局

完成情况：正式开通“i-zhejiang-DY”无线网络，共计999个AP点位，覆盖城区主要的行政大楼、办事大厅、客运站、公园、公交站亭等区域，共48个场所、70个公交停靠站，实现一点认证、全省漫游、24小时上网。

（马　先）

重点工程

【市政府十大重点工程】 2015年，东阳市政府十大重点工程：

美丽县城建设工程。完成人民路、学士路(城南东路——兴平路)路面改造工程、江滨景观带及周边亮化工程（学士路至中山路）一期；江滨南街东延一期完成综合管线铺设，二期完成土路基施工；迎宾大道（广福街以南）两侧景观绿化工程二标完工，五标完成市政土方工程。完成30千米城市绿道建设。完成浪坑旅游休闲垂钓中心、儿童公园、西山公园、博大世纪公园、中山公园、东景小区绿地、小东门绿地等提升改造工程。南山省级森林公园一期工程完成东岘峰景观游步道及爱国主义教育基地建设工程和70%水竹坞滴水岩景观工程，二期完成蓄水池建设工程的80%和景观林改造工程。猴塘城市文化公园完成部分基础设施及绿化植被工程的30%。启动金泽巷区域改造。

责任单位：市建设局、林业局、总部中心办，白云、江北、吴宁街道办事处

五水共治建设工程。湿地公园和污水处理有限公司三期工程建成投运；完成北江、南江11个河道治理工程建设；基本完成横店、巍山等7个镇街中小河流治

理重点县综合整治；横锦水库中型灌区节水配套改造项目完成渠道改造6.6千米；第二污水处理厂建设项目完成建筑主体，设备进场。

责任单位：市建设局、水务局

配合单位：各有关镇乡人民政府、街道办事处

重大交通设施工程。S310(37省道）东阳李宅至义乌青岩刘段改建工程(东阳段)基本完成路基工程；S218(40省道)东阳市上新屋至里坞段改建工程完成路基工程50%；客运总站、江北公交枢纽站完成主站房主体基础工程的50%；22省道六石至许村段改造提升工程完成6.46千米二级公路改一级公路；完成37省道尚侃至白峰岭15千米公路大中修白改黑工程。

责任单位：市交通局

卢宅保护利用工程。完成一期回迁区安置房建设工程和异地安置F、I、G、H地块安置房建设工程；启动公建用房、旅游服务中心区域建设。

责任单位：卢宅管委会

影视文化旅游发展建设工程。完成万花园春园项目，夏园完成土建工程，秋园完成三通一平工程和建筑框架60%，冬园完成三通一平；上海滩影视旅游拍摄基地完成一期工程量65%；加快横店影视文化产业总部经济集聚中心建设。完成横锦创作休闲小镇一期建设工程。

责任单位：市发改局、经济开发区、横店影视文化管委会，横店集团三农促进会，东阳江镇政府

配合单位：市建设局、上卢管理处、横店镇

重大产业转型升级工程。浙江中感传感器科技有限公司传感器工业园区一期工程主体开工建设；普洛康裕制剂能力国际化项目建成投产；浙江金象科技有限公司LED纳米管用高纯氨气体精炼、储运设备生产项目完成设备调试安装；浙江鸿鹄谷科技有限公司不锈钢基材真空离子镀膜产品项目1号楼、3号楼、4号楼完工，完成部分设备安装；完成东磁公司年产6000万个具备光学防抖功能的CMOS传感多芯片封装技术项目；开展建筑产业基地、航空高技术产业基地前期工作。全面推进镇(街)老工业园区改造。

责任单位：市经信局

配合单位：各镇乡人民政府、街道办事处

物流园区建设工程。国际物流园项目启动保税区域仓库、商检药品房、堆场及设施建设；城东农副产品物流园完成电子商务楼和仓储用房建设，完成部分商业配套中心和基础设施建设。

责任单位：经济开发区、市交通局，白云街道办事处

商贸(工艺美术)大道系列工程。木雕文化博览项目A地块博物馆、展览馆投入使用，B地块市场部分开工；东阳银泰城完成主体结构20%；东阳市檀香总部经济建设项目完成厂房基础建设；东阳中国服装·服饰(品牌折扣)交易中心一期主体完成80%；中汽·东阳国际汽配城二期项目(汽车城市综合体）完成基础工程80%。

责任单位：市商务局、白云街道办事处

教育体育基础设施工程。东阳二中迁建完成主体工程建设，开工建设新横店高中，加快横店南上湖小学、城东斯村小学、第二实验幼儿园等学校建设，启动国祥实验学校建设。体育馆基本完成建设，进行设备调试。

责任单位：市教育局、体育局

配合单位：市财政局，各相关镇乡人民政府、街道办事处

甬金铁路工程。启动甬金铁路前期工作。

责任单位：市发改局

（东　鉴）

市政府办公室工作

【应急管理工作】 加强应急管理体系的建设，完善应急预案演练方案，在金华市范围内首次创新开展基层应急联勤联动机制建设，提升全市应急管理工作能力和应急救援水平。完善市应急预案体系，制定《东阳市大气重度污染应急预案》《东阳市环境保护局农村饮用水水源地突发性水污染事件应急预案》，公布2015年气象灾害防御重点单位，并对一些不符合当前实际的预案进行修订。加强应急演练，组织开展横店景区节假日旅游安全应急演练、煤气站应急演练、危险化学品等应急事故处置演练。在全市范围内推行基层应急联勤联动调处机制，未发生因联动警情事件处置工作不力引发的重特大恶性案件和群体性事件，初步实现“小事不出村，大事不出镇，矛盾不上交”的预期目标。加强应急救援队伍建设，完善东阳市“农商银行”应急救援队。健全应急信息的预测预警和编辑报送工作机制。（王开开）

【政府信息公开工作】 学习贯彻《中华人民共和国政府信息公开条例》精神，加强队伍建设，深化政府信息公开内容，拓展信息公开形式，健全工作机制，强化监督

检查，提高政府工作透明度，加强政府信息公开工作。做好市政府信息公开平台信息公开的日常监督检查工作。实施每季季报定期检查统计制度，加强对各单位在东阳市政府信息公开平台公开信息情况的监督。推进重点领域信息公开：推行行政权力清单公开、行政处罚信息公开、财政资金信息公开、公共资源配置信息公开、重大建设项目信息公开、公共服务信息公开、企业信息公开、环境保护信息公开、食品药品安全信息公开、安全生产事故信息公开、社会组织、中介机构信息公开等信息公开，不断充实和完善应主动公开的信息内容，提升信息公开的深度和广度。加强平台和渠道建设，发挥政府网站以及报刊、广播、电视、政务微博、微信等传播政府信息的作用，确保公众及时知晓和有效获取公开的政府信息。规范信息发布和解读工作。各镇乡（街道）、各部门按照谁公开、谁负责信息审查，谁公开、谁负责解疑释惑的原则做好信息公开工作，以“四张清单一张网”为重点主动公开政府信息。

2015年，市政府各部门政府信息公开年度报告网站发布率100%。发布主动公开政府信息6140条，其中政策法规类信息1640条，占26.71%；业务类信息2599条，占42.33%；规划计划类213条，占3.47%；其他类信息1688条，占27.49%。市政府受理依申请公开政府信息82件，其中59件同意公开，1件部分公开，12件不属于本行政机关公开，4件申请信息不存在，1件告知做出更改补充。

做好权力清单对比规范，督促各部门做好本系统行政权力基本目录建设，加大对各部门行政权力基本目录的审核规范力度，做好权力事项网上的比对、调整工作。完成修改调整823项需要修改的事项。出台权力清单和责任清单管理办法。东阳市在浙江政务服务网东阳分厅中公开“2015年度财政专项资金清单”。

年末，东阳市纳入浙江政务服务网35个部门，纳入浙江政务服务网的行政审批事项459项，实现统一身份认证、统一申报页面风格、可以通过网上申报的事项375项。东阳市事项总量459项，其中五星级事项17项，四星级事项136项，四星级和五星级办事事项占比33%。事项申报量35894件，其中受理35751件，办结35502件。在浙江政务服务网东阳分厅公开行政处罚结果信息12033条。

在东阳发布、市民问政平台上回复回应公众关注热点或重大舆情数123次，举办新闻发布会总次数3次（其中主要负责人参加新闻发布会次数1次），微博微信平台回应事件数123次。（王　征）

【人大代表建议意见和政协提案办理】 市十四届人大四次会议和市政协十三届四次会议收到代表建议意见345件、政协提案305件，合计650件。345件建议意见中，有关农林水土方面89件，占25.8%；工业经济方面22件，占6.4%；城建环保方面45件，占13%；交通旅游方面64件，占18.6%；人劳民政方面32件，占9.3%；教科文卫体方面32件，占9.3%；财经商贸方面22件，占6.4%；政治法律方面37件，占10.7%；其他方面2件，占0.6%。305件政协提案中，其中工业经济、金融财贸、农林水利等经济建设方面70件，占23%；有关城市建设、环境保护等方面的126件，占41.3%；有关科技、教育、文化、卫生、体育方面的65件，占21.3%；有关民主法制、劳动保障、政协统战方面的44件，占14.4%。两会闭幕后，市人大、市政府、市政协联合召开交办会，把650件建议提案交由65个承办单位办理，各单位按照人大代表建议、政协提案办理的有关规定，均在要求时间内办理完毕，并书面答复代表、委员，办复率100%。4月，市人大、市政府、市政协联合组织召开建议、提案交办会，市长朱建军参会并对建议、提案办理工作作出重要指示，要求政府各职能部门树立正确的政绩观，高度重视办理工作，强调各承办部门主要领导是第一责任人，进一步强化责任意识、质量意识和效率意识。各承办单位落实“一把手”负责制，并成立办理工作小组，明确每件建议意见、提案的责任领导、责任科室和人员。科学办理，进一步规范工作机制。完善层级负责制，规范交办、督办、答复制度，坚持沟通联系、调查研究制度，建立健全综合协调机制。强化督办，代表建议办理落到实处。从办理情况来看，建议意见所提问题已经解决或部分解决的170件，占49.3%；正在解决的115件，占33.3%；待创造条件解决的53件，占15.4%；暂时难以解决留作参考的7件，占2%。政协提案所提问题已经解决或部分解决177件，占58%；正在解决91件，占29.8%；待创造条件解决和留作参考的37件，占12.1%。

部分民生问题得到改善。环境卫生、食品安全、城市交通、社会保障、医疗保险等民生问题一直以来都是代表、委员关注的焦点，对于这类问题，各承办单位坚持求真务实的态度，优先予以办理。如多位代表、委员对农村生活污水治理工作提出要求加强质量监管的建议，为此主办单位市农办吸纳代表、委员建议，将质量放在污水治理的首要位置。部分重点、焦点问题得到有效落实。为把重点建议、重点提案办出实效，市政府在人代会后安排重点工作时与重点建议、提案有机结合，空心村整治、大气污染防治、公交城乡一体化、城区重要公共区域免费Wi-Fi全覆盖等工作列入市政府十大民生实事工程，“五水共治”“美丽乡村”建设、加强企业融资民间集资监管等列为市委市政府全年工作重点。部分重点建议、提案取得阶段性成果，如深化“五水共治”保护河道生态、加大空心村改造、加强建筑垃圾处理、加强大气污染防治、加快城乡公交一体化进程等工作均取得较大突破。同时，借力重点建议意见的办理，推动政府各项工作，坚持统筹兼顾，把办理工作与政府工作有机结合起来，通过解决好重点建议意见的个性问题带动共性问题的普遍解决，做到办理好一件重点建议、解决好一类问题、推动一方面工作，扎实推进“五水共治”“三改一拆”“美丽县城”等工作。（马　先）

【政务信息工作】 2015年，被评为全省政务信息工作先进单位二等奖、金华市政务信息工作先进单位一等奖。编发《东阳政务信息》38期，其中增刊4期，采用信息360余条；编发《专报信息》12期，获得市本级领导批示30余条。上报信息1200余条(省、金华不重复计算)，被采用135条。上报信息被省府办采用信息47条，其中专报信息14条，动态信息33条，获省领导批示9条；被金华市府办采用信息88条，其中专报信息4条，获金华市领导批示3条，发工作交流2条。《以东阳市为例看我省影视文化产业“营改增”试点改革效应》《东阳市着力构建“现代大民政”》《横店镇搭乘小城市培育试点快车打造“强镇新城新区”》《东阳市推进工业经济转型升级上半年实现工业税收同比增长17%》《横店影视文化产业发展现状困难和对策建议》《东阳市财政支持粮食生产综合改革试点基本情况存在问题及建议》《东阳市“产管并举”构建农产品质量安全“防火墙”抽检合格率超99%》《东阳市巧用微信平台促治水 管人办事便民三不误》等信息先后获袁家军、熊建平、黄旭明、郑继伟、朱从玖等省领导的批示肯定。《东阳市开展安全生产综合整治推动红木家具行业全面提升》《东阳市“产管并举”构建农产品质量安全“防火墙”抽检合格率超99%》《东阳市持续开展“全民治水”实现水污染反弹现象“不抬头”》等信息先后获徐加爱、傅利常、胡国强等金华市领导的批示肯定，并在《金华政务信息（工作交流）》上予以刊发交流。（郭　珊）

【对外联络工作】 2015年，撤销东阳市人民政府驻杭州办事处，整合东阳市人民政府驻上海工作处到金华市政府上海办事机构，命名为金华市政府驻上海联络处东阳工作处。（陈娇燕）

【接待工作】 2015年，东阳市委、市政府接待办公室接待国家、省（部委）、市、县各级领导和宾客353批、12716人次。其中，接待国家级领导6批、6人次，省部级领导41批、56人次。

国家级6批：政治局委员、国家副主席李源潮；全国人大常委会副委员长吉炳轩；全国人大常委会原副委员长陈至立；全国政协原副主席张怀西；全国政协原副主席厉无畏等。

省部级41批、56人次：中央政研室、中央改革办党建研究局局长田培炎；中宣部副部长景俊海；国家卫计委主任李斌；国家卫计委副主任、中医药管理局局长王国强；海关总署常务副署长鲁培军；国家林业局副局长陈凤学；国家人防办副局长杨青山；国家外汇管理局副局长邓先宏；国家档案局副局长许仕平；中国国防大学副校长张兴业；中国市场监督管理学会会长何昕；中华医学会会长、总后卫生部原部长白书忠；国务院法制办原主任杨景宇；湖北省政协原常务副主席李佑才；江西省副省长朱虹；浙江省委书记夏宝龙；省人大常委会党组书记、副主任茅临生；省委常委、常务副省长袁家军；省委常委、纪委书记任泽民；省委常委、宣传部部长葛慧君；省委常委、温州市委书记陈一新；副省长郑继伟、熊建平；省政协副主席陈加元、王建满；浙江省检察院检察长陈云龙；浙江省政协原副主席陈文韶；杭州政协原主席虞荣仁等；浙江省军区司令员王海涛；省军区副司令员周少锋、姚睢宁；国防大学副校长张兴业、广州空军政治部副主任卢震少将、南京军区原副参谋长陈卫国中将、第二炮兵副参谋长邵元明少将、东海舰队副政委厉江潭少将、第十二集团军李广泉少将、原总参三部部长黄柏富少将等。

到东阳考察、交流、参观等活动的外省市、兄弟县市及友好城市代表团87批、1088人次，其中有：四川省成都市、广安市、温江区、阿坝州理县；安徽省滁州市全椒县、霍山县；湖南省长沙市、资兴市、永州市、雨花区、衡阳县、株洲县；河南省灵宝市、荥阳市、沁阳市；宁夏回族自治区、贺兰县；河北省唐山市丰润区、大城县；江苏常州市、如皋市、海门市、盐城大丰区、东海县、涟水县；陕西省宝鸡市、安康市；江西省鹰潭市、宜丰县；甘肃省张掖市、兰州市红古区；山东省济宁市任城区、肥城市、鱼台县、临泽县；福建省上杭县；新疆阿克苏、温宿县；海南省海口市龙华区；重庆秦节县等党、政代表(考察)团；浙江省宁波市、温州市、舟山市、临安市、富阳区、开化县、嘉兴市秀洲区、海宁市、平湖市、桐乡市、乐清市、泰顺县、龙湾区、平阳县、衢江区、江山市、绍兴市柯桥区、新昌县、台州市路桥区、临海市、象山县、三门县、庆元县、安吉县、义乌市、兰溪市、浦江县、金东区、武义县、磐安县等党、政代表(考察)团。

在东阳举办的大型活动3批次，主要有：第一届中国(东阳)木雕——红木家具交易博览会，第十届中国(东阳)木雕竹编工艺美术博览会，省政府加强体育场地设施建设和利用现场会等。

到东阳经贸考察、项目洽谈、经济合作等企业界人士11批、75人。主要有：国祥公司(台湾)、中国商飞公司、中航飞机股份有限公司、中青旅、上海东阳商会、浙商回归项目、台胞陈和贵等。

接待海外友好城市及考察团主要有美国都柏林市政府考察团、美国商务团等。 (周明翔)

机关后勤工作

【概况】 2015年，市机关事务管理局完成内设机构调整，增设公共机构节能管理科，合并管理科与事业大院管理科，更名为房产基建科。

完成行政中心大院暖空调(风冷热泵)、三楼报告厅的空调(独立机组)的改造工作；对行政中心大院东楼和西楼强电、弱电、景观照明等设备设施进行移交、接收；西裙楼四楼仓库改造升级为公务接待包厢。安排市“两会”“五水共治”“三改一拆”“木雕家具博览会”等大型会议、活动的公务用车，租用大巴10余辆次，调用车辆30余辆次，安全行车40余万千米。配合做好公务用车改革工作。收集整理公车改革基础性资料，配合相关部门，推进公务用车管理和改革工作。

组织安全检查，对机关大院门窗、水电、制暖设备进行不间断巡查，发现和处置各类安全事件，发布各类安全警示、温馨提示280余次，查处消防火警、故障、误报2400余次。配合市信访局处理群体性上访事件，接待、疏导信访人员180余批次。会务中心承接会议服务1734场次，收发室收发报纸、杂志、邮件、挂号信、文件260余万件。机关医务室实施药品零差价销售，备有药品180余种，近万余人次就诊。

【公房管理工作】 推进党政机关办公用房清理工作，规范各单位办公用房的使用标准。盘活存量办公用房，优化办公用房调配管理。起草《东阳市机关事业单位房地产统一管理工作实施方案》，经市政府常务会议审议通过。完成对解放路、西街等路段的34间街面房的租赁权拍卖、租赁合同签订等工作。

【公共机构节能降耗工作】 全市316家公共机构消耗13201.5吨标准煤，其中用电6137.81万千瓦、用水377.97万立方米，单位建筑面积能耗、人均能耗、人均水资源消耗三项指标比上年小幅下降。加大半导体照明产品(LED照明)在全市公共机构中的推广，部分公共机构逐步更新LED照明产品；推进使用节能新方法、新产品，落地能源合同管理项目2个，太阳能光伏发电项目1个，太阳能集热483平方米；加大节水型器具的推广，各级公共机构改造淘汰各种落后的用水器具500余件。

【市行政中心被评为国家级节约型公共机构示范单位】 市行政中心大院通过创建节约型公共机构示范单位的国家级验收，年末被国家发展改革委员会、财政部、国家机关事务管理局评为全国第二批节约型公共机构示范单位。行政中心大院加强宣传倡导绿色办公、低碳生活为导向，单位建筑面积能耗、人均能耗、人均水资源消耗等三项指标均比全省同类型公共机构低50%以上，达到全国优秀水平。

(楼丽芳)

农业和农村工作

【概况】 2015年，全市推进农村生活污水治理、美丽乡村精品线、精品村建设、农村生活垃圾分类处理、农房改造建设、扶贫开发建设、农民素质培训、“农家乐”培育工作，通过省美丽乡村创建工作先进县市考核验收。农村生活污水治理工程开工建设550个自然村，管网铺设里程超过245.5千米。打造3条重点精品线、培育23个精品村。农村生活垃圾分类覆盖16个镇乡街道，建成太阳能垃圾堆肥房134座。农房改造新立项28个片区，支持扶贫和山区开发补助421万元，培训农民1.84万人，"农家乐"接待游客184.2万人次，营业总收入12661.7万元。

【农村生活污水治理】 制订农村生活污水治理项目镇乡街道竣工验收办法和市级综合验收实施方案，组织召开现场推进会及工作会议，推进农村生活污水治理。落实财政专项资金，安排2亿元用于农村生活污水治理工程建设，严控工程质量，保证设计、监理、施工、验收各环节规范操作。截至11月末，完成项目设计649个自然村，占116%；完成招投标567个自然村，占102%；开工建设550个自然村，占98%；管网完工217个自然村，占39%；终端开工224个，占46%，财政审价金额超过8亿元。2015年，东阳市被评为全省农村生活污水治理优胜县市。

【"美丽乡村"建设】 打造3条重点精品线、23个精品村，通过省"美丽乡村"创建工作先进县市的考核验收，拨付补助资金1315万元。开展"赤膊房"（红砖裸露的农户住宅）整治工作，整治"赤膊房"60万余平方米，研究制定东阳市高速公路沿线"赤膊墙"（农户住宅未粉刷的红砖墙）整治工作方案。2015年，投入绿化资金2.2亿余元，新建花坛57万平方米，铺装人行道33万平方米，种植乔木24万株、灌木94万平方米。开展做好历史文化村落保护利用工作，增加申报1个省级历史文化保护利用重点村，6个省级历史文化保护一般村，全市有16个省级历史文化保护利用村落。三个省级重点村中蔡宅村、李宅村完成核心区块的修建工程，其余项目有序推进。

【农村生活垃圾分类减量化】 推进农村生活垃圾分类减量化处理，全市16个镇乡街道开展农村生活垃圾分类减量化工作，建成垃圾处理机器房10个，安装并使用机器10台，覆盖51个行政村。建成太阳能堆肥房134座。

【农房改造建设】 推进连片农房改造建设，确定东阳市第十批市级农房改造片区名单，其中新立项28个，完成连片拆除15万平方米，安排农民建房用地指标26.7公顷。推进空心村整治工作，制定空心村整治政策《关于开展一户多宅清理和空心村整治工作的通知》，确定41个空心村试点村，每个镇乡街道完成2个以上的空心村整治。2015年，连片拆除危旧房32个村，安排宅基地到户16个村，拆除危房户799户8万余平方米。

【扶贫开发建设】 完善机关、企事业单位结对帮扶贫困村和低收入农户机制，组织开展"千名干部联千户奔小康"活动，把6500元以下低收入农户的扶贫帮困工作落实到"两富"局级指导员和全市机关干部，有5179名干部与5926户低收入农户结对。出资70万元与婺城区沙畈乡的14个低收入农户集中村结对帮扶。做好三单乡岭脚村等5个村的下山移民工作，下拨移民补助资金28万元。做好金融扶贫，发放各类贷款贴息资金173万元，筹建村级低收入资金互助会1个。加强山区基础设施建设，完成山区村级建设项目20个，发放补助资金150万元。

【农民素质培训】 整合培训资源，构建长效管理机制，促进农民创新创业增加收入。培训农民18400人，其中农村实用人才培训5800人、农民转移就业技能培训1800人、农民普及性培训10800人。新增农村实用人才1000人。开展成人"双证制"农函大专学历、电大农民大专生培训。开展对建筑业技工、木雕营销技工、宾馆从业人员等特色产业人员的培训。开展农民大讲堂、农民健康、农业知识技能短期培训。

图15 农村生活污水处理工程

【“农家乐”经济发展】 发展农家乐特色村4个，特色点27个，星级经营户54户。接待游客184.2万人次，比上年增长19.1%，营业总收入完成12661.7万元，比上年增长23.6%。

（吴津津）

行政审批服务工作

【概况】 2015年，市行政服务中心管委会部署开展“强服务、改环境、促投资、求发展”主题活动，进一步深化行政审批制度改革，完善行政审批机制，优化行政服务环境。中心受理事项499460项，办结事项499362项，办结率99.98%，办事群众对中心的满意度达到98%。

【行政审批网络化】 实现与政务服务网的统一用户认证，统一互联网申报服务页面的风格，实现事项信息和内部流程同省统一权力事项库保持一致，实现审批办件申报号、受理号、查询密码和受理信息格式统一、规范，实现审批办件全过程信息实时交换到省统一办件信息库。完成行政审批事项和便民服务事项的填报审核工作，将全市35个部门的所有审批事项纳入政务服务网，面向互联网用户提供办理指南、表格下载、网上咨询、投诉评价等服务。纳入浙江政务服务网的行政审批事项469项，便民服务事项216项，实现统一身份认证、统一申报页面风格，可以通过网上申报的事项375项，并于6月15日通过浙江政务网行政审批应用建设工作验收。

【加强中介机构监管】 5月，印发《关于做好投资项目审批相关中介服务机构报备进驻工作的通知》，引进优质中介47家，通过网上挂牌方式进驻行政服务中心，提供与投资项目审批相关的10个类别74项中介服务。开辟网上“中介服务”，将入驻的中介机构名单进行公示，公开涉及中介服务的办理事项、所需材料、企业资质、联系方式、承诺时限、收费依据等事项，印发《东阳市涉及投资项目审批中介机构服务质量考评实施细则的通知》，对进驻市行政服务中心的投资项目审批相关中介机构实现动态管理，建立淘汰机制，运用“业务素质＋办件管理＋规范经营＋服务效能”四位一体考核评价体系，引入“黑名单”制度，倒逼中介机构提升服务水平。

【市镇村三级便民服务中心建设】 强化市行政服务中心规范化建设，将凡与企业和人民群众密切相关的行政管理事项，包括行政许可、非行政许可审批和公共服务事项全部纳入服务中心办理。涉及行政审批服务事项的一些中介机构虚拟进驻中心，提供便民服务。推进镇乡街道365便民服务平台及行政村便民服务中心建设，贯彻《浙江省村级（社区）便民服务中心管理暂行办法》，组织协调和指导推进村（社区）便民服务中心建设，加强村级专职代办员队伍管理（全市有村级便民服务专职代办员494人），培育“一镇一村”示范点。全市镇乡街道365便民服务中心受理行政审批事项217201件，办结216312件，办结率99.59%；村级便民服务中心受理代办服务事项187554件，办结187165件，办结率99.79%。

【简化项目审批流程】 印发《东阳市核准外工业企业投资项目零审批实施办法》，对“正向清单”内的76个工业企业投资项目实行零审批。工业企业“零土地”技术改造项目审批改为承诺备案验收制，办理次数由原来的2次～3次变成1次，纸质材料的准备也由原来烦琐的技术数据准备改为具有法律效力的格式承诺书的签订，完成“零土地”技改项目备案75个。7月，印发《东阳市企业投资项目全流程高效审批管理办法（试行）的通知》，对审批环节流程再造，将企业投资项目从立项到开工的全流程审批环节办理时限控制在80个工作日以内（核准项目80天、备案项目73天），其中立项联审阶段9个工作日，初步设计联审阶段40个工作日，建设工程规划许可联审阶段15个工作日，施工许可联审阶段16个工作日。自10月起，再次简化核准的投资项目审批流程，由出具项目服务联系单等前期工作咨询复函直接变为出具《行政许可申请受理决定书》或《行政许可申请不予受理决定书》。建设工程消防设计审核（备案）、竣工验收（备案）由20个工作日压缩至14个工作日。公众聚集场所投入使用前消防安全检查由10个工作日压缩至5个工作日办结，平均提速40%。

【整合项目审批环节】 市场监管局窗口试点把营业执照、餐饮服务许可和食品流通许可的申请通过“一窗咨询、一窗受理、一窗发照”的运行方式，由10个工作日缩短到3个工作日。烟草专卖零售许可补办、停业、恢复营业、歇业四个事项的流程精简为受理后的形式审查和决定送达，实现1天内办结。房管窗口推出房产办证“立等可取”业务，包括夫妻共有权变更登记等18项业务均实现“立等可取”。国土窗口农村私人建房审批事项做到“立等可取”或“当天办结”,二手平面式商品房变更登记大幅提速,在不涉及宗地面积变化、用途改变、终止年限更改等情况下,实现由原来8个工作日压缩至3个工作日。

【创新办事机制】 推出电话提醒服务,安监局窗口对许可证到期采取邮寄提醒信件形式,提前6个月告知,到期一个月前再一次电话通知,提醒服务对象及时做好换证申请,2015年,邮寄提醒信件84封、电话提醒84人次。健全完善代办职能,以代办中心为受理点,变业主跑腿为代办员跑腿,对东阳市重大投资项目从立项到落地的所有行政审批和行政服务事项进行全程免费代办。年内签约代办1个项目,涉及建筑面积14.15万平方米,投资额7615万元,完成代办行政审批和行政服务事项206项,代为联系建筑能评、水土保持、环保评估等服务20项次,项目现场踏勘6项次,完成1000万元及以下政府投资项目“一表制”审批6项,投资额3239.77万元。推行商事登记“五证合一、一照一码”模式,在市监局设立“五证合一”一口受理窗口,遵循“一表申请、一门受理、一次告知、一份证照”思路,只需备齐1份有关材料,无须重复提交,即可在3个工作日内领取到由市场监管部门核发的加载法人和其他组织统一社会信用代码的营业执照,办结时间在“多证联办”的基础上缩短2个工作日,核发“五证合一”新营业执照799本。

【转变服务方式】 完善重大项目审批绿色通道机制,主动对接服务重大项目,重点了解项目审批进度、审批过程中存在的问题,将问题进行整理,通过组织多部门联合会审协调,召开联审会议29次,对学士路道路工程、机关幼儿园江北分园基坑、农贸城等44个项目进行联合审批。转变服务理念,推行上门服务,烟草局窗口主动为边远山区的经营户上门办理许可证延续事宜。残联窗口推出办理残疾证上门鉴定和康复机构集中鉴定服务。国土局窗口对特殊服务对象建立联系服务责任制,做到手续齐全的立即办、时间不便的预约办、行动不便的登门办,最大限度为群众提供便利。推行预约服务,企业与群众只要提前与相关窗口单位进行电话或现场预约,即可根据实际情况在非工作时间前来办理。计生窗口推出非医学需要的终止妊娠手术批准24小时无障碍服务,坚持随叫随到,真正方便群众。推行延时服务,打破中心旧有的工作传统模式,从“到点下班”变为“延时服务”,因工作需要或服务对象要求而延长办公时间,能当天办完的业务,绝不拖延到第二天。婚姻登记窗口在“情人节”“5·20”“双十一”等特殊日期提前上班、延迟下班、增设窗口,办理496对结婚登记。

(吕海强)

公共资源交易管理工作

【概况】 2015年,市公共资源交易平台受理各类招标、拍卖、挂牌等交易738个标次(地块),成交额29.8亿元,比保留价增加和预算价节约合2.02亿元,其中建设工程招标301个标次,成交额16.26亿元,比招标造价降低1.29亿元;组织政府采购242个标次,采购金额2.56亿元,比预算价节约资金约0.38亿元;组织国有建设用地使用权挂牌168次(地块),成交额10.62亿元,比保留价高出0.17亿元。国有房产租赁权及房产拍卖27次,竞投总价0.36亿元,比保留价增加0.18亿元。

【改革要素市场化配置】 市政府制订《东阳市完善公共资源交易中心功能建设改革方案》,提出在原有机构设置的基础上,增设要素资源交易科;制订土地资源交易、排污权储备交易、用能总量指标交易等交易流程,将这些要素资源纳入交易平台,实现统一集中交易、统一集中管理。引进社会资本参与要素平台建设,以提升平台的交易能力和辐射能力。市公共资源交易网开辟设立要素交易栏,新设排污权交易、用能指标交易两个栏目,由相关主管部门制订这些稀缺资源的交易规则和具体操作流程。

【招投标工作制度】 市公共资源交易管理委员会办公室起草经市政府制定《关于进一步规范政府投资工程建设项目招标投标活动的实施意见》。修改完善建设工程招标文件范本。将《东阳市建设工程扬尘污染防治管理办法》《政府投资项目中关于安全生产技术措施费重复支付问题协调会议纪要》等内容落实到招标文件范本中。重新编制邀请招标操作定标办法,制作邀请招标文件范本。

【招投标工作纪律】 加强开评标区工作纪律。扩大评标专家抽取范围。严格规范各镇乡(街道)招投标信息发布事项,避免暗箱操作。印发《关于进一步规范招标信息发布的通知》，要求各乡镇街道20万以上项目招投标信息公告应当在东阳市公共资源交易网上发布。严格执行邀请招标制度。2015年市公共资源交易平台完成项目301个，正式受理邀请招标项目10个，联席会议认定通过5个。严格执行市重点建设项目招标文件会审制。2015年，东阳市客运总站和江北公交枢纽站设计、东阳市美漫水文化城方案设计等9个市重点项目进行招标文件会审。

【实施强镇扩权】 市公共资源交易管理委员会办公室将总投资3000万元以下项目招投标权限委托给横店、巍山、南马三个镇，简政放权，进一步促进镇乡经济快速发展。加强对镇乡街道公共资源交易工作的联系与交流。2015年对各镇乡街道公共资源交易领导小组组长、办公室主任及交易业务具体联络人名单进行更新和完善，还对相关镇乡街道进行走访联系，加强业务交流与指导。加强对中介机构业务培训与指导。对各招标代理机构2014年度的信用考评进行通报。组织召开三次招标代理机构例会，对公共资源交易政策业务进行宣传贯彻。

【招投标工作监管】 加强对政府投资项目施工现场监督检查，年初对2014年度完成招投标工作的500万元以上建设项目进行现场督查。撰写《关于政府投资项目标后履约检查情况的报告》，提出有效解决问题办法，促进全市工程建设项目的顺利进行。强化公共资源交易过程监管，对政府投资项目的开评标过程进行全过程现场监督，及时纠正招标人和招标代理机构在招标过程中可能影响公平竞争的行为，规范招标人和招标代理机构操作程序。强化标后履约监管，对市重点工程和500万元以上工程在中标后召开施工(监理)现场关键岗位人员上岗前交接会议并实行押证管理、到岗考勤、变更核准，合同备案审查的制度。全年组织召开关键岗位人员交接会议41个项目，施工合同备案审查180份，确保招标项目规范运作。加强对投诉举报案件的查处，受理投诉10件，其中上级转办的投诉2件，直接受理查处8件。

(朱康康)

外事工作

【概况】 2015年，市外事办办理因公出国(境)申报审批手续18批、35人次，邀请外商17批、22人次，认证99批、139本。

【美国科科莫市教育代表团访问东阳】 1月20～21日，美国科科莫市教育代表团一行43人，对中国木雕博物馆、东阳中学、吴宁一中、外国语小学、吴宁五校等进行为期两天的考察。

【吉尔吉斯斯坦奥什市政府代表团访问东阳】 5月29日，吉尔吉斯斯坦奥什市副市长伊·萨·艾尔戈绍夫等一行到东阳探讨旅游开发和经贸合作的可能性问题，并考察中国木雕博物馆以及横店影视城。

【罗马尼亚穆列什盐矿市市长顾问访问东阳】 7月16～20日，罗马尼亚穆列什盐矿市市长顾问Olariu Iakab Iulian访问东阳，洽谈穆列什盐矿市与东阳市在经济、旅游、文化等领域方面的合作问题，并考察中国木雕博物馆、横店影视城和卢宅。

【市经贸代表团访问瑞典、德国】 6月28日至7月5日，市委常委、常务副市长李宝春率东阳市经贸代表团出访瑞典、德国。代表团赴瑞典华人工商联合总会、北欧模块房屋建筑集团、德国盖尔森基兴市政府、巴伐利亚中德经济文化协会进行学习交流、招商引资和经贸洽谈。

【市教育代表团访问奥地利、德国】 12月13～20日，副市长蒋令树率东阳市教育代表团出访奥地利、德国。代表团访问奥地利纽多夫市、德国弗莱堡市，学习考察发达国家中小学教育的特点和优势，双方就教育交流合作项目进行洽谈。

(葛　爽)

民族宗教工作

【民族工作】 2015年，市民宗局依法为5名少数民族人员办理民族成分更改手续；为16名少数民族学生出具少数民族成分证明。开展以“微组织、微窗口、微热线、微平台”为内容的少数民族流动人口服务管理试点工作。4月22日，组织相关乡镇、学校、企业负责人等十余人到宁波市北仑芝兰社区和学苑社区学习考察，做好少数民族村结对帮扶工作。

【宗教工作】 5月7日，市委常委会听取宗教工作专题汇报，并对下一步全市宗教工作进行研究部署。围绕宗教基本情况、宗教工作情况、宗教法规情况等三方面在全市范围内开展调研，建立完善宗教资料“一库七册”。巩固深化“三改一拆”涉及宗教违法建筑的处置成果，推进全市宗教标志物的整治工作。开展“和谐寺观教堂”和星级场所创建活动，建立“事务管理和财务管理公开栏”和管理组织考核制度；调整充实2人到佛教协会，帮助基督教“三自”爱国会、佛教协会改善办公环境，指导团体完善日常办公制度。做好宗教活动场所安全工作，按照“分级负责，属地管理”原则，与全市各镇乡街道、宗教场所签订责任书，制定印发《东阳市宗教活动场所消防管理规定（暂行）》，开展宗教活动场所安全专项检查，对4处存在安全隐患的教堂提出整改意见，拟定《东阳市民间信仰事务管理办法实施细则》。

【宗教活动】 玉佛禅院承办省佛教协会组织的“寻梦中国，正言正行”讲经交流活动；宗教界多次参与“五水共治、五教同行”活动，两次组织宗教界代表人士慰问山区群众，捐款15万余元。8月，启动民间信仰活动场所的登记编号工作，完成60个民间信仰活动场所的登记编号工作；参与社会慈善公益事业，指导大智禅寺结对聋哑学校、法华寺结对40余名贫困学生活动。9月17日，在统战部领导的带领下，民宗局相关人员到兰溪市水亭畲族乡奎塘畈村开展结对帮扶工作，资助10万元，并就如何进一步理清发展思路、壮大村集体经济、提高村民收入、培育民族村新的经济增长点等方面提出意见和建议。11月7日，市天主教爱国会召开第四次代表大会，选举产生金永生为主任的第四届市天主教爱国会领导班子。

（卢姜英）

档案工作

【概况】 2015年，市档案局抓好主题教育实践活动、纪念抗战胜利70周年档案史料展布展、国际档案日宣传活动、“五水共治”档案工作、档案数字化建设、档案行政监管能力建设、档案法律法规执法检查、档案资源建设。接待查档人员8354人次，调阅档案12930卷次，复印21970页。

10月21日，国家档案局副局长许仕平、省档案局局长刘芸到东阳市，对档案管理工作进行调研指导。参观东阳市档案馆内红军时期群众路线档案图片展，了解市档案馆馆藏资源管理系统建设情况及相关工作。参观中国木雕博物馆及横店集团档案馆。

【纪念抗日战争胜利70周年档案史料展】 举办“纪念中国人民抗日战争暨世界反法西斯战争胜利70周年”档案史料展。此次展览从策划到布展历时两个余月，整个展览分全国篇和东阳篇两部分，内容分序言、日军在东阳犯下的滔天罪行、东阳人民全民抗日等七大版块，展出80块宣传画板及部分实物档案。全市各镇乡街道、机关部门及企事业单位170余批、8000余人次参观展览。

【“国际档案日”宣传活动】 6月8日，开展以“档案——与你相伴”为主题的“国际档案日”宣传活动。主要内容有参观“党的生命线”等革命传统教育专题展览和东阳名人陈列展；举办“档案——与你相伴”专题知识讲座和征文比赛；组织学生参观档案馆库房和珍贵档案，中天国际小学的130余名师生参加宣传活动。

【“五水共治”档案工作】 收集整理“河长制”相关台账资料。归档整理2014年度档案资料，保管期限永久195件、30年643件、10年502件。7月，印发《关于收集报送“五水共治”工作照片的通知》，开展照片收集工作，收到8个镇乡街道的200余兆数码照片。收集整理“清三河”达标县验收工作台账资料十二册（两套）。

【档案数字化建设】 第一期投入专项经费200万元，标准化改造

图16 6月8日，市档案局开展以“档案与你相伴”为主题的系列宣传活动，邀请中天国际小学二年级的130余名学生参观（孙振华／摄）

原有机房，增加和完善部分硬件设备，启动建设馆藏资源管理系统、数字档案室系统和档案登记备份系统，完成馆藏镇乡街道及市人力社保局的6371卷613752页档案的全文扫描、190430条条目录入、质量检查等数字化工作。第二期300万元专项经费实施招投标，开展数字档案室的软件开发和二期档案数字化扫描工作。

【档案行政监管】 做好档案业务培训工作。3月，联合建筑业协会举办一期建筑业档案业务知识培训。5月，组织一期全市档案业务知识培训班，市直机关、镇乡街道及企业120余名档案员参加。推进数字档案室建设。3月，印发《关于开展进馆单位室藏档案调查的通知》。6月，印发《关于开展全市数字档案室建设测评的通知》。7月，举办一期档案数字化培训班，对全市机关、企事业单位的档案员进行档案数字化培训。做好规范化档案登记备份中心的基础工作。对部分开展档案数字化达标工作的机关、企事业单位进行重点指导。10月，横店集团影视城档案室省级评定通过。

【档案法律法规执法检查】 11月，市人大常委会联合市档案局，对全市贯彻实施《中华人民共和国档案法》和《浙江省实施〈中华人民共和国档案法〉办法》等法律法规情况进行检查。执法组实地检查虎鹿镇、六石街道、人力社保局、民政局等12个镇乡街道、部门单位，并召集市府办、财政局、人力社保局、编办等部门单位的领导进行座谈。

【档案资源服务体系建设】 完成全市10余家医院近五年的出生医学证明档案的接收进馆工作；完成人力社保局及部分单位1993～2003年档案的接收进馆工作。开展"全国档案事业统计年报信息管理系统"年报的统计工作，70余家单位完成并通过"全国档案事业统计年报信息管理系统"的年报汇总、报送工作。做好档案的安全保管工作，保持库房的整洁卫生，对2015年度新接收进馆的12000卷档案进行绝氧杀虫处理，防范档案虫害。配合省、市档案局完成《大写浙江人》《婺学》等档案资料的征集选报工作。

（朱晓凯）

电子政务工作

【市电子政务外网平台运行和维护】 东阳市电子政务外网网络平台覆盖全市机关部门、镇乡街道和事业单位，在线用户电脑数量8000余台。在电子政务外网上运行的应用系统有市党政机关协同办公系统、市党政机关工作计划管理系统、市政府督查督办系统、市统一行政权力运行系统、市财政集中支付、市国有资产管理信息系统、市国有土地出让收支管理系统、市政府采购系统、市人事工资管理系统、市城乡居民养老保险、市育龄妇女信息系统、浙江省查环查孕服务系统、数字民政系统、"8890"便民服务平台等20余个项目，电子政务网络平台的使用效率较上年有所提高。完成市电子政务外网2台核心交换机和1台入侵防御系统的更新，提升网络运行速度和安全性能。完成130平方米的标准化机房改造和服务器虚拟化平台建设，托管市卫计局、市民政局、市行政服务中心、市"8890"便民服务分中心、市网络新闻管理中心等单位的10余台服务器，避免重复建设，强化信息资源共享。

【市电子政务专网运行和维护】 东阳市电子政务专网与互联网物理隔离，主要运行涉密和敏感信息。电子政务专网上联省政府、金华市政府，下联主要机关部门和乡镇街道，市本级联网单位53家。建立完整的电子政务专网平台运行台账（电脑），定期进行网络安全检查。

【市党政机关协同办公系统运行和维护】 2015年，市党政机关协同办公系统收发文的文件数量超过50万份（不包含各类期刊），在电子印章、短信通知、手机OA等技术手段的支持下，提高整个机关的办公效率，节省办公费用，方便机关工作人员文件查询等。12月，市政府办公室移动办公系统（平板电脑端）运行。

【市政府门户网站运行和维护】 对纳入此次全国政府网站普查范围的33个市政府部门网站进行督查，利用技术手段进行日常运行维护管理。8月27日，对网站工作人员进行集中培训，不符合普查标准的内容及时整改，完成全国政府网站第一次普查工作。同时对照普查标准，对市政府门户网站进行整改。加大政府信息公开力度，拓宽政府信息公开的范围，加强在线互动功能等。2015年在全省90个县（市、区）政府网站运行情况排名中列第17位。

【浙江政务服务网（东阳分厅）建设】 开展浙江政务服务网（东阳分厅）建设工作，编制2015年浙江政务服务网东阳分厅建设工作要点。

开展浙江政务服务网东阳分厅镇乡街道、村(社区)延伸工作。制定《关于印发〈浙江政务服务网东阳分厅建设乡镇(街道)村(社区)延伸工作实施方案〉的通知》,9月末申请各个镇乡街道建站的二级域名,10月末向各个镇乡街道收集镇乡街道及其辖区的村(社区)的基本资料,基本完成各服务站点的内容建设。

完成行政处罚结果信息公开工作。6月11日,会同市法制办、市公开办举办行政处罚结果信息网上公开业务操作培训。自行政处罚结果信息公开专栏正式发布至年末,公开行政处罚结果信息12192条,公开内容及时、规范。

完成统一公共支付平台建设和移动端网上便民服务资源汇聚工作。完成全市交警道路交通违法罚款接入浙江政务服务网统一公共支付平台的试点工作,至年末,通过统一公共支付平台缴纳并清算道路交通违法罚款32022笔,金额391万元;保育费5笔,金额0.5万元;城乡居民医保1108笔,金额53万元。银联、支付宝、银行直连等支付渠道畅通、运行情况良好,市民可足不出户完成缴费事项。12月完成市住房公积金查询与浙江政务服务网移动端应用汇聚平台的整合接入工作。

开展"淘宝式"全流程网上办理工作。会同市行政服务中心制定市"淘宝式"全流程网上办理方案,配合市财政局、市行政服务中心开展会计证网上申领、快递送达的试点工作。12月末会计证网上申领、快递送达发放14本。

统一互动平台实时受理、及时答复公众提交的与网上办事相关的政策法规、办理程序、办件情况的咨询,受理公民、法人和其他组织对纳入浙江政务服务网服务事项的办事效率、服务态度等方面的来信投诉。7月,完成与市"8890"便民服务平台的数据对接。8月,统一互动平台的信件交办工作由市"8890"便民服务分中心处理。至12月31日收到咨询和投诉信件907件,完成答复898件。

加快行政权力运行系统建设和数据对接,会同市行政服务中心采购省统一权力运行系统,实现行政许可、行政确认、行政给付、行政征收、年检、备案、审核转报等依申请类行政权力事项一站式网上运行。配合市发改局、市行政服务中心完成投资项目在线审批监管平台的搭建及数据的对接工作。

(徐越翰)

2015"美丽东阳"旅游摄影大赛获奖作品

东阳欢迎你　摄影/郝广平

政协东阳市委员会

政协重要会议

【市政协十三届四次会议】 于3月8～11日召开。307名政协委员出席会议，251人列席。市委书记徐建华在开幕会上讲话，肯定市政协2014年的工作，期望全体委员和政协参加单位与市委同频共振、同轴运转、同向推进，全力推进强市名城“两美”东阳建设。市政协主席王正明代表政协第十三届东阳市委员会常务委员会做工作报告。政协副主席韦国锋代表政协第十三届东阳市委员会常务委员会做十三届三次会议以来提案工作情况的报告。政协副主席郭巧范致闭幕词。委员们列席东阳市第十四届人民代表大会第四次会议，听取并讨论市长朱建军所做的《政府工作报告》及其他报告，围绕市委、市政府中心工作协商议政、建言献策。大会收到以提案形式提出的意见建议311件。

补选3名常务委员。大会期间，召开东阳人联谊会(商会)会长、秘书长会议。预备会上表彰2014年度先进界别、优秀政协委员、优秀提案领衔委员(团体)和文史工作先进个人。

【市政协常务委员会会议】 2月6日，市政协召开十三届十五次常委会议。市政府副市长蒋银生出席。会议听取市政府关于市政协十三届三次会议提案办理情况的通报；审议通过政协委员调整名单，相关人事任命；通过关于召开政协第十三届东阳市委员会第三次会议的决定；通过政协十三届东阳市委员会常务委员会工作报告；通过政协十三届东阳市委员会常务委员会关于十三届二次会议以来提案工作情况报告；通过政协第十三届东阳市委员会三次会议议程(草案)和日程；通过政协十三届东阳市委员会三次会议秘书处负责人名单、会议分组和召集人、联络员名单等有关内容。

3月10日(十三届四次全体会议期间)，市政协召开十三届十六次常委会议。协商市政协十三届四次会议选举办法(草案)，听取增补政协第十三届东阳市委员会常务委员候选人建议名单的说明，协商市政协十三届四次会议总监票人名单(草案)和监票人名单(草案)。

3月10日下午(十三届四次全体会议期间)，市政协召开十三届十七次常委会议。审议通过市政协十三届四次会议选举办法(草案)、市政协十三届四次会议总监票人名单(草案)和监票人名单、增补政协第十三届东阳市委员会常务委员候选人名单。

3月11日(十三届四次全体会议期间)，市政协召开十三届十八次常委会议。审议通过政协第十三届东阳市委员会提案委员会关于十三届四次会议提案审查情况的报告(草案)；审议通过政协第十三届东阳市委员会第四次会议决议(草案)，并提交闭幕大会审议。

8月11日，市政协举行十三届十九次常委会议暨“真心助推发展，真情关注民生”委员论坛。市委副书记、市长朱建军通报全市上半年经济社会运行情况；15名委员围绕“真心助推发展、真情关注民生”的主题，进行交流发言，提出“建设‘两美’东阳，必须先理顺行政村的管理体系”“要科学规划，提升等级，健全机制，全力推动东阳市学前教育持续健康快速发展”“加快启动城区医疗资源布局调整工作，满足人民群众日益增长的基本需求”等建议。市委书记黄敏，市委副书记姚激扬出席。

12月29日，市政协召开十三届二十次常委会议。会议听取市政府关于市政协十三届四次会议提案办理情况的通报；审议通过政协第十三届东阳市委员会常务委员会工作报告及报告人名单；通过十三届四次会议以来提案工作情况报告及报告人名单；通过关于召开政协第十三届东阳市委员会第五次会议的决定和相关文件资料；通过政协第十三届东阳市委员会委员调整名单。副市长蒋令树应邀出席。

【市政协主席会议】 1月28日，市政协召开十三届二十四次主席会议。部署市政协十三届四次全体会议筹备工作。

2月6日，市政协召开十三届二十五次主席会议。确定市政协十三届十五次常委会议主要议题、召开时间和地点，部署市政协十三届四次会议筹备工作。

4月3日，市政协召开十三届二十六次主席会议。通过市政协2015年工作任务及任务分解方案；通过市政协机关岗位分工职责，确定市政协十三届四次会议重点提案；通过市政协各专门委员会人员调整名单，研究“四张清单一张网”民主监督活动相关事项。

5月21日，市政协召开十三届二十七次主席会议。审议通过市政协第七届界别活动月方案和2015年重点提案主席、副主席督办分工。

6月26日，市政协召开十三届二十八次主席会议。讨论民间借贷的风险防控、合理调整城区医疗资源布局、居家养老、留用地等调研课题，协商讨论全省“百名新乡贤”评选活动东阳市的推荐人员名单。

8月5日，市政协召开十三届二十九次主席会议。研究确定市政协十三届十九次常委会暨第七届委员论坛主要议题、日程。

9月14日，市政协召开十三届三十次主席会议。研究近期市政协主要工作，讨论破解农民私人建房难、居家养老中心等调研报告。

10月10日，市政协召开十三届三十一次主席会议。安排近期市政协主要工作。

11月23日，市政协召开十三届三十二次主席会议。讨论研究关于东阳市旅游业发展思路和对策的调研报告以及中国木雕博物馆运行一年来情况的调研报告，通过市政协关于“全面深化改革具体项目”的建议和开展界别活动的实施办法、界别活动经费规定。

12月25日，市政协召开十三届三十三次主席会议。审议市政协常委会工作报告征求意见稿和提案工作情况报告征求意见稿；审议通过市政协十三届二十次常委会议议程草案、日程；部署市政协十三届五次会议筹备工作；协商讨论十三届市政协委员调整名单。

政协重要活动

【第七届“界别活动月”活动】 6月，以“建设美丽东阳，委员携手同行”为主题举办第七届“界别活动月”活动，22个界别近300名政协委员和部分列席人员赴12个镇乡街道、23家企业、9所学校，收集各类意见建议120余条，捐款捐物60万余元。妇联界委员到妇联幼儿园发放“六一”儿童节礼物，到湖溪镇西堆小学发放学习用品和食品，慰问贫困儿童。工会界委员为千祥镇千一村5户火灾受灾村民送去2.5万元慰问金，为部分农户送去棉被等慰问品。医卫界到千祥镇王上头村开展送医送药活动，为村民免费看病260人次，送药2万余元，发放健康资料1000余份。无党派界与市党外知识分子联谊会联合开展送医送药送健康活动，免费为南市养老中心1000余名老人义诊，举办健康知识讲座，发放健康宣传资料。侨联界委员为六石街道新建村一户四胞胎家庭筹款6万元用于安装新房的门窗。宗教界委员为佐村镇山合村、瑚门村的19户贫困家庭送上慰问金1.9万元。特邀界到三单乡开展捐助贫困学生、慰问孤寡老人、免费义诊活动，为14名贫困学子发放助学金3万元，为敬老院捐赠电冰箱、空调、洗衣机等家电以及油、饮料等物品计2万余元。社科界联合社救界在千祥镇吕宅村广场开展法律咨询活动，接待64人次、发放资料420余份。教育界委员开展“文化视察，爱心赠书”活动，为湖溪镇镇西村文化礼堂图书馆捐赠健康养生、农业种植等图书1000余册，价值近3万元；联合教育局、市少工委举办“垃圾分类·美我家园”庆六一儿童书画现场赛，开展“垃圾分类旅行·共建美好家园”青少年绿色行动。科协界委员筹资2万元购买苗木树种，栽种在卢宅肃雍堂东边空闲地上。经济界委员捐款6万元资助千祥镇新农村建设。文艺界、体育界和新闻出版界的委员为佐村镇石井坑村前屏自然村资助5万元用于公共设施建设。科技界考察东阳市旅游业发展情况。共青团界开展“让垃圾分开旅行，让虎鹿更加美丽”为主题的青少年绿色行动，向学生及家长宣传垃圾分类知识。台联界委员监督巡查六石街道范围的鹤岩溪、石马溪、桐坑溪等溪流，指导农村污水治理及卫生情况。农业界组织结对村主要干部赴安吉县参观学习空心村整治、垃圾分类减量化处理、村庄文化的挖掘。

【以“五水共治”为主题的界别活动】 3月30日，省政协召开“五水共治，长效机制建设”专项集体民主监督电视电话会议，市政协制定《关于开展“五水共治”长效机制建设专项集体民主监督的实

图 17　6 月，市政协文艺界、体育界和新闻出版界的委员，到佐村镇进行治水调研和界别活动（陈林旭 / 摄）

施方案》，对工作要求、内容、方法等作了安排，重点是江河水质达标检查监督。召开“五水共治”长效机制建设集体民主监督例会 3 次，18 个小组组织委员 306 人，实地查看江河 525.5 千米，提出各类建议、意见 100 条，其中被党政部门采纳 78 条，发现问题 82 个，整改到位 69 个。

【政协法律服务活动】　10 月 28 日，市政协社会法制委员会在黉门广场举行“法律咨询、法律服务、法律援助”活动，市政协主席王正明及各副主席、市政协社会法制委员会全体成员、各界别召集人、联络员、公安、检察院、法院、司法局及无双律师事务所、新东阳律师事务所的律师参加活动。

【文史资料工作】　3 月 18 日，市政协召开文史工作会议，并发出《东阳方言大家谈》的征稿启事。会议回顾 2013 年、2014 年的文史工作，明确 2015 年的工作目标：开展征编出版《东阳方言大家谈》文史资料，征集出版《东阳传统器具》，编辑出版《东阳人联谊会纪事》，重新修订《东阳方言语汇》。王正明在会议上指出，新时期政协文史资料工作要进一步突出东阳市近现代历史特色，加强文史资料抢救性征集力度，广征博采、精选精编，择优出版，重现东阳市建设与发展的历史场景，充分发挥文史资料服务于社会的作用，推动全市政协文史资料工作再上新台阶。

【茶文化研究会】　3 月 25 日，茶文化研究会第一届理事会二次会议召开。确定 2015 年的主要工作是开展茶文化“四进”工作，推动茶文化的传承与发展。在 6 月完成《东阳茶文化》的编审工作；加强茶艺培训，做好各级茶艺师的考核发证工作，开展茶文化进机关、进企业、进学校、进社区的“四进”工作，开展《东阳茶馆与茶业》小册子和茶诗、茶文的编写；组织研究会成员到外地考察取经。

（张翠翠）

民主党派　工商联　人民团体

中国国民党革命委员会东阳市基层委员会

【组织建设】 中国国民党革命委员会东阳市基层委员会（以下简称"东阳民革"）发展党员5人，有党员95人，设1个总支8个支部。卢海岩在东阳民革八届四次委员会议中全票当选为新一任主委，设主委1人、副主委2人、委员8人。东阳民革是浙江省统一战线教育培训实践基地，是浙江省民革系统和金华市统战系统唯一的教育基地，获2007～2014年度浙江民革先进基层组织。许宝星获2014年度"浙江民革十大骄傲人物"称号，卢海岩获2007～2014年度浙江民革先进党员。

【民革参政议政】 有东阳市级以上人大代表5人，其中人大常委会副主任1人；市级以上政协委员10人，其中常委3人。6名党员被政府部门聘为特邀监督人员。在"两会"上，东阳民革提交团体提案12件、个人提案8件，其中《我市红木家具产业发展中存在的问题与对策》被评为优秀提案。在东阳市政协十三届十九次常委会议暨第七届委员论坛上，东阳民革做"加快农房集聚建设和安置工作"的报告。

东阳民革参加中共东阳市委、市政府召开的有关重大事项的市委扩大会、民主协商会、决策征求意见会、全市领导干部大会等，就政府工作报告和全市经济社会发展的重大问题提出意见和建议，发挥参政党的参政议政和民主监督作用。参与全市统一战线"同心·促发展"论坛，围绕"组织发展靠什么？历史责任是什么？我为东阳做什么？"这一主题作演讲。

图18　9月2日，民革东阳市基层委员会在市区黉门广场举办抗战老兵图片展

【民革社会活动】 开展纪念抗战胜利70周年系列活动。祭扫抗战烈士吴复夏墓，参观吴复夏烈士纪念厅；寻访和慰问抗战老兵90余人；在市区黉门广场举办抗战老兵图片展，并在各机关单位、学校和企业中展出；带抗战老兵游览横店影视城景区和东阳城区，感受东阳改革开放的新成就；参加纪念抗日战争胜利70周年书法展和征文书画比赛；组织金华市范围内健在的抗战老兵举办欢庆会和免费游圆明新园活动；党员吴兆宁参加重走抗战路，带长沙春华山战役抗战英烈英魂回家等活动。

继三单乡庙后村、六石街道裘家岭村后，在南市街道复夏小学成立第3家"同心·实践"基地，开展"博爱·牵手"活动，捐助5万元的首期启动资金，用于改善学校的基础教育设施。民革党员中的医疗专家对复夏小学师生以及附近10余个自然村的村民进行义诊，并给村民们免费发放药品。组织部分党员中的高级教师到复夏小学，开展送教下乡及教学交流活动。

开展“同心·送温暖”活动，走访三单乡贫困户，送去慰问金。重阳节看望慰问福利院的280余名老人和孩子，送上各种生活用品，党员中的医疗工作人员为老人和孩子们开展义诊活动。

【民革文化活动】 通过召开市委扩大会议、读书会、支部活动和自主学习等多种形式，在全体党员中开展学党章、学党史、学中共十八届四中五中全会精神、学习近平总书记系列讲话精神、学中央统战工作会议精神、学身边的榜样“六学”知识活动。开展民革组织和党员责任与使命大讨论活动。

组织春节团拜会、端午联谊会、中秋茶话会、重阳慰问和“毅行”活动；“三八妇女节”邀请专家为女党员作中医经络养生讲座；8月，组织党员到山东进行为期6天的考察学习。

（朱建华）

中国民主同盟东阳市基层委员会

【概况】 2015年，中国民主同盟东阳市基层委员会发展新盟员5人，有盟员112人，建有盟市委网站（http://www.mmdyzz.com）、东阳民盟QQ群和微信群。9月，教育综合支部与吴宁四校党支部联合开展“党盟联谊 携手共建” 活动启动仪式暨“荷为贵”庆祝教师节书画活动。

图19 9月，民盟东阳市基层委员会教育综合支部与吴宁四校党支部联合开展“党盟联谊 携手共建”活动启动仪式暨“荷为贵”庆祝教师节书画活动

完善各支部组织建设，制定创“双十佳”（十佳规范支部、十佳特色支部）的工作计划。组织第二届趣味运动会，开展“加入党派为什么、历史责任是什么、我为东阳做什么”大讨论活动和“纪念抗战胜利70周年”征文活动，东阳民盟获金华市“纪念抗战胜利70周年”征文优秀组织奖，有3幅作品获金华市委统战部优秀作品奖。

【民盟社会服务】 深化“春蕾同心实践基地”建设，开展小学语文“同课异构”和助学活动，对春蕾学校的10名贫困学生发放1万元助学金，并邀请春蕾学校教师与东阳市名师共同教研。春节前夕，到三单乡华阳村走访慰问贫困户，开展写春联送文化活动，当天送出春联160余幅。

【民盟参政议政】 2015年，东阳民盟向政协提交大会团体提案5件，委员个人提案16件。王宇燕被评为东阳市优秀政协委员，胡龙品提交的《关于在东阳市区建立免费公共Wi-Fi的建议》得到市委市政府的高度重视，12月30日，城区48个场所和70个公交停靠站开通免费公共Wi-Fi。调研“东阳市历史文化古村落开发与保护”，实地察看蔡宅村、李宅村和台州南岸村，形成调研报告上报市委参考。《围捕“五水共治”的漏网之鱼——餐厨垃圾》在政协论坛上获一等奖。

（胡龙品）

中国民主建国会东阳市基层委员会

【概况】 2015年，民建东阳市基层委员会发展会员3人，转入会员2人，有会员85人。其中，企业界人士58人；本科以上学历46人（其中硕士6人）；中级以上职称60人（其中高级职称19人）。有金华市人大代表1人，政协委员2人；东阳市政协委员13人（其中政协副主席1人、政协常委3人），政协列席人员13人。

12月，民建东阳市基层委员会获“全国民建先进集体”称号，获全市统一战线“学增创”活动“先进集体”称号。

【民建专题调研】 5月17日，民建东阳市基层委员会组织青年会员近20人到城区东阳江段开展助推“五水共治”沿江行活动；6～7月，市基层委员会开展“乡村旅游”“加快推进城区天然气

图 20　5 月 17 日，民建东阳市基层委员会开展助推“五水共治”沿江行活动

布网”“加强职业教育”等多个课题的调研活动。8 月，市基层委员会组织会员到甘肃、新疆等地参观考察。

会员卢春燕在政协论坛上作《加快推进我市乡村旅游发展的几点建议》的发言，获论坛一等奖。

【民建参政议政】　市“两会”期间，提交有关民间投融资、路网建设、交通治堵、城建环保、垃圾分类、养老服务、职业教育、法治政府、民主政治、信用建设等提案 26 件（其中团体提案 7 件）。徐圣文、华协漂、李玉鹏等会员被东阳市政协评为 2014 年度优秀政协委员。徐圣文、吴群刚等会员分别提交的《关于加强东阳江源头管理的建议》《关于尽快打通南街和通江路连接线的建议》，被东阳市政协评为 2014 年度优秀提案。报送调研文章 3 篇、思想理论和经验汇报材料 8 篇、会务信息 22 篇。

【民建社会活动】　5 月 12 日，金华市党派联席会议在东阳民建之家召开。5 月 18 ~ 24 日，民建东阳市基层委员会组织会员到江苏、山东、安徽等地进行为期 7 天的交流考察活动。市基层委员会与宿豫统战部领导、民建泰安市委会开展联谊座谈活动。6 月 19 日，由律师、教授等 10 余人民建会员组成的民营企业法治环境调研小组，到东阳就新常态下民营企业的法治环境情况进行调研。9 月 2 日，同民建金东区基层委员会开展交流。10 月 17 日，与东阳日报社开展联谊座谈活动。

【回馈社会】　2 月 11 日，民建东阳市基层委员会第六支部到三单乡山背村开展结对扶贫活动，上门走访 5 名因病贫困的老人，送上慰问金 5000 元。3 月，市基层委员会在横店国防科技园举办以“安全在我心·幸福你我他”为主题的民建东阳市基层委员会 2015 年全民安全教育主题活动，150 余人参加启动仪式。免费发放《安全主题教育手册读本》1000 册。6 月 17 日，开展“创新创业 校企同行”主题活动。10 月 17 日，东阳民建、东阳日报社开展慰问联谊活动。组织培训讲师和实践操作医师，举办应急救护培训活动，给参会人员发放急救包。

【民建组织建设】　2015 年，民建东阳市基层委员会多次召开班子成员扩大会议，学习中共十八届四中、十八届五中全会和习近平总书记的系列讲话精神，传达民建中央《关于进一步加强基层组织建设的意见》《关于新形势下进一步加强自身建设的意见》等有关文件精神；2 月 1 日，民建东阳市基层委员会关爱老会员工作委员会和市基层委办公室人员，对年满七十周岁的老会员们开展节前慰问活动；3 月，组织新会员和入会积极分子开展学会章活动；4 月 25 日，市基层委员会邀请省社会主义学院副院长隗斌贤在市委党校举办参政议政骨干培训班；9 月 11 日，举办“共谋‘同心’发展，欢度‘中秋·国庆’”中秋茶话会；10 月 25 日，组织老会员们到磐安参观浙八味中药材市场；12 月 6 日，市基层委员会邀请省委统战部副巡视员、研究室主任杨卫敏，解读中央统战工作会议精神和《中国共产党统一战线工作条例（试行）》等重要内容；12 月 31 日，民建东阳市基层委员会召开年度会员大会。

【其他活动】　2015 年，为纪念抗战胜利 70 周年，开展书法征文、观看史料展、参加金华统战系统书法展纪念活动；组织会员走访会员企业、与先进基层组织交流、参观施复亮故居等系列考察学习活动。会员吴群刚撰写的《求真　务实　勤履职——努力做一名合格的民建会员》和韦甸斌撰写的《民建——我的家》在“读会史会章 明历史责任”主题征文活动中被民建浙江省委员会评为优秀作品奖。

（吴群刚）

中国民主促进会东阳市支部委员会

【概况】 2015年，民进东阳市支部新发展会员6人，有会员22人，其中东阳市政协委员3人，列席委员6人，设有主委1人、支委2人。

【民进参政议政】 在市政协十三届四次会议上，民进东阳市支部向大会提交团体提案4个，个人提案2个，支部团体提案《大力培育发展文化创意产业》在市政协十三届四次会议提案摘登“文化兴市篇”头条中被刊出。楼红霞被评为市政协十三届优秀政协委员。

【民进社会服务】 年初，支部会员吴国平和王宏伟夫妇筹建东阳首个“青爱小屋”；2月11日，支部会员到三单乡下西楼村走访慰问老体弱老人，并送去5000元慰问金；5月20日，支部开展“民进杯”美术比赛，邀请民进金华开明画院的3位院长、画家进行评奖，并向73名首届“民进杯”美术作品获奖学生颁发奖品；6月25日，支部在东阳市白云初中开展以“同心助学·爱心育人”为主题的实践活动，向白云初中53名外来务工子弟发放2万元助学金；12月8日，支部邀请民进浙江工业大学支部会员到东阳考察红木家具产业，组织校企对接座谈会，就木雕红木家具产业如何突破发展瓶颈、加快转型升级及围绕市场需求进行创意创新等方面进行沟通交流。

【民进专题调研】 支部针对东阳市影视文化产业主要以影视拍摄为主，产业互动不紧密、本地影视文化专业人才缺乏、培养机制和服务平台还有所缺失等问题，组织开展调研。陈锦阳执笔的《加强高层次影视文化人才培养的几点建议》报告，在市政协第七届委员论坛中获二等奖。

【民进交流活动】 年内，支部组织全体会员到绍兴参观由民进中央副主席王佐书撰稿、设计、命名、布展的国政馆；支部与市知联会部分会员在会员企业野风集团开展联谊交流活动；支部与全国先进支部民进浙工大支部结对共建，开展学习交流。10月16日，支部组织全体会员到民进中央参观学习，得到民进中央副主席王佐书、副秘书长王建国、组织部部长左延珠、社会服务部副巡视员宁永丽等领导的接见。座谈会由民进中央组织部部长左延珠主持，会上，民进东阳市支部主委楼红霞汇报支部总体情况，3名支部会员作代表发言，民进中央副秘书长王建国对民进东阳市支部在组织发展、社会服务、参政议政等方面的成绩表示肯定。会后，支部会员观看民进会史纪录片并参观民进会史展览，学习民进会史。

【东阳首个青爱小屋成立】 民进东阳市支部会员吴国平、王宏伟夫妇设立东阳首个“青爱小屋”。创建青爱小屋，即是给大中小学幼儿园援建青爱小屋，给学校赋能，帮助学校建立起开展以下四个教育的能力：防艾、性健康、心理健康和慈善教育。青爱小屋是青爱工程主推的项目。青爱工程，是对青少年进行爱的教育。原名青艾工程，全称：中国青少年艾滋病防治教育工程。7月，民进浙江省委会副主委陈亚岗、民进金华市委会主委张少华、专职副主委吴瑞成一行到东阳参观考察“青爱工程”基地。

（吴晨辉）

中国农工民主党东阳市委员会

【概况】 2015年，中国农工民主党东阳市委员会发展8名新党员，有农工党员140人。下辖机关、直属、经济科技、东阳中学、东阳二中、人民医院（一）、人民医院（二）、人民医院（三）、医务和联合等10个支部委员会。11月，农工

图21　10月16日，支部组织全体会员到民进中央参观学习

党东阳市委会被农工党中央授予全国优秀县级组织，直属支部被评为金华市 2015 年度先进基层组织。

【农工党参政议政】　中国农工民主党东阳市委员会党员中金华市政协委员 1 人，东阳市政协委员 12 人(其中市政协副主席 1 人,常委 3 人),8 人被聘为政府部门特约监督员。向“两会”提交 8 件集体提案,20 件个人提案。开展“万里江河四季访行动”“走遍千村看治水”活动,组织政协委员开展五水共治民主监督活动，实地察看河流 60 千米，提出意见和建议 6 条。开展环境执法情况和东阳文化影视产业调研。农工界获 2015 年度市政协先进界别特色奖,程云霄被评为市十三届优秀政协委员,陈方华被评为 2015 年度东阳市优秀政协委员。程云霄被评为 2014 年度东阳市优秀政协委员。《严格环境执法，创建美丽东阳》被市政协委员论坛评为二等奖。

【学习交流】　参加金华市委统战部组织的征文及书法比赛；动员广大党员收看抗战胜利 70 周年重大阅兵式电视直播;市人民医院 3 个支部组织党员瞻仰巍山屏抗日英雄纪念碑;机关支部登西岘峰庆祝胜利日。直属支部与宅口中心小学贫困学生结对助学;人民医院二支部赴东江敬老院送医送药。编印《东阳农工党讯》4 期。

9 月,农工党金华基层支部负责人会议在东阳召开;6 月，全市统战系统“学增创”现场推进会在市委会的聋哑学校同心基地召开;10 月，农工党杭州桐庐县基层委到东阳学习交流;8 月，市委会组织支部负责人赴湖南学习考察。

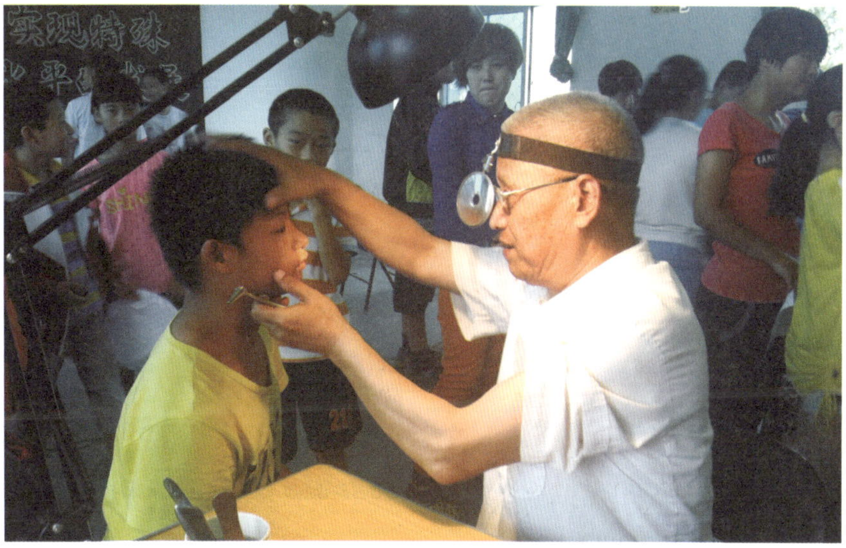

图 22　6 月,农工党东阳市委会为市聋哑学校师生举行义诊和免费体检活动

【农工党社会服务】　6 月，在市聋哑学校“同心实践基地”捐建蒙特梭利教室和心理沙盘室，为市聋哑学校师生举行义诊和免费体检活动。春节前夕,到三单乡青溪村走访慰问贫困户，送上慰问金 5000 元。5 月,直属支部给宅口中心小学送去价值 2000 余元的学习用品,捐款 2000 元结对 4 名困难学生。4 月,吴兆震成立的“吴一公妇女儿童关爱基金”为外来烧伤儿童捐助 2 万元;10 月,为患骨盆恶性肿瘤急需手术的女大学生捐款 2 万元。基金成立 6 年来，发放 47 万元,惠及 415 人。8 月，党员傅龙云为天津滨海新区爆炸事故伤员救治捐赠 6000 支价值为 22 万余元的自主研发生产的防治烧烫伤的特效药——复方多粘菌素 B 软膏。4 月,党员吴伟强情系宅口小学留守儿童，赠送价值 5000 元的书包、书籍等学习用品。

（蒋君霞）

九三学社东阳市支社

【概况】　12 月 30 日,九三学社东阳市支社成立暨第一次全体社员大会在东阳大厦召开。会议选举

图 23　12 月 30 日,九三学社东阳市支社成立暨第一次全体社员大会在东阳大厦召开

产生5名九三学社东阳市支社第一届委员会委员，并选举徐巧英为九三学社东阳市支社主委。金华市委统战部副部长、市侨联主席蓝跃军，东阳市政协主席王正明，市委副书记姚激扬，市人大常委会副主任楼美姣，市政协副主席、市委统战部部长施侍良等出席会议。

（马　康）

图24　10月30日，东阳市新生代创业创新人士联谊会成立

市工商业联合会

【概况】　2015年，东阳市有基层商会13家，在东阳的异地商会8家，东阳同心商家联合会1家，会员企业1050家。1月27日，市政协工商联界政协委员到佐村镇平坑村慰问困难群众。4月25日，市工商联在市委党校举办以“参政议政能力提升”为内容的培训班。市委组织部、市委“两新”工委和市工商联对在东阳的萧山商会、温州商会等8家异地商会进行党建工作调研。11月3日，市工商联组织丽水商会、萧山商会等在东阳的异地商会到佐村镇等山区乡村开展结对扶贫调研。丽水商会通过实地考察，提出建设万亩山茶油种植基地和高品质茶油深加工项目的方案。

【银商战略合作协议签订】　东阳农商银行与东阳的异地商会共同签署以“阳光普惠贷”金融自助信用贷款为主的战略合作协议。东阳农商银行为东阳丽水商会会员发放贷款90万元，为东阳仙游商会会员发放贷款430万元。

【新生代创业创新人士联谊会成立】　10月30日，东阳市新生代创业创新人士联谊会成立。联谊会是由全市年轻优秀的非公有制经济人士为主自愿组成的非营利性社会团体，成员包括知名度较高社会形象较好的民营企业第二代接班人，部分具有代表性的新创业人员等。会议选举横店木材中心董事长何旻为市新生代创业创新人士联谊会会长。首批吸收会员132人。

图25　12月9日，东阳同心商家联合会（原优秀商家联盟）成立大会在海天大酒店二楼召开

【东阳同心商家联合会成立】　12月9日，东阳同心商家联合会（原优秀商家联盟）成立大会在海天大酒店二楼召开。东阳市同心商家联合会是以树立优秀商业标杆、倡导诚信经营、理性消费为目的的非营利性组织。东阳红布蝶家纺有限公司、巴黎春天婚纱摄影公司、力的广告有限公司等32家同心商家联合会会员参加会议。大会投票通过各项章程，并选举东阳市红布蝶家纺有限公司总经理叶欣成为首任会长，刘春龙任副会长，陈东风任秘书长。

【东阳市萧山商会】　2月9日，东阳市萧山商会被市委宣传部、市文明办授予“2014年度‘最美东阳人’”称号。东阳市萧山商会于

2012 年 4 月 9 日成立，有会员 187 家，会员是在东阳经商的萧山商户，三年来多次被评为“服务会员先进单位”“商会组织建设工作先进单位”“杭州市萧山区工商联异地商会优秀会员单位”。

【嘉兴东阳商会成立】 4 月 25 日，嘉兴东阳商会成立庆典暨联谊大会在嘉兴市新洲国际大酒店举行。东阳市政协主席、东阳人联谊总会会长王正明、东阳市政协副主席、市委统战部长施侍良、嘉兴市南湖区副区长许翔等领导以及 500 余名在嘉兴工作、生活的东阳籍人士参加成立大会。

（斯媛媛）

市总工会

【概况】 2015 年，东阳市新建独立基层工会 123 家，吸收新工会会员 1000 余人。至年末，有基层工会 2765 家，其中独立基层工会 2669 家，联合工会 96 家，覆盖单位工会 8756 家，会员 36.6 万人。在全市企业工会开展建设美丽乡村劳动竞赛，深入中小企业和垃圾治理现场 20 余次。组织全市 1000 余家企业、10 余万名职工参加节能减排、重点工程和岗位技能等立功竞赛活动。

【市工会第十六次代表大会】 10 月 29 日，市工会第十六次代表大会在市行政中心三楼报告厅召开。金华市政协副主席、总工会主席吴国成和市四套班子主要领导出席开幕式。大会回顾总结 2011～2015 年工作，提出 2016～2019 年建设“创新型、服务型、实力型”工会的奋斗目标。

【工会培训】 市总工会开展家政免费培训 2 期，培训家政人员 400 余人。联合市人力资源和社会保障局开展家具设计师和精细木工高技能人才培训班，全力推动红木家具产业转型升级。各级工会开展岗位练兵和技能比武，技能培训 3 万人次。

【工资集体协商】 在全市开展工资集体协商要约行动，指导培训工资协商指导员 160 余人。全市签订工资集体协议书 2436 份，覆盖企业 7142 家，覆盖职工 22 万余人，其中区域性工资集体协议 54 份，行业性工资协议 4 份。

图 26　10 月 29 日，市总工会第十六次代表大会在市行政中心三楼报告厅召开

【职工医疗互助保障】 2015 年，东阳市职工医疗互助保障纳入金华市级统筹。全市第一期有 736 家单位 48479 名职工参保，对 926 人次累计发放互助保障金 80.54 万元；第二期有 604 家单位 42727 名职工参保。

【工会帮扶】 以职工服务中心为救助、维权、服务三位一体的综合平台，开展送温暖帮扶活动。市本级介绍就业 2000 人次，高温慰问 1150 人次，资助困难职工就学 115 人，走访慰问困难职工 4422 人，“爱心透析”专项救助 23 人，发放慰问帮扶资金 94 万余元。

【第三届职工运动会举办】 5～7 月，以“凝心聚力促两美，身强体健展风采”为主题，举办东阳市第三届职工运动会，主要设有排舞、乒乓球、羽毛球、气排球 4 个大项 11 个小项，全市有 34 个代表团 2000 余名职工参加比赛。

（杜娅玲）

共青团东阳市委员会

【青少年思想道德建设】 组织各级团组织和团干部通过报告会、座谈会、微信群讨论等形式学习宣传贯彻中共中央党的群团工作会议精神，增强共青团的政治性、先进性、群众性。深化“奋斗的青春最美丽”“争做向上向善好青年·争做文明守法好网民”等主题教育活动，坚定广大团员青年的理想信念。开展“美德少年”“优秀志愿者”“杰出青年”等评选活动，选出优秀青年典型 140 余人。依托共青团微电影浙中创作服务中心，拍摄《天堂的小说》《陪伴》《烛光》等多部励志微电影，其中以东阳奋斗青年包青春为原型的《天堂的小说》微电影在腾讯视频上点击量为22.3万次，获国家广电总局"弘扬社会主义核心价值观共筑中国梦优秀原创网络视听节目"。

【青少年网络舆情引导】 整合官方微博、微信公众号、微信群等新媒体平台，完善网上公告、活动招募、政策咨询等功能。开展"我为核心价值观代言"、垃圾分类志愿者招募等线上活动32次，为微博、微信吸粉5.5万余人。多次在全省区县级团组织官方微信排行榜中进入前10名。成立全市青年网络文明志愿者总队，开展"指尖护卫大阅兵""加多宝，这'火'你降得了吗？"等网络宣传实战演练21次，向青少年传递正能量。建立网络文明联席会议制度、媒体合作机制，与市内较活跃的微信公众号及主流媒体开展常态化合作，联合开展"五四测青春赢观影券""毅行精彩瞬间评选""全城寻找金话筒小主持人"等活动13次，阅读量30余万次。

【共青团助推"两美东阳"建设】 6月，在东阳江畔组织"两美东阳 毅路有爱"第二届青年毅行活动，社会各界2000余人参与。开展"拒绝车窗抛物·让爱随车而行"大型公益活动、"让垃圾分开旅行"青少年绿色行动、"垃圾分类·美我家园"庆六一儿童书画现场赛等活动，组织环保嘉年华主题游园、"垃圾分类"少先队优质队课评比等活动15场次，全面动员全市广大团员青年、少先队员主动参与"两美东阳"建设。在"12·5"国际志愿者日前后，先后组织开展防艾宣传教育、"青春助力 美化横店""扬志愿者精神 筑温暖亲乐园"敬老文艺会演等活动8场次，参与活动3000余人次，在全市掀起志愿服务热潮。

【共青团助推生态文明城市创建】 组织开展"青春助力 美丽县城"植绿护绿行动，在城东街道更楼下村、白云街道陈庄小区、上卢管理处盘溪东岸等地建设"五水共治青年林"1.3公顷。在东阳市复评"浙江省示范文明城市"时期组织400余名志愿者在市区流量较大的环城北路与人民路口等11个路段进行交通文明劝导、文明宣传等志愿服务活动。做好志愿者的网上注册工作，注册志愿者9.7万人，超额完成东阳市争创省示范文明城市中"注册志愿者比例不低于常住人口10%"的考核要求。

【共青团服务重大赛会活动】 先后招募2000余名志愿者为2015横店国际马拉松大赛、2015浙江省自行车公开赛金华站"东白山爬坡赛"等大型活动提供现场引导、外语翻译、礼仪接待、医疗救护等志愿服务，志愿者的优质服务受到各界一致好评。

图27　6月27日，"两美东阳 毅路有爱"第二届东阳青年毅行在江滨节庆广场举行

【青少年综合服务平台建设】 市级层面，争取到市疾控中心闲置的老办公楼及检验楼，筹措30余万元重新修缮，建成面积1200余平方米的东阳市青少年综合服务中心。中心下设青年社会组织服务中心、就业创业服务中心、志愿者指导中心、青少年权益维护中心4个机构，于8月全面投入使用。中心承办金华市青少年综合服务平台建设现场推进会，多次接待金华两新工委、市委组织部、县市区兄弟团委参观学习。乡镇层面，建成南马镇、巍山镇等镇级青少年综合服务站4个，以及三单乡“莳光记”等村级青少年综合服务点8个，市镇村三级青少年服务平台建设取得初步成效，开展素质拓展、农村科普知识普及、学习沙龙等活动29场次，覆盖青年4500余人。

依托“青年社会组织服务中心”，加强对市内较活跃的青年社会组织的走访联系，有红十字救援队、爱心联盟、阳光下志愿者协会、白坦爱心青年会、梦想公益志愿者协会、消防志愿服务大队、中国公益顺风车东阳站、“在路上”单车俱乐部8家青年社会组织入驻，会员数突破1000人。年内，梦想公益志愿者协会在民政局登记注册。中心内青年社会组织开展救护员培训、无偿献血、义务采茶、爱心助学等服务61次，覆盖青年1.8万余人次。

【青少年关爱行动】 开展第二届“七彩假期”青少年关爱行动，建成千祥镇后周村、江北街道甘东小区等6个“七彩假期”村级活动站，为1500余名留守儿童提供关爱服务。开展“四走进四关爱”新春送温暖、“开学季，爱让我们在一起”助学公益行动、“旧衣变爱心，分类我先行”百万寒衣送温暖等活动，为困难青少年提供物资和现金20余万元。探索通过微信建立监督反馈机制，通过微信平台公开爱心善款去向、开展爱心结对等情况。

【团干部队伍建设】 针对团市委机关专职团干部，建立基层联系点制度，实现三个“每”，即团市委机关每人联系2～5个镇乡、2个团建示范点，每月下基层调研，每季度指导联系镇乡街道开展一次以上活动。针对基层兼职团干部，组织开展全市“团干部如何健康成长”大讨论系列活动，举办“健康成长三问计”“团干部如何健康成长”专题学习交流等活动125场，团干部摄影沙龙、素质提升培训等活动16场次。

（蔡　甜）

市妇女联合会

【来料加工】 市妇联扩大来料加工项目奖励资金的覆盖面，加大对山区低收入户集中区经纪人的补助，提升来料加工经纪人创业发展能力，拓展来料加工就业渠道，促进来料加工产业化。举办来料加工技能培训5场，培训妇女546人。新培育来料加工经纪人34人，新增集中加工点25个。全市有来料加工经纪人851人，集中加工点712个，年发放来料加工费3.76亿元。发放来料加工先进奖励（集体和个人）、来料加工经纪人转型奖励、困难户补助、山区经纪人交通补助等经费35.5万元，贴息补助10.4万元。

【垃圾分类】 市妇联把垃圾分类工作列入年度工作重点。8月，着手全市垃圾分类工作的基础设施建设，开展宣传教育工作，举办“垃圾分类”知识主题培训班23期，培训人数8310余人；签订“垃圾分类”承诺书1万份，发放垃圾分类宣传单、倡议书、宣传图片等资料25万份；发放垃圾分类宣传伞2000余把、围裙4000条。召开垃圾分类工作专题部署会，在全市设立21个垃圾分类试点村，并给各镇乡街道妇联下拨工作经费30.76万元，用于组织发动妇女实施垃圾分类工作。有64个行政村、129个自然村，举办垃圾分类户主培训，覆盖农户20133户，培训人员31530人，发放洗衣粉等纪念品1.66万份。

【特色家庭创建】 市妇联开展“美丽家庭”“平安家庭”“绿色家庭”等特色家庭创建活动。评选出东阳市级“美丽家庭”99户。吴兆震家庭获全国“最美家庭”提名奖、浙江省“最美家庭”称号。评选出东阳市“平安家庭”20户。陆志宣等6户获“金华市级绿色家庭”称号，李飞鹏、邵钦祥家庭获省级“绿色家庭”称号。全市有省级“绿色家庭”19户，金华市级115户。

【妇联关爱帮扶】 年初慰问78名贫困女党员，六一期间走访慰问24名贫困儿童；为“烧伤男孩”周鑫、身患骨盆癌的女大学生吴越各送上治疗费用2万元；为27个困难加工户送去慰问金；开展“千名干部结千户”活动，慰问11个贫困户；出资2.1万元用于走访慰问全市退休妇代会主任；实施贫困母亲“两癌”救助，发放救助金1.5万元。发放各种慰问、救助金28.44万元。

图 28　8 月 26 日，市妇联联合市卫生局、妇女儿童医院开展“百千万健康工程”巡回义诊活动（包康轩 / 摄）

【公益服务】　联合市卫生局、妇女儿童医院在全市镇乡街道开展“百千万健康工程”巡回义诊活动，免费送医送药送健康。到南马、画水、马宅、佐村、三单等15个镇乡，举办义诊31场次；慰问困难户125户，慰问物资10万余元；查出病例1274人，免费赠送药品价值45.33万元；举办健康教育讲座25场次，听众8640余人。

【看守所妇女引航站】　在看守所女子监区妇女引航站开展“梦想助力”活动。设立“梦想加油站”，征集在押女性的梦想，并通过漫画、诗歌形式呈现；建立妇女引航站图书室，市妇联拨款6000元用于购书；举办迎新年书画展，展出在押女性的书画、剪纸等作品50余幅；举办庆“三八”集体生日会、“为妈妈尽孝心”母亲节专题活动。自成立以来，妇女引航站开展心理疏导、法律咨询、健康体检等活动13次，法律咨询15人，心理咨询97人，健康咨询13人。

【家庭教育】　开展“学家训、立家训、树家风”“家训家风与社会主义核心价值观”征文活动，全市15220户家庭参与，甄选51户57条家训上报金华妇联。启动“家庭教育暨垃圾分类宣传活动”，并联合少儿成长热线、农办组建“东阳市家庭教育、垃圾分类宣传”讲师团，启动“东阳市家庭教育暨垃圾分类宣传月”活动，在全市19个镇乡、部分学校和企业开展巡回宣讲。关爱留守儿童。春节期间，借党员干部现代远程教育平台为农村孩子家长提供家庭教育指导服务，开设“为了孩子 你我相约”家庭教育大讲堂。联合浙江师范大学心理辅导站在江北春蕾学校、横店镇路西村举办“心潮逐梦”心理游园会、情商微课堂等暑期流动心理服务活动。

【妇女维权】　举办“三八维权周”大型广场咨询服务活动，开展平安家庭创建、“毒品知识进万家”等宣传活动，通过《市民问政》、行风热线为妇女群众答疑解惑。各级妇联开展政策宣传、法律讲座、知识培训103次，受益妇女14205人次，“东阳市婚姻家庭人民调解委员会”有效调解婚姻家庭纠纷45起。

【妇女组织建设】　2015年，全市镇乡（街道）妇联（妇工委）19个，全市机关（系统、单位）妇委会31个，集团妇联4个，女职工委员会1个。5月，召开市农村妇女干部培训暨垃圾分类减量化处理工作推进会，700余名妇女干部参加。各镇乡妇联带领示范村妇女干部810余人到金东区澧浦镇等地进行考察，学习“垃圾分类”知识。开展巾帼文明岗创建工作，横店集团东磁股份有限公司东磁大厦餐饮部等5个岗位被评选为浙江省巾帼文明岗，邵君芳被评选为浙江省巾帼建功标兵。深化“两新”妇女组织建设，全市“两新”妇女组织覆盖率为90%，覆盖新经济组织4947家，覆盖率92.9%；覆盖新社会组织486家，覆盖率为68.4%。开展“巾帼党建示范岗”创建活动，东政电机有限公司等62家党支部被评为金华市巾帼党建示范岗。

（陈玲玲）

市科学技术协会

【全国科普日活动】　9月22日，市科协联合市经信局、市教育局、市科技局在黉门广场举办以“万众创新 拥抱智慧生活”为主题的“2015年全国科普日暨东阳市第七届科普节”科技服务活动，围绕“创新引领新常态、创新成就新梦想、创新助我智慧生活”开展系列科普活动。18个学会、协会的近百名专业技术人员为市民提供疾病义诊、健康咨询、科普咨询、资料赠送等服务，吸引3000余名市民参与活动。活动展出图版89块，发放科普资料80余种7000余份，发送实物10种1400余份。组织科技人员向社区居民举办《营养与健康》知识讲座，向社区居民赠送科普丛书，为淑玉村、西宅村、陈塘沿等10个村赠送价值10万元的科普图书。

【院士专家工作站建设】 浙江日升昌药业有限公司创建省级院士专家工作站。普洛康裕院士专家工作站列入全国示范工作站。东磁院士专家工作站在第三批省级站周期性考核中获“优秀”等次，在“讲理想、比贡献”活动中获“创新团队奖”。全市创建金华市级院士专家工作站8家、省级院士专家工作站5家。院士专家工作站引进院士13人，开展科研项目71项，获授权专利212件，实现经济收入18.2亿元、利税3.8亿元。4月，在浙江日升昌药业有限公司召开院士专家工作站建设“十三五”规划座谈会。院士沈寅初与浙江花园生物高科股份有限公司院士专家工作站签约，在得邦照明“院士专家工作站”签约授牌仪式上，院士周炳琨与横店集团得邦照明股份有限公司签约，成为得邦照明院士专家工作站首席院士。

完善院士专家工作站长效管理机制，建立和完善工作站管理条例，修改完善企业重大技术创新专项开发经费管理、技术创新管理办法和技术创新奖励实施细则等。并根据《东阳市院士专家工作站评先争优考核办法》，对工作站实行动态管理，对工作业绩等方面进行量化考核。对全市建站满一年以上的7家院士专家工作站进行考核，表彰东阳市优秀院士专家工作站，安排30万元对考评优秀的工作站进行奖励。7月，市人大常委会副主任楼美姣率教科文卫工委相关人员专题调研院士专家工作站，并召开工作座谈会。市科协领导率联宜电机总工程师金一町到台州走访院士郭孔辉，并洽谈相关合作事项。11月，中国科协院士专家服务中心率省科协、金华市科协到普洛康裕和日升昌药业调研全国示范工作站和创新人才培养工作。省科协副主席梁细弟到普洛康裕和东磁院士专家工作站专题调研。金华市科协主席楼余产到浙江日升昌药业院士专家工作站调研。

【东阳市2015年院士专家工作站总结与考核会议】 于12月在联宜电机召开。市人才办、市财政局、市科协等协调小组成员单位出席会议，相关院士专家工作站被考核单位参加会议。院士专家工作站建站单位分别就院士专家工作站的制度建设、立项创新、科技成果等方面进行交流汇报。会议以综合评审、现场答辩、记名评分的形式对8家院士专家工作站进行评审。

图29　11月18日，中国科协院士专家服务中心在省科协市科协陪同下，到普洛康裕和日升昌药业调研全国示范工作站和创新人才培养工作

【科普宣传】 科协在《东阳日报》上开设《科普之窗》专栏。在东阳新闻网每星期播出一期《科普大篷车》节目。全国科普日期间，在公众微信号《东阳发布》开展2期微信科普知识有奖竞赛活动。全市各村、社区科普画廊1400余米。结合农村文化礼堂建设，新建村、社区的标准科普画廊7个。对全市的标准画廊进行维护和更新，扩大科普宣传的渠道和范围。收集编印《垃圾减量和分类方法实用手册》《垃圾分类36计》科普小册子6万册，分发到各个镇乡街道。联合市气象局在城区20块电子屏上宣传科普知识，每季度更换一次内容。城区和农村统一制作的20座高标准科普宣传栏每季更新一次内容。科普短信平台每周发一条科普短信。开展送科技下乡服务活动；组织参与送科技下乡活动9次。通过各种渠道为农民朋友送各类科技书3500余册，配送科普挂图30余套。刊出《东阳新科技专刊》11期，印发5万余份。

【科普进校园活动】 开展中科院老科学家进校园活动，5月21～22日，市科协邀请中国科学院国家空间科学中心研究员张厚英为巍山镇中、横店三校、吴宁一校和白云中心小学4所学校的4000

图 30　9月16日，中国科学院国家天文台研究员、博士生导师，中德亚毫米波望远镜项目首席科学家王俊杰，为学生们做《你身边的宇宙》为主题的科普讲座

余名师生作关于航天知识科普报告。举办科学家进校园科普巡回报告会，9月16日，邀请中国科学院国家天文台研究员、博士生导师、中德亚毫米波望远镜项目首席科学家王俊杰，为江北初中、银田小学、吴宁二中、后岭山小学、六石镇小等学校的学生们作“你身边的宇宙”为主题的科普讲座。

【农业科技培训】 做好中专学历教育。开展农村劳动力素质培训，开设早点制作与加工、会计等培训班，为农民转移就业和致富服务。开展传统产业茶叶、甘蔗、果蔬、畜牧方面的农村实用人才培训，举办各类培训班76期，培训近5000人次。

【科普学会活动】 市科协下属学会、协会32个，会员8760人；镇乡科普协会12个，会员1980人；街道科普协会7个，会员1530人；农技协会10个，会员1670人。各学会、协会组织广大科技人员开展多种形式的学术交流活动。市建材协会开展学术性调研，连续21年被评为全国建材行业先进单位；市医学会多次开展以专科为重点的学术活动，科研课题获市级以上科技奖11项。市水果行业协会开展精品果园和水果产业园区建设，开展专业技术培训，为果农进行全方位服务；市农学会推广农业新品种新技术，成果获各项省科技奖。组织开展东阳市第十三届自然科学优秀论文评选活动，评选出一、二、三等奖优秀学术论文128篇。开展专业技术人员继续教育培训5000余人。

【青少年科技创新大赛】 全市第三十届青少年科技创新大赛，收到科技小发明、小论文、科技实践活动报告、科幻画、机器人创新和科技创意作品1000余件；评出一等奖38个、二等奖68个、三等奖107个，优秀科技辅导员10人，优秀组织奖9个。在其中选送51件作品参加金华市级大赛，选送10件作品参加浙江省第二十九届青少年科技创新大赛，获一等奖1个、二等奖4个、三等奖4个。其中城东街道李宅小学的少儿科幻画《空中消防车》和巍山镇怀鲁小学的青少年科技创意项目《新型桥墩电站》获推参加在香港举办的第三十届全国青少年科技创新大赛，并分别获“少儿科幻画二等奖”和“青少年科技创意项目二等奖”称号。市科协被中国科协、教育部、科技部、环保部、体育总局、团中央、全国妇联等单位授予“第三十届全国青少年科技创新大赛基层赛事优秀组织单位”称号。吴宁五校和白云中心小学被确立为2015年全国青少年科学调查体验活动推广试验单位。吴宁五校被评为第30届全国青少年科技创新大赛“十佳科技教育创新学校”。

【创建科普特色学校】 市科协召开由21所科普特色学校校长和科技教师参加的“科普特色学校经验交流会”。开展科普特色学校创建活动，对4所科普特色学校进行复评，新创建白云初中、东景幼儿园2所科普特色学校。举办科技教师业务培训班，全面提高科技教师指导学生科技活动水平。

（朱金灵）

市文学艺术界联合会

【概况】 2015年，市文学艺术界联合会组织开展“两美东阳、美丽县城”文艺精品创作活动，组织开展“美术走进农村文化礼堂”主题文艺活动，与市委宣传部、东阳报社联合在东阳日报黉门周刊开设“两美东阳”文艺专栏。11月，在市博物馆展出并把有关美术作品免费赠送给全市各重点农村文化礼堂。组织开展“阳光文艺到基层”活动，开展活动20次，近400人次参加。与中国文联、中国电影家协会、浙江电影家协会、横店影视文化产业管委会联合就横店影视文化产业发展进行调研，重点调研影视剧本创作、影视剧本版权交易、演员特别是群众演员权益保护等内容。与人民文学出版社《星河》诗刊、市总工会、横店东磁集团联合主办“中国好诗歌”创作研讨会。联合东星书法俱乐部开展书画慈善义卖活动，筹得善款16万余元。编印2014年全市五水共治征文作品集。编发《东阳文艺》二期。创建“浙江书法村”，东阳市巍山社区名列其中。主办徐默然书画展。做好省文联、河北文联调研组赴横店调研有关工作。做好“横漂”演员群体管理服务有关工作。

【市作家协会】　编发《东阳文学》一期；李晓春、陈益林、蔡伟华、王秋珍、吕映珍、炎子等会员在省级以上报刊发表作品。

【市书法家协会】　蔡礼礼、范赛红、张跃军、吴佳燕、金升高、何俊成、陈宵七人参加省书协组织的书法骨干班培训；金妙雄、丁志标、陈德鸿三人参加省书协组织的篆刻骨干班培训；组织赵曼生、周金福、楼品华、阮宝棠、何时明5人参加“浙江书法村”骨干培训；组织丁志标、许小丰、应旦红、张扬明、陈金彪、陈林旭、陈德鸿、金妙雄、金妙勇、金一初、钟国友、胡建阳、胡天华、黄豪杰、楼绛云等16位篆刻家和篆刻爱好者参加金华市首届篆刻展，16位作者的17个印屏全部入展，居金华市前茅。

【市摄影家协会】　组织会员参加4月23日由金华市摄影家协会、东阳日报社举办的“海天·城市花园杯”幸福暖心之家摄影大赛；8月31日市建筑业管理局、东阳市建筑业协会、东阳日报社举办“‘利越杯’东阳市建筑业系统”摄影比赛；4月10日至5月10日，市农业和农村工作办公室举办“美丽乡村”摄影比赛；5月24日，中国摄影报社、“美丽中国·浙江之旅”中国摄影报举办“走进东阳——花园站”影友联谊会；2月10日至7月10日，浙江省摄影家协会、东阳市人民政府等单位举办“美丽东阳”旅游摄影大赛；9月12日，中国摄影举办“走进东阳”影友擂台赛等摄影比赛。

【市美术家协会】　举办朱锦平、谢羽母女国画艺术展；蒋天耕在《美术报》开辟“大足翁画谭”专栏，在杭州举办个人展、刊出个人作品专集；协会多次组织会员赴北京、上海、苏州、杭州等地观看《知一知二之间》《黄宾虹原作精品展》展览；组织会员参加浙江省青年美展、“五水共治”作品展。

【音乐舞蹈协会】　举办金华市第十届青年歌手大赛东阳赛区选拔赛和金华市第三届少儿器乐大赛东阳赛区选拔赛。

【诗词楹联学会】　出版纪念学会成立二十周年《榴火舒丹》，编印《东阳诗联》一期，举办“九龙杯祝福迎春征联大奖赛”和“农商杯”诗词楹联征文大奖赛。

【湖溪镇文联】　湖溪镇文联举办首届“印象象田”葵花节摄影比赛。7月10日，湖溪镇文联就10月份举行的镇第四届文化艺术周工作进行部署。

【老年书画研究会】　出版《笔墨春秋》作品集一册，组织会员参加中国馆书画作品展、“纪念抗日战争胜利七十周年”书画展等活动。

【市观赏石协会】　在东阳日报社举办首届奇石公盘活动，组织会员参加昆明世界博览会，协会骨干胡永进、王志刚等人参加第十一届深圳国际文化产业博览交易会奇石交易分会活动。

（李　芬）

市残疾人联合会

【概况】　2015年，市残疾人联合会有基层残联19个。办理残疾人证1437本。支出决算2331.76万元，其中人员支出327.94万元，日常公用支出61.24万元，项目支出1942.58万元。盲人戚小慧被授予“金华市十大自强创业之星”称号，肢残人张坚伟获提名奖。胡永清代表浙江省参加第五届全国残疾人职业技能竞赛获网页设计项目第五名。肢残人张坚伟和楼利民获“东阳市道德模范”称号。

【残疾人基本服务状况和需求专项调查工作】　残疾人基本服务状况和需求专项调查工作于2014年12月8日准时投入入户调查，2015年3月31日完成专项调查入户、质量检查和验收、调查数据录入、抽样复录、上报等工作。核查持证残疾人15574人（在户15462人，不在户112人），入户调查率99.28%，《社区调查表》总调查项目记录差错率0%，《残疾人调查表封面》总调查项目记录差错率0%，各项指标符合上级要求。3月26日，通过电脑随机抽取1540份进行复录，复录差错率0.0063%，符合质量控制要求，调查数据全部上报国家数据库并通过审核。

【残疾人文化体育】 东阳籍7名残疾人运动员代表浙江参加在四川成都举行的全国第九届残运会，获三金三银、一铜、一个第五名的佳绩；创建中国狮子联会浙江艺都服务队，开展助残、敬老、关爱抗战老兵、制作少儿世界和平海报等公益服务活动；开展纪念抗战胜利70周年活动，为60名原国军健在的老兵送手杖60支，轮椅10辆，放大镜60枚、老花镜60副，现金慰问款3万元。承办金华市肢协工作会议，开展“养成健身习惯 享受健康生活”的主题活动。办好残联内部期刊《爱心自强》，指导肢残人协会出版残疾人励志事迹选《追梦人生》。

【残疾人助学就业创业】 落实各项助学政策，729名残疾学生、贫困残疾人家庭学生得到助学帮扶，发放助学资金72万元。残疾人大学生学费、住宿费全部免费。举办残疾人就业招聘会，28家企业到场招聘，200余名残疾人到场应聘，达成就业意向56人。拓宽就业渠道，新增残疾人就业156人。组织实施残疾人就业创业帮扶计划，扶持残疾人就业创业307人。落实残疾人个体户养老保险补助85人，补助资金203307元。做好残疾人就业保障金征收工作，在减免小微企业残疾人就业保障金同时，保障金征收数额比上年有所增加。组织残疾人开展职业技能培训，推荐残疾人参加地区省级技能培训，选送残疾人参加盲人按摩、盲人按摩医师资格考试。组织基层就业指导员参加清华大学就业指导员远程培训，通过考试取得结业证书。在东阳市残疾人服务中心开办电脑培训学校，常年为残疾人开展电脑培训。完成残疾人素质培训1035人次。

【残疾人康复服务】 完成白内障复明手术400例，完成残疾儿童抢救性康复82人（其中听力语言康复12人、脑瘫康复28人、智力康复19人、孤独症训练5人、肢体矫治手术1人、人工耳蜗康复2人、普及型辅助器具适配15人），完成验配助听器220例，助视器10例，配送轮椅80辆，完成无障碍设施进家庭项目辅助器具配置126户（其中无障碍设施改造44户）。完成盲人定向行走训练45人。举办关于“特殊儿童家庭康复教育”的知识培训，对127名家长进行授课培训。抓好残疾评定，调整充实来自全市各医院27名医学骨干组成的残疾评定专家组队伍，定期开展交流座谈。

图31 6月1日，市残联在康复中心5楼的市凝爱语言康复培训中心多功能室开展亲子活动，有80余名特殊儿童及其家长参加（孙振华/摄）

【精神病基本药物政府全额保障】 市残联、卫计、人力社保、民政、财政联合印发《关于做好精神残疾人服用基本抗精神病药物费用全额保障工作的通知》，决定7月1日开始对全市1700余名持证精神残疾人服用132种基本抗精神病药物费用实行全覆盖的政府全额保障。至年末，906名持证精神残疾人享受这优惠政策，政府全额保障金额102.5万元。

【残疾人扶持】 对571户从事种养业的残疾人家庭进行生产状况调查，为337户具有一定规模的种养户给予农资补助，补助化肥50.6吨，为两富指导员结对村送化肥18吨。完成脱贫任务450户。完成贫困残疾人安居工程56户，发放补助资金40.1万元，实施面积5421平方米。落实廉租房残疾人家庭6户。为38户残疾人贷款户贴息35.55万元；为40户残疾人家庭发放扶贫贷款40万元。巩固扶贫基地10家，通过金华市级基地复核1家、省级扶贫基地1家。基地安置残疾职工58人，带动辐射155户残疾人家庭从事种养业、服务业、加工业。在全市开展村、社区党支部结对扶贫活动，落实扶贫结对28户。为328名机动轮椅车车主发放燃油补贴85280元。调整无固定收入残疾人生活补贴标准,为 1571 名残疾人发放补贴 181.1 万元。

【残疾人共享小康工程】 残疾人托安养工程新增服务对象 342 人。至年末,工程实际服务对象 1679 人,其中居家安养 1360 人、机构托养 319 人,发放服务补助资金 931.4 万元。为 4 家“省级残疾人小康·阳光庇护中心”托养机构补助资金 65 万元。有 2163 名重度残疾人享受全额低保金(补助金),其中享受重残补助金 1346 人,发放救助资金(全额低保金和重残补助金的总金额)1075.8 万元。

(厉　蓉)

社会组织

【概况】 全市有各类社会团体 172 个,民办非企业 253 个,办理社会团体、民非单位成立登记 39 个,变更登记 29 个、换证 36 个。加强社会组织党建工作,举办东阳社会组织管理培训班;完成 386 家民办非企业单位、社会团体的 6000 余条信息输入“数字民政”。开展 2015 年度社会组织评估,8 家社会组织评定 AAAAA 的 2 家、AAAA 的 1 家、AAA 的 5 家,创建金华市社会工作示范基地 1 家。福彩公益金出资 40 万元,资助第二届公益创投项目 10 个;确定 23 家社会组织列入 2016 年承接政府转移职能推荐性目录。

制定《关于加快推进现代化社会组织建设,促进社会组织参与社会治理工作的实施意见》,开展社会组织规范化管理,参加年检的社会组织 377 个,其中民办非企业 217 个、社团 160 个。

【东阳市民办非企业单位年度检查】 对 2014 年 6 月 30 日前经市民政局核准登记的民办非企业单位分两批实施年度检查。

第一批合格民办非企业单位 72 个

东阳市康乐山庄
东阳市横店疗养院
中福在线东阳福彩销售中心
东阳市喜洋洋康乐中心
东阳市横店共创共有共富共享工作中心
东阳市画水养老中心
东阳市南市养老中心
东阳市虎鹿敬老院
东阳市六石街道敬老院
东阳市夕阳红乐园
东阳市花园老年公寓
东阳市曜地残疾人托安养所
东阳市南马中心敬老院
东阳市湖溪老年公寓
东阳市精神残疾人托养所
东阳市歌山镇王村光长寿敬老院
东阳市千祥镇养老中心
东阳市东阳江镇养老中心
东阳市城东街道养老中心
东阳市湖溪镇养老中心
东阳市横店养老中心
东阳市巍山镇养老中心
东阳市南市街道敬老院
东阳市东阳江茜畴老年公寓
东阳市社会组织服务中心
东阳市郭宅康乐院
东阳市马宅敬老院
中福在线东阳横店福彩销售中心
横店集团医院
东阳市花园田氏医院
东阳市癌症康复俱乐部
东阳广福医院
东阳市喜洋洋医院
东阳市亲和医院
东阳市昀辉堂中医门诊部
东阳医药中医门诊部
东阳市木雕研究设计院
东阳市木雕技术研究开发中心
东阳市香榧研究所
东阳市磁性材料科技创新服务中心
东阳市艺海木雕竹编研究院
东阳市楼艺木雕研究所
东阳市黄派木雕研究所
东阳市东式红木家具研究所
东阳市海峰艺术服装学校
东阳市东磁技能培训学校
东阳市李宅技能培训学校
东阳市军民电脑职业培训学校
东阳市伟峰服装职业培训学校
东阳市交通职业技能培训学校
东阳市联宜电机职业技能培训学校
东阳市普洛康裕职业技能培训学校
东阳市普洛医药科技职业技能培训学校
东阳市前程按摩职业培训学校
横店华夏文化园
浙江东阳海纳书画研究院
东阳市南风书画院
东阳市八华书画院
东阳横店万花园
东阳市画人书画院
东阳市江南美术馆
东阳市紫檀博物馆
东阳市明星书画院
东阳市黄花梨文化博物馆
东阳市岘南书画院
东阳市古艺家具木雕博物馆
东阳市张国维纪念馆
东阳市红栋红木家具珍藏馆
东阳市东白书院
横店圆明新园
东阳市横店街道天天青少年服务中心
东阳市纵横棋院

不合格民办非企业单位 1 个

东阳市横店书画院

基本合格民办非企业单位 2 个

东阳市蒋菊兰服装培训班
东阳市西子服装职业培训学校

申请注销民办非企业单位 5 个

东阳市双岘路家家乐居家养老服务照料中心

东阳市日升昌生物技术研究所
东阳市通达电脑职业培训学校
东阳市文化艺术服务中心
东阳市东新青少年体育俱乐部

注销民办非企业单位 2 个

横店文化娱乐中心
东阳横店文化科技研究院

第二批合格民办非企业单位 114 个

东阳市前程文化补习学校
东阳市黎明文化补习学校
东阳市金灿文化补习学校
东阳市奋进外语培训学校
东阳市维多利英语培训学校
东阳市会计培训学校
东阳市横店集团职工培训中心
东阳市外国语培训学校
东阳市海燕舞蹈艺术培训学校
东阳市横店集团幼儿园
东阳市吴宁金星幼儿园
东阳市吴宁蓓蕾幼儿园
东阳市吴宁苗苗幼儿园
东阳市吴宁上大路幼儿园
东阳市吴宁群乐幼儿园
东阳市吴宁解放幼儿园
东阳市野毛墩幼儿园
东阳市江北幼儿园
东阳市江北新联育蕾幼儿园
东阳市银河文化艺术培训学校
东阳市纯正英语培训中心
东阳市中天高级中学
东阳市奋进校外辅导站
东阳市博大幼儿园
东阳市正天文化补习学校
东阳市三木校外辅导站
东阳求是特色英语培训部
东阳市开开教育辅导站
东阳市春蕾学校
东阳市建工新村幼儿园
东阳市顺风高级中学
东阳市利民高级中学
东阳市人民高级中学
东阳市横店高级中学
东阳市花园职业技术学校
东阳市海峡艺术学校
东阳市康桥英语培训部
东阳市清塘幼儿园
东阳市育英文化补习学校
东阳市吴宁江滨幼儿园
东阳市横店镇星光幼儿园
东阳市横店镇童星幼儿园
东阳市东景阳光幼儿园
东阳市吴宁蓝天幼儿园
东阳市金盾保安培训学校
东阳市横店柏塔幼儿园
东阳市江北湖塘幼儿园
东阳市创才幼儿园
东阳市吴宁健康成长幼儿园
东阳市东方红教育辅导站
东阳市贝贝佳音幼儿园
东阳市江北中心幼儿园
东阳市京都东方幼儿园
东阳市京都明珠幼儿园
东阳市文潭写作培训部
东阳市雨露幼儿园
东阳市智慧树幼儿园
东阳市书画艺术培训学校
东阳市南市大田头幼儿园
东阳市吴宁杨家幼儿园
东阳市中天国际幼儿园
东阳市横店镇爱心学校
东阳市南马镇富国学校
东阳市江南名邸幼儿园
东阳市江北格林童话幼儿园
东阳市万博教育培训部
东阳市腾达文化培训中心
东阳市腾飞校外辅导站
东阳市巍山镇怀鲁幼儿园
东阳市横店下里市幼儿园
东阳市大风车幼儿园
东阳市画水凯乐幼儿园
东阳市西庄幼儿园
东阳市响亮幼儿园
东阳市千祥镇阳光幼儿园
东阳市阳光文化辅导站
东阳市爱科思幼儿园
东阳市喜洋洋幼儿园
东阳市时代花园幼儿园
东阳市望江幼儿园
东阳市千祥镇蓝天幼儿园
东阳市白云新庄幼儿园
东阳市江北山口幼儿园
东阳市快乐大巴幼儿园
东阳市红果果幼儿园
东阳市永远小学
东阳市晨阳学校
东阳市建澜小学
东阳市中天国际初级中学
东阳市中天国际小学
东阳市画水镇吴宅 1+1 幼儿园
东阳市江北佳佳幼儿园
东阳市成长幼儿园
东阳市兰亭书画艺术培训培训学校
东阳市煊乐幼儿园
东阳市横店镇博士帽幼儿园
东阳市绿贝儿幼儿园
东阳市画水镇新苗幼儿园
东阳市文博教育培训中心
东阳市横店镇小太阳幼儿园
东阳市万禾腾飞幼儿园
东阳市红黄蓝幼儿园
东阳市蒋桥头兴圆幼儿园
东阳市吴宁童乐幼儿园
东阳市启迪教育文化培训部
东阳市贝思德文化培训部
东阳市翰林写作培训部
东阳市黎明幼儿园
东阳市横店地平线影视培训中心
东阳市横店镇太阳城幼儿园
东阳市花园幼儿园
东阳市西门幼儿园
东阳市虎鹿镇小博士幼儿园
东阳市嘉依宝贝幼儿园

基本合格民办非企业单位 7 个

东阳市焕山幼儿园
东阳市木雕技术学校
东阳市迎晖学生校外辅导站
东阳市青少年假日活动中心
东阳市横店工业技术学校
浙江省横店航空体育运动培训学校
东阳市顶呱呱校外培训部

不合格民办非企业单位 14 个

东阳市蓝天文化补习学校

东阳市新蓝天文化补习学校
东阳市金桥文化补习学校
东阳市吴宁欢欢幼儿园
东阳市吴宁育宝幼儿园
东阳市吴宁育新苗幼儿园
东阳市吴宁南门幼儿园
东阳市灵通英语培训学校
东阳市韦斯特英语培训部
东阳市横店镇蓓蕾幼儿园
东阳市横店镇桥头园幼儿园
东阳市横店镇方家幼儿园
东阳东阳市横店贝贝巢幼儿园
市花园教育培训中心

【东阳市社会团体年度检查】 对 2014 年 6 月 30 日前经市民政局核准登记的社会团体实施年度检查。

合格社团 150 个

东阳市机动车驾驶员协会
横店经济发展促进会
东阳市影视旅游促进会
东阳市皮革行业协会
东阳市文化经营行业协会
东阳市美发美容协会
东阳市协税护税协会
东阳市农学会
东阳市总商会
东阳市教育学会
东阳市集邮协会
东阳市食品工业协会
东阳市民爆狩猎协会
东阳市消费者协会
东阳市个体劳动者协会
东阳市民营企业发展联合会
东阳市广告协会
东阳市节能协会
东阳市企业家协会
东阳市海外联谊会
东阳市个体卫生工作者协会
东阳市医学会
东阳市思想文化研究会
东阳市建筑业协会
东阳市书法家协会
东阳市作家协会
东阳市摄影家协会
东阳市音乐舞蹈家协会
东阳市美术家协会
东阳市农机协会
东阳市汽车维修行业协会
东阳市建材工业协会
东阳市退离休教育工作者协会
东阳市老年人协会
东阳市佛教协会
东阳市基督教三自爱国运动委员会
东阳市黄埔军校同学会
东阳市会计学会
东阳市木材行业协会
东阳市天主教爱国会
东阳市花卉协会
东阳市水果行业协会
东阳市磁性材料行业协会
东阳市劳动模范协会
东阳市老年人体育协会
东阳市护理学会
东阳市中医学会
东阳市诗词楹联学会
东阳市工艺美术行业协会
东阳市留学人员和家属联谊会
东阳市社会福利企业协会
东阳市横店社团经济企业联合会
东阳市质量协会
东阳市畜牧行业协会
东阳市茶叶行业协会
东阳市慈善总会
东阳市信息网络安全协会
东阳市蚕桑行业协会
东阳市种子产业协会
东阳市席草行业协会
东阳市政协之友联谊会
东阳市商标品牌协会
东阳市风景旅游业协会
东阳市商贸流通行业协会
东阳市药学会
东阳市水产行业协会
中国国际商会东阳市商会
东阳市老年书画研究会
东阳市粮食行业协会
东阳市香榧产业协会
东阳市台胞台属联谊会
东阳市城北工业新区商会
东阳市古民居保护协会
东阳市横店镇老年人协会
东阳市环境卫生协会
东阳市南市街道老年人协会
东阳市城东街道老年人协会
东阳市江北街道老年人协会
东阳市白云街道老年人协会
东阳市三单乡老年人协会
东阳市千祥镇老年人协会
东阳市马宅镇老年人协会
东阳市吴宁街道老年人协会
东阳市巍山镇老年人协会
东阳市六石街道老年人协会
东阳市画水镇老年人协会
东阳市吴宁商会
东阳市光彩事业促进会
东阳市歌山镇老年人协会
东阳市气排球协会
东阳市政协书画社
东阳市东阳江镇老年人协会
东阳市虎鹿镇老年人协会
东阳市广东从业商会
东阳市湖溪镇老年人协会
东阳市佐村镇老年人协会
东阳市南马镇老年人协会
东阳市卢宅历史文化研究会
东阳市钓鱼协会
东阳市抗癌协会
横店三农促进会
东阳市农民专业合作社联合会
东阳市婺剧促进会
东阳市观赏石协会
东阳市房地产业协会
东阳市上海商会
东阳市谱牒文化研究会
东阳市棋类促进会
东阳市志愿者协会
东阳温州商会
东阳市科技创新协会
东阳市红木家具协会
东阳市无党外知识分子联谊会

东阳市白云商会
东阳市旧货流通行业管理协会
东阳横店收藏家协会
东阳市表面工程协会
东阳人联谊总会
东阳市电动车行业协会
东阳市来料加工经纪人协会
横店文化产业联合会
东阳市企业信用促进会
东阳市针织行业协会
东阳市足球协会
东阳市网球协会
东阳市历史文化研究会
东阳市网络文化协会
东阳市仙游商会
东阳市农业生产资料流通协会
东阳市缝制机械协会
东阳市福建闽北商会
东阳市冬泳协会
东阳市萧山商会
东阳市反邪教协会
东阳市马宅商会
东阳市武术协会
东阳市新的社会阶层人士联谊会
东阳市磐安商会
东阳市农产品经纪人协会
东阳市义务工作者协会
横店影视产业协会
东阳市汽车摩托车运动协会
东阳市茶文化研究会
东阳市乒乓球协会
东阳市电工协会
东阳市体育舞蹈协会
东阳市信息产业协会
东阳市家政服务行业协会
东阳市保安技术行业协会
东阳市南马仿古门窗协会

申请注销社团 9 个

东阳市职工技术协会
东阳市服装行业协会
东阳市化工学会
东阳市青年传统工艺促进会
东阳市千祥药材种植协会
东阳市化工制药行业协会
东阳市机电行业协会
东阳市价格协会
东阳市档案学会

注销社会团体 1 个

东阳市税收管理协会

（周志伟）

2015"美丽东阳"旅游摄影大赛获奖作品

千古秦淮横店情 摄影／陈 华

法治 军事

市法制办

【行政复议】 2015年，收到行政复议申请34件，受理33件，不予受理1件，办结31件。已办结的31件案件中，决定维持15件(14件公开听证)、驳回5件、终止10件、撤销1件；有8件案件经过听证、调解，纠纷得以解决，申请人自愿撤回复议申请，撤回率26%，高于上年同期。经复议的案件无一被法院改判。行政复议案件分布领域比较集中，人力社保局12件；公安局9件；消防大队1件；市场监管局3件；南市街道2件；环保局、规划局、房管局、公共资源管理中心、国土局、吴宁街道、湖溪镇各1件。行政复议案件中不服行政处罚14件；不服行政确认11件；不服停工通知、限期拆除决定2件；不服行政许可、不服房屋登记、不服信息公开、责令履行职责各1件。

【行政诉讼】 2015年，应诉以市政府为被告的案件27件，败诉2件(被撤销国土颁证行政行为，历史遗留问题)。落实行政负责人出庭应诉制度，出庭率居金华市县市区第四位。

【法规监督】 对以市政府、市府办名义印发的34件规范性文件进行合法性审查，并上报上级政府及本级人大常委会。对1991年至2014年的全市328件规范性文件进行清理并予以公布。全文保留的行政规范性文件245件，全文废止的行政规范性文件76件，部分条款有效的行政规范性文件6件。组织各镇乡街道、机关各单位的执法人员专业法、综合法律知识培训276人次并组织考试。52个单位和部门落实法律顾问，比省政府的要求提早一年半时间完成法律顾问全覆盖。牵头建立行政败诉案件通报与责任追究制度、重大行政决策程序规定、政府法律顾问工作规则、行政处罚结果信息网上公开暂行办法等相关规定。组织3次府院联席会议和新行政诉讼法培训，落实7次常务会议学法。

【法治政府建设】 加强政府法制队伍建设，成立市府办下属的全额拨款事业单位东阳市法律服务中心，增加事业编制人员3人。清理行政审批前置环节，取消31项非行政许可审批事项。7月1日，行政处罚结果信息在东阳政务服务网上公开，至年末公开行政处罚信息11806条。市政府法律顾问人数从2人增加到5人。对78份行政合同进行监督管理。加强法治政府建设的考核机制，在述职述廉的同时坚持述法制度，把法治建设成效作为衡量各级领导工作实绩的重要内容。

(郭英子)

政法委

【服务中心工作】 开展重大事项的风险评估，围绕党委政府拟推进的中心工作、重点工程，落实各项风险评估工作。全年对20件重大事项，逐一开展评估，落实目录化管理。保障中心工作的顺利推进，围绕“五水共治”“三改一拆”等中心工作，政法机关充分履职，提供法律服务、法律保障、法理支撑。对治水拆违等中心工作中可能引发的矛盾纠纷，早排摸早疏导。打击各类阻碍中心工作推进、重点工程建设等违法犯罪行为，查处环境污染犯罪案件8件11人。参与“五水共治”，建立“河道警长制”，对全市158条河道管理实行包干分解，成立东阳江派出所水上执法中队，依法履行浙中第一大水库横锦水库的水面治安管理职责。主动推行“项目警官制”，将全市47个重点工程及重点建设项目均列入工作范围，严格按照“党政有呼，公安必应，项目推进到哪里，警务跟进到哪里”的要求，加强信息排摸、矛盾化解、治安保障工作，护航中心工作顺畅进行。

【帮扶经济企业】 依法打击各类影响市场公平竞争的违法犯罪，打击侵犯知识产权、侵害创业创新、企业内部人员挪用资金、职务侵占等危害企业发展的违法犯罪，批捕25人，起诉31人。组织政法干警开展大走访，开展法律帮扶，规模以上企业落实法律顾问制度。制定服务便利企业的政策，市政府国资参股成立东阳民间融资服务中心，政府出资3亿元专项资金设立转贷办，制定《民间资本管理办法》。政法机关围绕实体经济发展动向，分析梳理形成意见和建议，提供领导决策参阅（如检察院对多发的非法集资类案件进行专题调研，向党委政府发送金融检察白皮书；法院编发《民间借贷专刊》）。

【“百日维稳攻坚大会战”活动】 8月10日至11月20日，金华市委在全市范围内开展“百日维稳攻坚大会战”。开展各类社会风险排查化解管控专项工作，全市排查各类风险611件，逐一落实化解管控措施，化解85起，其余风险可控。做好重大矛盾纠纷和不稳定问题挂牌督办。对省级挂牌督办的横店红木家具中心、石材市场迁建工程等重大涉稳问题，落实市领导牵头化解。金华挂牌督办的24件突出涉稳信访问题，已化解11件、认定无理信访2件、继续稳控化解的11件。开展危爆物品、寄递物流专项清理整顿工作，逐一签订责任书，明确企业主体责任。公安机关制定《全面加强寄递企业管理实施意见》《寄递企业安全管理评估办法》，完善邮政局、公安局、交通运输局、国安局、市场监管局等单位的“联动、联控、联查”机制，做到对收寄物品100%“先验视、后封箱”、收寄物品100%通过X光机进行安检、物流寄递100%实名制。

开展治安乱点的专项排查，排查梳理社会治安重点地区和突出问题55个，其中基层组织软弱涣散村居41个、治安乱点区域14个。打击查处各类进京非访及利益诉求群体中有违法犯罪行为的重点人员。全年被通报进京非访4批4人次、处理各类非访人员12人、其中刑拘2人（对进京非访的千祥镇赵某以寻衅滋事罪判刑10个月、对聚众扰乱公共场所秩序的江北街道吴某采取刑事拘留措施）、行政拘留9人、训诫1人。

【稳控化解机制】 落实维稳信息零报告制度，化解各类利益集团“维稳”上访。围绕全市多发的中仑、中鸿等企业非法集资引发债权人集体上访，涉军、民师、出租车等特殊利益群体集体上访事件，建立一套有效的稳控化解机制。成立市非法集资案件处置领导小组及办公室，对中仑、中鸿等重点案件开展集中攻坚处置；建立企业金融风险预警监测体系，组织开展非法集资问题专项整治活动。做好情报信息收集及各类群体访的化解引导，确保不发生大规模集体越级上访及聚集闹事等不稳定事件。

【构建完善大调解工作体系】 指导成立物业纠纷调委会、南马仿古门窗协会调委会、打造老方工作室等个人品牌调解室、在江北试点规范化建设街道调解中心。全市建立各类调委会654个，其中镇乡街道调委会19个、村居调委会521个、企事业调委会98个、行业性专业性调委会12个、其他调委会4个，选任、聘任人民调解员3028人。

【创新维稳工作新模式】 推动律师参与维稳工作，通过组建律师顾问团、法律宣讲团、法律援助志愿者队伍，以担任法律顾问、参与信访接待，选派11名优秀律师在每月15日协助领导信访接待。开展送法进村、提供法律援助等形式，发挥律师队伍在参与维稳方面的正面引导作用。探索社会化力量参与信访工作新机制，筛选158名信访工作志愿者和8名信访监督员，通过第三方代理信访、参与化解信访难题、督办信访案件等途径，开展多元化信访化解工作机制试点，在全市推行初次信访事项10日内办结工作制度。完善维稳“三色预警”通报机制，对4个镇乡，1个机关部门发出黄色预警通报。

【基层社会治理信息化建设】 以网络技术信息为依托，推进“平安建设信息系统”与“网格化管理”两网有机融合，深化基层社会治理信息化建设。先后制定《关于创新基层社会治理的若干意见》《平安建设信息系统应用工作考核细则》《基层社会治理信息采集奖励标准》等规范制度。争取市财政支持每年224.6万元专项经费保障，进一步整合划分网格，全市划分网格1350个，配备网格员4000人。搭建市、镇乡二级社会治理信息处理平台。全市镇乡街道均在社会服务管理中心等建立信息平台，依托派出所、数字城管等信息平台整合组建；市级层面建立市社会治理信息处理中心，依托“8890便民服务平台”完成与“平安建设信息系统县乡平台”的融合对接。全市投入资金520余万元，配备平安通采集终端1500余台，开通固定PC账号780个，采集各类基础数据信息9000余条。

【制订修订村规民约(社区公约)】开展制订修订村规民约（社区公约）工作。采取将全市镇乡街道分片，抽调职能部门人员组建3个督导小组，推进工作的落实。全市346个村，43个社区均完成制订修订工作。

【社会治安防控体系建设】　全市建成可在线使用治安视频监控探头4622个，技防村420个，农村地区技防村探头总数达4000个以上；率先在全市198辆公交车、468辆出租车上安装动态视频监控；推广CK报警，用户9100余户。建设6个“多警联勤”综合型警务站，城区及重点镇乡部署15辆流动警务车，设立13个治安卡点，全市建成101个治安岗亭和108个停车棚。全市组建专职巡逻队员55支420人、义务巡逻队员609人。做好《2015～2017年社会治安防控体系建设实施意见》的制订推进工作。

【“平安东阳”创建】　政法部门召开“平安创建”部署会、评审条件培训会，系统“平安创建”部署会等会议，制订印发《“平安东阳”考评评审工作责任分工》、机关部门和镇乡街道《社会管理综合治理和平安建设工作考核办法》等规范文件，落实考核奖惩。8月，建立平安创建每月分析推进会制度，各平安办成员单位逐一汇报平安创建工作落实情况。落实每月平安创建模拟评分、督查暗访、工作约谈等工作机制，提升平安创建实效性。

开展“平安再融入，满意再提升”活动，加强平安宣传引导，提升“四率”（人民群众安全感满意率、平安建设群众知晓率、平安建设群众参与率、群众对党委、政府抓平安建设的满意率）；组织全市政法平安综治优秀新闻作品评选和金华政法系统平安微视大赛；开展平安浙江标志征集和平安“金点子”征集活动，采集上报“金点子”103条，并组织评选，发放奖金7300元；开展为期半年的平安集中宣传，投入20余万元专项经费，发放《致全市领导干部提升平安“四率”的公开信》《全民参与“平安东阳”建设倡议书》；制作“平安东阳”电视宣传片；开通运行“平安东阳”网站；开通10万台固定电话彩铃和电信LED、电视，广电有线电视用户平安创建开机广告；在东阳电视台、《东阳日报》上开辟平安法治专栏、专版；组织开展“平安四率”模拟测评，委托第三方开展测评。各镇乡街道、机关部门纷纷结合职责工作，利用各类宣传刊物、电视节目、网站、论坛、微博、微信公众号、流动警务车等宣传载体，开展“平安东阳”宣传。东阳市被省委、省政府命名为2015年度“平安市”，连续10年获“省级平安县市”称号。

【司法改革工作】　政法各部门推出一系列司法改革举措。公安局围绕完善向被害人、向犯罪嫌疑人及向社会公众司法公开三个方面，制定保障未成年犯罪嫌疑人权利、保障辩护律师侦查阶段权益、办案流程网上公开、推行告知制度，刑事案件回访制度，司法行政处罚结果网上公开等制度，开通“东阳公安”以及“东阳交警”微信公众号(dyjjwx)，打造“微服务”“指尖政务”平台。检察院设立案件管理中心接待大厅、控告申诉接待室，并开通升级门户网站和官方微博、微信。法院制定《阳光司法工作要点及分工方案》，强化立案信息公开、推进庭审录像、开通“12368”司法服务热线、规范裁判文书上网等。建立“一站式”执行服务大厅、执行指挥中心平台，完善执行信息查询系统，推开网络司法拍卖工作。

【执法监督】　在政法各部门组织开展案件日常评查工作，评查案件11847件。组织开展刑事和解案件的专项执法检查，对梳理出的497件各类刑事和解案件逐件核查，对其中17件瑕疵案件落实整改。会同市人大常委会开展对司法机关的系列专项监督活动，推动规范执法。重点围绕防止冤假错案33项制度贯彻落实情况开展专项执法检查，通过采取听取工作汇报、案件抽查、召开干警座谈会、问卷调查、检查讯问录音录像、召开刑辩律师座谈会、个别约谈等多种形式开展专项检查，并针对性的制定《执法过错责任追究若干规定》《羁押必要性审查实施办法》《案件审核审批规定》等进一步防止冤假错案的制度办法。

【公共法律服务体系建设】　完善政府、村(社区)、企业法律顾问体系，畅通群众利益协调、权益保障法律渠道。全市19个镇乡街道，33个执法机关，390个村（社区）均实现法律顾问全覆盖。在东阳电视台开播《东阳老娘舅》《生活与法》两档法治栏目，升级改版东阳法治网，设立微信公众号“东阳点点点法”（微信号：dydddf）。开展“法律援助在身边”等活动，深化法律援助窗口和法律援助工作站建设，办理法律援助案件709件，挽回经济损失近241万元。推动法律服务志愿者队伍建设，发展律师、公证员、基层法律服务工作者、人民调解员队伍，为群众提供多样化的法律服务。

【组建法律顾问团】 聘请5～7名法律专家担任市政府法律顾问，组建法律顾问团，为市政府提供法律服务。市政府法制办公室具体负责法律顾问的日常联络和组织协调等工作，定期听取法律顾问的工作意见、建议，为法律顾问履行职责提供服务，加强对全市法律顾问工作的指导。法律顾问团参与政府法制理论的研讨和重要规范性文件的合法性审查工作；参与市政府重大行政复议案件、疑难信访案件的研究讨论以及市政府行政复议、诉讼案件的应诉工作协助市政府处理重大涉法事件，起草有关法律文书或法律意见书；受市政府委托，参加重大项目的谈判、合同和协议的签订等工作；对涉及全市的社会公共事件提出法律意见和建议；参加市政府常务会议并就相关议题提出法律意见；办理市政府交办或委托的其他法律事务。

【防范和打击邪教】 将5月设为反邪教宣传月，通过电视台黄金时段播放反邪教动画片、警示片200余次；发放《法治反邪 依法治邪》宣传资料1000余份；联合市妇联开展送技能送反邪教知识进家庭活动。整合乡村各类文化建设资源力量，将反邪教警示教育内容纳入农村文化礼堂建设中。强化基层基础建设，建立市、镇、村三级层次分明的反邪教宣传阵地示范点。建立反邪教警示教育室，发挥“小手牵大手”作用，形成学生带动家长、家长带动社会的良好局面。建立帮教攻坚小组，一对一教育转化邪教骨干分子，同时政法部门对邪教组织始终保持高压态势，有效阻止邪教组织的发展蔓延。

【国家安全工作】 完善基层组织网络建设工作，成立市镇乡街道国家安全小组18个，各村、重点涉外企业有国家安全联络员115人。做好基础调研及数据采集工作，全市非政府组织及各类社团241个，赴境外留学人员及工作人员18000余人，三资企业207家(其中2015年新增66家，注销45家)，境外驻东阳代表处70余家，东阳籍台胞在台湾2.5万余人，常驻东阳市辖区的境外人员133人。把国家安全人民防线工作与综治工作有效结合，在信息搜集、基础调研、配合国家安全机关开展专项工作等方面形成良好报送机制。

(贾芸芸)

公　安

【概况】 2015年，东阳市公安局调度出警111469起，应急联动5648起，编辑《每日社情动态》241期、《维稳信息专报》51期。侦破刑事案件9977起，抓获作案人员2655人、逃犯526人；10起命案34起“五类恶性案件”全破，破案率继续保持100%。侦破经济犯罪案件76起，抓获作案成员100人，移送起诉79人13个单位，挽回经济损失147972.4万元。侦破毒品犯罪案件29起，缴获各类毒品9560.02克，查处吸贩毒违法犯罪嫌疑人356人。侦破食品药品环境犯罪案件17起，移送起诉42人。查处治安案件8526起3466人次，调解处理4627起，治安处罚3394人，行政拘留1833人；化解不安定因素8起和“三改一拆”矛盾纠纷90起；参与处置“中鸿”“皮卡王”等企业债权人群访事件180起和其他10人以上群访事件145起、50人以上群访事件49起、100人以上群访事件18起；完成“横店万花园”开园等大型安全保卫8次、警卫6次。处理交通事故158起，造成死亡78人，伤114人，直接经济损失49.36万元；查处饮酒驾驶2285人、醉酒驾驶525人，移送起诉134人。办结信访111件，打击处理非正常上访人15人，其中刑事拘留1人、行政拘留14人。办理出国境申请55057人，登记境外人员7928人，查处涉外案件10起，遣送出境23人，移送起诉组织他人偷越国边境犯罪嫌疑人3人。

年内，东阳市公安局被评为全省公安机关立案突出问题专项治理工作成绩突出集体、2015年度全省公安信访考核县级优秀单位、2015年度全省公安机关执法质量达标单位、2015年度金华市综治(平安、维稳)工作先进集体、金华市公安机关“打四黑除四害”专项行动先进集体、金华市公安机关“百城禁毒会战”专项行动先进集体、2015年度东阳市打假治劣和打击传销工作先进单位、2015年度东阳市食品安全工作先进集体、2015年度东阳市治堵保畅工作先进集体、2015年度东阳市“三改一拆”和“无违建”创建工作先进单位、2015年度东阳市“8890”诉求办理工作先进单位，受到公安部表彰的先进集体1个、先进个人1人，被评为全省优秀公安基层单位1个、其他省级先进集体3个，全省优秀人民警

图 32　9 月 11 日，市委书记黄敏（前排中）到市公安局调研指导工作

察 2 人、其他省级先进个人 9 人，金华市优秀基层单位 2 个、其他金华市级先进集体 8 个，金华市优秀人民警察 4 人、其他金华市级先进个人 23 人，立集体二等功 2 个、个人二等功 3 人，集体三等功 3 个、个人三等功 18 人。

【刑事侦查】 侦破刑事案件 9977 起，其中侦破年内案件 5419 起、年前案件 4535 起、外省区市案件 23 起。抓获作案人员 2655 人、逃犯 526 人。发生命案 10 起、“五类恶性案件”34 起，命案和“五类恶性案件”（爆炸、强奸、绑架、放火为、劫持）的破案率继续保持 100%。

从 2014 年 12 月 21 日起，开展为期一年的“利剑 2015”专项行动。打击处理侵财犯罪嫌疑人 1114 人，侦破 5 人 10 起以上犯罪团伙 6 个，破获系列性、团伙案件 250 个，侦破入户盗窃案件 483 起，“两抢”（抢夺、抢劫）案件 58 起，“两抢”案件破案率 84.1%。指纹、DNA 比中 986 起，归案数 822 人，归案率 83%。老库逃犯 195 人，追逃 105 人，归案率 53.6%。年内逃犯 426 人，归案数 289 人，归案率 67.7%。抓获外省逃犯 132 人。金华督办案件 16 起破 10 起，破案率 62.5%（其中省部督办案件 1 起）。5 月，开展防范通讯（网络）诈骗宣传活动，培训由金融业职员参加的防范通讯（网络）诈骗知识培训 1900 余人。全年打击 3 人以上通讯（网络）诈骗团伙 4 个，破案 131 起，刑事拘留 65 人，追回赃款 249.8 万元，预防通讯（网络）诈骗案件 74 起，合计金额 124.47 万元。9 月，实验室建成，12 月初投入使用。勘查各类案件现场 5845 起、尸体现场 412 起。提取指纹 1538 起，提取率 26.31%；提取足迹 1854 起，提取率 31.72%；提取 DNA1699 起，提取率 19.07%。制作各类检验报告、鉴定书 695 份。查询人员信息 121874 人次。串并案 93 串 547 起，其中合成作战 53 串 267 起。登记出城车辆 94261 辆，查获各类违法犯罪嫌疑人 43 人，其中刑事拘留 22 人、逃犯 4 人、吸毒 17 人。

【打黑除恶工作】 制定《打击整治农村黑恶势力专项行动实施方案》，将农村黑恶势力列入打黑除恶工作重点。2 月 28 日，召开打黑除恶推进会，把打黑除恶工作任务落实到各实战单位。截至 12 月 20 日，摧毁恶势力团伙 18 个，其中金华市公安局认定恶势力团伙 14.2 个、黑社会性质组织 1 个，查破王某某寻衅滋事案，吕某某、骆某某等敲诈勒索案等黑恶案件 376 起，抓获团伙成员 149 人。

【现场勘查新机制落实】 10 月 13 日，金华市公安机关落实“一长四必”现场勘查新机制现场会在东阳市公安局召开。会议介绍东阳市落实“一长四必”现场勘查新机制和信息综合应用的做法。自 2012 年 7 月起，市公安局投入资金 1600 余万元，先后建成全省首家净化标准 DNA 实验室、省二级标准法医学人体损伤检验室、公安部二级标准尸体检验中心、物证室、理化实验室，购置现场勘查车 8 辆和生物检材发现仪、502 熏显柜等一批先进设备，技术民警 28 人、文职 27 人。先后建立吴宁、白云、横店、巍山 4 个刑事案件现场勘查协作区，增建南马刑事案件现场勘查协作区。8 月，将吴宁、白云两个重点协作区合并成立公安局刑事科学技术室城区分室，实现资源整合。从 2014 年 1 月起，现场勘查从原“15 类案件”逐步延伸至“治安类”“经侦类”“食药环保类”“国保类”“特殊交通事故类”。2012～2015 年，累计勘查现场 19817 起，指纹比中案件 1578 起，DNA 比中案件 1382 起，串并案件 289 串 1393 起，归案 2233 人。

【市中医院驻看守所门诊部启用】 8 月 11 日，市中医院驻看守所门诊部挂牌运行，设有内外科、B 超等 7 个科室，使用面积 260 平方米，配备视频监控与安全防护设施，实现对违法犯罪嫌疑人员收监(拘留所)前“五项健康检查”和一般疾病诊疗等监所医疗社会化。截至12月，例行“五项健康检查”违法犯罪嫌疑人963人次、拒收2人次（不符合收押健康条件）、诊疗105人次、住院治疗1人次。

【经济犯罪侦查】 侦破经济犯罪案件76起，抓获作案成员100人，移送起诉79人13个单位，挽回经济损失147972.4万元。4月，开展打击利用离岸公司和地下钱庄转移赃款专项行动，打掉地下钱庄团伙3个，刑事强制措施11人。立案侦查非法吸收公众存款案13起，案值33.19亿元。8月3日，抽调干警40余人，参加市非法集资案件处置领导小组办公室，对“中仑”“皮卡王”“中鸿”等非法集资案件的资产、债务进行核查和处置工作。2014年12月21日至2015年12月20日间，发起打假集群战役2起，破获制假案件45起，刑事强制措施25人，移送起诉26起，缴获假币45万余元。抓获金融领域违法犯罪上网逃犯20人。

【禁毒】 开展“利剑2015”专项行动，侦破毒品犯罪案件29起，打击毒品犯罪54人，公安部目标案件立2起破3起，省目标案件立3起破2起，抓获毒品违法犯罪嫌疑人356人，缴获各类毒品9560.02克，强制隔离戒毒88人。2014年10月1日至2015年3月31日、4月1日至6月30日，分别开展为期6个月的“百城禁毒会战”和为期3个月的“网络扫毒专项行动”，打击毒品犯罪人员114人（其中网络扫毒专项行动22人），查处吸毒347人（其中网络扫毒专项行动66人），强制隔离戒毒53人，破获公安部目标案件3起、省级目标案件2起，缴获毒品4218克，获“百城禁毒会战”金华市一类地区第二名、“网络扫毒专项行动”金华市一类地区第一名。市公安局禁毒大队被评为全省公安机关百城禁毒会战成绩突出集体。截至12月20日，全市在册吸毒505人，其中年内发现、收治、帮教吸毒222人，社区戒毒107人、康复48人；列入一级管控3人，二级管控75人，三级管控427人。查处非法种植毒品原植物2人，铲除罂粟240株。

开展禁毒宣传，3月19日，由浙江省禁毒办和横店影视城共同发起的“拒绝毒品·从我做起”禁毒系列宣传活动在横店举行，新华社、中央电视台、中新网、中新社视频、人民公安报、中国网、浙江卫视等20余家新闻媒体记者到场采访。

【食品药品环境犯罪侦查】 搜集上报食品药品环境类基础资料200余条，侦破食品药品环境犯罪案件17起、移送起诉42人。其中食品类移送起诉8人，破获省公安厅督办案件1起；药品类移送起诉16人，破获公安部督办案件

图33 3月19日，横店“拒绝毒品·从我做起”主题签名活动（蔡旦卡／摄）

2起并发起全国集群战役1起，破获省以上网络案件及入选省级成功案例1起；环境类移送起诉18人，破获省公安厅督办案件1起并发起全国集群战役。3月24日、4月1日，先后捣毁武汉“中国嘉艺纹绣”“杭州嘉艺纹绣公司”假药制售基地，抓获犯罪嫌疑人6人，缴获“三纹修复液”“上色辅助液（眉、唇）”“强效无痛舒缓液”“薰衣草修复冰晶”等假药一批。5月28日，摧毁藏匿在江苏无锡惠山区制售假药窝点1个，抓获犯罪嫌疑人3人，收缴“强力男宝”等成品、半成品假药一批。

【治安管理】 查处治安案件8526起3466人次，其中调解处理4627起，治安处罚3394人，行政拘留1833人（其中并处罚款298人）。2014年12月21日至2015年12月20日，开展“打四黑除四害”（打击“赌”“黄”“危害食品药品安全”“危害环境”）专项行动。期间，移送起诉“涉赌”犯罪嫌疑人215人（开设赌场124人、赌博91人），破获金华市公安局督办案件4起；移送起诉“涉黄”犯罪嫌疑人127人（组织强迫卖淫28人、协助组织卖淫43人、引诱容留介绍卖淫42人、其他14人），破获省公安厅督办案件4起、金华市公安局督办案件3起、“百年案件”1起，被评为金华市“黄”“赌”整治专项行动考评成绩第一名。化解不安定因素8起和“三改一拆”矛盾纠纷90起。完成“横店万花园”开园等大型安全保卫8次、警卫6次。4月，对全市33家电子游戏经营场所开展集中整治，查处涉赌8家，刑事拘留18人，行政处罚136人，收缴电子游戏机497台。6月12日，落实散装汽油购销管控，39座散装汽油销售网点安装散装汽油销售治安管理信息系统，实行散装汽油“实名购买、实情登记、实时传输、实时比对”。把全市61座加油站（含高速4座）基本信息纳入“一点通”警务管理系统。8月，对涉爆、剧毒物品、放射源等单位实施地毯式安全检查，发现隐患106处，印发整改通知书32份；培训化学品专管员、从业人员201人，参加金华市公安局民爆“三大员”再教育再培训161人。10月，对全市危爆物品寄递物流进行排查整治，整改安全隐患32起。1月1日起，市中心城区取消烟花爆竹有限开禁，全年实施“双禁”（禁止销售、禁止燃放），截至12月20日，查处违反“双禁”案件21起，其中行政罚款20人、行政拘留1人。

【开展缉枪治爆专项行动】 4月22日至11月30日，开展缉枪治爆专项行动。期间，张贴收缴枪支爆炸物品《通告》1000份、印发宣传资料2000份；检查和登记涉枪涉爆人员信息；检测猎枪118支，报废12支、修理15支；收缴气枪25支、仿真枪43支、其他枪支4支，炮弹2枚、军用子弹164发、气枪子弹5066发、其他子弹38发，雷管211枚、炸药1600克，危险化学品硝酸钾1瓶、氯酸钾6千克，管制刀具285把、弩9把；查处刑事案件4起5人、治安案件47起46人。市公安局获金华市“缉枪治爆”专项行动考核成绩第二名。

【实施爆破作业4G视频监管模式】 1月，东阳市实施民爆工程作业4G视频监管模式，装备4G移动视频监控设备3套、探头6个、汽车3辆。实行爆破工程项目、爆破作业合同双备案。规定爆破作业时间、作业名单提前1天向辖区公安派出所报告并接受公安派出所核查；参加作业的“四员”应分色着装（爆破员着橘红色、技术员着暗红色、安全员着深蓝色、保管员着湖蓝色服装），按照5条“铁规”作业，并全程录像；爆破作业完成后5天内，将4G视频监控内存卡送市公安局治安部门审查。截至12月，全市爆破项目与合同备案63个，爆破作业1105次，使用炸药1750吨、雷管35万枚、导爆管30万米，纠正作业违规6例，“四员”作业到位率、爆破作业“一全三零”效果（爆破现场监管全覆盖、爆破器材零差错、爆炸物品零流失、爆破工程零事故）达100%。10月29日，金华市公安机关爆破作业4G视频监管暨横店镇社会治安防控工作现场会在市公安局横店派出所召开，推广东阳市爆破作业4G视频监管模式，该项目被金华市公安局评为2015年度“五化三治”建设优秀项目。

【制定《东阳市公安局应急卡点工作规定》】 9月21日，按照“警务工作实战化”和严密暴恐、杀人、爆炸、绑架、劫持等重特大刑事案件的堵控网络的要求，制定《东阳市公安局应急卡点工作规定》，在域内设置应急卡点22个，其中金华市级卡点2个、市级卡点20个；责任单位36个、责任领导36人，责任人110人；对“3类”应急案件，实行“扁平指挥，快速反应，整体联动，合成作战”，上卡巡查堵截。

【“多警联勤”警务站投入运行】 8月7日，按照“整合织密城区防控网格，实行警种职能融合作战”的思路，组建由公安派出所、巡特警、交警、出租车治安管理等多警种组成的昆溪、客运南站、东站、西站、红十字、节庆广场6个“多警联勤”警务站并投入运行。“多警联勤”警务站由原城区部分治安岗亭整合而成，设站长1人，值勤民警保持2人以上，除出租车管理全天候服务外，每天8～23时承担接警处警、治安检查、交通管理、巡查防控、法制宣传、便民服务等工作。

图34　9月21日，市公安局交警大队民警在吴宁一校给学生分发《平安伴你成长》儿童版交通安全宣传册

【推行“项目警官制”】 1月，按照“党政有呼，公安必应，项目推进到哪里，警务跟进到哪里”的要求，推行重点工程“项目警官制”，实行局领导、派出所一把手、责任区民警三级负责制，每月进行一次项目风险评估、半月进行一次项目走访。全市列入“项目警官制”47个，成立项目警务联络室9个，走访项目单位296家次，召开警企恳谈会48次，指导防范工作102次，上门办证、送证335人（次），开展法制教育15场（次），化解不稳定因素8起（占不稳定因素总数的80%），消除治安隐患35处。

【道路交通安全管理】 处理交通事故158起，造成死亡78人，伤114人，直接经济损失49.36万元。侦破致人死亡逃逸案件9起，破案率100%。处理轻微逃逸事故1120起，处罚127人，赔偿调解9189起。交警全警上路整治道路交通违法11.3万起，公路违法行为、公路重点违法行为、城市重点违法行为现场查处比例分别达40.39%、85.11%和88.15%。驾驶人再教育7915人，其中违章记分满12分4120人，事故责任人218人，A、B证审验学习3577人。汽车上牌29494辆，摩托车上牌1530辆，办理驾驶证业务59216人次，二手车过户10423辆，流动服务站便民服务62957人次，电动车防盗登记1623辆。4月15日，开展以严查道路隐患、施工道路、施工路段动态监管和严治酒驾、超员、超速为主要内容的预防道路交通事故的“三查三治”专项行动，严守事故防控底线。截至12月20日，查处饮酒驾驶2285人，醉酒驾驶525人，移送起诉134人，禁酒驾工作名列金华前茅；治理省级事故多发路段1处、市级事故多发路段7处，监管学生接送车37辆；查处、纠正各类交通违法案件66.2万余起、十大类交通陋习15.9万起、轻微逃逸事故1120起，行政处罚127人，捣毁“买分卖分”窝点3个，行政拘留“黄牛”11人。7月1日，推出“行吧－交通事故快处”平台，支持微信和支付宝支付方式，快速处理轻微交通事故赔偿1382起。10月，推出汽车驾驶证考试网上预约服务，全年参加科目一考试学员39934人，合格36363人，合格率91.06%；科目二考试学员75487人，合格53912人，合格率71.42%；科目三考试学员66924人，合格52761人，合格率78.84%；科目四安全文明理论考试学员47372人，合格41367人，合格率87.32%。

【治堵保畅工作】 2014年12月21日起，会同财政、交通、建设和相关街道办事处联合开展治堵保畅工作。3月，将人民路（环城北路至南市路）、中山路（环城北路至吴宁西路）列入治堵保畅重点道路，实行严管措施，机动车和非机动车守法率、行人守法率分别达90%和80%。4月，制定《治理城市交通秩序工作方案》，5月推出“7+1”网格化勤务模式，实行集“定点指挥疏导、流动巡逻管控、快速接处警、妥善应对突发事件”于一体的网格化动态巡逻防控交通管理警务机制。8月，组织开展“六个一”系列宣传活动（“一次摄影比赛”“一本画册”“一部微电影”“一段场景秀”“一封公开信”“一份出行指引”），征集到社会各界道路交通管理题材摄影作品200余幅，向社会印发“交警风采”3000册、《致全体驾驶员朋友一封公开信》4万份、《摩托车驾驶人安全出行指引》5000份，制作微信场景秀《红绿灯下铸忠诚》、微电影《一线之间》，宣传人数分别达1万人次和3万余人次。9月，商城东西路实行机动车单向行驶。年度投入新建和改造智能交通设施资金1200万元，全市交通信号灯增至182个、高清视频监控121个、智能卡口21个、电子警察203组。6～12月，非现场处罚月均下降2万余起。获2015年度金华市治堵保畅考核成绩第一名。

【出入境管理】 办理出国境申请55057人，其中出国23020人，港澳旅游、商务、探亲16444人次，台湾旅游、探亲、商务1465人次。受理港澳再次签注14128人次，台湾居民签注延期、居留50人次，自助取证3772本次。登记境外人员7928人次，其中外国人4641人次，台湾居民2109人次，港澳居民1113人次，华侨65人次。查处涉外案件10起，行政拘留7人、罚款12人、遣送出境23人，移送起诉组织他人偷越国边境犯罪嫌疑人3人。

【"一点通"警务管理系统建设】 3月，成立"一点通"警务管理系统建设办公室，开展采集终端、二维码数量汇总、警务区划界、系统推送信息整改等前期准备工作。4月，印发《东阳市公安局"一点通"警务管理系统考核办法（试行）》和《"一点通"警务管理系统采集规范补充说明》，举办3期由派出所领导、责任(社)区民警参加的"一点通"警务管理系统电脑端、手机端应用培训。"一点通"警务管理系统建设办公室成员到各派出所进行业务指导，全年分三次推进，印发工作通报8期。截至12月20日，全局配发"一点通"手机终端913台，其中民警750台、协警163台，上线率达90%以上，采集实有人口1223043人，入户率80.11%；流动人口实地采集94922人，采集率90.79%；境外人员采集7928人次，采集率100%；出租建筑张贴二维码21467张，张贴率79.46%；重点单位张贴553张，张贴率100%。

【流动高危人口、关注群体管控工作】 4月1日，开展流动高危人口管控工作，确定吴宁派出所为管控试点培育单位，探索"传统+科技"管控方式和建立流动高危人口信息流转、查证、反馈等管理制度。至12月20日，全市在册流动高危人口3452人，年内撤管1058人，新列管794人，管控率16%。登记在册关注群体成人81人、儿童25人，实时核查流动人口关注群体782人。对流动人口关注群体实行"人来登记、人走注销"制度。

【治安监控建设】 新增城区治安视频监控探头215个、道路交通管理探头183个、出租车视频监控426辆、天网二号350个点。全市在线治安视频监控探头达4764个、技防村达509个合计探头12140个。东阳市成为金华市第一个完成公交车（198辆）、出租车（426辆）治安视频监控安装工作的县市。

【派出所案件管理室建设】 分类推进派出所案件管理室建设。9月，吴宁、横店、江北、巍山、南马5个派出所完成案件管理室标准化建设，其他12个派出所腾出案件管理室专用场所，配备专用电脑、打印机、智能案件材料保管柜，实施《案件管理室管理使用规定》。

【巡逻防控反恐工作】 将城区13个巡区扩大至15个巡区（新增江北山口、白云五马塘巡区），实施屯警街面、多点驻勤、动中备勤等多模式常态化巡逻和"重点部位1分钟、中心城区3分钟、其他城区5分钟"的应急快速反应。累计参加武装巡逻6500余人次、900余车次，处置街面突发事件8起、涉刀案件2起，盘查可疑人员16.56万余人次，抓获违法犯罪嫌疑人247人，其中"两抢"人员4人、逃犯4人。8月1～2日，抓获企图制造恐怖案事件4人，其中新疆涉恐逃犯3人（1人为制爆专家）。

【"8890"便民服务工作】 2月，公安局成立由政治委员王立平为组长、副政治委员张勤为副组长，办公室、政治处、纪委、督察、指挥中心、法制、信访等部门负责人为成员的"8890"便民服务工作领导小组，按照"谁主管、谁负责，谁办理、谁答复""首办责任制"的原则，优化服务，严格履职，把"8890"便民服务作为立警为公、执法为民的重点工作来抓。市"8890"服务平台交办事项792件次，办结702件次，按时办结数700件，按时办结率99.72%，满意数量702件，满意率100%。

【户籍管理十二项便民服务措施落实】 2月，落实户籍管理十二项便民服务措施。至年末，网上办理户口迁移2412件，预约上门服务8人次，发放临时居民身份证14831张，其中派出所制发临时居民身份证13722张，提供省内就近补领居民身份证便利

14 张，邮政快递居民身份证6527 张。

【开展“从严治警落实年”活动】 1 月，制定《关于落实党风廉政建设党委主体责任和纪委监督责任的实施意见（试行）》，开展“从严治警落实年”活动。组织班子成员、中层干部、全体民警观看《逾越底线的代价》警示片和《作风建设永远在路上》专题片；系统学习中共十八大精神、习近平系列重要讲话和有关警纪警规文件，开展纪律作风整改、“三严三实”“守纪律、讲规矩、听指挥”“秉公执法、人民公安为人民”“信仰法治、守护公正”等主题教育；增设人脸、指纹识别考勤机 4 台，在 19 个办案区安装值岗检测系统；试行《内部环境管理标准》，建造吴宁派出所“书香警营”、佐村派出所“生态警营”、刑侦大队“走廊文化”等警营文化品牌；组织专项检查 47 次、各类督察 112 次，个人重大事项报告 66 人次，排摸往来借贷、投资、担保 75 人，编发检查通报 26 期、督察通报 38 期，纠正违反因私出国境管理制度规定 61 人、违反作息时间、警容风纪规定 48 人次，纠正警情反馈等问题 60 个；受到轻微违规违纪记分 1039 人次，提醒谈话 10 人次、诫勉谈话 2 人次、约谈中层领导 12 人，党内警告处分 1 人、行政警告处分 3 人，追究执法过错责任 17 人，辞退协警 2 人。

【华孝龙、张洁因公牺牲】 12 月 22 日，马宅派出所副所长华孝龙驾驶浙 G0807 警车与同所内勤民警张洁到千祥镇办事，回所途经下陈村路段时，因车辆失控撞上护栏。华孝龙、张洁经抢救无效，分别于 22 日、28 日殉职。华孝龙，男，1983 年 4 月 9 日生，江北街道华店村人，大学本科文化，2009 年 4 月入党，2005 年 10 月参加公安工作，一级警司警衔。张洁，女，1984 年 7 月 30 日生，家住吴宁街道迎晖社区，大学本科文化，2011 年 10 月参加公安工作，二级警司警衔。

【“阿里山”网络贩毒案】 2014 年 11 月 25 日，在侦查“2014·8·16”网络贩卖毒品案中发现 QQ 网名“阿里山”网络贩毒团伙，12 月 10 日立案侦查。2015 年 5 月 27 日，此案被公安部禁毒局列入“2015-122”号公安部目标案件，指示浙、鲁两省联合开展侦查。查获涉毒违法犯罪嫌疑人 80 余人，其中刑事强制措施 20 余人，缴获涉案车辆 2 辆，毒品 3.5 千克。经查明，该团伙利用 QQ、微信、支付宝等互联网平台，通过百世汇通、圆通、申通等快递，销往浙江、广东、陕西、山东、辽宁等 20 余个省市，交易冰毒达 30 千克、金额 300 余万元。9 月 28 日，市公安局主侦的 6 名犯罪嫌疑人被移送金华市人民检察院审查起诉。

【系列跨省入户盗窃案】 8 月 5 日，东阳市公安局接到明珠广场一居民报案称，居室内 7500 元现金和五条金项链、两个金戒指、一副金耳环、一块翡翠玉坠等物被窃。此案作案手段、盗窃目标与 6 月 16 日、7 月 22 日市鑫园国际、时代雅居等小区发生的盗窃案相似，决定予以串并侦查。8 月 6 日 12 时 16 分，侦查人员在市名都华庭小区抓获 2 名犯罪嫌疑人，当场缴获现金、贵重物品等赃款赃物折合人民币 168300 元。经查，2 名犯罪嫌疑人先后驾驶闽 D1611Q、闽 D56K55 轿车，8 月 3 日 19 时许窜入市明珠广场、8 月 4 日 9 时许窜入市时代雅居、8 月 4 日晚窜入诸暨市福田花园小区、8 月 5 日窜入诸暨市滨江华都小区、8 月 6 日 9 时许窜入市名都华庭小区，由一犯罪嫌疑人望风，一犯罪嫌疑人使用技术开锁手段潜入受害人居室共盗窃作案 13 起，窃得现金、金器、手机、笔记本电脑等贵重物品计价 80 余万元。11 月 2 日，2 名犯罪嫌疑人被移送东阳市人民检察院审查起诉。

【系列撬盗保险柜案】 5 月 21 日，公安局接到江北街道山口北鹿西街一厂主报案称：工厂办公室保险柜被撬，100 余元现金和监控主机被窃。公安局当即决定列入串并侦查，经过信息研判、重点人员管控、多警种合成作战，7 月 14 日，4 名撬盗保险柜犯罪团伙和 2 名掩饰隐瞒犯罪所得犯罪嫌疑人落入法网。经查明，4 名撬盗保险柜犯罪嫌疑人，在 4 月 28 日至 7 月 10 日间，先后流窜义乌、东阳、金东等地使用翻越围墙、攀爬落水管、撬门等手段进入企业办公室撬盗保险柜 30 余起，涉案价值 30 余万元，并将部分赃物以低价销售给 2 名掩饰隐瞒犯罪所得犯罪嫌疑人。10 月 10 日，6 名犯罪嫌疑人被移送东阳市人民检察院审查起诉。

【挪用资金案】 2015 年 4 月 13 日，公安局接到中天集团关于港资援建绵阳市级医院灾后重建项目执行经理挪用资金的报案，2015 年 4 月 20 日，市公安局立案侦查，2015 年 5 月 29 日，将挪用资金犯罪嫌疑人抓获。经查明，该犯罪嫌疑人在 2011 年 5 月至 8 月间，利用职务之便，挪用项目工程款 439.88 万元，用于个人其他经营活动;2011 年 6~8 月，采用伪造印章、假发票等手段，侵占项目工程款 531 余万元。2015 年 8 月 26 日，该犯罪嫌疑人被移送市人民检察院审查起诉。

【生产销售假药案】 2014 年 12 月 2 日，公安局在工作中发现杭州、武汉等地制售“三纹修复液”等假药犯罪团伙，2014 年 12 月 29 日立案侦查，2015 年 3 月 24 日、4 月 1 日，分别在杭州、东阳、武汉市江汉区、广州市白云区等地开展收网行动，6 名犯罪嫌疑人落网，捣毁武汉“中国嘉艺纹绣”“杭州嘉艺纹绣公司”制售假药基地，缴获“三纹修复液”“上色辅助液（眉、唇）”“强效无痛舒缓液”“薰衣草修复冰晶”等假药一批。由于案值巨大、涉案面广，8 月 25 日，此案被公安部列入 2015 年第 46 号打假集群战役，由全国 17 个省公安机关参加核查犯罪线索。经查，该犯罪团伙没有国药准字号、卫生许可证、生产许可证的批文和营业执照，以武汉市江汉区天竺里 20 号 702 室为加工点，制造虚假国药准字号、卫字号、卫生许可证号、药品性能、“JIA YI”商标、“嘉艺纹绣”图案及销售商“广州嘉艺纹饰用品公司”，用针剂甲硝唑、丁卡因粉剂等原料制作“三纹修复液”“上色辅助液(眉、唇固色剂)”“强效无痛舒缓液”“薰衣草修复冰晶”“EGF 冻干粉”“眉宝”“唇宝”等假药，销往全国 17 个省市、浙江 16 个县市，销售总额 1100 余万元，其中“杭州嘉艺纹绣公司”加盟店、眉客户人数达 4544 人。7 月 14 日，6 名犯罪嫌疑人被移送市人民检察院审查起诉。该案被评为 2015 年度金华市十大典型案件。

（方胜天　徐志琴）

消　防

【概况】 2015 年，东阳市消防大队接警出动 1107 次，其中抢险救援 240 次，火警 847 次，社会救助 20 起，出动车辆 3085 辆次，警力 17652 人次，抢救 233 人，疏散 87 人，保护财产价值 7048.9 万元。开展火灾隐患排查整治工作，检查单位 3085 家次，发现火灾隐患或违法行为 2635 处，整改火灾隐患或违法行为 2612 处，印发责令改正通知书 2448 份，印发行政处罚决定书 174 份，印发临时查封决定书 8 份，责令“三停”65 家，罚款 136.31 万元，拘留 2 人。成功处置“1·1”白云观色相框厂火灾事件、“3·24”画水镇浙江固德塑胶有限公司火灾事件、“4·21”九龙公馆脚手架火灾事件、“10·1”歌山镇上蒋村 1 号厂房火灾事件。

【消防安全管理】 2015 年，落实《浙江省消防技术规范难点问题操作技术指南》组织建设工程消防监督质量检查，提高建设工程消防审验和备案抽查质量。每月 9 日“消防服务日”活动，并将“消防检查日”工作开展情况纳入年度消防安全目标责任制考核内容，与各行业主管部门、镇乡街道签订消防工作目标责任书；重点单位实行“户籍化”管理。

【消防宣传】 落实宣传“七进”工作与日常消防监督检查、灭火演练“六熟悉”等使人人成为消防宣传的宣传员，辅导员。协助东阳电视台对于消防工作的专题采访。加大社会面消防宣传工作，大队消防志愿者队伍积极参与消防宣传各项工作。

【消防安全检查】 1 月 14 日，市委副书记、市长朱建军率队深入企业、宾馆开展安全生产大整治消防安全检查;1 月 22 日下午，副市长毕伟文带领市安监局、市烟草局、市供电局、市消防大队等部门到劳动密集型企业开展消防安全检查;2 月 6 日上午，副市长蒋银生带领市安监局、市教育局、市卫生局、市消防大队等部门对全市安全生产工作进行春节期间消防安全专项督导;6 月 3 日下午，市委副书记、市长朱建军率市委办公室、市公安局、市安监局、市

图 35　11 月 9 日，南马镇政府在“119 消防宣传月”举办志愿消防队业务技能比武竞赛活动，并给仿古门窗、南湖、双溪等 6 支志愿消防队授牌

场监管局、市消防大队等部门开展安全生产专项检查；12 月 11 日上午，副市长蒋令树带领市安监局、市场监管局、市供电局、市消防大队等部门对全市劳动密集型企业开展消防安全大检查。

（应志登）

检 察

【概况】 2015 年，东阳市人民检察院有科局处室 17 个，在编人员 95 人，其中检察员 53 人，助理检察员 17 人。公诉科、民行科被金华市检察院记集体三等功，7 名干警被金华市检察院记个人三等功。

【刑事检察】 受理审查逮捕案件 1216 件 1599 人，批准逮捕 1302 人，受理审查起诉案件 1970 件 2680 人，提起公诉 2394 人。其中，批捕故意杀人、强奸、绑架、聚众斗殴等严重恶性暴力犯罪 53 人，起诉 44 人；批捕“两抢一盗”、诈骗等多发性侵财犯罪 762 人，起诉 1015 人；批捕涉“黄赌毒”犯罪 213 人，起诉 436 人。打击严重破坏市场经济秩序犯罪，批捕 74 人，起诉 109 人；打击侵犯知识产权等危害企业发展的刑事犯罪，批捕 27 人，起诉 39 人；批捕非法集资等重大涉众型经济犯罪 30 人，起诉 28 人（单位），涉案金额达 40 余亿元；办理污染环境犯罪案件 8 件 10 人，批捕拒不支付劳动报酬、生产销售假药、有毒有害食品等犯罪 8 人；成立未成年人刑事检察科，落实“少捕慎诉少监禁”工作要求，不捕 15 人，不起诉 19 人，起诉案件经建议被判处轻缓刑 23 人；定期开展法制宣传教育，2 份课件（《青青校园 与法同行》《拒绝校园暴力 营造和谐校园》）在上级院组织的法制教育精品课件评比中分别获一、三等奖。对犯罪情节轻微、悔罪态度较好的初犯、偶犯、过失犯和老年人等依法宽缓处理，不捕 174 人，不起诉 235 人，72 件轻微案件的当事人达成和解。

【职务犯罪侦查】 加大惩治职务犯罪力度，反贪部门查办贪污贿赂案件 16 件 19 人（含上级院交办 2 件 2 人），其中要案 6 人，大案比例为 100%，涉案金额 100 万元以上案件 7 件 7 人；反渎部门查办渎职侵权犯罪案件 9 件 13 人，其中现职要案 1 人，“受贿渎职双料案”2 件 2 人；监所检察部门查办刑罚执行监管领域职务犯罪案件 1 件 2 人。通过办案追缴赃款 400 余万元，挽回经济损失 1300 余万元。查办发生在群众身边、损害群众切身利益的职务犯罪，分别在生猪检验检疫领域和病害猪无害化处理财政补贴环节查处窝串案 4 件 5 人和 3 件 6 人，查办城市污水处理和农村截污纳管建设领域职务犯罪案件 3 件 3 人。突出查办大案要案，其中查处科级以上干部 7 人，涉案金额百万元以上案件 4 件 7 人。新设立侦查技术室，开展身心监护、心理测试、话单分析、电子数据提取和恢复等工作，增强发现固定证据和突破疑难案件的能力。

【职务犯罪预防】 开展预防职务犯罪警示教育活动 15 次，法制讲座 11 场，提供行贿犯罪档案查询 1604 次。推进侦防一体化，对案件开展同步预防，提出防范对策，其中中国移动金华分公司就该院提出的加强对“一把手”监管制定相应的规章制度。对“东阳二中”迁建工程进行项目化管理，与主管单位联合制定《在项目建设中共同开展预防职务违法违纪工作的意见》。

【法律监督】 加强对刑事诉讼活动的监督，依法监督公安机关立案 21 人、撤案 9 人、纠正漏捕 13 人、漏诉 32 人。立案监督和纠正漏捕、漏诉案件中，判处三年以上有期徒刑的 14 人，其中 2 人被判处十年以上有期徒刑。加强对审判活动的监督，对认为确有错误的裁判，提出刑事抗诉 3

图 36　8 月 27 日，参加全省检察机关刑检办案区建设现场推进会的人员，参观市检察院刑事检察办案工作区（包康轩　黄保平 / 摄）

件，法院已改判1件；提请民事抗诉16件，发出再审检察建议5件，法院已改判或调解结案17件。强化社会危险性和羁押必要性审查，对48名无继续羁押必要的轻微刑事犯罪嫌疑人变更强制措施。加强对刑罚执行的监督，纠正判决刑期计算错误5人次。开展虚假诉讼专项监督，被依法追究刑事责任5人，办理的方某等人虚假诉讼提请抗诉系列案获评全省精品民行监督案件。依法履行行政检察监督职能，对办案中发现的东阳市《横锦水库饮用水水源保护办法》部分规定与上位法相抵触的问题，在全省率先对行政规范性文件开展监督，政府法制部门采纳检察建议对相关条款依照法定程序予以清理废止。

【推进检察改革】 推行客观性证据审查模式，主动适应以审判为中心的诉讼制度改革，依法排除非法证据25份，对证据不足或不构成犯罪的依法不捕62人，不起诉39人。推进涉法涉诉信访改革，按照诉访分离要求审查分流、归口办理，妥善办理各类信访290件，开展检察长接待、下访巡访36次。做好检察机关提起公益诉讼改革的前期工作，针对环境民事公益诉讼的主体资格、受案范围、起诉方式、程序设置等核心问题开展专题调研，调研报告被《东阳政研》刊发推广。

市检察院创新性地将检察基础设施建设和司法规范化建设相结合，在全省率先建成布局合理、功能完善、管理科学、运行规范的刑事检察办案区，并研发远程视频提审讯问、远程视频公诉出庭指挥等信息化办案系统。全年省内外20余家政法单位专程到该院学习取经，《检察日报》、新华网等中央媒体多次进行宣传报道。省检察院先后两次转发该院工作经验，并专门在东阳市召开全省刑事检察办案区建设现场推进会，制定由市检察院代为起草的《浙江省检察机关刑事检察办案区建设指导意见》，向全省推广“东阳模式”。该创新工作被省检察院评为年度创新成果。

【“阳光检察”建设】 深入实施“阳光检察”，推进检务公开，依托“人民检察院案件信息公开网”发布案件程序信息2762件，法律文书1704份，重大案件信息20条，公开数量居全省第三位。实行不起诉案件公开宣告，开展公开审查工作，联合市司法局制定《关于民事行政申请监督案件检调对接工作试行办法》，将人民调解引入案件公开审查程序。对交通肇事、故意伤害（轻伤）、危险驾驶等常见类型案件制定规范性文件，明确相对不起诉的适用条件、标准和程序，增强司法透明度。注重新媒体平台运用，开通官方网站、微博和微信，丰富检务宣传的形式和内容。

【检察队伍建设】 深化导师辅导和辅岗训练制度，实行单列式管理、个性化培育、重压式锤炼。受辅导干警和辅岗人员办结审查起诉案件289件，占案件总数的15%。定期开展实战论辩、庭审观摩、微讲坛、新进干警接访实训等活动，提升检察干警法庭辩论、释法说理、临场应变等业务能力和群众工作水平。围绕执法办案过程中的典型、疑难案件，举办检察文化沙龙开展实务研讨，提高年轻干警审查案件、把握证据、适用法律和分析问题的实务能力。

（王　蓉）

法　院

【概况】 2015年，东阳法院内设12个业务部门、4个综合部门，下辖巍山、南马、横店三个人民法庭。全院行政编制166人，实有138人；事业编制19人，实有17人。35周岁以下干警98人，占比63.23%。全年新收各类案件27664件，结案26646件，收结案均居全省第七，比上年分别上升22.85%和18.92%。法官人均结

图37　1月26日，东阳法院院长鲍大兵接受全省阳光司法优秀法院奖牌

案数达395.05件，居全省第1位。主要办案质量、效率、效果指标继续位居金华市各基层法院前列，综合成绩位列金华市法院系统第一；连续三年获全国“在司法新闻、司法理论宣传工作中做出突出成绩的人民法院”称号；在中国社科院对全省105家法院开展的阳光司法指数测评中取得全省第六名的佳绩。全年二审改发瑕疵案件1件，领先全省法院。

【刑事审判】 5月1日施行立案登记制后，登记立案11623件，比上年增长15.10%，当场立案率达96%。新收刑事案件1741件，审结1730件，比上年分别下降4.65%和6.13%，惩处犯罪分子2133人，其中判处五年以上有期徒刑114人，占比5.34%。打击故意杀人、强奸、抢劫、绑架、贩毒、聚众斗殴、寻衅滋事等严重刑事犯罪和盗窃、抢夺等多发性严重危害社会治安的刑事犯罪，审结案件1059件、1431人。从快审结危险驾驶、交通肇事、重大责任事故等危害公共安全犯罪案件453件、456人。审结非法吸收公众存款、合同诈骗等破坏市场经济秩序犯罪案件40件、94人。审结贪污、受贿、挪用公款、玩忽职守、滥用职权等职务犯罪案件8件、10人。对498名犯罪较轻、认罪悔罪态度好的被告人判处缓刑、管制、单处罚金等非监禁刑。为355名没钱请律师、可能被判处三年以上有期徒刑的被告人，通知法律援助机构指派律师出庭辩护，三年以上辩护率97.72%。落实刑诉法强制医疗诉讼制度，对3名不负刑事责任、具有继续危害社会可能的精神病人决定强制医疗。

【民商事审判】 新收民商事案件16448件，审结15708件，比上年分别上升28.56%和23.65%，解决争议标的额128.21亿元。办案注重协调化解和裁判示范，民商事案件调解撤诉率达52.92%，审结婚姻家庭、遗产继承纠纷等案件863件。依法促进房地产市场健康发展，审结房地产、建设工程纠纷等案件265件。依法保障金融和经济交易安全，审结买卖、民间借贷、金融借款、保险纠纷等案件11538件，全年民间借贷纠纷案件收案8189件，比上年上升38.33%。加强知识产权司法保护力度，审结著作权、商标权等知识产权案件228件。开展涉外商事审判工作，平等保护中外当事人合法权益，审结涉外、涉港澳台商事案件20件。

【行政审判】 新收行政诉讼案件89件，审结76件，比上年分别上升78%和49%，其中行政机关败诉的有14件，和解、撤诉的有11件。受理审查非诉行政案件334件，执毕129件，解决争议标的额1449万元。先后两次邀请省高院行政审判资深法官为市人大、市政协、公安局、行政执法局等单位及全市100余名镇乡街道负责人进行授课，组织50余名行政执法人员旁听案件6起。落实府院联席会议常态化机制，召开联席会议3次。连续5年发布行政审判白皮书，推动法治政府建设。

【执行工作】 新收各类执行收案9012件，执结8755件，实际执结率为42.67%，到位执行款7.28亿元。对拒不履行裁判义务的被执行人采取司法拘留措施405人次，移送公安机关立案侦查13件15人。发挥网上“点对点”查控优势，查询存款49961件次，查询房产、车辆7900件次，省内外实施冻结、扣划9000件次。强化执行联动，实行全天候24小时备勤机制，实施网络布控1057件次，成功布控被执行人224人。向交警、巡特警大队移交车辆协控手续176件，协控被执行人11人、车辆21辆，有效破解法院“单打独斗”、查扣车辆难等问题。全年接到群众举报后出警1038次，查控被执行人376人，借此执毕和部分执毕案件271件，到位标的额达2270万元。与市房管局、工商银行东阳支行、东阳农商银行联合搭建网拍按揭贷款平台，通过该平台成功拍卖16处房产，为买受人融资4273万元。公布4931名失信人员名单，完善信用惩戒机制。

【司法为民】 完善涉民生案件“绿色通道”和快速处理机制，审结农村土地承包等涉农案件29件，审结追索劳动报酬等劳资纠纷案件390件。加强刑事附带民事案件的调解工作，调解率达64.41%，兑现标的额达317.18万元。开展涉民生案件专项执行活动，执结赡养费、抚养费等涉民生案件397件，到位执行款924万元。加强对弱势群体司法保护和救助力度，为14名困难当事人缓减免诉讼费66.87万元，为41名刑事被害人、申请执行人等发放司法救助金30.22万元。优化便民利民举措，运行12368诉讼服务平台，向当事人发送案件信息77317条，处理司法服务热线2108条，热线接通率98.87%，办结8890便民服务平台交办事项6件。推开网络司法拍卖工作，网拍率达100%，网拍成交额达3.15亿元，为当事人节省佣金1340万元。完善法律服务体系，成立市法律援助中心人民法院工作站，建立专职律师值班制度。建立律师服务平台，拓宽司法服务渠道。推进涉诉信访机制改革，落实中层干部每日接访制度，接待群众来访265批（次）516人（次），接收来信317件。

【服务专项工作】 落实助力“五水共治”工作的实施意见，审结污染环境罪2件2人。依法助推东阳市“三改一拆”工作，推进国土领域案件的“裁执分离”机制，审查并裁定准予执行涉“三改一拆”非诉行政案件116件。参与非法集资案件处置工作，选派4名干警进入处非办工作。落实市委市府部署的各项维稳工作和重点工作，制定处置突发事件应急预案。严防管制刀具、违禁物品带入审判办公区，减少安全隐患。向党政机关和有关单位提出司法建议14件。强化司法宣传，增强公民法律意识，刊发各类法制宣传报道71篇。深化外地籍被告人缓刑适用，与司法部门共同推进社区矫正和帮教工作。

【司法改革】 推进信息化建设，创新公开机制，与东阳市两家主流网络媒体“东阳发布”（微信号dongyangfabu）、“东阳城市网”（www.dycsw.cn）达成审执信息公开发布合作计划，在网站首页和微信公众号中，设置审执信息公开板块，建立审执信息常态化发布机制。12月7日，东阳市法院首次通过两家网络媒体发布失信人员名单和司法网拍信息，一天阅读量4万余次。推进“互联网+审判”改革，推广网上案款缴退费系统，支持当事人通过网上银行、手机银行等便捷渠道缴纳诉讼费。完成诉讼档案电子化加工利用，建立远程电子档案查询系统，方便当事人异地网上查阅案卷。推进庭审记录改革，以录音录像代替书记员庭审记录，适用案件5018件，适用率72.75%。依托东阳市人民陪审员协会，为每名陪审员建立个人档案，对陪审员进行考核督促。全年人民陪审员参审案件3166件，普通程序陪审率达99.8%，继续保持全省前列。举办“公众开放日”活动，完善新闻发布制度，向社会及时传递法院工作开展情况。

【司法队伍建设】 汇编《部门规范操作手册》，规范办案流程。制定《效能问责实施细则》，实现司法巡查常态化，对审务管理中存在的问题予以通报，全年开展司法巡查39次，下发通报20期。开展廉政警示教育活动，组织干警学习《廉政自律准则》和《纪律处分条例》。落实“廉政约谈”制度，完善廉政风险防控体系。督促落实干警个人重大事项报告和拒礼拒贿登记，落实各部门每周庭务会学习计划，组织开展新法新规专题学习。举办“法苑漫谈”活动，组建青年法官微信群，搭建开放性业务交流学习平台。举办速录技能比赛，开展聘用人员系列教育活动，提高聘用人员的工作能力和职业素质。狠抓案件质量评查，提升审判质效，评查案件21458件，下发评查通报9期。

（何　秧）

司法行政

【公共法律服务体系】 推进覆盖城乡的公共法律服务体系建设，完善市、镇、村三级公共法律服务实体平台，打造“一站式”公共法律服务平台，市司法局被省司法厅评为三星级司法行政法律服务中心。镇级以司法所和365便民服务中心为依托，在全市19个镇乡街道全面建立公共法律服务站。村级在389个行政村（社区）悬挂张贴统一制作的公共法律服务联系牌，打通群众公共法律服务诉求渠道。加快推进公共法律服务网络平台建设，开设“东阳点点点法”微信公众号，借助“东阳市十佳青年律师”评选平台，扩大知名度和影响力。派驻律师进驻“8890”、法院、看守所接受咨询服务；在东阳电视台开播两档民生法制栏目《东阳老

图38　10月23日，《东阳老娘舅》《生活与法》两档栏目开播

娘舅》《生活与法》，其中《东阳老娘舅》通过电视民生调解与司法行政工作相结合的方式，开展预防矛盾、化解纠纷、宣传法律政策等工作，《生活与法》栏目通过模拟情景剧的形式来展现生活中的法治案例。

【基层司法所建设】 全市直属司法所19家。规范化星级司法所创建活动，其中吴宁所创建为省五星级司法所，佐村所创建为省三星级司法所，横店所复评省四星级司法所。组织司法所所长参加省、金华市局培训13人次，赴金华、台州、杭州等地考察25人次，局本级组织人民调解员培训100余人次，各街道镇乡组织辖区内人民调解员培训1806人次。

【人民调解】 推进行业性专业性调解组织建设，指导成立物业纠纷调委会、南马仿古门窗协会调委会。着力培育调解工作品牌，在横店打造老方工作室个人品牌调解室，建立各类调委会654个，其中镇乡街道调委会19个、村居调委会521个、企事业调委会98个、行业性专业性调委会12个、其他调委会4个。各级各类调解组织选任、聘任人民调解员3028人，其中专职调解员233人，高中以上文化程度的占68.6%。制定《2015年度司法所考核细则》，统一制作司法所管理制度、司法所职责等上墙内容。推进人民调解、行政调解、司法调解相互衔接配合，与检察院联合制定《关于民事行政申请监督案件检调对接工作的试行办法》，制定《东阳市人民调解指导中心调解工作协调衔接机制》，形成预防为主、预调结合、案结事毕的调解工作机制。

各级人民调解委员会（不包括行业性专业性调委会）受理矛盾纠纷3931起，成功调处3916起，调处成功率99.62%，行业性专业性调解委员会受理矛盾纠纷13840起，成功调处12135起；调处成功率87.68 %。

【社区矫正】 开展社区矫正清理清查专项行动，重点清理清查全市社区矫正工作中存在的突出问题和薄弱环节，排查社区服刑人员脱管漏管虚管情况。接受市人大开展“依法履职、公正执法”专项监督活动，重点对规范执法、严格执法、廉洁执法情况进行自查自纠并及时进行整改落实。开展社区服刑人员捕前身份专项调查工作并建立长效工作机制，开展特赦工作，做到不错放一人，也不漏赦一人。在外出人员相对集中的西安、广州依托当地东阳党组织分别成立社区矫正工作站。建立全市社会志愿者人才库，志愿者1519人，深化入矫、违规纠错、警示、解矫“四项教育”，全年开展集中教育36期1244人次。强化矫正执法力量，配备执法大队副大队长1人，指挥中心管理员1人，4名司法助理员充实到基层司法所，选派培养6名三级心理咨询师。规范社区矫正执法和日常工作行为，细化外出事由，制定用人单位协助监管协议书，印发《2015年度社区矫正工作、特殊人群管控考核办法》，推进社区矫正信息化建设，有效运用社区矫正信息化管理平台开展常态化信息核查工作，全面应用再犯罪风险评估系统，开展教育矫正和帮困扶助活动，加大“司法e通”制度建设、推广和管理使用力度。

2015年，增加社区服刑人员429人，减少社区矫正服刑人员540人。在册社区服刑人员588人，其中被判处管制15人、缓刑492人(其中6人被宣告禁止令)、假释66人、暂予监外执行15人。办理审前社会调查案件84件，办理居住地变更执行33件，委托对保外就医社区服刑人员进行医学鉴定9件，给予社区服刑人员警告处分220人次，经裁定撤销缓刑2件;经决定收监执行2件。

【金华市首家社区矫正工作协会在东阳成立】 东阳市社区矫正工作协会于8月14日成立，是由热心于社区矫正工作的企事业单位、社会团体、个人自愿结成的地方性、专业性、非营利性社会组织，是金华地区首家社区矫正工作协会。协会发展首批会员106

图39 8月14日，东阳市社区矫正工作协会成立

人，其中单位会员16家、个人会员90人，涵盖学校、医院、律师事务所、公证处、企业、社会公益组织、司法行政系统等多个领域。

【安置帮教】 完善归正人员二级核对制度，实现百分百建档；建立10个安置帮教基地，解决归正人员就业问题，落实重点帮教人员衔接工作，衔接率100%。开辟刑释解教人员就业、劳动技能培训绿色通道，落实普惠政策和社会保险政策。对特困矫正人员给予经济救助，发放困难补助金10700元。全年接收刑释解教人员608人，归正人员2005人，当年重新犯罪0人。加强监地衔接，在十里丰监狱开展超前帮教活动，与浙江省第五监狱签订联合帮教协议书。

【法制宣传】 邀请专家或政府职能部门进行授课，使政府常务会议每月学法常态化。组织开展"三下乡"便民服务、"法在心中""学习宪法、遵法守法""依法信访、共筑和谐"等各类法治宣传活动，拓展普法宣传阵地，在市区10个繁华路口设置法制宣传栏，升级改版东阳法治网，加强新兴媒体的普法功能，利用微信公众号"东阳点点点法"，开展法制宣传和法律服务。召开全市"六五"普法依法治理领导小组（扩大）会议，审议通过年度工作要点、宣传教育实施意见、"六五"普法验收方案等普治文件，调整"六五"普法依法治市领导小组，重新制定市"六五"普法依法治市领导小组成员单位职责，加强对全市普治工作的领导。印发《2015年度镇乡街道、机关部门单位普法依法治理工作考核细则》，健全考评机制，加强年度普治工作考核。按人均不低于0.6元标准列入财政预算，落实经费保障机制。

【基层民主法治建设】 对制定村规民约社区公约进行指导并开展督查，起草东阳市村规民约社区公约样本，并下发各镇乡街道。在全市各行政村（社区）开展农村优秀法制宣传栏评比，评选出50个优秀法制宣传栏。指导南马镇花园村创建"全国民主法治示范村"，实现国家级"民主法治村"零的突破。11月，马宅镇七秩塘村、千祥镇甘棠村等6家创建单位被命名为金华级"民主法治村"，全市有国家级民主法治村1家，省级9家，金华市级61家。

【东阳市首个"全国民主法治示范村"】 3月25日，南马镇花园村等779个村（社区）被司法部、民政部命名为第六批"全国民主法治示范村（社区）"。南马镇花园村是东阳市首个国家级"民主法治村"。

【法律服务】 全市律师事务所17家、法律服务所6家，132名律师、47名法律服务工作者，东阳市政府聘请常年法律顾问4人。全市18个镇乡街道，33个执法机关全面建立法律顾问制度，农村（社区）法律顾问覆盖面达100%；在规模以上企业全面推行法律顾问制度，规模以上企业法律顾问的覆盖面提升至52.24%。邀请省律协刑事专业委员会主任、杭州市律师协会副会长徐宗新给广大律师进行授课；部署开展"十佳青年律师"评选活动，指导法律服务所完成合伙制改制工作，完成对111名律师的年检注册、45名基层法律服务工作者的执业注册和公证处、6名公证员的年度考核，处理投诉案件3件。选派11名优秀律师在每月15日市级领导信访接待日开展随访活动，引导群众合理表达诉求、依法维权。

【"百名律师进百企"活动】 联合市"两新"工委、市经信局在全市律师和法律服务工作者中开展"百名律师进百企"活动。全市131名律师，48名法律服务工作者为492家企业提供免费法律服务。提供法律咨询2232人次，开展法治宣传教育活动46场次，开展企业"法律体检"95家，帮助修订、完善制度、合同、协议等264个，办理法律援助6件，提供法律意见和

图40 7月16日，开展百名律师进百企动员会

建议131条,协助处理信访问题5起,参与调解矛盾纠纷20起,处理其他涉法事务17件。

【法律援助及"148"法律服务专线】 开展法律援助宣传,"法律援助在身边",法律援助进军营、进社区、进学校、进敬老院,"3·15"法律咨询等系列活动。开通农民工讨薪绿色通道,对残疾人、低保户、未成年人等特殊群体实行"零门槛"援助。2015年受理农民工讨薪案件231件,涉案金额256余万元。深化法律援助窗口和法律援助工作站建设,新建法院法律援助工作站,加强对各类法律援助站、联系点的指导和管理。健全完善法律援助质量监管体系,综合运用庭审旁听、案件评查、受援人回访等手段履行监管职责,做好法律援助案件质量评估工作,与永康、义乌等兄弟县市开展案卷质量交叉检查,提高法律援助质量水平。健全完善法律援助保障体系,在《东阳市法律援助经费使用管理办法》的基础上细化经费使用规则,保障专款专用。组织开展法律援助优秀集体和优秀工作者评选表彰活动、法律援助优秀案例评选活动。全年中心接待群众来电来访4495人次,办理法律援助案件937件(其中刑事案件642件,民事案件295件),分流人民调解案件341起,派发公证文书9053份。

【市法律援助中心看守所工作站和法院工作站成立】 11月25日,市法律援助中心在看守所设立工作站,保障在押人员获得及时、必要的法律援助服务,解决部分困难在押人员"请不起律师、打不起官司"的问题;在法院设立工作站,为前来办事的群众提供免费法律咨询服务,引导其采取正确的维权途径。12月,市法律援助中心定期安排执业经验丰富的律师到工作站值班,做好法律援助对象接待和登记工作。

【公证】 2015年,公证处有工作人员20人,其中公证员7人。全年办结公证事项7954件,其中民事公证3619件、经济公证1285件、涉外公证3050件,业务收费446万元。开展"走进公证、走进农村"的下乡服务,配合相关部门办理好民间借贷相关公证;购置配备屏幕录像专家;严格把关质量,进行案卷内部自查和公证处之间的案卷互查。

(单倩倩)

军 事

【概况】 10月,接受南京军区大规模作战准备暨人民武装动员工作考核获全军区第一名。11月,全市专武干部、民兵营连长参加军分区比武考核,获营连长集体第一名、个人第一名,专武干部个人第一名。

【思想政治建设】 始终坚持把思想政治建设放在各项工作首位,坚持以上率下持续用力,成立学习教育整顿活动领导小组,建立考勤考核制度,部长政委组织授课,党委会专题议教,党委委员带头参加讨论、带头查找问题。全程抓好践行强军目标、做新一代革命军人主题教育、"三严三实"专题教育活动,进一步强化干部职工以强烈的政治自觉和责任意识投入到军队改革和各项工作中去,不断提高党性觉悟和战斗精神。

【军事斗争准备】 调整布建应急、支援、储备三类的基干民兵队伍。按照"沿路保交、倚山防火、遇江抢险、城市维稳"格局,采取分训、轮训、合训、联训等方法,统筹抓好训练时间、人员、内容、效果落实。全年开展"三个现地"对抗训练,先后组织8次、1580余人在横店国防科技园集中训练。坚持落实首长机关带专武干部、民兵骨干合训制度,采取基础技能集中训、专业技能针对训方法,推动提升随时随地应急应战能力,全年完成首长机关按纲施训、专武干部集训、民兵训练及防汛抗台演练、森林灭火、参建共建等活动,受到军区、省军区、军分区三级首长机关的肯定。

【支持地方建设发展】 市人民武装部牢固树立大局观念,强化"一盘棋"思想,充分发挥独特的桥梁纽带作用,做好驻军的牵头人,当好政府的协调员、党委的军事部。5月15日,组织500余名民兵参加横店国际马拉松赛现场安全保卫工作;参加防汛抗台,先后出动民兵预备役500余人参与抗击"苏灿""杜鹃"台风;参与东阳市"五水共治""两美东阳"及创建全国卫生城市评比等活动,人武部机关全体干部职工及部分民兵坚持利用每周1天时间在所属区域清扫路面、河道垃圾。2015年协调解决涉军矛盾纠纷6起,为在部队服役人员解决后顾之忧。

【安全管理工作】 市人民武装部紧紧围绕金华军分区以"案件和严重责任事故归零"为基准的安全工作目标,坚持从讲政治的高度,牢牢把住安全管理这根底线,注重打基础、抓重点、攻难点、抓制度、促规范、抓落实,全面推进打好安全稳定工作的主动战、进攻战。9月17～18日，组织开展以“单位不出大问题、个人不出一点问题”为目标的安全工作自查自纠活动。1月27日，浙江省军区安全管理检查组到东阳对市人武部“人、车、枪、弹、密”安全管理工作进行检查指导。利用现有营院设施，营造“战斗军营”“法治军营”氛围，投入经费添置视频监控、宣传标牌，建立正规营门安保制度，完善作战值班双人双岗制度，利用人防和技防结合，依法依规从严治部。

【作风纪律教育整顿活动】 1月23日，市人武部党委在机关干部职工中开展“作风纪律整顿”专项教育活动。活动采取领导点评、同事互评、个人自评等方式，重点整治少数慢作为、不作为、乱作为现象，纠正落实法规制度不严肃、执行指示不坚决、自身管理不正规等方面的问题，引导干部职工强化执行意识、效率意识、条令意识、担当意识，并有针对性的制定“季有计划、月有行动、周有落实、日有督查”的新常态机制。

【省军区领导视察工作】 2月11日，省军区司令员王海涛少将在军分区政委杨德山大校陪同下到东阳走访慰问东阳籍军级干部亲属。5月10日，省军区副司令员周少锋到东阳对民兵基干分队进行拉动点验。6月24日，省军区巡视组到东阳对市人武部政治工作情况进行督导检查。10月5日，省军区司令员张明才少将率工作组到东阳就“迎接南京军区大规模作战暨人民武装动员准备检验评估”开展情况进行检查指导。

【武装工作会议】 3月31日，召开全市党管武装工作会议。会议由市委副书记、市长朱建军主持，市人武部部长李玉林做工作报告，总结回顾2014年武装工作，部署2015年武装工作任务，市人武部政委孙富庆会上宣读2014年度武装工作先进单位和个人表彰文件。市委书记徐建华强调提出要听党指挥，举旗铸魂，加强思想政治建设；要箭在弦上，引而待发，夯实军事斗争准备基础；要围绕中心，双向互动，深化军民融合发展。江北街道、马宅镇代表镇乡街道做党管武装工作述职。

【横店马拉松赛安保工作】 5月5日，召开基层专武部长会议，会议重点部署横店马拉松比赛民兵参加维稳、维序、维安工作。5月17日，“2015横店国际马拉松赛”在横店举行，人武部抽调基干民兵500余人，分成6个责任段、16个安全保卫组，全程配合公安机关统一现场指挥开展安保工作。

【财务监管】 按照“保障有力”的要求，落实后勤管理工作，全年先后投入80余万元开展人武部基础建设，重新修整作战值班室、兵器室、体检复检中心、食堂，重新铺设自来水管，重新添置完善应急连连部、装备库房等建设，严格收支管控，每笔开支都实行双主官联审联签，严格按照资产、经费一体化管理的操作规范，保证经费的正确投向。控制非行政性开支、接待范围和标准，从严控制福利发放，大项物资采购由部党委或办公会研究决定，所有经费收支纳入党委监管。完成人武部固定资产核查工作，完善固定资产报废机制。

【南京军区检验评估检查】 10月11日，南京军区检验评估组到东阳检查指导市人民武装动员准备建设情况，检验拉动2支民兵分队175人次。评估组观看军事训练、应急作战等图版展示，观看金华军分区、人武部加强后备力量建设录像，听取金华军分区和市人武部的工作汇报，静态检查兵器室、值班室及相关软件资料，电话抽点民兵支援分队，动态拉动考核市民兵应急连、雷弹转运分队现地点验，轻武器分解结合、装备操作及5千米徒步行军拉练。

【专武干部、民兵营连长集训】 11月24至12月8日，市人武部组织全体基层专武干部、民兵营连长进行基本理论、识图用图、军事教学想定作业和轻武器射击等科目集训。集训以《民兵军事训练和考核大纲》为依据，采取集中学习、分类轮训、相互帮带、合力组训的方式进行。12月7日，人武部部长李玉林率全市41名基层专武干部到金华参加军分区考核，获金华市第一名。12月8日，人武部政委孙富庆率基层民兵营连长骨干到金华参加军分区考核，获金华市集体第一名、民兵营连长个人第一名。

【网络信息安全保密教育】 11月16～17日，市人武部组织机关全体干部职工开展网络信息安全保密教育整顿活动。组织观看《网络黑手》《网络迷途》等警示录，通过案件回放、情景再现和相关法规知识学习等形式，组织对机关办公电脑、硬盘及手机等各类密集以上文件资料进行清查，逐项逐人，规范到位，出现问题及时整改，采取防范措施，扎实筑牢网络安全保密防线。

【国防教育】 2015年，组建5人国防教育讲师团，到党校、学校、社区和企事业单位宣讲辅导，借助新兴媒体开设国防教育高炮广告、民兵QQ群、微型党课进行短信群发、借助东阳籍官兵立功受奖、八一光荣榜、春节前大走访等制度，组织学生军训1880余人次，开展国防教育课96次，主题活动2次，制作专题国防教育片播放。千余名适龄青年应征报名，多名应届高中生直接被军事院校录取，占全市23.9%、全省6.5%；多名适龄青年应征入伍，其中大专学历以上占60%以上，兵员涉及陆海空及武警等兵种，完成2015年夏秋季征兵任务。9月3日，组织各镇乡街道应征青年观看纪念中国人民抗日战争暨世界反法西斯战争胜利70周年阅兵式电视直播节目。

（王秀文）

武警东阳市中队

【概况】 2015年，武警东阳市中队有2人立三等功，13人获各级嘉奖，10人被评为优秀士兵。

【执勤工作】 完成东阳市看守所外围武装警戒的固定执勤任务，协助东阳市看守所押解罪犯投牢82次，出动兵力172人。参加救火行动3次，扑救面积6.23公顷。帮助驻地群众清扫街道20余次。

【拥政爱民工作】 “八一”前夕，中队领导到地方职能部门共商双拥大计，科学制定双拥计划，确保拥政爱民工作时时有人问、处处有人管、事事有人抓，推动双拥工作动向制度化、经常化、规范化方向发展。

（李济民）

2015“美丽东阳”旅游摄影大赛获奖作品

雪趣 摄影／王丹阳

社会事务

人力资源与社会保障

【社会保险全民参保登记工作】 社会保险全民参保登记工作全面完成。至年末,东阳市按省公安厅提供给省社保中心909878名东阳市户籍人口数开展比对核查登记工作,完成220411人的入户调查工作,完成率100%;数据录入数为197455人,完成率100%。

【机关事业单位养老保险制度改革】 全面推进机关事业单位养老保险制度改革。7月,制订全市调整方案;11月,组织实施。至年末,近400家单位兑现调标后的新工资,基本完成600余家机关事业单位,约18000人的工资调整工作。

【机关事业单位招聘】 招录123名公务员(含参照)。组织教育、卫生、机关幼儿园、乡镇事业等公开招聘4次,拟聘用人员640人,教育、卫生系统引进硕士研究生35人,卫生系统自主招聘医技人员89人。

【事业单位岗位管理和公务员日常管理】 年内对教育系统等54家单位进行岗位设置和岗位实施,为260名机关事业工作人员进行工龄认定。10月,与组织部联合开展公务员日常登记工作,审核上报相关登记资料。为91名公务员办理转任、调任手续。

【军转干部安置】 做好军队转业干部的安置和稳定工作。接收安置任务14人,其中,副团5人、营以下(含技术)9人。

【工资福利调整】 12月1日起,最低工资标准由1470元调整为1660元,增长12.9%。连续第11年上调企业退休人员养老金,惠及全市63982名企业退休人员,全市企业退休人员月人均养老金比调整前增加230元。年内91名公务员退休,251名事业单位人员退休。

【基层医疗卫生事业单位绩效工资】 开展房管局、质监站、公路段、机关幼儿园等5个事业单位和7所普通高中学校的绩效上浮工资核定工作;实行农村特岗教师津贴,1月1日起,全市不同区域的学校执行300元~900元的农村特岗教师津贴。

【就业创业完成指标】 城镇新增就业14394人;失业人员再就业3953人,其中就业困难人员实现就业747人;城镇登记失业率2.85%,低于4%的控制目标;全市新培养高技能人才2342人;开展创业培训591人,完成目标任务200人的295%;初建农村电商服务站100家,完成年内20%行政村(社区)创建电商服务站的目标任务;社保卡发卡87万张。

【就业创业援助】 修改完善东阳市鼓励大众创业万众创新促进更高质量就业的实施意见。完成东阳汽配城等3家创业园区认定挂牌。树立创业优秀典型。1人被评为金华市大学生村干部电商创业富民“百人计划”三等奖。

审核和发放各类补贴。完成灵活就业人员社保补贴3314人,计823.97万元,单位社保补贴完成登记153家,243人,计93.37万元。一次性创业补贴和场租补贴67人次,计15万元。发放个人培训补贴260人,计15万元;见习补贴2人,小额担保贷款贴息3人。发放“就业失业登记证”1200人,申请灵活就业850人,认定困难人员553人。9月,转发省厅《关于进一步做好失业保险支持企业稳定岗位工人生有关问题的通知》文件,宣传稳岗补贴政策。受理400余家企业申报稳岗补贴,初审通过328家,涉及4万余名职工,发放补贴近1000万元。

【人才引进】 举办第二届大型公益性招聘会和镇乡招聘会,299家企业参会,达成就业意向7300人;组织企业参加校企对接活动,与26所院校达成校企合作意向。

搭建高层次引才平台。组织

图 41　3 月，市人力资源和社会保障局举办 2015 年春季人力资源交流大会（孙振华 / 摄）

用人单位到上海、武汉、长沙等外省人才强市参加 12 场大型招聘会，东阳市参会企业 115 余家，面试洽谈人数 3502 人，712 名应聘人员与用人单位达成就业意向，其中硕博研究生占比近 10%，高层次人才比例比往年有较大提升。

【高技能人才队伍建设】 创新技师评定方法，评定 1 名浙江省首席技师，实现高技能人才评定“零”的突破；举办首届省级家具设计师高技能人才培训班，32 人到南京林业大学进行为期 10 天的脱产封闭式培训；举办二期总计 300 余人参加的企业培训师高技能人才培训班及首期“省级木雕非物质文化遗产”培训班，由陆光正等 5 名国家级工艺美术大师亲自指导授课。发挥协会的领军作用，在市红木家具协会、工艺美术协会成立培训学校。

【人才政策】 开展高层次人才引进津贴发放工作，为 179 名符合条件人才发放津贴 97.63 万元。完成《2015～2016 年东阳市紧缺人才薪酬指导价》和《2015～2016 年东阳市紧缺人才导向目录》的编制工作，起草《加快东阳工艺美术人才队伍建设，推动第三产业跨越式发展与探索研究》调研课题；发放、延期、注销“外国专家证”。人才服务软环境进一步构建。《磁性材料湿压成型工》《微电机装配工艺师》《微电机机械产品检验工》3 个新职业（工种）标准通过浙江省新职业（工种）标准开发领导小组和专家组审定，其中《磁性材料湿压成型工》职业标准，填补了国家空白。

【社会保障政策调整】 调整出台城乡居民医保政策，东阳市城乡居民医保缴费标准由原来的 200 元 / 人、600 元 / 人分别调整到 260 元 / 人、850 元 / 人。出台《关于调整我市职工基本医疗保险大病医疗保险待遇的通知》，起付标准确定为 2 万元，高于起付标准以上部分大病医疗保险基金按 80%的比例报销，有效缓解参保群众“因病致贫”的实际困难。从 1 月 1 日起，东阳市城乡居民基本养老保险基础养老金由每人每月 110 元调整为 130 元，增长幅度为 18%。此次城乡居民基本养老保险待遇调整，直接惠及全市 10.77 万待遇享受人员。东阳市 9810 名被征地农民基本养老保障养老待遇，从 1 月份起分别按新标准 658 元 / 月和 413 元 / 月享受，人均月增长 12%。出台《关于进一步完善城乡居民基本养老保险制度的意见》，参保缴费人员到达待遇领取年龄时缴费年限还不足 15 年的，允许补足 15 年；2014 年 7 月 11 日以后死亡的在职缴费人员，也可享受一次性丧葬补助费，金额为 20 个月的基础养老金。调整失业、生育和工伤保险费率。从 1 月 1 日起，失业保险征缴费率由 3%统一调整为 2%。此政策惠及全市 4700 余家参保企事业单位和 11.2 万名参保职工，预计每年可以少缴失业保险费近 3000 万元，切实减轻企业和职工负担。东阳市从 10 月 1 日起生育保险费率由用人单位职工缴费工资总额的 0.6%调整为 0.5%。11 月起执行新的工伤保险费率政策，工伤保险费率调整之后，最低行业基准费率由 0.5%下降至 0.2%，最高行业基准费率由 2%下降至 1.9%。

【社会保险】 至年末，职工基本养老参保人数 25.59 万人、城乡居民养老保险参保人数 23.22 万人、城乡居民医保参保人数 65.19 万人、职工医保参保人数 21.43 万人、失业保险参保人数 11.53 万人、工伤参保人数 21.88 万人、生育参保人数 10.90 万人，被征地农民基本养老保障参保人数 30667 人。

【特殊病种和慢性病种审批】 分四次组织专家对特、慢性病的申请进行审批，有3730人进行慢性病种的申报，审批通过3529人，特殊病种申报2098人，审批通过1948人。

【规范劳动用工管理】 开展农民工工资支付情况、劳动用工和社会保障3个专项检查，联合财政和编办等部门对全市所有镇乡、街道，机关事业单位开展编制外合同制职工用工基本情况的专项调查和规范清理工作；组织市自来水公司、东白山茶场、土地勘察测绘院3家国有企业面向社会公开招录工作人员，推出18个岗位涉及8个专业，全程参照机关事业单位公开招考程序实现公告、报名、笔试、面试、体检、政审、拟招录公示等流程，保证国有企业人员招录工作的公开、公平、公正。这是东阳市首次面向社会公开招考国企员工。继续推进“双爱”活动，引导企业、职工依法理性维权。机关事业单位编外职工新增100余人，减少30余人，工资变动600余人。

【劳动监察】 推动落实《镇乡街道农民工应急周转金制度》《租赁企业欠薪保证金制度》和《建筑施工企业欠薪保证金制度》，从根本上减少欠薪行为的发生。召开联席会议进一步明确欠薪相关案件的移送程序，加强劳动保障监察执法与刑事司法的衔接，形成部门欠薪处置合力。至年末，受理处置欠薪案件120件，涉及人数1294人，涉及金额2567.79万元；移送涉嫌拒不支付劳动报酬犯罪案件18起，涉及工资金额1829.28万元。

【劳动争议仲裁】 落实东阳市劳动争议联合调解中心春节前后集中办公的通知要求，组织安排10家成员单位的工作人员集中办公，调解、稳控各类集体矛盾纠纷159起，涉及劳动者2920人；发挥三级仲裁调解机制作用，保持常规调处不松懈，全市各仲裁组织处理劳动争议案件1431起，其中镇乡调处612起，企业解决571起，市劳动人事争议仲裁院立案受理248起，调解率95.16%。

（司松松）

机构编制

【概况】 设立事业单位10个，事业单位更名14个，撤销事业单位10个，事业单位调整经费1个。4个部门调整内设机构，5个部门调整领导职数。

【政府机构改革工作】 设立市卫生和计划生育局、中共东阳市委宣传部（东阳市文化广电新闻出版局），政府工作部门由原来的27个调整为25个。

1月至6月，组织东阳市限额外自设机构的清理规范工作。8月，撤销卢宅保护利用管委会，将其职责划入市住房和城乡建设局；11月，撤销江滨景观带管委会，将其职责划归在市园林管理处。东白山省级旅游度假区管理委员会，作为市政府的正科级派出机构，获省、金华市编委批复设置。

推行综合执法改革。5月，成立综合行政执法改革工作领导小组，到15个机关部门、4个中心镇和相关镇乡街道，开展集中调研，形成初步改革方案。9月，省里印发《关于推进综合行政执法改革工作的实施意见》的通知，并出台行政执法基本目录库。

【事业单位分类改革】 推进农口系统事业单位改革方案的实施，初步制订交通系统事业单位职能综合、机构整合、人员融合试点工作方案。4月，开展全市事业单位编制精简工作，核减编制260余人。

【事业单位登记管理】 取消事业单位年检，推行事业单位法人年度报告公示工作。全市应参加2014年度事业单位法人年度报告公示的事业单位411家，提交404家，尚未提交7家(应销未销事业单位)，公示404家。办理设立登记20家，变更登记74家，注销登记12家。

（张　飘）

民政管理

【概况】 2015年，浙江省、金华市下拨资金9074万元，比上年增加270万元；民政事业费支出15478万元，比上年增加1564万元；增加机构床位100张，全市建成居家养老服务照料中心392家，审批低保对象5327人、特困人员386人，审定原国民党回乡务农抗战老兵85人；建设农村社区40个，创建金华市级示范农村社区7个，创建金华市社会工作示范基地2个；接收退役士兵310人，接收符合安排工作条件退役士兵12人；公、民办混合型敬老院建设管理模式成为东阳市社会福利事业的亮点和特色，养老工作走在全省前列，连续第18年被评为“全省民政工作先进县(市、区)”。

【2015年中国养老服务业高峰论坛】 5月22～23日，2015年中

图 42　5 月 22～23 日，2015 中国养老服务业高峰论坛在东阳市举行

国养老服务业高峰论坛在东阳市举行，民政部社会福利与慈善事业促进司司长俞建良、全国老龄办副主任、中国老龄科研中心主任吴玉韶、省民政厅副厅长苏长聪等参加本次论坛。南市养老中心亲乐园公寓建立自成体系的“养医结合”模式与健康管理服务机制。

【社会养老服务体系建设】 实施阳光养老服务补贴制度，建立完善养老服务需求评估制度，全市建有养老机构 27 所、全市新增机构床位 100 张，床位总数 6668 张，下拨养老机构床位补助、建设补助及专项奖励 484 万元。

【居家养老服务】 居家养老服务照料中心建设列入 2015 年市政府十大民生实事之一，制定《关于促进居家养老服务照料中心规范化建设运行的指导意见》，明确居家养老服务照料中心建设、星级评定等标准，马宅镇七秩塘村推行“家院互融”居家养老新模式。至年末，全市建成居家养老服务照料中心 392 家，下拨居家养老服务运行补贴 351.6 万元、建设补助 942 万元。

【特困人员供养】 4 月 1 日起，特困人员集中供养标准提高为 925 元/月，审批特困人员 386 人，发放特困人员集中供养资金 362.4 万元，下拨特困人员供养对象春节慰问金 5.8 万元，发放慰问棉被、床单 393 床，特困供养人员管理经费补助 95 万元，医疗补助 11.6 万元。

【孤儿及困境儿童保障】 全市有机构孤儿 19 人，社会散居孤儿 31 人，各类困境儿童对象 168 人，下拨孤儿及困境儿童补助 43 万元，机构孤儿养育标准和社会散居孤儿养育标准由 1276 元/月、766 元/月分别提高到 1600 元/月和 960 元/月。

【老龄工作】 加强基层老年人协会、分会、活动小组规范化建设，落实老年电大课本 12566 本，创建规范化分会 36 个、活动小组 173 个，制发老年人优待证 13 批 21900 张，快速办理老年人优待证 71 张。改进市老年活动中心设施、增加室外活动项目，开展气排球、跳舞、棋牌等活动 10 余个，每天参加活动的老年人 400 余人次。

【中福在线销售】 加强销售厅安全工作和规范化建设，推出“奖上加奖”“福彩送礼”促销活动，红椿巷厅销售即开型彩票 3873.28 万元、横店厅销售彩票 1588.51 万元。

【福利企业管理】 全市有福利企业 37 家，安置残疾职工 1108 人，实现产品销售收入 12.8 亿元，享受地方财政社保补贴 388 万元，超比例安置残疾职工奖励 52 万元。

【福利院工作】 改善市福利院服务环境，投资近 500 万元，于 7 月末完成 1 号楼改造；投资 20 余万元，对 2 号楼加装消防喷淋系统和火灾报警系统，投资 35 余万元对 3 号楼食堂进行整改和设备更新，年末完成项目的前期准备和招投标工作；10 月 1 日起调整寄养老人床位、护理费收费标准，在院老人 221 人，孤残儿童弃婴 19 人，办理社会私自收养 81 人，联合行政审批科对 33 个收养家庭开展登记调查评估工作。

【低保规范化建设】 全市低保对象 5327 人（包括重残人低保 802 人），增加 256 人，注销 152 人，对 4935 名年收入低于 4600 元的人员列入低保，城镇低保标准达到 664 元/月、农村低保标准达到 532 元/月，发放低保救助金 1742.4 万元，春节慰问低保对象 85.1 万元。

【下放临时困难群众救助权限】 将 1000 元以下小额临时救助审批权限下放到镇乡街道，发放春节困难群众临时救助金 50.7 万元，受益群众 845 人；临时救助 262 人，发放救助金 36.3 万元。

【医疗救助】 按人均 15 元的标准筹集医疗救助经费，完善医疗救助程序，由季救助改为每2个月审核救助，对1045名医疗救助对象进行救助，资助低保对象和“五保”对象参保，安排医疗救助金574.1万元，全市“五保”对象按每人850元全额参保。

【实施住房救助】 实施农村“安居工程”，对申报的126户因灿鸿台风、火灾及其他农村住房困难家庭进行调查审核，开展住房改造；对房管局提供的50户三批新申请廉租房家庭经济收入状况进行审核，符合条件42户，对359户享受廉租房住户进行经济收入复核。

【抗战老兵审定】 审定原国民党回乡务农抗战老兵85人，发放一次性生活补助金41.5万元及纪念章，并对3名共产党老游击队员、老交通队员发放纪念勋章。

【防灾减灾】 加强避灾场所标准化建设，对全市所有避灾点制作安装避灾标志牌，下拨综合减灾示范社区、避灾点建设补助85万元，创建省级综合示范社区1家、全国综合减灾示范社区2家。

【大中型水库移民后期扶持】 开展大中型水库后期扶植移民人口年度复核工作，核减人口212人，直补人口21479人，发放移民后期扶植直补资金1295万元；安排2014年至2015年大中型水库移民后期扶植项目167个，涉及移民项目资金2681万元；聘请第三方机构对全市部分项目进行内部审计，下拨项目资金787万元。

【流浪乞讨人员救助】 对流浪乞讨人员改被动救助为主动上街救助，救助流浪乞讨人员1225人，市救灾物资储备中心、市救助管理站2个新建项目，落实土地指标，完成土地征用及项目论证。

【基层民主自治】 建立健全“三务”公开制度、村务联席会议制度、五议两公开民主决策制度，整合党务公开、村务公开、财务公开等公开内容，明确公开时间，与义乌市、磐安县开展村务公开交叉检查。结合全市“五水共治”“三改一拆”、环境整治等工作，制作村规民约、社区公约范本，指导督促各镇乡街道的村（社区）制定修订村规民约、社区公约，10月末，全部村、社区完成制订修订工作。

【城乡社区建设】 在市委党校举办2015年度全市社区（社会）工作者培训班；推进城乡社区建设，建设农村社区40个、下拨补助经费120万元；创建金华市级示范农村社区7个，获金华市福彩公益金补助35万元；指导吴宁街道东岘社区创建金华市社会工作示范社区，组织开展城乡社区对口见学活动。

【殡葬改革】 推进生态葬法、“四边三化”坟墓整治、骨灰跟踪管理，创建规范化生态墓地77处，下拨补助资金389万元；完成省、市督办的“两路两侧”坟墓整治点5处，分3次到各镇乡街道抽查骨灰跟踪管理情况106处，协助镇乡街道处理殡葬违规事件6起，组织参加海葬1例。市殡仪馆强化内部管理，加强硬件设施建设，投资140余万元，装修改造安息堂、火化区、办公楼等，火化遗体5706具，殡葬惠民减免费用384万元。西甑山公墓抓好绿化管理，新建海葬纪念碑，中档双墓区245穴，树葬区223穴。销售墓穴375穴，营业收入216万元。

【婚姻登记】 提高行政审批效率、优化婚姻登记，开展离婚预约登记，开展收养家庭评估；开展1950～1990年婚姻登记档案的录入工作，配合开展免费婚前医学检查，办理结婚登记6662对，预约离婚2464对，实际办理1210对，补发婚姻证件2315本，出具无婚姻登记记录证明书8444份，查婚姻登记档案1301份。

【地名管理】 开展地名普查相关资料收集工作，印发《东阳市地名管理实施细则》，完成9个界桩的年度检查，对朝阳小区500余户整体更换住宅门牌、幢牌，编排门牌2231户，办理门牌证1599本，制作安装门牌1321块，拆除和整修道路指示牌285块。

【公祭烈士】 9月30日，在烈士陵园举行公祭烈士活动。市四套班子领导到革命烈士陵园，与部队官兵、军队离退休干部、各界群众、少先队员等200余人一起举行公祭活动。清明节期间，接待社会各界人士1.6万人次。

【烈士追认】 吕义灏、吕信雄、周锡齐、吕春福4人被省人民政府追认为烈士。1月12日，吕春福烈士遗骸移葬入革命烈士陵园。完成全市349名烈士6000余份资料的整理校对，装入烈士个人档案，完成“烈士证明书”和“伤残警察证”的换发工作。

【拥军工作】 开展拥军活动，春节、“八一”建军节期间，给驻金、驻东、驻义部队送去慰问金86万元，发放光荣家庭铜牌415块，发放慰问年画4.5万张；慰问抗日战争时期在乡复员军人、残疾军人、军休干部等抗战老战士6人。3月28日，联合市义工协会到驻东某部队开展“缘定东城、幸福双拥”军地联谊活动，为24名部队单身青年官兵牵线搭桥。

【优抚工作】 发放重点优抚对象抚恤金、生活补助金2465万元；优抚对象门诊及住院医疗费补助433人次、108万元；临时补助生活困难的在乡优抚对象，慰问救助134人，发放救助金10万元。

【退役士兵接收安置和职业技能教育培训】 接收符合安排工作条件退役士兵12人，分2批接收退役士兵310人，发放义务兵家属优待金1339万元，为2名残疾军人落实生活、医疗待遇。2014年冬季及2015年秋季退役士兵报名参加培训100余人，16人取得专业证书。

【涉军群体维稳】 出台对复退军人的各项优惠政策，落实属地管理原则，与重点人员面对面沟通，答复各类重点信访件36件。

【军休工作】 落实军休干部“两个待遇”，开展东阳市军队离休退休干部休养所建所30周年纪念活动，组织军休干部开展体检、春游、疗养活动；走访慰问、生病探望115人次；举办养生知识讲座4期；组织军休干部参加植树活动，种植桂花树、樟树50余棵；参加社区微心愿认领活动，捐助慰问金1600元，筹集关爱基金850元。

（周志伟）

慈善总会

【概况】 2015年，市慈善总会募集慈善资金533.69万元，建立冠名基金1000万元(2只)。救助支出510.73万元，受助困难群众1.5万人。第九次组织实施“慈善一日捐”活动，募集善款140.64万元。慈善冠名基金的年度收益金和创始基金投资利息收入251.28万元。5月13日，召开二届四次理事会，审议通过2014年的工作报告和2014年度慈善资金收支情况、2015年度资金预算安排情况报告。12月12日，成立慈善义工队。

2月9日，健盛集团向市慈善总会捐款20万元，专项用于老年事业。7月6日，徐月星向东阳市慈善总会捐款23.6万元，专项用于慰问抗战老兵。7月1日，出资3万元，对全市30名散居孤儿给予每人1000元救助金。助医支出34.19万元，主要用于无主病人救助、慈善血透优惠等医疗救助以及癌症康复俱乐部救助等。应急救助支出3万元，对三单乡前田村7户火灾户、千祥镇千一村5户火灾户、画水镇陆宅村3户火灾户给予每户2000元救助金。支出126.21万元，分4次对因患大病和因灾害造成家庭经济困难的群众和机关企事业单位困难干部职工给予1000元至2000元不等的救助。协会救助支出101.03万元（横店协会54.92万元、南马协会13.2万元、巍山协会10.05万元、湖溪协会8.1万元、歌山协会8.6万元、江北协会6.16万元）。

【慈善冠名基金捐赠】 11月12日，浙江国祥股权投资有限公司董事长陈根伟出资400万元，设立“东阳市慈善总会吴苏伦奖学”冠名基金，连续3年，每年出资20万元，专项用于奖励南马高中学校师生。11月18日，海天建设集团出资600万元，设立“东阳市慈善总会巍山高中海天教育教学”冠名基金，期限五年，每年30万元捐赠给市慈善总会，专项用于补助和奖励巍山高中师生。

【慈善助学】 8月28日，开展“2015困难学子圆梦行动”助学金的发放活动。出资70.35万元，对全市93名大学贫困学子给予每人5000元的助学金。对135名小学生给予每人500元、125名中学生给予每人1000元助学金；对14名特困生给予每人1500元的救助。

【慈善助老】 5月28日，市慈善总会出资50万元，专项用于居家养老服务照料中心建设。10月13日，与市老龄办联合开展助老活动。市慈善总会出资28.65万元对全市474名困难老人给予每人500元的救助，对全市17所敬老院每所给予2000元的助老慰问金。定向用于老年事业21万元。

【冠名基金救助】 冠名基金定向支出50万元。2月3日，南马高中举行第二届吴苏伦奖学金颁奖大会，市慈善总会从“吴苏伦慈善奖学金”基金中出资20万元，发放给200余名师生。11月26日，从“东阳市慈善总会巍山高中海天教育教学”冠名基金中出资30万元，用于巍山高中师生的奖励。

（王海英）

东阳义工协会

【概况】 2015年，东阳义工协会组织各类活动190余场次，参加义工2.5万人次，服务时间3.1万小时，带动参与活动的市民、学生和社会爱心人士5万人次，接收社会捐赠折价240余万元。

【敬老助老扶残】 义工走进镇乡街道敬老院和社区、村居慰问低保户及困难家庭，关爱空巢老人，受益老年人2000余人。协会与亲乐园公寓联合举办“庆重阳”联欢会，大小义工与亲乐园的工作人员一同为老人们表演文艺节目、理发等。巍山、六石、城东、湖溪等分会连续3天走进敬老院，为老年人送上欢乐与祝福。

【“公益大巴”进社区】 “公益大巴”进社区是东阳市福利彩票公益金资助项目之一。邀请、引导专业社会组织、志愿服务团队等走进社区，参与人数4260人次，“公益大巴”先后到城东街道单良村、巍山镇、六石街道等多地开展服务，有免费理发、小家电维修、家庭应急自救培训、禁毒和消防宣传、免费为居民提供咨询、义诊、旧房用电安全检查等服务项目。

【“一碗爱心粥”项目】 协会推出首个长期性“一碗爱心粥”公益项目，义工服务2200余人次，受益市民6万余人。“一碗爱心粥”便民粥铺列入金华市社会工作示范创建服务项目。

【东阳市首届慈善公益徒步活动】 “温馨黄手环 温暖回家路”东阳市首届慈善公益徒步活动由市慈善总会、市社会组织服务中心、东阳城市广播FM100.2、东阳义工协会、东阳家装协会、东阳温州商会发起。12月12日，在东阳江滨举行慈善公益徒步活动，参与人数1470人次，市政协副主席张卫伟出席黄手环发放仪式；市慈善总会会长康益民向慈善义工代表授旗，市慈善总会义工队成立。

【义工协会环保活动】 协会在星期三晚上开展“夜护江滨”保护母亲河护河行动17次，在市区节庆广场清理江滨垃圾，参与义工727人次。横店分会开展“夜护江滨”环保活动7次，画水分会开展“保护环境、美丽画水之画狮岩、八华山”环保活动8次。画水分会组织义工对景山水库部分水域进行清理2次，参与人数240余人。城东分会、江南名邸义工服务队多次开展美化环境环保活动。

【中国木雕博物馆义工驿站】 1月30日，中国木雕博物馆开馆，馆内开设“义工驿站”，面向社会公开招募热心公益的各界人士作为博物馆志愿者，每天安排2～4名义工，参与义工1500人次，服务12000人次，为游客提供各类志愿服务。

【“百万寒衣送温暖”活动】 10月22日至11月6日，市直机关工委、市民政局、共青团东阳市委、市慈善总会、东阳日报社、东阳广播电视台、东阳新闻网、东阳市义工协会连续第5年举办“百万寒衣送温暖”活动，在吴宁一中体育馆设总接收点，7个镇乡街道设立临时接收点19个，进行衣物接收、分类、打包，接收衣物8万余件200余立方米，参与活动义工5000余人次。11月14日，衣物运达云南省福贡县，2名义工到云南省怒江傈僳族自治州福贡县，自费参与爱心衣物的分发工作。

（周志伟）

农林　水利

农业经济总情

【概况】 2015年，集体经济总收入135036.66万元，比上年增长29.05%；总支出27282.27万元，比上年增长13.31%。全市年收入10万元以上的村456个，其中超100万元的村212个。全市集体经济收入1万元以下的村16个。年末村级集体资产总额1013146.17万元，其中流动资产398849.17万元，农业资产1893.59万元，长期资产612323.36万元。村级集体负债总额49405.72万元，其中流动负债41076.27万元，长期负债6329.45万元。

【村经济合作社股份制改革】 全市510个村经济合作社，其中495个村社基本完成股份制改革，占村社总数的97.06%。量化资产总额69.90亿元，其中经营性净资产44.48亿元；界定社员股东714223人，发放股份经济合作社证明书358份，产生董事会成员3513人，监事会成员1950人。股金分红总额127.74万元。

【农村集体"三资"管理】 全市规范化乡镇19个，规范化村（小区）596个。全市资产总额101.31亿元，其中货币资金26.67亿元，负债总额4.94亿元，核实所有者权益96.37亿元，资源总量117546.7公顷。全市510个村经济合作社，全部实行财务公开和会计电算化。全市配备村（组）会计（报账员）1108人（其中具有会计从业资格证302人），接受培训2615人次。

【农村财务管理与审计】 开展村级财务审计工作，完成农村财务清理和审计254个村（小区），审计资金总额12.58亿元，发现违规违纪金额59.36万元，受处分人数4人，受刑事处理人数2人。

【农民专业合作社】 2015年，新成立农民专业合作社13家，至年末，合作社有374家，其中规范化合作社114家。合作社联结基地6193.3公顷，带动农户4.29万户。新增省级示范性合作社3家，新增东阳市示范性合作社5家，规范化合作社10家。

【家庭农场】 全市新设立家庭农场67家，家庭农场有299家，新增省级示范性家庭农场5家，金华市示范性家庭农场5家，东阳市示范性家庭农场16家。家庭农场中从事种植业219个，畜牧业9个，渔业9个，种养结合33个，其他29个。家庭农场经营土地3046.7公顷，吸纳家庭农场劳动力数量1309人，年销售农产品总值11648.50万元。拥有注册商标的家庭农场31个，通过农产品质量认证的家庭农场数29个。

（吴海潮）

农业法制

【农业法制宣传】 结合修订的《中华人民共和国行政诉讼法》和《中华人民共和国食品安全法》，举办局系统党政领导干部法制讲座。围绕社会关注的农产品质量安全问题，举办农产品质量安全科普宣传暨农产品质量安全可追溯标识推广活动。开展农业法律法规下乡宣传咨询活动，分别在南市、千祥、虎鹿、横店、东江等镇乡街道开展农产品质量安全知识讲座。聘请农业局法律顾问，对规范性文件、经济合同实行规范审查。

【农产品质量安全监管】 从"产出来"和"管出来"两个层面，不断强化突出问题治理和依法监管，开展肉品专项整治、农药及农药使用、节日保安全、草莓等专项行动。监督抽检草莓、蔬菜、葡萄、茶叶、畜产品、稻米等产品97批次，合格率99.05%；镇乡街道农残检测室完成农药残留快速检测3450批次，合格率99.6%。行政处罚生产不符合质量安全标准农产品案1起；经营依法应当检疫而未经检疫动物或动物产品案2起；屠宰依法应当检疫而未经检疫动物案

1起；未按规定申报备案擅自从省外调入动物案1起。东阳市被省农业厅授予“浙江省首批农产品质量安全放心示范县”和“农产品质量安全可追溯示范县”。

（葛丰平）

两区建设

【粮食生产功能区建设】 完成粮食生产功能区建设23个，面积1500公顷。开展中央现代农业生产发展资金水稻产业提升项目，建设完善巍山镇光里湖古渊头畈粮食生产功能区田间基础设施，新建排灌水渠4615米，机耕路硬化2565米。建成东阳市绿佳育秧烘干中心，新建玻璃温室及附属设施340平方米、育秧温室（连栋）3072平方米、育秧用房384平方米、烘干用房1050平方米、仓库648平方米、机库946平方米。

（胡红强）

【现代农业园区建设】 东白山省级现代农业综合区、千祥中药材省级主导产业示范区通过认定验收，新增园区2073.3公顷。2015年，园区投资总额13249万元，新建喷滴灌设施74.7公顷，排灌水沟20500米，机耕路30000米。

（何 琴）

种植业

【粮食】 建立早稻高产示范方15个，面积358.3公顷，品种主要为中早39、金早47；实施农业部万亩单季稻高产创建示范片1个，面积735公顷，单季稻高产示范方18个，面积646.7公顷。开展粮食高产创建和水稻高产竞赛活动，推广应用以水稻“两壮两高”栽培、水稻精确定量栽培为主要内容的高产高效适用技术取得一定的成效，巍山镇沈良村甬优12高产栽培示范方面积17公顷，平均亩产为923.3千克。水稻最高单产首次突破1000千克，沈良村沈国新农户种植的单季稻甬优12，面积0.07公顷，平均亩产为1004.5千克。

（胡红强）

【水果】 水果生产面积3267公顷，产量89886吨。开展水果生产新技术新农资推广活动，组织和参与各类培训9期，参训870余人次；编发《果协通讯》4期1000余份，发放《浙江省梨标准化生产操作模式》图和《东阳市“冠强”牌葡萄标准化生产操作模式》图700余份。实施农业科研项目，重点开展东阳市科研计划项目——“克伦生葡萄促控早果生产技术”和“水果生产环节质量安全技术研究”等的组织实施。

（张位平）

【茶叶】 全市茶叶3222.3公顷，总产量1456.7吨。东白山茶叶精品园43.3公顷核心区标准化花园建设项目、虎鹿533.3公顷茶叶示范区创建项目双双通过省级验收。

（马国强）

【中药材】 中药材面积2613.2公顷，总产量6071.1吨。中药材农产品质量安全提升，浙贝母初加工的硫磺熏蒸环节，通过投入切片机械和烘干设备，摒弃传统的硫熏。含硫浙贝母的市场价格跌至无硫贝母的一半左右。

（陆利华）

【蔬菜】 2015年，东阳市蔬菜播种6983.3公顷，总产量16.78万吨，总产值6.7亿元。全市有常年蔬菜基地26个，面积268.7公顷，高山蔬菜基地37个，面积260.7公顷，全市基地面积529.3公顷。新建蔬菜基地26.7公顷，新建钢架大棚6.7公顷，其中在城东街道单良村蔬菜基地新建搭建钢架大棚6.7公顷；在巍山镇应村新建6.7公顷水生蔬菜基地；在佐村镇香溪村和斯光村新建20公顷高山蔬菜基地。推广蔬菜新品种、新技术引进试种工作，引进适合在东阳种植的蔬菜新品种20余个。

（张位平）

农业机械

【农机化投入】 农机总动力50.2万千瓦，农机原值6.4亿元，拥有大中型拖拉机632台，联合收割机564台，粮食烘干机186台，插秧机180台，粮食生产耕种收机械化水平78.02%。办理购补农机具758台（套），受益农户488户，报废拖拉机、联合收割机61台，完成水稻机插作业3622.6公顷，油菜机收67.6公顷，使用农机购置补贴资金1285.64万元，报废补偿资金14.35万元，作业环节补贴资金317.48万元，设施农业钢架大棚补助资金17.55万元，使用财政补贴资金1635.01万元。新建粮食烘干中心（户）1个，新增烘干机75台，烘干粮食近4万吨。

【农机具、技术推广】 推广插秧机31台，其中高速插秧机31台，大中型拖拉机105台，全喂入联合收割机41台，粮食烘干机75台，高新植保机械5台，茶叶加工机械97台，旋耕机106台。举办水稻育插秧技术和粮食烘干技术、高新植保机具演示培训班3期、210人次。

【安全监理】 新注册登记上道路拖拉机6台，办理拖拉机驾驶员培训考试5期，核发拖拉机驾驶证121本，检验合格拖拉机1623辆，查处违法违章行为2927起。发生农机死亡事故1起，死亡人数1人，农机事故死亡人数控制在政府和上级业务部门下达的控制指标以内，完成农机监理业务工作各项指标。

（沈婷婷）

畜牧业

【畜牧业生产】 2015年，东阳市畜禽饲养量总体呈下降态势。据畜牧兽医局统计，年末生猪存栏6.2万头，其中能繁母猪0.43万头，出栏生猪9.9万头。存栏生猪50头以上规模猪场88户，存栏生猪4.16万头。家禽存栏55.5万羽，出栏63.2万羽。存栏蛋禽500羽以上的规模场48户，存栏蛋禽21.7万羽；出栏肉禽2000羽以上的规模场18户，出栏肉禽21.7万羽。年末山羊存栏0.97万只，年出栏1.01万只。年末牛存栏1230头，年出栏650头。

【养猪场污染整治】 开展养猪场污染治理达标验收工作，对存栏50头以上留存猪场的治理设施建设和运行情况进行现场验收。全市97个猪场治污设施完善，予以通过验收。建立巡查长效机制，组织开展养猪场污染整治“回头看”巡查工作，落实畜禽养殖“全面告知、全面自查、全面承诺”的污染防治工作，防止留存猪场污染反弹。

【畜禽标准化养殖】 皇野生态农业有限公司、吴宁府金华两头乌养殖有限公司分别通过四星级规模猪场初评和复评。吴宁高新种场通过国家级畜禽标准化养殖示范场复检。巍山镇江丰家庭农场创建省级畜禽标准化规模养殖示范场。市良种场、森太农林果开发有限公司、新东方等场创建省级生态示范牧场。东阳市皇野生态农业有限公司无公害产品基地通过复核。

【畜牧业项目】 横店陆稼猪场实施的生猪标准化规模养殖场项目通过竣工验收。良种场实施省现代种业项目“东阳市良种场金华猪种质资源保护”。完成浙江省畜牧业转型升级“十三五”规划重点工程项目初报工作。市农业产业化畜牧业项目发放扶持资金18.8万元。

（杜敏凤）

【动物疫病防控】 免疫猪瘟31.6万头，使用猪瘟疫苗81.9万头份；免疫猪口蹄疫20.43万头，使用猪口蹄疫疫苗46.2万毫升；免疫蓝耳病16.87万头，使用蓝耳病疫苗22.7万头份；免疫家禽93.9万羽，使用禽流感疫苗75.3万毫升；免疫牛、羊计1.16万头，使用牛羊口蹄疫疫苗3.51万毫升。所有强制免疫病种疫苗超额完成金华市下达的免疫任务。

【动物疫病监测】 开展对规模养禽场、活禽交易市场、农村散养户的高致病性禽流感和新城疫抗体监测工作，监测禽流感场点数92个，re-6株抗体1338份，免疫合格率87%；re-7株957份，免疫合格率81%；H9N2亚型未免疫抗体1338份，全为阴性；新城疫抗体275份，合格率93.8%。监测牲畜口蹄疫场点数70个，抗体1263份，合格率82.3%。监测猪瘟场点数60个，抗体823份，合格率79.3%。监测蓝耳病抗体803份，合格率94%。监测小反刍兽疫免疫抗体220份，合格率88.2%。监测布病13个场点，样品150份；血吸虫病18个场点，样品167份，全部为阴性。

【畜产品安全检测】 加强畜产品安全生产，落实畜产品生产主体及监管职责分工情况，实施畜产品质量安全监管信息化管理，定期对生产主体进行现场检查、生产指导和产品抽检。开展肉品安全专项整治百日会战，签订《东阳市畜产品质量安全承诺书》520份。配合农业部、省、市及农业局农产品质量安全例行检查，抽检猪肉猪肝34批次，禽蛋禽肉20批次；检测生猪“瘦肉精”81批次，“瘦肉精”尿样18745批次、盐酸克伦特罗7729批次、莱克多巴胺5815批次、沙丁胺醇5201批次，检测结果均为阴性。

【动物卫生监督】 规范动物卫生监督行为，落实网上流通监管工作。网上备案280起，对各起备案进行后续核查；发放牲畜免疫耳标97149个；开具防疫针票35017张、产地检疫合格票证4854张、动物产品检疫合格票证29000张。加强违法行为查处力度，立案查处4起，收罚款6440元，查处并无害化处理有害畜产品1.46吨。

（张晓航）

东阳玉米研究所

【概况】 2015年，东阳玉米研究所到位科研经费180.2万元，在省级以上刊物发表论文18篇，通过浙江省品审会审定品种3个，通过浙江省品审会考察品种1个，经浙江省质量技术监督局批准发布浙江省地方标准1个，创造“浙江省农业之最”记录2个。承担国家、省玉米区域试验和抗性鉴定工作。5个鲜食玉米组合、1个普通玉米组合参加省区域试验。种质资源保存库建设完成招投标工作，已开工建设。申请国家农业综合开发农业部专项1个，到位经费400万元。东阳鲜食玉米省级旱粮生产示范基地项目组织实施。

设特用玉米、常规玉米、栽培植保和成果转化4个研究室，组织21名科技员参加学术研讨会进行学习，与国内大型玉米种业公司合作开展鲜食品店玉米研究。引进硕士1人。

【科研成果推广】 在金华、衢州、丽水等地建立示范基地13个，对科研成果进行集成、示范和推广。举办各类技术培训11次，培训2430人次，科技下乡6次，发放各类技术资料950余份(册)。继续选派三位省级科技特派员到金华塔石乡、缙云方溪乡、衢州市大洲镇开展科技帮扶工作。开展国家玉米产业技术体系示范、推广活动，在东阳、建德、诸暨、上海浦东、江苏海门开展甜糯玉米示范和高密度筛选试验活动，为农民提供技术支持和现场展示机会。浙中试验站工作稳步推进，全面对接作核所，加大作核所新品种示范力度。到金华、衢州等市的37个乡镇进行调查，建立高效示范基地，集中示范亮效益。

（许巧贤）

林 业

【概况】 2015年，市林业局推进林业创新改革、森林资源保护发展和特色林业产业精品化发展等重点工作。全市林业产业产值实现148亿元，比上年净增3亿元；制订全国唯一一个“国家级香榧生物产业基地”总体规划，“中国森林生态产品生产基地”落户东阳，高效生态香榧发展模式在全省得到推广；国有林场改革工作通过省政府验收；森林资源保护与发展责任制考核工作处三省各县市(区)抽查评分第一名；创新建立全省首个市级森林消防队伍培训基地，先进工作经验在全省林业工作会议上被交流推广；林业有害生物防控专项资金列入市政府1号文件的做法，受到省林业厅表扬并在全省得到推广；东阳市被省林业厅评为年度林业先进工作集体。

图43 8月4日，国家林业局上海专员办李军(前排右二)对东阳市森林资源保护和发展目标责任制进行考核

【森林系列创建】 全市以奖代补投入800万元推进森林系列创建工作，完成创建省级森林城镇1个(虎鹿镇)；完成创建省级森林村庄2个(东阳江镇横锦村、巍山镇尚武宅村)；完成创建金华市森林村庄8个(城东街道李宅村、六石街道樟村、歌山镇西宅村、南马镇溪西村、巍山镇王坑村、横店镇屋基丘村、虎鹿镇曹宅村、巍山镇八字墙)，完成创建东阳市级森林村庄30个(上卢管理处上卢社区东湖自然村；六石街道鹤峰村、樟村；城东街道东锋村、李宅社区李二三村；横店镇米糖社区四合小区、南上湖社区屋基丘；南马镇溪西村；巍山镇巍屏社区余店小区、巍一小区；歌山镇西宅村；千祥镇后马村、千南村丁宅自然村、东一村；湖溪镇罗青郭村、郭宅二村石洞口自然村、郭上坞村、南塘村；画水镇紫薇村、画塔村南岸自然村、林村；虎鹿镇厦程里村、孙宅村曹宅自然村、燕山村；东阳江镇上陈村、五星村；佐村镇厦城村岱溪自然村、五联村；三单乡下西楼村、搭钩村)。

【绿化造林】 完成人工造林更新404.2公顷，占任务数的101.5%；迹地更新26.5公顷，占任务数的120%；森林抚育5803.7公顷，占任务数的100.1%；四旁植树21.7万株，占任务数的108.5%；完成高速公路、省县道、河道等39.8千米森林通道建设，绿化面积47.7公顷。

【平原绿化】 完成平原绿化296.8公顷，占任务数的128.6%；投入100万元种植珍贵彩色树种（桢楠、浙江楠等）32万株，营造珍贵树种片林125.7公顷；投资1.32亿元，完成城区第一期整治绿化空闲地50余万平方米。

【生态公益林建设】 推进重点防护林44086.7公顷公益林建设，完成30000公顷省级公益林矢量数据库建设，发放公益林补偿资金1700余万元。发放防治补助资金15万元，加强全市8254株古树名木病虫害防治工作。

【南山森林公园】 投入800余万元，完成森林公园一期工程项目中东岘峰景观游步道及爱国主义教育基地配套设施工程、胡公殿生态停车场绿化造林工程、二期工程项目中景观林改造工程；完成二期项目中的水竹坞景区蓄水池建设工程60%工程量。

【国有林场改革】 推进市国有林场改革工作，完成机构调整和人员编制核定工作；完成退休人员和遗属及精减下放人员的社会保障工作；完成富余职工自谋职业的安置和政策落实工作；基本完成临时工清退工作。通过省政府的改革验收，发放国有林场改革工作补助资金。市生态公益林保护总站推进"三改一拆"工作，拆除违章建筑3080平方米。

【林业龙头企业培育】 浙江康大实业有限公司、浙江响铃枣业有限公司入选首批中国森林生态产品供应商；新创建国家级重点林业龙头企业1家（浙江响铃枣业有限公司），国家级林业示范专业合作社1家（西垣香榧合作社），

图44 东阳市香榧研究所芽苗嫁接良种攻关成功，培育首批芽苗接香榧良种10万株

省级林业龙头企业2家（东阳市千百年红木家具有限公司、浙江振宇红木家具有限公司），金华市级林业龙头企业2家（浙江合旺香榧股份有限公司、东阳市振宇红木家具有限公司）。

【林业特色产业】 争取各类项目资金2360余万元，完成42个市级林业产业化项目建设并通过验收。投资1200万元，组织实施东阳市同福农林发展有限公司国家农业综合开发项目，通过新建基地和老基地补植改造，发展香榧基地86.7公顷，建造林区公路5千米，蓄水池6口，三面光水沟9千米，建造仓库等生产用房200平方米，堆场、晒场500平方米，规划年产香榧鲜果212吨。组织23家林业企业参展2015年第八届中国义乌国际森林产品博览，并首次设立"东阳香榧馆"。东阳市"合旺""纯香源""梦的农庄""圣山"4个林产品获金奖、2只获优质奖，同时参展企业在森博会上销售额49.6万元，接受客商订单187万元。"浙江·东阳国家香榧生物产业基地总体规划"修编完成，"西湾""东康大王""圣山"3个香榧品牌入围浙江省十大品牌。

【科技兴榧】 完成2014年度东阳市香榧干果项目，完成香榧基地造林135.3公顷，生态栽培复合经营103.7公顷，新建林区道路12千米、蓄水池4个；完成东白山农业综合园区香榧项目建设并通过省级验收；市香榧研究所创新采用芽苗接穗成功，首批培育10万株良种香榧苗。全市香榧年产干果430吨，销售量650吨，销售香榧苗50余万株。香榧年产值2亿余元。

【林业服务】 开展林业发展建设服务工作，受理林业许可17470件，办结17470件；林权抵押贷款发生额1800万元；助推市重点工程建设项目调整生态公益林66.7公顷；举办3期香榧栽培及绿化造林技术指导培训班。

【资源林政管理】 9月9日，东阳市政府印发《东阳市湿地保护规划（2015~2020年）》，公布《东阳市重要湿地名录》。修改完善"十三五"期间年森林采伐限额成果报告，完

图 45 8 月 23 日，东阳市森林消防培训中心启动，培训中心无人机操控演练现场

成林地变更调查的扫尾工作。启动开展由华东林业规划设计院中标的全市森林资源二类调查工作。12 月 5 日，《东阳市林业发展“十三五”总体规划》通过审核。

【森林消防】 全市森林火灾接报警 90 起，其中火情 14 起，较大森林火灾 1 起，过火面积 24.5 公顷，受害面积 6.86 公顷，森林火灾发生率每 10 万公顷 0.57 次，森林火灾发生率 0.03‰，实行三无（无重大火灾、无人员伤亡、无火烧连营）目标，达到省政府下达的两项指标，森林火灾发生率控制在每 10 万公顷森林面积 20 次以内，森林火灾受害率控制在 0.8‰以内。

【有害生物防治】 在白云街道、横店镇、歌山镇等地完成清理病死松树工作，清理 325 万千克；在白云街道、横店镇等 11 个镇乡街道开展松材线虫病和松毛虫防治工作，施放白僵菌炮剂 4000 个，施挂新型诱捕器 80 套诱杀松褐天牛，人工喷撒噻虫啉粉剂 9 吨，预防和防治面积 1542.9 公顷；在白云街道和横店八面山景区完成 6000 支松材线虫病免疫剂注射。针对越冬代松毛虫，喷施 BT 粉剂 10 吨，在歌山镇、画水镇、城东街道等镇乡街道防治松毛虫面积 760.5 公顷，并施挂诱虫灯 20 盏。

【林业执法】 规范林区道路立项审批及查验工作，打击各种破坏森林资源和野生动植物资源的违法犯罪活动，立案调查 31 起，办结 30 起（其中森林刑事案件立案调查 8 起，办结 7 起；林业行政案件 23 起，办结 23 起。）。依法对运输的木材和采挖的树木实施检查，巡查 58 次，检查车辆 114 辆，检查木材 360 立方米；查获、救助国家一级保护动物梅花鹿 10 只；国家二级重点保护动物马鹿 3 只、穿山甲 1 只、猫头鹰 36 只，省级重点保护动物白鹭 24 只、夜鹭 13 只，眼镜蛇 6 条，省一般保护动物画眉 138 只、刺猬 12 只、乌梢蛇 26 条、油菜花蛇 27 条，没收并烧毁捕鸟网具 56 副。完成涉林信访件答复 30 件（答复率 100%）。查获并救护野生动物 17 种 212 只（条）。

【林业食品安全】 发挥林业可食林产品安全的市镇企（市场）三级监管网络体系的作用，开展全市可食林产品质量安全百日严打行动。

（陈杰辉）

水利建设

【农田水利基本建设】 农田水利建设新增旱涝保收 188 公顷，扩大灌溉 353.3 公顷，新增固定式喷微灌 115.1 公顷，整治山塘 18 座，改造农田渠道 65.18 千米，其中

图 46 7 月 19 日，市林业局工作人员和浙江农林大学师生在佐村镇西营村附近山上采集病虫害标本（包康轩／摄）

3333.3公顷以上灌区干支沟渠10.02千米。

【“强塘”工程】 完成横锦水库除险加固工程竣工验收工作,完成双岩水库除险加固工程完工检查,东溪滩水库整改工作。开展南江水库及沈岭坑水库除险加固工作,完成3座水库的安全鉴定,完成5座水库除险加固工程的竣工验收。

【河道治理】 开展18个中小河流工程的治理工作,开展一批生态河道示范工程建设,浪坑溪被评为2015年金华市唯一一条省河道生态建设优秀示范工程。推进11个中小河流治理项目和7个中小河流重点县项目。总投资5.4亿元的18个中小河流治理项目,完成投资4.7亿元;8个项目完工,2个项目主体完工,剩余项目完成工程量的80%以上。全市有2300千米河道实行全流域保洁,开展万里清水河道工程建设,完成河边绿化、洁化、美化36千米。制订上报防洪水、保供水、抓节水三个实施方案。

【农民饮用水工程建设】 东阳市农民饮用水工程改善和提升1.2万农村人口饮水条件,主要提升和改善南马和马宅等镇乡部分农民的饮水条件。投资262万元,建立东阳市农村饮水安全工程水质检测中心,负责对全市农村饮用水工程进行水质巡检。完成提升水处理能力4000吨/天的南马水厂改造工程,投入试运行。

【防汛防旱】 受灾人口15994人,农作物受灾1834公顷,成灾1055公顷,绝收174公顷,倒塌房屋160间,直接经济损失3433.48万元,其中农业经济损失2317万元。此外强降雨还造成城区多处地段出现积水内涝,一些地下车库、在建楼房基坑等出现进水现象。在东阳江东中段开展一场市级演练,在千祥镇下东陈村和三单乡钱溪村开展两场镇乡联合演练。市领导姚激扬、虞乐生观摩演练。通过省防指基层防汛防台体系考核。山洪灾害防治建设项目通过金华验收,获省防指的通报表扬。

【水土保持】 编制完成《东阳市水土保持规划》,完成水土流失治理16.1平方千米。加强开发建设项目水土保持监督管理工作,审批开发建设项目水土保持方案31个,组织监督检查42次,征收水土补偿费80余万元。3月,水利部下文通过全国第二批水土保持监督管理能力建设达标县名单,东阳市名列其中。

【城乡供水】 提升城乡居民生活用水能力。全市饮用水氟超标的7个自然村(横店镇3个村、马宅镇4个村),通过省财政资金、市配套资金和村自筹等方式筹集资金100余万元,根据不同的区位和供水条件,分别采取镇水厂管网延伸、自找水源、自建供水站等方式,于10月末基本完成工程建设。第二自来水厂沿线,包括东阳江、歌山、巍山、城东、六石、上卢等镇(街道),需要安装第二水厂自来水的有222个村(居),至年末,安装通水210个村(居)。

【水资源管理制度】 市政府制定《东阳市节约用水管理办法》。10月,东阳市对居民生活用水实施阶梯水价,对非居民生活用水实施计划用水管理。完成3个乡镇27个行政村的水源保护专项资金补助工作,投资500余万元在横锦水源保护区完成安装隔离栏一期工程和水质安全视频监控系统工作,强化横锦水库水质自动监测建设,发布水资源质量通报12期(总66期),做好饮用水源保护工作。实施取水许可制度。加强水资源费征收工作,按新标准征收水资源费800余万元;对实现取水许可审批和发证率100%,年取水许可量5万立方米以上的取水户实时监控率100%。

【水政渔政执法】 开展城区“六类”服务行业自备取水的调查登记工作,对重点的112家进行调查登记;查处未经审批无证开采地下水的案件6起;在全市范围内对取用水户开展专项检查工作,并对取砂、洗砂、制砂、采石、轧石等企业和加工点进行专项整治办理取水许可证,并安装取水计量表,安装计量表35家,其中建材和制砂企业25家;水政监察人员到各乡镇工业区用水企业明察暗访305人次;开展渔政执法“春潮行动”,开展渔政执法巡查140次,参检426人次。其中,110等举报处警37次。在东阳江禁渔区执法巡查73次。

(张安愉)

渔 业

【概况】 控制水库养殖规模,推进甲鱼养殖整治,推进渔业养殖和特种水产养殖尾水污染治理,推广稻鱼共生轮作、生态塘改造、增殖放流等工作。完成禁限养区划定整治400公顷,生态塘改造20公顷,增殖放流549万尾。

(张安愉)

横锦水库

【概况】 横锦水库是一座以灌溉、防洪为主，兼发电、供水、养鱼等综合利用的大(2)型水库。控制流域面积 378 平方千米，总库容 2.74 亿立方米。2015 年是“丰水年”，降雨量是有史以来最多的一年，全年降雨 2011.3 毫米，与多年同期平均降雨量相比增长 34%。完成发电量 3832 万千瓦时，发电收入 1560 万元，供水收入 1097 万元，总收入 2750 万元。年末职工人数 118 人。

【防汛抗台】 开展梅汛期防汛和抗击第 9 号台风“灿鸿”、13 号台风“苏迪罗”、21 号台风“杜鹃”工作。由于受持续强降雨和台风影响，水库水位急剧上升，为确保安全，7 月 6 日 16:30 至 7 月 13 日 8:30 水库开启三闸泄洪，下泄水量 5737 万立方米。主汛期结束后，由于持续性阴雨天气，水库水位上涨，为确保水库安全和下游群众生命财产安全，11 月 16 日 20:30 至 11 月 19 日 10:45 开启三闸泄洪，下泄水量约 1070 万立方米，这是自三扇闸门建成以来首次于非汛期泄洪。

【农田灌溉】 投入 52 万元，完成总干渠、南北干渠的全线清淤、除草、维修工程。完成总干渠渠塍加固 200 米，闸门维修 6 处，塌方维修 3 处，漏洞维修 6 处，南干渠东岩坑潜涵加固 1 处。落实防汛灌溉值班制度，加密渠道巡查，开展灌溉放水服务工作，确保下游农业生产的正常进行。全年灌溉放水 2734.8 万立方米。

【水源保护】 库区水源保护栏隔离工程及水质视频监控安装是市政府投资的重点工程，分别于 2015 年 1 月和 3 月进行招投标，工程于 11 月完成。安装防护栏 10.8 千米，库区周边新建视频探头 32 个，实时图像监控室 1 个。库区防护栏及视频监控安装于 11 月通过市水务局、市财政局的验收。防护栏及监控系统的投入使用，提高饮用水源保护的工作效率和管理水平。

与东阳江派出所水上执法中队一起开展渔政执法，依法查处在水库盗鱼等违法行为。没收游丝 380 匹，鱼竿 260 根。水上执法中队自 2014 年 8 月成立运行以来，非法垂钓等违法行为得到有效遏制。至年末，行政拘留 8 人次，追究刑事责任 2 人次，劝离垂钓人员 800 余人次，警告教育 100 余人次。

图 47 横锦水库

【电站管理】 严格执行安全规章制度，及时对机组设备进行勤检查、勤养护和隐患整改处理，注重对电站职工的业务知识培训和安全知识学习。年末，一级电站连续安全运行 10534 天，二级电站安全运行 12662 天，并分别于 1 月、12 月通过水电行业省三级安全生产标准化电站评审。

【安全供水】 完善《横锦水库管理局蓝藻防治应急预案》；加强宣传。张贴第 23 届“3·22”世界水日和第 28 届“中国水周”的有关标语和宣传画 40 余份，加强“节约水资源，保护水环境”主题的宣传。加强库面、尾水池、进水口等的巡查和垃圾清理等保洁工作。全年清理“漂浮物”及垃圾 550 余吨。对总干渠 3 千米渠段进行集中清理，为东阳市城乡居民供水“除障”。全年实现向东阳市安全供水 4895.7 万立方米，向义乌市供水 4980.42 万立方米。

（杜英萍）

南江水库

【概况】 南江水库位于钱塘江流域金华江上游支流南江，坝址位于东阳市湖溪镇南江村上游 500 米处，距东阳市区 36 千米，是一座以防洪、灌溉、供水为主，结合发电、养殖等综合利用大(2)型水库。坝址以上集雨面积 210 平方千米，总库容为1.194亿立方米。2015年，完成发电量2001.4万千瓦时，发电收入934.5万元，供水收入235万元，经济总收入1220.9万元。年末，在职职工72人，退休职工101人，清理10名留职停薪人员，其中，3人回单位上班，6人自动办理辞职手续，1人按照事业单位管理条例办理辞退手续。

【防汛防台】 制定《汛情巡查责任制》等制度，落实水文值班报汛制度。全年降雨量1936毫米，入库径流量2.51亿立方米。梅雨季降雨量410毫米，比往年平均降雨量增加一倍。7月，受9号“灿鸿”台风影响，水库处于高水位运行，提早泄洪1400万立方米，其间降雨量120毫米，入库径流2800万立方米，最大入库流量每秒418立方米，最大泄洪流量每秒150立方米，产生弃水1180万立方米。

【安全灌溉】 组织职工对渠道启闭闸门、自动遥测设备进行养护保养。投入23万元对总干渠、干渠全线进行清淤，清淤土方量3800立方米。多次到各镇乡街道联系分干渠疏浚工作。大流量灌溉11天、小流量灌溉9次，灌溉水量948万立方米。

【电站安全运行】 电站总装机7830千瓦。投资2.4万元安装2台除湿机，基本解决电站经常由于湿度太大不能正常开机的现象。6月和9月，35千伏3633输电线路发生两次故障，管理局和国网浙江东阳市供电公司沟通之后及时进行抢修恢复发电。南江水库二级电站被确定为东阳市水电行业省三级安全生产标准化电站。

图48 南江水库

【线路产权移交】 11月12日，管理局与国网浙江东阳市供电公司签订35千伏横南3633线路移交协议，无偿将该线路供配电资产移交给国网浙江东阳市供电公司。

【水资源保护】 水库库区增设宣传牌44块、公告牌22块。开展洁水工作，投入人工600余工时，打捞清理垃圾531吨，投入水资源保洁资金14万元。加强水域巡查，开展联合执法。全年阻止违法侵占水域3次，教育处理4人次。结合“周三巡库日”活动，组织公安、渔政、环保、当地政府等相关部门参加联合执法行动6次，对违法钓鱼人员进行法律、法规等政策宣传，劝离钓鱼人员200余人次，处理教育29人。

【南江水库加固改造工程】 1月4日，南江水库加固改造工程三期工程完成招投标，主要有门卫值班室、绿化、绕坝渗流观测台阶及纪念碑、西坝头缺口封堵等建设内容。7月，全部完工。11月4日，进行分项初步验收。年末，一期工程土建标完成工程审计。

【南江水库中型灌区节水配套改造工程】 召开工程例会10次，现场会2次，并通过省水利厅委托工程局的工程建设稽查。年末，完成总工程量的83%，主要完成渠道砼衬砌和倒虹吸改造、渡槽、管理房建设，剩余11座隧洞未完成。

（陈　鲜）

工　业

概　述

【概况】 2015年，全市规模以上工业增加值115.9亿元，比上年增长8.4%。其中，轻工业53.59亿元，增长6.5%；重工业62.31亿元，增长10.1%。年末，规模以上工业企业493家，全年工业总产值534.52亿元、工业销售产值496.75亿元、主营业务收入452.67亿元、利税37.07亿元，分别比上年增长5.8%、4.8%、4.2%和下降4.6%。

2015年东阳市规模以上工业企业主要经济指标

表6

项　目	企业数（个）	工业增加值（亿元）		工业总产值（亿元）		主营业务收入（亿元）		利润总额（亿元）		工业投资额（亿元）	
		累计	±%	累计	±%	累计	±%	累计	±%	累计	±%
合　计	493	115.90	8.4	534.52	5.8	452.67	4.2	22.63	-5.3	127.93	6.0
经济开发区	55	7.73	14.9	37.03	11.0	30.45	5.0	0.77	20.1	24.32	2.9
吴宁街道	12	4.54	3.1	28.04	2.0	27.33	1.1	0.25	-22.6	0.12	51.8
白云街道	75	11.82	9.0	55.37	7.8	44.21	0.3	1.50	-6.4	9.91	7.8
江北街道	41	4.90	18.1	23.96	16.9	21.00	8.8	0.62	26.9	13.00	7.2
城东街道	17	2.76	15.8	12.55	9.3	11.14	4.1	0.70	23.0	8.26	22.9
南市街道	27	3.87	2.6	19.17	-0.2	16.89	-4.2	0.80	-2.7	6.33	6.9
横店镇	76	47.70	5.0	186.70	1.1	154.88	3.6	12.51	-6.6	21.86	-15.2
南马镇	53	14.52	6.7	80.60	6.4	75.92	7.1	2.57	-15.8	17.12	20.6
巍山镇	38	5.04	21.2	28.14	14.0	21.18	4.1	1.43	12.7	6.60	43.3
歌山镇	28	4.63	17.3	23.46	13.6	17.77	13.3	0.50	33.8	6.22	13.7
千祥镇	16	1.53	5.9	6.59	6.3	5.37	1.8	0.08	-1.4	1.20	9.0
湖溪镇	21	2.27	12.6	10.63	10.2	8.31	12.0	0.17	-2.1	2.33	16.4
画水镇	18	2.04	15.5	10.30	11.7	8.74	7.3	0.31	18.5	9.04	8.6
虎鹿镇	4	0.73	9.4	3.83	6.4	3.33	0.4	0.20	-13.9	1.00	10.6
东阳江镇	3	0.61	15.6	2.30	13.8	1.86	0.7	0.05	-57.8	0.10	11.1
马宅镇	6	0.57	2.2	2.63	0.3	2.64	0.6	0.16	20.5	0.25	-7.6
佐村镇	3	0.64	21.8	3.22	19.3	1.65	6.5	0.01	-58.8	0.27	7.7

2015年东阳市工业重点技改项目

表7 单位:万元

序号	项目实施企业	项目名称	总投资	设备投资	项目负责人	项目实施地
1	横店集团东磁股份有限公司	磁性材料生产自动化、智能化、网络信息化融合提升改造示范项目	22060.00	20422.00	何时金	横店
2	横店集团东磁股份有限公司	年新增8000吨高性能节能电机磁瓦技改扩建项目	11800.00	9158.00	何时金	横店
3	浙江省东阳市诚基电机有限公司	年产2000万个具备光学防抖功能的CMOS传感多芯片封装技术项目	4800.00	3771.54	张义龙	横店
4	横店集团得邦照明股份有限公司	年产3000万个健康照明LED项目	9600.00	3900.00	倪　强	横店
5	横店集团浙江得邦公共照明有限公司	年产200万套生态照明灯具	2800.00	680.00	杜国红	横店
6	浙江联宜电机股份有限公司	微特电机产业化建设项目	16002.61	12480.00	许晓华	横店
7	浙江联宜电机股份有限公司	年产1.5万台城市轻轨列车自动门用电机生产线技改	2800.00	1983.00	许晓华	横店
8	浙江英洛华磁业有限公司	年产200吨超高磁能积高性能钕铁硼磁体生产线	3570.00	2620.00	魏中华	横店
9	浙江英洛华磁业有限公司	年产200吨变频电机用钕铁硼磁体技改项目	2310.00	1710.00	魏中华	横店
10	浙江普洛康裕制药有限公司	年产5亿粒盐酸左氧氟沙星胶南生产线建设项目	7600.00	7000.00	葛萌芽	横店
11	浙江普洛康裕制药有限公司	合成药物制造EHS整治提升技术改造项目	2633.00	1637.00	葛萌芽	横店
12	浙江普洛得邦制药有限公司	年产100吨头孢抗菌素原料药酶法生产线建设项目	6970.00	4910.00	马向红	横店
13	浙江普洛医药科技有限公司	年产10吨葡聚糖铁技术改造项目	4435.00	2363.00	何　春	横店
14	浙江中元磁业股份有限公司	具有高取向度的高性能稀土永磁体的研发和产业化	7537.00	2910.00	任元月	横店
15	中核苏阀横店机械有限公司	年产7000吨特种阀门铸件自动化流涂合箱生产线及现场吸尘装置技改项目	3280.00	2800.00	张宗列	横店
16	浙江中科磁业有限公司	年产1500吨磁瓦生产线建设项目	2000.00	1300.00	吴中平	横店
17	浙江花园铜业有限公司	年产2万吨变压器带生产线项目	14432.00	9932.00	潘建峰	南马
18	浙江花园生物高科股份有限公司	年产1.5吨骨化二醇项目	14160.00	8004.00	邵钦祥	南马
19	浙江花园电子科技有限公司	年产500万个基于PID的模糊智能温控器生产线技改项目	7200.00	3550.00	单钻锋	南马
20	浙江格瑞斯实业有限公司	不锈钢复底锅自动化生产线技改项目	6560.00	2520.00	胡官星	南马
21	冀发集团有限公司	年产10万台930511L双拉斜断锯生产线建设项目	2000.00	950.68.00	王　骥	南马

续表 7

序号	项目实施企业	项目名称	总投资	设备投资	项目负责人	项目实施地
22	浙江江蒙金属电气制造有限公司	精密钢带冷轧系列生产线技术改造项目	1923.0	1280.0	李龙保	南马
23	浙江嘉豪皮带有限公司	年产 294 万条皮带生产线技改项目	9775.0	550.0	高长良	白云
24	浙江恒成硬质合金有限公司	年产 50 吨硬质合金盾构机刀片项目	1500.0	800.0	金益民	白云
25	浙江省东阳市华侨制衣有限公司	年产 200 万套服装生产流水线技改项目	1500.0	1500.0	邵福贵	白云
26	浙江博弈针织有限公司	年产 2000 万双红外保健裤袜项目	2500.0	2000.0	吕康康	白云
27	浙江东峰制冷配件有限公司	年产 1500 万件油冷器配件	750.0	620.0	许庆梅	白云
28	浙江思科国祥制冷设备有限公司	年产 5000 台高效换热压力容器、5000 套低温冷冻空调设备技改项目	23700.0	8910.0	陈俊健	开发区
29	浙江金象科技有限公司	年产 300 万只高清洁制冷剂钢瓶建设项目	4580.0	2000.0	韦中总	开发区
30	浙江海森药业有限公司	原料药生产 FDA 标准认证技改一期项目	2130.0	1470.0	王式跃	开发区
31	浙江水中花针织内衣有限公司	年新增 800 万件内衣生产线技改项目	6000.0	2600.0	吴永新	开发区
32	浙江佳友生物科技有限公司	年产 1800 吨 PET 异形食品盒、色拉碗等系列产品技改项目	2115.0	1065.0	陈 焰	开发区
33	浙江伟成塑胶有限公司	年产 100 万套滚筒洗衣机塑料配件技改项目	2120.0	1190.0	丁伟民	江北
34	浙江日升昌药业有限公司	年产 600 万支孚诺软膏生产线以及年产 200 公斤硫酸多粘菌素 B 车间技改项目	1580.0	520.0	傅龙云	江北
35	浙江凯文磁钢有限公司	年产 1000 吨微电机用永磁铁氧体瓦形磁体智能化、自动化生产线技改项目	2900.0	2100.0	卢杨成	城东
36	浙江凯文磁业有限公司	年产 500 吨高性能节能电机用烧结钕铁硼永磁材料生产线技改项目	2300.0	1300.0	卢阳春	城东
37	东阳市创威电炉有限公司	年产 160 套大型节能钢壳熔炼炉成套设备生产线项目名称	3890.0	550.0	马军伟	南市
38	东阳市方维墙纸有限公司	年产 2500 万米无纺布及 PVC 墙纸项目	1700.0	1143.0	陈天德	南市
39	浙江朋诚科技有限公司	年产 500 吨高强度高红硬性钨镍合金材料项目	2000.0	500.0	王勇伟	巍山
40	浙江康峰化工有限公司	年产 500 吨二硝基三氟甲苯技改项目	1530.0	1180.0	吴永良	巍山
41	浙江鼎坚玻璃有限公司	年产 370 万立方米 LOW–E 玻璃产品项目	6000.0	1500.0	尧治荣	巍山
42	浙江瑞邦科技有限公司	年产 100 吨能量型磷酸铁锂材料	1653.5	653.5	胡志平	歌山
43	浙江普洛康裕生物制药有限公司	过滤车间建设项目	2736.0	1500.0	陆海平	歌山
44	浙江野风药业有限公司	年产 300 公斤心脏支架涂层材料技改项目	2250.0	1020.0	周卫国	歌山
45	浙江省东阳市富德豪胶粘制品有限公司	封缄胶带设备产能提升 30%技改项目	2000.0	500.0	王会顺	画水

续表 7

序号	项目实施企业	项目名称	总投资	设备投资	项目负责人	项目实施地
46	浙江赛诺威工贸有限公司	年产冰鞋 95 万双、冰刀 10 万双、平滑鞋 25 万双生产线技改项目	2400	500	蒋　燕	画水
47	浙江省东阳市小康建材有限公司	年产 6000 万块污泥、页岩烧结多孔砖生产线技改项目	2200	966	葛小康	虎鹿
48	浙江省东阳市喜啦啦饮用水有限公司	年产 10 万吨植物蛋白饮料生产线技改项目	2500	666	张建华	虎鹿
49	横店集团浙江英洛华电子有限公司	年产 6 万平方米 LED 用陶瓷基板生产线	1500	1100	王平进	横店
50	东阳市飞华环保科技有限公司	年产 5000 吨高阻隔片材、容器生产线改造项目	2850	2480	范飞华	巍山
	合　计		268800	146300		

2015 年东阳市工业重点新建项目

表 8

序　号	项目名称	项目实施企业	计划投资（万元）	项目实施地
1	传感器、仪表仪	浙江中感传感器科技有限公司	130000	长松岗
2	檀香工艺品	东阳市天梅檀香工艺品有限公司	50000	长松岗
3	服装、服饰制造	浙江芊佰佳实业有限公司	30000	长松岗
4	医疗	磐安县飞虎塑胶有限公司	12000	长松岗
5	童装	天天乐童装厂	5000	长松岗
6	服装、服饰制造	东阳市凡爱服饰有限公司	5000	长松岗
7	年产 20 万台便携式激光投影仪生产线项目	上海电意电子科技有限公司（浙江梦影科技有限公司）	13000	西楼工业功能区
8	厂房	东阳市振宇机械有限公司	9000	五一工业功能区
9	年产 25 万吨系列彩涂门面板生产线建设	浙江首信工贸有限公司	25000	歌山工业功能区
10	年产 3000 万个电机铝压铸配件	东阳市永尔佳环保科技有限公司	3800	六怀工业功能区
11	年产 500 吨高强度高红硬性钨镍合金材料项目	浙江朗诚科技有限公司	4860	六怀工业功能区
12	年产 100 万套高效电锤项目	浙江省东阳市铁锚科技有限公司	4000	六怀工业功能区
13	年产 8000 万双新型软塑胶手套生产线项目	浙江敢为实业有限公司	7500	金义东 A 区
14	年产 600 万平方米塑料地板生产线项目	东阳圣世鼎实业有限公司	4000	金义东 A 区
15	转印纸	东阳市龙丽工贸有限公司	6000	千祥工业功能区
	合　计		309160	

2015年东阳市工业重点续建项目

表9

序号	项目名称	项目实施企业	2015年计划投资(万元)	项目实施地
1	年产7000万套波纹管及组件生产线建设项目	浙江宝森波纹管有限公司	4000	长松岗
2	年产40套超高纯气体成套设备配套的厂房设备项目	浙江金象科技有限公司(二期)	15000	长松岗
3	LED产业化基地	东阳市望远光电有限公司	15000	长松岗
4	年产2000吨耐高温低成本钕铁硼电机磁钢的研发和产业化项目	浙江中元磁业股份有限公司	20000	长松岗
5	针织服装生产基地	浙江水中花针织内衣有限公司	11000	长松岗
6	年产6500吨针织布系列产品项目	浙江雅姿服饰有限公司	4000	城东
7	年产2500吨长余辉发蓄光材料建设项目	东阳市浩江家居用品有限公司	4000	五一工业功能区
8	年产1300万条高档针织布料裤袜生产线建设项目	东阳市娇子针织有限公司	3200	五一工业功能区
9	年产650万件新型织物开发生产项目	东阳市海派亚太服饰有限公司	3400	五一工业功能区
10	年产500万套家纺项目	东阳市喜中喜寝具有限公司	4450	五一工业功能区
11	年产5万吨不锈钢基材真空离子镀膜	浙江鸿鹄谷科技有限公司	30000	五一工业功能区
12	办公楼、厂房2号、厂房2号	浙江省东阳市迪梦莎寝具有限公司	6000	西城工业园区
13	1号综合楼、2号、3号厂房、4号生产科研楼	浙江卓诗琳服饰有限公司	6000	西城工业园区
14	厂房、门卫、综合楼	浙江嘉豪皮带有限公司	6000	西城工业园区
15	年产12万套汽车配件、60万套真空吸尘器生产线项目(年产2000吨无纺布、20万套花房生产线建设项目)	东阳市亨普工贸有限公司	3000	南马三期
16	年产2000万套厨房用具生产线建设项目	浙江华万多厨业有限公司	3000	南马三期
17	年产180万台健身休闲车生产线建设项目	浙江鑫正工贸有限公司	4500	南马三期
18	年产3500吨PET、PLA片材环保包装材料	东阳市飞华环保科技有限公司	6500	六怀工业功能区
19	年产200万台电子衡器生产项目	浙江万衡工贸有限公司	7000	歌山工业功能区
20	年产160万套高档不锈钢制品、铝制品生产线	东阳市万得福炊具有限公司	6000	金义东A区
21	年产手动黄油枪300万个、气动黄油机12万台，瓷砖切割机10万台，柴油泵15万台生产线	浙江田博工贸有限公司	4500	金义东A区
22	年产220万套汽车节温器、制动阀生产线	东阳市皓琛科技有限公司	5000	金义东A区
23	年产110万套/件保暖内衣和时尚保暖裤项目	浙江省东阳市金钰丰服饰有限公司	3500	竹溪工业功能区
24	年产550万件电脑配件产业化项目	东阳市欣永新工贸有限公司	6000	竹溪工业功能区
25	年产160万个厨房电器生产线	东阳市万豪电器有限公司	3500	竹溪工业功能区
	合计		184550	

2015年东阳市"两化"融合项目

表10

序号	项目承建单位	项目名称	项目建设周期	项目投资（万元）	项目负责人	项目实施地	类型
1	浙江思科国祥制冷设备有限公司	新旧ERP系统替换项目	2014.10~2015.12	60.0	陈俊健	经济开发区	新建
2	浙江海森药业有限公司	生产公用系统自动化改造项目	2015.4~2016.3	220.0	王式跃	经济开发区	新建
3	东阳市万利电子有限公司	ERP信息化管理	2014.1~2015.10	100.0	汤剑刚	经济开发区	续建
4	东阳市双燕设备有限公司	生产制造智能化及经营管理信息化项目	2012.8~2014.8	70.0	卢新泉	经济开发区	续建
5	浙江金象科技有限公司	企业信息化管理系统项目	2014.4~2015.12	120.0	韦中总	经济开发区	续建
6	浙江思科国祥制冷设备有限公司	安全生产监控系统和空调机组设计软件的开发项目	2014.2~2015.5	220.0	陈俊健	经济开发区	续建
7	浙江鼎坚玻璃有限公司	ERP、OA系统优化升级项目	2013.12 ~2015.1	170.5	尧治荣	经济开发区	续建
8	东阳市卓林服饰有限公司	管理信息化和生产自动化项目	2015.3~2016.3	130.0	卢忠汉	吴宁街道	新建
9	东阳市御乾堂宫廷红木家具有限公司	第三方商品智能防伪与企业云管控平台项目	2015.1~2015.12	225.8	马海军	吴宁街道	新建
10	浙江博弈针织有限公司	袜机管理控制系统信息化项目	2015.1~2015.12	95.0	吕康康	白云街道	新建
11	东阳市秋之歌服饰有限公司	计算机辅助设计(CAD)、样版制作、排版和裁剪主要工序自动化项目	2015.1~2015.12	114.0	孔玉园	白云街道	新建
12	东阳希望纺织有限公司	两化融合项目	2015.1~2015.12	108.0	张冠洋	白云街道	新建
13	浙江易派服饰有限公司	裁剪及缝制工序生产自动化项目	2015.1~2015.12	186.0	许益红	白云街道	新建
14	浙江卓诗琳服饰有限公司	一卡通管理控制系统项目	2015.3~2016.3	88.0	陈锦晓	白云街道	新建
15	东阳市金地子针织有限公司	电脑横编机自动化生产项目	2014.12~2015.6	121.0	郭慧琴	白云街道	新建
16	浙江省东阳市雅百威服饰有限公司	年产50万件中高档女装自动裁剪系统项目	2015.3~2016.3	138.0	陈继生	白云街道	新建
17	东阳市司尔飘时装厂	排版和裁剪自动化项目	2015.1~2015.12	121.0	吴康平	白云街道	新建
18	浙江嘉豪皮带有限公司	生产自动化、ERP管理系统项目	2015.3~2016.3	150.0	高长良	白云街道	新建
19	东阳市恒达金属波纹管有限公司	生产过程自动化及工艺优化项目	2014.6~2016.5	460.0	陈正德	白云街道	新建
20	东阳市永实饰品有限公司	注塑机机械手及平面打印管理控制系统信息化项目	2015.3~2015.12	130.5	林海银	白云街道	新建
21	浙江好视佳反光材料有限公司	金银丝智能化生产项目	2014.10~2015.12	180.0	吴万生	白云街道	新建

续表 10

序号	项目承建单位	项目名称	项目建设周期	项目投资（万元）	项目负责人	项目实施地	类型
22	东阳市东政电机有限公司	企业生产智能化管理平台建设项目	2015.4~2016.8	180.0	陈 政	白云街道	新建
23	浙江东峰制冷配件有限公司	数控技术加工优化项目	2015.1~2015.12	280.0	许庆梅	白云街道	新建
24	浙江博弈针织有限公司	企业资源计划(企业 ERP)项目	2014.1 ~2014.12	108.0	吕康康	白云街道	续建
25	浙江省东阳市华侨制衣有限公司	服装自动流水线及智能化管理系统项目	2014.1~2015.12	394.7	邵福贵	白云街道	续建
26	东阳新东煌服饰有限公司	ERP 管理系统和无缝粘合产品线实施方案项目	2014.4 ~2015.12	122.0	陆军华	白云街道	续建
27	浙江骆豪服饰有限公司	企业资源计划管理系统 ERP 信息化项目	2014.3 ~2015.2	90.0	骆芝娥	白云街道	续建
28	浙江同力服装有限公司	生产管理信息系统项目	2014.1~2015.7	223.0	龚松林	白云街道	续建
29	浙江嘉豪皮带有限公司	“两化”融合项目	2013.3 ~2014.12	125.0	高长良	白云街道	续建
30	浙江南天投资有限公司	“两化”融合项目	2013.10 ~2014.06	320.0	张钢明	白云街道	续建
31	浙江华恒温控器有限公司	自动化生产线软件改造项目	2013.6~2015.5	350.0	楼向阳	白云街道	续建
32	浙江新衣诚服装有限公司	无缝针织服装织造生产自动化项目	2015.2~2015.11	220.0	黄红春	江北街道	新建
33	浙江志达服装有限公司	自动化织造无缝针织服装项目	2015.2~2015.11	162.0	朱志成	江北街道	新建
34	浙江炜晟包装有限公司	安防系统与全自动制箱机项目	2015.2~2015.11	410.0	王淑婷	江北街道	新建
35	浙江省东阳市江南电子器件厂	生产工序自动化和管理网络化项目	2015.2~2016.7	245.0	卢江波	城东街道	新建
36	浙江凯文磁业有限公司	高性能烧结钕铁硼信息化自动化项目	2014.3~2015.12	360.0	卢阳春	城东街道	新建
37	东阳富仕特磁业有限公司	永磁铁氧体压制成型自动化工艺改造项目	2013.3 ~2014.10	525.0	李凌峰	城东街道	续建
38	浙江凯文磁钢有限公司	高性能永磁铁氧体产品制造工序智能化、自动化建设项目	2014.1~2015.12	1360.0	卢杨成	城东街道	续建
39	浙江省东阳市电磁器材厂	“两化”融合项目	2014.1~2015.12	210.0	李国宁	城东街道	续建
40	东阳市电磁器材三厂	永磁铁氧体自动化生产线改造项目	2014.3 ~2014.10	200.0	李茂立	城东街道	续建
41	浙江佰耐钢带有限公司	ERP 管理系统应用项目	2013.5 ~2014.12	180.0	李益明	城东街道	续建
42	浙江金路达皮具有限公司	金路达私有云及远程虚拟应用管理平台项目	2015.1~2015.8	70.0	邵英雷	南市街道	新建
43	东阳市天时达磁业有限公司	永磁铁氧体压制成型工艺自动化改造项目	2013.12 ~2014.12	430.5	何军花	南市街道	续建

续表 10

序号	项目承建单位	项目名称	项目建设周期	项目投资（万元）	项目负责人	项目实施地	类型
44	东阳市亿力磁业有限公司	ERP 系统优化升级项目	2014.3 ~2014.12	105.0	陆洋平	南市街道	续建
45	东阳市东翔磁材有限公司	全自动预烧料生产线和机械手压机技改项目	2013.12 ~2014.12	560.0	张志洪	南市街道	续建
46	浙江金路达皮具有限公司	企业管理信息化总体规划方案项目	2014.1 ~2014.10	199.5	邵英雷	南市街道	续建
47	东阳市恒兴墙纸有限公司	ERP 系统优化升级项目	2013.12 ~2014.12	110.0	陆旭恒	南市街道	续建
48	东阳市李氏塑胶有限公司	ERP 管理系统方案项目	2014.2 ~2015.10	80.0	李云文	南市街道	续建
49	浙江中元磁业股份有限公司	钕铁硼自动化生产线项目	2015.1~2016.6	352.0	任元月	横店镇	新建
50	浙江省东阳市诚基电机有限公司	生产制造运营管理系统项目	2015.1~2016.1	180.0	张义龙	横店镇	新建
51	横店集团东磁股份有限公司	企业基础网络改造项目	2015.2~2016.4	260.0	何时金	横店镇	新建
52	浙江东阳强力电子有限公司	自动化进一步优化和管理网络化项目	2015.2~2016.3	200.0	陆军强	横店镇	新建
53	浙江英洛华磁业有限公司	后道工序精细化管理系统项目	2015.1~2016.12	265.2	魏中华	横店镇	新建
54	浙江全方音响科技有限公司	全方音响 ERP 升级项目	2015.4~2015.12	260.0	廖剑波	横店镇	新建
55	横店集团得邦照明股份有限公司	企业管理信息系统优化和 LED 半自动装配线改造项目	2015.1~2015.12	887.0	倪　强	横店镇	新建
56	浙江中科磁业有限公司	年产 1 万吨铁氧体磁钢液压机自动化改造项目	2015.3~2016.8	550.0	吴中平	横店镇	新建
57	浙江省东阳市晓德电机磁钢有限公司	永磁铁氧体压制成型工艺自动化改造项目	2015.1~2016.10	372.0	胡晓德	横店镇	新建
58	浙江亚德工贸有限公司	ERP 信息化项目	2014.2~2016.7	151.4	金李军	横店镇	新建
59	横店集团控股有限公司	横店集团信息化管理平台项目	2014.12~2016.11	145.0	徐永安	横店镇	新建
60	浙江普洛康裕制药有限公司	合成制药多功能车间危化工艺自动化控制项目	2014.12~2015.12	380.0	葛萌芽	横店镇	新建
61	浙江普洛得邦制药有限公司	无菌车间溶剂回收系统及 IT 机房改造项目	2015.1~2016.1	200.0	马向红	横店镇	新建
62	浙江普洛医药科技有限公司	多功能车间自动化控制系统改造项目	2015.1~2016.5	483.0	何　春	横店镇	新建
63	中核苏阀横店机械有限公司	办公信息化生产自动化提升项目	2015.3~2015.12	590.6	张宗列	横店镇	新建
64	东阳市禹磁实业有限公司	永磁铁氧体压制成型工艺自动化改造项目	2013.3 ~2014.10	1260.0	何潜君	横店镇	续建
65	东阳市必成实业有限公司	关键生产工序自动化和智能化项目	2014.1 ~2015.4	135.0	金跃军	横店镇	续建

续表 10

序号	项目承建单位	项目名称	项目建设周期	项目投资（万元）	项目负责人	项目实施地	类型
66	东阳市大联电声器材有限公司	连续模生产线技术改造项目	2013.12~2015.6	300.0	张立军	横店镇	续建
67	浙江东阳强力电子有限公司	两化融合优化项目	2014.3 ~2014.12	120.0	陆军强	横店镇	续建
68	浙江英洛华磁业有限公司	钕铁硼产品检分自动化生产线项目	2014.1 ~2014.12	216.0	樊熊飞	横店镇	续建
69	浙江东磁户田磁业有限公司	东磁户田造粒工程和水洗脱水自动化系统项目	2014.1 ~2015.12	130.0	韦晓阳	横店镇	续建
70	横店集团浙江英洛华电子有限公司	片式电阻用陶瓷基板生产自动化项目	2014.1 ~2015.12	276.0	王平进	横店镇	续建
71	东阳市横店友联磁业有限公司	GX 系列高速运动控制多轴同步多线切割机工艺品自动化改造项目	2013.11 ~2014.10	450.0	张升辉	横店镇	续建
72	东阳市海强电声配件有限公司	自动化烤漆生产线项目	2013.11~2014.6	80.0	马海荣	横店镇	续建
73	东阳市恒昌永磁有限公司	恒昌永磁成型生产自动化系统项目	2014.1 ~2015.12	185.0	张军浩	横店镇	续建
74	横店集团浙江英洛华电声有限公司	扬声器磁路自动组装生产线项目	2014.3 ~2016.2	180.0	廖剑波	横店镇	续建
75	四达氟塑股份有限公司	四达氟塑企业管理信息化建设项目	2014.1 ~2014.12	180.0	何正纲	横店镇	续建
76	浙江联宜电机股份有限公司	企业信息化管理系统流程再造项目	2013.9 ~2015.6	215.9	许晓华	横店镇	续建
77	浙江花园电子科技有限公司	SMT 表面贴装自动化生产线项目	2014.12~2016.4	500.0	单钻锋	南马镇	新建
78	浙江花园包装有限公司	瓦楞纸箱自动化包装流水线项目	2015.2~2016.4	152.0	邵徐君	南马镇	新建
79	东阳市永福杯业有限公司	金工流水线及注塑机自动化改造项目	2015.1~2015.12	130.0	李福禄	南马镇	新建
80	浙江花园生物高科股份有限公司	羊毛脂综合利用自动化控制项目	2014.3 ~2014.11	323.5	邵钦祥	南马镇	续建
81	东阳市大金五金工具有限公司	生产自动化升级改造项目	2014.3 ~2015.4	255.0	金 标	南马镇	续建
82	东阳市白坦经纬金银线厂	自动化控制生产金银线技术改造项目	2015.4~2016.1	130.0	吴金良	巍山镇	新建
83	东阳市合兴金银丝材料有限公司	自动化控制生产金银线技术改造项目	2015.3~2015.10	60.0	吴进望	巍山镇	新建
84	东阳市巍山环球包芯线带厂	自动化控制生产金银线技术改造项目	2015.4~2016.6	120.0	吴仲良	巍山镇	新建
85	东阳市美田金银线有限公司	自动化控制生产金银线项目	2015.4~2015.10	120.0	吴越安	巍山镇	新建

续表 10

序号	项目承建单位	项目名称	项目建设周期	项目投资（万元）	项目负责人	项目实施地	类型
86	东阳市鑫辉金银线有限公司	自动化控制生产金银线项目	2015.4~2016.6	120	吴鑫钢	巍山镇	新建
87	东阳市鑫宇金银线有限公司	自动化控制生产金银线项目	2015.4~2016.1	120	吴庆亚	巍山镇	新建
88	东阳市华富金银线有限公司	自动化控制生产金银线项目	2015.1~2015.11	80	吴猛威	巍山镇	新建
89	东阳华美金银线有限公司	自动化控制生产金银线项目	2015.4~2016.1	470	吴郁良	巍山镇	新建
90	东阳市晶日金银线有限公司	自动化控制生产金银线项目	2015.3~2016.1	100	赵友红	巍山镇	新建
91	东阳市鑫烨线业有限公司	自动化控制生产金银线项目	2015.4~2015.12	100	吴建锋	巍山镇	新建
92	东阳市白坦佳乐金银丝有限公司	金银丝智能切线上桶工艺自动化控制项目	2015.4~2015.12	640	吴乐君	巍山镇	新建
93	东阳市白坦真空镀膜厂	自动化控制加热坩埚镀膜生产线项目	2015.2~2015.8	253	吴绍亮	巍山镇	新建
94	浙江巍华化工有限公司	对氯三氟甲苯自动化控制技术改造项目	2014.12~2016.10	260	吴顺华	巍山镇	新建
95	浙江康峰化工有限公司	绿色安全生产自动化两化融合项目	2015.4~2016.6	580	吴永良	巍山镇	新建
96	浙江朋诚科技有限公司	企业管理信息化(ERP 系统)及网络光纤化、无线化建设项目	2015.4~2016.6	100	王勇伟	巍山镇	新建
97	东阳市伟美金线有限公司	自控感应加热坩埚镀膜生产线项目	2014.1~2014.8	208	吴康伟	巍山镇	续建
98	东阳市大川机床附件有限公司	智能化、自动化机器设备改造项目	2014.1~2014.12	120	徐文良	巍山镇	续建
99	浙江东辉新能源科技有限公司	晶硅电池生产自动化项目	2014.2~2015.2	440	丁 麒	巍山镇	续建
100	浙江人和机械有限公司	电磁吸盘、卡盘生产线自动化改造项目	2014.1~2014.12	100	何裕郎	巍山镇	续建
101	浙江省东阳市剑华磁业有限公司	压机及包装工序自动化项目	2015.1~2015.12	300	李剑	歌山镇	新建
102	浙江野风药业股份有限公司	三氮唑自动化控制技术改造项目	2014.12~2015.3	220	卜正刚	歌山镇	新建
103	浙江普洛康裕生物制药有限公司	过滤车间板框自动化控制项目	2014.6~2015.12	620	陆海平	歌山镇	新建
104	浙江康吉尔药业有限公司	生产线自动化系统改进项目	2014.1~2014.10	138	汤朝晖	歌山镇	续建
105	东阳市中洲钢带有限公司	信息系统优化整合项目	2014.3~2015.12	120	何时田	歌山镇	续建
106	浙江省东阳市定达皮具有限公司	生产设备自动化项目	2015.1~2015.6	120	吕大军	千祥镇	新建

续表 10

序号	项目承建单位	项目名称	项目建设周期	项目投资（万元）	项目负责人	项目实施地	类型
107	东阳市强联磁性有限公司	磁性产品生产工序自动化项目	2015.1~2015.8	168.0	金宇鸿	湖溪镇	新建
108	东阳市顶峰磁材有限公司	信息化优化整合项目	2014.2~2015.6	421.0	施跃军	湖溪镇	续建
109	东阳市鹏程电子有限公司	永磁铁氧体压制成型工艺自动化改造项目	2013.5~2014.7	424.2	葛军民	湖溪镇	续建
110	东阳市恒祥磁材有限公司	磁性材料生产自动化和管理网络化项目	2014.2~2015.6	360.0	李杰杰	湖溪镇	续建
111	浙江省东阳市开源金属制品有限公司	磁性材料生产自动化和管理网络化项目	2014.2~2015.6	448.0	杜国帅	湖溪镇	续建
112	浙江欧南工贸有限公司	ERP 系统、OA 系统、监控系统、网营系统、自动化设备项目	2014.3~2015.2	190.0	王宗立	画水镇	续建
113	东阳市途锐工贸有限公司	企业资源计划管理 ERP 信息化项目，生产控制智能化项目	2014.2~2014.12	260.0	任大海	画水镇	续建
114	浙江省东阳市富德豪胶粘制品有限公司	企业资源计划（企业 ERP）项目	2013.6~2015.6	55.0	王会顺	画水镇	续建
115	浙江省东阳市佳友塑胶有限公司	ERP 信息化及视频监控升级项目	2013.11~2015.3	51.0	陈国生	虎鹿镇	续建
116	东阳市东艺工艺品有限公司	生产智能控制集成平台项目	2014.2~2015.2	210.0	施德泉	东阳江镇	续建
117	浙江金象科技有限公司	自动化伺服控制系统	2014.1~2015.8	515.0	韦中总	经济开发区	示范区项目
118	浙江海森药业有限公司	原料药车间智能化改造项目	2014.06~2016.12	480.0	王式跃	经济开发区	示范区项目
119	浙江凯文磁钢有限公司	高性能永磁铁氧体生产线自动化机器设备联网工程	2013.4~2015.12	2400.0	卢杨成	城东街道	示范区项目
120	浙江省东阳市诚基电机有限公司	东磁管控一体化及协同商务集成平台	2013.7~2016.12	3000.0	张文龙	横店镇	示范区项目
121	浙江联宜电机股份有限公司	特种电机智能化生产及服务技术支撑平台	2014.2~2016.8	1652.0	许晓华	横店镇	示范区项目
122	花园新材料股份有限公司	功能型瓦楞纸箱自动化生产管理系统	2014.3~2016.3	1150.0	邵徐君	南马镇	示范区项目
123	冀发集团有限公司	切割机配件机器联网改造项目	2014.7~2015.6	178.6	王 骥	南马镇	示范区项目
124	浙江新亚实业有限公司	牛仔裤生产线机器联网项目	2014.1~2016.12	618.0	金常青	南马镇	示范区项目

续表 10

序号	项目承建单位	项目名称	项目建设周期	项目投资（万元）	项目负责人	项目实施地	类型
125	横店集团东磁股份有限公司	磁性材料及太阳能自动化项目	2015.3~2016.12	3000	张义龙	横店镇	省两化融合项目
126	横店集团得邦照明股份有限公司	基于现场总线联网的 LED 生产过程动态管控一体化系统与数字车间示范	2015.1~2016.4	1500	倪　强	横店镇	省两化融合项目
127	横店集团东磁股份有限公司	基于 ERP 系统的协同商务平台	2014.2~2017.12	1500	何时金	横店镇	省云工程与云服务项目
128	浙江中元磁业股份有限公司	企业业务流程精细化管理平台建设	2015.3~2016.12	210	任元月	横店镇	省云工程与云服务项目
129	东阳市华晨电子有限公司	高性能粘结铁氧体回转窑烧结系统	2014.1~2015.12	125	陈小花	横店镇	续建项目
130	浙江江蒙金属电气制造有限公司	AGC 自动信息化控制系统	2014.4~2015.12	198	李龙保	南马镇	续建项目

【企业技术创新】 有市级以上企业技术中心 55 家，其中，国家级企业技术中心 2 家，磁性材料行业列入 2015 年度浙江省“机器换人”试点行业，新开发省级新产品 51 个，4 个产品获省优秀新产品三等奖，规模以上工业企业完成新产品产值 163.33 亿元，比上年增长 36.8%，新产品产值率 30.6%，比上年提高 6.5 个百分点。

【项目投资】 规模以上企业完成工业性投入 127.9 亿元，比上年增长 6%，其中，技改投资完成 91.69 亿元，比上年增长 26%。50 个市重点技改项目完成投资 17.63 亿元，完成年度计划的 97.5%，其中设备投资 10.8 亿元，占比 61.23%。“三改一拆”旧厂区改造完成 77.64 万平方米，完成年度任务的 194%。

【园区建设】 工业园区及工业功能区挖潜配套完善及新开发面积 0.19 平方千米，完成基础设施及配套设施投入 9.68 亿元，比上年增长 16.1%；区内固定资产实际投资 90.43 亿元，比上年增长 3.9%。老工业园区改造工作稳步推进，画水上坞工业园区、巍山白坦金银丝工业园区、城东李宅磁性材料园区、湖溪东园工具有限公司区块和南市街道 5 个园区完成规划论证，各老工业园区新建厂房面积 47 万平方米。全市工业园区及工业功能区企业完成工业总产值 579.41 亿元，比上年增长 8.9%；出口交货值 118.80 亿元，比上年增长 5.3%；主营业务收入 477.86 亿元，比上年增长 8.0%；利税 45.45 亿元，比上年增长 4.2%。

【“两化”融合】 实施“两化”融合项目 130 个，验收 2014 年度“两化”融合项目 30 个，兑现补助资金 499 万元，兑现金华市“两化”融合重点项目奖励资金 42 万元。开展培训及对接活动 10 余场，覆盖企业 500 余家，培训人数超 1000 人次以上。印发《关于加快推进省信息化和工业化深度融合国家综合性示范区建设的实施意见》，推进 40 个示范项目实施，通过省经信委和省财政厅组织的 2015 年示范区绩效评价。东磁和得邦照明“两化”融合管理体系贯标工作通过专家现场审核。按照无线浙江 Wi-Fi 产业联盟 i-zhejiang 建设标准及服务规范，推进城区重要公共区域免费 Wi-Fi 建设，建成开放 999 个 AP 点位，覆盖城区主要的行政大楼、办事大厅、客运站、公园、公交站亭等区域。

【节能降耗】 完成项目节能评估审查 268 个，将“零增地”技改且不属于八大高耗能行业的项目全部实行承诺备案，确定 47 家年综合用能 3000 吨标准煤以上和印染企业为第一批重点用能企业初始用能权审核确认试点企业，制定《东阳市新能源推广应用工作实施方案》《东阳市新能源汽车推广应用资金补助暂行办法》和《关于进一步加快我市光伏应用产业健康发展的实施意见》，横店集团东磁股份有限公司和浙江普洛医药科技有限公司通过能源管理体系论证，5 家企业通过清洁生产审核验收，2 家企业通过水平衡测试，1 家企业创建省绿色企业，完成 12 家重点用能企业在线监测接入安装。

【优化企业服务】 开展“进企连心精准服务”活动，帮助 247 家企业完成转贷 640 次，企业转贷发生总额 46.77 亿元，市政府主要领导走访工业企业 106 家，召开现场办公会 19 次，印发专题会议纪要 19 份，明确各类办理事项 131 余项，办结率 90%以上。每季召开镇乡街道工业经济例会，针对项目建设和重点工作推进过程中的困难和问题，建立“项目协调、信息报送、督促检查”项目推进机制，每季开展现场检查，每月通报重点工作进展情况，确保项目建设和重点工作顺利推进。继续组织实施企业培育工程，完成“小上规”（小企业转规模以上企业）55 家。

【开展工业竞赛活动】 在镇乡街道、经济开发区和涉工部门（单位）继续开展工业竞赛活动。经市工业竞赛活动考评工作领导小组考评，年度镇乡街道、经济开发区竞赛考评优胜奖，第一组：经济开发区、巍山镇、白云街道；第二组：画水镇、湖溪镇、南市街道；第三组：虎鹿镇、东阳江镇。年度涉工部门（单位）竞赛考评优胜奖：经信局、招商局、国税局、财税局、市场监管局 。

【入围省“千人计划”3 人】 1 月，浙江省海外高层次人才引进“千人计划”2014 年度入选人员名单公布，东阳市欧德尚环保节能工程有限公司格罗纳斯·维克多尔、浙江普洛康裕天然药物有限公司周志国、横店集团家园化工有限公司詹威强入选。“浙江省海外高层次人才引进计划”（又称省“千人计划”）从 2009 年开始实施，主要围绕浙江省经济社会发展需求，面向海外引进具有国际国内领先学术技术水平，或拥有自主知识产权、富有产业化发展潜力的科研成果，能够突破关键技术、发展高新产业、带动新兴学科的学科带头人、科技领军人才和高层次创业创新人才。

【省信息化发展指数】 2 月 9 日，省经信委、省统计局发布 2014 年浙江省信息化发展指数研究报告，东阳市信息化发展五类分项指数分别为：基础设施指数 0.725，产业技术指数 0.965，应用消费指数 0.904，知识支撑指数 0.927，发展效果指数 1.193，信息化发展总指数 0.935，列 2014 年全省各县（市、区）信息化发展指数三类第 10 位。

【东阳市科学技术奖】 2 月 16 日，东阳市政府公布 2014 年度科学技术奖，其中，5 个项目为科技成果奖，33 个项目为科技进步奖（见 P263 表 22）。横店集团东磁股份有限公司的“高性能各向异性粘结 NdFeB 磁体”、浙江联宜电机股份有限公司的“轮椅座位升降电机”、浙江中元磁业股份有限公司的“ZYH48 电机磁钢材料”、浙江普洛得邦制药有限公司的“头孢地尼原料”、浙江巍华化工有限公司的“对氯三氟甲苯”获科技成果奖。

【省区域两化融合发展水平评估】 3 月 20 日，省经信委发布 2014 年浙江省区域两化融合发展水平评估报告，东阳市两化融合发展总指数 62.52。其中，基础环境 21.15，工业应用 30.90，应用效益 10.47，列 2014 年各县（市、区）两化融合发展二类地区。

【机器换人试点行业】 3 月 25 日，省经信委、财政厅确定 2015 年度机器换人分行业试点名单，东阳市磁性材料行业列入其中。

【徐文荣获杰出企业责任奖感谢奖】 3 月 27 日，由香港镜报主办的“第四届两岸四地杰出企业社会责任奖”颁奖典礼在香港九龙尖沙咀东部科学馆道 17 馆维港汇（HOTEI ICON）宴会厅举行，获第一届杰出企业家社会责任奖的横店集团创始人、横店四共委主席徐文荣作为特邀嘉宾在典礼上致辞并获杰出企业责任奖感谢奖。

【首届中国（东阳）木雕·红木家具交易博览会】 4 月 28 日，第一届中国（东阳）木雕·红木家具交易博览会（红博会）在中国木雕博物馆国际会展中心开幕（会期 3 天，后延至 5 月 3 日）。博览会由中国林产工业协会、东阳市人民政府共同主办，中国家具协会特别支持，中国木雕城、东阳市工艺美术行业协会、东阳市红木家具行业协会、杭州中装美艺品牌管理有限公司等单位承办，100 余个品牌企业的精品红木家具参展，设标准展位 800 个，同时中国（义乌）文化产品交易会首次在展会期间设立分会场。开幕式上，对中国林业产业创新奖（红木类）获得者进行表彰，并举行中国百强软装品牌年度大选（家具类）启动仪式及中国木雕城与淘宝拍卖战略合作签约仪式。

【中国林业产业创新奖(红木类)7项】 4月28日，在第一届中国(东阳)木雕·红木家具交易博览会(红博会)开幕式上，中国林业产业联合会对2013~2014年度中国林业产业创新奖（红木类)中的20个项目进行表彰，东阳市明堂红木家具有限公司、东阳市振宇红木家具有限公司、东阳市华龙工艺品有限公司、浙江卓木王红木家具有限公司、东阳市御乾堂宫廷红木家具有限公司、浙江大清翰林古典艺术家具有限公司、东阳市东艺工艺品有限公司7家企业的产品或工艺项目获中国林业产业创新奖(红木类)。

【磁性材料标准化项目通过省级验收】 4月，块状产业标准化重点项目《永磁铁氧体压制成型工艺自动化企业联盟标准》通过省级考核验收。磁性材料生产在东阳工业经济发展中所占比例较重，永磁铁氧体是磁性材料生产中的当家产品，实施《永磁铁氧体压制成型工艺自动化企业联盟标准》，实现永磁铁氧体制造过程中的关键工序（压制成型工艺)“机器换人”，能提升产品质量和行业自动化生产能力。

【省科学技术奖3项】 5月6日，省科技厅公布2014年度浙江省科学技术奖名单，中核苏阀横店机械有限公司的“高压加氢脱硫装置专用阀门铸件”获技术发明奖项目二等奖（完成人：叶永姣、谢国丽、王润英、谢小兵、刘小冬、顾丽丽)，浙江花园生物高科股份有限公司 浙江大学 杭州下沙生物科技有限公司的“羊毛脂中甾醇同系物的高效分离及其副产物综合利用”获科学技术进步奖项目一等奖(完成人：任其龙、钱国平、邢华斌、刘建刚、苏宝根、鲍宗必、马焕政、刘小平、王子强、杨亦文、张彩菊、杨启炜、张治国)，浙江普洛康裕生物制药有限公司的“硫酸粘菌素”获科学技术进步奖项目三等奖(完成人：吕文进、陆小平、陈朝晖、陆素瑛、周国营、潘利康)。

【省“小升规”重点县(市、区)及重点镇乡（街道、园区)】 5月27日，省经信委确定11个县(市、区)为浙江省“小升规”重点县(市、区)，100个镇乡(街道、园区)为浙江省“小升规”重点镇乡(街道、园区)，东阳市列入重点县(市、区)名单，横店镇、巍山镇列入重点镇乡(街道、园区)名单。

【国家、省、市级企业技术中心培育】 7月1日，金华市经信委在全市工业企业、建设行业、高技术服务业等领域开展87家企业为主要对象的国家、省、市级企业技术中心培育工作，浙江康裕药业有限公司列入国家级企业技术中心培育，浙江中元磁业有限公司、浙江海森药业有限公司、天祥建设集团列入省级企业技术中心培育，东阳富仕特磁业有限公司、浙江伟成塑胶有限公司、浙江华洋缝制有限公司、东阳市林商塑料衣架有限公司列入市级企业技术中心培育。

【省工业强县(市、区)综合评价】 7月22日，省转型升级领导小组办公室、省经信委、省统计局印发浙江省2014年度工业强县（市、区)综合评价报告，东阳市以质量效益44.0分、自主创新47.2分、结构调整71.6分、“两化”融合57.2分、绿色发展28.9分，总得分48.47分排名2014年度工业强县(市、区)综合评价第36位。

【东阳市磁性材料工程师联谊会成立】 8月10日，东阳市磁性材料工程师联谊会成立大会在横店东磁大厦举行，中科院院士都有为、沈保根专程到会祝贺，来自东阳市磁性材料42家骨干企业总工和高工代表参加会议。会上，选举产生联谊会领导机构，浙江大学博导、浙江磁性材料首席专家严密教授担任首任会长。东阳市磁性材料工程师联谊会是以磁性材料高级工程师为主体的专业性团体组织，隶属东阳市磁性材料行业协会领导，其宗旨是紧扣产业发展重点和难点，加强团结合作，技术交流，共同攻坚克难，研发创新，为东阳市磁性材料产业转型升级服务。会上成立东阳市磁性材料行业专利产业联盟。

【横店镇入选省工业强镇】 8月24日，省经信委、省统计局公布2014年度工业强镇综合评价结果，经对全省70个2014年度规模以上工业总产值100亿元以上建制镇推进工业强镇建设情况综合评价，横店镇得分81.99分，排第四名。

【省特色小镇调研组调研木雕小镇建设】 10月31日，由省国防科工办主任王伟民带队的省特色小镇调研组到东阳市调研木雕小镇建设工作。木雕小镇位于六石街道，规划面积约2.9平方千米，建设面积约130余公顷，分三期建设。木雕小镇以打造“国际木雕艺术创作交流中心”为目标，延伸木雕艺术创作、文化体验、旅游休闲功能，重点建设大师创意创业园、木雕产业园、木雕文化公园、木雕旅游体验、木雕古建筑、木雕教育培训、风情居住配套等项目。通过一年多的建设，木雕小镇大师创意创业园基本成形。

【省技术发明奖2个】 10月，省政府公布浙江省2015年度技术发明奖名单，浙江巍华化工有限公司与浙江工业大学联合完成的“2,6-二氯-4-三氟甲基苯胺产业化”项目获一等奖，浙江联宜电机股份有限公司的食物处理器用电机(95ZWM120-250)项目获三等奖。

【康力博入选央视《品质》栏目】 11月2日，中央电视台发现之旅频道《品质》栏目组在康力博公司举办开机仪式，浙江康力博能源科技有限公司以突出的产品品质成为《品质》栏目组节目录制宣传的企业。《品质》栏目以记录产品品质和品牌建设为主题，通过外拍、专题、报道、电视专访等方式，用故事化、场景化的方式展现企业在产品研发、设计、生产、品牌塑造中的历程。浙江康力博能源科技有限公司创建于2011年，以研发和生产车用润滑油、工业润滑油产品为主，产品覆盖基础油、白油、车用润滑油(机油)、工业油等多个大类数十个品种，其中车用润滑油、液压油等多个品种质量赶超国际知名品牌且价格更有优势。研发的润滑油突破极寒地区极限的超低温技术，成为华东地区规模大、自动化程度高的现代化润滑油加工生产企业。

【4个产品获义乌森博会金奖】 11月4日，第八届中国义乌国际森林产品博览会闭幕，在博览会组委会组织的优秀林产品评选中，浙江合旺香榧股份有限公司的“合旺”牌香榧、西垣玉山香榧专业合作社的“纯香源”牌香榧、佐村梦的农庄的“梦的农庄”牌香榧、虎鹿西垣泰山干果制品厂的“圣山”牌香榧4个产品获金奖。

【董明珠横店演讲】 11月7日，应横店集团东磁股份有限公司邀请，格力集团董事长兼格力电器总裁董明珠在横店国贸会堂海纳百川厅做“企业竞争的终极力量”主题演讲，东阳相关企业管理人员1300余人参加演讲会。

【世界民族艺术与生活跨界峰会】 11月8日，世界民族艺术与生活跨界峰会在中国东阳木雕博物馆召开。12个国家的30余名国际顶尖艺术家、理论家和国内各地的近300名工艺美术大师、手工艺人及艺术家参加。峰会由中国木雕博物馆·中国木雕研究院、东阳中国木雕城、亚非&地中海国际当代艺术协会联合主办。峰会主题为“世界手工艺与生活”，与会人员就如何让世界各国了解中国手工艺和木雕、如何将手工艺与艺术更好融合等议题进行多角度、多层面的思考、对话与交流。

【第五届中国木雕红木家具发展论坛】 11月8日，第五届中国木雕红木家具发展论坛在东阳世贸君澜大酒店举行。国家林业局发展规划与资金管理司副司长、全国木材行业管理办公室主任孙建，北京林业大学校长宋维明，中国林业产业联合会副秘书长、中国林产工业协会副会长兼秘书长石峰，东阳市领导朱建军、陈军以及国内木雕红木家具行业的专家学者、企业代表等300余人参加论坛。论坛围绕“新常态下木雕与红木行业发展新思维”主题进行交流与研讨，相关专家学者分别就“中国红木原料市场现状及未来发展趋势”“新常态下木雕及红木企业的突围之路”“中国木雕及木制工艺品现状和发展趋势”主题进行发言；广东、广西、海南、福建等省的地方行业协会代表分别做地方行业状况报告，论坛上还对首届中国红木创新奖获得企业进行表彰。

【第十届中国(东阳)木雕竹编工艺美术博览会优秀作品评比】 11月11日，第十届中国(东阳)木雕竹编工艺美术博览会优秀作品评比经从题材创意、构图造型、材质选择、艺术品位与经济价值、水平定位等方面综合评价，评出金奖120余件，银奖130余件，铜奖近100件。本次有600余件作品报名参评，分别来自全国20余个省份。作品按木雕类、根雕类、木雕红木家具类和包括竹编在内综合类四大类。获奖作品由中国工艺美术协会、中国林业产业协会、中国非物质文化保护中心、中国轻工艺品进出口商会颁发证书和奖牌。

【东阳市第十二批企业技术中心及第三批工业设计中心】 11月13日，东阳市经信局、财政局认定浙江炜晟包装有限公司企业技术中心为东阳市第十二批企业技术中心，浙江方维装饰材料有限公司、东阳市宏达皮具有限公司企业设计中心为东阳市第三批工业设计中心。

【民营500强企业】 11月16日，中国民营企业联合会、中国管理科学研究院企业研究中心联合发布《2015中国民营500强企业榜单》。广厦控股集团有限公司

(列第9位)、中天发展控股集团有限公司(列第39位)、花园集团有限公司(列第235位)、海天建设集团有限公司(列第273位)、歌山建设集团有限公司(列第379位)列入。

【省电力直接交易扩大试点企业】 11月30日,省直接交易试点工作小组办公室就电力直接交易扩大试点相关工作通知,浙江普洛康裕生物制药有限公司列入电力直接交易扩大试点企业。

【国家星火、火炬计划项目】 12月18日,科技部下达2015年度国家星火计划、火炬计划项目,东阳市天金食品有限公司的"传统金华火腿深加工延伸及产业化"项目列入国家星火计划,浙江花园电子科技有限公司年产5000万只新型波纹管、横店集团东磁股份有限公司年产3600吨高性能合金磁粉芯制粉产业化、浙江普洛康裕制药有限公司抗肿瘤药物乌苯美司开发及产业化、浙江普洛得邦制药有限公司头孢地尼原料药产业化、浙江普洛康裕生物制药有限公司吉他霉素开发及产业化、浙江普洛医药科技有限公司D(-)对羟基苯甘氨酸甲酯研发及产业化、东阳市中洲钢带有限公司基于冲压型高碳铬轴承钢薄钢带的产业化、中核苏阀横店机械有限公司高温高压石油炼化专用不锈钢铸件、横店集团联宜电机有限公司特种机器人用交流永磁伺服电动机、浙江思科国祥制冷设备有限公司SKZW2416组合式空调箱的研发等项目列入火炬计划。

【市香榧品牌入选省香榧十大品牌】 12月,2015年度浙江省香榧十大品牌揭晓,东白山土特产有限公司的"西湾"牌香榧列第一,浙江康大科技股份有限公司的"东康大王"牌香榧列第五、虎鹿西垣泰山干果制品厂的"圣山"牌香榧列第八。

【2015年新增各级各类企业】

中国医药工业百强企业1家:

普洛药业股份有限公司

国家两化融合管理体系贯标试点企业1家:

横店集团东磁股份有限公司

中国质量诚信企业3家:

浙江联宜电机股份有限公司

浙江普洛医药科技有限公司

冀发集团有限公司

中国电子信息百强企业1家:

横店集团东磁有限公司

全国电子信息行业优秀企业3家:

横店集团东磁股份有限公司

横店集团得邦照明股份有限公司

浙江花园电子科技有限公司

省新上规企业"创业之星"4家:

浙江富凯美工贸有限公司

浙江朋诚科技有限公司

浙江雪丽日用品有限公司

苏阳红红木家具有限公司

省百强企业4家:

广厦控股集团

中天集团

花园集团

歌山建设集团

2015年东阳市工业企业及项目入选省级、金华市级技术创新和技术改造情况

表11

省市项目情况	东阳市入选企业和项目
2014年度浙江省创新型试点企业	浙江中元磁业股份有限公司、东阳市东政电机有限公司
第六批"浙江省院士专家工作站"	浙江日升昌药业有限公司院士专家工作站
2015年省电子信息产业重点计划项目180项,其中A类项目58项,B内项目122项	浙江省东阳市诚基电机有限公司的"CMOS图像传感器多芯片封装研发及产业化"项目列入A类,横店集团东磁股份有限公司的"磁性材料生产自动化、智能化、网络信息化融合提升改造研发及产业化"项目、横店集团得邦照明股份有限公司的"TP-G5-A1型LED灯研发及产业化"项目、浙江凯文磁业有限公司的"混合动力汽车用超高矫顽力钕铁硼磁体研发及产业化"项目、浙江中元磁业股份有限公司的"高性能选矿机磁钢研发及产业化"项目、浙江花园电子科技有限公司的"基于PID的模糊智能温控器研发及产业化"项目、东阳市万利电子有限公司的"稀土强磁型磁性益智集成玩具研发及产业化"项目、浙江华恒温控器有限公司的"温控器生产线装备智能化改造研发及产业化"项目列入B类

续表 11

省市项目情况	东阳市入选企业和项目
2014 年度浙江制造精品 227 个	浙江联宜电机股份有限公司“厨余机”、四达氟塑股份有限公司“全氟管式烟气余热回收换热系统(MGGH)”、横店集团得邦照明股份有限公司“LED 球泡灯”“LED 路灯”、中核苏阀横店机械有限公司“超临界 C12A 及其承压铸件”、东阳市东政电机有限公司“低速榨汁机专用永磁直流减速电机 80ZY115-22030/60JX56”
2015 年度浙江省企业经营管理人员培训基地 88 家	横店集团东磁有限公司管理学院、东阳市企业家协会
2015 年浙江省装备制造业重点领域首台(套)产品 97 项	中核苏阀横店机械有限公司“耐高温耐高压原油精炼加氢脱硫装置专用阀门件”
2015 年浙江省优秀工业新产品(新技术)113 项，其中一等奖 4 项、二等奖 11 项、三等奖 98 项	浙江普洛康裕生物制药有限公司“吉他霉素”、浙江中元磁业股份有限公司“ZYH48 电机磁钢材料”、横店集团得邦照明股份有限公司“应用传导、辐射、对流混合散热技术大功率 LED 灯杯”、横店集团东磁股份有限公司“DMS121-F 高性能铁氧体颗粒料”获 2015 年浙江省优秀工业新产品(新技术)三等奖
2015 年浙江省总投资 5 亿元以上工业项目	浙江鸿鹄谷科技有限公司“年产 5 万吨不锈钢基材纳米真空离子镀膜生产项目(续建)”、浙江昌兴铜业有限公司“年产 10 万吨高精度宽幅铜板带生产线项目(续建)”、浙江中感传感器科技有限公司“东阳传感器工业园项目(续建)”、浙江金象科技有限公司“LED 纳米管用高纯氨气体精炼、储运设备生产项目(新增补)”
2015 年浙江省两化深度融合智能制造专项计划项目 86 个，其中示范项目 69 个，试点项目 17 个	横店集团得邦股份有限公司 “基于现场总线联网的 LED 生产过程动态管控一体化系统与数字车间示范”、横店集团东磁股份有限公司“高性能磁瓦成型智能化项目”、浙江花园生物高科股份有限公司“产 100 吨饲料级 25—羟基维生素 D3 自动化控制”列入示范项目
第 22 批省级企业技术中心 81 家	中核苏阀横店机械有限公司企业技术中心
2015 年云工程和云服务项目专项计划 166 项	横店集团东磁股份有限公司“基于 ERP 系统的协同商务平台”、浙江中元磁业股份有限公司 “企业业务流程精细化管理平台建设项目”、浙江横店影视城有限公司 “横店影视景区 WLAN 涵盖及数据应用”列入互联网与产业融合应用项目，横店集团东磁股份有限公司列入“两化融合”管理体系贯标企业
2015 年度浙江省成长型中小企业	四达氟塑股份有限公司、浙江华洋缝制有限公司、浙江思科国祥制冷设备有限公司
2016 年浙江省省级企业技术中心创新能力建设项目计划 28 项	横店集团东磁股份有限公司“省级技术中心创新能力建设项目”
2015 年浙江省专利示范企业 110 家	横店集团英洛华电气有限公司、浙江思科国祥制冷设备有限公司

续表 11

省市项目情况	东阳市入选企业和项目
2015 年浙江省技术改造重点项目计划(双千工程),其中,省级“机器换人”项目 107 项,省级新兴产业项目 102 项,省级其他技改项目 100 项,市、县项目 1011 项	横店集团东磁股份有限公司“磁性材料生产自动化、智能化、网络信息化融合提升改造示范项目”、横店集团得邦照明股份有限公司“LED 光源产品生产线自动化”、浙江英洛华磁业有限公司“年产 200 吨超高磁能积高性能硼磁体生产线”、浙江格瑞斯实业有限公司“不锈钢复底锅自动化生产线技改项目”4 个项目列入省级“机器换人”示范项目,浙江普洛康裕制药有限公司“年产 5 亿粒盐酸左氧氟沙星胶囊生产线建设项目”、浙江联宜电机股份有限公司“微特电机产业化建设项目”、浙江中元磁业股份有限公司“具有高取向度的高性能稀土永磁体的研发和产业化”、浙江花园生物高科股份有限公司“年产 1.5 吨骨化二醇项目”4 个项目列入省级新兴产业示范项目;浙江花园电子科技有限公司“年产 500 万只基于 PID 的模糊智能温控器生产线技改项目”、横店集团得邦照明股份有限公司“年产 3000 万只健康照明 LED 项目”、横店集团东磁股份有限公司“年产 3600 吨高性能合金磁粉芯制粉产业化项目”、浙江省东阳市诚基电机有限公司“年产 2000 万只具备光学防抖功能的 CMOS 传感多芯片封装技改项目”、浙江普洛医药科技有限公司“年产 10 吨葡聚糖铁技术改造项目”、浙江普洛得邦制药有限公司“年产 100 吨头孢抗菌素原料药酶法生产线建设项目”、浙江花园铜业有限公司“年产 2 万吨变压器带生产线项目”、浙江思科国祥制冷设备有限公司“年产 5000 台高效换热压力容器、5000 套低温冷冻空调设备技改项目”、横店集团东磁股份有限公司“年新增 8000 吨高性能节能电机磁瓦技改扩建项目”、浙江新亚实业有限公司“年产 180 万件毛织制品生产线技改项目”、浙江水中花针织内衣有限公司“年新增 800 万件内衣生产线技改项目”、浙江莱茵尔生物科技有限公司“年产 1000 吨生物新材料普鲁兰多糖和 15 吨固定化青霉素酰化酶建设技改项目”、中核苏阀横店机械有限公司“年产 7000 吨特种阀门铸件自动化流涂合箱生产线及现场吸尘装置技改项目”、浙江凯文磁钢有限公司“年产 1000 吨微电机用永磁铁氧体瓦型磁体智能化、自动化生产线技改项目”、横店集团浙江得邦公共照明有限公司“年产 200 万套生态照明灯具”、浙江联宜电机股份有限公司“年产 1.5 万台城市轻轨列车自动门用电机生产线技改”、浙江普洛康裕生物制药有限公司“过滤车间建设项目”、浙江普洛康裕制药有限公司“合成药物制造 EHS 整治提升技术改造项目”、浙江博弈针织有限公司“年产 2000 万双红外保健裤袜项目”、浙江赛诺威工贸有限公司“年产冰鞋 95 万双、冰刀 10 万双、平滑鞋 25 万双生产线技改项目”、浙江英洛华磁业有限公司“年产 200 吨变频电机用钕铁硼磁体技改项目”、浙江凯文磁业有限公司“年产 500 吨高性能节能电机用烧结钕铁硼永磁材料生产线技改项目”、浙江野风药业有限公司“年产 300 公斤心脏支架涂层材料技改项目”、浙江东阳市小康建材有限公司“年产 6000 万块污泥、页岩烧结多孔钻生产线技改项目”、浙江海森药业有限公司“原料药生产 FDA 标准认证技改一期项目”、浙江伟成塑胶有限公司“年产 100 万套滚筒洗衣机塑料配件技改项目”、浙江佳友生物科技有限公司“年产 1800 吨 PET 异型食品盒、色拉碗等系列产品技改项目”、东阳市立业塑料有限公司“新增年产 6 万套电梯电子设备生产线建设项目”、冀发集团有限公司“年产 10 万台 930511L 双拉斜断锯生产线建设项目”、东阳市恒达金属波纹管有限公司“年产 8000 万只金属波纹管生产线技改项目”30 个项目列入市、县项目
省“企业记忆之窗”示范点	横店集团控股有限公司、浙江联宜电机股份有限公司
2015 年度浙江省强制性清洁生产审核重点企业 471 家、大气污染防治强制性清洁生产审核企业 436 家	东阳市湖溪电镀厂、浙江省东阳市阳光电镀有限公司、东阳市大通电器厂、浙江横店热电有限公司、浙江富新太阳能有限公司列入强制性清洁生产审核重点企业;浙江金利华电气股份有限公司、浙江富新太阳能有限公司、浙江省东阳市兴华化工有限公司、浙江横店热电有限公司列入大气污染防治强制性清洁生产审核企业

续表 11

省市项目情况	东阳市入选企业和项目
金华市第一批"三名"培育试点企业 29 家	横店集团东磁股份有限公司、浙江普洛康裕制药有限公司
金华市第十四批企业技术中心 20 家	东阳市东政电机有限公司企业技术中心、浙江凯文磁业有限公司企业技术中心、浙江金象科技有限公司企业技术中心
金华市第四批建设行业企业技术中心 4 家	浙江东驰钢结构有限公司企业技术中心、浙江花园建设集团有限公司企业技术中心、浙江华厦建设集团有限公司企业技术中心
2015 年金华市两化融合重点项目 125 个	横店集团东磁股份有限公司"信息门户管理系统"、浙江省东阳市诚基电机有限公司"生产制造运营管理系统"、浙江中元磁业股份有限公司"自动化生产线项目"、浙江巍华化工有限公司"自动化控制技术改造"、浙江普洛康裕制药有限公司"多功能车间危化工艺自动化控制项目"、浙江野风药业股份有限公司"自动化控制技术改造"、中核苏阀横店机械有限公司"信息化办公提升项目"、浙江普洛医药科技有限公司"多功能车间自动化控制系统改造项目"、浙江卓木王红木家具有限公司"ERP 项目"、浙江凯文磁业有限公司"高性能烧结钕铁硼永磁材料信息化自动化项目"、东阳艺佳服饰有限公司"生产管理系统智能信息化建设"、浙江海森药业有限公司"原料生产自动化控制系统建设项目"、浙江康峰化工有限公司"连续氟氯化绿色安全制造信息技术应用"、东阳市白坦佳乐金银丝有限公司"金银丝智能切线上桶工艺自动化控制项目"、横店集团得邦照明股份有限公司"企业管理信息系统优化整合项目"、浙江金路达皮具有限公司"私有云远程虚拟应用管理平台"、浙江花园生物高科技股份有限公司"羊毛脂综合利用自动化控制"、浙江花园电子科技有限公司"智慧工厂管理系统"、浙江东辉新能源科技有限公司"太阳能电池生产自动化"、东阳市明堂红木家具有限公司"企业资源管理系统(ERP)"、东阳市卓林服饰有限公司"管理信息化和生产自动化技术项目"
金华市第八批创新型企业 9 家	浙江华洋缝制有限公司、浙江思科国祥制冷设备有限公司
金华市第二批"三名"培育试点企业 38 家	横店集团得邦照明股份有限公司、普洛得邦家园管理中心、浙江英洛华磁业有限公司
2015 年金华市"机器换人"示范项目 148 个	横店集团东磁股份有限公司"磁性材料生产自动化、智能化、网络信息化融合提升改造示范技改项目"、浙江联宜电机股份有限公司"微特电机产业化建设技改项目"、横店集团得邦照明有限公司"年产 3000 万只健康照明 LED 技改项目"、东阳市中元磁业有限公司"具有高取向度的高性能稀土永磁体的研发和产业化技改项目"、浙江花园电子科技有限公司"年产 5000 万只基于 PID 的模糊智能温控器生产线技改项目"、浙江格瑞斯实业有限公司"不锈钢复底锅自动化生产线技改项目"、浙江鼎坚玻璃有限公司"年产 370 万方 LOW-E 玻璃产品技改项目"、浙江省东阳市诚基电机有限公司"年产 2000 万只具备光学防抖功能的 CMOS 传感多芯片封装技改项目"、浙江金象科技有限公司"年产 300 万只高清洁制冷剂钢瓶技改项目"、浙江英洛华磁业有限公司"年产 200 吨超高磁能积高性能钕铁硼磁体生产线技改项目"、浙江凯文磁钢有限公司"年产 1000 吨微电机用永磁铁氧体瓦型磁体智能化、自动化生产线技改项目"、横店集团浙江得邦公共照明有限公司"年产 200 万套生态照明灯具技改项目"、浙江博弈针织有限公司"年产 2000 万双红外保健裤袜技改项目"、浙江佳友生物科技有限公司"年产 1800 吨 PET 异性食品盒、色拉碗等系列产品技改项目"、东阳市方维墙纸有限公司"年产 2500 万米无纺布及 PVC 墙纸技改项目"

(陈毅军)

东阳经济开发区

【概况】 东阳经济开发区范围包括白云街道、江北街道、六石街道。白云街道区域设立东阳经济开发区白云商贸园区；江北街道区域设立东阳经济开发区江北高新产业园区；华店功能区和长松岗功能区整合设立东阳经济开发区(原城北工业新区)。

增加规模以上工业企业32家，累计达190家；完成规模以上工业总产值138亿元，比上年增长10.9%；完成规模以上工业增加值31.1亿元，比上年增长13.36%；完成税收15.3亿元，比上年增长12.8%；完成固定资产投资59.7亿元，比上年增长20%；完成工业性投入51.1亿元，比上年增长20.24%；引进内资24.16亿元。完成小升规培育企业20家、产值超亿元企业22家；新增发明专利9件；省级科技型中小企业13家，省级高新技术企业13家，省级以上专利示范试点企业6家，省级以上商标品牌30个，各级研发技术中心23家。组织申报“两化融合”企业22家。

【东阳经济开发区(原城北工业新区)】 开发区核心区块(六石、上卢)完成工业总产值52.39亿元，比上年增长11.2%；55家规模以上企业完成工业产值37.03亿元，比上年增长11%；完成税收1.97亿元，比上年增长8.5%，其中国税1.28亿元，比上年增长12.9%、地税6906万元，比上年增长1.2%；完成固定资产投资26.1亿元，比上年增长10.6%；完成工业性投入30.72亿元，比上年增长8.9%；规模以上工业企业用电量9322万千瓦时，比上年增长4.09%；完成规模以上工业出口交货值7亿元，比上年增长8.58%；完成规模以上新产品产值8.7亿元，比上年增长126.97%；旧厂房改造15395平方米，完成全年任务数的103%；重点技改项目6家，计划投入2.4亿元，已投入2.18万元；“两化融合”5家，计划投入790万元，已投入600万元；小升规任务数8家，3家企业销售收入超2000万元，6家企业销售收入超过1000万元，亿元企业培育进展顺利，增加规模以上企业7家。

【白云商贸园区】 完成工业总产值173亿元，比上年增长8.13%；国地税完成8.5亿元，比上年增长11%；引进内资11亿元；浙商回归引进12亿元；完成工业性投入9.9亿元，比上年增长7.7%；固定资产投入38.52亿元；“三改一拆”旧厂区改造完成12万平方米，培育“小升规”企业10家，任务7家。重点技改6个，计划固定资产投资1.38亿元，其中设备投资6120万元，园区在运行商贸服务业重点项目40家，建成开业项目18个，前期对接项目7个；准备新建项目7个；继建项目8个。

【江北高新产业园区】 完成规模以上工业总值23.96亿元，比上年增长16.9%。完成工业性投入13.4亿元，比上年增长10.4%，完成税收收入3.8亿元，比上年增长9.8%。通过“两化”融合项目评审3个，实现小升规企业5家。“空心村”整治拆除188户、14000平方米，完成旧住宅区改造6.11万平方米，城中村改造15.95万平方米，拆除违法建筑6.02万平方米。开展“空闲地”整治绿化“空闲地”20宗，面积35.8万平方米，建成公共停车场3个，面积3932平方米。

(傅　晶)

浙江东阳横店电子产业园区

【概况】 完成工业总产值175.5亿元，比上年增长4.39%；规模以上企业实现产值151.35亿元，比上年增长4.65%；规模以上企业实现新产品产值87.23亿元，比上年增长18.97%；规模以上企业完成出口交货值40.69亿元，比上年增长2.24%；规模以上企业上缴税收7.61亿元，比上年增长8.06%；完成高新技术产业增加值31.94亿元，比上年增长4.72%。园区内有企业218家，新增企业12家；新增小上规企业5家，规模以上企业51家；产值亿元以上的企业18家，5亿元以上的企业3家，10亿元以上的企业2家。正蓝节能、中元磁业、得邦照明进入排队上市阶段，四达氟塑、中科磁业、明堂红木、亚德工贸等进入培育上市辅导期。

增加国家火炬计划项目7个，获省科学技术奖1项，获金华市科学技术奖2项，增加国家级高新技术企业2家(普洛得邦、中科磁业)，获重新认定的2家(英洛华磁业、石金玄武岩)，增加金华市高新技术企业2家(联宜电机、禹磁实业)，增加省级企业研究院1家(浙江省英洛华稀土永磁材料研究院)，获授权发明专利70件，增加国家级知识产权示范单位1家(得邦照明)，国家级知识产权优势单位1家(普洛医药科技），省级专利示范企业1家（英洛华电气），金华市级专利示范企业5家（石金玄武岩、四达氟塑、卓木王红木、金光太阳能科技、英洛华磁业），增加中国驰名商标1个（横店控股），省著名商标4个（中核苏阀、诚基电机、卓木王红木、双洋红木），省名牌产品2家（联宜电机、卓木王红木），金华市著名商标1个（振宇红木）；得邦照明实现年产值17.06亿元，获2015年度“金华市工业十强企业”称号；横店东磁实现年产值80.26亿元，获“金华市企业技术创新能力十强企业”称号。

区内企业列入市重点技改项目17项，计划总投资11.17亿元，计划投资7.35亿元，完成投资7.48亿元；红木园区的34家地块全部建成，引进60家企业，全部投产；落实5个招商项目的落地，5家企业全部开工建设；对11家企业低效用地企业，收缴税收保证金422.5万元，以促进企业转型升级发展生产；进行旧厂区改造项目7个，拆除旧厂房9585平方米，原地新建厂房77343平方米，闲地新建厂房8100平方米，投入资金5000万元完成旧厂房改造95028平方米。上报市“两化”融合项目29项（其中新建15项，续建14项），计划总投资9129万元，完成投资6264万元（其中新建项目完成投资3666万元、续建项目完成投资2598万元），所有项目均投资建设，其中8项建成；完成总投资3亿元的电镀集聚区厂房建设、设备安装和四周道路的排水排污管网、路面硬化以及供水、供电、供气工程；完成纬一路东、纬二路东和纬三路的排水排污管网建设和路面硬化工程，完成纬九路西延至机场的排水排污管网建设，完成纬十一路应急污水提升泵站工程建设，完成红木园区监控控头安装和江边电镀集聚区至污水提升泵站专用污水管道建设，完成江滨西路人行道绿化种植。

完成园区电镀行业集中治理和电镀集聚区建设，完成江边电镀区至污水提升泵站排污专用管道建设，完成纬十一路应急污水提升泵站工程建设，对可能产生环境污染的企业实施污染物排放按规定申领排污许可证制度，实行全程监控；开展红木家具制造企业的烟气治理，对12家冒浓烟、黑烟企业进行警告、限期整改和必要的经济处罚；完成39块卫生宣传标语牌的安装；开展乱堆乱放、占道经营的环境治理；建立企业安全生产信息网络；收集各类企业发展难题154项，针对性给予帮助解决；开展纠纷大排查，调处劳资纠纷、工伤事故184起，调处资金4762165元。

2015年，园区获金华市经济开发区（工业园区）年终综合考评先进单位。

（徐永其）

优势支柱产业

【概况】 全市2000万元以上优势支柱产业企业179家，其中，电子机械企业97家、装备制造企业54家、生物医药企业28家。实现工业总产值328.88亿元，比上年增长5.6%，其中，电子机械209.69亿元，比上年增长8.6%；装备制造业55.65亿元，比上年增长2.9%；生物医药63.54亿元，比上年下降1.0%。

【联宜电机拓展电动尘推车业务】 1月9日，浙江联宜电机股份有限公司举行电动尘推车品牌服务商研讨会，力推电动尘推车和老年人代步车。联宜电机梳理出建筑自动门、电动轮椅、轨道交通、清洁领域设备、饮料机械等十大细分电机应用领域，开展电机功能应用研究，在拓展航空、航天等军工产品研发的同时，推进电机和整车产品的研发、生产和销售。自2012年涉足电动尘推车以来，公司不断完善产品系列，拓宽销售渠道，每年组织参加各类专业展会并通过多渠道的电子商务平台进行品牌宣传。全国省一级的经销商实现全覆盖。公司生产的电动尘推车，是一种由单人座驾作业，电瓶直流驱动，在车前后安装带有两块拖布的尘推架，可对地面进行高效清洁作业的专用清洁机械，广泛应用于候机楼、火车站、大型商场、工厂车间、物流仓库等，是国内拥有医疗器械生产许可证的电动尘推车生产厂家。

【联宜电机企业研究院获评省级重点企业研究院】 1月14日，在全省经信科技与高新区工作会议上，联宜电机企业研究院被评为东阳市唯一一家省级重点企业研究院。作为国内微电机行业的龙头企业，联宜电机拥有包括电机、减速器、控制器等驱动系统生产研发的核心优势，公司有80余名研发人员，与长三角研究院、清华大学等科研院所建立合作关系，国际减速器专家团队给予技术支持，企业承担26个国家级项目，参与制订国际标准2项、国家标准27项。

【省企业信息化创新项目创新奖】 1月15日，省企业信息化促进会两化融合创新奖颁奖，东阳市东政电机有限公司申报的年产60万台高效节能控制减速电机生产线技术改造项目获省企业信息化创新项目创新奖。

【花园电子科技与西门子合作】 1月，花园电子科技公司就智能式温控器生产与西门子电子装配系统有限公司(简称西门子公司)达成协议并签约合作。合作的智能式温控器技术由花园电子科技公司与浙江理工大学共同合作研究开发完成。

【普洛康裕通过WHO复审计检查】 2月，浙江普洛康裕制药有限公司接受世界卫生组织(WHO)对公司生产的氧氟沙星和左氧氟沙星原料药进行现场复审计检查，通过检查。

【日升昌院士专家工作站评为金华优秀院士专家工作站】 2月，金华市院士专家工作站建设协调小组公布2014年度优秀院士专家工作站，浙江日升昌药业有限公司院士专家工作站列入。

【思科国祥冷热水转热器设计获国家发明专利】 3月，浙江思科国祥制冷设备有限公司接国家知识产权局通知，由陈俊健等人负责研发的倒M型高效风冷螺杆热泵机组中的“冷热水换热器设计”获国家发明专利。

【横店东磁股份有限公司被评为省高新技术百强企业】 3月，在浙江省高新技术企业协会第一届第四次理事会暨浙江高新产业论坛上，横店东磁股份有限公司被评为2014年度浙江省高新技术百强企业，此次高新技术企业百强评选有5137家经国家正式备案认定的高新技术企业参加，评选标准总体分为经济指标和创新指标两个方面，东磁股份有限公司列19位。

【6个产品获省化学工业科学技术奖】 3月，浙江省化工学会2014年度工作总结与表彰会在杭州举行，普洛得邦家园管理中心旗下6个产品获2014年度浙江省化学工业科学技术奖，其中，浙江普洛医药科技有限公司的D-对羟基苯甘氨酸甲酯、L-2-氨基丁酰胺盐酸盐、替卡格雷原料，分别获二等奖、三等奖、三等奖；浙江普洛得邦制药有限公司的头孢地尼原料、叔丁氧羰基头孢卡品酯、拉氧头孢母核，分别获一等奖、二等奖、三等奖。

【得邦照明院士专家工作站成立】 4月28日，横店集团得邦照明股份有限公司院士专家工作站成立。横店集团得邦照明股份有限公司是东阳近年来快速成长的高新技术企业，建有得邦学院，公司计划从“民用照明”向“智能照明”及“系统照明”扩展，打造更高附加值照明产品线。

【东磁列入第二批中国电子元件行业企业信用评价AAA级单位】 6月8日，中国电子元件行业协会公布第二批中国电子元件行业企业信用等级评价结果，横店集团东磁股份有限公司列企业信用评价AAA级单位。

【东磁入围首届中国电子材料行业50强】 6月18日，由中国电子材料行业协会主办的2015年中国电子材料行业发展报告会暨首届中国电子材料行业50强企业发布会在北京举行，在公布的2015年(首届)中国电子材料行业50强企业榜单中，横店集团东磁股份有限公司列第8位。

【联宜电机通过国家技术创新示范企业复评】 7月24日，国家工信部公布第二批(2012年)认定的国家技术创新示范企业复核评价结果，浙江联宜电机股份有限公司通过复评。

【“光行天下”主题沙龙举行】 7月29日，由国家半导体照明工程研发及产业联盟(CSA)组织，横店集团得邦照明股份有限公司承办的“光行天下”系列主题沙龙活动在横店举行。本次沙龙主题为“智慧城市与智能照明应用”，特邀CSA成员企业代表及国内相关领域专家参与。主题沙龙上，得邦照明代表阐述得邦智能照明发展现状及展望，与会专家、企业代表就目前智慧城市建设的现状、相关标准推进进展以及智能照明与智慧家居、智慧园区、智慧交通等解决方案等进行交流探讨，对智慧园区着重要解决的问题，如何从客户角度提供整体解决方案以及如何实现系统兼容与开放性等议题进行圆桌讨论。

【东磁公司温室气体自愿减排项目通过备案】 7月，横店集团东磁股份有限公司申报的屋顶光伏并网发电示范项目通过温室气体自愿减排项目备案，该项目成为浙江省首个通过备案的光伏温室气体自愿减排项目，也是省内唯一通过本次备案的项目。2012年6月，国家发改委印发《温室气体自愿减排交易管理暂行办法》，启动我国温室气体自愿减排交易工作。根据管理办法，参与自愿减排交易的项目，通过国家发改委的温室气体自愿减排项目备案，可参与温室气体排放量的交易。2013年起，国家发改委在五市两省启动碳排放权交易试点工作，为国内温室气体自愿减排量提供交易的条件和市场。东磁公司20.7兆瓦用户侧屋顶光伏并网发电示范项目，利用建设在该公司光伏园区和湖头陆工业区东C区厂房屋面上的97270块总容量20.709兆瓦的太阳能组件发电，供给厂区内部自用，多余电量销售给华东电网。项目活动通过替代华东电网化石燃料的发电来实现温室气体的减排。项目年均发电量17.268兆瓦时，预计年均减排量为13565吨二氧化碳当量。按产生减排量时间7年计算，累计最大减排量为101941吨二氧化碳当量。

【普洛医药科技通过知识产权体系贯标审核】 7月，浙江普洛医药科技有限公司知识产权管理体系贯标通过专家组验收。公司于2013年8月设立知识产权管理部门，并成立《企业知识产权管理规范》贯标工作小组，定期开展对公司相关产品发展现状、侵权风险以及国内外竞争对手的技术发展状况和专利申请布局等情况的跟踪、预警和检索分析，并及时提供分析报告。在此基础上，公司还与专业知识产权机构长期合作，聘请资深专利代理人为公司知识产权顾问，组织企业内部知识产权相关培训，通过内刊、宣传栏及各种活动进行知识产权的宣传和贯彻实施。

【重庆大学与思科国祥研究生联合培养实践基地成立】 7月，重庆大学与浙江思科国祥制冷设备有限公司研究生联合培养实践基地正式成立。与思科国祥合作的是重庆大学城市建设与环境工程学院，该院环境工程专业为国家战略性新兴特色专业。双方本着“友好合作、互惠互利、优势互补、共同发展”的原则，确认思科国祥公司为专业研究生实践基地，每年选派5~10名攻读硕士、博士的学生前来实习，聘任思科国祥公司技术人员任实习指导师和校外兼职教师。学院在人才培训、委托培养、课程进修、技术咨询、信息交流、学生就业等方面为思科国祥优先提供服务。此项共建为期5年。

【长三角绿色制药协同创新中心联谊会在横店举行】 7月，长三角绿色制药协同创新中心国家化学原料药合成工程技术研究中心暨浙江省新药创制科技服务平台第十二次联谊会在横店举行。本次联谊会由浙江普洛康裕制药有限公司承办，“协同创新中心”执行主任、浙江省特级专家苏为科、中国医药工业研究总院副院长陈代杰等近百名专家教授参加活动。长三角绿色制药协同创新中心是长三角区域具有强大影响力与号召力的科研创新平台，汇聚知名高等院校、科研院所、国际创新机构的顶尖专家、教授、精英，共同致力于提升科技创新能力和拔尖创新人才培养能力，服务和引领制药产业转型升级。2013年，普洛康裕与该中心建立联合研发中心，围绕制药技术创新和人才培养，利用“协同创新中心”的科技、人才优势和普洛康裕的市场、工程化等优势，重点对普洛康裕现有产品的生产工艺进行绿色化改造，同时根据公司发展战略要求开发新产品、新技术，为公司的发展提供技术和人才保障，加快推进普洛康裕现代制药模式的构建。

【日升昌药业公司向天津捐赠急救药】 8月14日，浙江日升昌药业有限公司捐赠的4000支孚诺（复方多粘菌素B软膏）抵达天津临时救助站，用于天津滨海新区爆炸事故中受伤人员的救治。天津滨海新区爆炸事故发生后，日升昌公司通过设在北京的办事处捐赠4000支复方多粘菌素B软膏，总价值15万元。该复方多粘菌素B软膏由日升昌药业自主生产，历时8年研发，在预防各种外伤性伤口细菌感染、防治烧伤和烫伤细菌感染等方面有显著功效，属急救药类。

【首届“企业培训师”班开班】 8月21日，由东阳市人力社保局主办，横店集团和东磁技能培训学校承办的东阳市首届“企业培训师”开班典礼在横店东磁大厦举行。为期两个月的培训，主要开展助理企业培训师（三级）、企业培训师（二级）培训，培训对象为全市规模以上企业人事管理副总、企业人力资源部门负责人、从事企业技能人才培训的管理人员及行业协会负责人。

【得邦照明举办第四届文化艺术节】 8月，横店集团得邦照明股份有限公司为期1个月的第四届文化艺术节活动全部结束。本届文化艺术节有诗歌、散文、书法、绘画、刺绣、摄影、创意DIY、花艺、歌唱和朗诵10个赛项。除歌唱和朗诵以现场比赛的形式进行外，其余8个项目以“线上员工投票+线下评委投票”形式进行，8个项目收集到员工作品100余个。

【东磁通过知识产权管理体系审核】 8月，横店集团东磁股份有限公司知识产权管理体系通过中知（北京）认证公司审核组专家审核。东磁公司在2003年设立独立的专利管理部门和专利专职人员，根据公司产业布局，对产品进行垂直交叉保护，形成专利链条，加大保护力度。此外，公司创建知识产权服务平台，为企业提供专利信息检索、预警和分析。通过企业知识产权管理规范贯标，在企业内部形成贯穿生产经营各环节的知识产权管理体系，实现对知识产权的获取、维护、运用和保护。

【世界首创电动汽车自动变速箱】 8月，由国家“千人计划”特聘专家、浙江联宜电机股份有限公司总工程师金一旷博士领衔的研发团队设计开发的一款中功率电动汽车自动变速箱送交第三方权威机构——浙江省机电设计研究院测试。此款研发成功的中功率电动汽车变速箱软件、硬件都是自主设计、开发的，实现自动变速箱和驱动电机的实时通讯、控制，达到产品的高可靠性和较低的成本，可用于时速50~60千米的低速电动汽车上，一次充电可以行驶100~150千米，可同时乘坐3~5人。

【温度仪表专业协会第七次会员代表大会】 9月7日，中国仪器仪表行业协会温度仪表专业协会第七次会员代表大会在东阳举行。会议交流探讨温度仪表行业发展前景，并进行换届选举。承办这届行业大会的是东阳市三星温度仪表有限公司，公司位于六石街道，创建于1986年，主要生产经营铂热电阻、铜热电阻、热电偶等温度传感器。公司制造的陶瓷铂电阻体积小、精度高、稳定性可靠，其生产工艺、测试设备先进完备，处于行业前沿。公司产品用于国防、航天、动车等领域，为风云一号、风云二号气象卫星及新一代运载火箭等航天产品配套做出过贡献。

【普洛康裕制药与华海（美国）合作】 9月，浙江普洛康裕制药有限公司与华海（美国）国际有限公司签署战略合作框架协议，双方重点将在化学原料药及制剂产品开拓美国市场的业务等方面进行合作，利用双方在药品研发、生产、销售、注册以及国际认证等方面的优势，共同开发国际市场，使更多的产品进入欧美主流医药市场。

【东磁通过能源管理体系认证】 10月，横店集团东磁股份有限公司完成能源管理体系的创建工作，获深圳华测认证企业颁发的能源管理体系证书，成为东阳市首家通过能源管理体系认证企业。

【东磁7个省级新产品通过鉴定验收】 10月，由横店集团东磁股份有限公司研制的DM4748高性能永磁铁氧体材料、FS150铁氧体片、DMS121-G高流动性注塑铁氧体颗粒料、高性能低重稀土烧结NdFeB永磁材料4个新产品通过东阳市科技局组织的评审验收；承担的磁粉芯IPY2016产品、DMR51W宽温宽频低损耗MnZn功率铁氧体材料、高强度低损耗DN45L软磁材料3个新产品通过东阳市经信局组织的鉴定验收。

【东磁参与制订的国际标准颁布实施】 10月，由中国国家标准委员会主导、横店集团东磁股份有限公司作为专家组成员参与制订的国际标准——《IEC60424-8:2015铁氧体磁心外观缺陷极限导则第8部分:PQ型磁心》颁布实施。“PQ型磁心”标准从2014年开始起草制订，是IEC/TC51 WG1工作组的项目，也是软磁铁氧体外观标准系列之一，对于PQ产品生产标准的制订与执行具有指导意义。

【国际电工委员会磁性元件与铁氧体材料技术委员会（IEC/TC51）国际标准提案工作会议】 11月20日，由中国电子技术标准化研究院主办，横店集团东磁股份有限公司承办的2015年国际电工委员会磁性元件与铁氧体材料技术委员会（IEC/TC51）国际标准提案工作会议在东磁大厦举行，来自国内电子行业的20余家研究和生产单位的专家、学者参加会议。IEC/TC51主要负责制定电子和通信设备用磁性元件及相关附件的测量和试验方法的国际标准以及电感器、电子变压器、微波铁氧体器件、各种铁氧体材料的国际标准，下设WG1铁氧体和磁粉芯、WG9磁性元件和WG10EMC用磁性材料与器件等三个工作组。会议讨论成立与IEC/TC51对应的中国专家工作组，确定工作职责。对争取到的7项国际提案的起草单位进行评议落实，对IEC/TC51中国专家工作组下一步工作及要求进行探讨。

【1个产品获医健创业大赛三等奖】 11月21日，由浙江省医疗器械行业协会、浙江省医疗器械技术创新与推广专业委员会主办的中国医健创业大赛在杭州举行。微度医疗器械有限公司研发的新产品“可降解输尿管支架管”

获三等奖。“可降解输尿管支架”由具有生物相容性的物质制成，为一根两端有环状弯曲管子两侧错位开孔的管子。植入人体肾盂输尿管连接处至膀胱内部，起临时性引流尿液、防止输尿管狭窄和粘连堵塞等作用。术后能在体内降解，随尿液排出体外，无须二次手术取出，减少患者痛苦。

【花园金波科技公司挂牌】 12月16日，花园金波科技股份有限公司举行挂牌暨新项目投产典礼。公司原名浙江花园电子科技有限公司，成立于2010年7月，是花园集团下属企业之一，于2015年12月股改并更名为花园金波科技股份有限公司。公司主要生产金属波纹管、压力式温控器、智能芯片、智能温控器等相关电子产品，产品覆盖汽车、光伏、电力、家电行业及航空、航天等领域。

【汉生制药2个新药通过评审】 12月，浙江北生药业汉生制药有限公司承担的“注射用重组人干扰素a2b”“多索茶碱注射液”两个省级新产品试制计划项目通过评审，其中“注射用重组人干扰素a2b”项目在纯化工艺上有创新，“多索茶碱注射液”在PH值控制技术方面有创新。

【得邦照明5个项目通过省级工业新产品鉴定】 12月，横店集团得邦照明股份有限公司承担的“全方位发光LEDPLC灯管”“悬空设计的应用正反双向菲涅尔折射技术LED灯”“LED智能安防LED灯”“基于热流通道及集成式安装的一体化筒灯”“带应急照明的智能LED灯”5个项目，通过省级工业新产品鉴定验收。

【得邦照明LED照明产品获全球首张INMETRO证书】 12月，横店集团得邦照明股份有限公司与飞利浦合作，获全球首张LED照明产品巴西INMETRO证书，得邦照明LED照明产品具备进入巴西市场资质。

（陈毅军）

优势传统产业

【概况】 全市2000万元以上主要优势传统产业企业179家，其中，针织服装企业125家、木雕红木家具企业32家、皮具箱包企业22家。实现工业总产值107.1亿元，比上年增长5.5%，其中，针织服装70.25亿元，比上年增长4.9%；木雕红木家具22.87亿元，比上年增长4.6%；皮具箱包13.98亿元，比上年增长10.9%。

【娇子针织拓展海外市场】 东阳市娇子针织有限公司是一家专业生产秋冬季袜子、袜裤的外贸企业，从婴儿到成人的产品种类齐全，货号多达300个，产品绝大部分销往欧美及日本、新加坡等国家和地区。公司从创业当初的几十平方米厂房、几台机器设备、五六名员工，发展成为规模以上企业。2010年，“娇子针织”产品开始打入日本市场，日本市场成为公司最大的外贸业务源。

【黄小明被评为优秀创意设计产业领军人物】 1月11日，浙江省创意设计协会2014年会在嘉兴西塘举行。本届年会以“创意融通、跨界协同”为主题，共话文创设计与金融、互联网、传媒等多领域的跨界融合。年会上，评选出2014年度浙江省优秀创意设计产业领军人物、2014年度浙江省优秀文化创意机构、2014年度浙江省优秀创意设计作品、2014年度浙江省优秀创意设计师，其中，浙江新东阳木雕有限公司黄小明被评为“2014年度浙江省优秀创意设计产业领军人物”。

【第五届(2014)中国红木家具行业总评榜入选人物及品牌】 1月13日，第五届中国红木家具行业总评榜颁奖典礼及第五届中国红木家具行业发展高峰论坛暨中国红木家具行业转型升级项目发布会在北京人民大会堂举行。红木总评榜颁出十大品牌、十大风云人物、职业经理人、专业市场、经销品牌、配套品牌等11项大奖，47家优秀企业和23位优秀个人受到表彰。浙江东阳举办2014世界工艺文化节入选“2014年中国红木家具行业十大新闻事件”。浙江中信红木家具有限公司董事长李忠信、东阳市新明红木家具有限公司董事长张新民、东阳市明清居红木有限公司董事长金彪云、浙江卓木王红木家俱有限公司总经理杜长江入选“2014年中国红木家具行业十大风云人物”。东阳红木家具市场总经理刘春林、浙江卓木王红木家俱有限公司营销总监龚燕艳、东阳市新明红木家具有限公司营销总监成国庆、东阳市御乾堂宫廷红木家具有限公司总经理马姣姣入选“2014年中国红木家具行业杰出职业经理人”。浙江中信红木家具有限公司、东阳市新明红木家具有限公司入选“2014年最具影响力的中国红木家具十大品牌”。浙江卓木王红木家俱有限公司、东阳市明清居红木有限公司、东阳市振宇红木家具有限公司、浙江万家宜家具有限公司、东阳市双洋红木家具有限公司入选“2014年最受欢迎的中国红木家具十大品牌”。东阳市苏阳红红木家具有限公司、东阳市国祥红木家具有限公司、东阳市兴成红木家具有限公司、东阳市御乾堂宫廷红木家具有限公司入选“2014年最具创新力的中国红木家具十大品牌”。东阳中国木雕城、东阳红木家具市场入选“2014年最具影响力的中国红木家具专业市场”。

【省级林业重点龙头企业4家】 1月，省林业厅公布2014年度33家省级林业重点龙头企业，浙江万家宜有限公司、东阳市国祥红木家具有限公司、东阳市双洋红木家具有限公司、东阳市苏阳红红木家具有限公司等企业列入。

【红木产业发展推进联盟协议书】 3月15日，2015中国（中山）红木家具文化博览会在广东省中山市博览中心举行。博览会期间，东阳市与中山市两地政协签订建立红木产业发展推进联盟协议书。2014年，中山市政协主席丘树宏带领相关人员，对东阳市红木木雕等重点产业进行考察，双方政协初步达成发展合作意向。随后，双方政协就合作相关事项开展多次调研，充分征求并听取多方意见建议，最终商定建立红木产业发展推进联盟。协议书在两地政协定期会晤、重点加强文化和红木产业发展交流、加强委员及企业间交流等6个方面达成合作意向。

【新晋省工艺美术大师15人】 3月，第五届浙江省工艺美术大师评选结果揭晓，其中东阳市姚忠虎、陆金阳、李强、黄学敏、何大根、贾一平、胡正仁、李忠信、楼浩彬、杜菊芳、张为龙、陆挺、胡先民、张节平、黄丁财15人获“浙江省工艺美术大师”称号。

【徐永平获“2015年度中国木雕状元”称号】 4月13日，由中国工艺美术协会主办，福建省工艺美术协会木雕专业委员会、莆田工艺美术城管理委员会承办的第七届“艺鼎杯”中国木雕现场创作大赛在莆田工艺美术城举行。来自海峡两岸9个省市、3个民族的22名选手参加。本届大赛采用现场创作方式，赛制为个人赛，创作原料为主办方统一提供的直径70~75厘米、高100厘米的黄心楠对开原木，选手们须在10天的限定比赛日内现场完成作品一件。东阳市徐永平凭借暖心的作品《小棉袄》获“2015年度中国木雕状元”称号。

【4名亚太手工艺大师首度合作创作木雕屏风】 4月25日，由陆光正、冯文土、高公博、林学善（高公博和林学善分别为乐清和福建亚太手工艺大师）4名亚太手工艺大师首度合作创作的精美木雕屏风作品在陆光正大师艺术馆揭幕。这件木雕作品耗时13个月，由陆光正、冯文土、高公博、林学善及其后人陆挺、冯晓峰、高敏、林秀敏精心制作而成。作品以《红楼梦》为题材，整件作品有78幅画面，其中60幅画面浓缩《红楼梦》120回精彩章节，14幅是名著中的诗词描画，4幅是4名亚太大师各自风格的代表作品，还有大师书写的五律诗8首。作品高3.32米，宽2.82米，双面雕刻，雕刻面积20平方米。

【金华市第四届工艺美术精品展】 5月22日，由金华市经济和信息化委员会主办的金华市第四届工艺美术精品展览会在中国木雕博物馆、东阳中国木雕城国际会展中心举行。本届精品展以金华市重点传统工艺美术品种和技艺为主，参展包括木雕、竹雕、木雕红木家具、玉雕、根雕、竹编、面塑、剪纸、绗缝、戏剧服饰等作品。

【参展中国(杭州)红木古典家具精品博览会】 6月5日，由浙江省林业厅等单位指导，中国林产工业协会、浙江省红木研究会、杭州日报报业集团联合主办的2015中国(杭州)红木古典家具精品博览会在浙江世贸国际展览中心举行。博览会包括“海峡两岸红木古典家具传承与创新西湖论坛”“红木古典家具典藏精品展示交易会”“中国杭州红木古典家具精品博览会典藏精品评选”三大部分内容。在海峡两岸红木古典家具传承与创新西湖论坛上，中国工艺美术大师黄小明、浙江卓木王红木家俱有限公司总经理杜长江出席主题演讲，东阳古艺福红木家具有限公司董事长胡福星、东阳市御乾堂宫廷红木家具有限公司董事长马海军参与对话论坛。在浙江省第二届红木制品暨2015中国(杭州)红木古典家具精品博览会典藏精品的评选中，有37件作品参选，17件作品获珍品奖，东阳市振宇红木家具有限公司的《十二生肖圆台》列入其中。

【中国孔子基金会建筑装饰家具生产基地】 6月11日，中国孔子基金会建筑装饰家具生产基地授牌仪式在东阳市御兴红木家具有限公司举行。东阳市御兴红木家具有限公司创建于1999年10月，是一家古典家具制造企业。

【第三届中国传统家具设计制作大赛金斧奖】 6月26～29日，由商务部批准，中国轻工业联合会主办，20余家协会承办的“2015中国国际轻工消费品展览会”在北京市中国国际展览中心举行。展会期间，中国家具协会举办以红木家具为主题的“第三届中国红木家具精品品鉴会”，对39家传统家具生产企业的参赛作品进行考评，评出第三届中国传统家具设计制作大赛“金斧奖”。经评审，评出神品奖4件、逸品奖8件、精品奖20件、成套系列金奖7件、最佳展位奖7件，东阳市近10家红木家具企业参加品鉴会，其中，大清翰林的《文斋一号》获“神品奖”；市东作云文化产业投资有限公司的《一腿三牙条案》、明堂红木的《南宫官帽椅》、振宇红木的《十二生肖圆台》、明清宝典的《百子罗汉床》、黄家宝典的《杭生祥云大床》获“精品奖”；九龙堂红木的《醉墨轩画案》（紫光檀，四件套）、卓木王红木的《天圆地方》系列作品获“成套系列金奖”，大清翰林获“最佳展位奖”。

【首届浙江省工艺美术优秀人才表彰会】 7月3日，首届浙江省工艺美术优秀人才表彰会在东阳中国木雕博物馆国际会议中心举行，会议为全省131名优秀工业美术人才颁发证书，东阳市金彪云、吴江峰、卢红霞、何渊巍、杨国强、葛良民、周桂新、张向荣、何红亮、徐永平、蒋武进、徐源泉、陆国栋、金立群、李华敏、沈巩强、陈临华、马良、陆一军19人列其中。

【红木企业O2O营销模式培训】 8月4日，由东阳市红木家具行业协会、弘木传媒联合主办，《品牌红木》杂志等单位承办的红木家具企业营销培训会暨微思维及O2O营销模式分析会在横店举行，全市100余家红木家具企业代表参加培训。

【老汤火腿公司被评为第八批省级骨干农业龙头企业】 8月6日，经浙江省粮食安全与推进农业现代化工作协调小组农业产业化办公室审议，并报经省政府同意，认定85家企业为第八批省级骨干农业龙头企业，东阳市老汤火腿食品有限公司列入其中。老汤火腿公司是一家集研发、制作与销售为一体的食品加工企业，主要从事“老汤”牌火腿和火腿小包装系列产品的制作和销售，是省农产品加工示范企业和质量诚信单位。

【中国工艺美术协会木雕艺术专业委员会成立】 8月27日，中国工艺美术协会木雕艺术专业委员会成立大会在中国木雕博物馆国际会议厅举行。清华、北大、中国美院等院校教授代表以及行业专家等300余位代表参加会议。大会选举产生以亚太地区手工艺人师、中国工艺美术大师陆光正为主任委员的木雕专委会第一届委员。

【菲尔特上榜铜门十大品牌】 8月28日，由“品牌排行网”主办、效菘世纪（北京）网络技术有限公司承办的“2015年度中国铜门十大品牌总评榜”揭晓，浙江菲尔特工贸有限公司（菲尔特）获铜门十大品牌第三名。浙江菲尔特工贸有限公司成立于1999年，是国内较早生产铜门的企业之一。

【“九宫格”作品获2015中国家具传承设计“金点奖”】 9月10日，由中国家具协会、《ELLE DECORATION家居廊》和上海博华国际展览有限公司联合主办的2015中国家具设计金点奖评比在上海落幕，中国木雕艺术大师、浙江东阳市大清翰林有限公司董事长吴腾飞的“九宫格”作品获“2015中国家具金点传承奖”。

【“观澜杯”全国红木雕刻大赛】 9月18日，由工业和信息化部工业文化发展中心、中国工艺美术协会、深圳市文体旅游局、深圳市龙华新区管理委员会主办，深圳市红木文化艺术协会、深圳市龙华新区红木家具协会协办的2015“观澜杯”全国红木雕刻大赛在深圳市会展中心举行。本次大赛评选出特等奖1个、一等奖2个、二等奖3个、三等奖4个及优秀奖15个和荣誉奖10个。东阳市明堂红木家具有限公司（虞卫民《梦》）获特等奖。

【首批中国红木专业高级人才】 9月20日，全国首届红木高级人才资质证书发放仪式在北京钓鱼台国宾馆举行，会议公布首批中国红木专业中高级人才名单，并向红木传承人、红木艺术大师、红木经营管理大师等高级人才颁发资质证书，其中，东阳市李晓东等14人获“中国红木艺术大师”证书，马海军等3人获“中国红木经营管理大师”证书，李晓东获“中国红木文化传承人”证书。

【省民间文艺“映山红奖”】 9月25日，由浙江省民间文艺家协会和宁波市文联主办的“中国梦·梁祝情”浙江省民间灯彩大赛在宁波梁祝文化园落幕，东阳市画水镇许宾获大赛银奖。

【中信红木艺术馆开馆】 10月15日，在中信红木创办18周年庆典仪式上，位于横店镇济慈路69号企业总部的中信红木艺术馆开馆。北京故宫博物院原文保科技部主任、中国文物学会专家委员会专家曹静楼，亚太地区手工艺大师、中国工艺美术大师陆光正等领导和专家到场祝贺。中信红木创办于1997年。产品两度“走”进北京人民大会堂，连续五年获“最受欢迎的中国红木家具十大品牌”，产品被认定为浙江省品牌。

【东阳市木雕·红木家具十大精品】 10月23日，经东阳市政府公布，东阳市明堂红木家具有限公司的《一鸣惊人书房》、东阳市王为权木雕工艺品工作室的《百鸟朝凤大圆台》、东阳市东艺工艺品有限公司的《竹苞福茂方桌》、东阳市黄家宝典家具有限公司的《新中式办公书房》、东阳市盛世九龙堂红木家具有限公司的《云头方桌》、东阳市华龙工艺品有限公司的《花鸟架子床》、浙江大清翰林古典艺术家具有限公司的《文斋一号博古架》、东阳市御乾堂宫廷红木家具有限公司的《步步高和谐富贵宝座》、东阳市明清宝典艺术家具有限公司的《大提琴红酒柜》、东阳市远达红木家具有限公司的《檀雕罗汉床》被评为“2015年度东阳市木雕·红木家具十大精品”。

【红木家具类中国传统工艺大师】 10月25日，由全国工商联民间文物艺术品商会领衔发起的中国民间文物传世工程项目——2015中国传统工艺大师资格认定名单揭晓，东阳卓木王红木家俱有限公司董事长杜承三获“中国传统工艺大师”(红木家具类)认定资格，其作品《天圆地方沙发》获“中国传统手工艺制作创意奖”。

【紫光檀研究中心建立】 11月25日，省红木研究会有关负责人在荣轩工艺品有限公司为“荣鼎轩东非黑黄檀（紫光檀）研究中心”授牌，荣鼎轩红木紫光檀研究中心建立。

【东阳木雕参与牛首山地宫建设】 10月27日，释迦牟尼佛顶骨舍利供奉大典暨南京牛首山文化旅游区开园仪式在江苏南京牛首山举行。供奉佛顶骨舍利圣塔的牛首山地宫主体建筑佛顶宫建成开放，由中国工艺美术大师黄小明领衔的木雕装饰团队参与地宫的装饰设计与施工。

（陈毅军）

工艺美术协会

【“东阳木雕小镇”建设】 依托东阳国际木雕产业基地的优势和木雕红木产业优势，经省政府特色小镇建设领导小组批准，东阳经济开发区规划建设木雕小镇。规划面积约2.9平方千米，计划投资55亿元，分三期建设。一期占地66.67公顷，投资19.44亿元，完成年度计划的80%，19名省级以上大师工作室主体工程结顶，16家企业有10家主体工程结顶，近10家建成开业生产。“东阳木雕小镇”获金华市政府批准命名，通过省政府的考核验收。

【工艺美术行业协会活动】 工艺美术行业协会组织全市企业和个人参加各类宣传、展示、评奖、销售等活动。4月23～27日，第五届中国(浙江)工艺美术精品博览会在杭州举行。东阳60家企业和个人参加，展位98个。东阳作品获金奖38件，银奖22件，铜奖1件。工艺美术行业协会获“最佳组织奖”。4月28～30日，第一届中国(东阳)木雕·红木家具交易博览会在东阳举办，东阳参展展位119个，获67个奖项，其中特等奖6个、金奖27个、银奖25个、铜奖9个。5月22日，为期3天的“雅典杯”金华市第四届工艺美术精品展在东阳中国木雕城国际会展中心和中国木雕博物馆举办，获131个奖项，其中特等奖3个、金奖48个、银奖43个，铜奖37个。10月29日，第十六届中国工艺美术大师作品暨国际艺术精品博览会在江苏扬州举办。东阳参展作品获8个奖项，其中金奖2个、银奖3个，优秀奖3个。11月8日，为期5天第十届中国（东阳）木雕竹编工艺美术博览会开幕式在东阳中国木雕城举行，东阳参展展位102个，获64个奖项，其中金奖29个、银奖24个、铜奖11个。

2月6日，协会协助新华社派出摄制组在东阳拍摄纪录片《美丽浙江》，在第二届世界互联网大会(乌镇峰会)播放此片，东阳木雕、陆光正大师分别作为首先展示的浙江文化、主要人文元素播放。5月27～29日，协会协助浙江省第六届对外传播异地采访，拍摄高清电视专题片《东阳木雕·刀木春秋》。

【工艺美术人才培育】 制订人才培训政策，组织木雕技艺比赛，配合有关部门开展工艺美术大师评审、工艺美术专业技术职称评定和木雕工职业技能等级评审等的通知、申报、推荐和评审等工作。

6月，开展第三届金华市工艺美术大师评审工作，评出第三届金华市工艺美术大师102人，其中东阳籍48人。7月3日，首届浙江省工艺美术优秀人才表彰会在东阳举行。会议对131名浙江省工艺美术优秀人才进行表彰，其中东阳市有19人。

7月28日，印发《关于宣贯"木雕工国家职业技能标准"全面开展木雕工技能等级培训认定工作的意见》。10月22日，东阳市工艺美术木雕职业技能培训学校通过注册登记，承担按木雕工国家职业技能标准举办的全市木雕工职业技能培训工作。10月9日至11月4日，举办"2015木雕工（含竹雕）技能比赛和人才培训班"，计划招生60人，报名参加比赛和培训123人，实际参加107人，全部完成106人。有66人通过技师评审。

【首届中国工艺美术协会木雕艺术专业委员会成立】　8月27日，中国工艺美术协会木雕艺术专业委员会成立大会在东阳召开。中国工艺美术协会、中国林产工业协会，国家林业局造林司，浙江省经信委、文化厅、林业厅，浙江省技能鉴定中心，金华市经信委，东阳市委、政协、市政府以及浙江省、福建省工艺美术行业协会的领导，清华大学美术学院、北京大学法学院知识产权学院、中国美院、中央美院的专家教授，中国工艺美术大师、省、市级大师和行业代表等300余人参加会议。本次大会审议通过《中国工艺美术协会木雕艺术专业委员会工作条例》和《中国工艺美术协会木雕艺术专业委员会会费缴纳办法》。会议聘请赵萌等20人担任顾问，选举陆光正为主任委员，余国平等41人为副主任委员，李中庆等264人为委员，选举了虞定良为秘书长，张玉海等27人为副秘书长，组成首届中国工艺美术协会木雕艺术专业委员会，地址设在东阳市。成立大会后，举行新常态下中国木雕发展暨非物质文化遗产保护高峰论坛。

（陈田芳）

红木家具协会

【红木家具协会活动】　4月3日，东阳市红木家具行业协会第二届理事会第二次会议召开。中国家具协会副理事长陈宝光出席会议。

6月5～11日，协会组织东阳红木家具企业家一行30余人赴日本考察，走出国门，和国际大师交流，进行深度考察、学习、研究。期间访问东京国立博物馆、箱根雕刻森林美术馆、奈良工艺馆等9座博物馆和圣地以及木雕工坊和一些特色文创街，并会同名家大师进行交流学习。

【东阳雕花家具制作技艺代表性传承人】　10月28日，根据《金华市文化广电新闻出版局关于公布第三批金华市非物质文化遗产项目代表性传承人的通知》，确定吴腾飞、胡福星、张玉林、贾一平为第三批金华市非物质文化遗产项目——东阳雕花家具制作技艺代表性传承人。

【红木行业知识产权保护工作】　2015年，红木家具行业增加授权专利259件，全行业累计授权专利1500余件。2015年度浙江卓木王红木家俱有限公司获金华市专利示范企业。

【2015中国红木家具大会暨第七届全国红木家具经销商大会】　9月6～9日，2015年度中国红木家具大会暨第七届全国红木家具经销商大会在浙江东阳红木家具市场举行。大会由中国家具协会传统家具专业委员会、浙江省家具行业协会、浙江省工艺美术行业协会、东阳市人民政府联合主办，东阳市红木家具行业协会、东阳红木家具市场、东作云承办。是中国家具协会官方唯一指定的全国性红木行业大会。全国30个省市区红木家具经销商、国内著名红木家具品牌企业代表、红木爱好者、众多新闻媒体等参加。会议以"蜕变赢未来——红木家具行业变革"为主题，分析不同规模企业的精准定位，分享知名厂家创新成果，推介适合终端消费者的最佳产品，顺应"互联网+传统产业"的时代潮流，探索红木家具的电子商务新模式。会议期间，开展2015年度中国红木家具"东作"设计创意大赛、中国红木家具"东作奖"评选活动，召开以红木家具现代生活与流行趋势为主题的"分享当代创新成果"会议、以大而全与精而专为主题的"探索新常态下厂家发展之路"会议、"互联网+的商业机遇"高峰论坛和以"产业升级与商业模式融合"为主题的圆桌领袖论坛、红木文化大讲堂等专题活动。会议期间直接和间接交易30亿元。

【中国红木家具"东作"精品评选】　9月6日，2015年度中国红木家具"东作"奖评选活动在东阳中国木雕城国际会展中心举行，此次评选的主题是东作家具与现代生活，有20家企业的34套作品参加本年度的评选。经评审专家评审：东阳市明堂红木家俱有限公司等 4 家企业选送的作品获特别金奖；东阳市万居禾馨古典家具有限公司等 6 家企业选送的作品获金奖；东阳市盛世九龙堂红木家具有限公司等 10 家企业选送的作品获精品奖；东阳市欧晨卫浴有限公司等 14 家企业选送的作品获优秀奖。

【中国红木家具“东作”设计创意奖评选】 9 月 5 日，组织开展首届 2015 年度中国红木家具“东作”设计创意比赛，收集参赛作品 36 件，有 13 套作品入围，分别获 2015 年度中国红木家具“东作”设计创意比赛一、二、三等奖。程国强设计的《财源滚滚博古架》、伍兆国设计的《叶子(茶台组)》2 件作品获一等奖；郭秩云设计的《转动隔厅酒柜》、蒋昀洁设计的《相濡以沫大床》、俞生权设计的《山水情九件套沙发》、王清设计的《独乐榻》、金丹枫设计的《前程似锦沙发》5 件作品获二等奖；谢庆彪设计的《岁岁年年》，麻新良设计的《如意玫瑰沙发》，张玉林、张晓峰设计的《春满人间茶台》，楼正明设计的《808 组合柜》，邢伟民设计的《大美如意沙发》，王江龙、王锦彪设计的《鼎鹿系列沙发组、餐桌组》6 件作品获三等奖。

【东阳市木雕·红木家具龙头骨干企业】 11 月 8 日，市政府表彰 2015 年度东阳市木雕·红木家具龙头企业 2 家和骨干企业 9 家。龙头企业：东阳市明堂红木家俱有限公司、东阳市东艺工艺品有限公司；骨干企业：东阳市明清居红木有限公司、浙江卓木王红木家俱有限公司、浙江中信红木家具有限公司、东阳市陆光正创作室、浙江大清翰林古典艺术家具有限公司、东阳市旭东工艺品有限公司、东阳市新明红木家具有限公司、东阳市华龙工艺品有限公司、浙江万家宜家具有限公司。

【红木家具协会组织企业参展】 3 月 16 ~ 20 日，第 33 届国际名家具(东莞)展览会在东莞厚街广东现代展览馆举行，市委副书记、市长朱建军，副市长陈军等相关领导出席名家具展。6 月 26 ~ 29 日，第三届中国红木家具精品品鉴会在北京举办。浙江大清翰林古典艺术家具有限公司设计制作的“文斋一号”系列家具获“金斧奖”中的最高奖项——神品奖；东阳市明堂红木家俱有限公司等 5 家企业获精品奖；浙江卓木王红木家俱有限公司等 2 家企业获成套系列金奖。9 月 9 ~ 12 日，第 21 届中国国际家具展览会在上海举办。浙江大清翰林古典艺术家具有限公司设计制作的“九宫格”系列家具获金点传承奖。9 月 18 ~ 21 日，第三届中国(深圳)国际红木艺术展暨中式生活博览会在深圳会展中心举行。2015“观澜杯”全国红木雕刻大赛在深圳会展中心启动，东阳市明堂红木家具有限公司获特等奖。

【技能培训】 5 月 10 ~ 20 日，东阳市红木家具行业协会和南京林业大学家具与工业设计学院合作，对 30 余名取得家具设计师资格的专业技术人才进行为期 10 天的脱产封闭式家具设计创新创业强化培训。7 月开始，连续开办 8 期中级技能培训班，吉盛红木、君品红木、明堂红木、双洋红木、古艺祥红木、卓木王红木、明清居红木、中信红木、富泰隆红木、天禧红木、洛克王红木、振宇红木、金象堂红木、典传红木 14 家企业参与，430 余人参加培训；11 月 13 ~ 23 日，精细木工高级技能培训在中信红木家具有限公司进行，有 68 人参加；11 月 2 ~ 12 日，家具设计师高技能人才培训班在东阳市人力资源市场举行，有 80 人参加。通过培训考核，8 人获“精细木工技师职业资格证书”，34 人获“精细木工高级技能职业资格证书”，371 人获“精细木工中级技能职业资格证书”，7 人获“二级家具设计师职业资格证书”，35 人获“三级家具设计师职业资格证书”，8 人获“四级家具设计师职业资格证书”。

图 49　9 月 7 日，为中国红木家具东作奖获奖者颁奖

【设立东阳市南林木材科技服务中心】 3月,原"南京林业大学木材科学研究中心东阳服务站"经东阳市民政局批准注册登记,成为具有独立法人地位的第三方检测机构——东阳市南林木材科技服务中心。5月15日,通过实验室资质认定评审验收工作。6月29日,由浙江省质量技术监督局批准正式通过实验室资质认定项目。8月,为方便对横店、南马两个主要红木家具产区的会员企业提供家具检测服务,南林木材科技服务中心在横店木材中心设立专职办公场所。

2015年,东阳市南林木材科技服务中心为东阳红木家具企业及红木家具市场各经营销售专卖店认定红木家具30735套,并制作相对应的家具认定证书,同时将证书信息上传至东阳市红木家具行业协会官网供消费者查询。

（郑文婷）

供电

【概况】 2015年,完成固定资产投资10208.48万元,售电量37.31亿千瓦时、比上年增长3.94%,营业收入23.74亿元、比上年增长3.15%,实现利润0.25亿元。用电最高负荷达70.06万千瓦、比上年增长5.67%。资产总额8.99亿元;资产负债率18.76%。

年末,东阳市境内有500千伏变电所一座,主变压器2台,变电容量200万千伏安;220千伏变电所3座,主变压器6台,变电容量117万千伏安;110千伏变电所14座,主变压器28台,变电容量131万千伏安;35千伏变电所5座,主变压器10台,变电容量7.9万千伏安;500千伏线路4条;220千伏线路12条;110千伏线路28条,线路总长243.42千米;35千伏线路21条,线路总长190.88千米;10千伏线路301条,总长3703.56千米,电缆长度981.24千米;低压线路6813.29千米;配电变压器9548台,配电容量2995063千伏安;10千伏开闭所67个,环网柜73个;发电企业35家,其中火电1家,光伏2家,小水电31家,风电1家,发电机装机容量108995千瓦。

公司连续十年保持"浙江省文明单位"称号,连续七年获"东阳市青年志愿者先进集体"称号。2015年公司获"浙江省工会示范职工书屋""全国模范职工之家"、第十届浙江省消费者信得过单位、省公司营销工作先进单位、金华市电网建设工作先进单位称号。横店供电所获省公司10佳"企业文化建设示范点(供电所类)",营业一班获省公司五星级班组(工人先锋号),变电检修班获第四届全国质量信得过班组选拔赛一等奖,变电检修班被命名为全国质量信得过班组。

【电网建设和新农村电气化建设】 完成"十三五"电网发展规划。加快推进项目前期,公司获省发改委路条文件的主网项目3个(220千伏湖田变、110千伏金宅变和临江变),其中110千伏金宅变获市发改局核准批复。争取项目投资2.37亿元,启动新增城农网改造升级工程。基建质量管理水平大力提升,公司负责属地工作的500千伏吴宁变获2015年度中国电力优质工程奖,被评为2014~2015年度国家优质工程奖。

智能电表新增和更换5.35万个,覆盖率100%。建成首个电、水、气、热"四表合一"示范小区(中天世纪花城)。

110千伏松岗变投运,主变压器2台,变电容量100万千伏安;110千伏桐松1347线投运,线路长度0.98千米;110千伏桐岗1348线投运,线路长度0.98千米;110千伏野风变投运,主变压器2台,变电容量100万千伏安;110千伏鹤塘1346野风支线投运,线路长度1.25千米;110千伏东山1604野风支线投运,线路长度7.471千米;35千伏金畈公变投运;110千伏野风变8回10千伏出线投运,35千伏北江变完成10千伏线路负荷割接。35千伏金官3635线、热官3639线退出运行;北江变退出运行;35千伏东北3690线、巍北3692线退出运行。增加35千伏金畈3636线,线路长度0.946千米;增加35千伏热金3639线,线路长度7.471千米;洋坑一级电站增容,装机容量从75千瓦增加至100千瓦。

【供电用电】 2015年,东阳市供电量为388037.9万千瓦时,售电量373117万千瓦时。全社会用电量374180.72万千瓦时,其中第一产业用电量978.71万千瓦时,第二产业用电量254467.35万千瓦时,第三产业用电量50848.88万千瓦时,城镇居民生活用电量27033.03万千瓦时,农村居民生活用电量40852.75万千瓦时。全市用电户数373839户,其中城乡居民用电户335758户。最高供电负荷700600千瓦,负荷率82.45%,综合线损率3.99%。综合电压合格率99.69%,供电可靠率99.91%。供电成本每千千瓦时105.12元,平均售电价每千千瓦时501.31元,电费回收率100%。

【企业经营】 全年总产值236910万元，资产总额89869万元，资产负债率19%，营业收入237447万元。营业成本233770万元，其中：购电成本194541万元，输配电成本39229万元。固定资产净值56263万元，利润总额2519万元。销售收入236910万元，销售成本234250万元，销售利润2397万元，上缴增值税8494万元。

【供用电服务】 推行预付费控业务，实施电能替代项目，增加售电量6000万千瓦时。完成节能项目改造，节约电量300万千瓦时。深化用电信息采集系统应用，追补电量11.61万千瓦时。开展供电服务专业“三位一体”，规范营销标准化礼仪服务，推广省公司微信服务平台。

【科技创新和信息化应用】 2015年，申请14个发明专利、12个实用新型专利，获授权21个实用型专利、1个发明专利。完成《变电站检修安全辅助工具的研制及应用》《检修综控平台的研究与应用》等3个群创项目。“配电网调度辅助决策支持系统的研究”获省公司2014年科技成果三等奖。《二次弹簧式专用电压线连接夹》获金华公司2015年优秀QC成果一等奖。《完善智能变电站专业管理流程，提高继电保护运行管理水平》入选2015年省公司“五位一体”深化应用典型案例。

（陆俊英）

2015“美丽东阳”旅游摄影大赛获奖作品

东白之夏 摄影／潘丽丹

商 贸

商 务

【概况】 市商务局是主管全市国内贸易、对外贸易、利用外资、国际经济合作和服务业发展的政府职能部门，内设办公室、外贸业务科、行政审批科、商贸发展科、服务业发展科，下辖市商务综合行政执法大队、市进出口产品检测技术中心。

9月，举办东阳市第七届休闲购物节。开展百店让利大联销、汽车展销、家装展销活动，举办东阳美食和东阳名特优新农产品展销会、首届婚庆产业博览会、首届母婴用品博览会，购物节期间，实现销售总额22亿元。10月，增强对出口产品的扶持力度。全年为企业申报省级以上扶持资金6978万元，市本级扶持资金5000余万元。

【外贸】 完成外贸出口总额25.4亿美元，比上年增长4.7%。总量和增幅列金华各县市区第三位。

【外经】 鼓励企业参与国际市场竞争，扩大外贸出口主体。年末，新增外贸出口企业350余家，开展自营进出口业务的企业536家。鼓励有资质建筑企业申请对外承包工程经营权，扩大对外承包队伍，全市对外承包经营权企业11家。完成境外承包工程营业额4.31亿美元，占金华市的80%以上；完成对外投资项目6个，中方投资额2.05亿美元。

【商贸服务业】 社会消费品零售总额229.9亿元，比上年增长10.1%；批发零售业零售总额700.84亿元，比上年增长28.15%。至年末，全市实现商贸服务业项目投资99.31亿元。

【特种行业监管】 加大特种行业监管，做好酒类流通登记备案工作。强化对煤炭、成品油、典当、拍卖、美容美发等特种行业的监督管理工作，查处价格违法、无证经营等扰乱市场经济秩序的行为，做好大型商场的安全生产工作。

【现代服务业】 第三产业增加值223.97亿元，比上年增长8.6%；第三产业固定资产投资122.03亿元，比上年增长30.1%，占全市固定资产投资的48%；第三产业地税完成23.21亿元，占地方财政收入的47.74%。服务业从业人员占全部从业人员的22.47%；服务业劳动生产率19.02万元/人；服务业投资效果系数14.1%。

【电子商务产业园区建设】 完善汽配城、沃德采购中心、古典工艺城等电商创业园公共基础建设及办公、生活、物业管理等配套服务。富坤农副产品集散中心、虎鹿缝配城、总部中心等电子商务集聚区招商力度进一步加大。全年主要产业园区电子商务交易额9.6亿元。东阳红木家具市场“多维·东作云”电子商务平台全面推进，在海口、北京、深圳等地开设7家东作云体验馆。浙江木红实业有限公司在渤海商品交易所DO（直供）系统平台正式挂牌发售，建立交收仓库5座，居家体验馆旗舰店开业6家。在汽配城电子商务创业园建设东阳市电子商务公共服务中心，为全市开展电子商务提供咨询、培训、方案策划和电商服务对接等服务。

【电子商务市场发展】 横店影视城网络运营中心利用横店影视城官网、淘宝横店影视城旗舰店及各大门户网站进行网上交易，网络在线旅游交易人数56万人，在线旅游年交易额2.2亿元，销售额比上年增长57%。木雕城与阿里巴巴整体入驻淘宝拍卖会，木雕城电商100余户，交易额1亿元。在全市建设100个农村电子商务服务点，为农村居民提供网络代购、农产品销售等服务，初步形成村级服务网络，全年完成代购5000余笔，代购金额75万元，“邮掌柜”进销存9.4万笔，销售额494.03万元。在12月24~25日举办的第三届中国淘宝村高峰论坛上，阿里研究院发布《2015年中国淘宝村研究报告》。南马镇入围

2015年中国淘宝镇，南马镇东湖村、防军村、南湖村和歌山镇西宅村入围2015年中国淘宝村。日发货1000单以上，全年网上销售总额2.2亿元。冀发集团公司有得利仕官方旗舰店、得利仕专卖店、12家电商、16个连锁网店，销售额5400余万元。爱霆服饰有限公司交易额4000余万元。佳友塑胶有限公司销售额1200余万元。

【市电子商务公共服务中心成立】 7月28日，2015年东阳市首届服务电商资源对接会暨东阳市电子商务公共服务中心成立大会在东阳世贸君澜酒店举行。200余家电商企业、传统企业与第三方平台、服务商对接服务资源。东阳市电子商务公共服务中心是由市商务局主导、中汽·东阳国际汽车城承办运营的服务平台，采用政府主导、企业运营、服务为主的运作方式。通过平台，可实现电商服务配套、人才培养、创业孵化、资源对接、政策公告、电商信息发布等功能，为优秀服务商提供与企业对接平台，为企业带来咨询、培训、人才、运营托管、IT及ERP系统、电子商务金融、仓储服务等一站式电子商务服务。成立仪式上，东阳市农商银行出资5亿元，与东阳市电商协会共同成立东阳市电商创投基金，出资500万元为首期投资企业投资。

（戴厚明）

供销合作

【概况】 2015年，全市供销社完成销售收入21.6亿元，比上年增长32.5%，推销农副产品1.5亿余元，实现利润1484.2万元（报表反映1055.5万元，消化企业改制费用428.7万元），比上年增长32.4%，创造综合经济效益即利润加折旧计1975万元，比上年增长19.4%，上缴财政税收1478万元。企业所有者权益9263万元，资产总额4.54亿元，固定资产原价13759万元，固定资产净值7355万元；市属公司产业活动单位348个，基层供销社经营网点104个，在职员工1446人。获省、金华市供销社系统业绩考核特等奖。

图50　12月15日，市委副书记、市长朱建军（前右三）检查城区供销综合大楼项目有关情况

市供销总社辖属专业公司有方圆农资连锁总公司、日用工业品总公司、废旧物资总公司、土特产果菜总公司、方圆石油化工有限公司、方圆医药有限公司、方圆大药房连锁有限公司、方圆进出口有限公司、东阳市供销电子商务有限公司（2015年新成立）9家；仓储企业1家；中等专科学校1所；基层供销社有吴宁供销社、黄田畈供销社、六石供销社、巍山供销社、虎鹿供销社、湖溪供销社、横店供销社、千祥供销社、南马供销社9家。

由供销社牵头创办的农民专业合作社42家，其中4家获国家级示范农民专业合作社，4家获省级示范性农民专业合作社。获绿色产品证书4个和无公害产品、产地证书15个；创办村级综合服务社20家。农民专业合作社农产品年产值1.33亿元。

【方圆农资】 东阳市方圆农资连锁总公司注册资本500万元，企业总资产4169万元，固定资产净额311万元，在册员工32人，下设行政办公室、财务部、化肥部、农药农膜部、市场管理服务部、仓储部和配送中心（面积1公顷）。有农资连锁店107家和加盟连锁店1家。完成销售收入7000万元，销售化肥2.51万吨，销售农药1339吨，销售农膜628吨，实现利润117.8万元。

公司筹备资金2300余万元，购进和落实化肥16600吨、农药1020吨、农膜500余吨；将政府招标化肥3250吨（有机肥2300吨、配方肥950吨）按时按量送到农户手中；做好废弃农药包装物回收的前期准备工作，到桐庐等地考察学习。加强连锁店进货管理，

图 51 7 月 27 日，市农资流通协会与方圆农资连锁总公司在六石街道六石社区举办送农资、科技下乡活动

提高公司商品配送率，整体配送率 88%，并对连锁店通过其他渠道进的产品进行质量检查，杜绝假冒伪劣产品流入农资市场。为 22 个门店更换或添置柜台 44 个，货架 71 个，更换连锁门店宣传牌 28 块。发放寄送病虫情报 10 期 1220 份，为连锁店销售提供配药依据。4 月，市农资流通协会开展“农资放心店”评比，评出 19 家“农资放心店”。

【方圆医药】 方圆医药有限公司完成销售 7643 万元，比上年增加 786 万元，其中向连锁门店配送 3092 万元，比上年增加 340 万元。方圆医药公司实现利润 28.8 万元，方圆大药房连锁公司实现利润 39.5 万元。上缴税费 295 万元，其中方圆医药有限公司 229.96 万元、方圆大药房连锁有限公司 65.04 万元。连锁门店 87 家，增加 11 家。

与多地卫生部门联系，争取基本药物配送资格。获东阳范围 4744 个品种配送权，磐安范围 3218 个品种的配送权。在东阳范围实际配送品种经东阳市卫生局遴选后有 1503 个。

拓展连锁经营，增开门店，增加门店适销品种，加强与南京同仁堂、贵州益佰、葵花药业、南京先声、武汉人福等企业合作，确定部分品种在东阳市范围内专供本公司连锁门店销售。新增首营企业 88 家，新增品种 2754 个。

修订完善新一轮门店责任制实施细则，采取招聘承包落实责任制的方式。收缴利润款比上年增长 20%(包括新南路、解放路、中山路三家未到期门店)。

【废旧物资】 东阳市废旧物资总公司位于东阳市画水镇上坞塑料功能区(田家院村)，是一家集再生资源收购、储存、批发、加工、销售为一体的再生资源综合利用企业，也是东阳市再生资源回收利用行业的龙头企业，注册资金 1000 万元，业务涉及废塑料、废钢铁、废铝、废铜、废纸等废旧物资的收购、批发、销售。全市设集散加工中心、2 家废钢铁分拣中心和遍布市区及各镇乡街道的收购网点 42 个。公司购进废旧物资 172.8 万元，上缴税费 231.76 万元。浙中再生塑料集散加工中心有租赁企业 19 家，其中红木家具厂 3 家、塑料厂 12 家、相框厂 1 家、红木锯板厂 1 家、超市 1 家、饭店 1 家，年综合产值 5000 余万元。公司收购网点 42 家，包括两家分拣中心，横店分拣中心占地 1 公顷，歌山分拣中心占地 0.67 公顷。

【防汛物资储备】 完成防汛防台物资储备任务，建立健全供销社防汛防台组织体系，制定防汛防台应急预案，供应麻袋 5100 只、编织袋 3700 只、雨衣雨鞋矿灯若干，完成救灾应急物资供应任务。全市 8 个储备点实际储备麻袋 26395 只。完成市防汛救灾应急的需要，储备以下防汛物资：防汛编织袋 8000 只、1.5 米木桩 800 根、3 米木桩 100 根、彩条布 10 件 2000 平方米、手套 500 双、安全帽 200 个、救生衣 200 件、抛绳 300 条、铁锹 200 把、锄头 100 把、大榔头 20 把、救生圈 50 个、雨鞋 200 双、雨衣 200 件、手电筒 200 只、便携式工作灯 50 个、汽车防滑链 20 副。

【烟花爆竹批发业务】 完成销售额 569.16 万元，实现利润 44.34 万元。配合市安监局做好烟花爆竹经营安全整治工作，对全市零售店进行全面整治，实现专店专营销售，并做到经营规范“五统一”(统一一对一进货渠道，统一证照、管理制度、操作规程上墙，统一进货记录台账，明确核定存放量，统一店面招牌、标识标语，统一建立应急救援措施、配备消防器材)。出资近万元向新确定的 100 家零售店赠送“五统一”宣传牌，新增添箱式配送车一辆。改扩建烟花爆竹批发部样品室、办公区和停车场。在南峰新库区内，扩建样品室约180平方米，增建办公人员用房约170平方米，扩建水泥地停车场。

【蚕桑业务】 土特产公司实现利润65.50万元，比上年增长181.6%。3月，召开方圆蚕桑专业合作社理事会，增补理事会成员，确定扶持蚕农新措施。加强蚕桑辅导员的使用管理，培育一批年度生产蚕茧超500千克或1000千克的养蚕户，对年产1000千克以上的养蚕户适当补助蚕药、蚕具、化肥或养蚕室建设等蚕用物资，并对产区辅导员进行适当奖励。组织养蚕专家对养蚕大户进行一对一技术辅导。蚕茧收购价格按市场价收购，每投售50千克蚕茧，补助50千克尿素，每张蚕种补贴40元。发放蚕种209张，收购鲜茧786千克，投放茧款26796元，收购蚕茧平均价34.09元/千克，比上年下降5.18元/千克；发放鲜茧收购化肥补助款1563元。

组织开展“东舒牌”桑蚕丝被销售展示厅开业一周年店庆活动。店庆首日营业额2万余元。

【方圆石化】 东阳市方圆石油化工有限公司下辖具备经营汽油、柴油、煤油、润滑油资格的分支机构(加油站)8个，具备经营汽油、柴油、煤油、润滑油资格的分支机构(加油点)12个。销售总额9050万元，成品油销量12575吨，比上年增加460吨，其中汽油销量6221吨，柴油6354吨(其中直销配送柴油1633吨)。实现利润339.4万元，增幅93%，上缴税金257.7万元，增幅16.7%。

2015年成品油调价21次，其中下调12次。公司通过库存调节，创造调价增值100余万元。健全加油站各项管理制度，修订《安全经营事故应急救援预案》。增加监控设施。7个加油站安装油管视频液位仪、安装摄像仪并与当地派出所联网。投入30余万元用于安全经营管理。

【方圆进出口有限公司】 方圆进出口有限公司出口总额1018万美元，折合人民币6313.73万元，利润总额为36.50万元，完成计划的143%。

【职业教育】 东阳市供销学校开设有全日制高中段教育以及与天津大学、郑州大学、宁波大学合作开设的高中起点专科、专升本远程教育、函授学历教育，有1200余名学员。供销学校获得浙江经贸职业技术学院拨款(杭州财政)232.42万元。

2015年，市供销学校报到注册新生311人。毕业生数221人，获职业资格证书221人。参加高考44人，高考上线36人，上线率82%。

【农民培训】 开展种养殖专业技能、农产品营销技能和农村劳动力素质提升等各类农民培训24期，参训人数2600余人，创新开设农民大讲堂和联合省供销社、省经贸学院举办全省农产品高级经纪人培训1期、全省高级评茶员培训1期。获市财政农民培训补助经费73.08万元。

9月15日，为期8天的省农村实用人才和新型职业农民高级农产品经纪人培训班在巍山供销社结束，有包括专业合作社负责人、种粮大户和部门经营人员在内的121名学员参加培训。

11月23～30日，由省供销社组织，省经贸学院和东阳市供销社联合举办全省高级评茶员评茶班，全省各地的96名从事茶叶相关产业的学员参加培训。

【供销电商】 东阳市供销电子商务有限公司创立于2015年9月，公司经东阳市政府批准成立，由浙江东阳方圆集团及下属企业共同出资创办。公司经营场所设在东永路6号，占地2000余平方米，有员工10人，注册资金500万元。主要经营网上销售农产品、日用百货、工艺电子产品、床上用品、食品、饰品、化妆品等产品，提供网络技术服务及咨询、计算机技术培训、货物运输及仓储服务、货物进出口等业务，承接运营、美工等代理业务。

【省级示范性专业合作社创建】 东阳市顺亚水果专业合作社成立于2008年6月16日，位于巍山镇茶场村，注册资金增加为52.4万元，成员116人，有水果基地20余公顷。合作社种有桃、樱桃、桑葚、枇杷、柿子等多种水果，产品主要在东阳市内销售，完成销售额650万元以上，被认定为2015年度省级示范性农民专业合作社。

【千祥综合楼超市开业】 10月30日，千祥供销社“上海世纪如海”超市开业。该综合大楼总建筑面积3565平方米。超市设在大楼一二两层，营业面积2300平方米，仓库面积500平方米。开业前3天销售额近150万元。

【黄田畈供销社鑫隆汽车维修服务部开业】 2月，黄田畈供销社鑫隆汽车维修服务部正式营业。

该服务部是黄田畈社择优引进的一家企业。服务部经营面积2000余平方米，总投入150余万元，有员工12人，是画水镇经营规模最大、业务最全面的一家汽车维修综合服务中心。

（王江峰）

粮食流通

【概况】 全市粮食市场价格基本平稳。市内收购政策性粮食（订单内）12891吨，其中订单收购小麦1360吨、早籼谷10531吨、晚籼谷1000吨，比上年增长10.8%；订单外收购1368吨。市外收购粮食17087吨；完成省、市两级储备轮换补库11838吨，食用油60吨；调出省级储备粮2100吨；销售粮食17606吨；国有粮食收储企业经营收入4889.42万元，实现利润20.34万元。

3月，市粮食局、市财政局、农发行联合印发《关于下达2015年市级储备粮油轮换和新增计划的通知》，开展送政策、送订单、送农技、送信息、送资金惠农服务活动。与273户种粮大户签订早稻谷订单收购合同13754吨，比上年增长14%；落实早稻订单种植面积2392.4公顷，比上年增长5%。发放粮食收购预付定金40万元。兑付粮食订单收购政府奖励金631.85万元，其中省级奖励301.58万元、市级奖励330.27万元。

【机构设置】 市粮食局是受市人民政府委托主管全市粮食流通的部门，内设办公室（政策法规科）、购销调控科（行政审批科、监督检查科）、行业监管科，下属事业单位市粮食职工学校、国有企业市粮食收储有限公司（下设卢宅、巍山、横店三家粮食收储分公司）和市中心粮库（位于歌山镇上周村，占地10公顷，总建筑面积2.7万平方米，总投资9900万元，建有16栋仓房、5万吨仓容）。年内划转编制1人，调整后核定参公事业编制7人；核减事业编制数2人，精减后事业编制数10人；有局机关工作人员18人，企业在册干部职工104人，在岗在职62人。

【夏粮收购前期准备】 夏粮收购安排一站式服务固定收粮点6个，收粮人员62人，抽调局机关干部15人到收粮一线；安排检查化验仪器12台、除杂机5台、输送机35台，腾仓备库1.1万吨，落实政策性粮食收购资金3411万元；延长收购期间营业时间，收粮点设立售粮农民休息室，收粮现场悬挂宣传横幅，张贴宣传标语，做到粮食收购“六上墙”（收购品种、质量标准、收购价格、收粮时间、收粮人员、投诉电话）。遵守粮食收购“五要五不准”守则（一要敞开收购，随到随收，不准折腾农民；二要公开定等，准确计量，不准克扣农民；三要依质论价，优质优价，不准坑害农民；四要现粮结算，不打白条，不准算计农民；五要优质服务，排忧解难，不准怠慢农民）。在抽样检验、过风整理、输送入库等机械作业现场的醒目位置，标注张贴“注意安全”等温馨提示，提醒收粮人员作业安全和售粮农民人身安全。

【粮食收购价格和政府奖励】 订单粮食收购价格和政府奖励（补贴），每50千克（国标中等质量标准）订单收购价格：小麦135元（含政府补贴），早籼稻（圆粒型）135元，早籼稻（长粒型）133元，晚籼稻150元（含政府补贴）。订单早稻政府奖励标准：种粮大户、粮食专业合作社社员，每投售50千克早籼稻奖励30元，每亩最高奖励240元。

【粮食最低收购价与执行时间】 订单外投售的粮食由粮食收储企业按不低于最低收购价随行就市收购，每50千克粮食最低收购价为：小麦118元，早籼稻135元，晚籼稻138元，粳稻155元。小麦最低收购价执行时间为2015年6月10日至2015年7月30日；早籼谷最低收购价执行时间为2015年7月21日至2015年9月5日；中晚稻最低收购价执行时间为2015年10月30日至2016年1月31日。

【增加市级储备粮8000吨】 年内增加的市级储备粮（小麦）8000吨，年末市级储备规模增至3.6万吨。

【储备粮管理】 以3月31日为检查时点，组织75人检查10库点58座仓库的省、市两级储备粮。实行中央储备粮派人驻库实地监管制度，加强380吨市级成品储备粮的轮换管理机制，适时组织成品储备粮库存检查。核定万隆粮油食品限公司等14家个体粮食经营单位85吨大米和33吨面粉的粮食库存量，引导社会单位及居民适度储粮。安排30万元资金修复改造部分仓储设施。入库粮食实现低温低氧储存保管，推进应用粮食储藏升级技术，传统常规储粮向现代“绿色智能”生态储粮转型发展。年末经金华市粮食局粮油仓储企业规范化管理考核评价确认市粮食收储有限公司为粮油仓储规范化管理“优秀企业”，被金华市粮食局授予“一符四无”（即账实相等，无虫害、无霉变、无鼠雀、无事故）粮仓市。

【危仓老库改造维修】 6月，组织对全市76850吨仓容的老库“建设年份、仓房数量、投资估算”逐一进行全面摸底调查，确定列入危仓老库维修改造的粮食收储库点7个。其中，一般维修仓容19700吨，投资估算87万元；大修改造仓容26850吨，投资估算99万元；功能提升仓容50000万元，投资估算1037万元。中央财政补助“粮安工程”危仓老库维修资金273万元，其余由市县级财政和企业自筹。东阳市“粮安工程”危仓老库维修改造项目自2015年7月开始实施，预计于2018年末完工，年内投资105万元，完成维修项目工程量的9%。

【粮食安全监测】 市粮食收储公司根据2015年收购的新产稻谷数量与入库储存分布情况组织扦样，抽取样品送至由省指定的金华检验点检测镉、铅、无机砷和汞的重金属项目，结果显示收购的稻谷基本安全。8月，市粮食收储公司新购置配备一套稻谷重金属快速检测仪和配套设备。组织2015年收获粮食的质量调查早稻2个镇乡10个村级样品、晚稻5个镇乡25个村级质量调查样品和10个村级品质测报样品扦检上报，以出糙率、整精米率、水分、杂质、不完善粒、黄粒米和谷外糙米为稻谷质量调查检测项目；组织2015年收获粮食质量安全监测早稻3个样品和晚稻5个样品的扦检，检测稻谷重金属、农药残留、黄曲霉毒素B1的项目。

【《东阳市粮食安全应急预案》修订】 10月31日，市粮食局、市粮食应急管理办公室从粮食安全应急处置组织指挥体系及职责等9个方面修订完善《东阳市粮食安全应急预案》，落实13个部门的粮食安全应急处置工作职责，规定粮食安全应急处置程序，科学设计粮食安全应急处置流程图，确立东阳市粮食收储公司军供站等26家粮食安全应急供应点、东阳市粮食收储公司横店米厂等4家粮食安全应急加工点、东阳市道路运输管理局等4家粮食安全应急运输企业、万隆粮油食品有限公司等6家粮食批发零售价格监测点。

【粮食流通监管】 贯彻落实《粮食流通管理条例》等有关粮食法规，完成全市粮食产销供需平衡测算和全社会粮食流通统计，分析研判粮食供求形势和发展趋势。年内组织62人次针对粮食储存、加工、供应环节开展粮食执法检查，建立粮食流通监督工作日志制度，按规定要求粮油经营户建好粮食统计台账，执行粮食经营者最高最低库存制度，检查粮油库存卫生制度，规范行政执法行为，完善监督检查程序，做好粮食市场保供稳价，推进“粮食收购供应安全保障工程”建设。

【粮油储检人员定向培养】 省粮食局、教育厅、财政厅联合印发《关于做好定向培养粮油储检人员工作的通知》，由浙江省粮食局委托浙江农林大学定向培养层次为本科的食品科学与工程（粮油储检）专业人员。7月21日，市粮食局、市粮食收储有限公司与东阳籍考生王含笑签订《浙江省粮食系统定向培养粮油储检人员就业协议书》。定向培养生按期毕业正式入职后，在校期间的学费由用人单位一次性奖补。

【粮食系统消防演练】 11月6日，在市中心粮库组织粮食系统消防实战演练，市粮食收储总公司、粮食收储分公司和中心粮库相关人员参加，对生产经营用电、大米加工企业安全生产理论知识和实践操作、初期火灾现场处置、灭火器消防栓的使用等演练课题进行全程演练。

【粮食企业队伍建设】 1月28日，市粮食局召开粮食收储企业领导岗位竞聘动员大会，启动第二轮企业领导聘任制，按照《东阳市粮食收储公司领导岗位竞聘实施方案》，对市粮食收储公司和卢宅、巍山（含市中心粮库）、横店3家粮食收储分公司的设置、区域范围、工作职能作进一步界定和完善，设置企业领导和主办会计15个职位，按有关规定程序进行重新聘任，聘任期两年。同时，在《东阳日报》《东阳人才网》刊订向社会招聘从事粮食保管和大米加工的职工招工信息，经过笔试、现场见习、面试，招聘4名新职工。

（古新民）

烟草专卖

【概况】 2015年，市烟草专卖局（分公司）销售卷烟38186箱，比上年下降0.47%；实现税利3.77亿元，比上年增长20.25%；缴纳地方财政税费1.21亿元，比上年增长5.67%。

市烟草专卖局查处烟草专卖

违法案件191起,其中无证运输2起、无证经营76起、非法渠道进货103起、其他案件10起。违法案件中,5万元以上案件30起,比上年增长750%。查获违法卷烟11741.4条,其中真烟10664.7条、假烟1076.7条,分别比上年增长55.07%、45.83%和316.2%。查获卷烟总值349.75万元,比上年增长159.63%。破获2014年8月11日互联网销假案、2015年2月11日本地销假案,抓获涉案人员14人。

【烟草专卖零售许可证】 全市受理烟草专卖零售许可证新办申请679户,比上年下降21.66%,其中准予许可638户、不予许可41户。烟草专卖零售许可证延续1176户,变更28户,注销641户。截至年末,辖区持证户为4528户,比上年下降0.07%。

【卷烟消费税调整】 5月7日,财政部、国家税务总局联合发布《关于调整卷烟消费税的通知》,对卷烟消费税进行调整。自5月10日起,将卷烟批发环节从价税税率由5%提高至11%,并按0.005元/支加征从量税。纳税人兼营卷烟批发和零售业务的,应当分别核算批发和零售环节的销售额、销售数量;未分别核算批发和零售环节销售额、销售数量的,按照全部销售额、销售数量计征批发环节消费税。

【卷烟价格调整】 5月8日,根据经国务院批准的卷烟提税顺价政策方案,国家烟草专卖局决定自5月10日起对国产卷烟和进口卷烟的批发价格、建议零售价格进行调整。所有在销国产卷烟和进口卷烟批发价格均上调6%;所有在销国产卷烟和进口卷烟的建议零售价格按照零售毛利率不低于10%的原则确定;各省级局(公司)可在国家局确定的建议零售价格基础上,在确保零售毛利率不低于10%的前提下,根据市场情况适当调整,自主确定本地区卷烟零售指导价格。

(张　玲)

盐业专营

【概况】 东阳盐业公司推进产品结构调整,竹盐、低钠盐等高端产品销量大幅度提升。小包装碘盐、工业用盐销量比上年有所下降。购进各类盐产品8440.91吨,销售各类盐产品7246.59吨,销售比上年8817.12吨减少1570.53吨,其中口食小包装碘盐销售3519.94吨,比上年3660.55吨减少140.61吨。在小包装碘盐中,多品种盐销售2694.98吨,比上年2909.68吨减少214.7吨,占小包装碘盐的76.56%。实现利润201.83万元,比上年的173.95万元增加27.88万元。

【盐业市场监管】 开展食品加工用盐市场专项整治,加大对涉盐违法犯罪行为的打击力度,维护盐业市场流通秩序。落实盐产品分配调拨计划,抓好小包装食盐生产供应和腌制加工用盐调运备库的落实,保障各类盐产品的有效供应。印制"全社会共同参与,持续消除碘缺乏病"的宣传海报,在微信朋友圈中转发"碘缺乏病防治手册"。与市卫生局、市疾控中心等部门在城东街道罗屏村联合举办"防治碘缺乏病日"活动。

(龚　俏)

石油经营

【概况】 2015年,全市销售汽、柴两大类成品油250149吨,其中汽油156277吨、柴油93872吨。中国石化销售有限公司浙江东阳石油支公司(东阳石油)销售汽柴两大类成品油183782吨,其中汽油111994吨、柴油71788吨,占全市经营量的73.47%(中石化歌山与怀鲁高速公路加油站,销售经营量不列入东阳经贸部门的数字统计)。

11月,东阳石油支公司组建4个加油站管理服务有限公司,分别是东阳市诚心加油站管理服务有限公司、东阳市专心加油站管理服务有限公司、东阳市用心加油站管理服务有限公司、东阳市信心加油站管理服务有限公司。

2015年,东阳石油巨樟加油站被评为"十佳商贸服务企业"。

【油价调整】 2015年,国内油价经历"8升13跌",最高价是5月0号柴油6.14元/升,93号汽油6.50元/升,97号汽油6.90元/升;最低价是12月0号柴油5.11元/升,93号汽油5.51元/升,97号汽油5.85元/升。

【石油经营网点】 全市在营加油站(含加油点)69座。其中东阳石油加油站34座、中石化高速公路加油站4座、中石油6座、方圆及社会加油站点25座。东阳市境内有东阳石油大寺下成品油配送库1座;境内批发单位东阳石油1家,管理公司1家(方圆石化)。新增葛府、东江、千祥、虎鹿4座IC卡联调站,新增神力、巨樟、卢宅、葛府4个站级发卡点。至年末拥有 IC 卡联调站 26 座，17 个站级发卡点和充值点。

（刘欢珍）

东阳中国木雕城

【概况】 东阳中国木雕城是一家集零售、批发、旅游、休闲于一体的大型木制工艺品和木雕红木家具专业市场。市场占地面积近 67 余公顷，建筑面积 120 余万平方米，拥有商铺 1 万余间。市场成交额突破百亿元，上缴税费 5029.69 亿元。

【市场三大区块开业】 1 月 10 日，总面积 5 万平方米的二期 A 区市场开业，引进国内知名品牌 95 个。其中红木家具 55 个，大型根雕 40 个。8 月 27 日，总面积约 6000 平方米的大师坊开业，33 名省级以上大师携数百件大师精品入驻。11 月 8 日，总面积约 15 万平方米的二期 B 区市场开业，入驻商户 300 余家。

【市场宣传推广工作】 策划推出第 10 届中国（义乌）文化产品交易会东阳分会场暨第一届中国（东阳）木雕·红木家具交易博览会、首届东阳中国木雕城品牌红木团购节、第十届东博会及 B 区市场开业等重大活动。组织参加东莞名家具展、中山红木家具博览会、广州国际家具博览会、第五届浙江工艺美术精品展、第十届义乌文交会、上海国际家具展等行业展会。组织东阳木雕文化旅游推介会、江西旅游推介会、上海社区旅游推介会、苏州无锡旅游推介会、湖南推介会等一系列旅游宣传推介，与横店影视城、木雕博物馆三方签订《旅游战略合作协议》。接待旅行社 508 家，新增 96 家，比上年增长 65%；接待旅行团 4633 团次，比上年增长 74%；接待游客 242719 人次，比上年增长 72%。

【电子商务平台发展】 成立电子商务部，与淘宝拍卖、工行融 E 购、阿里专业市场等平台合作，搭建线上展示销售平台。工行—融 e 购项目招商入驻 50 户，开店上线 41 户；在售商品 SKU1264 个；生成订单 181 笔 。组织筹办淘宝拍卖会 4 场，参与商户 98 户，征集拍品 286 件，成交额 79.58 万元，综合成交率 36.01%；其中第 3 场拍卖会首次实现线上线下同步拍。推进与阿里巴巴的签约合作，开通木雕城——阿里巴巴专业市场的管理后台。

图 52　12 月 18 日，一批宁波游客在中国木雕城选购小件木雕物品（孙振华 / 摄）

【中国木雕城获“浙商商业地产十大标杆”称号】 6 月 19 日，在杭州举行的“2015 浙商商业地产高峰论坛”上，东阳中国木雕城项目获“2015 浙商商业地产十大标杆”荣誉。本次论坛，由 2015 浙商大会组委会和《浙商》杂志主办，就商业领域开发商、营销策划机构、设计单位、品牌商家、商业地产问题等进行交流对话。

（赵　虹）

出入境检验检疫

【概况】 2015 年，金华出入境检验检疫局东阳办事处完成货物检验检疫 2175 批、5889.5 万美元。其中，完成出境货物检验检疫 2168 批、5859.3 万美元；完成(受理) 入境货物检验检疫 7 批、30.2 万美元。出境货物国外通报调查 4 批，出境货物退运调查 32 批、退运金额 163.59 万美元。

签发检验检疫证单 2255 份，签发产地证书 10369 份、2.98 亿美元，其中签发普惠制证书和区域性优惠产地证书 7337 份、2.12 亿美元，为东阳出口生产企业减免给惠国关税 1058 万美元。

【出口商品检验监管业务改革】 出口竹木草制品检验检疫监管模式改革，组织 5 家企业参加金华风险管理计划宣贯会，召开风险管理经验座谈会，帮助出口竹木草制品企业建立风险管理体系，对风险控制能力强的企业施行过程监管，对出口报检批不开展现场查验，做到"即报即放"，保证出口竹木草制品便利通关。

改革出口玩具由传统"查验放行"的检验监管模式向采用"风险管理+合格假定+市场后追溯"的检验监管新模式转变，采信第三方检测结果，做到"即报即放"，减少通关时间。召开目录内企业品管经理交流会，探讨企业的品控能力如何提升以及检企如何有效应对国外技术贸易壁垒等问题。

【出入境窗口服务】 简化原产地企业备案信息变更流程，推行原产地企业无纸化备案，原产地证申报无纸化和原产地调查结果联网互认，实现原产地备案到签证的全程无纸化申报；推行"沪浙出口直放和无纸化通关"、快速核放、集中审单、使用电子工作联系单和电子缴费等业务手段，提高通关效率。

简化企业年审，改变证书重新申领方式，运用电子报检、电子转单等信息化手段，出入境货物电子报检率和符合条件的电子转单率100%；通过自助报检终端、网站、触摸屏、QQ群、微信群等载体延伸窗口服务，提高签证效率。

【技术性贸易信息收集】 开展2015年度国外技术性贸易措施影响调查，完成国家质检总局安排的调查2家，浙江检验检疫局安排的调查4家。完成出口产品退运调查32起；开展质检总局第30号情况通报中存在问题自查及整改工作；梳理实际在用的标准，核查标准的有效性和适用性。

【质量月活动】 参加由市市场监督局和市消费者权益保护委员会主办的题为"携手共治，畅想消费"的"3·15"消费者权益日法制宣传活动，发放宣传资料200余册，现场宣传检验检疫相关法律法规；会同市市场监督管理局开展肉品和水产品安全专项整治"百日会战"工作，对辖区进口肉品和水产品进行专项突击执法检查；开展"国门生物安全知识进校园"活动；开展执法打假专项稽查；召开出口玩具企业品管经理座谈会；召开中韩、中澳自由贸易协定暨"沪浙出口直放和无纸化通关"政策宣贯会，并运用多种渠道开展"质量月"宣传。

【质量安全示范企业培育】 做好中国出口质量安全示范企业创建申报工作，横店集团联宜电机有限公司创建首批中国出口质量安全示范企业，横店集团得邦照明有限公司为第二批中国出口质量安全示范企业，选举冀发集团为质量安全示范培育企业。

【出口产品不合格检出率】 年末，检出不合格批次和金额为22批，76.3万美元。开展目录外产品抽查市场调查工作，抽取样品6批次，检测合格率100%。

【风险预警信息发布】 对辖区内每一批出口退运或通报产品进行追溯调查，针对质量问题频发的产品，及时发布预警信息，预防出口商品因贸易壁垒、标准更新、同类质量问题而引发大规模退运或通报。在《金报东阳》的《CIQ导航》栏目中，发布预警信息51篇。

【外来杂草和检疫性食蝇监测】 对市中心粮库进行监督检查，实施2次杂草监测，完成本地杂草标本制作50余个。对东阳辖区4个点进行实蝇监测28次，监测收集非检疫性食蝇3500余只。

【工业品检验监管】 完成2家出口玩具企业换证考核工作，完成9家玩具企业的首件产品备案和敏感原辅料供应商备案、行政稽查和年度监管相关工作；完成2家免办CCC产品监督销毁工作；开展2家质量管理体系认证活动监督检查，查出10个不符合项，对实施这2次认证活动的认证机构分别出具认证执法监管通知书；开展1家进口固体废物原料企业监督管理工作；出口危险货物包装容器生产企业质量保证能力核查3家。

【进口汽车"三包"和缺陷召回后续监管】 制定《2015年度东阳办进口汽车监管计划》，对辖区14家4S店、51家销售店进行实地突击检查，对涉及进口汽车的经销商进行日常监管和有缺陷汽车的召回专项检查。查阅维修档案，查看零部件库存及质量情况，对消费者进行电话回访，督促经销商及时执行召回计划和"三包"规定。涉及进口汽车召回的批次分别为宝马3批，奥迪3批，奔驰5批。现场检查3次，跟踪召回完成进度情况6次。

（吴丹丹）

建筑　房地产

建筑业

【概况】 2015年，全市建筑业总产值2229亿元，继续位列全国县级市第一。建筑企业总数275家(含未列入统计的企业)，其中特级企业5家、一级企业68家、二级企业59家、三级及其他企业143家。全市纳税超100万元的企业841家，其中建筑企业86家，比上年增加9家。建筑业实缴地方税费9.3亿元（不包括建筑企业开办的工业、服务业和房地产开发企业缴纳的税收)，比上年增长4.5%。建筑企业在省外完成产值1682.3亿元，占比75.4%，比上年增长3.4%。建筑企业房屋建筑施工面积30803.5万平方米，比上年增长2.9%。年产值超百亿元的省外市场4个；超过50亿元的省外市场9个，与上年持平；超过30亿元的省外市场5个，比上年增加1个。有9家企业获得对外承包工程经营资格，完成境外承包工程营业额4.31亿美元，比上年增长87.3%。

【建筑品牌建设】 东阳市建筑企业承建工程创“鲁班奖”1项(中天建设集团承建的郑州绿地千玺广场)，获国优银奖2项，获省级以上优质工程66项(其中“钱江杯”工程8项)；被认定为金华市级技术中心3家；中天建设集团有限公司、海天建设集团有限公司、浙江省东阳第三建筑工程有限公司被评为年度“中国建筑业竞争力百强企业”，伟基建设集团有限公司被评为年度“中国建筑业成长性百强企业”；中天建设集团有限公司、浙江省东阳第三建筑工程有限公司、歌山建设集团有限公司被评为全国AAA级信用企业。

【建筑业发展环境优化】 建筑业列入政府转贷资金帮扶范围，办理转贷35次，计6.6亿元。受理建筑业案件30起，立案21起，采取强制措施31人，移送起诉30人。开展建筑业违法犯罪和工程款拖欠专项整治行动，帮助企业挽回经济损失。

【建筑科技创新】 全市建筑企业获发明专利32项、国家级工法9项、国家级QC成果21项、省级工法87项(其中浙江省级工法19项)、省级绿色施工18项、国家AAA级文明标化工地15个。浙江华厦建设集团有限公司、浙江东驰钢结构有限公司、浙江花园建设集团有限公司3家企业被评为“金华市第四批建设行业企业技术中心”。

【建筑行业监管】 加强建筑工程质量监管，贯彻落实住建部《工程质量治理两年行动方案》，落实质量安全主体责任，完善建筑市场诚信体系建设，落实全员参与监督质量安全，建筑安全形势稳定。提升文明标化工地水平，抓好建筑工地扬尘治理，工地扬尘控制基本达到要求。

【建筑节能】 实施建筑节能的公用建筑和房地产开发项目，办理工程质量安全监督手续的在建工程项目52项，建筑面积273.7万平方米，其中建筑节能设计施工的29项，对24个项目进行专家评估。

【建筑业服务中心成立】 建筑业管理局增加参照公务员法管理的事业编制3人，总10人。设立建筑业服务中心，为全额拨款公益二类事业单位，隶属建筑业管理局。

（李　葵）

房地产管理

【概况】 2015年，制作“房屋所有权证”16653本；制作“房屋他项权证”13505本；制作预告登记证明4824本；完成房屋转让登记2377宗；完成商品房网上备案4567宗；完成160万平方米的房屋面积测绘，其中商品房面积155万平方米；协助查封、解封3635宗；接收档案40528宗，整理档案30770宗，查阅档案32109宗。办理房屋租赁登记132宗，租赁管理面积14万平方米。

开展商品房屋违法违规出租

专项整治活动，防范和消除出租房屋隐患。强化消防安全工作，对办公用房、廉租住房、直管公房开展隐患排查，并向承租住户宣传安全知识。针对台风及连续降水等恶劣天气，巡查全市各类老旧公房及危旧住房，并通过短信平台统一向住户发送信息，及时提示天气变化。

【房地产窗口服务】 开展窗口优化服务工作和各镇乡房管所的放权提速工作。重新制定窗口工作纪律管理制度，对形象、语言、行为进行全面规范，加强窗口对外服务水平。开展"预约加班"及"预约上门服务"工作。

【住房保障】 对符合廉租住房要求的特困家庭或城镇低保户及低收入家庭进行受理登记及审核公示，申请住房保障家庭64户，符合公示37户，审批35户。管理第一期、第二期、第三期廉租住房的日常动态管理，每周安排督查并记录，上门检查转借、出租（转租）、闲置、改变用途等行为，及时掌握保障对象的家庭情况。公共租赁住房项目可研报告送发改局，土地预审通过，0.67公顷土地指标落实。

【祠堂修缮及房屋安全鉴定】 修缮厅堂、祠堂13处，提供修缮补助资金6.8万元，调动民间资金70万元。完成房屋安全鉴定2000户，鉴定面积27万平方米。

【白蚁防治】 签订白蚁防治合同305个，完成白蚁防治签约面积380万平方米，旧房灭治112处，面积16万平方米。

【物业管理】 完成4个新小区前期物业备案等一系列相关协调指导工作，指导4个小区召开首次业主大会会议，指导3个小区开展业委会改选工作。关注并配合调处时代花园、海德公园等物业小区纠纷。

（张　康）

住房公积金管理

【概况】 2015年，全市住房公积金开户46764人，其中正常缴存33963人，封存12801人；新增开户单位95家，新增缴存职工4136人，净增1456人，归集5.15亿元，完成预算计划的133%，比上年增长6.4%，归集到位率104%；支取住房公积金53169人，支取金额2.66亿元，比上年增长24.9%。

【住房公积金贷款发放】 住房公积金管理中心新增与20个楼盘建立住房公积金贷款合作业务；向909户家庭发放贷款4.63亿元；收回贷款303户，收回本金1.42亿元；本息回收率100%；个人住房公积金存贷比为93.43%；当年个人住房贷款发放总额占当年净归集额的比率为93.91%。

【住房公积金政策调整】 4月1日起，实施新的《金华市租赁住房提取住房公积金实施办法》，对职工租房提取条件简化。凡在东阳工作，名下无房的职工可凭借相关资料提取公积金，作为租金补贴。归集方面：10月1日起，实施《东阳市自由职业人员住房公积金缴存管理暂行办法》，东阳市户籍的自由职业者可以以个人的形式缴纳公积金政策。5月1日起，调整公积金缴存职工家庭使用住房公积金贷款购买首套普通自住房的首付款比例，首付款比例调整为不低于房价款的20%，贷款额度调整为不高于房价款的80%，最高贷款限额不变。6月1日起，公积金贷款新增"等额本金"的还款方式。8月1日起，实施申请公积金贷款必须提供人行征信系统出具的借款人及配偶的个人征信记录；9月1日起，实施浙江省住房公积金个人住房异地贷款。凡在浙江省范围内缴存住房公积金职工，符合条件的，可向购房地公积金中心提取贷款申请；9月，再次调整公积金贷款的首付比例，职工购买首套或二套住房，已结清公积金贷款且符合条件申请公积金贷款的，首付款比例调整为不低于房价款的20%，贷款比例调整为不高于房价款的80%。10月1日起，住房公积金贷款实施存贷挂钩制度。在贷款最高限额范围之内，贷款额度最高为账户余额的20倍。

（任妙旦）

图53　8月3日，东阳市举行2015年第二批廉租住房配租抽签仪式

旅游　影视

旅游概述

【概况】 2015年，全市接待游客1824.85万人次，比上年增长16.93%；旅游收入137.68亿元，比上年增长21.67%。其中，国内游客1821.16万人次，比上年增长16.97%；旅游收入136.59亿元，比上年增长21.85%。接待入境游客3.69万人次，比上年增长0.80%；入境旅游收入1757.68万美元，比上年增长2.29%。

增加民宿经营户18家、农家乐经营户12家，横店镇金马村被评为金华市级农家乐特色村。2015年，向省旅游局争取旅游发展专项资金259万元。向省建设厅争取省级风景名胜区建设维护费70万元。

（陈思青）

旅游规划

【乡村旅游规划】 制定《东阳市镇乡街道旅游工作考核细则》。各镇乡街道建立相应的旅游工作机构，明确分管领导，落实专（兼）职人员。深入东阳江镇新东村、白泉村、天山村，佐村镇岱溪村、山合村，三单乡华阳村，歌山镇林头村，马宅镇雅坑村、七秩塘村等，指导开展乡村旅游工作。山合村《拉芙小镇总体规划》通过评审，《三单乡华阳养心谷总体规划》完成初稿编制。讨论《东阳东白山省级旅游度假区总体规划》修改、评审，该规划通过东阳、金华两级评审。6月，落鹤—社姆山成为省级风景名胜区，制定《东阳市落鹤—社姆山风景名胜区总体规划》和《三都—屏岩风景名胜区详细规划》，通过省、市、县三级部门联审。

（陈思青）

图54　1月15日，东阳市召开全市旅游发展大会

景区建设

【中国电影放映机博物馆建成】 12月，中国电影放映机博物馆建成，是横店影视城建设的首个以电影放映机为主题的专业博物馆，收藏12个国家、70余个品牌、200个品种、1000台电影放映机。

该博物馆坐落于广州街·香港街景区，建筑面积为1300平方米，分上下两层。以预告片、传记片、纪录片、科普片、奇幻片的主题方式，分5个展厅展示。博物馆内陈列最具代表性、时代性和影响力的106台放映机，涵盖从20世纪初期到胶片放映机晚期的70~80年代，包括美国、法国、中国、瑞士、日本等10余个国家的重要经典机型。

【旅游项目建设】 5月10日，占地120公顷，由45个代表各式园林精品的景园构成的圆明新园·春园正式开放。夏园和秋园、上海滩影视旅游拍摄基地、春秋战国影视旅游拍摄基地、卢宅保护利用项目等一批重大旅游项目顺利推进。培育“明清古宅游”新产品，多次到城东街道李宅村、虎鹿镇蔡宅村调研，推进古村落旅游开发进程。蔡宅村被省文化厅、省旅游局评定为第三批非物质文化遗产景区、浙江省民俗文化村。加强东阳江镇、虎鹿镇、佐村镇、三单乡等乡村旅游产品培育，东阳江镇新东村举办第一届桑葚采摘节，佐村镇举办首届野菜节和水果采摘节，虎鹿镇蔡宅村举办首届文化旅游节。举办“全市乡村旅游工作培训班”，近百名镇乡街道分管领导和“农家乐”特色村负责人参加培训。

（陈思青）

旅游宣传营销

【东阳义乌双城游推荐会】 继续开展东阳义乌“双城游”活动，两地旅游部门组织相关旅游企业联合赴湖南开展主题为“东阳影视木雕·义乌购物美食游”的宣传推介和终端促销活动，并推出元旦假期东阳义乌旅游线路，两地互送游客45万余人次。第四季度开展浙江市场分区域营销，接待12个千人团万余名游客。地接39117万人次，比上年增长244%。

【旅游促销活动】 编制完成《东阳市旅游景区优惠政策及推荐线路汇编》，推出一日游、二日游、三日游、四日游等多条精品线路。制定《关于对涉旅企业组团来东阳旅游的奖励办法》。加强与涉旅部门（单位）、企业的协调对接，针对中国木雕博物馆、卢宅、李宅、蔡宅、新东村等景区，专门制定奖励政策。组织召开各景区和旅行社负责人座谈会及旅行社浙江市场分区域营销座谈会，对浙江省11个市、区的区域营销权进行投标认领。

9月下旬，各旅行社启动区域营销工作，有10批千人团参观游览中国木雕博物馆、卢宅、蔡宅、李宅、三都胜境等景区，区域营销初见成效。组织东阳地接导游词培训，提高地接业务水平。全市地接总量比上年增长322%。策划“东游记——魅力东阳行”活动，在省内11家地级市知名报媒推广东阳影视文化游、木雕红木家具游、明清古宅游、山水休闲游“四大游”产品，以“四大游”为主题，举办“美丽东阳”旅游摄影大赛，全方位、多视角展现东阳旅游的新姿新貌。邀请中央电视台《美丽中华行》栏目组到东阳各大景区拍摄制作《美丽东阳行》文化旅游宣传片。与横店影视城联合在省内各地级市进行全方位的宣传推广，除传统报媒外，还通过微信、门户网站等新媒体和电梯、楼道贴、电视飞字、横幅、POP广告、终端促销等形式，将广告宣传直接做到消费终端。参加看晚报·游浙江“十省晚报联盟，引领畅游浙江”主题推广系列活动，组织旅游企业参加在南昌、义乌、上海、昆明、江苏、无锡、广州举办的旅游交易会、旅游商品博览会、旅游推介会，提升东阳“影视名城·木雕之都”的旅游形象。

（陈思青）

旅游业管理

【旅行社和饭店等级评定】 指导星级饭店复核复评，横店旅游大厦通过复核验收。3月，横店影视城旅行社被评为浙江省四星级品质旅行社、欣兴旅游公司被评为浙江省三星品质旅行社。5月，东阳世贸君澜大酒店被评为五星级旅游饭店。6月，东阳市丰景嘉丽大酒店被评为四星级旅游饭店。东阳大厦退出三星级旅游饭店；横店影都宾馆、横店长征宾馆、横店花木山庄游乐园退出二星级旅游饭店。注销岘港旅游公司和百川旅行社。至年末，有14家旅行社、14家星级饭店。

【旅游技能培训与比赛】 12月，开展《浙江省旅游条例》宣讲培训。会同农办组织4家农家乐经营户参加金华市首届“家+”民宿私房菜大赛，组织全市旅游饭店参加2015年金华市饭店业服务技能大赛。横店国际会议中心大酒店服务员叶淑珍获中餐宴会摆台三等奖，丰景嘉丽大酒店服务员何丽雯获西餐宴会摆台三等奖，两家酒店均获团体三等奖，东阳市旅游局获优秀组织奖。

【旅游景区创建】 指导横店明清民居博览城、花园村做好国家AAAA级旅游景区复核工作，同时启动花园村创建国家AAAAA级旅游景区、古典工艺城创建AAA级旅游景区、华泰皮革城创建三星级旅游购物点、卓木王红木家具有限公司创建省级工业旅游示范基地等工作。

【旅游安全管理】 签订旅游安全生产目标责任书，明确旅游行业安全生产目标责任；开展旅游行业消防安全培训；联合公安、卫生、质监、消防等部门在春节、五一劳动节、十一国庆节开展节前旅游安全检查；开展主题为“加强安全法制、保障安全生产”的安全生产月活动。制作结合旅游安全知识的文明旅游宣传资料。全市未发生重特大旅游安全事故，东阳市旅游局、横店影视城被评为全市安全生产先进单位。

（陈思青）

东白山生态旅游区

【概况】 开展东白山景区旅游环境整治优化，创建东白山省级旅游度假区，推进太白峰、东白天池露营地等主峰区域景点景观建设，年度基础设施建设总投入900万元。

【东白山景区规划编制】 开展《东阳东白山省级旅游度假区总体规划》编制工作。11月6日，通过金华、东阳两级联席评审。完成“惜缘谷”“绿野谷”区域控制性详细规划。加强景区新增各类规划与全市土地利用规划之间的衔接，统筹未来5～7年的景区用地需求。委托浙大运动休闲产业专家策划编制《东白山运动休闲产业发展规划（2015～2030）》。启动景区主干道东延道路设计。

【东白山景点景观建设】 完成太白峰景观工程游步道、临空栈道、观景平台、四角亭等基础建设，路灯安装、绿化、山体恢复等配套设施同步实施。完成东白天池露营地项目茶室、管理房、爱巢、八角亭等主体建设，园路铺贴，护坡绿化、山体恢复完工。完成高山湿地公园项目招投标并开工。启动放马坞区域景观设计工作，委托杭州园林设计公司作初步设计。

【东白山景区配套设施建设】 制订核心区通信信号增强方案，完成核心区电信监控安装并投入使用，基本实现核心区通信信号全覆盖。完成一座天池生态木屋公厕建造。完成主干道钢制护栏安装。完成天池污水处理工程。完成管理用房引水工程。完成景区主干道路基工程、管理用房、核心区供电工程的审计工作。

【东白山景区环境整治】 绿化美化核心区生态景观，实施主景区春季绿化和主干道两侧边坡修复。景区内种植金钱松、紫鹃、夏鹃、毛娟、藤本月季、爬山虎、小月季、树状月季、常春藤等植物2万余株。落实景区垃圾清理卫生整治，完成景区公共区域垃圾桶、堆放点等设置工作；成立环卫组，增强清理人员队伍，并督促区内相关单位落实垃圾收集和指定堆放。对景区公共厕所（柴狗岩公厕）实施改造提升工程并加强日常卫生管理。

【东白山景区形象宣传】 完成东白山VI（视觉识别系统）、BI（商务智能）设计及网站版面升级；完成景区道路导示、景点介绍牌等设计工作。

9月26日，2015年“东白山杯”古村蔡宅湿地越野山地车计时赛在蔡宅开赛。9月27日，浙江省自行车系列公开赛（金华站）东白山爬坡赛开赛，意大利、哥伦比亚、阿富汗、阿根廷等国家的选手及长沙、无锡、松阳、慈溪、瑞安、永康、武义、浦江等地164名自行车队运动员参加比赛。

（曹刚平）

横店影视城

【概况】 2015年横店影视城接待中外游客1518万人次，比上年增长10%。先后被授予“第十届浙江省消费者信得过单位”“游客最喜爱的浙江亲子旅游目的地（景区）”称号，在2014浙江旅游总评榜评选中，横店影视城的“智慧旅游”影视旅游服务平台列年度智慧旅游发展十佳成果。在第八届（中国温州）网络旅游节上，横店影视城娱乐频道获“中国旅游好微博（十佳）”。

【影视拍摄】 接待剧组171个，比上年增长4%。其中，电影47部，电视剧95部，纪录片25部，其他4部。接待广告片摄制组21个，比上年增长40%。

图55 9月27日，2015年浙江省自行车系列公开赛（金华站）东白山爬坡赛现场（黄鸣／摄）

【演员公会】 向中外影视剧组推荐使用群众演员 3.98 万人次，特约演员 26.56 万人次。推荐一批优秀"横漂"演员加入浙江省电影家协会和电视艺术家协会，开展各类培训，培训批次 186 次，受训人数 7000 余人。先后与《武神赵子龙》《云之凡》《传奇大亨》《刀尖》等 7 个剧组联合举办新闻发布会，拓展对剧组的延伸服务。

【影视旅游与体育产业协同发展】 与浙江横店体育发展有限公司联手举办全国 U16 男篮俱乐部联赛、横店马拉松、飞·梦想 / 何润东明星公益篮球赛、罗伯特·巴乔横店慈善行、万人瑜伽大会、全国老年气排球邀请赛等活动。其中，"跑进电影，穿越历史"为主题的 2015 "中行杯" 横店国际马拉松，肯尼亚、埃塞俄比亚、俄罗斯、英国、坦桑尼亚、法国等国家和地区的 15000 名选手参赛。

【旅游促销】 以 "2015 横店假期"为年度活动主题，策划并实施春节、春假、暑期、秋季四大主题宣传推广活动，创新旅游宣传推广活动的新模式，开展"横国大庙会，春节七天乐""梦幻谷九年庆""横店大妈节·宫廷广场舞""横店影视节"等一系列活动，举办"奔跑吧，你妹""大唐宫廷游乐节""全民旅游周""助跑中高考"大型爱心公益活动以及"我是路人甲"横店少儿全国才艺大赛、"世界反法西斯胜利 70 周年"等活动。

举办近 500 场次的旅游推介活动，开展形式多样的异业联盟。在上海、苏州、无锡、长沙、株洲等地举办多场大型终端旅游产品推介会。

接待中外媒体 300 余家，中央电视台、新华社等国家级主流媒体以及各大门户网站和众多新媒体密集报道横店影视城大量活动。发表各类新闻稿件 1000 余篇。公开出版发行《影视名城，休闲小镇》和《横店的四季恋歌》。公司微信订阅号粉丝 14 万余人，微视公共账号粉丝 22 万人，新浪微博的粉丝 28 万人，列全省旅游景区第一名。

【横店影视城重要工程项目】 完成梦上海、花木温泉度假区、梦幻谷海豚湾、春秋（唐）园、广州街民国码头二期等建设项目。立项工程 33 个，签订合同 268 个，景区、酒店维修改造工程 286 项。

7 月，历时 3 年打造的新版《汴梁一梦》，融合各种娱乐艺术元素，成为景区的一大新亮点。省级重点文化产业工程项目 "梦上海"一期工程 29 幢建筑全部开工建设。花木温泉度假区综合楼主体工程结顶，完成大馆土建基础。中国电影放映机博物馆收集电影放映机及相关物品 1196 件，各种老物件 1459 件。投资 230 万元的景区、宾馆无线网络覆盖项目一期工程完成并开通使用。

【旅游购物和旅游产品】 与浙江理工大学合作成立横店旅游纪念品研发中心，与社会各界合作共同开发横店旅游文创商品，成立横店影视城文化创意发展有限公司。文化创意公司围绕"星动横店""吃货横店""玩转横店""秀色横店" 等几大板块搭建横店特色的产品体系。加强对老企业的挖掘和设置，利用国防科技园景区的资源优势，拓展教育旅游。接待拓展培训团队 220 个，受训 12350 人，比上年增长 26%。

2015 年，明星梦工场升级为一家专业的微电影拍摄公司。

【旅游影视从业人员培育】 2015 年，旅游影视从业人员 4700 余人。制订并实施人才培养计划，引进人力资源咨询机构，分 8 个阶段进行项目推进。与相关院校合作办学，开设星级酒店订单班，开展人才招聘工作。培训各岗位员工 65394 人次。强化督导制度，通过督导员的独立工作，促进企业各岗位员工工作的规范化，提升服务品质。制定《高级管理人员考核办法》，从德、能、勤、绩、廉 5 个方面对副职以上管理人员进行综合评价。

【节目录制】 与浙江卫视、湖南卫视、四川卫视、腾讯视频等合作拍摄制作一系列综艺节目。法国《世界报》、新加坡 3 角 60 度电视制作公司、松下 ES 社、韩国电视台《中国的武侠电影》纪录片摄制组、美国有线电视新闻网（CNN）等媒体记者专程到横店进行采访，录制相关节目。

（何红艳）

影视管理

【概况】 2015 年，浙江省横店影视文化产业实验区新增企业 58 家，入区企业 645 家，新增工作室 103 家，入区工作室 246 家。实现营业收入 150.32 亿元，比上年增长 12.01%；上缴总税收 15.07 亿元，比上年增长 12.94%；接待剧组 171 个；接待游客 1518.45 万人次，比上年增长 10.45%。横店影视城旅游收入 119200.47 万元，比上年增长 17.67%。

2015 年，实验区入区企业浙江红点影视制作有限公司通过国家高新技术企业认定评审，成为实验区第一家高新技术企业，也是国内第一家影视文化类高新技术企业。

11月27日,东白山、卢宅、六石街道红树林、城东街道先锋小竹林、横店镇泗塘小区、湖溪镇马上桥、画水镇小溪口、东阳江镇天山村等8家影视外景拍摄基地被授予“东阳市影视拍摄外景示范基地”称号。

【影视产业重大项目建设】 梦上海项目总投资15亿元,总用地19.67公顷。投资近5.2亿元,至年末完成投资7.6亿元,完成土建、钢构施工并进入装修的有上海大厦、浦江饭店等9幢,主体结顶的有电车之旅特效馆、电影庆典馆等5幢。

春秋唐园项目总投资1.5亿元。以春秋、唐朝时的府邸、街道、商铺、旅店、城楼为主的建筑群,项目分春秋南园、春秋北园、唐园三部分,整个项目基本完成。

万花园·夏园项目总投资19.85亿元,占地面积44公顷,主要建有景门、百合园、王莲园等中国式花园以及英国、德国、法国等9个欧美国家形式的西式花园建筑群。投资8亿元,整个项目土建完成90%,围墙工程完成总量的90%。

万花园·秋园项目总投资20.03亿元,占地面积40公顷,主要建有菊花园、银杏园、桂花园等27个园中园和风景建筑群,投资4亿元,项目土石方工程完成34.5万立方米,清夏斋、含晖楼基础、秋园大坝工程部分土建工程主体结顶,完成整个工程量的40%。

文影CBD完成设计方案变更,年末正式开工建设。

【领导调研影视文化产业】 3月11~12日,国家新闻出版广电总局领导对横店影视文化产业进行专题调研,先后走访实验区展示厅、华夏园摄影棚、圆明新圆、秦王宫、广州街香港街等地。

9月23日,中宣部副部长景俊海带领中宣部、中国文联、中央电视台相关栏目负责人到横店,就横漂管理服务工作进行专题调研,先后实地考察清明上河图景区、秦王宫景区,观看横店影视文化产业发展专题宣传片和由横店影视制作有限公司参与制作的电视剧《抗倭英雄戚继光》片花,并主持召开专题调研座谈会,强调“把横店打造成横漂追梦圆梦之地”。

11月18日,省委常委、宣传部部长葛慧君率省委宣传部调研组一行到横店,就转型升级十大组合拳落实情况、“横漂”政策意见起草情况和横店城市风貌综合提升工作进行调研和座谈。

【电视剧备案立项受理】 8月,浙江省新闻出版广电局授权横店影视文化产业实验区管委会开展电视剧备案立项受理工作,争取到电视剧备案立项初审职能下放,通过制定备案立项工作细则,落实具体实施方案,从抓剧本入手,建立备案立项前置服务机制,缩短影视剧制作周期,初审备案立项剧目50部。鼓励精品创作生产,加强与省委宣传部、省广电局等上级部门的联系,引导企业参加“五个一工程奖”、文化精品扶持工程等项目申报,上报作品40余部。

【审片服务】 制定影视剧审查中心工作章程和细则,完善审片基础设施,优化审片室环境。对接省新闻出版广电局,通过邀请省广电局专家到实验区审片和派专家到省广电局参与审片相结合,基本实现入区企业作品均能在实验区完成审查,截至年末,审核电视剧18部748集。建立审片专家库,从金华市文化广电新闻出版局、金华日报社、浙江师范大学物色10余名审片专家,加强审片队伍建设,提高审片质量。7月,承办全省电视剧审片人员培训会。专家库有审片专家20人。

【影视版权保护】 通过上门宣传、编印宣传册、网站宣传、电话联系等多种方式,开展版权保护宣传工作,引导鼓励入区企业及个人进行作品登记,重点开展剧本、完成片等版权的登记、保护工作。完成版权登记作品117件。4月,影视版权保护中心被列入省版权协会理事单位。

【影视品牌建设】 举办“横店影视产业协会年会”“横店·电影业座谈会”“第二届文荣奖颁奖典礼”“东阳市骨干影视企业座谈会”“梦幻谷夜游大狂欢”等活动,进一步扩大横店影视节在业内的知名度和影响力。建立影视品牌指导QQ群,通过向影视企业发放品牌建设的相关宣传资料,引导影视企业申报东阳、金华、浙江知名商标,扶持影视企业创建全国驰名商标,提高影视企业的综合竞争力。注册商标46个,向相关部门申报全国驰名商标2个、金华市著名商标3个、东阳市知名商标5个。

【省服务业集聚示范区建设】 9月,横店影视文化产业实验区通过省服务业集聚区2014年度考评,并在全省100个服务业集聚区中排名第五位,集聚区分类“创意产业园”中居第一位,获奖励资金 50 万元，并成为省级现代服务业集聚示范区提升发展试点，获补助资金 400 万元。

【影视企业走访调研】 管委会与财政局、金融机构等相关部门组成调研小组先后 10 余次到北京、上海、杭州等地，对华谊兄弟、唐德影视、新丽传媒等 30 余家重点影视企业进行实地走访调研，向企业宣传立项、审片、版权保护、品牌建设等方面的创新服务内容和融资、交易、大数据等平台建设情况，打造全方位、立体式的优质服务。针对在走访调研中，企业提出的扶持奖励政策问题，管委会与财政等相关部门对接，开展征询活动，听取意见建议，对现行政策进行补充完善，研究新扶持奖励政策的修订原则和奖励方式。

【影视企业上市】 引进注册资金 1 亿元的企业 1 家，5000 万元（含）以上的影视企业 5 家，4000 万元以上企业 1 家，1000 万元以上企业 8 家，引资超过 5 亿元。引进国内顶尖的影视后期制作公司非凡影界入驻实验区，唐德影视、青雨传媒、顶峰、新安传媒 4 家企业以注册在实验区的公司作为上市主体进入资本市场。东阳琦赢、卓达影视、拾陆比玖由原来异地运作上市改用实验区企业作为主体上市。

与财政局、金融办等相关部门赴北京、上海、广州、福州等地，对申报上市培育的 7 家企业进行实地走访，对申报上市培育的 7 家企业和申请辅导期延长的 2 家企业进行审核认定，有上市培育企业 14 家。通过多种形式进入资本市场的影视企业 26 家，谋求上市的企业 20 家，成功上市创业板 1 家，被成功兼并上市的 1 家，新三板挂牌的 6 家。

【唐德影视在深交所创业板上市】 2 月 17 日，浙江唐德影视股份有限公司在深圳证券交易所创业板上市股票代码 300426。唐德影视成立于 2006 年，主要从事电视剧、电影的投资、制作、发行和衍生业务；艺人经纪及相关服务业务。唐德影视主投的电视剧有《武媚娘传奇》，参投制作的电视剧有《心术》《男媒婆》《恋恋不忘》，电影有《十二生肖》等作品。

【青雨传媒在“新三板”上市】 7 月 3 日，曾拍摄《潜伏》《借枪》《神断狄仁杰》等作品的东阳青雨传媒股份有限公司“新三板”上市，股票简称青雨传媒，代码 832698，是横店影视产业实验区首个“新三板”影视企业。

东阳青雨传媒股份有限公司是一家文化传播公司，专注于精品电视剧的投资、制作及发行业务，在国内电视剧行业具有较高的品牌知名度和市场地位。其拍摄的电视剧《潜伏》获第 15 届上海电视节白玉兰电视剧金奖、最佳编剧奖、最佳男演员奖、第 27 届电视剧飞天奖金奖以及中宣部主办的第十一届精神文明建设“五个一工程奖”等多个奖项。

【新安传媒在“新三板”上市】 11 月 18 日，新安传媒在“新三板”挂牌上市，代码 834371。东阳新安传媒有限公司创立于 2008 年 6 月，相当于北京影响动漫产业股份有限公司的分公司，是一家致力于制作、发行影视产品、艺人经纪及演艺培训的文化创意企业。经营范围：“制作、复制、发行:专题、专栏、综艺、动画片、广播剧、电视剧;制作、代理、发布: 户内外各类广告及影视广告;影视服装道具租赁;影视器材租赁;影视文化信息咨询;企业形象策划;会展会务服务;摄影摄像服务。”

【顶峰影业在“新三板”上市】 7 月 8 日，顶峰影业获得股转系统审核通过。7 月 23 日，正式登陆“新三板”，代码 832927。主要从事影视产品的策划、投资、制作、发行和运营。

浙江顶峰影业股份有限公司于 2002 年进入影视行业，拍摄有《结婚前规则》《新上门女婿》《家产》等电视剧，2014 年出品历史题材电影《黄克功案件》。

【横店电影院线建设】 2015 年，横店电影院线有限公司新开业影城 40 余家，累计 239 家，经营总收入 23.25 亿元，比上年增长 70%，票房收入比上年增长 88%，院线排名全国第八。8 月 14 日，国家新闻出版广电总局副局长童刚赴湖北罗田横店影城专题调研时指出，全国县级影院发展要推广“横店经验”。

【影视产业数据统计】 做好实验区产业月报表统计、省广播影视业季报统计、省服务业集聚示范区季报统计和影视文化企业 GDP 统计等相关工作。根据影视企业 GDP 统计工作整改方案，联系统计局开展专项对接指导活动，调整影视企业统计样本，增强统计数据的准确性，做好影视企业 GDP 的应统尽统工作。制订统计预报及考核评比制度，加大统计人员的业务培训力度，组织相关统计培训 6 次。

【影视文化人才培育】 8月，会同市委组织部联合制定《东阳市影视文化高层次人才认定标准（试行）》，该标准成为金华市“双龙计划”影视人才的认定标准。启动占地1000平方米的影视文化人才书苑建设，推荐4名影视文化人才参加申报“双龙计划”，横店影视制作有限公司总经理刘志江入选。

【横漂品牌培育】 组织召开协调工作座谈会，根据不同层级“横漂”群体的实际需求，收集整理意见建议37条，梳理出需要上级政府和部门解决的问题或困难15条。围绕构建“横漂”权益保障、“横漂”成长激励、“横漂”服务管理3个机制起草《关于扶持“横漂”发展的若干意见（草稿）》，以及内容包括实施“横漂”吸引集聚、培育提升、推荐展示、激励机制、创业发展、关爱保障六大行动计划的《关于做好“横漂”管理服务工作的实施意见（试行）》。

加强演员公会的组织建设，开展“横漂”党群服务中心的提升改造，增设200余平方米的“横漂”服务代办点，组织推荐12名“横漂”演员成为省电影家协会会员，15名“横漂”演员成为省电视艺术家协会会员，推荐1名“横漂”演员成为省文联第八次代表大会代表候选人。

9月18日，实验区管委会组织开展“最美横漂人”2015年横漂才艺大比拼活动，比赛项目除才艺表演外还增加剧本创作类、微电影类两个项目，210人报名，其中表演类163人、剧本创作类21人、微电影类26人，经决赛和专家组评审，评选出表演类获奖选手10人、剧本创作类6人、微电影类6人。

图56 10月31日，2015年横店影视产业协会年会在实验区召开

10月，邀请省电影家协会专家到横店为“横漂”开展专业培训。与人社部门合作开办免费专业职业技能培训，培训45期，2700余人。

【外景基地规范化管理】 全市有初具规模影视拍摄外景基地17个，另有村落农场、城市景观带、休闲广场、厂区库区、农家乐等10余个外景拍摄点。建立影视外景基地通联机制，落实2014年东阳市影视拍摄外景基地奖励补助资金100万元，奖励补助12个外景基地、9个镇乡。结合外景基地尚处于开始阶段，管理工作还不够完善等实际问题，管委会会同市府办、财政局、所在镇乡等部门，修改完善考核奖励审核程序，调动外景基地建设积极性，推动全域化发展。

【影视制作】 自1996年拍摄电影《鸦片战争》至2015年末，超过1600部中外影视作品的剧组在横店影视基地拍摄。2015年在横店影视城拍摄电影47部，电视剧115部，其他9部，另有广告片摄制21部。浙江东阳影视文化投资有限公司会同浙江横店影视制作有限公司共同制作完成2014年浙江省重点创作项目——40集电视连续剧《抗倭英雄戚继光》，该剧于12月24日在中央电视台一套黄金档播出，《新闻联播》栏目多次进行报道；与北京卓达文化传媒有限公司达成合作意向，联合摄制35集剿匪题材的电视连续剧《雪狼英雄传》，启动筹备工作；联合网传天下、红点影视等公司打造“互联网+”新媒体影视平台，制作完成3部网络剧，东阳网传天下影视公司出品的首部武侠网络剧《天局》在爱奇艺点播量超过7000万次。

由横店影视制作公司立项出品的《西游记之大圣归来》创国内动画片记录，票房9.56亿元，获中国动画电影票房第一名，先后获“金羊奖”“金鸡奖”最佳美术片、“丝绸之路国际电影节”2015年动画片奖等大奖。

实验区企业出品一大批优秀影视剧：新丽传媒的《虎妈猫爸》《女医·明妃传》、花儿影视的《芈月传》、梦幻星生园的《抓住彩虹的男人》，东阳正午阳光的《伪装者》《琅琊榜》等作品。

【第二届文荣奖举办】 横店影视文荣奖是以横店集团创始人徐文荣名字命名而来，前身为2012年首届横店影视节设立的金牛奖。2014年,金牛奖更名为文荣奖,由两年举办一次更改为每年举办一届。

10月30日~31日,第二届文荣奖在横店举办,由横店影视产业实验区主办,横店影视城有限公司、横店影视职业学院承办,中国广播电视协会电视制片委员会、浙江省新闻出版广电局、东阳市人民政府指导。

第二届文荣奖以“梦想·体验·惊喜”为活动主题,“影视改变生活,横店见证梦想”为主题口号,分为电影、电视剧、新媒体三大独立单元。参评作品原则上为2014年、2015年在横店拍摄、申报或由浙江横店影视产业实验区入驻企业出品已经公映(播出)的电影、电视作品。

第二届文荣奖的最终评选结果:电影《我是路人甲》获“年度致敬大奖”,电影《大圣归来》获“突出贡献奖”。电视剧《偏偏喜欢你》中薛少琪的饰演者王秀竹、电影《我是路人甲》男主角万国鹏获“未来之星”称号。电视剧单元,获最佳男主角奖的是《伪装者》中明台的饰演者胡歌,获最佳女主角奖的是在《红高粱》中九儿的饰演者周迅。电视剧《虎妈猫爸》被评为“最佳电视剧”,《二炮手》导演康红雷获“最佳导演”称号,《伪装者》编剧张勇获“最佳编剧”称号,《风中奇缘》男配角韩栋获“最佳男配角”称号,《二炮手》女配角张天爱获“最佳女配角奖”。新媒体单元,搜狐网摄制的网络剧《无心法师》获“最佳网络剧”,爱奇艺摄制的网络剧《废柴兄弟》获“最佳人气奖”,优酷网摄制的网络剧《奇妙世纪》获“最佳剧情奖”,芒果TV摄制的网络剧《金牌红娘》获“最佳创新奖”,微电影《左声道》获“最佳微电影奖”。

【影视金融】 横店影视文化产业实验区与中国银行、中信银行、建设银行3家银行共同创新金融产品,开展信贷服务。2015年贷款总额18亿元,放贷企业30家。2015年,中国银行金华市分行首家“投资银行及影视文化产业专业支行”在横店挂牌成立。

(张 刚)

2015“美丽东阳”旅游摄影大赛获奖作品

皇城落日 摄影/王丹阳

财政　税收

财　政

【概况】　2015年，东阳市财政总收入81.19亿元，比上年增长16%，同口径增长12.7%，其中公共财政预算收入48.62亿元，比上年增长17.2%，同口径增长11.7%。全市公共财政预算支出61.01亿元，增长22.4%。全年财政收支平衡。

【财政收入】　公共财政预算收入占财政总收入的59.88%，比上年增长0.58%。公共财政预算收入中税收收入38.69亿元，占比为88.02%，比上年下降5.28%。

规范地方税费征管。地税部门组织各项收入62.96亿元，比上年增长13.4%，其中税收收入39.43亿元，比上年增长13.4%；社会保险基金20.25亿元，比上年增长12.25%。开展龙版房产交易申报工作，完善二手房交易计税价格，审核传递二手房交易评估价格。在全市范围内展开股权转让税收前置工作，实行“先税后证”的办理流程，入库税款7805.26万元。强化欠税管理，形成欠税高危企业清册，追缴税费及滞纳金1.15亿元。

清理《税友龙版》基础数据，完成各类数据清理52996户，涉及清理记录101477笔。建立“管事制”和“以产定税”征管模型，强化红木行业定额征管，落实权力监督和税源间接控管。推行“一地一档”，推行房产税、城镇土地使用税两税税基精准化。

管理非税收入。加强工资总额口径调整，分析预测社保费收入。全年非税收入29.92亿元，比上年下降22.33%，入库土地出让金28.25亿元，比上年下降18.81%。

【支持经济发展】　加大财政科技投入，支持企业开展技术研发，强化对技术改造、技术创新、循环经济、资源节约等项目的扶持，落实科技投入财政资金2.39亿元，比上年增长9.6%。支持企业进行关键性技术研究，建立研发中心，落实企业研发费加计扣除和高新技术企业所得税优惠政策，研发费加计扣除金额达2.09亿元，高新技术企业所得税优惠金额4264.63万元。贯彻城镇土地使用税差别化减免政策，发挥税收引导作用，助力企业发展和土地集约节约利用。

推广“银税互动”守信激励，与市建设银行合作，根据企业纳税信用级别和税款缴纳情况向企业提供贷款，开创“以税换贷”的企业融资新模式，完成审批转贷645家，转贷资金使用额47.54亿元，收取转贷使用费841万元。注资2000万元与信用社共同设立“同筑梦想，共享阳光”金融担保基金，推动小微企业发展提供资金扶持。设立影视产业发展专项基金，安排5.07亿元对入区企业进行财政奖励。开展“特色小镇”建设，加强木雕小镇等特色镇区产业整合。推进“影视名城”设施建设，投入1.63亿元用于横店小

图57　11月23日，市财政局开展《廉洁自律准则》《纪律处分条例》学习会

城市提升。安排3887万元用于帮扶小额贷款公司做大做强。发挥财政引导作用，对“个转企、小升规”企业进行财政奖补。

【支持改善民生】 全市公共财政用于民生支出46.73亿元，比上年增长24.74%，占公共财政支出的76.57%。支持“三农”事业发展，巩固“五水共治”成果，深化农村污水治理，统筹安排财政资金2.59亿元。开展以污水治理为重点的一事一议项目申报和组织实施工作，开展北江农场物业园区建设。推动现代化农业发展，推进财政支持粮食生产综合改革，制定《东阳市财政支持粮食生产综合改革试点工作实施方案》《东阳市财政支持粮食生产综合改革专项资金管理办法》，建立农业补贴政策体系和动态调整机制以及政府购买农业公共服务机制。落实就业政策，统筹安排促进就业资金支出4307万元，比上年增长145%。拟定大众创业扶持政策，安排促进就业资金3800万元用于扩大就业稳岗补助范围，推进就业创业示范基地和创业创新园建设。促进养老事业发展，完成居家养老照料中心建设131家，安排建设补助和运营补助1638万元。继续开展残疾人共享小康工程和康复工程活动，安排扶持资金2182万元用于残疾人生活补助。全市财政用于教育的支出16.16亿元，比上年增长7.4%，占全市民生支出的34.58%。加强农村教师待遇保障，发放农村教师特岗津贴，分别补助300元/月、500元/月、900元/月。兴建东阳二中、开发区初中等学校，提升教育办学水平。实施第二轮学前教育三年行动计划，鼓励普惠性幼儿园申报认定。完善城乡居民医疗救助制度，结合医保制度，防止因病返贫。提高医疗保险标准，人均筹资中的财政补助部分由511元提高到628元，人均增加160元。

【财政管理改革】 做好2015年度部门及镇乡年初预算编审工作，加大一般公共预算和政府性基金预算的统筹力度。细编社会保险基金预算，优化提交人大审议的预算表格设置，首次将教育、科学技术支出功能分类细化到“款”级科目，“农林水事务”支出功能分类细化到“项”级科目。建立政府购买服务体系，制定《政府向社会力量购买服务的实施意见》《政府购买服务的联席会议制度》《政府购买服务指导目录》，完成政府购买项目35个，投资金额6950万元。统一支付平台运行，争取省政府非税收入收缴电子化改革试点资格，将全市道路交通违法罚款、城乡居民医疗保险、教育性收费三个项目接入统一公共支付平台，全年办理违法罚款65892笔，金额2578.24万元。完善镇乡财政管理，发放“一卡通”工作，通过乡镇公共服务平台管理信息系统，将各类财政补助性资金发放到人。开展2015年度农村综合改革示范试点申报立项建设工作，规范资金存放制度。制定《东阳市财政资金竞争性存放招投标管理暂行办法》，明确闲置财政资金通过招投标方式选择存放的银行。

【财政监督】 将《绩效预期目标申报表》纳入预算编报系统，对50万元以上的专项资金在预算“二上”环节编报绩效目标。开展黄标车淘汰补助资金、木雕博物馆作品征集经费和城乡公交一体化资金的专项检查工作。强化“三公”经费监管，加大会议费、培训费等一般性压减力度，全市“三公”经费4465.44万元，比上年下降21.8%。开展投资项目估算、概算、预算审核工作，审核项目105个，核减投资额2.98亿元。

2015年东阳市财政收入情况

表12　　单位:万元

项　目	预算调整	本年收入	占预算%	上年同期	增减额	增减%
一、地方财政收入合计	485707	486173	100.1	435072	51101	11.7
(一)税收收入	431980	427936	99.1	386858	41078	10.6
其中:增值税25%部分	49500	49673	100.3	44905	4768	10.6
营改增值税	45000	43256	96.1	40846	2410	5.9
企业所得税	78880	76255	96.7	68241	8014	11.7
个人所得税	34800	41274	118.6	31828	9446	29.7

续表 12

项　目	预算调整	本年收入	占预算%	上年同期	增减额	增减%
营业税	110800	100263	90.5	94506	5757	6.1
城建税	22500	22920	101.9	19763	3157	16.0
耕地占用税	2800	1267	45.3	3668	-2401	-65.5
契税	25000	26596	106.4	31514	-4918	-15.6
其他工商税收	62700	66432	106.0	51587	1484	28.8
(二)非税收入	53727	58237	108.4	48214	10023	20.8
其中:专项收入	41017	40750	99.3	29949	10801	36.1
行政性收费收入	6000	7999	133.3	9530	-1531	-16.1
罚没收入	7860	10760	136.9	8618	2142	24.9
国有资本经营收入	-2000	-1873	93.7	-1567	-306	19.5
利息收入	850	601	70.7	1684	-1083	-64.3
二、中央收入合计	319470	325714	102.0	285228	40486	14.2
上划增值税、消费税	148950	149420	100.3	135124	14296	10.6
上划"两项"所得税	170520	176294	103.4	150104	26190	17.4
收入总计	805177	811887	100.8	720300	91587	12.7

2015 年东阳市地方财政支出情况

表 13　　单位:万元

科　目	预算调整	本年支出	占预算合计%	上年同期	增减额	增减%
支出总计	588279	610386	103.8	498626	111760	22.4
一般公共服务	54698	46271	84.6	44437	1834	4.1
国　防	401	528	131.7	430	98	22.8
公共安全	40261	41448	102.9	31966	9482	29.7
教　育	156335	161588	103.4	150427	11161	7.4
其中:教育费附加支出	7256	7202	99.3	7918	-716	-9.0
科学技术	24627	23885	97.0	21797	2088	9.6
文化体育与传媒	11312	14448	127.7	10756	3692	34.3
社会保障和就业	52415	52347	99.9	40872	11475	28.1
医疗卫生与计划生育支出	56444	55056	97.5	50039	5017	10.0
节能环保	20771	27660	133.2	11060	16600	150.1
城乡社区支出	35814	34271	95.7	24344	9927	40.8

续表 13

科 目	预算调整	本年支出	占预算合计%	上年同期	增减额	增减%
农林水支出	49251	56643	115.0	51387	5256	10.2
交通运输	25862	33066	127.9	9934	23132	232.9
资源勘探信息等支出	5861	8456	144.3	11610	-3154	-27.2
商业服务业等支出	38637	37985	98.3	24366	13619	55.9
金融支出	921	968	105.1	677	291	43.0
援助其他地区支出	1200	1202	100.2	1133	69	6.1
国土海洋气象等支出	5039	4537	90.0	3340	1197	35.8
住房保障支出	6335	7478	118.0	8806	-1328	-15.1
粮油物资储备支出	529	651	123.1	312	339	108.7
债务付息支出	1540	1755	114.0	922	833	90.3
债务发行费用支出	26	143	-	11	132	1200.0
预备费	-	-	-	-	-	-
其他支出	-	-	-	-	-	-
年初预留	-	-	-	-	-	-
其他支出(款)	-	-	-	-	-	-

（严 靖）

国有资产管理

【概况】 2015 年，全市国有企业 82 家，累计总资产 209.27 亿元，所有者权益 97.19 亿元，实现营业收入 8.09 亿元、净利润 8000 万元。

【国有企业领导人薪酬制度改革】 修订《东阳市国有企业经营者经营目标责任制考核暂行办法》及相关实施细则，对国有企业领导人薪酬实行分类管理，科学设置薪酬结构、建立浮动封顶机制。

【国有资产盘活】 完成市保安服务公司、市机动车检测公司脱钩改制后续工作，对保安服务公司进行公司制改造和股权划转。将原国土大楼、科协大楼等资产注入国投公司，增强国投公司实力，提高国投公司融资能力。加强国有资产管理，避免国有资产漏管闲置，推进国有资产整合利用，重点对国有单位土地、房屋进行整合清查。

【国有企业财务规范】 落实 45 个单位 102 个审计问题的整改，组织开展专门针对国有企业财务人员的专项培训，对国有企业货币资金安全管理进行抽查，对管理隐患落实整改措施。

【国有资本经营预算】 做好国有资本经营预算的编制、调整、执行等工作。发放企业国有资本收益收缴通知书，完成 32 户企业，540.22 万元的资本收益金收缴工作。安排国有资本经营预算调入社保基金，对支出项目进行审核。

【行政事业单位国有资产监管强化】 开展行政事业单位国有资产信息系统升级培训，分 4 批(次)组织全市 457 家行政事业单位国有资产信息系统升级培训。制订公房拍租补充规定和操作细则，推进公房拍租规范化建设。

（严 靖）

会计核算中心

【概况】 2015 年，东阳市会计核算中心(国库支付中心)完成全市行政事业单位的报销凭证受理、审核、资金支付工作。集中支付金额 26.54 亿元，其中授权支付

549.03万元，直接支付25.99亿元。联合人力资源和社会保障局开展全市机关工作人员工资调标改革工作及社保和年金的预扣缴工作，统一调整全市2014年10月前退休人员退休金标准，按人均1000元标准预发在职人员增资额。开展各行政事业单位的核算业务指导和延伸服务管理，加强对单位财务人员会计科目、预算科目使用、记账凭证整理装订、财务报表打印等业务指导及培训。组织人员对"五费扣缴专户"集团账户进行专项清理检查，及时通知相关单位查找原因并整改。开展行政事业单位以前年度结余资金的清查摸底工作，暂停各单位以前年度结余资金的报销使用。

（严　靖）

政府采购

【概况】 2015年，东阳市创新完善政府采购监管，实现政府采购预算6.70亿元，实际采购金额6.11亿元，节约资金5869万元，资金节约率8.76%。管理政府采购预算，对政府采购项目实行"应编尽编，无编不采"制度。对于各采购单位上报的采购项目严格按照市行政事业单位设备配备标准限额进行审批。在源头上规范政府采购行为，提高财政资金使用效率。转变政府采购监督职能，落实《浙江省政府采购活动现场组织管理办法》，强化政府采购"事后监督"职责。

（严　靖）

地方税务

【概况】 2015年，全市地税部门组织各项收入62.96亿元，比上年增长13.4%。其中，税收收入（不含契税、耕地占用税）39.43亿元，比上年增长13.4%；契税、耕地占用税收入2.79亿元，比上年下降20.8%。组织各类基金、费等其他非税收入23.24亿元，比上年增长12.26%，其中，社会保险基金收入20.25亿元，比上年增长12.25%。

【税收优惠政策引导企业转型升级】 落实税收优惠政策，引导企业转型升级，落实各类税费减免2.66亿元。减免技术开发费用加计扣除2.09亿元，减免相关所得税3139.2万元，减免高新技术企业所得税4264.63万元。落实工业企业社保"五费"（基本养老保险费、基本医疗保险费、失业保险费、工伤保险费、生育保险费）集中减征政策，减征社保"五费"3702.77万元。做好地方水利建设基金减免工作，减免地方水利建设基金企业1257户，减免金额5090.23万元。

【地方税收保障体系建设】 推进"五证合一、一证一码"登记制度改革工作，全年办理527户。落实"黑名单"制度，做好欠税大户的边控管理、税收保全、强制执行等后续管理工作。加强国地税合作，落实联合办证、征管协作、信息共享等合作内容，探索信息化技术在合作中的应用，拓宽合作范围。完善欠税公告和黑名单制度，形成欠税高危企业清册，对欠税企业在地税外网进行公告，追缴税费及滞纳金1.15亿元，对欠税的3户企业实施税收保全和边控措施。

【征收管理】 完善二手房交易计税价格，审核传递二手房交易评估价格，录入二手房交易数据582户。开展龙版房产交易申报工作，全年房产交易申报户为7396户，入库税款3.72亿。协同工商局、房管局、国土局等部门，在全市范围内展开股权转让税收前置工作，实行"先税后证"的办理流程，办理股权转让443户，入库税款7805.26万元。做好个人所得税全员申报管理，全年申报个人所得税全员申报55134户，入库税款6.69亿元，比上年增长53.08%。深化纳税评估征管体系，扩大评估范围，进行重点评估9户，评估催缴税费1970.26万元。强化印花税清理，入库税款2000万元。建立税收征管体系和保障体系，强化"管事制""以产定税""一地一档"等新型税收征管模型的实际运用，提高税收征管质量。

【税务稽查】 检查结案139户，入库查补税款（含滞纳金、罚款）3460万元。其中大要案10件，自查案件户数98户，查补金额1867万元，检查入库率99%。开展税收专项检查工作，重点开展房地产业、建筑安装业、非学历教育培训行业（驾校）、高收入者个人所得税（小额贷款公司）、多年未查的工业企业和商贸企业等指令性检查项目。组织开展国家税务总局下达的重点税源企业税收专项检查工作。打击发票违法犯罪活动，查处企业18户，不合法发票214份。实现稽查设备升级改造，运用查账软件采集财务数据和相关业务数据。

【税收系统信息化建设】 开展后台数据更换，修改税收系统中城市建设税、教育费附加、地方教育费附加等税种的数据。深化《税友龙版》数据清理，加大对不完整信息、逻辑关系错误信息、税源登记错误信息等基础信息的后台比对筛选力度，累计清理16020户，数据25001笔。根据2014年的信息安全检查和等级测评的结果，开展网络信息安全升级改造 。

【“营改增”试点】 开展“营改增”(营业税改征增值税）清票清税工作，对纳入“营改增”试点范围的试点企业进行专项清算。组织开展聚焦营改增、助推建筑企业营改增的活动，深入企业调研，开展一对一下户(275户)辅导。加强国地税合作，建立信息交流平台，深化在政策引导、纳税评估、优化服务、信息等方面的合作。

【税收法治】 明确制发行政规范性文件的“三统一”(统一登记、统一编号、统一公布制度)工作流程和科室职责及办理期限，清理公布54件失效的行政规范性文件目录，修改1件部分条款废止或修改的行政规范性文件目录。调整市地税局案审委及案审办职责，明确各单位职责分工，建立执行新的重大案件审理标准和审理流程，全年召开案审委会议3次，讨论审结案件8件，涉及税款970.84万元。开展宣传“六五”普法工作，制作动漫《五水共治》参加省法治动漫比赛。开展行政执法督察，落实开展自查和疑点核查并对相关问题进行整改。

【纳税服务】 围绕“便民办税春风行动”和税收宣传月，开展第24个税收宣传月活动，组织全体财税人员参加横店国际马拉松大赛。建立咨询电话专人负责制度，对办税大厅电话接听人员实行备案。筹划涉税事项“同城通办”，方便纳税人就近办税。规范设置一次性告知清单，统一一次性告知资料的格式、内容。培训办税服务厅全体工作人员，开展办税服务厅突发事件应急演练。建立纳税信用评价管理制度体系，运用纳税信用评价系统进行评价，产生A级企业1903户，B级企业1294户，C级企业816户，D级企业213户。

（严　靖）

国家税务

【概况】 2015年，东阳市税收收入突破40亿元，累计组织税收收入406009万元，比上年增长9.50%，增收35224万元。全市实现中央级收入266670万元，比上年增长9.27%，增收22621万元，完成省局下达计划的100.06%；实现地方税收收入137081万元，比上年增长9.99%，增收12455万元，完成财政下达计划任务的99.99%。办理免抵调库78950万元，比上年多调19950万元，比上年增长33.81%，直接带动市国税增长5.38%。全市实现国税收入327059万元，比上年增长4.9%，增收15274万元。

【税收管理】 组建纳税评估科，建立完善各项评估工作制度，统一纳税评估计划、文书和案卷标准，加强重点税源风险管理，做好省级重点税源企业风险应对工作。完成第一批重点税源企业评估任务21户，其中有问题企业13户，查补税款456万元，滞纳金20万元。第二批重点税源纳税评估实施交叉评估，对应永康，接受交叉评估任务13户，结案9户，补缴纳税款217万元，调增应纳税所得额1346万元。完善“团队管事制”税源专业化管理模式，优化征管资源配置，强化权力监督制约，完善工作制度、明确工作流程、落实工作职责，实行工作议事制度。继续开展“以电控税”电费数据分析，清理10万千瓦时以上电户号1392个，涉及企业5169户，补缴增值税款1719.05万元，滞纳金72.32万元。制定完善《查账征收小规模纳税人监控办法》，加强对按实申报纳税人的管理。开展增值税发票系统升级和推广工作，确保纳税人理解政策到位、税控装置升级到位和事后操作运用到位，企业完成增值税发票系统升级5258户，实现“一机多票”“远程实时报税”“发票信息查询”，保证开票数据的完整性和真实性。贯彻落实《国地税合作规范》，成立国地税合作领导小组，建立国地税合作工作联席会议制度，开展合作事项14项。推进“五证合一、一照一码”(五证：营业执照、组织机构代码证、税务登记证、社会保险登记证、统计登记证)登记工作。开展漏征漏管户清理，清理出无证户216户，补缴税款129万元，补办税务登记证51户。对开票连续超过三个月的159户个体工商户进行定额调整。开展网络发票比对异常信息核查，核查开票信息与申报信息不符情况的纳税人642户(次)。加强农产品收购发票管理，确定生物质燃料、火腿、草席三个行业指标指导性意见，补税65.77万元。加强非居民税收源泉扣缴管理，入库国际税收2149万元。对2013年7月至2014年对外支付数据进行专项检查，核查企业135户，支付记录1501条，入库税款326.66万元。

【税收优惠政策】 “营改增”税制改革平稳推进，注重“营改增”政策效应分析，跟踪影视业运行情况，开展动态减税效应分析。“营改增”试点纳税人4057户，其中一般纳税人710户，小规模纳税人3347户，入库“营改增”增值税43256万元，比上年增长5.9%。全年固定资产累计申报抵扣税额14688万元；办理各类直接退税4447万元，比上年增加351万元，其中办理福利企业退税4068万元；35196户次小微企业享受3万元以下免征增值税税收优惠，累计减免增值税10556万元。1598户小微企业享受所得税优惠税率政策，减免税额1029万元。落实10月1日后推行的1.6升及以下排量乘用车减半征收税收政策，减征车辆购置税1897万元。做好出口退税管理工作，对全市728户企业开展分类管理评定工作，评定一类企业15户、二类企业412户、三类企业286户、四类企业15户。实现出口退（免）税无纸化申报。实际办理退（调）库额249831万元，比上年增长18.31%。其中出口退税170881万元，比上年增长12.30%，免抵调库78950万元，比上年增长33.81%，实现出口退（免）税额双增长。将“个转企”（个体户转企业）、“小上规”（小微企业转规模以上企业）工作列入年度目标考核，科股长作为责任人带队进乡镇逐户摸底核实，每月定期对培育企业的纳税申报数据和税收收入情况开展专题分析。全年新增培育规模以上企业64家。

图58　3月5日，全市纳税表彰大会召开

【税务稽查】　巩固办税服务大厅作为对外公开的主阵地，开展网上咨询、查询、投诉、在线交流等服务，做到事事有答复，件件有回音。在国税网站更新和公开各类信息107条，回复8890联动单位平台转办单29起，处理12366转办工单52起。查处涉税违法案件，全年检查涉税案件113件，对55户企业进行立案检查，查结27户，发现有问题企业29户，查补入库2223万元，其中税款1791万元，罚款82万元，滞纳金350万元。采取“集中辅导—企业自查—辅导自查”和“抽查性自查—重点检查”的工作方法，组织开展对出口退（免）税企业、资本交易企业、黄金交易企业、房地产及建筑安装业等税收专项检查，筛选91户企业进行自查，查补应缴税款（含滞纳金）3508万元。深入整治“买方市场”，对5户发票违法疑点数据企业进行立案检查，查补税款18.85万元。开展出口打骗工作，联合市公安局和金华海关成立打击出口骗税工作联合领导小组，查补应缴税款2159万元，滞纳金95万元，罚款51万元。受理各类税收违法检举案件36件，结案查补收入754.46万元。完善社会协税护税网络，完善走访企业制度、国税信息定期交流制度、汇报制度等，实现专人与协税护税组织的联系。

【纳税服务】　落实《全国县级税务机关纳税服务规范2.0版》，该《规范》实施后，纳税人报送的资料、办税环节、办税时间平均减少30%以上，即办事项增加30%以上。在办税服务厅设立“小微企业优惠政策落实咨询服务岗”，安排专人开展解答，并通过QQ群，微信公众平台及时发布各项优惠政策解读，确保小微企业“应知尽享”。升级改造并启用“免填单系统”，为纳税人填写增值税一般纳税人资格登记表等16项表单4174份，解决一部分纳税人不会填、填写不规范、不正确的问题。继续深化“便民办税春风行动”。按照“网上办税为主、自助办税为辅、窗口办税为补”的工作思路，加强三位一体办税平台建设。加强延伸办税场所建设，委托税务师事务所所在城区、横店等地设立代征点，方便纳税人就近代开发票。增设午间服务、短信提醒服务等，每月初对新办纳税人进行涉税事项提醒，减少纳税人的涉税风险，发送短信提醒1384户（次）5536条。完善“中层干部导税”制度，设立“异常处置窗口”，及时解决一些异常情况、疑难问题；深入推进税务行政审批制度改革，取消非行政许可审批类别，规范审批行为，简化办税流程。完成2014年度纳税信用等级评定工作，纳入评价企业4523户，最终评定A级企业830户，B级2847户，C级1146户，D级204户。实现纳税信用等级社会化利用，联合市地税局与建行东阳支行开展“税银互动—税易贷”业务，为信用等级为A级的纳税人提供随借随还的贷款。继续打造常态化税收宣传品牌。制定《纳税人学堂管理工作制度》，每月举办2期纳税人学堂，全年开办讲座11期，其中培训小规模纳税人403户次，一般纳税人450户次。

（朱兰英）

2015“美丽东阳”旅游摄影大赛获奖作品

活力花园　摄影／周晓刚

经济管理与监督

审 计

【概况】 2015年，完成各类审计及审计调查项目86个，查出主要问题金额15.7亿元；管理不规范金额15.6亿元；审计处理处罚1.6亿万元；核减政府投资项目工程款8983万元；提出并被市政府和有关部门采纳的各类审计建议78条；被上级采用的审计报告与各类信息35篇(次)。向纪检、检察、公安机关移送案件线索5件，涉案人员10人，涉案金额275.74万元。

【政府预算与政府性资金专项审计】 将全部政府性资金纳入审计监督视野，组织开展预算执行、政府债务、财政存量资金、"大集中"地税审计。审计局"两个报告"直面问题，点了25家部门单位存在的40余个问题，对部分企业少缴房产营业税、财政代编预算规模偏大、部分教育资金预算执行率较低、教育基建经费严重闲置、城乡公交一体化建设采购车辆空置财政资金闲置、政府负有偿还责任的债务增长明显、社保基金保值增值管理中银行存款未执行优惠利率等问题进行披露。

【领导干部经济责任审计】 完成7个单位7名领导干部经济责任审计。在2015年全市领导干部经济责任审计工作联席会议中，对2014年领导干部经济责任审计情况和审计发现的八类问题，做出处理意见，向全市各镇乡街道、单位部门印发《关于领导干部经济责任审计中发现违规发放津补贴问题的通报》，市纪委、组织部对3个单位的主要领导进行谈话。

【政府投资审计】 围绕政府关心、百姓关注的体育馆、卢宅改造、红椿巷拆迁安置房建设等重点投资领域，加强对民生项目、城市建设项目的审计监督。7月，通过招投标重新确定7家中介机构为市政府投资审计协审单位，3家中介机构为复核单位。完善政府投资审计工作制度，实现工程项目甩项申报制度和完善送审资料预审制。完成政府投资审计项目55个，送审金额11.1亿元，审定金额10.2亿元，核减政府投资项目工程款8983万元，核减率8.1%。

（厉伟兰）

发展与改革

【概况】 2015年，全市完成地区生产总值464.72亿元，按可比价增长8.0%，其中，第一产业增加值17.54亿元，第二产业增加值223.21亿元，第三产业增加值223.97亿元，三次产业比重由2014年的3.9∶49.0∶47.1调整为3.8∶48.0∶48.2，第三产业比上年提高1.1个百分点，比重首次超过第二产业。全年完成固定资产投资254.21亿元，比上年增长15.9%。完成规模以上工业增加值115.90亿元，比上年增长8.4%。实现财政总收入81.19亿元、公共财政预算收入48.62亿元；年末金融机构本外币存款余额899.63亿元，本外币贷款余额701.93亿元。完成社会消费品零售总额229.9亿元，比上年增长10.1%。启动横店通用航空和巍山六怀功能区建筑构配件两大新兴产业基地建设。磁性材料行业列入省"机器换人"分行业试点目录。实施画水上坞等9个老工业园区改造，建成东白山现代农业综合区和千祥中药材示范区。红椿巷A-14地块安置房工程结顶，完成22省道六石至迎宾大道段"二改一、白改黑"工程，基本完成吴宁西路地下人防工程。

【"十三五"规划编制】 完成"十三五"规划纲要基础稿。围绕新型城市化、基础设施保障、改善民生等方面确定22个"十三五"规划前期重大问题和20个重点专项规划。召开经济部门、社会发展部门、专业市场群、行业协会、中心镇、一般镇乡街道6个层面的调研座谈会并开展市级领导、老干部、代表委员、机关部门等意见征求和"十三五"规划"金点子"公众建言献策活动，收集到建议意见500余条。

完成“十三五”重大建设项目规划初稿，并开展项目对接工作。完成地下空间开发利用、综合交通发展等专项规划。编制完成新一轮土地利用总体规划。启动迎宾大道、世贸大道两侧城市设计。

图59　7月29日，市领导到中汽·东阳国际汽配城二期实地查看

【经济形势分析】 制订年度国民经济和社会发展计划，围绕经济运行出现的新情况新问题，开展每月、每季的经济形势分析、固定资产投资分析、改革分析和价格监测分析。健全监测分析制度，完善经济监测网络，召开经济运行监测预警部门联席会议，完成每季全市经济运行分析报告和工业企业运行监测调查报告。

加强产业政策研究，走访调研重大产业项目、服务业重大项目、产业类和资源环境类中央投资项目，完成东阳市历年省重大产业项目发展报告和《十二五现代服务业发展基本情况及十三五发展思路》。对全市各类开发区整合优化提升工作进展情况、全市餐厨垃圾资源化利用项目情况和节能环保产业基本情况进行督查调研。完成东阳市2015年央企合作计划的调查编制工作。开展全市六大百亿产业（航空高新技术产业、高端电子机械制造产业、影视文化时尚产业、商贸旅游服务产业、生物医药健康产业、建筑现代化示范产业）三年行动计划实施方案的起草编制工作。

【重点项目建设】 全年安排政府投资项目506个，总投资427.88亿元。其中，实施类项目402个，总投资170.16亿元，计划投资69.93亿元，前期项目104个，总投资257.72亿元。拟安排重点产业类项目43个，总投资464.84亿元，年度计划投资97亿元。26个省重点建设项目完成投资48亿元，完成年度投资计划的147.5%，全部开工建设，开工率100%；18个省扩大有效投资“411”重大项目完成投资61.06亿元，完成年度投资计划的190.2%，全部开工建设，开工率100%；43个金华市重点建设项目完成投资86.01亿元，完成年度投资计划的126.43%，全部开工；25个市本级重点建设项目完成投资17.64亿元，占年度投资计划的83.51%。2015年争取到省级以上资金1.44亿元，增加省重点建设项目5个；增加省扩大有效投资“411”重大项目5个。组织上报省“十三五”重大建设规划项目24个，中央预算内投资项目城镇污水垃圾处理设施建设备选项目9个，保障性安居工程配套基础中央预算内投资项目25个。

删除所有非行政许可项目，完成权力清单的“瘦身”；做好投资项目在线审批监管平台建设，推进办事公开、透明、高效的网上审批、网上监管模式；开展核准外工业企业投资项目零审批，起草东阳市企业投资项目负面清单，探索负面清单管理模式；实行企业投资项目全流程高效率审批管理，项目从申报到开工涉及的审批时间为82个工作日，提高审批效率。全年办理审批事项568余件，比上年下降23.2%。其中：审批项目206个，受理告知书120个，一表制83个，备案159个。

【政策性农业农房保险和企业债券工作】 组织召开东阳市政策性农业保险专家组会议和全市工作会议，扩大农保覆盖面、设立三农保险服务站、增加保险责任，同时继续做好政策性农房保险工作。夯实企业债券发债基础，加强年中存续监管和回售监管，对各发债企业开展摸底调查和风险隐患排查。

【能源环境工作】 推进温室气体排放清单编制工作。完成温室气体排放清单招投标，组织召开编制工作启动会，明确各部门职责；完成《2010~2014年度东阳市温室气体清单总报告及各领域分报告》初稿，组织召开温室气体排放清单部门评审会；拟定东阳市西气东输天然气管道东阳支线建设领导小组文件，并起草金衢段天然气管道工程东阳支线土地借用补偿和施工协议。对全市西气东输东阳支线线路建设中可能涉及的重点、难点地区进行实地勘察。

召开全市高污染燃料锅炉整治动员大会，制定《东阳市高污染燃料锅炉整治实施方案》，推进承压锅炉数据库建设，对全市镇乡街道及开发区的锅炉整治进展情况进行专项督查并通报，完成232台，完成率在金华市排名第三。

【经济体制改革】 参见P18深化改革专题同条目。

（王海霞）

物价管理

【概况】 2015年，全市市场消费价格总体平稳。粮食价格基本平稳、食用油价格以跌为主、猪肉价格上涨较多、鸡蛋价格先抑后扬、蔬菜价格波动明显、建材价格低位运行、仔猪价格先扬后抑、饲料价格下跌。价格主管部门通过加强价格管理、开展各类价格专项检查、加强市场价格监管、强化价格举报受理工作等手段，维护全市消费物价的稳定。

【价格管理】 加强对热点商品的监测，及时发布价格预警信息，每月编写价格监测运行分析报告；围绕水价改革，开展城市供水企业成本和污水处理企业成本监审，做到监审前有通知，审核过程有沟通，监审结果有告知，核减不合理成本6767.7万元。做好民生商品信息公开工作，通过《东阳日报》和发改局机关门户网站每月定期发布从7个监测点搜集的与居民生活密切相关的“米袋子”“菜篮子”等八大类50余种商品销售价格，发布民生商品价格公开33期，其中报刊上发布22期，开展农产品成本调查；加大对各监测点采价人员培训，加强监测数据的筛选核对，不定期进行实地采价，及时发布预警信息等方式，提高价格监测水平。开展清费减负，实现价格政务阳光化。自1月1日起，实施行政事业性收费公示报告制度，建立收费单位信用档案并实行收费单位收费情况公示和收费执行情况报告制度；调查和清理应取消或暂停的行政事业性收费以及对小微企业免征的行政事业性收费项目，及时办理收费注销手续并通知相关部门执行；推行阳光化价格政务，清理历年价费政策文件505个，对废止、失效的文件进行公告废除，对有效的文件及时上传至价费政策公示平台向社会公布。把自来水销售价格、公共交通票价、客运出租车收费、停车收费、辖区内教育收费、养老基本服务收费、殡仪基本服务收费、有线数字电视服务收费和旅游景点收费等10项涉及民生的重要商品和服务价费向社会公布。严格价费管理，及时调整出租汽车运价政策，顺利完成出租汽车运价调整工作；规范木雕博物馆门票价格，按有关规定调整公办幼儿教育收费、公办高中住宿收费、公办民政福利院收费、小水电站上网电价、部分客运班车运价、有关培训收费、物业服务收费等收费标准。

【价格专项检查】 开展教育收费、医疗收费、旅游市场价格、商品房明码标价、涉农、涉企收费、商业零售促销价格行为等专项检查，加强节前市场价格监管。组织人员开展节日市场检查，重点对粮油、肉禽蛋菜奶、成品油、液化气，客运票价、停车收费等与群众日常生活密切相关的商品价格和服务收费的检查。全年办结价格违法案件3件，协调办结价格举报案件113件，实施经济制裁25.43万元，其中：退还消费者20.41万元，没收违法所得3.73万元，罚款1.3万元。

【价格监管】 召开价格政策提醒告诫会，制定《关于进一步规范节日市场价格行为的通知》。加强节假日市场价格检查和巡查，对价格违法行为进行规范处理。健全价格举报工作机制，安排专人值守，确保“12358”举报电话24小时畅通，保证价格举报管理信息系统正常运行。全年受理价格咨询、投诉、举报案件304件。其中，上级主管部门交办14件、有关部门转办90件、群众来信5件、来电185件、来访4件、网络举报6件。办结300件，办结率98.7%。

【价格改革】 完成差别化水价改革，印发城区及横店自来水价格、污水处理费调整方案，建立居民阶梯水价制度和非居民用水超计划累进加价制度。推进民办学校收费改革，出台规范民办普通高中收费文件，实行按生均成本收费，取消择校费等与入学挂钩的其他任何收费，完成有关收费备案工作。

（王海霞）

经济技术合作交流

【浙商回归工作】 全市上报浙商回归省外到位资金34.5亿元，资本回归完成15.14亿元。完善全市招商引资工作体制机制、责任机制、协调机制和考核机制。建立每位市级领导一对一联系商会制度，建立"信息共享、平台共建、联动招商"工作机制，推进重大项目招引、回归；制定《东阳市招商引资奖励暂行办法》；实施新晋领导干部挂职招商，首批挂职招商干部派驻北京、上海、广州挂职；确定"1+2+X"责任清单，三阳银泰、中感传感器等项目开工建设。

【内外资引进工作】 全市上报引进内资40.92亿元，实际利用外资2005万美元。开展项目评审工作，通过20个项目。参加第十七届中国浙江投资贸易洽谈会、第三届世界浙商大会、第五届中国(金华兰溪)国际商贸发展大会，签约6个项目，总投资近15亿元。全年组织召开四次全程代理员工作例会，全年全程代理员代理事项800余项。全市工业重点新建、续建项目40个(其中新建项目15个、续建项目25个)，计划总投资约69亿元，年内完成工业性投入27.8亿元。

【国内合作交流工作】 组织全市企业参加全国各类展销会，参与东西协作，以哈洽会、西博会等平台为工作重点。引导东阳市有向外扩张意向的企业参与西北大开发、振兴东北等老工业基地建设，促进生产和市场要素跨区域流动、产业结构跨区域调整、商品市场跨区域拓展。

【对口支援、对口帮扶和山海协作工程】 落实2015年四川理县对口帮扶资金315万元；交流互访四川、重庆等对口地区，组织开展对口地区考察工作；5月，四川省理县党政代表团到东阳就对口帮扶工作进行对接；落实支持磐安县开展有关山海协作帮扶建设项目资金50万元，用于乡村基础设施建设。

（李雅芸）

工商行政管理

【企业及个体户登记】 登记注册各类市场主体12639户，比上年增长10.02%，新增注册资本812946.85万元，比上年下降5.27%。其中，内资企业新登记注册1772户、新增注册资本656889.93万元，分别比上年下降3.96%、7.56%；外商投资企业新登记注册10户、新增注册资本18568.62万元，分别比上年增长66.67%、71317.77%；个体工商户新登记注册10857户，比上年增长12.66%，新增资金数额137488.30万元，比上年下降6.8%。

实有各类市场主体57853户，比上年增长15.06%。其中内资企业实有12874户，比上年增长11.94%，占全市市场主体的22.25%；外商投资企业实有242户，比上年下降2.42%，占全市市场主体的0.42%；个体工商户实有44737户，比上年增长16.11%，占全市市场主体的77.33%。

推进登记制度改革，实施"五证合一、一照五码"及至"五证合一、一照一码"登记工作，最大程度优化办事流程。通过再造流程、增设窗口等手段，累计核发"五证合一"营业执照799本。放宽经营范围和企业名称登记条件，制定《东阳市放宽企业住所（经营场所）登记条件实施细则》。推进先照后证改革，对目录清单外的审批事项，一律不再实行前置审批。全年办理先照后证7423件。

"个转企"(个体户转企业)工作呈常态化机制，新增"个转企"131户，新增注册资本18887万元。其中，转型为公司97户，占74.05%，户均注册资本174.43万元。全市实有转型企业1361户，其中转型为公司618户，占45.41%，户均注册资本102.72万元。

【食品安全监管】 开展节日食品市场、食品配送单位、校园食品、休闲娱乐场所、肉品和水产品"百日会战"、豆制品质量安全、地产食品533安全保障等各类专项整治。其中肉品和水产品"百日会战"，检查肉品水产品各类相关单位2011户次，受理举报投诉42件，发现肉品水产品安全隐患11个，立案查处16起，涉案货值5.5万元，查处问题肉品和水产品1355千克，取缔黑窝加工点41个，刑事立案1起。以超市、商场、农贸市场、校园及周边、小食杂店等为重点场所开展食品抽样检测，抽检343批(次)，不合格43批(次)，不合格检出率12.5%，立案查处30件，罚没款8.74万元。提高食品安全监管水平，推进食品安全电子监管，上传台账247.5万条，对进货源头进行有效监控。推进食品安全示范店建设，全市有食品安全示范店230家。

【农贸市场改造提升】 完成白云河山菜场，横店下湖严菜场和上西菜场3家农贸市场改造工程，投入改造资金1120万元，改造面积8600平方米。创建西门菜场、横店菜场、西牌楼菜场和横店后明菜场4家放心农贸市场。与市财政联合开展农贸市场长效管理考核工作，审核发放2014年度农贸市场改造奖励资金260万元。

在停止主城区26家农贸市场活禽交易的基础上，对镇乡所在地农贸市场，督促市场业主和相关村委会落实“清洁、消毒、休市、台账登记”制度。完成市重点工程农贸城项目建设，花鸟市场11月入驻。

【合同抵押登记】 办理动产抵押登记52份，比上年增长27%，主债权金额57254万元，办理注销登记11份，涉及金额7614万元。组织20余家企业参加“守合同重信用”相关知识培训，新认定AAA级企业2家，续展企业11家。新认定AA级“守重”企业5家，续展企业12家。新认定A级企业9家，续展7家。

【经济监督检查】 查处各类违法案件502件，罚没款849万元，移送公安机关涉嫌犯罪案件11件，通报涉嫌犯罪线索4件，移送其他行政机关案件17件。开展商业秘密保护行动，完成50家企业商业秘密保护示范点创建。开展不正当竞争领域专项稽查执法，查处有奖销售、虚假宣传、串通投标等不正当竞争行为，重点查处东门菜场摊位经营权串通投标案21件，罚款27.9万元。打击食品药品违法行为，立案查处食品、药品违法案件132件，罚没款80.8万元，移送生产、销售假药案件7件。运筹“红盾网剑”行动，强化网络监管，推动网络经济持续健康发展，立案查处网络经营违法案件7件，罚没款30.64万元。深入开展医药购销、医疗服务领域、公用企业以及中介机构等重点领域的商业贿赂专项治理行动。保持高压态势打击传销，联合公安机关开展打击整治传销专项行动，捣毁传销窝点9个，解救涉传人员510人，立案查处传销案件3起，罚没款112.8万元；全市18个街道镇乡再创建“无传销社区(村)”60个。

【市场监管】 完成2013年、2014年度市场主体年报公示工作，企业年报公示率分别达到95.49%和95.13%。做好年报后续处置工作，将915家未按期年报企业列入经营异常名录并向社会公示。深化企业后续监管，开展即时信息、出资信息公示、企业年度报告情况抽查，完成540户企业抽查，立案查处1起提供虚假变更材料案，罚款5万元。开展无照经营百日大会战，履行规范引导和查处取缔无照经营监管职责，查处案件217件，罚没款335.9万元。

2015年东阳市获浙江省著名商标

表14

序　号	商标注册人	商标名称
1	浙江东驰钢结构有限公司	东驰
2	浙江卓木王红木家俱有限公司	卓木王
3	东阳市御乾堂宫廷红木家具有限公司	御乾堂
4	东阳市东艺工艺品有限公司	施德泉
5	华谊兄弟传媒股份有限公司	华谊兄弟

2015年东阳市获金华市著名商标

表15

序　号	申报企业	商标名称
1	浙江盛琦手套有限公司	盛琦及图
2	欢瑞世纪影视传媒股份有限公司	欢瑞世纪
3	浙江广居装饰有限公司	广居及图
4	浙江日升昌药业有限公司	孚诺
5	浙江金象科技有限公司	大象图形
6	新丽传媒股份有限公司	新丽传媒及图
7	东阳市积塘湖农业发展有限公司	积塘湖及图
8	东阳市新和电子机械有限公司	金新和
9	东阳市振宇红木家具有限公司	横店振宇
10	东阳市宗金食品有限公司	宗金
11	东阳市永福杯业有限公司	永福及图
12	东阳市双燕设备有限公司	蓝翎
13	东阳市恒业生态农业发展有限公司	恒业及图
14	浙江嘉豪皮带有限公司	豪嘉

2015 年东阳市知名商标

表 16

序号	企业名称	商标
1	浙江佳友生物科技有限公司	JIAYOU 佳友
2	东阳市旭东工艺品有限公司	
3	东阳市双洋红木家具有限公司	双洋
4	浙江金象科技有限公司	All Shine
5	浙江红天下家具有限公司	
6	东阳市朗晟橡塑有限公司	朗晟
7	东阳市大地搪瓷厂	红日 REDSUN
8	浙江石金玄武岩纤维有限公司	
9	浙江菲尔特工贸有限公司	菲尔特
10	东阳市皇野生态农业有限公司	皇野时珍
11	浙江中信红木家具有限公司	长信世家
12	浙江康吉尔药业有限公司	KANCHEER
13	浙江野风药业股份有限公司	野风
14	东阳市东清阁红木家具有限公司	东清阁
15	东阳市小亲家工艺品厂	小亲家
16	东阳市铭华古典红木家具有限公司	江南御宝
17	东阳市千姿情针织内衣厂	千姿情 Qianziqing

【商标监督】 立案查处侵犯注册商标专用权大要案 56 件，罚款 170.4 万元。组织开展省、金华品牌示范企业、品牌示范乡镇申报工作。引导新丽传媒有限公司申报驰名商标。深入实施商标品牌战略，组织广告企业参加金华商标专用权质押贷款推进会。

【广告监管】 开展虚假违法广告整治“雷霆 2 号”行动，全年查处违法广告案件 18 起、罚没款 13.36 万元。开展专题培训宣传落实新《中华人民共和国广告法》。制定红木家具企业南午岭户外广告登记流程。制定《东阳市户外显示屏的广告登记细则》。组织广告协会理事参加第十一届中国广告论坛会议。

【消费维权】 受理消费者投诉 1797 起，比上年增长 46.8%，调解成功 1633 起，成功率 91.2%，为消费者挽回经济损失 253.49 万元。受理举报 631 起，比上年增长 78.7%。完善消费者投诉处理体系，对接“8890”便民服务平台，完成各类转办事项。深化消费维权体系建设，设立卢三建材城等 3 家消费维权服务站、市供销学校等 2 家消费教育基地，全市消费维权服务站达 53 家。开展“消费维权进校园”活动和消费者进超市体验日等活动。开展汽车市场专项整治，查处侵犯消费者权益案件 10 件，罚没金额 23 万元，处理消费者投诉 24 起，为消费者挽回经济损失 14220 元。针对预付式消费纠纷呈井喷式上升的趋势，先后 6 次分别约谈中振汽车销售公司、加贝购物广场、古仔发艺等单位，及时预防消费纠纷。建立 QQ 维权平台，强化业务培训，提升维权水平。

（陆旭燕）

质量技术监督管理

【质量强市建设】 修订《东阳市市长质量奖评审管理办法》，于 9 月 30 日在东阳市政府常务会议通过，将每年评审一次修改为每两年评审一次，并增加团队和个人“贡献奖”，团队奖励 10 万元、个人奖励 3 万元，获奖团队和个人每次各不超过 1 个。10 月，全市启动 2015 年度东阳市市长质量奖申报工作，经企业自愿申报、专家组资料和现场评审、评审委员会表决、新闻媒体公示，浙江东峰制冷配件有限公司、浙江思科国祥制冷设备有限公司、东阳市明堂红木家俱有限公司被授予 2015 年度东阳市市长质量奖（组织），分别获 40 万元奖励资金。直流电机事业部（浙江联宜电机有限公司）被授予团队贡献奖；何时金（横店集团东磁股份有限公司）被授予个人贡献奖，这是东阳市

图 60　8 月 18 日，金华市委副书记、市长暨军民（右四）带队到东阳市调研质量强市工作

质量领域首次授予的团队和个人贡献奖。

【名牌培育工作】　2015 年，通过分类指导、“梯队式”培育管理，推动品牌创建工作再上新台阶，全市新增浙江省名牌产品 7 个（其中红木家具行业 3 个）、金华市名牌产品 8 个、东阳市名牌产品 15 个，名牌产品新增数和总数继续位列金华各县市前列。

【质量强市调研工作】　8 月 18 日，金华市委副书记、市长暨军民、金华市副市长胡国强带领金华市质监局局长张少华、金华市市场监管局局长施欣辉等有关部门负责人，到东阳市调研质量强市工作。金华市市长暨军民一行先后到中天建设集团承建建设项目市体育馆、市人民医院、花园集团等地实地考察，当面听取 3 家单位在质量管理建设上的举措和成效，就推进质量建设工作提出建议。

【实施标准化战略】　企业参与制定国外先进标准 3 项、省地方标准 3 项、行业标准 7 项，确认标准化良好行为 AAA 级（省级）1 家。3 月 19 日，《制定实施永磁铁氧体压制成型工艺自动化企业联盟标准提高效率和质量》省级块状产业标准 2 项重点项目通过省级考核验收。东阳横店集团东磁股份有限公司争取到 2 项 IEC/TC51 国际标准主导制定工作。8 家企业获 121 万元标准化奖励资金，自 2008 年东阳市政府特别奖标准化奖设立以来，已为 140 家企业发放奖励资金 948.32 万元。完成规模以上企业主导产品执行标准填报工作，规模以上企业总数 533 家（其中新增 64 家），主导产品采标 313 个，采标率 59%。

【国家木雕及红木制品质量监督检验中心获批筹建】　1 月 16 日，国家质检总局科技司主任科员唐忠凤带领蒋建辉、余争荣等专家组一行对东阳市申请筹建的国家木雕红木制品质量监督检验中心进行现场审查论证。6 月 19 日，国家质检总局发文批准筹建国家木雕及红木制品质量监督检验中心（浙江）。7 月 15 日，省质监局科技处处长李初排到东阳市对国家木雕及红木制品质量监督检验中心（浙江）筹建情况进行调研，就下阶段如何做好筹建工作进行指导。2015 年，完成国家中心实验室设计方案招标工作、实验室管理系统及显微镜等 50 万元设备的安装验收等工作，启动实验室认可准备工作。

【木雕红木家具产业监管服务】　新增浙江省名牌产品 3 个，浙江省著名商标 3 件，金华市著名商

图 61　10 月 12 日，中国市场监督管理学会会长何昕（前排左二）到东阳市实地考察该市红木家具市场建设情况

标1件，金华名牌产品2个，全市近50家企业新申请实施联盟标准。3月9日，在中国木雕城、海德红木家具市场、花园红木家具市场设立市场监管办公室，督促经营户使用统一的红木、普通木家具销售标签、销售合同文本、“一证一书一卡”样本。设立监督岗，提供消费咨询、投诉、质量导购等服务，全年处理消费投诉11起，为消费者挽回经济损失28.8万元，发放宣传资料3960余份，提供咨询服务2450余人次。对4家检验检测机构进行整治规范，其中2家未经计量认证不具备检测资质的机构，1家经整改取得实验室资质许可，1家息业处理。对通过报纸、网络进行虚假广告宣传的行为进行严厉整治，立案查处违法案件13件，罚没款51.6万元；移送其他行政机关管辖4件，向当地部门举报案件11件，协助其他部门查处红木家具案件9件。做好消费维权工作，受理红木家具类投诉95起，其中25起为万元以上大案，成功处理消费投诉91起，挽回经济损失89万元。

【产品质量定期监督抽查情况】 全市235家企业生产的235个批次产品接受省、市、县各级产品质量定期监督抽查，产品涉及针织服装、红木家具、建筑管材、混凝土制品、磁性材料、电线电缆、配装眼镜、涂料油漆等几大行业。其中合格233个批次，不合格2个批次（均为配装眼镜，不合格项目为厚度偏差和树脂镜片基准点厚度），批次合格率为99.2%，比金华市平均合格率95.5%高3.7个百分点，比东阳市上年的平均合格率98.3%高0.9个百分点。综合合格率（指合格产品的年销售收入占受检产品的销售收入的百分比）为100%，比金华平均合格率99.4%高0.6个百分点，与东阳市上年100%持平。

【流通领域非食品类商品质量检测情况】 全年在各类实体市场上完成非食品类商品抽检107个批次，涉及化肥农膜、车用汽柴油、玩具、木地板、水泥等，不合格批次23个。其中三季度抽检竹席8个、纸杯10个、小家电11个，不合格批次分别为3个、6个、6个批次，三季度合格率仅为48.3%。全市商品质量监测批次合格率为78.5%。

【不合格产（商）品处理】 对15家各类产品质量监督抽查包括定期、专项、飞行抽查等不合格企业开展处理工作，对9家企业进行立案查处（根据《中华人民共和国产品质量法》规定，只有严重不合格的才能立案查处），罚没款28200元。对其他6家一般不合格的企业整改完毕，复查合格。

【产（商）品质量监管】 开展“五水共治”相关产品监管工作，对农村生活污水治理工程中的井筒、U-PVC管等产品进行现场抽样检查，抽取样品32个批次，合格32批次，合格率为100%。整理“三类企业”名录，即在产品监督抽查中连续十年合格、连续五年合格以及三年内连续两次不合格企业名录的“三类企业”分别有11家、35家、1家。开展工业、食品相关产品生产许可证管理。加强证后监管和巡查力度，确保生产条件的持续有效，与企业签订《生产许可证取证企业安全承诺书》。通过省、金华市质监局许可办分别组织的对全市6家取证企业的事中事后飞行检查。开展34家已取证企业年审工作，完成10%年审企业（4家）的实地核查工作。开展絮用纤维制品监管工作，通过制订方案、调查摸底、全面宣贯、监督抽查、积极整治等举措，规范120余家企业的标识标注。

【特种设备安全监察】 强化政府对特种设备安全工作的组织领导，将特种设备安全监察工作纳入政府对乡镇目标责任制考核内容。3月13日，市政府印发《关于进一步加强特种设备安全监管工作的通知》，推进特种设备分类指导，分级监管的工作模式，全市有A类企业119家、B类企业262家、C类企业2523家。4月3日，市政府印发《关于开展固定式简易升降机专项整治工作的通知》，排查出土制简易升降机201台，正规升降机14台，责令各镇乡街道将土制简易升降机拆除到位。开展场（厂）内机动车辆专项整治，检查叉车使用单位118家，注册设备266台，停用设备8台，报废设备86台。开展电梯安全监管大会战工作。动员52家电梯安装维保单位进行自查，自查自纠电梯5355台，查出存在的隐患101台，隐患整改35台，采取监护措施25台，主动停用40台。发挥基层所力量全面排查，各所（分局）检查电梯使用单位255家，发现隐患201项，整改159项。加强隐患排查，加大隐患排查治理工作。全年检查使用企业835家，排查隐患811项，隐患整改764项，发出监察指令书81份，立案6起，结案3起，处罚金额8万元。对群众投诉、检验机构上报、安委办移交的357起重大事故隐患及时督促整改闭环。开展特种设备作业人员培训班7期，培训人员802人(次)。做好日常告知,受理告知锅炉75台,电梯1317台,起重机械151台,压力管道10699.4米,压力容器152台。停用告知249台,办理使用登记证256份。开展应急演练,修订并完善特种设备应急救援预案,明确相关单位和人员的职责分工,开展应急救援演练3次。在金华市范围内率先成立电梯专家组和电梯应急救援队。

【东阳市首个电梯法规性文件出台】 8月4日,市政府印发《东阳市住宅电梯维修更新管理办法(试行)》,8月10日起正式实施,这是东阳市制定的第一部破解住宅电梯维修“梗阻”的法规性文件。《办法》14条,明确制定的依据、目的、对象,规定电梯管理责任主体,确定电梯维修、更新等相关费用列支的程序及相关规定,明确老旧电梯,未交存物业专项维修资金,或物业专项维修资金余额不足且短期内无法续筹到位的住宅小区电梯的管理办法。这些举措改变电梯“无人管、没钱修”的状况,让住宅电梯有人管、有钱修,出现病险苗头能及时维护、维修。

【民生计量工作】 开展电子计价秤专项执法检查活动,检查电子计价秤1054台,收缴作弊秤33台,立案查处1起。针对群众反映的草莓、液化气计量问题,及时介入加强计量监管,维护消费者的合法权益。完成医疗卫生计量器具专项检查工作,检查医疗卫生机构569家,检查计量器具种类37类6822台件。开展机动车尾气检测用计量器具调查摸底工作,全市有3家机动车检测机构37台计量器具。针对媒体曝光的汽车尾气检测机构检测作弊现象,及时介入加强市检测机构监管,未发现作弊行为。开展房屋测量面积计量器具、能效标识专项检查,未发现问题。对全市4家医疗机构、65家配装眼镜店在用的207台计量器具实施周期强制检定,确保计量准确。

【水泥、加油站质量抽检】 5月14日,到卢三建材市场开展水泥定量包装检查活动,对市场上在售的“虎山”“科华”“金圆”“仙鹤”4个品牌的水泥进行抽样检查,总体较好,立案查处1起白色硅酸盐水泥计量违法行为。5月18日,开展“准确计量进油站”活动,对城区、南马镇范围内的中石化、中石油、方圆、交通等加油站在用的36台加油机、74把加油枪进行随机抽查,未发现计量作弊行为。

【世界计量日宣传活动】 5月20日,在西门菜场举行“5·20”世界计量日现场宣传咨询服务活动,对集贸市场常见的电子计价秤作弊行为进行操作演示和破解指导,免费为群众检修血压计、人体秤、检测眼镜片(架)等服务,并通过现场答疑、讲解和发放宣传资料等方式,向群众普及民生计量知识。免费检定血压计47台,修理8台,免费检定人体秤21台,受理计量投诉3起,为现场群众进行相关知识解答、服务300余人次,发放各类宣传材料1000余份。

【东阳市质量标准计量检验检测中心成立】 对市产品质量监督检验所、市计量检定测试所进行合并,组建成立东阳市产品质量标准计量检验检测中心。9月11～13日,省质量技术监督局实验室资质认定评审组对该中心进行计量认证复查评审,通过非食品检测项目130项、食品检测项目参数123项。11月,该中心通过计量认证复查整改审核,取得新资质证书。新建立温湿度计、环境试验设备温湿度校准装置2个计量标准;新购置仪器设备7台,并对中心376台件仪器设备进行检定、校准及功能性检查工作,确保检验设备的准确有效。全年完成各类抽检任务1571批次,接受企业委托检验929批次,强制检定计量器具8314台件,非强制检定计量器具23162台件,完成企业标准备案28家,复审29家,办理条码续展企业189家,新办条码企业65家,条码备案企业254家。

【检验检测服务】 浙江省木雕红木家具产品质量检验中心出具检验报告、家具用材检验证书1420份,服务企业加强技术改造40余次,协助技术执法10余次。8月17日,省中心“检验证书防伪查询”平台正式上线启用。消费者可通过手机扫描二维码标识或登录“浙江省木雕红木家具产品质量检验中心”域名网站直观地查询到原始证书原图。

【组织机构代码工作】 2015年1月1日起,东阳市所有小型微型企业办理组织机构代码证书都不再收取任何费用。全年办理代码证4858家,减免费用35万余元。

(陈婷婷)

食品药品监督管理

【食品许可工作】 新增获食品生产许可企业1家,QS证书1张,注销食品生产许可企业7家,QS

证书 8 张。全年取得食品生产许可证企业 83 家，证书 99 张；新发放食品流通许可证 2054 本，其中企业 166 本，个体工商户 1888 本；新设 1453 本，变更 133 本，延续 468 本，注销 637 本；全市有食品流通单位 8258 家，食品小作坊生产加工许可证 59 张：新发证 55 张，往年发证千张。

【新《中华人民共和国食品安全法》宣传工作】 10 月 1 日，新《中华人民共和国食品安全法》开始施行。市场监管局牵头联合水务局、农业局、林业局、行政执法局、卫生局等职能部门，以“尚德守法，全面提升食品安全法治化水平”为主题，开展系列宣传活动。7 月 1 日，在黉门广场开展 2015 年食品安全宣传周现场咨询活动，展出宣传展板 30 余块，发放宣传资料 1500 余份，接受现场咨询 50 余人次。9 月 1 日，配合市政府录制一期《市民问政》专题栏目。9 月 23 日，在东阳日报开展新《中华人民共和国食品安全法》知识竞赛活动，并整版刊登新《中华人民共和国食品安全法》重要条款。印制新《中华人民共和国食品安全法》15000 本，制作宣传海报 1 万份，发放至政府机关、镇乡街道、企业等单位以及全市食品安全协管员（信息员）和食品相关从业人员。

【食品安全网和社会综治网融合】 推进食品安全网和社会综治网融合工作。市食品安全办督促全市各镇乡街道将辖区食品安全网格与基层社会治理网格融合，推进基层社会治理“一张网”建设。截至 6 月 30 日，各镇乡街道全部完成网格融合工作，建有食品安全基层网格 1389 个，网格员 971 人。

【肉品和水产品“百日会战”行动】 3 月 1 日至 6 月 10 日，全市开展肉品和水产品安全专项整治“百日会战”行动，检查肉品水产品相关单位 2200 余家，责令整改 365 户，取缔“黑窝点”41 个，处理群众投诉举报 42 件，查处违法行为 16 起，涉案货值 5.5 万余元，销毁问题肉品和水产品 1355 千克。5 月 12 日，省食药局副局长陈智慧到东阳市督查肉品和水产品质量安全专项整治“百日会战”行动开展情况。通过“百日会战”行动，南市街道、横店镇、画水镇三地的“私屠滥宰”情况好转，冷库肉品、水产品质量更有保障。

【“春安行动”】 1 月 30 日，结合东阳市“两会”召开、年底喜庆多和春节年夜饭、旅游旺等消费特点，印发《东阳市市场监管“春安行动”实施方案》，明确以休闲娱乐场所、年夜饭承办单位、涉网订餐、旅游景点特种设备、“两会”接待单位、春季开学校园食堂及周边餐饮服务单位为重点开展系列安全专项检查行动。1 月 20 日至 3 月 31 日，出动执法人员 2354 人次，检查各类经营主体 2647 户，排查隐患 74 起，约谈企业 274 家，立案查处违法行为 33 起，罚没金额 7.24 万元。

【“金剑·秋风”系列行动】 8 月 12 日，召开“金剑·秋风”系列行动动员会，明确 8 月 1 日至 12 月 20 日期间在商业贿赂、传销行为、网上制假售假、广告违法行为、侵犯消费者权益、违法开展保健品宣传、食品医疗器械、商业秘密保护、红木家具产业、特种设备十大重点领域开展专项整治行动，立案查处各类违法案件 110 起（其中大案要案 38 起），结案 86 起，罚没款 120.26 万元，移送司法机关案件 3 起。

【“阳光厨房”创建】 “阳光厨房”建设列为市政府十大民生实事工程的重要内容，是金华市食安办对市政府的考核指标。4 月 20 日，印发《关于深化餐饮服务单位“阳光厨房”创建工作的通知》，分解落实工作任务。各所均按计划和创建标准对餐饮单位进行指导。全年完成 27 家“阳光厨房”建设，全市有 65 家“阳光厨房”，100%完成上级指标任务。

【食品监督抽检】 全年食品生产流通环节抽检 431 批次，合格 397 批次，合格率 92%。餐饮环节抽检 1284 批次，合格 941 批次，合格率 73%。全市建成快速定性检测室农贸市场 28 家：城区 20 家、农村 8 家。各农贸市场快速定性检测室抽检 88486 批次，检出农药残留超标等不合格 387 批次，合格率 99.6%，销毁不合格蔬菜数量 1409.74 千克。

【豆制品专项整治】 4 月 15 日，组织开展全市豆制品质量安全专项整治工作。通过排查建档、动员培训、自查自纠、整改提高、许可发证、质量检验、执法检查等措施，全市 143 家豆制品生产加工单位，有 2 家取得食品生产许可证、56 家取得小作坊生产许可证。9 月 1 日，以严查索票索证等为重点，采取市场倒逼机制，督促经营单位采购、销售、使用经生产许可的豆制品，落实菜市场、农贸市场等市场主办方及学校食堂、宾馆饭店等餐饮单位食品安全主体责任，严厉打击采购、销售、使用无证豆制品等违法行为。

【地产食品533安全保障行动】 组织开展地产食品533安全保障行动，对肉制品、乳制品、白酒、冷冻饮品、水产品进行检查，建立5类重点食品安全追溯体系、食品安全责任体系和食品安全社会监督体系，5类重点食品生产企业风险等级评价率、主体责任自查报告执行率均达到100%。开展白酒小作坊和散装白酒生产经营监督管理工作。对全市59家白酒生产加工单位、79家散装白酒经营单位进行全面排查，发现问题责令整改28家次。

【食品安全示范店建设】 新命名食品安全示范店17家，撤销12家，全市有食品安全示范店230家。通过全面检查、适时回访、分类处置、及时清理、择优上报开展食品安全示范店考评工作，确保示范店质量。通过日常巡查、定期监管、消费者反映、总体考评、优胜劣汰等举措，构建长效管理机制，切实发挥食品安全示范店的样板示范作用。

【重大活动前餐饮食品安全保障工作】 重大活动前成立食品安全保障方案、保障工作小组，通过签订食品安全责任书、派驻监督员现场巡查、分区划片定点定人、完善食品安全事故应急预案等举措，完成两会、中高考、新高考、科科莫市外事接待、七夕、横店圆明新园开园期间、横店国际马拉松赛、首届中国（东阳）木雕·红木家具交易博览会、第十届中国(东阳)木雕竹编工艺美术博览会及国家级、省级重要人物到东阳的要人保障等重大活动餐饮服务食品安全保障工作12次，出动监督员167人次，保障72餐次、保障就餐人员19000余人次。

【餐桌安全治理三年行动】 7月10日，印发《东阳市人民政府办公室关于印发东阳市餐桌安全治理行动工作方案（2015~2017年）的通知》，对各项整治提升工程的任务指标和实施步骤进行明确。2015年各项指标基本完成，其中农资监管与服务信息化系统完成全覆盖；食品生产小作坊建档率98%，登记率100%，城区农贸市场质量追溯体系建成率62.5%，城区农贸市场快速检测体系建成率100%，大型、特大型餐饮企业和学校食堂阳光厨房建设率35%，持证小餐饮等级公示率96%，政府允许或指定的场所区域、时间内经营的食品摊贩监管覆盖率100%；省级以上食用林产品抽检合格率100%，主要食用林产品标准化生产率69.2%；牛蛙、甲鱼等重点品种标准化生产率100%，抽检合格率100%；餐饮具集中消毒获证生产企业的年度自查报告提交率、企业基本情况和监督执法建档率、每季度监督覆盖率和产品抽检率、电子探头安装率均达到100%，食品相关产品生产企业自查报告提交率100%。

【涉网订餐专项整治】 开展通过第三方交易平台订餐活动的专项行动，全市涉网订餐饮单位362家，现场核查230家，签订《东阳市入网餐饮服务单位食品安全承诺书》123份，查处无证涉网餐饮单位17家，餐饮许可证到期未换证1家，自行停止涉网销售3家。约谈本地第三方平台顶顶团，落实《网络交易管理办法》规定责任。

【保健食品和化妆品监管】 开展会议讲座等保健食品营销行为、虫草类保健食品等专项检查，出动执法人员346人次，检查保健食品生产企业1家，虫草类保健食品经营、零售企业126家，责令下架120盒，查扣违法产品6盒，货值金额853元，立案查处2起。检查并驱散讲座式销售保健食品29场次，处理群众举报投诉14人次。完成1家保健品生产企业、32家化妆品生产企业的日常监督检查，督促企业办理健康证200余人次。协助江苏南通市市场监管局核实有毒有害保健食品绿婷减肥胶囊的流向。开展10批次不合格化妆品核查，出动检查人员186人次，检查化妆品经营店245家，未发现国家质检局通报的不合格化妆品。

【化妆品生产企业试点工作】 开展化妆品生产企业第一责任人机制建设试点工作。组织企业召开产品备案培训会、能力提升及现场检查指导。督促企业全部完成非特殊用途化妆品备案账号激活和产品备案工作，31家化妆品生产企业完成账号激活，3家化妆品生产企业的133个非特殊用途化妆品完成备案。完成4家化妆品生产企业的试生产抽样及整改结果核查和1家化妆生产企业变更厂址许可的现场审核。

【市食品药品检验检测中心筹建】 8月10日，原市农业综合监测站5名工作人员正式成建制划归市场监管局。全年，市食品药品检验检测中心做好实验室装修、仪器设备采购、人员培训等工作。

【药学会换届】 6月30日，召开药学会换届理事会议暨第二届会员大会，选举产生新一届理事成员单位，通过药学会新章程，浙江普洛康裕制药有限公司的法人葛萌芽当选为会长，韦力朝当选为名誉会长。

【药械不良反应(事件)监测】 全年上报ADR631例,其中新的、严重的药品不良反应报告数185例,上报MDR58例。

【药品经营新版GSP认证】 指导22家药品零售企业，逐项、逐条、逐款地进行自查,真实发现企业存在的缺陷项目，期间发放药品GSP认证整改通知书5份,经整改,22家企业均通过新版GSP认证。

【药品经营企业信用分类管理】 对全市175家药店进行诚信等级评定，被评为守信药店82家,占50%；被评为基本守信药店78家,占48%;被评为轻微失信药店3家,占2%;不参评药店12家。

【空心胶囊专项检查】 对明胶空心胶囊和胶囊剂药品进行专项监督检查及抽验，严厉打击违法生产行为。其间,检查2家胶囊剂药品生产企业,1家胶囊剂保健食品生产企业,137家药品经营企业,236家小诊所,抽样14批次,其中合格10批次。

(陈婷婷)

安全生产监督管理

【概况】 2015年，发生各类事故220起,比上年(总数比上年不包含生产经营性火灾事故,下同)减少14起，下降7.95%；死亡89人，与上年持平；直接经济损失663.46万元,比上年减少32.14万元,下降13.65%。全市连续两年没有发生较大及以上事故。其中，工矿企业发生事故5起，比上年减少1起,下降16.67%;死亡5人，比上年减少1人，下降16.67%；直接经济损失157.5万元,比上年减少31.5万元,下降16.67%。道路交通事故157起,比上年减少13起，下降7.65%;死亡84人,比上年增加1人,上升1.20%;受伤108人,比上年减少19人,下降14.96%;直接经济损失45.82万元，比上年减少0.64万元,下降1.38%。生产经营性火灾事故发生58起,死亡、受伤均为0人，直接经济损失460.14万元。

【安全生产责任制落实】 市委、市政府研究制定《东阳市安全生产“党政同责、一岗双责”暂行规定》,确定“管行业必须管安全、管业务必须管安全、管生产经营必须管安全”和“分级负责、属地为主”的原则,明确党委、政府安全生产工作职责，明确工作制度，规定监督考核与责任追究。市委常委会建立每季度定期研究安全生产工作制度,明确由市委副书记分管安全生产工作。完善安全生产目标管理责任制考核办法,把“党政同责、一岗双责”和“三个必须”列入责任制考核的重要内容。全市515家规模以上企业实现“五落实五到位”,全市各镇乡街道和294个有工矿企业的行政村做到“五级五覆盖”;继续实施安全生产一票否决制、问责制、年度履职报告、安全生产保障金等制度，兑现2014年度安全生产责任制考核奖励165.9万元,收缴2015年度61个单位139.8万元安全生产保障金;市政府与61个单位签订安全生产目标管理责任书，全市各镇乡街道与村（居）签订责任书548份,与网格管理员签订责任书995份，与生产经营单位签订责任书8141份。

【危化品安全整治】 重点开展危险化学品罐区、特殊作业、精细化工企业安全专项治理“三大行动”。尤其是天津港“8·12”危化品爆炸事故后，市安委办组织8个部门聘请6名专家，组成6个联合检查组，重点对全市所有危化品生产、使用企业、有仓储化工原料经营单位、加油站、危化品运输企业、危险品废弃处置企业开展安全生产大检查，检查企业99家,排查隐患197条。制定《无仓储经营单位专项安全检查表》,由镇乡街道负责组织开展辖区内工业气体、油漆、农药店等无仓储经营单位的安全隐患排查治理,检查企业282家,排查隐患143条。对全市190余家油漆店落实1名乡镇干部专门负责联系、监管，完善安全生产档案,实现定向网格式管理,建立一店一人一档监管制度。专项检查期间下发整改指令书33份,下发停止生产、使用、经营等现场处理措施决定书6份。对8家企业进行立案查处，处罚款23万元。建立安全生产约谈制度、每日必报制度、一店一人一档监管制度、24小时领导带班应急值守制度。全市26家危险化学品生产企业25家完成安全标准化三级达标,其中二级以上6家;11家生产企业实施安全生产托管；全市涉及液氯、氟化氢、液氨、硫化氢等有毒有害气体且构成重大危险源的7家企业,全部设立有毒气体气防组;8家企业完成设计诊断,其中4家上报省局挂牌安全设计诊断整改,6家企业完成设计诊断整改确认工作。

【矿山安全整治】 淘汰落后工艺及设备，规范开拓、开采方式，提升运输、供电、防排水、通风系统及进一步完善安全避险“六大系统”；完善安全生产隐患排查治理制度，开展春节后开工前安全生产大检查、汛期前安全大检查、“六打六治”打非治违，开展“百日攻坚”、联合执法等一系专项行动，邀请专家开展隐患排查和防中毒窒息检查；开展非煤矿山“三项监管”工作，完成微信号和矿山数据库基础数据的输入工作，对矿山企业进行分级，对C级的企业实施重点监管；完善地下矿山师傅带徒弟制度、春节后复工检查管理制度，严格地下矿山领导带班下井制度、外来矿山施工企业备案制度。

【烟花爆竹经营安全专项整治】 对全市烟花爆竹零售店逐家逐户进行安全条件审查，烟花爆竹零售店数量从540家缩减至101家，淘汰一大批安全条件差、安全管理水平低、安全法制意识淡薄的经营户，并实行“五统一”(统一规划布点、统一专店直营、统一进货渠道、统一数字监控、统一日常管理)规范经营。10月1日起中心城区扩大实行烟花爆竹销售、燃放全年“双禁”范围。

【道路交通领域专项整治】 强化超限超载整治和运砂车污染整治，全年清扫路面4.21万千米，修补坑洞2.22万平方米，补全K桩百米桩示警桩185个，清理塌方6100立方米，设置各类交通标志牌228套，完成拆除违章建筑66起1859平方米，清理堆积物10993立方米，拆除非公路标牌2019（幅）块，整治马路市场流动摊贩510个，查处超限车辆452辆次，卸载货物14299.6吨，公路污染车辆647辆次；开展出租车、驾培维修等专项稽查活动，出动稽查人员1935人次，查处违章案件140件。组织开展十大交通陋习专项整治，查处十大类交通陋习15.9万起，其中违法停车7.9万辆次，非机动车、行人交通违法3.2万起，违法变道、穿插、使用公交专用道4.6万起等。深化交通秩序整治，组织开展“渣土车”“残疾车”“拼装改装车”违法飙车等专项整治。深入开展“三查三治”专项行动，查处饮酒驾驶2080起，醉酒驾驶517起，查处载客汽车超员3161起，客车超员90起，超速56949起。

【消防领域专项整治】 开展商业综合体系建筑消防安全专项检查、石油化工及重大危险源调查摸底、夏季消防检查、劳动密集型企业消防安全治理等专项行动。全年检查单位2696家次，发现火灾隐患4382处，整改火灾隐患或违法行为4335处，下发行政处罚决定书162份，临时查封单位6家，采取行政强制措施15家，责令停产停业单位62家，罚款131.36万元，拘留1人，3家企业列为重大火灾隐患单位（全部整改到位）。以南马镇、江北街道、南市街道、横店镇和画水镇5个镇乡街道为重点推动火灾等安全事故防控综合体系建设，其中南马镇作为省级区域性火灾隐患整治试点单位。关停、搬迁企业120余家，拆除彩钢棚1348间，拆除违章建筑339宗，面积75万余平方米，宣讲收益企业1200余家。各部门“多警联勤”工作机制逐步完善，公安、消防与教育、卫生、安监、文化、旅游、工商、质监、综合执法等及镇乡街道组成联合检查组开展各类消防安全检查80次。开展劳动密集型企业消防安全专项治理行动。组织开展消防安全网格员和企业负责人（管理人）培训授课和宣讲工作，协助各镇乡街道网格员对辖区劳密企业进行摸底排查，排查434家，建立健全单位花名册并签订《消防安全责任书》，曝光重大火灾隐患劳动密集型企业6家，协助各镇乡街道关停企业140余家。

【重点隐患整治】 全市各级政府挂牌重点事故隐患26处，其中省级道路交通1处；金华市级16处，其中道路交通3处，临水临崖6处，工矿2处，电力设施3处，消防2处；东阳市级9处，其中道

图62　8月13日，全市危化企业安全生产紧急会议召开

路交通3处，工矿2处，电力设施3处，消防1处。金华市级及以上挂牌督办的17处重点隐患已整改到位，投入整治资金673余万元。整治责任单位对整改的挂牌隐患均向安委办报送销案报告。

【安全托管服务推行】 全市1255家企业实施安全托管服务，对实施安全生产委托管理的企业机构给予每家5000元的补助。中介机构为每家企业制定合适的整改方案，并督促企业整改，为企业服务9800余次，整治隐患14500余条。加强中介机构的培育和管理，建立健全运行、评价、考核机制，规范市场，保障服务质量。小微企业安全托管做法被《省政府办公厅专报》《浙江日报》《金华日报》、省安监局主办的《安全生产导刊》等刊物和媒体报道。北京市、天津市，山东省、江苏省等省市及省内30余个县市区安监局到东阳市学习考察小微企业安全托管工作。

【安全监管信息化】 以马宅镇为乡镇一级试点单位，把32家危化、矿山企业作为直管行业全部进入平台实施监管。年末全市所有危化、矿山企业的基本数据全部录入平台，通过安全生产综合监管平台，逐步建立市、镇乡街道安监系统的联通机制和日常工作联动机制，实现安全监管信息的互通。

【安全生产宣传教育培训】 以“加强安全法治、保障安全生产”为主题开展全国第十四个安全生产月活动，组织开展17项活动；开展“小手牵大手”活动，动员各镇乡街道深入企业、村(居)发放《安全生产宣传资料》，累计发放85000余份；开展全员安全培训工程，举办生产经营单位主要负责人培训12期、1774人，生产经营单位安管人员培训13期、1623人，电工和电焊工培训7期、721人；组织学习、宣传新《安全生产法》，发放新《安全生产法》宣传手册2170份、《市民安全常识》1000本、宣传挂图100套、《企业安全生产主体责任五落实五到位规定》挂图1万份。

【安全生产行政执法】 立案查处安全生产违法行为和事故案件74起，接到群众举报45起，进行立案查处9起，行政处罚68次，罚款金额220万元。移交司法机关追究刑事责任1人。

【夏季百日攻坚专项行动】 检查生产经营单位3546家次，责令改正、限期整改、停止违法行为301起，责令停产停业整顿17家，关闭非法违法企业4家，实施经济处罚43.75万元。

【涉可燃爆粉尘整治专项行动】 组织镇乡街道对照市政府出台的22条整治指导标准，继续开展重点整治，对上年组织验收的红木企业开展“回头看”，对新增的红木家具企业要求建立完善管理台账，做到“一企一档一责任人”，落实排查、整治、验收等各个环节的工作措施。

【打非治违专项行动】 组织检查组4011个，参与检查人员11698人次，检查企业(单位)8024家，实施警告处罚63次，责令改正、限期整改、停止违法行为2136起，没收违法所得、非法生产设备120起，责令停产、停业、停止建设64起，暂扣或吊销许可证11起，关闭非法违法企业11家，行政拘留1人，处罚金423.23万元。

【涉喷涂作业场所企业整治专项行动】 在横店镇、南马镇、画水镇、南市街道等重点镇乡街道选择2~3家试点企业完成整治。对《金华市喷涂作业场所安全生产基本要求》进行细化，结合实际制订喷涂作业场所安全生产基本要求30条指导标准。举办6期喷涂作业企业负责人专题培训，共培训680余人。122家涉喷涂作业场所企业开展隐患诊断，制定整改方案，全市122家涉喷涂作业场所企业完成整治99家，关闭19家，未完成整治的4家企业将依法进行查处。

【安全生产标准化和诚信机制建设】 以500万元以上产值企业为重点，继续开展安全生产标准化建设，兑现2014年创建安全生产标准化企业奖励580万元；继续实施安全生产标准化奖励政策，对创建国家、浙江省和金华市级标准化分别给予10万元、6万元、2万元的奖励。继续坚持安监部门领导、科室联系镇乡制度，加强对各镇乡街道和中介机构的督促力度，确保创建质量。融合推进企业安全生产诚信机制建设，开展企业诚信等级评定，完成评审申请申报196家，其中复评11家。

【应急管理】 加强巍华化工、家园化工、海森药业、矿业公司4支专业应急救援队伍建设，建立日常考核机制，落实专项补助资金60万元；配合金华市局在浙江普洛医药科技有限公司举办金华市首届危险化学品企业员工应急处置技能竞赛暨选拔赛活动。为安全生产托管企业编制应急预案，组织开展消防灭火、逃生等演练，组织254次消防演练，782家企业13500余人参与。

【科技兴安】 9家涉及重点监管危险化工工艺的企业安装安全自动化控制系统；5家涉及重点监管危险化学品的生产储存装置完成自动化控制改造；5家涉及重点监管危险化学品的储罐安装温度、液位带远传记录和报警功能的安全装置；6家危化品经营单位的有机溶剂储罐安装高低液位报警联锁装置；10家涉及液化气体（液氨、液化烃、甲苯）的企业卸料安装万向节管道充装系统；3家液氯使用企业安装液氯泄漏自动吸收安全装置；医药化工企业溶媒罐区设置泡沫灭火系统；有机溶剂储罐设置充氮保护系统，对涉及易燃介质分离的离心机在安装充氮保护系统的基础上，安装氧含量监测自动联锁装置。完善智能交通，投入1200余万元用于智能交通的改造和新建，全市有红绿灯182个，高清视频监控121个，智能卡口21个，电子警察203组，电子监控系统全面覆盖整个城区。

（张　帆）

统　计

【概况】 2015年，统计局抓好全市统计报表管理，加强统计基础建设，贯彻统计法律、法规，开展统计执法检查，创新统计工作新模式，提高统计数据质量和统计服务水平。统计局获2015年度东阳市企业“小升规”工作二等奖、东阳人经济回归暨浙商回归工作优胜奖。

【定期统计】 承编综合、核算、农业、工业、能源、交通运输、批发零售、住宿餐饮、固定资产投资、建筑、房地产、劳动工资、服务业、科技、基本单位名录库、城镇居民住户收支调查、综合核算等专业统计报表。分月报、季报、半年报、年报定期汇总上报。召开各专业统计年报会议，培训统计业务，部署工作任务。全年召开专业年报定报会议18场（次），参加会议人员1861人。

【统计资料公布】 统计资料及时、准确、完整，在统计信息网（http://www.stats-dy.gov.cn/）发布可公开资料。年度发布的有：在市“两会”上印发《2014年东阳经济和社会发展报告》，在《东阳日报》上发布《2014年东阳市国民经济和社会发展统计公报》，编印《东阳统计年鉴（2015）》。每月定期编印《东阳经济月报》，全年12期。每月提供工业、农业、服务业经济竞赛等相关统计资料。完成103家企业申报名牌产品和资质验审等的数据核实、材料证明工作。

【统计队伍建设】 8月6日，市委常委（扩大）会议研究统计工作，提出要求配足、配强镇乡街道统计人员，经济开发区、白云街道、横店镇、南马镇配备3+3名统计人员，5个生态型乡镇（虎鹿镇、马宅镇、东阳江镇、佐村镇、三单乡）配备“1+1”名统计人员，其余镇街配备“2+2”名统计人员。统计局成立三个业务指导小组，分批次与各乡镇及相关部门进行对接，分析研究各镇乡街道、有关部门统计工作现状，指导解决存在的问题，重点对接统计专职人员设置情况、产业经济运行情况及固定资产投资情况。举办统计业务知识培训班，组织73名专兼职统计人员参加培训。组织103人参加国家统计从业资格考试，800名持证人员参加统计从业资格证继续教育。

【乡镇统计规范化建设】 10月27日，召开乡镇统计规范化建设推进会，举办两次重点镇乡（街道）现场观摩、业务培训，推进统计信息中心规范化建设。11月，第一批全市5个（省级、金华市级中心镇：横店镇、南马镇、巍山镇、歌山镇、千祥镇）统计信息中心规范化建设全部通过金华市统计局的达标验收。12月，第二批7个

图63　10月27日，乡镇统计规范化建设推进会召开

镇乡街道（白云街道、吴宁街道、江北街道、城东街道、南市街道、画水镇、经济开发区）全部通过市统计局的达标验收，通过金华市统计局的抽查；江北街道提交省级镇乡街道统计工作示范点推荐材料。各镇乡街道成立独立的统计机构，实行统一集中办公。配备专用计算机63台，改善办公环境。

【1%人口抽样调查】 市统计局开展1%人口抽样调查工作，对抽中村进行多元化宣传，在《东阳日报》刊登调查知识问答和现场调查图片等。进行各级培训4次，绘制调查小区图32张，全市调查3300余户9000余人。收集各部门资料，对数据进行分析，按制度要求完成调查任务。

【统计工作制度】 推进企业统计电子台账建设，将电子台账建设列入统计执法、统计稽查和统计巡查工作的重要内容，开展验收检查工作，落实电子台账建设，加强企业统计基础资料的管理。完善经济监测研判制度，全面研判东阳市的主要经济指标情况。全年，向相关部门及市领导发送数据监测分析10期。开展乡镇经济总量核算，完成2013～2015年的街道镇乡GDP核算。强化固定资产投资项目信息管理、健全企业联系人制度，建立固定资产投资统计检查工作日常化和规范化，将执法检查纳入重点工作，促使投资统计改革的全面推开。

（吴梅琼）

2015“美丽东阳”旅游摄影大赛获奖作品

老街 摄影/李 琦

金　融

金融管理

【概况】 全市金融业增加值40.83亿元，占生产总值比重8.79%，占服务业增加值的18.23%；银行业本外币存款余额（不含财政性存款）899.63亿元，比上年增加162.05亿元。本外币贷款余额701.93亿元，比上年增加60.31亿元。小额贷款公司注册总资本20亿元，资本净额27.18亿元；发放贷款51.98亿元，净利润2.01亿元，纳税1.81亿元。民间融资服务中心撮合成交余额2.86亿元，撮合成交金额23.82亿元，成交平均年利率为14.75%；保险公司保费收入19.48亿元（其中财产险8.79亿元，比上年增长12.36%；人身险10.69亿元，比上年增长11.09%）；赔款支出6亿元，其中财产险4.05亿元，人身险1.95亿元。

【金融机构（组织）】 完成农商银行改制工作。1月12日，浙江民泰商业银行金华东阳支行开业，成为民泰银行在东阳市设立的首家分支机构。至年末，全市有银行业金融机构17家，小额贷款公司7家，民间融资服务中心1家，证券公司分支机构5家，期货公司1家，保险公司分支机构31家（其中财产保险公司19家、人寿保险公司12家）。

【企业上市挂牌和直接融资】 至年末，有上市公司6家，总市值1048亿元。直接融资158.97亿元，其中债市融资118.4亿元，占金华市的45.6%。唐德影视首发上市，欢瑞世纪借壳星美联合股份有限公司（*ST星美），道博股份、骅威文化、当代东方、捷成股份、太原刚玉、慈文传媒6家上市公司分别完成对强视传媒、梦幻星生园、盟将威、瑞吉祥、联宜电机、慈缘影视及紫风影视的兼并重组；上会企业3家（新丽传媒、千乘影视、得邦照明），浙江证监局辅导监管企业1家（横店影视），处于上市进程企业14家(影视企业7家，工业及其他企业7家)；新三板挂牌企业6家，处于新三板挂牌进程企业17家；区域资本市场挂牌6家；股份制改造（新设）15家。

【金融业政策扶持】 《东阳市"十三五"金融业发展规划》编制工作启动；制定《东阳市资本市场工作考核暂行办法》，明确从2015年起将资本市场工作纳入市委、市政府对镇乡街道和相关部门的年度工作目标责任制考核内容；确立扶持激励导向，进一步完善企业股改上市挂牌政策扶持体系；确定第五批拟上市培育对象。开展非法集资专项整治活动及非法集资广告咨询信息排查等活动，探索企业"两链"（资金链、担保链）风险处置有效手段，创新金融风险化解措施，研究构建出险企业风险有效处置机制。

（楼　闽）

中国人民银行东阳市支行

【概况】 全市金融机构本外币各项存款余额899.63亿元，比年初增加82.43亿元。本外币各项贷款余额701.93亿元，比年初增加58.66亿元。全市企业发行债务型融资工具118.4亿元，其中非公开定向债务融资14亿元、短期融资券74.4亿元、中期票据30亿元。

【信贷结构调整】 制定货币信贷工作指导意见，把支持实体经济特别是小微企业的金融扶持工作作为货币信贷工作重点。做好地方法人机构信贷调控工作，并对偏离度较大的金融机构进行适时指导，保障地方经济发展的资金需求。引导金融机构增加对经济结构调整和产业转型升级领域的信贷资金投入。发展科技金融，加大对先进制造业、高新技术产业、战略性新兴产业的信贷支持，优先满足技术改造、自主创新等资金需求，促进产业集聚升级。发展绿色金融，提升对节能环保、循环经济、防治大气污染领域的

2015年末东阳市各银行业金融机构存贷款余额(本外币)

表17　　　　单位:万元

金融机构	年末存款余额			年末贷款余额			
	合　计	单位存款	个人存款	合　计	短期贷款	中长期贷款	票据融资
农业发展银行	45106	45106	–	161935	30935	131000	–
工商银行	1186208	515777	665518	1071005	852177	215177	210
农业银行	1684299	638290	996594	987852	798652	188722	–
中国银行	583628	320908	258956	847234	623012	223342	752
建设银行	910392	475503	433239	884318	529066	291957	63295
农商银行	2255084	855507	1397311	1472433	1279718	192541	–
富民村镇银行	23504	8594	14910	61604	61604	–	–
金华银行	310709	171878	138171	241488	231099	10234	5
邮政储蓄银行	697057	34355	662575	155019	70232	84787	–
兴业银行	213591	185576	28015	117726	99326	18399	–
交通银行	161139	141059	20064	162414	116313	45606	–
平安银行	124194	109333	14855	200035	188935	10000	–
稠州银行	95951	55319	40632	92218	88753	265	3200
浙商银行	212378	198000	14378	181231	140066	41165	–
中信银行	169167	119562	49582	242869	213150	29279	–
浦发银行	134404	68079	66025	120902	111730	6411	–
民泰银行	17984	5464	12520	19001	19001		–
合　计	8824795	3948310	4813345	7019285	5453771	1488886	67462

说明:各行(社)存款金额不包含代理财政性存款

金融服务水平。严格限制环境违法企业贷款。加大对绿色企业的信贷支持，绿色企业即由省经贸委和省环保局批准命名的“浙江省绿色企业（清洁生产先进企业）”。对绿色企业从事具有推广价值的清洁生产、环保产业、资源综合利用、节能节水等符合产业政策重点技改项目以及省级重点技术创新项目，优先审批发放贷款，并加强授信机制、业务流程、产品开发等领域的创新，推动绿色经济、循环经济和低碳经济的发展。发展文化金融，针对文化产业发展特点，加强对影视文化、木雕(红木)产业的信贷支持。发展电商金融，围绕电子商务、信息软件、通信服务、现代物流和互联网金融五大重点发展产业，主动对接网络经济主管部门、网络经济园区和各类公共服务信息平台，及时掌握网络经济企业经营情况和融资需求信息，加大对网络经济示范企业、重点项目、园区建设和配套产业的信贷投入，加大对小微网络经济企业的培育活动，支持“电商换市”工程建设，鼓励和支持实体企业进行电商化转型。

【支持地方法人金融机构发展】东阳农村信用合作联社改制为农村商业银行，开展改制后的变更、调整及指导工作，推动地方法人金融机构向区域性银行迈进。做好东阳农商银行在全国银行间同业拆借市场名称变更的审核和上报工作，改制后分步实施法定存款准备金率调整工作。指导东阳农商银行开展合格审慎评估工作，帮助其通过评估成为市场利率定价自律机制核心成员，为利率市场化产品创新奠定基础。指导东阳农商银行开展同业存单、“三农债”发行等新业务。支持富民村镇银行开发“家庭贷”“农村建房贷”等信贷产品，鼓励推出“小额信用贷”，对富民村镇银行3000万元支农再贷款的使用情况开展现场检查，保证专款专用。

【深化普惠金融】 召开“强化创新，着眼普惠，推促转型，全力支持实体经济发展”政银企对接洽谈会，81家企业与17家市本级金融机构签订53亿元授信合作意向。完成2014年度涉农、小微企业信贷政策导向评估工作，引导金融机构定向支农支小工作，为符合补偿条件的11家金融机构申请小微企业贷款风险补偿179.75万元。小微企业贷款2414户，余额189.40亿元；运用支农再贷款资金向188家涉农企业和农户发放贷款2100万元。

【首笔专利权质押贷款业务办理】 7月，印发《东阳市专利权质押贷款管理暂行办法》。东阳农商银行在金华市率先开展专利权质押贷款业务，推出“阳光·专利权质押”贷款产品。10月10日，浙江朋诚科技有限公司以一项发明专利权作质押，从东阳农商银行取得贷款420万元，是东阳市首笔专利权质押贷款。

【金融管理与服务】 接收重大事项及重要信息报告68件。处理两起征信方面的群体性上访事件。对9家金融机构开展执法检查15次，其中综合执法检查2次、专项执法检查13次，对2家银行实施行政处罚10.5万元。组织开展对2014年在营银行业金融机构的综合评价，评出A级金融机构4家，B级金融机构11家。

【金融风险防控】 建立健全银行同业间信息共享机制，监测分析金融业及具有融资功能机构的运行状况，推进金融机构稳健性现场评估，动态跟踪和掌握各类风险隐患。重点关注产能过剩行业、房地产市场和地方政府融资平台的风险状况，配合地方政府做好担保链、资金链风险化解工作，防止逃废债行为，守住不发生系统性金融风险的底线。全市不良贷款11.8亿元，不良率1.68%，比上年有所上升，整体稳健可控。

【外汇业务监管】 把好外汇业务准入关，在结售汇业务准入管理改革后，根据涉汇对象开办新外汇业务诉求工作，执行市场准入操作规程，经实地勘察验收和现场知识测试后，对6家机构的准入业务予以备案。开展对银行外汇业务合规性检查、涉汇企业国际收支申报现场专项核查、“出口不收汇”专项核查、“货物进出口与资金收付汇主体不一致”专项核查、资本项目业务专项核查和服务贸易涉汇主体监管的现场核查工作，强化对涉汇主体的外汇业务监管。打击外汇违法违规行为，维护外汇市场秩序，立案3起，结案3起，收缴罚款3万元。

【银行卡网上非法买卖整治】 制定《东阳市联合整治银行卡网上非法买卖专项行动工作方案》。堵截假银行卡诈骗案件13起，假身份信息办卡开户3起，冒用他人丢失的身份证办卡开户2起，协查客户银行卡网上被盗刷案件2起，为客户追回资金损失16766.49元。协助公安机关破获刑事犯罪案件3起，缴获并扣押涉案非法银行卡178张，涉案金额311万元，抓获犯罪嫌疑人13人。

【县域金融服务基础设施建设推进】 继续实施农村“易(e)支付工程”，推动银行业金融机构开展“刷卡无障碍示范区”“网上支付应用示范区”“手机支付应用示范区”创建工作。东阳市富坤农副产品集散中心获金华市级“手机支付应用示范区”称号，东阳市花园红木家具城获金华市级“网上支付应用示范区”称号。建立农村金融综合服务站110家，办理网上代购427笔，金额29.52万元，铺设助农服务终端126台。推动金融IC卡多行业应用推广，引导交行与交通部门合作，发行3000余张“东城卡”，应用在公交、公共自行车等方面。

【外汇服务水平提升】 全市跨境人民币结算64.4亿元，其中货物贸易25.9亿元、跨境融资27.8亿元，分别占全部结算量的40.22%和43.17%。加强国家外汇管理局东阳市支局与银行间的联合与协作，开展外汇政策培训，向外汇企业宣传外汇政策、跨境人民币业务政策及汇率避险知识。落实企业联机接口业务推广工作，提高企业外汇业务信息化管理水平，达成意向企业3家。开展投资项下存量权益确认登记工作，9月末，全市111家应申报FDI企业和20家应申报ODI企业完成申报，申报率100%。

【征信管理与服务】 加强征信知识宣传活动，增强农户、居民和小微企业等经济主体的诚信意识。

强化信用体系建设成果的应用，查询个人信用报告11510份，收缴信息查询费2.69万元，发放信用机构代码证2208份。继续强化“信用户”“信用村”“信用乡镇”创建工作，新增评定县级“信用村（社区）”8个、“信用乡（镇、街道）”1个，年内收集农村信用档案5200户。

（应剑华）

金华银监分局东阳监管办事处

【概况】　全市银行业机构有17家。至年末，全市存款余额881.67亿元，比年初增加87.95亿元，比上年增长9.02%；贷款余额701.93亿元，比年初新增58.66亿元，比上年增长9.12%；不良贷款率1.67%。

【银行业助推经济转型升级】　落实《支持金华经济转型发展的十条措施》，运用监管督导、现场检查、准入挂钩等手段以及金融服务宣传月、小微企业金融服务月等活动持续推进落实。各银行业机构先后推出特色举措支持经济转型升级，工行推出商标权、林权、机器设备质押贷款；农行推出政府基础设施建设流动资金贷款；建行为企业发行中期票据16亿元；农商银行推出“阳光拍易贷”“红木仓储质押贷”，多家银行推出借新还旧贷款。设立小微支行（如稠州银行）、微贷中心（农商银行）、差异化社区支行（兴业银行、金华银行）、流动金融服务车（农商银行）、金融便民超市（农商银行），推出适合东阳经济特色的信贷产品。防控金融风险，推进小微企业授信银行不超过3家（含）、大中型企业授信银行不超过5家（含）、集团企业授信银行不超过8家（含）的试点工作。

（张寿高）

金融企业

【中国工商银行股份有限公司东阳支行】　中国工商银行股份有限公司东阳支行下辖营业部、10个二级支行、1个分理处，其中乡镇网点2个，另新设千祥、巍山、画水三个智能网点。至年末，本外币各项存款余额123.46亿元，新增9.61亿元；各项贷款账面余额107.1亿元，增量1.07亿元；新增人民币对公结算账户668户，账户总量6597户。自助银行总数36个点，机具136台，其中离行式自助银行24家，离行式自助银行与物理网点比为2∶1。6个网点普及智能终端（营业部、江北支行、白云支行、横店支行、振兴支行、巍山镇有人值守自助银行）。企业网银证书、个人网银客户分别和WAP手机银行客户分别增加379户、7134户、3483户。（吴昊鹏）

【中国农业银行股份有限公司东阳市支行】　中国农业银行东阳市支行各项存款余额168.4亿元，比年初增加21.4亿元；各项贷款余额102亿元。实际信贷新增投放3.5亿元；承兑总量11.85亿元，比年初增加7.38亿元。实现营业收入6.64亿元，中间业务收入1.14亿元，利润总额2.79亿元。

办理429笔企业贷款预审批业务32.7亿元。优化业务流程，对部分风险较低的业务试行审查审批双岗合一，对供应链融资业务试行批量授信、多事项合并审批，对小额度足抵押的小微客户试行免评级、免分类，推行小企业简速贷缩短业务审批流程和时间。加快信贷产品创新，推出信用贷款，解决中小微企业抵押物品欠缺的问题，发放信用贷款5100万元；推出“连贷通”业务，对符合新发放贷款条件的小微企业，通过发放新贷款结清原到期贷款的形式，允许客户继续使用农行贷款资金，解决小微企业贷款期限与实际生产经营周期错配导致的临时资金短缺难题。截至年末，小微企业户数229户，贷款余额21亿元，占全部法人贷款余额的41%。

构建服务“三农”长效机制，分别在大联、古典工艺城开设三农工作室，安排客户经理长期驻点，服务周边城乡居民以及市场商户，实现“足不出村”或“足不出市场”办理现金、理财、结算、咨询等业务。开展农村金融自治，满足农户资金需求，推动新农村建设和农村种植业的发展。发展农村金融自治村84个，发放贷款3.68亿元，扶植家庭农场60个。新增专业大户贷款47户，农户贷款余额3.68亿元，比年初增加2亿元，其中，农户小额贷款余额1.89亿元，比年初增加1.3亿元。

对接财政新上线的便民服务平台“统一支付平台”，开通交警罚没款、学费的网络缴款渠道。对接法院新上线的诉讼费系统，开通柜台、电子渠道、POS机等诉讼费缴款渠道。与东阳市公共停车服务有限公司合作，签署东阳智慧城市停车收费项目合作协议，支持东阳智慧城市建设。在营业中心、开发区支行、横店支行等10个网点投放超级柜台，80%以上的个人非现金业务客户都可在超级柜台上自助办理。持续推广支付密码器，将支付密码推广工作作为运营管理重点工作，纳入营业网点绩效考核及产品计价范畴，至年末全行万元以上结算账户支付密码覆盖率83.89%。　（王　蕾）

【中国银行股份有限公司东阳支行】 中国银行股份有限公司东阳支行本外币各项存款余额58.36亿元，比年初新增1.61亿元；本外币各项贷款余额84.72亿元，比年初新增6.64亿元。拓展各类投行业务，业务范围涵盖企业发债、理财直融、股权投资、资产证券化衍生产品等多方面。发挥中银集团海内外一体经营、多元化平台优势，加深与中行海外机构业务合作，通过协议融资、海外直贷等跨境创新产品，为企业对接低成本资金。支持中小微企业开拓国外市场，规避汇率风险。为建筑企业开立保函5815万美元；6月1日投资外汇政策改革新政实行后，为多家企业办理海外直接投资业务，累计金额2426万美元。在横店支行设立"投资银行及影视文化产业专业支行"，对多家影视企业提供"影视通宝"产品授信支持，支持拍摄影视剧及电影145部。　（徐敏帅）

【中国建设银行股份有限公司东阳支行】 本外币各项存款余额90.72亿元，增加5.2亿元。各项贷款余额88.43亿元，减少2.11亿元，各项不良贷款余额13653万元，不良贷款率为1.54%。实现中间业务收入7582万元。实现净利息收入34031万元。实现税前利润31815万元。继续保持"中国银行业文明规范服务千家示范单位""浙江省文明单位""浙江省治安安全示范单位"等称号。　（黄湘乔）

【交通银行股份有限公司金华东阳支行】 至年末，各项存款余额16亿元，日均存款余额15亿元，比年初增加1亿元；各项贷款余额16.24亿元，比年初增加2.04亿元，增长14.36%。获"纳税超百万企业"称号。

为省重点工程——东阳市惠民公共交通有限公司客运总站和江北公交枢纽站项目获批授信额度3.2亿元。为两家重点工业企业提供信贷资金近2亿元。利用总行信贷规模，推进小微企业贷款。至年末，小微企业贷款余额5.87亿元，比年初增加1.75亿元。个人贷款余额4.63亿元，较年初增加0.92亿元，增长24.79%。

5月，推出特色IC借记卡——东城卡，至年末，发卡3000余张。为客户办理手机银行3000余户，信用卡办卡700余张。　（李剑峰）

【中国农业发展银行东阳市支行】 2015年，发放贷款11.85亿元，年末各项贷款余额16.19亿元，比年初增加7.45亿元，增长85.20%；各项存款余额（不含同业存款）4.81亿元，比年初增加1.39亿元，增长40.56%；实现中间业务收入15.88万元；实现账面盈利2802万元。

发放粮食储备贷款8434.49万元，支持轮入省市地方储备粮22031吨，其中：早籼谷10531吨、小麦10500吨、晚籼谷1000吨。

10月，投放37省道（S310）东阳李宅至义乌青岩刘改建工程（东阳段）项目贷款9亿元，该项目总贷款12亿元全部投放完毕。　（吴济荣）

【金华银行股份有限公司东阳支行】 2015年，各项存款余额30.07亿元，比年初增加1.47亿元，增长4.97%；各项贷款余额24.15亿元，比年初下降0.15亿元；不良贷款余额8609万元，比年初上升2052万元；实现经济利润4099万元，比上年增加1117万元。开展信贷风险排查5次，主动退出公司贷款54户，金额22095万元，收回历年和当年新产生不良贷款本金17655万元，利息1103万元。实现无经济案件、无刑事案件、无重大责任事故的"三无目标"。继续保持"浙江省文明单位"称号。

投放各类贷款41.01亿元，增长贷款企业59户，投放信贷资金2.56亿元；上缴各类税费1610万元，获"东阳市纳税百强企业"称号。

支行新推"小微通"循环贷、"税信贷""电商融"等贷款新品种，拓宽企业融资渠道，简化贷款手续；推广面向个人的"百灵卡"循环消费贷款、"百惠通"循环经营贷款、"惠农贷"循环助农贷款、双龙盈存款等业务，优化金融服务，加快业务转型。　（徐秀强）

【浙江东阳农村商业银行股份有限公司开业】 东阳农商银行3月5日正式挂牌开业，实现从"东阳农信联社"到"东阳农商银行"的转型。至年末，各项存款余额225.51亿元，比年初新增33.84亿元，增长17.66%；各项贷款余额147.24亿元，比年初新增16.35亿元，增长12.49%；存贷款余额分别占全市金融机构（本外币）市场份额25.07%和20.98%。为全市2.87万客户提供信贷支持，涉农贷款余额130.63亿元，比年初增加16.24亿元；银监口径小微企业贷款余额82.59亿元，比年初增加9.86亿元；实现存款、贷款、涉农贷款、小微贷款总量与增量的"8

图 64　3 月 5 日，东阳农商银行在东阳行政中心召开开业暨"双两百"共建两美家园签约捐赠仪式

个全市第一"。五级分类不良贷款率 1.49%，低于全省农信系统平均水平 0.53 个百分点，资产质量保持稳定。纳税 2.65 亿元，连续十年名列东阳市纳税十强企业，居全市银行业首位。

12 月，东阳农商银行虚拟化综合应用平台及灾备系统入围中国人民银行总行银行科技发展奖。

【浙江东阳农村商业银行股份有限公司推出"阳光"系列信贷产品】 东阳农商银行推出"阳光·专利权质押""阳光·红木宝仓储质押""阳光·工薪贷""阳光·拍易贷"等特色信贷产品。10 月，完成东阳市首笔专利权质押贷款业务。设立微贷中心分部，向 148 户小微企业发放担保基金贷款 2.97 亿元；在 18 个行政村、2 个商会发放"阳光·普惠贷"金融自助信用贷款 505 户，金额 1.71 亿元，实现 30 万元以下小额贷款批量发放。开展丰收家、丰收购试点，为全市商家、特色农产品免费提供综合式互联网金融服务；在富坤农贸市场开通"菜付通"业务，建成村级（社区）电商综合惠民服务站 84 家，在丰收家、丰收购两大平台上线商户 390 家，上线产品 2007 款。开启银证、银信合作模式，推出"阳光·增盈存""阳光·增瑞存"、大额存单等新产品，提升自主理财产品发行能力。发行理财产品 58 期，募集资金 23.23 亿元。（贾琳巧）

【中国邮政储蓄银行东阳市支行】 2015 年末，各项存款余额 69.70 亿元（其中银行自营余额 12.25 亿元），比年初增加 7.85 亿元；各项贷款结余 17.07 亿元，比年初增加 2.74 亿元。不良率 0.42%，资产质量保持良好。

实现 7 款信贷产品创新和金融服务创新，解决传统模式下小微企业金融服务品种单一、效率不足的局面，以手机银行、网上银行、企业网银等新型终端提高服务效率，改善小微企业的金融服务体验。开展"送金融知识进乡村、进社区、进学校"活动 100 余次，向广大群众普及包括银行卡、理财服务、中小型企业贷款、服务三农、非法集资、金融诈骗等内容。探索通过网点转型提升服务效率，初步实现网点经营向个人业务转型，网点功能向产品营销转型，客户服务向差异化转型，网点文化向以员工为中心转型，服务手段向电子渠道转型，网点环境向标准化管理转型，用规范服务标准提高服务水平。开展各类隐患排查工作，开展"一个加强、两个遏制""除隐患、提能力"平安风险隐患排查、反洗钱自查、印章管理专项检查、服务收费自查、民间借贷专项排查整治"回头看""清雷防险""合规回头看"以及各业务条线的风险排查活动。（楼　泉）

【兴业银行金华东阳支行】 2015 年，支行本外币一般性存款余额 21.36 亿元，本外币贷款实际投放余额 15.01 亿元。获 2015 年度金华市"文明单位"称号，继续保持浙江省"青年文明号"、浙江省"巾帼文明岗"、金华市"创安"先进单位、东阳市十佳"银行业金融机构群众满意服务窗口"等荣誉。

实行"银医通"签约2家，分别为东阳市中医院和东阳市妇保院。发展社区银行建设。支行辖属第一家社区银行小康路社区支行完成建设并投入使用，是全市创立的第一家社区银行。至年末，社区支行办理借记卡753张，个人综合金融资产余额6295万元，本外币理财余额5550万元，受理个人贷款2126万元。

完成中电建水务有限公司6100万元项目授信审批。推广面向公务员、行政事业单位等职工的"白领贷"个人综合消费贷款，发放白领贷62笔，金额2545万元。

走访有贷户企业65家，帮助解决融资问题52家，金额7.8亿元。将符合国家产业政策、具有东阳区域经济特色、有偿还意愿和偿还能力的小微企业作为信贷支持重点对象，发放小微企业贷款11户，金额4380万元。（孙金燕）

【平安银行金华东阳支行】 平安银行金华东阳支行各项存款余额12.42亿元，各项贷款余额20亿元。平安银行推出"橙e·创业易"，依托微信入口，为初创型企业提供整体金融解决方案。将服务小微企业作为发展业务之一，在东阳木雕城等商圈力推贷贷平安商务卡，将小额信用循环贷款与借记卡功能权益相结合，同时"随借随还、按日计息"，减轻小微企业融资负担。（吴佳佳）

【浙江稠州商业银行股份有限公司东阳支行】 针对小微企业、个体工商户和农村经济发展，推出"三卡三贷"（融易卡、惠金卡、益农卡和小微贷、村民贷、白领贷）业务，全行97%以上的信贷资金投向小微企业和个体工商户。各项存款余额9.60亿元，日均存款余额10.50亿元；各项贷款余额9.22亿元，存贷比95.04%。实现利润3581.95万元，上缴各项税收895.49万元。

12月，在南马镇南新村南田设立浙江稠州商业银行股份有限公司东阳南马小微企业专营支行，是全市首家小微企业的专营支行，首家设立在乡镇一级的股份制商业银行营业网点。（吴晓宏）

【浙商银行股份有限公司金华东阳支行】 支行本外币存款余额21.24亿元，比年初增加6.93亿元，增长48.43%；本外币贷款余额18.12亿元，比年初增加1.97亿元，增长12.20%；五级不良贷款余额4680万元，不良率2.58%。

明确客户分类，加强大型企业和上市公司等战略性客户营销和维护；发挥产品优势，加强"票据池"等专项业务的营销，落地7户；发展小企业业务，落实批量营销和全员营销，小企业贷款余额比年初新增1.9亿元；运用增金宝、天天增金、小微钱铺等具有竞争力的个人业务产品做好个人客户金融服务，完成个人有效客户数5200户，个人金融资产2.33亿元。（吕丽明）

【中信银行股份有限公司金华东阳支行】 各项存款余额16.9亿元，比年初增加5.7亿元；各项贷款余额24.3亿元，比年初增加6.1亿元，余额存贷比143.57%，新增存贷比106.54%，贷款余额继续保持股份制商业银行第一。在义乌分行的年度综合考评中，综合得分、KPI考核得分、管理目标考核得分均居异地经营机构第一名，被评为2015年度义乌分行"优秀经营单位"。

加大与政府、企业和社会各界的交流与合作，利用国家将存贷比由法定监管指标转为流动性监测指标的有利时机，向上级行争取贷款规模，增加信贷投放。贷款重点投放在现代服务业、磁性电子、五金机械、红木家具、纺织业等东阳市主导产业中。针对东阳影视行业的特点，制订影视企业授信合作意见和业务合作方案，支持影视企业的发展。完成影视企业资本金、服务贸易项下结算业务，办理全辖单笔超1亿港币对外投资。推出个人房抵贷产品，解决个人融资难的问题。推出创新收银产品——"信E收"，为商户打通微信、支付宝、QQ钱包收银的对接通道，降低商户的结算成本。在"百信银行"成立发布会上，中信银行宣布"网银转账手续费全免费"的政策，成为东阳独家取消网银转账手续费的银行。采用帮扶资金企业转贷25笔、1.7亿元。（李　畅）

【上海浦东发展银行股份有限公司金华东阳支行】 上海浦东发展银行股份有限公司金华东阳支行（以下简称"浦发银行金华东阳支行"）隶属于上海浦东发展银行，于2013年5月13日开业，内设行长室、办公室、业务管理部、公司银行一部、公司银行二部、公司银行三部、个人银行部和营业部八个职能部门，在编职工24人，地址吴宁街道城南东路158号。

2015年，浦发银行金华东阳支行存款余额13.44亿元，比年初减少1.01亿元。各项贷款余额14.42亿元，比年初增加3.19亿元。其中个人贷款余额5.77亿元，比年初增加0.11亿元；对公贷款余额8.65亿元，比年初增加3.08亿元。新增吴宁西路东城宾馆、江北湖莲西街2个离行式自助银行网点。（浦发银行）

【浙江东阳富民村镇银行股份有限公司】 浙江东阳富民村镇银行股份有限公司（以下简称“东阳富民村镇银行”）是由温州鹿城农商行主发起，联合东阳当地10家优质民营企业共同设立的新型农村金融机构。2013年10月9日获准筹建，2014年5月26日开业。内设综合管理部、运营部、风险管理部、市场部四个职能部门和花园支行，员工61人，地址人民路69号。

年末，各项存款余额23504.15万元，比年初增加5945.49万元，比上年增长33.86%；日均存款余额23300.57万元，比年初增加12473.31万元，比上年增长115.20%；存款户数8999户，比年初增加3932户。各项贷款余额61604.47万元，比年初增长20143.47万元；贷款户数1382户，比年初增加573户；户均贷款余额44.58万元。（宋　南）

【浙商证券股份有限公司东阳新南路证券营业部】 营业部完成A股、基金和两融类交易总量4066亿元，市场占有率0.752‰，比上年增长257.6%。营业部期货IB业务完成交易量540亿元，比上年增长272.4%，存量资产790万元，比上年增长10.1%。融资融券业务开户数量为2617户，业务规模12.5亿元。销售各类基金和理财产品4.7亿元。获东阳市人民政府颁发的“2015年度纳税百强企业”称号。（蒋舒蓓）

【中国人民财产保险股份有限公司东阳支公司】 中国人民财产保险股份有限公司东阳支公司实现保费收入3.28亿元，市场份额37.38%。车险保费2.81亿元，比上年增长10%，非车险保费4727.5万元，比上年增长4%。赔款支出1.68亿元，整体赔付率为51.13%。（方扬晔）

【中国人寿保险股份有限公司东阳支公司】 中国人寿保险股份有限公司东阳市支公司实现总保费收入6.72亿元，受理各类理赔案件12036件，意外险赔款4785万元，生存金给付9350万元。（韦　华）

【中国平安财产保险股份有限公司东阳支公司】 东阳平安财产保险公司实现保费收入16273万元，比上年增长28.45%，其中车险15125万元，赔付率54%，财产险831.68万元，赔付率62.27%；意健险316.32万元，赔付率40.78%。（陈燕燕）

【中国太平洋财产保险股份有限公司东阳支公司】 中国太平洋财产保险股份有限公司东阳支公司保费收入10777.76万元，比上年增长1.74%，市场份额12.25%。车险保费收入8128.82万元，非车险保费收入2648.94万元；赔款支出5219.06万元，赔付率48.42%。（陈法庆）

【中华联合财产保险股份有限公司东阳支公司】 实现保费收入2413万元，处理各类赔案1670件，支付各项赔款1112万元。（孔章法）

城乡建设　环境保护

国土资源管理

【概况】 通过全力保障道路、学校、农民建房和重点产业项目用地，2015年增加建设用地指标327.46公顷、农用地306.21公顷、耕地217.21公顷，专项指标198.4公顷，居金华各县市首位。“坡地村镇”试点项目——横店文荣实验学校建设项目，被列入全省首批33个坡地村镇试点项目之一，争取到“坡地村镇”建设用地试点指标8.07公顷。除年初上级切块下达新增建设用地指标37.4公顷外，其余均为向上级争取的历史文化村专项指标、技术改造考核奖励指标、公建项目专项指标、民生项目指标、地质灾害避让搬迁专项指标、特色小镇专项指标、古村落保护专项指标等项目。

【土地利用总体规划调整完善工作】 东阳市是全省优先调整的13个县市之一，也是金华唯一一个试点县市。在金华范围内，东阳市是省政府第一个受理规划调整完善成果的县级市。规划调整完善工作做到确保重点区块、确保重点项目、确保民生公建项目、确保农民建房。完成土地利用总体规划局部调整项目8个，规划调整面积89公顷。其中，落实方案4个，面积8公顷；修改方案4个，调整规划面积81公顷。永久基本农田方案通过规模审查，成为全省第一个通过审查的县级市。新一轮土地利用总体规划确定2020年年末耕地保有量任务为3万公顷、标准农田保护任务为1.73万公顷、基本农田保护任务为2.42万公顷。至年末，全市耕地实有面积3.13万公顷、标准农田面积1.83万公顷、基本农田面积2.44万公顷。

【土地报批供应提速】 2014年，东阳市被列入省内统筹新增建设用地规划指标年度落实试点和涉及创新国土资源审批方式委托下放审批权限试点县市，也是金华唯一行政审批权限下放试点县。市国土局抓好审批下放“两个试点”的承接工作，积极与上级对接，做到程序合法、资料简化、审批提速。实现审批时间缩短三分之二，土地报批供应速度加快。自审批权下放后，完成规划局部调整45个方案449个项目；完成农转用40个批次。土地出让金收入28亿元，居金华各县市第一位。

【连续第18年实现耕地占补平衡】 自4月开始实施《东阳市建设占用耕地耕作层剥离和再利用实施办法》和《加大土地开发整理复垦力度切实提高补充耕地能力的意见（试行）》，国土局宣传解释新政策，合理利用新政策激励镇乡、村、承包户土地开发工作积极性，并通过提前立项、外购水田指标等措施加快土地开发整理工作进度，垦造耕地159.8公顷，完成金华下达任务113.34公顷的141%；实施高标准农田建设项目涉及9个镇乡街道，建成高标准农田1397.74公顷；立项农村土地综合整治项目6个11.2公顷，完成金华下达任务8公顷的140%；完成建设占用耕地耕作层剥离再利用58.67公顷，完成金华下达任务50公顷的117%。东阳市连续18年完成耕地占补平衡。

【集约节约用地】 利用政策优势，挖掘存量建设用地，盘活闲置土地。跟踪管理出让合同，建立“腾笼换鸟”“退低进高”用地机制。通过协商和合理补偿，动员土地使用者退出土地。健全和完善低效用地的再开发机制。实施城镇低效用地再开发165.8公顷，完成金华下达目标任务66.67公顷的248.7%，在金华各县市中排名第一；消化批而未供土地167.93公顷，完成金华下达任务123.33公顷的136.2%，在金华各县市中排名第二；盘活存量用地119.47公顷，完成金华下达任务100公顷的119.5%；闲置土地清理处置率100%。

【地籍管理】 加强对各镇乡（街道）宅基地确权登记业务的培训

和指导。全市宅基地使用权符合登记条件的发证率94%以上。

【国土资源监察】 建立健全18个镇乡街道全覆盖的市、镇、村三级网格体系，逐步建立由各镇乡街道主导、职能部门共同参与的综合执法队伍，落实“两网化”（网络化、网格化）动态巡查新机制。全市通过“两网化”系统发现违法用地354宗、79.14公顷；拆除整改204宗、34.81公顷。

首次采用无人机航拍方式监测违法用地，对全市违法用地相对集中且易发区域14个镇乡街道面积700平方千米范围进行无人机航拍监测，发现违法图斑2546宗、273.2公顷，涉及耕地面积70.39公顷。拆除整改1298宗、163.86公顷，耕地面积51.37公顷。

【征地管理】 完成土地征收项目397个、345.6公顷。完成被征地农民基本养老保障参保条件审核村54个，办理失地农民保险5005人。

【矿产资源管理】 采矿权总量控制在厅下达的指标内，持证矿山总数36家，未突破市局下达的41家的任务，新创建省级绿色矿山2家。出让采矿权1宗，延续采矿权3宗。制定《东阳市制砂场规范标准》，改进制砂工艺流程，安装喷淋设备，及时处置淤泥，污水基本“零排放”，扬尘得到有效防治。创新矿山、砂场粉尘扬尘治理试点工作得到上级领导肯定，金华市制砂行业规范化建设暨古生物化石遗迹现场会在东阳召开。

【地质灾害防治】 严格执行地质灾害汛期24小时值班制，完善群测群防机制，落实重点隐患点、监测点责任人。做好全市133处地质灾害隐患点排查工作，明确防范措施加以落实。

【不动产登记前期工作】 对不动产登记行政职能设置、机构设置、人员编制、领导职数、主要职责等方面进行整合，制定整合方案。解决干部职工遗留问题（29名事业干部由差额拨款编制调整为全额拨款编制）。

（王玫瑰）

城乡规划

【概况】 2015年，规划局立案查处违法建设案件41起，作出行政处罚9起（其中责令限期拆除1起，罚款8起），协助镇政府查处违法建设案件35起。

完成人大代表建议、党代表提案、政协提案56件，主办28件，协办33件。办结信访、交办件313件，“8890”便民服务22件。

【城乡重大规划编制推进】 开展市域总体规划纲要专家座谈会，并将市域总体规划的修编情况向市领导汇报。美丽县城试点三年行动规划方案上报省建设厅。迎宾大道以西环卫设施、停车系统、绿道、中心城区排水防涝、东城区排水工程专项规划上报市政府。地下空间开发利用专项规划、公共自行车交通发展专项规划（二期）完成公示。综合交通专项规划、医疗卫生设施专项规划完成初步方案。

【提升控制性详细规划覆盖率】 江北金融一条街规划方案、黉门广场周边建筑立面整治方案及兴平花园区域控制性详细规划、白云街道办事处区域控制性详细规划完成报批工作。城东街道之江老工业区控制性详细规划完成公示。商城区块城市设计、原公安局地块城市设计及S37省道西岘区块、城东街道斯村区域、六石中心区域控规（控制性详细规划）路网规划、市中心城区控规编制单元划分形成初步方案。修改完善金泽巷区域控制性详细规划。世贸大道沿线地块控规及两侧城市设计思路规划方案提交市领导审阅。完成迎宾大道两侧城市设计项目招标。

【村镇规划编制】 协助横店镇四共委做好省重点工程“万花园”的土地报批及补办工作；完成横店镇禹山路以西地块控规编制和文荣实验学校地块控规、八面山以西地块控规的报批与公示。完成三景头地块和横店·新天地总平面图的规划调整与审批；完成20个村庄规划编制和10个小区（村）的规划调整。湖溪镇东园集团园林工具厂区块控规和巍山镇、南马镇总体规划批准实施。第四批传统村和三个“空心村”整治的规划方案上报市政府审批。上坞工业功能区提升改造控规和白坦金银丝区块控规方案完成公示。歌山镇总体规划完成初稿。巍山缝配园区提升改造控规、画水镇总体规划形成初步方案。

【行政服务效能提升】 组织城区建设项目方案会审30项，受理各类行政审批事项2292项（含城区、村镇、人防），办结2229项。其中办理城市规划区内各类行政许可事项1567件，核发建设项目“一书两证”（“建设项目选址意见书”“建设用地规划许可证”“建设工程规划许可证”）816件，批准建设项目选址用地约111.04万平方米，建设用地面积约203.38万平方米，批准建设工程建筑面积约239.50万平方米。核发村镇建设项目“一书三证”（“建设项目选址意见书”“建设用地规划许可证”“建设工程规划许可证”“乡村建设规划许可证”）488件，其中农村私人建房选址意见书1件，总面积约3.104万平方米，“建设工程规划许可证”和“乡村建设规划许可证”318件，总建筑面积约27.87万平方米，乡村建设用地规划许可证170件，总用地面积约15.95万平方米。人防审批事项173件。

【人防应急工作】 完成指挥所客户端管理系统的建设，实现全市196个行政村警报音响信号全覆盖。完成9个防空地下室施工图审核，通过审批在建工程项目13个计86404平方米，竣工验收项目7个计25546平方米，受理办结业务274件，收缴人防工程易地建设费1646万元。报废人防工程项目（老木雕厂内人防坑道工事）1个、54平方米。落实横店镇区各项审批事项在横店规划（人防）窗口集中受理。制订横店镇民防应急指挥中心项目主体土建完成方案。

【基础测绘工作】 完成“一区二率”（“一区”：一个建成区；“二率”：绿地率和绿化率）工作中建成区调查工作。调整地理国情普查领导小组成员，启动地理市情普查。“天地图·东阳”节点实现与国家地理信息局、浙江省测绘与地理信息局节点的互联互通，建立运行维护支撑体系，完成最新2013年0.5米分辨率航空影像的处理，通过国家局的接入评估。东阳市2015年1：500地形图修测工作通过省质检站验收；更新2014年1：500基础地形图数据库13平方千米；完成2014年60平方千米地名地址调查和700平方千米1：2000航空摄影测量成果入库及2015年地名地址普查和150平方千米1：2000航空摄影测量工作。完成2014年涉密地形图使用许可的整理入册工作；办理2015年基础测绘成果使用许可32次，提供测绘成果总价值1000余万元。

（周丽霞）

城市建设

【污水管网建设】 完成城区26个截污点的改造，整改解决大污水源53处，中小量污水源336处，实施3个小区和7条道路的污水管网建设，疏通管道22千米，铺设雨污水管道24千米；完成江滨景观带湿地公园、污水处理厂三期扩容工程建设；实施城区水系连通工程、第二污水处理厂的建设。开展镇乡基础设施建设、镇级污水处理设施提升运行和污水配套管网等工作，加快镇区截污纳管建设，建成污水管网约112千米，超额完成年度任务300%以上。

【城市建设项目推进】 确定实施项目52项，其中续建重点项目2项，新建重点项目4项，一般性投资项目27项，前期项目13项，新增项目5项，新增前期项目1项，另投资额调整项目1项。红椿巷区域A-14地块安置房工程，完成主楼砌体施工；基本完成迎宾大道两侧景观绿化工程、吴宁西路地下人防工程建设、江滨景观带及周边亮化工程；第二污水处理厂、江滨南街东延工程按计划实施推进。完成市环卫粪便无害化处理工程建设和城南西路绿化带的改造。完成城中村改造任务4.51万平方米，开展野毛墩自然村房屋征收后续工作和四联、三和、云台、南山自然村的房屋征收工作，开展一都许、西岘小区的统征统拆工作，启动金泽巷区域改造前期工作。完成南门广场公共停车场项目地下部分、学士路道路改造一期及黉门广场周边道路配套工程建设；实施江滨南街路面改造、学士路道路二期、乐园路工程、人民路一期改造建设；成立公共停车服务有限公司，对吴宁东路、商城西路等6条道路路面和老公安局、黉门广场地下等3个停车场增设停车位891个，实行停车收费服务。

（陆先坤）

市政建设

【道路】 完成城区道路挖掘行政审批31件，排水许可10件；完成朝阳路、东岘路、迎晖路等人行道改造工程；完成环城东路、环城北路、汉宁路、学士路等城区45条主干道窨井清淤工作；完成平川路、杨家村四周、艺海路等50处堵塞管网疏通工作；完成又一村加油站两侧、东针路巧溪南侧、东阳报社前、甘溪路西北侧等20处积水改造工作和江滨北路金罗马小区前管道渗漏引起路面下沉改造工程。维修车行道3415平方米、人行道13750平方米，维修东义路（西站段）沥青道路2218平方米；更换破损雨水窨井盖870个，维修改造破损窨井78座、清淤窨井4000余只。

【桥梁】 完成城区在管15座城市桥梁的日常巡查、巡查资料登

图 65　8 月 11 日，市建设局在市民广场进行排涝抢险演练（孙振华 / 摄）

记归档、常规定期检测等工作。重点做好迎宾大桥养护工作，完成伸缩缝、桥梁铰缝和桥梁顶板破损维修工作、人行道栏杆涂刷防腐油漆工作以及主桥结构定期检测工作。做好东阳大桥中央隔离带和两侧人行道混凝土测立面涂刷油漆工作、中山大桥监控测试工作。

（陆先坤）

园林绿化管理

【城市绿化】　东阳建成区园林绿地面积 1390.82 公顷，绿地率 35.67%，绿化覆盖率 40.71%，人均公园绿地面积 10.77 平方米。完成灌木修剪 409 万平方米，草坪割草 402 万平方米，行道树整枝 7321 株；春、秋季补种乔木 545 株，灌木 34 万株，地被植物 2.3 万平方米。对城南东路、世贸大道、迎宾大道、兴平路、市民广场、桂花公园等 10 余个区域进行改造，增植乔木 1350 株，灌木 28 万株，地被植物 2 万平方米。

完成绿化工程 32 项，其中 8 项规模较大工程，10 项节点提示工程，12 块空闲地整治工程，第一、第二、第三、第四季时花种植及 1 项苗木移植工程，种植乔木 19534 株、灌木 249.8 万余株，草皮面积 5.8 万余平方米，麦冬面积约 3389 平方米，播种草籽面积约 3.5 万平方米，溪滩石约 100 吨、太湖石 10 块、景观石 3 块、花卉种植 84.4 万余盆。

对人民路圆盘、人民路与环城北路交通岛、望江路与环城北路交通岛、江滨南街与中山路交叉路口等区域进行绿化改造，增加桩景、花境、景观石，种植造型罗汉松、五针松等高品质树种，种植乔木 270 株，灌木 10 万余株，草花种植、更换 4 次，85 万盆。在东阳江大桥中间隔离带和环城北路道路两侧摆放木质结构花箱 140 余组。对中山路进行绿化景观提升改造，改造面积 1.4 万平方米。

实施小东门绿地、教堂前绿地、中山花园、东景小区等多个景观提升工程，改造面积近 5 万平方米。对吴宁街道十余块空闲地进行绿化整改，面积 16 万平方米，种植乔木 1500 余株，灌木 3 万余株，地被植物 4 万平方米。

【公园设施建设】　修复公园、广场、道路的座椅、景观灯、路面、果壳箱、铺砖地等基础设施，维修透水砖、大理石板、踏步板、青石板等路面 3500 平方米；更换、维修景观灯 246 盏，安装庭院灯 238 盏，铺设电缆 346 米；安装、维修坐凳 90 余条，花坛坐凳 170 平方米；树池整修 1260 个，新安装 50 个；绿化带安装护栏 180 余米，在公园出入口设置防护桩 30 根，更换人民路东溪青石栏 33 根；绿化带侧石油漆涂料粉刷 19774 米，侧石安装、维修 811 米。

（陆先坤）

图 66　12 月 15 日，施工人员在东永线（南市街道官清岭段）安装公交停靠站候车棚（包康轩摄）

城市管理

【概况】 东阳市城市管理行政执法局查处违反城市管理案件3299件，收缴罚没款956.6万元。拆除违法建筑4438起，面积84.28万平方米。

1月，制定《局行政处罚程序工作规定》，规范各项流程和要求，登记案件线索15874件，对线索开展核查、立案、处置等办结工作15776件，办结率99.38%。7月推行行政处罚网上公开制，公开行政案件信息762条。

【市容管理】 扩大主干道快速保洁机制范围。沿街商户垃圾巡回收集范围，从2014年的20条增加到33条。保洁面积较2014年增加13万平方米，扩大到1019万平方米，日均清扫收集垃圾450吨。查扣流动摊贩681个，查处占道经营162户，拆除广告644块，取缔落地灯箱340个。7月，对城区餐饮单位油烟排放进行规范，对城区所有饭店、宾馆、单位食堂逐户进行检查，对不符合规范的责令限期整改，督促290家餐饮单位安装油烟净化器。

图67 1月29日，全市烟花爆竹“双禁”工作推进会

图68 市第二生活垃圾卫生填埋场填埋气发电项目

【烟花爆竹禁售、禁放】 2014年12月9日，印发《关于进一步加强烟花爆竹禁售、禁放工作的实施意见》，自2015年1月1日起，对全市山林、中心城区以及法律、法规、规章规定的其他禁售、禁放烟花爆竹的地点、场所等实行全年“双禁”。4月，启动“双禁”扩面工作。9月22日，召开扩面动员会，撤销扩面区域烟花爆竹销售点16个。7月20日，修改印发《实施意见》，自10月1日起，在原有基础上，中心城区的“双禁”范围扩大到吴宁、白云、江北街道全部辖区及上卢管理处的一部分。

【城区生活垃圾分类试点工作】 7月20日，市政府常务会议审核通过《关于城区生活垃圾分类收集处理试点的实施意见》，明确城区生活垃圾分类2015~2018年目标任务。9月8日，召开动员会，印发《2015年城区生活垃圾分类收集处理试点实施方案》，启动城区生活垃圾分类收集处理试点工作。至年末，完成分类管理办公室组建、试点单位收集亭（点）调查测算、经费匡算、宣传培训模板制作等工作。

【城区环卫管理试行“昌邑模式”】 3月，山东昌邑康洁环卫集团设计全市城乡环卫一体化方案。4~5月，行政执法局和财政局抽调专业人员，进一步细化。7月20日，市政府常务会议审核通过以部分市场化方式试行“昌邑模式”，在白云街道以歌山路为界分两个标段向社会公开招标，总预算3409万元（清扫保洁承包预算3001万元，智能环卫系统预算408万元）。8月，行政执法局与财政局制订具体实施方案（即招标方案）；12月，完成白云区块清扫保洁和环卫智能平台的招标工作。

【引进填埋气发电项目】 4月3日，市长办公会审核确定采用竞争性磋商的方式引进市第二生活垃圾卫生填埋场填埋气发电项目，5～7月，完成项目招标、BOT合同签订及项目建设相关审批工作。12月，项目主体工程结顶。

【违法建设整治】 开展城区主街道沿街两侧违法建筑专项整治。拆除中山路、兴平路等户外广告类构筑物549宗、乱搭建15宗。加强紫荆庄园、国厦广场等监管。5月，开展紫荆庄园违法建筑整治，对紫荆庄园一期违建情况进行调查摸底和测绘工作整改8户。6月，对国厦广场违建案件作出行政处罚决定。结合属地镇乡街道空心村、交通干道沿线等整治，相关属地大队开展集镇环境综合整治工作。

【城市管理督查】 数字城管指挥中心和局督查组两路开展专项督查。数字城管增加考核路段专项采集次数和派单量，采集信息31527件，较上年增加2568件，办结28959件，办结率93.03%。局督查组采取每日督查、现场督查、重点督查和整改抽查相结合的方式，督促常态管理工作落实到位。

（楼国刚）

环境保护

【概况】 两江流域6个地表水省、市控制断面水质均达到Ⅲ类标准，达标率100%。东阳江横锦大桥断面从Ⅱ类水提升至Ⅰ类水、义东桥断面从Ⅴ类水提升至Ⅲ类水，达到“五水共治”考核加分标准；跨行政区域交接断面水质考核为优秀。城市环境空气优良率88.6%，排金华各县市第二名，全市酸雨出现率38.1%，比上年下降41.9%。环保局被评为金华市“五水共治”先进集体。

【生态文明建设】 10月27日，省级生态市创建通过考核验收；11月6日，省环保模范城市创建通过技术评估；生态文明建设总指数104.28分，列金华各县市第二名。完成《东阳市环境功能区划》编制，落实生态保护红线，加强生态环境空间管制；开展“四边三化”整治工作；向上级争取2014～2015年度中央农村环境综合整治资金4200万元，着手编制2016年农村环境综合整治实施方案。

【污染减排】 全市实施污染减排项目19个，其中涉水减排项目15个，涉气减排项目4个。建立总量控制激励制度，刷卡排污系统建设处于金华领先，完成30家重点排污单位的刷卡排污系统建设，其中国控、省控企业100%建设到位。建立健全排污权有偿使用和交易体系，规范排污权有偿使用和交易行为，入库数是2014年的3倍；实行建设项目准入总量指标先行取得原则和交易市场化原则，明确建设项目总量准入工作程序。

【污染整治】 助推东阳市污水处理厂第三方运营机制，制订《东阳市治污水2015年实施方案》，分解落实2015年治污水工作任务，落实“河长制”，抓好“黑臭河”治理。继续深化电镀、化工行业污染整治工作，横店集聚区6家企业设备安装完成；六石集聚区3家合1家，土建完成；关停晨光精细化工、顺风海德尔、化工三厂3家化工企业，完成化工行业整治并通过金华市政府验收。关停浙江明凯照明有限公司涉汞生产线，完成横店集团得邦照明有限公司整治验收。参与畜禽养殖治理、沿江排污口整治、红木家具行业废水治理、农村生活污水治理等工作。

【大气防治】 制订《东阳市2015年度大气污染防治实施方案》，制定《东阳市大气污染防治行动考核办法》。完成干洗行业有机废气整治工作，配合有关部门开展燃煤锅炉淘汰和扬尘治理等工作。推进黄标车淘汰工作，淘汰黄标

图69 11月4日，“雷霆四号”暨“百日攻坚”执法大行动启动仪式

图 70 6 月 5 日，市环保局工作人员向市民分发环保法律法规知识宣传读物

余集。一批有关东阳环保工作的文章在各级媒体上发表，其中《中国环境报》发表 6 篇，列金华各县市前茅。联合《东阳日报》开展“生态环保杯”新《中华人民共和国环境保护法》知识竞赛。举办新《中华人民共和国环境保护法》专题报告会，邀请浙大教授为市四套班子领导，镇乡街道、部门的中层以上干部 350 余人进行授课。《东阳市持续开展“全民治水”实现水污染反弹现象“不抬头”》的专报信息得到金华市委书记徐加爱的专门批示。

车 6093 辆，完成率 107.10%，列金华各县市区第三位，发放黄标车淘汰补助资金 4096.77 万元。

【环境执法监管】 开展“雷霆”系列执法行动，以环境敏感点、环境安全隐患点和社会关注热点问题为重点，打击各类环境违法行为。出动执法人员 4500 余人次，检查企业 1700 余家次，发放整改通知书 190 余份，立案查处环境违法行为 123 起，关停污染企业 32 家，邀请人大代表、政协委员、行风监督员参与开展行政约谈活动，约谈企业负责人 58 人，责令在《东阳日报》上公开道歉的违法排污企业 25 家，电视台曝光 3 起，采取限制生产、停产整治措施 2 家，查封扣押污染设备 1 家。实行环保、公安联动执法机制，打击涉嫌环境的犯罪行为，移送公安机关环境违法行为 5 起，实施强制措施 8 人。进一步畅通信访举报渠道，开通局长信箱、门户网站、微博、微信等网络举报平台，成立环保纠纷专业调解委员会，加强“12369”环保热线管理，坚持 24 小时值班制度，受理及处理环境信访纠纷 1281 起，处理率 100%，报结率 100%，群众满意率 98%以上。全面规范网络舆情应对处置流程，及时高效处理微博、微信及其他网络舆情中的涉环境问题。

【环境保护宣传】 完成拍摄 130 余集儿童剧《环保小精灵》，在浙江少儿频道、东阳电视台播出 60

【环境能力建设】 加强机动车污染防治，在原有 2 家机动车排气检测机构 8 条检测线的基础上，新建 1 家机动车排气检测机构，新增 3 条排气检测线，达到 16.5 万辆次的年检测能力。推进梓誉水质自动监测站固定站房土建工程，完成环保局大楼、广厦学院两个空气自动监测站 PM2.5、臭氧、一氧化碳等项目升级改造。启动东阳技校空气自动监测站建设，提高全市环境监测的自动化、信息化水平，及时为政府科学决策提供准确、可靠依据。着手开展固体废物全过程信息化监控（视频安装）工作，完成 45 家固体废物全过程信息化监控（视频安装）工作。

（厉颖蕾）

交 通

概 述

【概况】 2015年，交通局推进47个政府投资项目建设，完成投资10亿元，其中：交通重点建设项目5个，重大前期项目2个，一般性政府投资项目32个，一般性前期项目8个。至年末，全市公路总里程2351.11千米，公路密度134.58千米/百平方千米。完成客运量1367万人次，旅客周转量58692万人千米，货运量697万吨，货物周转量56535万吨千米；完成公交营运里程777万千米，客运量1300万人次。

（李健军　许田悦）

交通基础设施建设

【交通重点工程】 2015年，37省道李宅至青岩刘段改建工程，实际完成投资31715万元，占年度计划的105.7%，完成施工路段路基工程的98%，桥梁工程全部完成，机电完成工程量的20%，绿化一期工程完成工程量的40%，路面工程开工建设；40省道上新屋至里坞段改建工程，实际完成投资31682万元，占年度计划的121.9%，完成路基工程的60.2%，其中隧道工程完成65%；22省道六石至许村段改造提升工程，完成工程量的80%；客运总站完成设计方案论证、修改，报规划部门审核，完成地质勘查招标；江北公交枢纽站完成设计方案论证、修改，报规划部门审核，完成地质勘查招标；东永高速公路东阳段完成路面、交安、房建等后续工程，1月13日通过交工验收，7月6日投入运营。

【重大前期交通项目】 与上级部门沟通协调，建立交通项目储备库，争取项目列项及资金、土地指标等政策支持，缩短项目报批时间，提高前期工作效能；与沿线镇乡街道、相关部门沟通协调，梳理困难与问题，逐个寻求破解土地征用、房屋拆迁等难题，确保前期项目的推进。至年末，39省道十里头至官清岭段改建工程完成工可批复、初步设计审查，开展施工图设计；22省道怀鲁至山口段改建工程完成项目立项，招标代理服务招标和各专项审批中介服务招标工作完成，开展可批复前置专项审批报批工作。

【政府投资一般性建设交通项目】 城西客运站完成主站房装修、专项设备采购安装以及运营系统调试，完成一级站审批；岭头至西垣公路完成路基工程的45%；37省道李宅至尚侃段改造提升完成工程量的80%，尚侃至白峰岭段公路大中修完成工程量的80%；完成城区426辆出租车视音频监控系统安装，成为金华首个在出租车上安装视音频监控系统的县市；完成第二批2000辆公共自行车投放。

【公路绿化】 投资500余万元完成公路绿化38.3千米，补植212千米，配合做好横店城市风貌提升工作，重点对西郭线、后葛线、S218省道进行路域环境专项整治，完成种植乔木8530株，球形7866株，色块灌木152271株。

【交通项目建设新技术应用】 推广应用新工艺新技术5项，其中在S211诸东线和S310嵊义线白改黑路面施工中运用路面碎石化技术和使用改性沥青、添加抗车辙剂（多米克斯），增加路面耐久性、稳定性和抗车辙能力，延长公路使用寿命；在大永线湖清大桥加固改造中采用矮T梁结构形式，解决桥梁维修中标高问题；在S310嵊义线K48+000～K49+000试验路段中尝试采用倒装式沥青结构这一新型路面结构形式；在农村公路中继续推广应用蓄能自发光交通标识。在4条省道沿线重点路段设置6个智慧公路监控点，提供实时路况信息。

（李健军　许田悦）

公路管养

【公路管理】 2015年，全市境内公路总里程2351.11千米，其中按

图 71　11 月 16 日，市交通部门的工作人员在东永线官清岭路段清理滑坡落石（包康轩摄）

行政等级分，国家高速公路 33.49 千米，省道 204.36 千米，县道 591.15 千米，乡道 912.91 千米，村道 609.21 千米；按技术等级分，一级公路 6.46 千米，二级公路 370.00 千米，三级公路 88.46 千米，四级公路 1791.23 千米；按路面等级分，水泥混凝土 1890.02 千米，沥青混凝土 371.24 千米，简易铺装路面 85.51 千米，砂石路面 4.35 千米。公路桥梁 727 座 33630.17 延米，隧道 29 道 19682 延米。

【美丽公路创建】　开展“美丽公路创建”“公路小修保养技能比武”等公路养护竞赛活动，首次在养护保洁用工方面进行规范化尝试，推行公路保洁派遣用工，加强路面整治修复、桥梁、标志标牌、边沟边坡等公路日常维护，干线公路、农村公路路况稳定，干线好路率 80.35%，支线好路率 53.29%。推进省道、农村公路改造，投资 2.8 亿元完成省道路面大中修 16.46 千米，完成桥梁改造省道 4 座、农村公路 3 座。

【路政管理】　路政案件查处、路政许可、超限超载查处、标志标线设置等各项指标均达到或超过标准，未发生路政败诉案件，无媒体曝光事件。上路巡查率 100%，出动执法人员 6759 人次，制止违章建筑 71 起，拆除违章建筑 1973 平方米，拆除非公路标牌 2273（幅）块，查处公路污染车辆 1101 辆次、路产损坏案件 234 件，查处违法超限运输车辆 503 辆次、卸载货物 15635 吨，印发宣传资料 13000 份、制作路政宣传牌 6 块、悬挂横幅标语 88 幅、宣传车上路 22 台次。7 月，与公安交警开展联合治超行动，24 小时轮流治超执法，出动执法人员 3353 人次，先后查处超限超载车辆 362 辆次、卸载货物 9744.56 吨，查处非法改装车辆恢复 291 辆。治理全市 4 条省道（S217 东永线、S218 东仙线、S211 诸东线、S310 嵊义线）和 7 条重要县道（里歌线、怀万线、画南下线、花廿线、大永线、后葛线、稠岭线）公路沿线两侧路域环境整治工作。

【应急抢险】　投入应急抢险 167 次、人工工时 3542 工、出动机械 152 余台班，应对暴雪、汛期、台风等自然灾害突发事件，从物资储备、预防养护、应急抢险等各方面进行全方位调控。及时应对黄蟠线特大塌方地质灾害，保障正常的社会生产生活秩序。

11 月 16 日，东永线（217 省道）官清岭路段一处山体发生滑坡险情，交通部门与南市街道组织人员现场勘察，在该路段设置警示标志，并组织公路养护部门进行应急处置。

【公路安全防护】　开展花廿线平安大道创建，投资 327.75 万元，新增、更换标志标牌 65 套，安装隔离护栏 2464 米，漆画标线 2640 平方米；开展事故黑点整治，完成事故多发点（段）整治 4 处，其中省级 1 处、金华市级 3 处；投入 649.7 万元完成新增钢质护栏 2604 米，设置交通标志 737 块、道口标柱 600 根、减速带 1332 米等安保工程；投入 565.4 万元完成施划标线 11.3 万平方米。

交通管理

【运输管理】　2015 年，全市有营运车辆 1044 辆（其中客运班车 293 辆、旅游包车 92 辆、机动车 14 辆、公交车 189 辆、出租车 456 辆）；城区有公交营运线路 43 条，全市有出租车公司 3 家，全市客运线路跨省 21 条，日发 14.84 个班次；跨地市 39 条，日发 82 个班次；跨县市 42 条，日发 299 个班次；市内 77 条，日发 670 个班次。全市有 349 个行政村，其中 341 个行政村开通公交车（班车），通达率 97.7%。

【现代物流业发展】　推进“一港二园三心四站”（即重点建设“一港”工程，打造东阳无水港；促进

"二园"工程，建成东阳国际物流园和东阳综合物流园；落实"三心"工程，建设城东、横店和南马三个物流中心；打造四个特色城乡专业货运站，建设巍山、歌山、画水、千祥4个货运站)为核心的现代物流业，完成白云综合物流园项目规划书编制。4月7日，东阳无水港(海关监管点)正式投入运营，至年末，安全通关19万余标箱。推进国际物流园、综合物流园总体发展规划。交通物流完成国内货运专线物流总量3810卡车，15万吨；完成国际物流813个标箱，约21万立方米。

【城乡公交一体化改造工作】 8月10日，印发《东阳市城乡公交一体化改造实施方案》，以政府购买服务方式，实行公车公营模式。至年末，对承包车辆收回工作阶段性任务结束，参加改造的企业六家，全市196辆班车(82条)，收购181辆(76条)，未收回15辆，完成92.3%。8月19日，首批5条线63辆班车正式投入运营，投放50条线路177辆城乡公交车。

【"东义同城化"推进】 在2010年开通东阳至义乌火车站班车基础上，经东阳、义乌两地市政府和运营部门的多次协调，8月20日，东阳东站至义乌火车站的班车实行24小时运营，与义乌沟通对接增开横店到义乌火车站班车。

【出租车行业监管】 完成出租车起步价调整，完成全市456辆出租车计价器调表和检验工作，9月初完成城区426辆出租车视音频监控系统安装，每辆出租车关键部位安装多个1080P超高清摄像头，能提供全方位、全天候的车辆监控、调度、视音频记录及取证服务，成为金华首个在出租车上安装视音频监控系统的县市。强化出租车日常监管，制定《东阳市出租车驾驶员诚信考核记分办法》，每月出租车召回检查、开展从业人员岗前培训考核、定期召开驾驶员代表季度例会，严格事前、事中、事后管控，多次化解出租车驾驶员上访事件。

【交通公共服务设施】 对城区公交线路营运时间、线路安排进行局部调整，完成城区20路公交班车线路优化调整，横店2路公交车线路优化延伸，开通横店1路环城公交；新增和修补公交站牌27块，新增公交站棚10个，新增120个港湾式停靠站；完成第二期公共自行车站点建设，投放2000辆，新增站点93个，投放公共自行车3000辆，租赁点135个；完成发售公交IC卡16600余张，自行车租用量40余万人次。

【节假日道路运输保障】 完成节假日旅客运输、中高考英语等三项考试日的运输保障以及重大

图72 11月8日，市道路运输管理局投资150万元打造的信息指挥中心正式启用

节假日小型客车及“绿色通道”车辆免费通行等工作。11月6日，交通综合监管中心通过验收，实行统一标准、统一监督、协同指挥，统一全市运政指挥调度。

【职业培训空间拓展】 完成从业资格证、技术等级、农村劳动力等专业技能培训12000余人次，完成汽车驾驶培训招生3857人。新增14辆“快乐e驾”教学用车、新招11名教练，投资100余万元在郭宅租用7100余平方米的训练场作为“快乐e驾”模式训练新场地。

【车辆征费】 加强与南马、巍山、虎鹿派出所和交警中队的沟通联系，开展对冲卡、逃缴、绕道逃费车辆集中联合整治行动，处理违章逃费车辆307辆，完成通行费收入2967万元。

【车辆检测】 完成车辆检测10万余次，其中年审3.4万辆次，环保尾气检测4.6万辆次，二级维护检测2万余辆次。

【交通运输安全】 开展危险品运输安全隐患大排查专项行动，提高危险品运输企业的安全防范意识；开展运输行业安全大整治专项行动，排查问题隐患237个，落实整改237个，组织安全应急演练2次；开展夏季安全生产“百日攻坚”专项行动，对暑期安全生产工作进行全面部署；开展“平安航道”“平安工地”等专项创建行动，安全事故起数比上年下降70%，死亡人数与上年持平；开展道路运输安全生产“打非治违”专项行动，出动执法车辆93000辆次，稽查人员1935人次，检查车辆169余辆，检查维修企业820余家次。横锦水库水上运输完成正常航班3150班，加班565次，承载旅客10.6万人次，连续29年实现水上运输安全生产无事故目标。

11月8日，道路运输管理局投资150万元打造的信息指挥中心正式启用。该指挥中心24小时监控全市的客运场站、重点路段的运输车辆、驾驶培训场地等，为道路运输安全保驾护航。

【交通节能减排】 新增天然气公交车20辆，新技术含量车辆140辆；对营运黄标车车主发放告知书300余份，11月中旬完成全市320辆营运车辆道路运输证注销；完成两家一类、二类维修企业“服务规范”达标，推广绿色汽车维修设备和技术，建立健全废旧物资回收制度，回收废机油10.8万千克，废电瓶2093个，废轮胎3326个。

（李健军　许田悦）

2015“美丽东阳”旅游摄影大赛获奖作品

游客　摄影/施阳波

通　信

邮　政

【概况】　东阳市邮政分公司实现业务收入14358万元，完成市公司下达计划数的101.11%，比上年增长6.76%，收入规模列全省第七位；实现利润上缴1814万元，绝对值列全省第三位。完成邮政业务总量15472.47万元，比上年增长15.66%。年末余额57.55亿元，本年净增6.34亿元。实现保费2.98亿元，折合标保4.18亿元，创收入1029.42万元。

【机构调整】　7月8日，设立中国邮政集团公司浙江省东阳市分公司包裹业务中心，班组建制，隶属市场部。8月12日，成立电商分销局（撤销原电子商务局、电子商务班、分销业务班），成立农村电商服务中心，均视为分公司专业局管理。8月17日，市场经营部下设包裹业务中心（专业局级）、邮件分发班、机要通信班、报刊发行零售班、人民路投递班、望江路投递班、集邮班、函件班（均为班级建制）。原函件局和下设的函件班、二包业务班机构及职能分别并入市场经营部和包裹业务中心。原发行投递局和下设的投递营销经理中心机构及职能分别并入市场经营部。人力资源部下设备员班、模拟网点情景培训班（班级建制）。

【法人体制调整】　中国邮政集团公司实施法人体制调整，集团公司对各省（区、市）邮政公司的管理体制由母子制改为总分制（简称“子改分”）。4月8日完成工商营业登记名称变更工作，名称由“东阳市邮政局”变更为“中国邮政集团公司浙江省东阳市分公司”。新名称于5月1日启用。“中国共产党东阳市邮政局委员会”更名为“中共中国邮政集团公司浙江省东阳市分公司委员会”。本单位纪律检查委员会和共青团组织，依照同级党组织更名原则更名。所有房屋所有权证、土地使用证均进行更名。

【金融业务】　完成业务收入9731万元，比上年增长11.28%，占全公司业务收入的67.77%。邮政储蓄余额规模57.55亿元，本年净增6.34亿元，市场占有率11.36%。本年平均余额53.37亿元，比上年增加6.79亿元，完成金华市分公司日均新增计划的142%。

【寄递业务】　包件业务实现收入1667.31万元。新增国际小包客户15家，国内小包客户12家。协助政府部门做好园区建设、电商学员培训等工作，为电商企业争取更优惠的扶持政策；重新印发《小包用户欠费管理办法》，规范欠费管理，减少资金风险与隐患。

【电商分销业务】　布点村邮站、农村小商超，完成信息化村邮站“邮掌柜”系统的安装工作。安装邮掌柜420家，其中A类邮掌柜286家。以车险业务为核心的自邮一族业务发展模式初见成效，完成车险投保2800辆，比上年增长121%。以平台建设、渠道建设促进分销业务的发展，在7个农村网点设立“易邮购”体验店，利用线上线下推进惠民优选业务的发展。

【邮政企业建设】　1月30日，东阳市首个农村电子商务“村邮网购”服务站在千祥镇金村开办运营。4月9日，东阳局首个“易邮购”旗舰店在千祥支局开通运营。9月2日，在东阳市图书馆主办纪念“抗战胜利70周年”主题邮集展览，展出邮集35部50框。启用“纪念中国人民抗日战争暨世界反法西斯战争胜利70周年主题邮展”纪念戳1枚。9月10日，浙江省“电子商务进万村工程”东阳市运营中心启动仪式在东阳分公司举行。12月，中国邮政启动丙申年生肖贺岁季活动，凭借江北街道的猴塘社区，东阳市分公司成为浙江省唯一一家“猴会有期”原地邮局。在185个信息化村邮站中选择完成“村邮乐购”、POS商易通、农村电商代投中心、邮政营业系统和邮掌柜系统的安装、调试与运营，完成三单乡13个村邮站的建设工作。新建E邮站40

图 73 7月6日，副市长陈军（前排左三）带领商务局到东阳分公司调研农村电商工作

个，建成48个站点。完成千祥中路、马宅、江北、象岗、三联、佐村等网点的装修改造。新增自助服务机具8台，自助机具基本覆盖所辖44个网点。5月1日，坐落在横店圆明新园的大清主题邮局建成开业，实现邮政资源与当地特色旅游文化资源的充分结合。

【领导视察邮政业务】 1月21日，副市长陈军带领市府办、商务局、白云街道等相关部门领导到东阳邮政电子商务创业园实地考察园区建设运营情况。2月10日，副市长蒋银生到东阳局检查指导邮件安全生产工作。3月3日，省公司副总经理杨嘉树到东阳局调研并看望慰问一线员工，金华市分公司总经理张俊晓陪同。6月18日，副市长蒋银生带领农办、发改局、财政局、商务局、邮政公司等部门，实地调研邮政村邮站和E邮站建设运营工作情况并召开座谈会。7月6日，副市长陈军带领商务局工作人员到东阳分公司调研农村电商工作。11月9~10日，金华市分公司总经理张俊晓一行到东阳市分公司，就"三个一把手工程"、投递邮路改革等重点课题开展调研。

（李巧丹）

电　信

【概况】 中国电信股份有限公司东阳分公司各项经营指标位居全区前列。整体增长率全区第一名，手机用户净增全区第四名，宽带用户净增全区第一名。2015年末，公司移动用户15.6万户，其中智能机用户超8万户。宽带用户14.3万户，其中百兆宽带超3.5万户。ITV用户超5.1万户。百兆宽带用户比上年增长23.93%，电信业务收入2.4亿元，比上年增长2.18%。上缴税收1201.35万元，被评为纳税百强企业。通过"浙江省省级文明单位""金华市劳动关系和谐企业（园区）"复评。

【4G网络建设】 开通LTE 4G基站334个，主要覆盖城区、重要镇乡、工业区及风景区。4G室分站点52套，主要覆盖政府机关、事业单位、商场等重要楼宇。为保障无线网络的高速率，对部分节点进行优化。完成148个FDD-LTE站点的设备安装工作，开通124个FDD-LTE站点。实现旅游场所等重要公共场所4G信号全面覆盖。清查核对铁塔资源，完成与铁塔公司的资产交接。

【公共无线网络建设】 东阳市将东阳公共Wi-Fi的建设列入十大民生实事，在东阳重要的公共区域建设无线网络，提供随时随地的高速网络服务。10月21日，

图 74 10 月 21 日，市公共 Wi-Fi 服务项目协议签约会召开

市公共 Wi-Fi 服务项目协议签约会召开，中国电信股份有限公司东阳分公司与东阳市经济和信息化局在市政府会议室签订东阳公共 Wi-Fi 服务项目合作协议。

【光纤到户建设】 实行光网大改造，支撑光纤宾馆、企业宿舍及单身公寓 245 家，签约用户固话 3410 户、ITV5974 户、上网 5686 户，联系单支撑完成 2946 张，光纤到位或改造网格 905 个，FTTH 新增 114477 线，至年末光纤到位或光改网格 1140 个，FTTH 达到 29.70 万线，完成率 91%。完成 FTTH 建设工程基础资料录入 10 万线左右，建设光路 15000 余条。

【宽带用户提速】 对城中、开发区、横店等 3 个中心局 BASS 进行万兆升级，对 6 个汇聚局的 OLT 进行千兆扩容，新增 4 个 OLT 节点，使全市出口带宽到达 160GB，同时采用 FTTH、FTTB 等方式提升网络质量，使用户享受到中国电信 50 兆及 100 兆的高速网络。响应政府宽带提速号召，通过各种优惠措施开展用户提速告知，对 5 万余户光宽带用户进行提速，其中 2 万余户提速到 50 兆以上。推出 2 年、8 年以上宽带老用户回馈优惠，在光纤区域可免费提速到 50 兆或 100 兆，进一步做好提速降费工作。

【信息技术应用】 成立信产事业部，完成东阳市人民检察院自侦办案区改造项目、东阳市人民法院高清数字法庭系统应用服务项目合作合同、东阳市经济和信息化局公共 Wi-Fi 服务项目、东阳市横锦水库库区水质安全视频监控系统采购项目、南马镇花园村数字交警高清视频监控系统项目、浙商证券东阳营业部无线网络建设、东阳东白山生态旅游视频监控系统互联网接入服务项目等 13 个超百万项目建设。完成专业版监控项目 7 个，“全球眼”大众项目 2 个。完成 ICT 收入 2833 万元，比上年增长 25.3%。

【电信综合服务】 政企方案制作及审批 161 个，受理 90%以上。处理工商部门下派单 9 件、8890 下派单 154 件、10000 号下派单 10899 件。投诉处理满意率从 1 月份的 87.51%提升至 96.28%，工单处理及时率从 1 月份的 99.52%提升至 99.78%，工单流转占比从 1 月份的 2.88%下降至 0.66%。

【网络维护】 加强管道、线路的日常巡查，对全市电缆障碍进行查修。对开发区、画水、江北、城东、南马支局进行装修维护支撑。对精三扫(扫街、扫村、扫小区)活动进行现场支撑。开通一线人员及代理商人员“易问”App。5 月，制定《宽带无条件受理考核办法》，组建“宽带无条件受理支撑群”，宽带年累计净增 2032 个。

【应急保障】 完成东阳市治安视频监控系统(1～6 期)项目，建成治安监控点位 2056 个。做好东白山七夕旅游无线上网保障，防汛抗洪期间各类监控网络保障，假日期间横店各类宾馆宽带、ITV 网络保障，中、高考期间提前做好标准化考试场和周边基站的巡查，确保通信畅通和网络与信息的安全。

(徐松涛)

中国移动通信集团浙江有限公司东阳分公司

【概况】 中国移动通信集团浙江有限公司东阳分公司完成运营收入 6.35 亿元，年末通话用户 85 万户，上缴地方税收 2481 万元。公司下设五部(市场部、政企部、网络部、财务部、综合部)、七分局(城区、开发区、横店、江北、南马、巍山、千祥)，有员工近 200 人，自办营业厅 15 家，社会签约渠道 350 余家，全市行政村移动网络覆盖率 100%。

【移动信息化项目建设】 建成“健康东阳”为广大市民医疗挂号、分级导诊提供便利，承建“横店影视城WLAN二期”项目的实施并结合“智慧旅游”进行实际应用，参与平安浙江建设并尝试推进“智慧江北”的街道信息化应用平台，参与无线城市建设，开放移动CMCC覆盖的部分区域提供爱浙江“I-Zhejiang-Dy”免费上网服务。开展智慧乡镇、智能执法、智慧横店、智慧教育、数字卫生、数字工商、美丽乡村的建设。通过“互联网+”的应用促进工业制造2025、智能家具、企业办公信息化平台，移动终端应用相结合的信息化服务，将信息化服务融入市民生活，为《农业应急管理信息化建设总体规划(2014~2017年)》《浙江省旅游产业发展规划(2014~2017)》《浙江省“互联网+”行动计划》、工业制造2025行动规划等在东阳的发展提供支撑。

【移动网络建设】 投资1.6亿元完成LTE基站建设380个，室分建设176个，WLAN系统23个。至年末，4G逻辑基站总数1046个，室分站点331个。新建杆路、管道58千米，新布放光缆皮长1002千米，杆路、管道总长1598.62千米，光缆皮长5907千米。完成小区宽带建设173个，集团综合接入1784余家，有线电话23874余户，有线宽带84555户。

【移动通讯保障工作】 完成东阳交流会通讯保障134次，完成元旦、春节、元宵节、清明节、端午节、五一节、中秋节、十一节、圣诞节9个重要节日通讯保障，完成李宅元宵集会、东阳两会、横店明星篮球赛、节庆广场徒步行走活动、横店马拉松、秦王宫集会、东白山七夕庙会、东阳木雕城木雕节、东白山自行车大赛、广厦学院迎新晚会、东阳金村家装节、明清宫苑音乐会、东阳木雕城红木家具展会13个重大活动通讯保障工作。

（王晓丽）

中国联合网络通信有限公司东阳市分公司

【概况】 中国联通东阳分公司业务收入6034万元，其中4G用户新增6142户，收入678.6万元；3G用户新增4545户，收入2286万元；2G用户新增22625户，收入1360.2万元；新增公众宽带6093线，固网收入1708.5万元。有营业厅4家，物流行销渠道5家，实体渠道67家，二级点301家。完成宽固建设工程项目61个，完成光改、宽带提速技术改造工作，其中城区完成光改提速1370户。

【联通网络建设】 通过企业新建和行业间共建共享，新增2G、3G、4G通信基站187站点，益民项目WLAN建设17站点，完成各类光缆线路建设717千米，配合政府各类市政线路迁改优化工程39个，建设联通综合业务区6个。

【联通重点通信工程】 完成横店集团圆明新园12处通信设施开通运行；东阳广厦学院、横店影视学院重点院校36处通信设施开通运行；东阳农商银行、东阳交通局78条专线开通运行；完成国有企业营改增技术改造127站点，动力支出获票率94%。

（马剑云）

教育　体育

教育概述

【概况】 全市有中小学幼儿园326所，在校（园）学生（幼儿）158434人。其中普通高中11所，在校学生14513人。职业中学5所，在校学生6682人。初中33所，在校学生28199人。小学87所，在校学生71582人。特殊教育学校1所，在校学生124人。幼儿园189所，在园幼儿37334人。中小学幼儿园教职工10908人，其中专任教师9074人。退休教师3407人，离休教师11人。中小学幼儿园占地总面积4263236.35平方米，生均面积26.91平方米，校舍建筑面积1993697.69平方米，生均面积12.58平方米。各类高等院校录取6580人。有高等院校2所，毕业生4861人，当年招生4846人，在校学生14724人。

【教育投入】 财政性教育经费总投入15.41亿元，比上年14.22亿元增加1.19亿元，增长8.37%，其中：教育事业费拨款投入147580万元，比上年129852.57万元增加17727.43万元，增长13.65%。教育部门办学校（下同）财政性教育经费总投入14.04亿元，比上年12.88亿元增加1.16亿元，增长9.01%。教育事业费拨款134539.62万元，比上年117174.13万元增加17365.49万元，增长14.82%。预算内年生均教育事业费12367元，比上年9467元增加2900元，增长30.63%。预算内年生均日常公用经费1138元，比上年932.54元增加205.46元，增长22.03%，其中：市属高中、农村初中、农村小学生均公用经费分别比上年增加46.94元、334.26元和215.47元。教育事业费总支出144568.38万元，比上年115352.4万元增加29215.98万元。市财政预算安排学校新建项目经费5000万元，中小学破旧校舍维修改造专项资金及标准化学校建设专项资金3000万元，义务教育装备专项资金1800万元，学前教育发展专项经费1200万元，职业教育实验实训大楼建设专项经费400万元，名师名校长工程专项资金200万元，高中教学质量奖500万元，教育发展专项4480万元，民办教育发展专项1000万元，教师培训专项1100万元。全市资助学生11896人次，资助经费约1085.4万元，其中学前教育资助48人次，金额7.475万元；义务教育段营养餐受助3994人次，金额198.25万元；普通高中资助3062人次，金额308.805万元；民办中职学校免学费3054人次，金额397.02万元，国家助学金1738人次，金额173.8万元（公办中职学校9901人次免学费补助纳入年度预算）。

【办学条件改善】 基本建设实施类项目40个，计划总投资122380万元，其中市重点建设项目3个，计划总投资63150万元；一般建设项目37个，计划总投资59230万元。截至年末，开工建设项目33个，占比82.5%，竣工项目18个，占比45%。东阳二中迁建工程项目获2015年市重点项目建设优胜奖。年内，创建标准化学校34所，标准化学校总数增加到104所，比例增至86.67%。建成塑胶操场58个（其中民办学校7个），塑胶操场增至120个，比例提高到88.24%；每百名学生拥有计算机数24.3台，全市中小学校班级多媒体普及率100%，每个镇乡至少有一套录播教室。

【全国中小学生课外文体活动工程示范区】 组织参加中国中小学校园影视节、浙江省中小学艺术节、运动会、市小学生羽毛球比赛、象棋比赛，市中小学生网球、排球、篮球比赛、乒乓球、足球等比赛。在第十二届中国中小学校园影视节上，获一等奖8个、二等奖15个、三等奖11个；在浙江省中小学生艺术节上，市实验小学获浙江省中小学生艺术节优秀组织奖，巍山镇中心小学获综艺表演一等奖，另有4所学校获二等奖，2所学校获三等奖；在浙江省第七届中小学生乒乓球联赛上，第二实验小学获小学女子团体一等奖，吴宁三中获初中男子团体二等奖。市第二实验小学学生陈垣宇被八一队特招；“希望杯”浙江省校园足球联赛总决赛上，横店三校小学女子甲组、乙组双双夺冠，女子甲组获体育道德风尚奖。横店幼教集团中心园区获浙江省体育大会小篮球特色项目比赛花样篮球操、小场地篮球赛一等奖。怀鲁小学获金华市田径项目特色学校运动会第一名。年内，由体育局、教育局主办的市首届中小学生校园足球联赛在马宅镇中心小学举行。52所学校（小学38所、初中14所）体育设施向社会开放。怀鲁小学获全国学校体育工作示范学校。吴宁一中被确认为浙江省阳光体育后备人才基地，获金华市田径事业突出贡献奖。创建各级特色学校19所，其中横店镇第三小学、马宅镇中心小学为全国校园足球特色学校；东阳中学、三联初中、横店一中、三联小学、虎鹿中心小学、大里小学为浙江省校园足球特色学校；画水镇中（排球）、南溪初中（排球）、李宅初中（有氧健身操）、歌山镇中心小学（排球）、飘萍小学（乒乓球）、樟村小学（口琴）、复夏小学（德育）、三联小学（课外阅读）、上村小学（书香校园）、昆溪小学（科技）、下范小学（篮球）、横祥小学（诗歌写作与诵读）为东阳市第七批中小学特色学校。全市各级特色学校增至95所（全国2所、省级28所、金华市级22所、东阳市级43所）。

【国家教育云规模化应用】 2月2日，东阳市在北京召开的国家教育资源公共服务平台规模化应用试点工作会议上做典型发言。3月11～12日，国家数字教育资源建设机制调研组成员到东阳调研。11月10～11日，东阳市受邀出席湖北省教育信息化应用工作研讨会，做《实施多元融合 推进智慧教育》的专题交流。11月26～27日，刘希平到东阳调研，实地走访调研巍山高中、巍山中心小学、横店横祥小学、横店小学教育集团横店校区，重点调研东阳市国家教育云规模化应用试点工作。5月23～25日，东阳受邀参加在青岛举行的全国中小学教学信息化应用展览活动，大会组委会专门为东阳开辟示范县（市）展区。5月28日，《国际教育信息化大会有朵“东阳云”》在《东阳日报》头版头条刊出。10月24～25日，东阳受邀参展在杭州举行的以“互联网＋教育”为主题的第十五届中国教育信息化创新与发展论坛暨2015年全国教育信息化创新应用成果展览会。案例《漫步云端畅享资源 融合创新跨越发展》被选入《中国教育信息化发展报告（2014）》，案例《广大师生动起来 网络学习空间活起来》被选入由教育部指导编写的《公平 质量 创新 发展——中小学信息技术教学应用优秀案例集》，案例《漫步“云＋端”智慧“教与学”》拟入选国家发改委等部门编制的《中国智慧城市发展白皮书（2015）》。鄂尔多斯、镇海、云和、江山等多个地市、县教育局先后到东阳参观考察教育信息化工作情况。年内，完成817人的教育云环境下信息化领导力培训、教科研骨干培训、信息技术与教学融合能力等培训，组织开展国家教育云深入应用和“一师一优课 一课一名师”管理员技术等170余人培训；教育云空间师生日志总数196万篇，空间有效小组数4万个，网盘资源总数120万条，向国家教育云平台、浙江教育资源网推送个性化教育资源1万余条；开展网络教研活动230余次，2556名教师晒课3193节，被评为金华市级优课37节，被评为省级优课24节，上传优质“自主队课”200余节，开设名师讲堂60余节。

【全国区域性整体化推进少先队活动课程建设示范区】 3月27日，在浙江省开展的《少先队课程指导纲要（修行版）》县级辅导员、教研员专题培训会议上，东阳做《把队活动课还给孩子们》主旨发言（全省唯一），东阳少先队“自主队课”常态化“四环建构”经验在全省推广。4月6日，东阳开展“全国区域推进少先队课程建设示范区”试点经验交流活动。“全国区域性整体化推进少先队活动课程建设示范区”实践向纵深发展，东阳少先队总辅导员先后到全省各地做专题报告10余场；全国第一个“红领巾东阳云”启动建设，教育云技术与红领巾事业首次深度融合；全市观摩全国第一堂“一对一”数字化少先队“自主活动课”；东阳市首个红领巾小志愿者服务站成立。年内，外国语小学获评全国优秀少先队集体，虎鹿镇中心小学六（2）中队被评为省级“李四光中队”。外国语学校陆院获浙江省少先队活动说课比赛一等奖。市实验小学和外国语学校被确定为全国和省级少先队活动课程试点学校。春蕾学校（总部）、白云昆溪小学、白云初级中学被评为东阳市“第七批示范性队室”。

【省厅区域推进“轻负担高质量”联系县实践】 12月，浙江省区域推进“轻负担高质量”联系县第十二次现场会暨深化义务教育课程

图 75　9 月 8 日，吴宁四校组织学生开展“我为老师塑个像”的活动

改革会议在余杭进行，东阳做《阔步走在课程建设的大路上——东阳区域性推进义务段学校课程建设》的典型发言。

【省级中小学教育质量综合评价改革试点】　印发《东阳市进一步完善我市初中学生综合素质发展评价的实施意见》。进一步完善《东阳市中小学教育质量综合评价十大指标》和《东阳市学生综合素质发展评价记录册》。举行两次《教育质量综合评价十大指标》推磨大检查。9 月，省教研室一行 8 人专程到东阳进行教育质量监测调研，肯定东阳经验。省教研室 2014 年各县（市、区）教育质量监测通报，东阳初中小学教育质量（27 项指标）整体居全省前列。11 月，浙江省中小学教育质量综合评价改革试点推进会在温州平阳举行，东阳做《让教育评价牵引“绿色质量”》的试点典型经验发言。教育局完成 2015 年国家义务教育质量监测实施工作，受到教育部基础教育质量监测中心表彰，获评“县级优秀组织单位”（全省 6 家）。

【城区教育资源配置】　8 月 4 日，市委副书记、市长朱建军就优化城区教育资源配置进行调研，就市政协报送的《优化城区教育资源配置》调研报告进行讨论，并明确：待东阳二中迁至新校址后，将吴宁三中迁至原东阳二中校址；吴宁三中改建为实验小学教育集团新南路校区；原城乡建设学校改建为实验幼儿园教育集团新南路园区；实验幼儿园南面原广播电视台地块临时改建为停车场，解决交通拥堵问题；吴宁二校实行原址改扩建，将该校以北闲置区域纳入学校范围进行研究和布局规划。

【农村特岗教师津贴实施】　9 月 9 日，人力社保局、财政局、教育局联合制定印发《关于实施农村特岗教师津贴的方案》，全市中小学一类区域学校每人每月 900 元，二类区域学校每人每月 500 元，三类区域学校每人每月 300 元，从 2015 年 1 月 1 日起执行，受惠学校 135 所（含普高、职高、幼儿园），占学校总数的 90%；受惠农村教师 4443 人，占全市专任教师总数的 74.3%。

【东阳市优秀教师奖励办法印发】　11 月 18 日，市人民政府办公室修订印发《东阳市优秀教师奖励办法》（在原《东阳市优秀教师奖励办法》的基础上修订），大幅度提高优秀教师奖励额度。该办法自 2015 年 1 月 1 日起开始执行。

【集团化办学】　8 月，批复同意组建横店小学教育集团、横店幼教集团。横店小学教育集团下设横店中心小学、南上湖小学两个校区。横店幼教集团由横店镇中心幼儿园和 7 所小学附设幼儿园组成。

【捐资助学】　2 月 2 日，白云初中举行黛妃百万教育基金会成立暨颁奖仪式。该基金由白云初中校友黛妃化妆品（上海）有限公司总经理葛志平出资 100 万元设立。6 月 17 日，马宅镇教育发展基金成立。该基金由顾星康、葛中伟、徐昔文、陈建平、申屠祖斌设立，每人捐资 200 万元，计 1000 万元。9 月 24 日，巍山高中海天教育基金成立并举行首次颁奖，该基金由该校校友、海天建设集团有限公司董事长应培新设立，计划每年捐资 30 万元，奖励巍山高中品学兼优的学生和教书育人业绩显著的教师。11 月 27 日，市政府举行“尚贤慈善教育基金会成立暨捐赠仪式”，市委副书记、市长朱建军与台胞陈和贵签订捐赠协议。28 日，南马高中举行建校百年捐资助学仪式，社会各界人士捐资 1400 余万元（其中陈和贵捐资 100 万美元）。年内，新增奖教奖学基金 6 个，总数增加到 40 个，总金额 1.77 亿元，山区镇乡奖教奖学基金实现全覆盖。

【东阳教育官方微信公众号开通】　6 月 3 日开通东阳教育官方微信

公众号，11 月 30 日首开留言管理，启动原创声明功能。至 12 月 31 日编发信息 124 期 423 条。“最美教师”“校长好声音”等专栏受好评，《要放假啦！东阳市中小学暑假放假时间安排出炉》《东阳市 2015 年高中录取分数线公布 录取情况这里查》等多篇信息阅读量超 3 万人次。

【省教育厅领导到东阳调研】 11 月 26～27 日，省委教育工委书记、省教育厅厅长刘希平一行到东阳，对教育信息化、学校课改和文化建设等工作进行调研。金华市委常委、宣传部长何杏仁，市领导朱建军、楼守威、蒋令树陪同调研。

刘希平一行先后实地走访了巍山高中、巍山镇中心小学、横店镇横祥小学、横店小学教育集团横店校区。

刘希平在调研时指出，要加快推进教育现代化和课程改革，通过增加教育的选择性，为每一名学生提供适合的、个性化的教育；要转变教育理念，关注每一名学生的健康、品德，促进学生全面发展；要取长补短，在重视义务教育的同时，抓好学前教育这块短板。

（吕映珍）

学前教育

【概况】 全市有幼儿园 189 所(其中教育部门办 17 所)，班级 1293 个，毕业生 12267 人，招生 13329 人，在园幼儿 37334 人(其中女 16787 人)，园均规模 198 人。教职工 3435 人，其中专任教师 2050 人。幼儿园总占地面积 42.53 万平方米，生均 11.39 平方米，总建筑面积 30.71 万平方米，生均 8.23 平方米。9 月 25 日，市第二实验幼儿园开园，招收首批新生 8 个班、140 人。

【省等级幼儿园创建】 机关幼儿园、实验幼儿园、博大幼儿园、横店中心幼儿园、横店集团幼儿园 5 所幼儿园通过省一级幼儿园重新审核认定，省一级幼儿园总数 8 所，另外 3 所分别为江滨幼儿园、妇联幼儿园、东景阳光幼儿园。年内，新认定三级幼儿园 25 所，复核通过省三级幼儿园 37 所。省等级幼儿园总数 153 所，其中省一级幼儿园 8 所，省二级幼儿园 19 所，省三级幼儿园 126 所，占总数的 81.4%。

【学前教育发展】 市政府印发《东阳市发展学前教育第二轮三年行动计划(2015～2017 年)》《促进学前教育发展奖补暂行办法》《东阳市普惠性幼儿园认定与管理办法》，从建设补助、升等补助、提质奖励、农村普惠性幼儿园非在编专任教师从教津贴补助、食堂量化管理升等补助等多方面推动学前教育快速发展。11 月，进行首次普惠性幼儿园认定，比例 71%。

（吕映珍）

义务教育

【概况】 全市有小学 87 所(其中教育部门办 80 所)，教学点 4 个，班级 1763 个，毕业生 10542 人，招生数 12273 人，在校学生数 71582 人(其中女 32258 人)，校均规模 823 人；教职工 3575 人，其中专任教师 3429 人；小学总占地面积 160.69 万平方米，生均 22.45 平方米，建筑面积 65.77 万平方米，生均 9.19 平方米。初中 33 所(其中教育部门办 31 所)，班级 641 个，毕业生 8529 人，招生数 9549 人，在校生 28199 人(其中女 13087 人)，校均规模 855 人；教职工 2032 人，其中专任教师 1964 人；初中总占地面积 107.06 万平方米，生均 37.96 平方米，建筑面积 48.02 万平方米，生均面积 17.03 平方米。小学学龄人口入学率、巩固率、小学毕业升初中比例均为 100%，初中入学率、巩固率均为 100%，义务教育学龄人口入学率 100%。9 月 1 日，千祥镇新三联小学落成并举行开学典礼。

【深化义务教育课程改革】 4 月，召开全市深化“五大共同体”建设座谈会；6 月，召开教研共同体建设暨全市义务教育课程建设会议，部署义务教育课程改革顶层设计；8 月，召开全市推进会，要求各级校长人人进一步修改《学校课程建设顶层设计》，并向全校教师做专题讲座；9 月，全市中小学课程建设推进会召开，选出 7 名校长，代表高中、初中、小学分享课改思路和经验。年内，教育局下拨 39 万元用于开展城乡共建共享活动，承办金华市义务教育学校课程建设推进会，吴宁一中、白云初中被评为金华市深化义务教育课程改革基地学校，外国语小学、实验小学、横店小学教育集团、巍山镇校、吴宁一中、巍山镇中被评为金华市中小学教学改革先进学校。吴宁五校卢飞飞、外国语小学王宇燕被评为第九届浙江省“教改之星”金奖，邵晓燕等 9 人被评为金华市中小学教学改革先进个人。

【校园文化建设】 年内，55 所学校申报创建首批“美丽校园”，创建东阳市首批“美丽校园”54所。6月23日，浙江省中小学校园文化建设成果推广会在市外国语小学举行。11所学校成为全市第七批“特色学校”。编写《东阳茶文化少儿读本》，全市小学开展“茶文化进校园”活动。

【义务段学校教育质量指标】 据2014年省教研室各县（市、区）教育质量监测通报：东阳义务教育质量指标（27项）整体居全省前列，特别是东阳初二学生“学业成绩标准达成指数”为96.1（全省92.8、金华94.8）、“学业均衡指数”90.4（全省45.8、金华61.4）。东阳学生睡眠、作业、补课、学习压力等指数均好于全省和金华水平。东阳初二学生“睡眠指数”为62.8（全省32.2，金华41.7），“作业指数”为53.9（全省22.1，金华28.8），“补课指数”为88.8（全省54.5，金华60.1）。

（吕映珍）

高中教育

【概况】 全市公民办普通高中11所、337班，毕业生5118人，招生5570人，在校学生14513人（其中女7440人），校均规模1319人。教职工1289人，其中专任教师1153人。教育部门办普通高中6所，毕业生2901人，招生3365人，在校学生8400人，教职工771人，其中专任教师728人。学校占地面积81.96万平方米，校舍建筑面积39.12万平方米。东阳中学黄红芳、金迅婴分别获省高中教师实验技能大赛、高中数学微课比赛一等奖。

【特色示范高中创建】 8月27日，省教育厅公布2015年省一级普通高中特色示范学校评估结果，东阳中学被评为省一级特色示范高中；9月7日，省教育厅公布2015年省二级普通高中特色示范学校评估结果，市外国语学校、东阳二中、巍山高中、东阳

2015年东阳市普通高中办学基本情况

表18

学校名称	学校数(所)	在校学生数(人)	教职工数(人)			学校占地面积(平方米)		校舍建筑面积(平方米)		藏书量(册)		计算机(台)
			总数	专任教师	高级教师	计	生均	计	生均	计	生均	
合计	11	14513	1289	1153	279	819578	56.47	391231	26.96	761080	52.44	3812
其中教育部门办	6	8400	771	728	236	490865	58.44	226529	26.97	469454	55.89	2301
民办	5	6113	518	425	43	328713	53.77	164702	26.94	291626	47.71	1511
东阳中学	1	2299	207	189	73	184268	80.15	82004	35.67	144587	62.89	666
东阳二中	1	1672	160	152	57	31781	19.01	28824	17.24	84574	50.58	383
巍山高中	1	1539	145	142	43	93900	61.01	38073	24.74	80000	51.98	463
东阳三中	1	1021	90	84	17	53651	52.55	30942	30.31	63540	62.23	337
南马高中	1	1137	104	99	28	80629	70.91	30479	26.81	68800	60.51	325
湖溪高中	1	732	65	62	18	46636	63.71	16207	22.14	27953	38.19	127
外国语学校	1	978	79	76	17	82137	83.98	56367	57.63	46954	48.01	494
中天高中	1	1403	125	106	10	66600	47.47	38787	27.65	87862	62.62	300
顺风高中	1	1755	134	109	4	63350	36.10	21938	12.50	49810	28.38	203
横店高中	1	1151	107	80	12	64600	56.13	32280	28.05	75000	65.16	330
利民高中	1	826	73	54	–	52026	62.99	15330	18.56	32000	38.74	184

说明：外国语学校有初中生996人，生均占地面积、校舍建筑面积、藏书量按高中在校学生数计算

三中、南马高中被评为省二级特色示范高中。

【高考一本上线率 23%】 报名参加普通高中招生考试 5801 人，一本（重点）上线 1341 人（文科 157 人、理科 1184 人），上线率 23.12%。市属公办高中上一本线人数 1246 人，上线比例 39.10%，其中东阳中学、外国语学校、东阳二中、巍山高中的上一本人数和上线率分别为 552 人、208 人、240 人、161 人，77.86%、60.82%、41.24%、29.17%。3 人被北京大学、清华大学正式录取。

（吕映珍）

中等职业教育

【概况】 全市公民办中等职业学校 5 所，其中教育部门办 2 所、民办 3 所。班级 159 个，毕业生 2766 人，招生 2261 人，在校学生 6682 人，校均规模 1336 人。教职工 488 人，其中专任教师 454 人；硕士 33 人（其中东阳技校 28 人），占专任教师总数的 7.27%；双师型教师 182 人，占专业课、实习指导课教师数的 81.98%。学校占地面积 33.75 万平方米，生均 51 平方米；建筑面积 15.45 万平方米，生均 23 平方米。东阳技校成为全国职业技术教育学会会员单位，完成“省首批改革发展示范校创建”的实地评估工作，被评为浙江省职教集团第四届绿色建筑科技文化节先进集体。东阳二职汽车运用与维修专业被评为省级实训基地，获省、市财政专项补助 450 万元。

在中职师生技能比武、创业创新大赛、优质课评比等活动中，获金华市级及以上奖项 72 人次，其中省级 5 人次。东阳技校金巧兰被评为浙江省学校心理健康教育优秀项目先进个人，陈锦晓被评为浙江省建设人才工作先进个人。东阳技校王贤君、雷鸣和东阳二职胡国江被评为金华市中等职业学校优秀“双师型”教师。

【课程改革】 东阳技校被确定为金华市课改试点学校，以建筑专业为试点专业开展课改工作，开发校本教材 12 本。东阳二职等其他职校先后制定课改方案，开展中职课改探索实践活动。花园技校编写《花之语》等选择性课程。

【人才培养】 东阳技校投资 160 余万元的建筑实体模型落成使用，木雕作品展示厅投入使用，该校建筑工程施工、机电技术应用、木雕工艺设计与制作等专业分别构建“双核心双情景”“工学交替”“校企一体化，现代学徒制”等新型人才培养模式。东阳二职以汽车运用与维修专业省实训基地为主体，利用东阳驾校、驾校修理厂、建筑特殊工种考核点等下辖企业，挖掘校内实训潜能，提高校内专业实训条件和效果，提高人才培养质量。

东阳技校开展各行各业各类培训 7000 余人次，其中快递服务中心创业计划书获东阳市创业创新大赛一等奖。东阳汽校开展农村劳动力、酒店管理等培训近 4000 人次，同时新推烘焙和茶艺培训，培训 160 余人次并取得相应职业资格证书。

（吕映珍）

特殊教育

【概况】 12 月，东阳市聋哑学校更名为东阳市特殊教育学校。有教学班 13 个，其中聋哑班 3 个（小学 8 人、初中 7 人、职高 10 人），培智班 10 个（小学 82 人、初中 32 人）。当年毕业生 33 人，招生 25 人，在校学生 124 人（其中女 41 人）。教职员工 25 人，其中专任教师 24 人。学校占地 3400 平方米，建筑面积 2996 平方米。三残儿童入学率 98.4%，残疾儿童总入学率 99.2%。

在金华市第六届残疾人文化艺术周启动仪式暨第四届特教学校学生艺术会演中，市聋哑学校选送的舞蹈节目《幸福摇篮》和《金扇婺韵》分别获一等奖（听障组）和启智奖（培智组）。教师郭娇娇获“金华市第十一届中小学教坛新秀”称号。

【《东阳市特殊教育提升计划（2014~2016 年）》印发】 4 月 17 日，印发《东阳市特殊教育提升计划（2014~2016 年）》，要求到 2016 年，全市视力、听力、智力三类残疾儿童少年九年义务教育入学率不低于 99%，基本普及三年学前教育，基本满足高中段教育需求，初步实现残疾人接受高等教育和成人教育的权利。形成布局合理、学段衔接、普职融通、医教结合的特殊教育体系。明确对从事特殊教育满 10 年的加发本人基本工资 15%的特殊教育津贴，满 15 年并在特殊教育岗位退休的，所享受的特殊教育津贴计入退休金。职务（职称）评聘工作纳入当地教师职务（职称）评聘规划，并向其倾斜。对在普通学校承担残疾学生随班就读教学和管理工作的教师，在绩效工资政策中给予倾斜安排。

【市聋哑学校搬迁】 8 月，市聋哑学校完成整体搬迁，从原新南路 81 号搬迁至东义路 267-1 号。新校园占地 1 公顷，总投资 2200 万元，总建筑面积 8400 余平方米，可容纳 18 个班，拥有先进的蒙台梭利活动室、多感官室、家政服务室、木雕实训室等专业教室，可为各类学生提供康复训练和行为纠正。是年，投资 100 余万元的塑胶操场、校园绿化配套工程相继完工。此外，学校投资 50 余万元建成语言训练室，投资 20 余万元建成感觉统合训练室，投资 4 万余元建设完成木雕特色馆。

（吕映珍）

成人教育

【概况】 全市有镇乡（街道）成人文化技术学校 18 所，建校率保持 100%，其中省标准化成技校 18 所，与成人技校合建的社区教育学校 15 所。各中职学校培训农村后备劳动力 500 人，完成率 100%。完成成人“双证制”教育培训 1269 人。

【高等教育自学考试】 全市自学考试（学历考试）报考 1340 课次，合格 388 课次。毕业 35 人（本科 11 人、专科 24 人）。自学考试（非学历考试）报考 1607 人。其中，报考全国计算机等级考试 144 人，获证 28 人；报考全国剑桥少儿英语等级考试 171 人，获证 161 人；新教师招聘 768 人，1536 课次。

【完成省三年扫盲教育工作任务】 针对扫盲对象绝大多数在农村、居住分散，年龄较大、妇女比重大的实际情况，通过集中办班、包教包学、送教上门等形式开展教学，三年脱盲 24606 人（省脱盲任务数 14039，超过 10567 人），文盲率由 4.75%下降至 1.69%，达到省教育现代化县市区评估指标要求（2%）；其中劳动力人口（16～55 岁）累计脱盲 3908 人，文盲率由 0.95%下降至 0.18%。

（吕映珍）

招生考试

【概况】 组织高考等各类考试 19 次，报名总数 69918 人，156349 课次。为各类学校招生录取组建各类考生档案 15780 份。

【高校招生考试】 全市报名参加普通高校招生考试 5801 人，被普通高校录取 5423 人，其中一本（重点）本科 1341 人、占 23.12%。报名参加高职单考单招 556 人，被高职院校录取 447 人，其中上本科 6 人（东阳技校 4 人、花园技校 2 人）。被录取为飞行学员 4 人（东阳中学 2 人、东阳二中 2 人），其中空军飞行学院 1 人，中国国航飞行学院 2 人，中国民航飞行学院 1 人。10 月 30 日至 11 月 1 日，浙江省新高考政策下的首次学考和选考开考，全市学考报考 11811 课次，选考报考 25 课次。

【高中段学校招生考试】 全市初中毕业生 8529 人，升入高中段各类学校 8403 人（普通高中 4940 人、职业高中 2261 人、其他中专教育 1202 人），升入高中段学校比例 98.52%，普职高招生比 1∶0.7。取消“三限生”（限人数、限钱数、限分数）招生计划。高中录取调整为级差与平行志愿相结合的投档录取办法（减少“三限生”这个批次，在第二批中增设一个志愿）。东阳中学定向招生计划比例由上年的 50%提高到 55%。定向名额的分配办法向农村和边远学校倾斜，定向名额的 60%按初中毕业生数分配，定向名额的 20%按当年中考优秀人数分配（第一批招生计划数），定向名额的 20%按当年中考合格人数分配（总分满分的 60%计算），定向名额直接分配到各初中学校，按录取程序择优录取。在东阳中学试行“学校制订特长生招生录取方案（包括特长生的类别、数量、标准、条件、程序等），并根据学生的升学考试成绩、学校面试或专门测试成绩、综合素质评价结果，按一定权重进行考核择优录取”的特长生招收办法。

【成人高校招生考试】 全市报考成人高校 981 人，其中文史类 561 人、理工 369 人、艺术文 48 人、艺术理 3 人，报考人数列金华各县（市）前列。实际参加考试 951 人，上线 902 人（高中起点本科 0 人、专科 902 人），上线率 91.95%。被录取 898 人，录取率 94.43%。

（吕映珍）

教师队伍

【概况】 全市中小学（幼儿园）教职工 10908 人，专任教师 9074 人。其中公办学校 6253 人，专任教师 6044 人。专任教师学历合格率、学历超标率分别为 99.28%和 73.3%。

【师德师风建设】 开展以“爱岗敬业，为人师表，做人民满意教师”为主题，以“一查三评比”（在职教师有偿家教专项督查，满意教师、满意学校、最美教师评比）为载体的“师德提高年”活动。组织明察暗访和交叉检查 6 次，上门走访在职教师 53 人，电话随访学生家长220余人，召集教师学生座谈240余人次。查处违纪教师13人，记过3人，行政警告10人，上缴廉政账户有偿补课违规所得10.8万元，同时对学校负责人实施问责，诫勉谈话3人，行政记大过处分1人，教育局对信访投诉较多的7名校长进行约谈。评出金华市第十一届中小学教坛新秀14人，东阳市中小学教坛新秀77人。上卢小学徐定凯获浙江省第四届师德先进个人，市实验小学俞丹丹、横店镇后岭山小学厉刚获金华市师德先进个人。

【最美教师评选】 9月7日，槐堂初中虞东刚被评为金华市最美教师，吴宁二校金丽环获金华市最美教师提名奖，湖溪镇退教分会张芝仙被评为金华市最美退休教师。杜赛俊、胡惠兰、蒋华燕、厉萍、王晓文、徐丽超、许丽芬、马梅咏、陆婷、张淑艳、王丽美被评为2015年东阳市第三届“最美教师”。

【教师职称晋升】 有359名教师晋升高、中级职称(技术职务)，其中60名教师晋升为高级职称(包括小学教师挂靠中学高级教师10人、幼教教师挂靠中学高级教师3人)，副研究员与高级讲师各1人；297名教师晋升为中级职称(小学高级教师110人、幼教高级教师121人、中学一级教师66人)。另有430名中小学教师初定专业技术职务，其中初定中级职务7人、初级职务337人。晋升中高级职务的农村学校教师188人，占晋升总数的75%。10名民办学校教师晋升中高级职务。

【新教师招聘】 年初，人力资源和社会保障局、教育局联合发出2015年新教师招聘公告，招聘对象继续对非师范毕业生开放，高中段东阳中学、幼儿教育段均列入招聘计划，面向代课教师招聘列入单招计划。经报名、资格审查、意向公布、教育基础知识和学科专业知识书面考试、面试、成绩合格者体检和考核，于8月初完成录用新教师的签约聘用工作。全市招聘新教师246人，其中高中段(职技校)13人，初中段49人，小学段134人，面向代课教师招聘10人，幼儿教育40人。

【教师资格认定】 教育局春、秋季两期办理教师资格认定工作，认定299人，其中具有初级中学教师资格49人，小学教师资格140人，幼儿教师资格110人(高中教师资格由金华市教育局认定)。

2015年金华市级教坛新秀

表19

获表彰级别	姓 名	工作单位	荣 誉 称 号	表彰单位(表彰文号)	表彰时间
金华市级	赵雪燕	东阳中学	金华市第十一届中小学教坛新秀	金华市教育局	2015.6
金华市级	杜璟浛	东阳中学	金华市第十一届中小学教坛新秀	金华市教育局	2015.6
金华市级	赵小波	外国语学校	金华市第十一届中小学教坛新秀	金华市教育局	2015.6
金华市级	黄俊丽	外国语学校	金华市第十一届中小学教坛新秀	金华市教育局	2015.6
金华市级	陈震航	东阳技校	金华市第十一届中小学教坛新秀	金华市教育局	2015.6
金华市级	徐 匡	东阳技校	金华市第十一届中小学教坛新秀	金华市教育局	2015.6
金华市级	胡建根	东阳技校	金华市第十一届中小学教坛新秀	金华市教育局	2015.6
金华市级	金洁蓉	吴宁一中	金华市第十一届中小学教坛新秀	金华市教育局	2015.6
金华市级	范赛红	吴宁四校	金华市第十一届中小学教坛新秀	金华市教育局	2015.6
金华市级	曹靓娴	市实验二小	金华市第十一届中小学教坛新秀	金华市教育局	2015.6
金华市级	赵明月	吴宁一校	金华市第十一届中小学教坛新秀	金华市教育局	2015.6
金华市级	蔡曼倩	市实验幼儿园	金华市第十一届中小学教坛新秀	金华市教育局	2015.6
金华市级	郭娇娇	特殊教育学校	金华市第十一届中小学教坛新秀	金华市教育局	2015.6
金华市级	王丽飞	横店一中	金华市第十一届中小学教坛新秀	金华市教育局	2015.6

2015 年东阳市学校教职工基本情况

表 20

单位:人 %

学段	教职工数	专任教师数		学历				职称			年龄结构							
		合计	其中:女	合格人数	合格率	超标人数	超标率	高级人数	中级人数	初级人数	24 岁以下	25 至 29 岁	30 至 34 岁	35 至 39 岁	40 至 44 岁	45 至 49 岁	50 至 54 岁	55 至 59 岁
小学	3575	3429	2698	3429	100.00	3361	98.0	85	1549	1415	439	875	711	605	282	195	155	167
初中	2032	1964	1178	1964	100.00	1820	92.7	340	965	540	124	219	295	282	305	351	257	131
高中	1289	1153	586	1136	98.53	41	3.6	279	390	394	75	206	191	231	161	153	102	34
职中	488	454	234	431	94.93	33	7.3	111	171	119	82	82	69	140	62	61	27	13
幼儿园	3435	2050	2040	2025	98.78	1371	66.9	9	115	746	–	–	–	–	–	–	–	–
特殊教育	25	24	19	24	100.00	24	100.0	2	8	12	3	9	4	2	4	1	1	1

【校长业务考核】 坚持校长“规范办学、上课、听课评课、专题讲座、课题研究”五项工作常态化。8 月,校长人人撰写课程建设顶层设计方案。11 月,全市开展中小学校长课程建设大巡查,年末评出课程顶层设计校长视频比赛一等奖 17 人、二等奖 22 人、三等奖 21 人。

【校长教师交流】 3 ~ 4 月,分别对下属义务教育段学校、周边县市开展校长教师流动工作调研。印发《东阳市义务教育学校校长教师流动工作实施细则(试行)》给下属中心学校(城校办、教育处),根据 2014 年暑期校长教师流动工作实际,由中心学校(城校办、教育处)组织相关学校召集学校班子成员进行讨论,提出修改意见,填写《2014 年教师流动工作反馈意见》上报教育局。针对“教师交流随迁人事关系情况”及“城区骨干教师下农村任教后的人事关系与经费补贴情况”等问题,先后向周边县市 9 个地区进行调研。6 月,制定《东阳市义务教育段学校校长教师流动实施细则(试行)》,骨干教师全部随迁人事关系,在交通、住房等方面给予流动骨干教师一定的经费补助,在技术职务聘任方面给予一定倾斜,7 ~ 8 月,实施 2015 年校长教师流动工作,交流骨干教师 26 人,镇乡街道(或片域)内交流教师 79 人,达到省定有关要求。

【教师支教】 全市参加支教 40 人,其中高中 12 人兼职支教,义务段学校 28 人下乡支教,2 名教师援疆。外国语学校徐钦媛、江北中心小学朱斐飞被评为东阳市优秀支教教师。

(吕映珍)

教育管理

【校务监督委员会建设】 教育局编制印发《校监会工作手册》《校监会监督事项及政策汇编》《学校财务票据报销规范指南》《校务监督委员会工作台账》。3 月,全市 143 所公办中小学和幼儿园建成“六个有”(有办公室、有牌子、有公章、有意见箱、有公开栏、有工作台账)校务监督委员会,全面参与学校“三重一大”事项研究、师德师风督查、学校食堂督查、大型物资采购督查、工程建设项目督查等重点领域的监督。5 月,召开全市校务监督委员会现场推进会暨校务监督培训视频会议。至年末,全市校监会列席校务会议 708 次,召开座谈会 256 次,发放调查问卷 2940 份,收集各类意见建议 512 条,参与监督事项 466 个(次),审核票据金额 2760 余万元,监督重大经费使用 106 笔、940 万元,大宗物品采购 136 次、592 万元。发现并整改问题 61 个。

【学校安全管理】 教育局印发《2015 年教育局学校安全工作要点》《行事历》,与市属学校、中心学校、民办学校签订 2015 年度安全工作目标管理和消防安全、交通安全责任书。通过组织全国中小学生安全教育日、防灾减灾宣传周、举行地震应急疏散演练、开展全市中小学(幼儿园)防溺水专项教育、落实“学生安全千万家”教师家访、食品安全宣传月、消防安全宣传教育月等系列活动,提高师生的应急避险、自救互救能力。市财政投入近30万元为全市所有公办学校门房安装空调145套,拨款为全市公办幼儿园配备2名专职保安。移动公司出资150万元,为全市所有公办学校安装校园门禁系统。完成保安资格培训和应急救护培训209人,保安职业等级培训554人。全市中小学建成校园警务室116个。大宗食品统一配送或定点采购率100%,食堂量化分级A、B等级81.9%,品牌超市占校园商店总数的87.5%,饮用水城镇管网接入率99.3%,中小学生饮食安全知识知晓率90%,全面实施学校食堂原材料采购招投标,公办中小学“透明厨房”建成率100%。

(吕映珍)

教育研究

【教育技术应用能力提升活动】举办基础教育微课程开发活动、第四届教师教育技术应用能力大赛、第十六届中小学生电脑制作活动、第十八届教师自制多媒体软件评比、教育技术优秀论文评选等活动,1316人参加,获奖作品790件(一等奖132件、二等奖263件、三等奖395件)。教师参加金华市级以上教育技能比赛获全国奖39人(一等奖8人、二等奖12人、三等奖19人),省级奖3人(一等奖2人、二等奖1人)。教育局获第十八届金华市教师多媒体教育软件活动最佳组织奖、金华市第四届中小学教师教育技术应用能力大赛组织奖。东阳中学、东阳二中、外国语小学、横店一中、吴宁五校、后岭山小学入选浙江省基础教育微课程开发活动作品。吴宁一中获浙江省中小学生智能机器人比赛机器人篮球项目一等奖。横店二校张倩、横店镇楼下小学胡赛男、张涛,南马实验小学张淑艳、外国语小学陈玲、外国语学校冯建伟获新媒体新技术教学应用研讨会暨第八届全国中小学互动课堂教学实践观摩活动课例获一等奖,另有9人获二等奖、17人获三等奖,南马实验小学张淑艳、外国语小学陈玲分别获现场说课一、二等奖。画溪小学王青松获评第十六届全国中小学电脑制作活动指导教师一等奖。市实验小学许小鸽获省第四届中小学教师教育技术应用能力大赛一等奖。横店镇中心小学陆婷获第十九届全国教育教学信息化交流展示活动优秀作品二等奖。

【教育科学研究管理】开展教育科学研究工作,加强课题申报、开题、指导、结题等过程管理,强化优秀科研成果的推广转化工作,做好年度教育科研工作指数考核。举行年度立项课题中期检查深化11个“科研协作体”建设。吴宁五校胡远萍、横店中心幼儿园任欣君、外国语小学王宇燕、吴宁二校楼美刚获评浙江省教科研先进个人;东阳中学、外国语学校、横店中心小学、白云中心小学获评金华市第八届教育科研先进集体;吴宁五校胡远萍、江北中心小学吴晓玲、吴宁四校邢亚云、横店中心幼儿园任欣君、南马中心幼儿园贾凤光、外国语小学王宇燕、吴宁二校楼美刚等7人获评金华市第八届教育科研先进个人;市实验小学董承英、巍山中心小学胡丹丹、槐堂小学周君芳获评2014～2015年度金华市教育学会工作先进个人。

【立项课题研究】省级立项课题5项,其中市外国语小学《小学全息管理研究》被列为省重点课题,横店中心幼儿园《QQ宝贝计划——幼儿园小篮球整合课程的实践策略》、吴宁第二小学《小学虚实课堂一体化教学研究》、南马中心幼儿园《阳光体育 幸福成长——富有“农”味的幼儿园户外体育活动策略的研究》、吴宁第一小学《“三重”拓展构建小学语文同步阅读体系实践研究》4项被列为省规划课题。金华市立项课题66项,其中金华市重点课题7项、金华市规划课题59项。东阳市级立项课题165项。

【课题研究成果推广】全市有省级获奖课题2项,金华市级获奖课题29项,东阳市级获奖课题99项、结题189项。其中吴宁二小楼美刚负责、邵晓燕执笔的《小学教师专业发展“观—诊—疗”模式研究》,白云初中徐海金负责、马俊执笔的《初中外来务工子女“新公民教育”设计与实施路径的研究》分别获省教育科学研究优秀成果一、二等奖。东阳技校楼江明、虞明花、陈良女、徐匡、葛杭军参与的《基于“做中学”的创业意识及能力培养的实践与研究》获省职业教育与成人教育优秀教育科研成果二等奖。外国语小学葛敏辉负责的《小学数学“教学问诊手册”建设的实践研究》、市教科所沈兵负责的《四环建构:队课程建设东阳模式研究》、吴宁五校梁晓明负责的《基于概念构图的小学作文教学变革研究》、南市槐堂小学周君芳负责的《小学“变易教学”策略研究》、市实验幼儿园沈群英负责的《幼儿园“5M项目管理”提升师能的实践研究》、横店幼教集团中心园区任欣君负责的《开启QQ宝贝计划，共筑健康金色童年——幼儿园开展趣味篮球活动的实践研究》获金华市优秀教育科研成果一等奖。

【心理健康和卫生保健】 教育局印发《关于积极推进中小学心理健康教育工作的通知》。继上年投入20万元经费后，又投入14.5万元用于33所初中心理咨询室添置装备，投入25万元用于部分中小学卫生保健室添置装备。组织心理健康教育专业知识培训和考证、家校合作骨干培训，评选合格心理辅导室。至年末，全市获C级及以上持证教师有2332人，占在编教师比例41.5%。东阳技校金巧兰获评浙江省学校心理健康教育优秀项目先进个人。

（吕映珍）

浙江广厦建设职业技术学院

【概况】 浙江广厦建设职业技术学院录取新生4068人，报到3702人，平均报到率91%。2015届毕业生就业率97.86%。组织岗位考证培训10787人，组织职业技能鉴定9场，鉴定2720人；完成造价员培训171人；组织电子商务培训702人；完成大学生创业培训296人。图书馆新增入库图书10380册，新增光盘800张。

7月8日，潘光永发明的“利用药瓶制作一个两层仿古食篮道具的方法”获国家发明专利证书。

【学校网站建设】 把学院外网、五个分院的网站、招生就业网、校友天地、校园文化等网站进行改版。修订《学院网站建设及新闻报送量化考核制度》《学院微博量化考核制度》，推动学院宣传报道的质量。学院微博发送数量1500余条，微信发送图文信息170余条，消息480余条，有粉丝14000人，微博影响力居全省高校前十，高职院校第二。在《浙江日报》主办的“最美大学”评选中列第五位。

【职教专业发展】 新增电梯工程技术、电子商务、建筑信息管理3个新专业，着手准备建筑室内设计专业。采用融BIM技术的“2+1”工学结合——项目导向人才培养模式，以工程项目为教学载体，在2015级建筑工程技术专业建立教学改革试点班，对接工程建设全过程，将BIM技术融入设计、招投标、施工及管理各门课程中，培养“工程+BIM”人才。开展建筑信息化管理新专业市场调研、论证培养方案、建设实训室等事宜。投入200余万元，完善相关专业校内实训室硬件和软件建设，BIM综合实训中心一期通过验收并投入使用。

【教育教学】 开办第二期“广厦——容创电梯班”，新增容创公司赠送价值50万元的电梯实训设备。国际经济与贸易专业将“速卖通”“EABY”“亚马逊”等跨境电商平台的使用结合到“外贸业务操作”课程中。实施课堂教学创新，751名学生网上自主选课，通过增加通识教育选修课、专业选修课、专业群互选课等途径，选修课学分占比41.65%。升级改造1∶1建筑模型，添加微信交互系统，将4D微课引入到微信扫描系统，实现学生直观看到实体模型节点构造，通过4D微课直观看到该节点对应的施工模拟过程及最新的规范。成立创业学院，开设《大学生KAB创业基础》等创新创业公选课11门。学生职业资格证书获取率99.81%。国家级14项竞赛中，获46个奖项，其中一等奖10项，二等奖25项，三等奖11项。省级25项竞赛中，获88个奖项，其中一等奖17项，二等奖30项，三等奖41项。在浙江省科技竞赛委员会组织的19个学科、技能竞赛中，获52个奖项，其中国家二等奖1项，省一等奖6项，二等奖20项，三等奖25项。工程造价专业连续六年获全国算量大赛总冠军，省十大学科竞赛团体一等奖。市级以上课题立项101项（其中省级3项，厅级21项）。公开发表论文315余篇，著作3部；获市优秀成果奖8项；新编非公开出版教材39本。

【社会服务活动】 国际经济与贸易专业与企业共建“外贸工作室”，为东阳、义乌等12家企业解决产品销售、平台管理、产品详情页编辑、店铺运营、客服管理等实际问题，创造产值37.8万元。现代制造技术实训基地在完成实验实训指导任务的同时，承接上海通克逊自控仪表有限公司等企业的产品加工任务，完成零件加工数量7850余件，创外加工收入2.6万元，建工分院教师张涛与中国科学院力学研究所合作，对鞍山风机厂的风机蜗壳进行减重结构优化设计；数控教研室教师刘铁军为东阳天庭红木家具公司改造设计数控木雕机械；专业英语教研室教师陈晨为东阳蓝宝石公司提供翻译服务，协助东阳三建开拓海外市场。

【创业学院成立】 11月17日，成立创业学院，下设5个创业分院，并公布创业学院和各创业分院领导机构成员名单。

（张雷珍）

浙江横店影视职业学院

【概况】 学院有16个专业，分为艺术设计传媒、旅游、财经、文化教育4大类，其中艺术设计传媒大类9个专业，旅游大类2个专业，财经大类4个专业，文化教育大类1个专业。省级特色专业2个，省级优势专业1个。

【师资队伍建设】 新引进专职教师23人（其中研究生13人、高级职称1人、中级2人），行政职员7人，实习教师7人。引进外聘教师39人。加强对二级学院外聘教师聘用手续、日常管理等业务的培训，初步建立外聘教师专家库。与浙师大经济与管理学院、文化传播学院签订《研究生实习实践基地协议书》；与东阳市广播电视台签订《实践教学合作协议》。

【学院竞赛】 学院组织参加大学生科技竞赛委员会和省教育厅组织的竞赛项目，获大学生广告艺术大赛全国三等奖。参加一类、二类技能大赛获奖31项，其中浙江省导游大赛获三等奖1项；浙江省多媒体作品竞赛获二等奖1项、三等奖1项；省大学生广告艺术大赛获三等奖2项；全国大学生广告艺术大赛获三等奖1项、学院奖4项，电子商务技能大赛二等奖2项，浙江省大学生艺术节一等奖1项、二等奖1项，浙江省大学生摄影竞赛专业组一等奖1项、二等奖1项、三等奖1项；省投资理财大赛获一等奖和三等奖各1项。

【招生就业】 学院自主招生指标450人，录取445人。2015年通过"3+2或五年一贯制"联系中职学校近30所，将各合作专业项目向省教育厅和省发改委申报计划，省厅和省发改委2015年所批学院招生计划数2030人，其中"3+2"完成指标1465人，"3+2"招生计划数列全省第一。"五年一贯制"完成划指标565人，招生计划数列全省第四。学院2015届毕业生1107人，毕业生总就业人数1089人，总就业率98.37%，签约率93.04%，15人升读本科。

【科研项目申报】 组织开展课题申报、成果奖申报、论文征集30个类别工作，其中组织论文奖征集3类、课题申报24类、成果奖申报3类。受理251人次的纵向课题申报、科研成果奖申报、论文奖征集。确认立项的地市级以上纵向科研项目63项。其中浙江省哲学社会科学研究课题1项；浙江省社科联（含社科普及课题）4项；浙江省教育厅一般课题5项；浙江省高等教育教学改革与课堂教学改革6项；浙江省教育技术研究规划课题2项；金华市社联重点10项，一般27项；浙江省高职党建研究会课题1项；浙江省高职教育研究会教育教学改革课题3项；浙江省高职高专文化传媒类教指委教育科研课题重点1项，一般3项。

【交流与合作】 向台湾大叶大学、台南应用科技大学、大仁科技大学派出交换生18人；邀请韩国又松大学交流访问，与韩方就人物形象设计专业合作办学达成意向，开设中韩"人物形象设计"班2个，聘请韩语教师教授韩语课程；邀请泰国易三仓大学教务长及研究生院院长助理到学院访问，就双方合作培养博士生签订国际合作协议；赴韩国首尔艺术大学、水源女子大学、顺天乡大学、明知大学、又松大学以及中国湖南大学考察访问，就开展中韩合作办学项目与韩方签订有关国际合作协议。4月，横店集团欧洲公司总经理毕华到学院交流，选送作品《石头剪子布》赴意大利参加斐乌吉电影节；5月，邀请意大利球星巴乔到学院开展慈善行活动；6月，纽约电影学院一行到学院交流影视创作先锋理念；11月，台湾大仁科技大学就互派交换生达成共识；10月，聘请国际友谊奖获得者、意大利专家毕华为名誉教授；11月，意大利威尼斯、罗马电影节主席马克·穆勒、加拿大知名导演帕亚米、意大利资深制片人和导演贝尔杰西奥、资深国际电影节策划人Chahine女士到学院访问，并举办"国际电影人在中外合拍片中机遇与挑战"国际学术研讨会。

【社会服务项目】 学院承担各类社会服务项目30余项，组织各类培训4000余人次，拍摄各类影视作品60余部，承担东阳市商务局电子商务培训项目、东阳市农办计算机网络管理员项目、农村电子商务培训项目、会计证培训项目、梦幻谷景区服务英语培训、横店影视城酒店技能培训、农办影视旅游培训、圆明新园管理干部培训、浙师大礼仪培训、东阳旅游局举办的东阳旅游导游词串词培训和横店集团负责的横店马拉松墙体美化项目。影视制作学院根据教学计划安排，组织编导、摄影摄像技术、电视节目制作、人物形象设计、影视表演等专业学生，进入横店影视城进行DV游实践拍摄活动。表演专业的师生参与《天下正道》《偏偏喜欢你》《武神赵子龙》《三少爷的剑》等40余个剧组的演出，拍摄总人数900余人次。

（钱文华）

体　育

【概况】 全市举办大型全民健身活动20余次。落实公共体育设施对外开放工作，第一批23个单位体育设施定时向社会免费开放。8月18日，东阳市被命名为第二批“全国柔力球之乡”。

全市举办大型全民健身活动20余次，通过创建省级体育强镇（乡）、街道，小康体育村，并与美丽乡村、文化礼堂建设相结合，至年末全市18个镇乡街道成为省级体育强镇（乡）街道，315个村成为省级小康体育村，建成各类运动场地2755个（其中学校场地613个），篮球场1011片（其中室外962片），阳光球场200余片，造成健身路径1037条，全市体育场地面积147万平方米，人均1.75平方米。

【体育中心建设】 市体育馆项目完成投资9200万元，完成外幕墙、屋面蜂窝铝板龙骨的连接件焊接，地下室砌体、二次结构工程。体育馆周边配套工程完成项目立项、地质灾害评估工作。

【体育产业】 全市有体育彩票销售网点112个，完成体彩销售1.03亿元，比上年增加1400万元，增长13%，列金华各县市前列。东阳富士碳素有限公司被列入省体育产业项目库名录，投资1000余万元建成东阳市垂钓中心，东阳市渔具（休闲）产业基地动工新建。浙江横店体育发展有限公司先后举办全国U16男篮俱乐部联赛、明星篮球赛、罗伯特·巴乔横店行、万人瑜伽大会、全国青少年武术大赛等16项大型活动，被全国多家媒体报道。

【公共体育设施建设】 落实公共体育设施对外开放工作。市政府印发《关于做好机关、学校等单位体育设施向社会开放工作的实施方案》，自2015年起全市机关、学校等单位体育设施逐步分批向社会开放，有23家机关学校等单位体育设施向社会免费开放。

【学校体育】 4月30日，市小学生中国象棋比赛在吴宁一校举行。5月7～8日，市中小学生网球比赛在怀鲁小学举行，7所学校百余名学生参加。5月14～15日，市中小学生排球比赛在吴宁四校举行。5月20～22日，市小学生羽毛球赛在外国语小学举行。9月21日，横店镇第三小学、马宅镇中心小学被列为全国青少年校园足球特色学校。10月21日，市第28届中小学生田径运动会开幕，700余名运动员参加78个项目比赛。11月5～7日，市小学生篮球比赛在六石小学举行。11月12～14日，市高中生篮球比赛在东阳中学举行。12月16～18日，市第一届中小学生校园足球联赛在马宅镇中心小学举行，15支队伍参加。12月19～21日，市初中生篮球赛在外国语学校举行。

【职工体育】 2月27日，中天集团举办第一届“中天·劲跑”活动，全国各地的2950名集团员工参加。8月17日，东磁公司第十七届员工运动会开幕，2753名员工参加19个项目比赛。10月16日，花园第八届体育运动会举行，村民、企业职工、学生等组成40个代表团，参加田径、棋类、球类等项目的比赛。10月22日，巍山镇中心小学职工举行“快乐呼啦圈”比赛。11月3日，浙江海森药业有限公司举办拔河比赛。

【镇乡街道体育赛事】 2月26日，六石街道北后周村举办第四届农民运动会，300余人参加。3月1～2日，虎鹿镇举办“华洋杯”篮球赛，10支队伍参加比赛。3月2日，湖溪镇八里湾村程坊自然村举行趣味运动会，215人参加。5～12月，东阳江镇举行第四届农民运动会，28支队伍、1000余名运动员参加象棋、排球、乒乓球、篮球四个项目的比赛。5月，吴宁街道东岘社区举行第十二届健身运动会。10月8～9日，横店镇举行气排球邀请赛，24支队伍参加比赛。

【体育协会活动】 4月23～24日，市老体协健身操专委会举行橡筋健身操培训，全市80余人参加。4月28日，市气排球协会举行换届大会。同日，市老体协举办全市小康型老年体育示范村会长培训会，村老体会长、镇乡街道体育骨干240余人参加。6月21日，市长跑协会成立，同日举办东阳首届江滨接力马拉松赛，38支队伍参加比赛。7月19日，棋类促进会举行第三届“社区杯”交流赛，40余人参加。10月18日，市老体协在节庆广场举办“舞动人生”广场舞比赛，19支队伍参加。10月24日，市足球协会主办的

“东阳三建杯”9人制足球赛开赛，17支球队318名运动员参加。12月26日，信鸽协会举办以“飞跃梦想”为主题的“花园杯”信鸽大赛。

【东阳市级体育赛事】 1月24～25日，举办市第六届“正良杯”乒乓球俱乐部联赛。2月2日，举办2015年“广厦爱心杯”篮球俱乐部慈善义赛。4月25～26日，举办“农商银行杯”乒乓球比赛。5～6月，协助举办全市第三届职工运动会。8月7～11日，“南岸名城”杯夏季三人制篮球赛在东阳市举行，61支球队参加。8月21日，“恒成杯”夏季篮球联赛在东阳市举行，14支队伍参加。9月20日，东阳市举办“中国传统古村落——蔡宅杯”健身球操比赛，全市镇乡街道和行业部门的25支队伍参加比赛。11～12月，举办市第二届农民健身运动会，全市19个镇(乡)街道490名农民运动员参加拔河、太极拳、排舞(橡筋操)、轮胎翻运、跳绳、钓鱼项目的比赛，吴宁街道、横店镇、巍山镇分别获前三名。

【金华市级体育赛事】 3月20～21日，组队参加金华市老年体协举办的太极拳剑比赛，获三金二银，列团体总分第二名。3月28日至4月3日，组队参加金华市首届球类运动会暨第七届八婺杯篮球锦标赛，东阳市代表队获男子组冠军。4月8日，组队参加金华市老年人乒乓球赛，获团体冠军。4月18～27日，组队参加金华市校园足球联赛。4月27～29日，组队参加金华市老年人气排球比赛，东阳市男女两组均获第一名。4月28～30日，组队参加金华市体育特色学校田径运动会。5月5日，组队参加“海归商会杯”金华市小学生校园足球(春季)联赛，横店三校女队获女子甲组第二名。7月3～4日，组队参加金华市青少年柔道锦标赛，江北二小获3金6银3铜，列团体总分第三名。8月1～2日，组队参加金华市跆拳道锦标赛，东阳市代表队获2金7银。10月27～30日，组队参加金华市第二届田径锦标赛，东阳市代表队获15金12银28铜。12月20日，组队参加金华市青少年(儿童)乒乓球巡回赛(总决赛)。

【省级体育赛事】 5月14～16日，组队参加“2015年浙江省幼儿大会”“浙江省第四届幼儿足球表演大赛”。6月12～17日，组队参加省第二届海洋趣味运动会，获海上生存一等奖。6月23～25日，组队参加全省首届生态运动会，吴宁女子健身球操队获团体总分第一名。7月6日，组队参加浙江省生态运动会趣味足球比赛，获一等奖。7月20日，在“希望杯”浙江省校园足球联赛中，横店镇第三小学获小学女子甲组和小学女子乙组两个一等奖。7月20～23日，白云小学参加浙江省艺术体操比赛，获团体第四名。8

图76 11月25日，市第二届农民健身运动会排舞(橡筋操)比赛在市江北中心小学举行(包康轩摄)

月5～10日，组队参加全省青少年田径冠军赛，东阳市代表队获2金4银，列省甲级队17名。9月26～27日，2015“智美杯”浙江自行车系列公开赛（金华站）东白山爬坡赛在东阳市举行。11月9日，组队参加省第三届“大成杯”中老年健身球操比赛 。11月14～15日，“中天杯”浙江省航海模型公开赛在横店广州街举行。12月27日，组队参加浙江省第七届中小学生乒乓球联赛，东阳市第二实验小学女队和吴宁三中男队分别获团体一等奖、二等奖。

【国家级体育赛事】 3月7日，全国U16男子篮球职业俱乐部比赛在横店举行，16支队伍、216名运动员参加。5月，在太原举行的全国田径大奖赛上，东阳市撑竿跳运动员任梦茜，以4.5米的个人最好成绩，获冠军。5月17日，2015年“中行杯”横店马拉松赛在横店举行，国内外近万名选手同场竞技。5月20～21日，组队参加青岛首届全国健身操展示活动，获团体优胜奖、自选套路第一名、创新套路最佳表演奖、体育道德风尚奖。5月22～24日，举办“横国明星公益篮球赛”。6月22～26日，全国首届“梦幻横店”老年气排球邀请赛在横店开幕，56支队伍，500余人参加。7月10～12日，组队参加2015年浙江国际传统武术比赛，获28枚金牌，桐院武术少年棍打、少年拳术分别获团体第一名，包为群获“最佳教练员奖”，东阳武术协会代表队获“最佳运动队”和“发展武术运动贡献奖”。9月12～21日，承办2015“超级杯”全国气排球联赛——浙江东阳赛区的比赛，全国50余支代表队400余名运动员参加。9月19日，在第九届全国残疾人运动会暨第六届特殊奥林匹克运动会上，东阳籍运动员骆阳阳（听障）、王丽丽（肢障）、王强（肢障）、吴欣欣（肢障）、杜晓东（听障）、蔡红珍（肢障）、麻嘉诚（脑瘫）7人参加比赛，获三金一银。11月3～7日，“全国老年气排球之乡”交流活动在东阳市举行，全国16个省市59支代表队，564名运动员参加比赛。12月1日，时代之星“钓圣杯”全国钓鱼大奖赛总决赛在横店华夏文化园举行，全国200余名钓鱼高手参加比赛。

【举办首届“梦幻横店”全国气排球邀请赛】 6月22～26日，首届“梦幻横店”全国气排球邀请赛在横店影视城举办。该届邀请赛由中国老年人体协气排球专项委员会、浙江省老年人体协支持，市老年人体协主办，浙江横店影视城有限公司、浙江横店体育发展有限公司承办。全国各地56支代表队参加比赛，比赛采用循环赛的办法进行。比赛分别在横店体育馆和横店国贸大厦进行。

【“东阳三建杯”9人制足球赛】 10月24日，由东阳市体育总会和市足球协会主办的“东阳三建杯”9人制足球赛在外国语学校足球场开赛，17支球队318名足球爱好者参赛，比赛利用双休日进行，40场比赛持续到12月6日结束。

（金胜男）

科学技术

概述

【概况】 2015年，市科技局完成研究与试验发展经费(R&D)支出10.12亿元、研发人员数3890人、发明专利授权量173件，规模以上工业企业新产品产值131.25亿元，高新技术产业产值238.18亿元，技术市场交易额7692万元。省科技型中小企业数133家；市级以上高新技术企业数112家，其中国家高新技术企业数38家、市级以上企业研发中心75家；县级以上创新型企业数72家。

组织企业申报2015年东阳市科学技术奖和科技标兵。上报科学技术奖45项，科技标兵18人；申报2015年度金华市科学技术奖15项，获一等奖1个、二等奖2个、三等奖4个；推荐申报浙江省科学技术奖7个项目。

【科技计划项目】 上报国家火炬计划10项，星火计划7项，省公益技术研究项目2项，省级新产品试制计划40项；金华科技计划项目立项公示31项。新增国家高新技术企业14家，金华市高新技术企业28家，省科技型中小企业38家。省级企业研究院2家、省级企业研发中心1家，金华市级研发中心4家；金华市级创新型企业1家。省级农业科技企业1家，金华市农业科技企业2家，农业研发中心1家。联合市财政局对全市2014年度到期科技计划项目验收检查，通过专家验收20项。

【科技创新体系建设】 1月23日，会同统计局对部分规模以上工业企业统计员进行一次科技统计业务培训，135家企业参加培训。与四大银行签署科技金融战略合作框架协议，开启科技与金融的友好合作。3月，组织市金融办、市经信局、市财政局相关工作人员，赴安吉县、德清县考察科技金融、创新券管理以及科技孵化器运行管理等工作。6月，制订市专利保险、专利权质押融资和科技创新券推行等有关实施管理办法。至年末，发放创新券金额311.56万元，近100家企业（个人）申领创新券228.47万元，推广应用情况列金华地区第二。

【产学研科技合作】 向150余家企业寄送技术难题、技术需求和人才需求表，征集到技术难题111项、人才需求22项。发挥浙江大学、浙江工业大学东阳技术转移中心的作用，走访企业，对接双方感兴趣的技术问题，开展各种形式的科技合作；组织企业参加北京军工单位调研考察、中韩产业创新合作对接会、2015年浙江国际技术转移项目对接会、省科技厅组织的军工可转化项目对接会等科技合作交流活动。4月，组织一部分有自动化项目需求的企业到中科院沈阳自动化研究所义乌中心开展科技对接活动。6月，与中国科学院兰州化学物理研究所义乌功能材料中心开展科技合作前期对接工作。7月，浙江工业大学东阳技术转移中心组织该大学材料科学与工程学院的12名教授博士到东阳市开展2015暑期科技服务活动，走访金属加工、新型材料企业。9月，组织部分磁性材料生产企业赴杭州，与浙江工业大学材料学院开展科技合作项目对接活动。10月，带领医药化工行业企业到成都与中科院成都有机化学有限公司、四川抗菌素工业研究所、四川大学开展科技对接活动。11月，赴深圳考察中科院先进技术研究院创客学院、深圳湾创业广场、深圳大学、清华大学深圳研究生院，对接取经先进众创经验，并参观考察高校的仪器设备和科技成果，就相关的技术开发、人才引进开展对接交流，促进科技成果、技术的转移和高端人才的引进。

【科技成果竞价活动】 组织企业参加浙江省科学技术厅2015年春(秋)两季竞价(拍卖)科技成果活动；中核苏阀横店机械有限公司竞价获得由杭州太阳铸造工程技术有限公司完成的自动化造型流涂表干系统技术研究与应用项

目、浙江巍华化工有限公司竞价获得由杭州原正化学工程技术装备有限公司开发的连续氟化法生产对氯三氟甲苯工程技术。

【百博入企、百企入校活动】 开展百博入企、百企入校活动。有5名博士分别入驻横店集团东磁股份有限公司、横店集团得邦照明股份有限公司、浙江石金玄武岩股份有限公司、浙江普洛医药科技有限公司4家企业；浙江恒成硬质合金有限公司、横店集团得邦照明股份有限公司、东阳市东政电机有限公司3家企业4名企业负责人和技术人员到杭州电子科技大学、中国计量学院和中南大学挂职。

【知识产权管理】 申请专利2056件，比上年增长2.24%。授权专利1638件，比上年增长3.61%，其中，发明专利申请量368件，比上年增长32.37%；授权量173件，比上年增长116.25%。

4月，创建省知识产权示范市工作通过省知识产权局组织的专家验收。横店电子产业园区通过省知识产权示范园区创建工作考核验收，升格为省知识产权示范园区。6月，专利保险试点工作通过省知识产权局的考核验收。9月，东阳市国家传统知识知识产权保护试点工作通过国家知识产权局组织的专家验收，并提交国家知识产权强县工程示范市的申报材料。新增国家知识产权示范企业1家、国家知识产权优势企业1家、省专利示范企业2家、金华市专利示范企业11家；横店集团得邦照明有限公司和浙江普洛医药科技有限公司通过国家知识产权管理体系认证。中核苏阀横店机械有限公司和横店集团得邦照明股份有限公司分别获中国专利优秀奖和中国外观设计专利优秀奖。

11月27日，国家知识产权局发布第十七届中国专利奖授奖决定，中核苏阀横店机械有限公司的“一种用于火电机组的超超临界高合金钢的制造方法”获中国专利优秀奖（发明人：王润英、谢小兵、李世倾、魏代刚、蒋琦、谢国丽）、横店集团得邦照明股份有限公司的“LED射灯（PAR20）”获外观设计优秀奖（设计人：龚伊、李伟刚、何婷婷、杜罡）。

【科技特派员工作】 根据乡镇需求以及特派员的特长，对全市13名科技特派员进行新一轮轮换和相关业务培训工作，在城东街道办事处开展街道特派员试点工作，上报金华市科技特派员项目4项。

【地震前兆观测】 贯彻国务院和浙江省政府《关于进一步加强防震减灾工作意见》，完善重大特派员工作制度，推进农村经济产业结构设工程地震安全性评价工作，规范地震前兆观测站和GNSS基本站管理。开展防震减灾宣传，5月12日在六石中心小学举行地震应急演练，全校2000余名师生参加演练。10月，科技局获省地震综合资料评比第二名、钻孔应变第二名。

【科技孵化中心建设】 东阳科技孵化中心是市政府公共服务平台五大中心之一。科技孵化中心改造装修工程完成，1月，《东阳市科技孵化中心入孵企业管理办法》由科技局和财政局联合下文并实施。意向进入孵化中心的企业20家，首批7个入孵企业通过专家评审并入驻孵化，第二批4家组织专家评审。

表21

2015年科技计划项目及新产品

序号	项目名称	承担单位	计划类别
1	软条白砂枇杷丰产种植技术示范推广	东阳市隔溪水果专业合作社	国家星火计划项目
2	传统金华火腿深加工延伸及产业化	东阳市天金食品有限公司	国家星火计划项目
3	块菌半人工栽培标准化生产技术研发及产业化	东阳市鹏飞农林开发有限公司	国家星火计划项目
4	年产5000万只新型波纹管	花园金波科技股份有限公司 （原浙江花园电子科技有限公司）	国家火炬计划项目
5	年产3600吨高性能合金磁粉芯制粉产业化	横店集团东磁股份有限公司	国家火炬计划项目
6	抗肿瘤药物乌苯美司开发及产业化	浙江普洛康裕制药有限公司	国家火炬计划项目
7	头孢地尼原料药产业化	浙江普洛得邦制药有限公司	国家火炬计划项目

续表 21

序号	项目名称	承担单位	计划类别
8	吉他霉素开发及产业化	浙江普洛康裕生物制药有限公司	国家火炬计划项目
9	D(–)对羟基苯甘氨酸甲酯研发及产业化项	浙江普洛医药科技有限公司	国家火炬计划项目
10	基于冲压型高碳铬轴承钢薄钢带的产业化	东阳市中洲钢带有限公司	国家火炬计划项目
11	高温高压石油炼化专用不锈钢铸件	中核苏阀横店机械有限公司	国家火炬计划项目
12	特种机器人用交流永磁伺服电动机	浙江联宜电机有限公司	国家火炬计划项目
13	SKZW2416 组合式空调箱的研发	浙江思科国祥制冷设备有限公司	国家火炬计划项目
14	电动汽车动力总成及其控制系统关键技术研发	横店集团联宜电机有限公司	金华重点科研
15	电动汽车专用低成本 35TH 烧结钕铁硼磁体的研发	浙江凯文磁业有限公司	金华重点科研
16	室内 LED 智能照明关键技术及产业化	横店集团得邦照明有限公司	金华重点科研
17	速度大于 135m/s 线材轧机辊箱研究与开发	浙江朋诚科技有限公司	金华重点科研
18	连续玄武岩纤维 –800 孔漏板熔融拉丝技术研究及产业化应用	浙江石金玄武岩纤维有限公司	金华重点科研
19	3,4,5– 三氯三氟甲苯的研制	浙江巍华化工有限公司	金华重点科研
20	3–[(2– 胍基 –4– 噻唑)甲基硫基]丙亚氨酸甲酯新工艺的研制	浙江野风药业股份有限公司	金华重点科研
21	无镝铽 N48H 烧结钕铁硼永磁材料的开发	横店集团东磁股份有限公司	金华重点科研
22	耐 100 吨高压冲击车用弹簧扁钢硬质合金复合辊研发	浙江恒成硬质合金有限公司	金华重点科研
23	海上采油用不锈钢阀门铸件技术研发与产业化	中核苏阀横店机械有限公司	金华重点科研
24	酶法合成头孢羟氨苄产业化技术开发研究	浙江普洛得邦制药有限公司	金华重点科研
25	低成本碳链均布磷酸铁锂材料的研发	浙江瑞邦科技有限公司	金华重点科研
26	蔗糖八硫酸酯盐绿色新工艺研发	浙江海森药业有限公司	金华重点科研
27	利用甜、糯玉米互为种质创新糯玉米材料研究	浙江省东阳玉米研究所	金华一般科研
28	餐饮污水处理油水分离设备研究与开发	浙江永尔佳环保科技有限公司	金华一般科研
29	H 型高血压患者踝臂指数与冠状动脉病变相关性的研究	东阳市人民医院	金华一般科研
30	镜像疗法治疗卒中后单侧空间忽略患者的疗效观察	东阳市人民医院	金华一般科研
31	渗透树脂和微研磨治疗正畸后白垩斑的疗效比较	东阳市人民医院	金华一般科研
32	国产骨水泥股骨假体治疗高龄股骨颈骨折围手术期安全性研究	东阳市人民医院	金华一般科研
33	吲哚美辛给药时间、剂量与其预防 ERCP 术后胰腺炎相关性研究	东阳市人民医院	金华一般科研
34	基层医院慢性心力衰竭患者自我护理现状及自护技能的影响因素分析	东阳市人民医院	金华一般科研
35	塞来昔布放射增敏作用在食管癌放化疗中的临床应用研究	东阳市人民医院	金华一般科研
36	rad52 基因多态性与结直肠癌发病风险的相关研究	东阳市人民医院	金华一般科研

续表 21

序号	项目名称	承担单位	计划类别
37	整合子介导儿童沙门菌 β－内酰胺酶耐药性的研究	东阳市人民医院	金华一般科研
38	早产低出生体重儿血清维生素 D 水平与免疫功能相关性及干预研究	东阳市人民医院	金华一般科研
39	黄连素干预空腹血糖受损人群胰岛素抵抗的临床观察	东阳市中医院	金华一般科研
40	术中两次使用氨甲环酸联合屈髋屈膝对全膝关节置换术后出血影响的临床研究	东阳市中医院	金华一般科研
41	腹针配合艾灸治疗青春期原发性痛经的临床研究	东阳市中医院	金华一般科研
42	灯心草治疗顽固性口腔溃疡的临床研究	东阳市中医院	金华一般科研
43	非超声乳化吸除术和超声乳化吸除术用于年龄相关性白内障的临床研究	东阳市中医院	金华一般科研
44	远隔缺血预适应治疗脑白质疏松症正常表现白质血流灌注异常的研究	东阳市横店集团医院	金华一般科研
45	防火保温安全型钢结构设备研发与产业化	浙江东驰钢结构有限公司	重点
46	FS170 铁氧体片的开发	横店集团东磁股份有限公司	重点
47	硫酸安普霉素研究与开发	浙江普洛康裕生物制药有限公司	重点
48	高灵敏度圆形 Z 轴振动线性马达	浙江省东阳市诚基电机有限公司	一般
49	N-(2,6- 二甲基苯基)-2- 吡啶甲酰胺(PIC)	浙江普洛康裕制药有限公司	一般
50	高介电常数复合微波铁氧体材料	东阳富仕特磁业有限公司	一般
51	散热用交直流输入无刷直流电机(电子式)	东阳市中兴电机有限公司	一般
52	KGS 储运设备的研发	浙江金象科技有限公司	一般
53	925526F 斜断锯关键技术研究与应用	冀发集团有限公司	一般
54	天然植物替代抗生素在生猪养殖中的技术研究及应用	东阳市皇野生态农业有限公司	重点
55	香榧自动化烘干、炒制生产工艺及设备研发	浙江合旺香榧股份有限公司	重点
56	“浙甜 10 号”新品种高效栽培技术研究及示范	浙江省东阳市玉米所	一般
57	铁皮石斛杂交授粉及种质创制研究	浙江省东阳市玉米所	一般
58	金线莲组培良繁及钟质离体保存技术研究	东阳市农科所	一般
59	铁皮石斛高效栽培技术研究	东阳市农科所	一般
60	大棚瓜类栽培搭架方式对比研究及推广	东阳市蔬菜管理办公室	一般
61	果园放养本地猪综合增效技术研究	东阳市冠绿果品种植场	一般
62	石斑鱼新品种引进、繁育及养殖技术研究	金华市横源农业科技有限公司	一般
63	中药材白芨－果树栽培模式研究	东阳市农科所	一般
64	香榧良种早实丰产栽培技术推广	东阳市国有生态公益林保护总站孟婆山分站	一般

续表 21

序号	项目名称	承担单位	计划类别
65	东阳市雷电灾害易损性及风险区划研究	东阳市气象局	一般
66	高效多晶 PERC 技术研发	横店集团东磁股份有限公司	省新产品
67	无镝铽 N48H 烧结钕铁硼永磁材料	横店集团东磁股份有限公司	省新产品
68	不添加 La、Co DM4240 永磁铁氧体材料	横店集团东磁股份有限公司	省新产品
69	FS170 铁氧体片	横店集团东磁股份有限公司	省新产品
70	DMR97 材料	横店集团东磁股份有限公司	省新产品
71	苹果 P25 系列产品	横店集团东磁股份有限公司	省新产品
72	挤出各向异性橡胶铁氧体磁条	横店集团东磁股份有限公司	省新产品
73	数控锁式毛巾绣花机	浙江东阳市双燕设备有限公司	省新产品
74	异丙安替比林	浙江海森药业有限公司	省新产品
75	盐酸屈他维林	浙江普洛康裕制药有限公司	省新产品
76	brose 高精度 AUDI 摇窗电机机壳	横店集团东磁股份有限公司	省新产品
77	特种材质 A514A	中核苏阀横店机械有限公司	省新产品
78	特种承压用材质 CF8	中核苏阀横店机械有限公司	省新产品
79	API 系列要求特种材质 6A	中核苏阀横店机械有限公司	省新产品
80	一种 CF8C 材质 12 寸 2500 磅加氢闸阀铸件	中核苏阀横店机械有限公司	省新产品
81	高温耐蚀 CN7M 材质承压铸件	中核苏阀横店机械有限公司	省新产品
82	8ZP3 耐高温耐高压耐腐蚀球阀专用合金铸件	中核苏阀横店机械有限公司	省新产品
83	一种优化的耐热低合金钢 C5 研发	中核苏阀横店机械有限公司	省新产品
84	BLBO1 智能红外感应报警 LED 灯	横店集团得邦照明股份有限公司	省新产品
85	G4-TP120-DIM-A19 智能温控可调光全方向 LED 灯	横店集团得邦照明股份有限公司	省新产品
86	低成本碳链均布磷酸铁锂材料	浙江瑞邦科技有限公司	省新产品
87	大力矩低转速电机用永磁铁氧体磁体	浙江省东阳市中航磁性有限公司	省新产品
88	多元素永磁铁氧体材料	浙江凯文磁钢有限公司	省新产品
89	高电压磷酸铁锂正极材料	浙江瑞邦科技有限公司	省新产品
90	高矩形度高 Ms 永磁铁氧体材料	东阳市金砖磁业有限公司	省新产品
91	汽车与新能源滤波器等领域用 R15K 高居里温度材料	横店集团东磁股份有限公司	省新产品
92	锶钡复合型永磁铁氧体材料	浙江省东阳市中航磁性有限公司	省新产品
93	新型高性能永磁铁氧体材料	浙江凯文磁钢有限公司	省新产品
94	一体式 190 度抗老化粉料	横店集团东磁股份有限公司	省新产品
95	直流变频电机用永磁铁氧体材料	东阳市金砖磁业有限公司	省新产品
96	63ZY24-15 直流减速电机	东阳市中兴电机有限公司	省新产品

续表 21

序号	项目名称	承担单位	计划类别
97	多功能空气处理机组	浙江思科国祥制冷设备有限公司	省新产品
98	降膜式螺杆冷水机组	浙江思科国祥制冷设备有限公司	省新产品
99	双冷源空气处理机组	浙江思科国祥制冷设备有限公司	省新产品
100	速度大于 135 米 / 秒线材轧机辊箱	浙江朋诚科技有限公司	省新产品
101	蒸发冷却式一体化冷水机组	浙江思科国祥制冷设备有限公司	省新产品
102	1.5–2 毫米薄钢带	东阳市广和钢带厂	省新产品
103	65Mn 优质钢带	东阳市广和钢带厂	省新产品
104	超薄高强度防砸复合玻璃	浙江鼎坚玻璃有限公司	省新产品
105	高效节能中空玻璃	浙江鼎坚玻璃有限公司	省新产品
106	Slim 型呼吸机导管	东阳市沃特塑胶有限公司	省新产品
107	复方多粘菌素 B 软膏	浙江日升昌药业有限公司	省新产品
108	甲基多巴甲酯	浙江野风药业股份有限公司	省新产品
109	纽莫康定 BO	浙江野风药业股份有限公司	省新产品
110	头孢丙烯原料(化学 – 酶法耦合)	浙江普洛得邦制药有限公司	省新产品
111	头孢克洛原料(化学 – 酶法耦合)	浙江普洛得邦制药有限公司	省新产品
112	维氟醌乳膏	浙江日升昌药业有限公司	省新产品
113	基于水性聚氨酯胶黏剂的 PVC 革	东阳市金茂塑胶有限公司	省新产品

2015 年度东阳市各级科技进步奖项目

表 22

序号	项目名称	主要完成单位及人员	县(市)级	金华市级	省级
1	N38EH 新材料	横店集团东磁股份有限公司 郝忠彬、吴美浩、洪群峰、胡烈平、黎龙贵	一	二	–
2	变频调速电机用高性能永磁铁氧体材料的研发与产业化	浙江凯文磁钢有限公司、中国计量学院 赵国法、张朋越、卢晓梅、吴 琼、祝日红、彭 林、陈述松	一	–	–
3	2,6- 二氯 -4- 三氟甲基苯胺(省级:2,6- 二氯 -4- 三氟甲基苯胺产业化)	浙江巍华化工有限公司 (省级:浙江工业大学) 陈静华、吴江伟、卜鲁周、常绚超、王国荣、李俊奇、张泉泉(省级:李惠跃、杜晓华、陈静华、吴江伟、王国荣、徐振元)	一	一	2015 年度浙江省技术发明奖二等奖
4	低成本高丰度稀土磁体	浙江中元磁业股份有限公司 赵永平、张 伟、卢燎花	二	–	–
5	钢带热处理综合节能技术及设备的研发与应用	浙江佰耐钢带有限公司、浙江大学 李益明、凌国平、沈红娟、张升才、胡正阳	二	–	–

续表 22

序号	项目名称	主要完成单位及人员	县(市)级	金华市级	省级
6	高精度宽幅铜板带强力热轧机列开发与应用	浙江花园铜业有限公司、 洛阳市洛铜装备设计制造有限责任公司 吴振春、严加伦、丁　茹、邵宏宝、雷　涛	二	三	–
7	线棒轧机用硬质合金组合式轧辊	浙江朗诚科技有限公司 何耀耀、王勇伟、赛　浩、张丛春、古宝庭	二	三	–
8	应用混合散热技术的大功率 MR16 LED 定向灯	横店集团得邦照明股份有限公司 陈　亮、周　祥、郭雪梅、许元奇	二	三	–
9	吉他霉素	浙江普洛康裕生物制药有限公司 胡茂华、卢君群、许永兴、吕爱华、斯海强	二	二	–
10	三唑基苯甲酸药物中间体(TA)	浙江普洛康裕制药有限公司 卢鑫鑫、叶云龙、沈晓峰、马伟军、胡罕田	二	–	–
11	80 岁以上急性脑梗死患者 rt–PA 静脉溶栓治疗的疗效和安全性研究	东阳市人民医院、金华市人民医院 徐冬娟、戴美芬、张为强、李鸿飞、朱浩刚	二	–	–
12	肺癌患者维生素 D 与细胞免疫功能检测及临床价值	东阳市人民医院 王茂峰、楼永刚、徐婉萍、陈德宝、黄必飞	二	三	–
13	电子标签用 IBF10 烧结铁氧体片	横店集团东磁股份有限公司 於扬栋、郝　斌、包大新、金江剑、潘磊明	三	–	–
14	超粗晶粒硬质合金凿岩钻头	浙江朗诚科技有限公司 王勇伟、何耀耀、赛　浩、张丛春、古宝庭	三	–	–
15	G4–DIM–BR30T–E26 智能散热 LED 灯项目	横店集团得邦照明股份有限公司 药左红、倪　强、杜　罡、朱宇飞	三	–	–
16	高耐蚀磁钢 N48M	浙江中元磁业股份有限公司 陆正平、李云龙、卢燎花	三	–	–
17	SKZW2416 组合式空调箱	浙江思科国祥制冷设备有限公司 陈　杰、杜承坚、陈俊健、陈俊秀、贾超兵	三	–	–
18	超多功能电脑绣花机	东阳市双燕设备有限公司 陈小红、马云飞、肖泽金、杜旭宾	三	–	–
19	N30UH 电机用磁瓦 R43.3	东阳市和顺磁业有限公司 葛文伟、杜国宏、汤英兰、蔡铁生、张章建	三	–	–
20	4–N– (2– 羟基乙胺基)–3,5– 二硝基三氟甲苯	浙江康峰化工有限公司 张位德、周华真、吴金桥、陈惠锋、杜广飞	三	–	–
21	间三氟甲基苯甲酸	浙江康峰化工有限公司 张位德、周华真、吴金桥、陈惠锋、杜广飞	三	–	–
22	瑞舒伐他汀	浙江海森药业有限公司、 四川抗菌素工业研究所 李宽伟、陈宇瑛、代　亚、潘娅娅、虞宇航	三	–	–

续表 22

序号	项目名称	主要完成单位及人员	县(市)级	金华市级	省级
23	匹伐他汀钙	浙江海森药业有限公司、 四川抗菌素工业研究所 李宽伟、陈宇瑛、胡康康、代　亚、罗　刚	三	–	–
24	卡比多巴	浙江野风药业股份有限公司 陈良平、徐方明、吴国英、金菊珍、吴金群	三	–	–
25	氟苯尼考原料药	浙江普洛得邦制药有限公司 任红阳、厉　昆、任党培、陈　亮、张光大	三	–	–
26	2,3- 二氯甲苯	浙江省东阳市兴华化工有限公司 程伟民、吴江峰、张增兴、吕超先、马　良	三	–	–
27	标准通道经皮肾镜下第四代EMS碎石清石系统治疗肾、输尿管上段结石的临床研究	东阳市红十字会医院 楼国新、张军平、张旭明、吴兆平、马德权	三	–	–
28	筋膜蒂皮瓣联合植骨术在拇指末节缺损修复中的临床研究	东阳市红十字会医院 金国栋、曾永文、张旭明、吴兆平、卢敏华	三	–	–
29	NT-PRO-BNP 在先天性心脏病伴心力衰竭中的临床意义	东阳市妇幼保健院 方俊梅、郭　伟、蒋　俊、郭燕瑛、郁凌飞	三	–	–
30	丙泊酚不同给药方法用于无痛胃镜的临床研究	东阳市横店集团医院 陈英强、朱　翀、张少虹、郭　鑫、叶　挺	三	–	–
31	食物处理器用电机(95ZWM120-250)	浙江联宜电机股份有限公司 陆建国、马巧芬、许泽立、杜　姗、金江波 (省级:王润英,朱锦斌,谭春平)	2014 年东阳市二等奖	–	2015 年度浙江省技术发明奖三等奖
32	第三代口服头孢抗菌素原料药(7-AVNA 为母核)产业化技术	浙江普洛得邦制药有限公司, 山东普洛得邦医药有限公司 厉昆,陈亮,马向红,祝方猛,李啸风, 任红阳,李兰杰,金龙,陈治	–	–	2015 年度浙江省科学技术进步奖二等奖
33	ZYH48 电机磁钢材料	浙江中元磁业股份有限公司 任元月、赵永平、金向阳 (省级:金向阳,赵永平,任元月)	2014 年东阳市二等奖	2014 年金华市三等奖	2015 年度浙江省科学技术进步奖三等奖

2015 年东阳市专利申请和授权情况

表 23

申请量(件)				授权量(件)			
发明	实用新型	外观设计	合计	发明	实用新型	外观设计	合计
368	679	988	2035	173	509	956	1638

【2015 年增加各级各类科技型企业】

国家高新技术企业 8 家：

浙江鼎坚玻璃有限公司
浙江野风药业股份有限公司
东阳市中洲钢带有限公司
浙江瑞邦科技有限公司
浙江普洛得邦制药有限公司
浙江红点影视制作有限公司
浙江东峰制冷配件有限公司
浙江中科磁业有限公司

金华市创新型企业 2 家：

浙江华洋缝制有限公司
浙江思科国祥制冷设备有限公司

东阳市创新型企业 14 家：

浙江省东阳市塑料有限公司
东阳市万利电子有限公司
东阳市沃诺斯硬质合金有限公司
浙江省东阳市兴华化工有限公司
浙江中科磁业有限公司
浙江伟成塑胶有限公司
东阳市联宜机电有限公司
浙江鼎坚玻璃有限公司
东阳市沃特塑胶有限公司
东阳市吉荣塑料实业有限公司
浙江红点影视制作有限公司
东阳联丰生物技术有限公司
东阳市喜曼多钓具有限公司
东阳市翰羽饲料有限公司

省农业科技型企业 1 家：

东阳市青联酒厂

金华市农业科技企业 2 家：

东阳市大明翰林红木家俱厂
东阳市皇野生态农业有限公司

金华高新技术企业 29 家：

东阳市小太阳照明有限公司
浙江白云电缆有限公司
东阳市新和电子机械有限公司
东阳市耐立电镀化工设备五金厂
东阳市金陵机模厂
东阳市恒达金属波纹管有限公司
东阳市大金五金工具有限公司
东阳市银海磁业有限公司
东阳市亿力磁业有限公司
东阳市联宜机电有限公司
东阳市康华化工设备厂
东阳市禹磁实业有限公司
东阳市沃诺斯硬质合金有限公司
浙江省东阳市三星温度仪表有限公司
浙江东驰钢结构有限公司
东阳市广和钢带厂
浙江方维装饰材料有限公司
浙江省东阳市塑料有限公司
东阳市喜曼多钓具有限公司
东阳市北极秀服装有限公司
东阳市双龙线带有限公司
东阳市凯达塑业有限公司
浙江明凯照明有限公司
东阳市日欣实业有限公司
东阳市金茂塑胶有限公司
东阳市奥隆机械设备有限公司
东阳市万利电子有限公司
东阳市朗晟橡塑有限公司
东阳市李氏塑胶有限公司

省级高新技术企业研发中心 1 家：

浙江恒成硬质合金有限公司

金华市高新技术企业研发中心 4 家：

浙江思科国祥制冷设备有限公司
冀发集团有限公司
浙江金象科技有限公司
浙江瑞邦科技有限公司

省科技型中小企业 53 家：

东阳市小太阳照明有限公司
东阳市恒达金属波纹管有限公司
东阳市新和电子机械有限公司
浙江白云电缆有限公司
东阳市万利电子有限公司
东阳市朗晟橡塑有限公司
东阳市广和钢带厂
东阳市喜曼多钓具有限公司
东阳市沃诺斯硬质合金有限公司
东阳市佳华机电有限公司
东阳市银海磁业有限公司
东阳市日欣实业有限公司
浙江省东阳市塑料有限公司
东阳市金陵机模厂
浙江赛诺威工贸有限公司
东阳市北极秀服装有限公司
东阳市凯达塑业有限公司
东阳市奥隆机械设备有限公司
浙江明凯照明有限公司
东阳市金茂塑胶有限公司
花园新材料股份有限公司
东阳市亿力磁业有限公司
浙江方维装饰材料有限公司
东阳市双龙线带有限公司
东阳市联宜机电有限公司
东阳市李氏塑胶有限公司
东阳市黛妃日化有限公司
东阳市大明翰林红木家俱厂
东阳市沃特塑胶有限公司
东阳市时代钓具有限公司
东阳市金吠狼领吠有限公司
浙江骆豪服饰有限公司
东阳市秋之歌服饰有限公司
浙江省东阳市荣盛橡塑制品有限公司
东阳市永实饰品有限公司
浙江省东阳市华侨制衣有限公司
浙江顺安工贸有限公司
东阳市盛林塑胶有限公司
东阳市白云包装材料有限公司
东阳市波波雪靴有限公司
浙江康柔服饰有限公司
浙江宇能实业有限公司
东阳市鑫辉金银线有限公司
浙江威龙塑胶制品有限公司
浙江尚品无纺布有限公司
东阳市吉荣塑料实业有限公司

东阳市郎士服饰有限公司
东阳市陈氏塑胶有限公司
浙江通达塑业有限公司
东阳市众兴鞋业有限公司
东阳市中兴电机有限公司
东阳市弹簧厂
浙江正消防火门窗有限公司

省级企业研究院 2 家：
浙江花园生物高科股份有限公司
浙江英洛华磁业有限公司

中国外观设计优秀奖 1 家：
横店集团得邦照明股份有限公司

中国专利优秀奖 1 家：
中核苏阀横店机械有限公司

国家知识产权示范企业 1 家：
横店集团得邦照明股份有限公司

国家知识产权优势企业 1家：
浙江普洛医药科技有限公司

浙江省专利示范企业 2 家：
横店集团英洛华电气有限公司
浙江思科国祥制冷设备有限公司

浙江省流通领域知识产权保护试点单位 1 家：
浙江好乐多商贸有限公司

金华市专利示范企业 11家：
歌山建设集团有限公司
浙江石金玄武岩纤维有限公司
四达氟塑股份有限公司
浙江瑞邦科技有限公司
浙江卓木王红木家俱有限公司
浙江金光太阳能科技有限公司
浙江日升昌药业有限公司
浙江花园电子科技有限公司
浙江英洛华磁业有限公司
浙江康峰化工有限公司
东阳市中洲钢带有限公司

东阳市专利示范企业 11 家：
浙江科冠聚合物有限公司
浙江中元磁业有限公司
浙江中科磁业有限公司
东阳市新和电子机械有限公司
东阳市沃特塑胶有限公司
浙江通达塑业有限公司
浙江鑫宁工贸有限公司
东阳市黄家宝典家具有限公司
东阳市御乾堂宫廷红木家具有限公司
浙江名流家具有限公司
东阳市标君工艺品有限公司

东阳市专利实施奖 10 家：
一等奖 2 个
浙江巍华化工有限公司
浙江联宜电机股份有限公司
二等奖 3 个
浙江思科国祥制冷设备有限公司
浙江瑞邦科技有限公司
浙江石金玄武岩纤维有限公司
三等奖 5 个
浙江科冠聚合物有限公司
浙江东驰钢结构有限公司
浙江恒成硬质合金有限公司
浙江鑫宁工贸有限公司
东阳市东政电机有限公司

（韦倩平）

2015“美丽东阳”旅游摄影大赛获奖作品

花园板凳龙 摄影／王江红

文化　传媒

文化部门机构设置

【概况】 4月3日，市文化广电新闻出版局与市委宣传部合署办公，以中共东阳市委宣传部（东阳市文化广电新闻出版局）的名义主管全市意识形态领域工作和文化、广电、新闻出版工作，保留文化广电新闻出版局的称号，简称"市文化局"。总行政编制23人。文化局局长由宣传部副部长兼任，副局长3人，设文化产业发展办公室、群众文化（文物）科、广电新闻出版科、行政审批科（法制科）4个科室，下辖文化市场行政执法大队、文化馆、图书馆、博物馆（中国木雕博物馆）、文物管理办公室（东阳市恐龙文化博物馆）、土墩墓群保护研究所、卢宅文物保护管理所、非物质文化遗产保护中心、书画院、婺剧艺术传承中心10个直属文化单位。年末在职226人（不包括局机关）。其中有高级技术职务资格的25人，中级技术职务资格的54人。

（单国炉）

群众文化

【公共文化服务体系建设】 起草东阳市加快构建现代公共文化服务体系的实施方案，明确公共文化服务体系建设方向，基本形成覆盖市、镇乡街道、村三级的公共文化服务网络，实现"各镇乡街道建有综合文化站，村村（行政村）建有文化活动场所"的目标。全市有博物馆2个（中国木雕博物馆和东阳市博物馆），总面积31000余平方米；国家一级图书馆1个，新增馆藏书23559册，图书流通量194555册次、174515人次；剧院1个、省级"文化强镇"1个（湖溪镇）、镇乡综合文化站18个、农村文化礼堂91家、农家书屋390家、村（社区）文化活动室390个，区域文化活动中心62个，省级文化示范村（社区）9个，金华市级文化示范村32个。

【特色文化】 "周末惠民剧场"于6月19日首演，演出32场，观众3万余人，上座率80%。举办大型文化活动23次，组织县市间"文化走亲"5次，各类培训及展览56次，参与10余万人次。

排演《情殇》《薛丁山与樊梨花》《英王徐策》，连续三次获"剧目大奖"。反腐倡廉剧目《残月》参加巡回演出百余场。道情作品《四囡婿拜寿》被推为全国第十七届"群星奖"备选节目，道情《八猫图》获2015浙江省农村文化礼堂文化员才艺大赛戏剧曲艺类兰花奖。在公共文化场馆设置无障碍通道、建立残疾人阅览室，方便老年人和残疾人参与文化活动。举办未成年人读书节、百姓文化艺术节，开设中老年电脑培训班、残疾人数字阅读班，提升老年人、残疾人、外来务工人员的文化惠及感。

（单国炉）

【文艺培训】 培训农村文化干部和文艺骨干8000余人次。4月22日，在单良村文化礼堂主办"2015年公益性排舞培训"，200人参加培训。4月27～28日，由金华市文化广电新闻出版局主办的"两美金华"音乐创作采风活动到东阳，20余名词曲作者到湖溪镇郭宅村、虎鹿镇蔡宅村、城东街道单良村等地采风。7月1日，举办金华市第三届少儿器乐大赛赛前培训。8月24日，举办东阳市公益性艺术（大合唱、小品、书画）培训，300余人参加。11月，成立东阳市文艺团队联合会，统一管理全市800余支业余文艺团队。实施文化志愿服务计划，成立东阳市"文化志愿者"队伍，有登记在册的文化服务志愿者400余人。

【文化服务】 安排公共文化服务建设补助资金811.4万元，开展送书、送戏、送展览、送讲座等系列文化服务活动，在9个农村文化礼堂设立固定电影播放点。送映农村电影7341场，观众278740人；送映校园电影312场，观众69331人；送戏下乡400余场，其中古装戏58场，综合演出66场，工会演出19场，百场演出110

图 77　4 月 25 日，婺剧经典片段在卢宅古建筑群肃雍堂内演出

场，景点演出 147 场，反腐倡廉大型婺剧《残月》演出 4 场；送书下乡 11448 册次，举办公益讲座 21 次，展览 11 次。编印《新农村文艺》第 15 期（1500 册），赠送全市各行政村（社区）。

2 月，在湖溪镇镇西村开展“文化惠民·百福全家福和百幅老寿星”免费拍摄赠送活动。2 月 5 日，举办文化、科技、卫生“三下乡”活动，组织 10 余名书法家到湖溪镇镇西村文化广场，为当地百姓现场写春联。3 月，在南市街道安儒村举行“百幅全家福、百幅老寿星”赠送仪式。4 月 9 日，2014 年度“最美东阳人”颁奖典礼在电视台 400 平方米演播厅举行。4 月 20 日，《新农村文艺》2014 年度表彰大会在湖溪镇举行，评出“创作精品奖”7 人、“创作优秀奖”6 人、“创作新人奖”3 人。5 月 7 日，东阳·义乌“文化走亲”暨翰墨遗珍——历代名画展在图书馆一楼展厅展出。5 月 22 日，金华市“施光南杯”第十届青年歌手大赛（东阳赛区选拔赛）在图书馆举行。8 月 20 日，金华市第二届“农村文化礼堂杯”排舞大赛举行，横店镇文化站舞蹈队的《凤仙花》获金奖，单良村舞蹈队的《七朵莲花》获银奖。9 月 25 日，“铭记历史·圆梦中华”东阳市纪念抗日战争暨世界反法西斯战争胜利 70 周年镇乡街道文艺会演在东阳剧院举行，情景剧舞蹈《南京 1937》、大合唱《保卫黄河》、打鼓《欢庆锣鼓》、小品《喜相逢》、舞蹈《岁月留珍》获金奖。

（单国炉　程雪晴）

文化产业

【文化产业发展】　初步形成以东阳木雕、横店影视、文化旅游、文化服务业为主体的新兴增长点。全市有各类文化企业 4800 余家，从业 16 万余人。2015 年东阳市被评为浙江省文化产业重点县（市、区）。

根据《国家特色文化产业示范区评选指标体系（草案）》评分要求，准备创建国家特色文化产业示范区相关资料；草拟《关于促进雕刻产业发展的若干意见》。整合东阳市博物馆与中国木雕博物馆，制订木雕博物馆 23 项工作制度，初步建立中国木雕博物馆的市场网络和市场推广机制。推进文化节目进景区，促进文化与旅游产业融合发展。推出中国家训木雕精品展，于 10 月 1 日对外开放，成为“学家训、立家规、树家风”的社会教育场所和廉政教育基地。博物馆整合开馆后，接待游客近 20 万人次，门票收入 100 余万元。

【特色产业宣传推介工作】　做好东阳木雕工艺美术特色产业宣传推介工作，设立第十届中国（义乌）文化产品交易会东阳专馆，并在东阳设立中国（义乌）文化产品交易会分会场——第一届中国（东阳）木雕·红木家具交易博览会；与中国人民大学报刊复印资料《文化创意产业》合作，刊登东阳木雕相关图片和特色工艺美术产业介绍。8 月，文化局委托国家行政学院文化政策与管理研究中心组织相关专家，就东阳木雕产业创意提升和跨界融合发展等相关问题进行专题调研，提出专家咨询意见和规划指导意见。

【卢宅民俗文化街项目】　确定卢宅文物保护区以东，木雕巷以西一带为非遗馆，与卢宅旅游开发相结合，规划非遗馆的保存保护、传承传播、展示展演、教育研究四大功能，初步确定非遗馆各区块的功能布局。

（单国炉）

文化遗产保护

【中国木雕博物馆开馆】　参见《东阳市人民政府》类目 P69 同名条目。

【东阳博物馆临时展览活动】
9 月 2 日，为纪念抗日战争暨世界

图 78　11 月 19 日，省委常委、宣传部长葛慧君（右一）视察中国木雕博物馆及家训馆

反法西斯战争胜利 70 周年，博物馆举办“忆往昔峥嵘岁月——中国人民抗日战争暨世界反法西斯战争胜利 70 周年纪念展”。展览以 200 余张历史图片为主要内容，融入东阳地方抗战史料，首次展出馆藏 30 余件（套）抗战时期的珍贵革命文物。举办“2015 年迎春书画展”“东阳之堂——书画作品展”“东阳市首届琥珀蜜蜡展览”“徐墨然书画艺术展”“金华市第四届工艺美术精品展”“东阳五子书画展”等展览。精选出 18 件文物珍品参加浙江省博物馆举办的“中兴纪胜——南宋风物观止”展览。（朱杨晓）

【木雕家训精品展】 中国木雕博物馆筹建“中国木雕家训馆”，推出木雕家训精品展。展厅面积 1400 平方米，以“小家训，大规矩”为标题，以“修齐治平”为主题，以“精品家训木雕文物”为展品，展出实物 300 余件。展览分五大版块，第一单元“诗礼传家”，主述中国家训简史；第二单元“家成业就”，分修身有德、齐家有道、治国有方三部分；第三单元“风纪世家”，集中展示东阳知名家训；第四单元“家传户诵”，选撷传统家训故事，部分以漫画家训展出；第五单元“八德讲堂”，讲述中华民族传统文化之精髓，体现中华文明之基因。展出的家训木刻雕板，大多出自明、清时期的家族祠堂和住家厅堂，内容涉及孝、悌、忠、信、礼、义、廉、耻等方面，不仅做工精致，而且内涵深刻。家训馆成为“学家训、立家规、树家风”的社会教育场所和廉政教育基地。（朱杨晓）

【古建筑和古村落保护】 古建筑是东阳最大的一项文物资源，2015 年，投入 850 余万元，实施城区四本堂、傅家巷 5 号与 6 号等古建筑的修缮保护工作；完成四本堂、傅家巷、叱驭桥、蒋村桥宗祠、马宅宗祠等 15 处古建筑修缮保护工作，联合多部门重点推进蔡宅村、李宅村、北后村周等古村落的文物保护利用工作。（朱杨晓）

【卢宅古建筑保护】 落实卢宅古建筑群的日常保护修缮工作，复制树德堂大堂灯、花轿轿衣、檐口彩，完成占地 20144 平方米的古建筑电器线路改造施工设计方案，组织人员对树德堂东厢房、冰玉堂、仪门、肃雍堂后四进进行屋面翻漏，对慎修堂捷报门、甬道前八字墙、后花园西侧等开展地面、墙体改造。推进卢宅保护利用项目一期回迁区安置房、旅游服务中心、公建区域等建设工程和异地安置房建设。

9 月，与浙江工业大学合作，对肃雍堂后五进进行为期七天的现场测绘。10 月，委托湖北麻城白蚁防治研究所进行白蚁挖窝灭杀，挖出蚁巢 29 个。12 月，完成对 289 件可移动文物的拍照和数据录入工作。（吴姚红）

【卢宅旅游接待】 接待游客 32800 人次，门票收入 130 万元。7 月，与同程网合作，携手发展旅游客户群，进行“互联网 +”模式的全新尝试和探索。9 月，设置“卢宅肃雍堂”微信公众号，搭建与游客互动平台。10 月，举办“雪花纯生·中国古建筑摄影”大赛。11 月，在存义堂设置视听室，循环播放《卢氏春秋》专题片。同月，接待东阳中学高一学生及在东阳中学交流访问的荷兰学生到卢宅参观。

接待多部影视剧拍摄组在卢宅取景拍摄。8 月，接待《抗倭英雄戚继光》剧组；9 月，接待《咱们穿越吧》真人秀节目；12 月，接待《冯子材》剧组；接待包括中青旅控股股份有限公司张骏等在内的各方游客 4 万人次，其中有市春秋旅行社、市中青旅、市欣兴旅行社、市旅、横店影视旅游几家旅行社组织的“千人团”8000 余人。（吴姚红）

【可移动文物普查第二阶段工作】 实施可移动文物普查第二阶段工

作，完成古籍普查数据登录、馆藏文物普查数据采集和离线登录工作。东阳市可移动文物普查分馆藏文物和古籍两条线开展数据采集、登录工作，保证普查进度和质量，登录上报馆藏文物5613件（套）、古籍4117套。组织开展“博物馆日”“文化遗产日”系列宣传活动，举办临时展览7个，接待国内外游客10.4万人次，团队48批次，4000余人次，提供讲解服务20余次。（朱杨晓）

【非遗馆建设前期准备工作】开展非遗馆建设前期准备工作，先后召开非遗馆布展设计讨论会10余次，初步确定方案框架。推进各类保护载体的申报，重点关注濒危非遗项目保护，东阳市获“省传统戏剧（侯阳高腔）之乡”称号，蔡宅村获“省级非遗旅游景区”称号；东阳竹雕、东阳核雕、草编墙纸制作技艺、雕花家具制作技艺、李宅荷花灯列入金华市级非遗名录，卢宅景区、李宅村、蔡宅村入选金华市级非遗旅游景区，新增19名金华市级非遗代表性传承人。（单国炉）

【非遗宣传推介】开通东阳市非物质文化遗产保护中心微信公众平台，在各类媒体刊登非遗活动报道20余篇；参加国际非遗展1次、国家展2次、省级非遗展4次、金华市级展6次。在木雕城开办“非遗学堂”，每周六上午由东阳非遗项目代表性传承人教学。11月8日，选出编草鞋、钉秤、泥塑、箍桶、年糖等30余个非遗项目在木雕城举办为期5天的“记住乡愁”2015东阳市非物质文化遗产展。开展美丽非遗进文化礼堂活动，走进历史文化名村蔡宅村，表演蔡宅高跷、蚌舞、东阳道情、大洪拳、东阳民歌、哑背疯等节目20场，吸引观众2万余人次。（单国炉）

文化市场管理

【规范文化行政许可】开展行政许可和非行政许可报批，受理申请151件，办结151件。发放文化经营场所规范化经营制度牌850块。

【文化执法】开展以打击网吧接纳未成年人为重点、以“保障中考、高考环境”为主题的网吧专项整治活动，联合公安局治安大队等相关职能部门对游戏娱乐场所开展10次联合执法检查。开展歌舞娱乐场所违规专项整治2次，联合执法9次，查处违规场所12家。加大对农村和城郊接合部文化市场的监管，召开各类安全生产培训会议7次，培训业主及从业人员550余人次，组织消防安全模拟演练2次。出动执法检查816人次，检查经营场所1234家次，取缔无证出版物摊点14家、无证游戏室6家、非法大棚演出17个，查缴非法音像制品5061张、书报刊301本、游戏机电路板36块、地下电台一套。立案查处违规经营案件27件，其中一般程序20起、简易程序7起，收缴罚没款15.6万元。

（单国炉）

图 书

【概况】新增馆藏23559册，总流通册次333025册次，总馆流通量194555册次。总流通人次263349，总馆流通人次174515人次。举办讲座、展览、培训34次；新办理图书证1535本。电子阅览室接待读者6168人次，阅览室接待读者35961人次，少儿阅览室接待少儿读者33447人次。地方文献室新收集整理地方文献资料100余种，收集东阳地区报纸8种，期刊15种，接待读者500余人次。在一楼展厅举办书画、摄影等各类展览讲座38场次。送书下乡102647册次，送讲座下乡6场次，图书指导员下乡指导活动26次。完成图书馆内部维修。5月15

图79　8月5日，市图书馆招募的小志愿者们在图书馆工作人员的指导下修补图书（包康轩摄）

日，由图书馆和残疾人联合会共建的市残疾人数字阅览室启用。

【未成年人读书节】 4月18日，第十一届少儿读书节活动开幕，从5月中旬至10月中旬期间，举办以“我读书、我快乐、我智慧、两美浙江伴我行”为主题语，围绕“五水共治”“社会主义核心价值观”两大主题活动，开展“世界读书日”宣传、“未成年人成长”系列讲座、“五水共治、美丽乡村”故事大赛和“六一”儿童节期间免费为小朋友播放少儿电影等一系列活动。

【图书数字化服务】 完成“东阳木雕资源数据库”建设。万方数据库和“贝贝国学”为中小学生阅读拓展方向，七彩阳光数字图书馆为广大读者特别是残疾人读者提供有声阅读。开通微信公众号和QQ读者群，便于读者了解图书馆活动和互相沟通。

（杜晓娟）

广播电视

【概况】 播电视台设办公室、总编室、总技室、广播中心、电视中心、广告中心、文艺专题部和新媒体中心8个中心(室)。全台有工作人员140人，其中事业编制51人。有专业技术人员130人，其中高级职称5人，中级职称19人，初级职称15人。全年播出新闻6790篇，在中央、省、金华台播出1500余篇。广播电台外宣工作列金华各(县)市第一名，获全省三等奖。在金华广播电视好新闻评选中，15件作品分别获一等奖、二等奖、三等奖。在2015年度东阳市飘萍新闻奖评选中，12件作品分别获一等奖、二等奖、三等奖。

【广播电视宣传工作】 广播电视开辟“两会特别报道”“改革创新·转型升级”“行进东阳·精彩故事”“东阳记忆·纪念抗战胜利70周年”“魅力东阳”“五水共治在行动”“最美东阳人” 等40余个专栏，播出各类专题新闻1100余篇。完成“全市干部大会”“市十四届人代会第四次会议开幕式”“横店圆明新园启幕盛典”“最美东阳人颁奖晚会” 的电视直播和录制工作。

重新调整所有节目的片头片花，将灵灵通作为改版后节目的亮色和特色。以关心路面交通为重心，把东阳广播打造成全市车载和伴随第一媒体，开展车友会“和主播一起看首映”“亮彩之夏、荧光夜跑”“青山绿水东阳行”等线下活动，微信公众平台在全国县级电台排行榜中居前三。

2月，《东东腔》栏目推出方言搞笑贺岁片《幽默西厢记》上下集、《唐伯虎点秋香》上下集和系列方言情景短剧《东阳客栈》(播出40余集)，网络综合点击率每集超20余万次。7月，启动“出彩东阳侬”电视大赛，给广大市民提供一个展示自身才艺的舞台；与浙江传媒学院、横店影视职业学院分别成立产学合作基地。9月12日，大型公益类少儿节目《圆梦天使》录制，8期节目筹集14.06万元的圆梦基金。9月24日，《市民问政》栏目把演播室搬到室外，首次运用无人机航拍技术，采用电视高清转播车全程录播以“防治大气污染，守望蓝天白云”为主题的节目。

【全新栏目推出】 4月1日，推出《每周聚焦》栏目，先后播出“看守所长期排放超标污水何时破解”“江北街道渔溪：暗渠排查整治不到位 污水偷排漏排令人忧”等报道34期。该栏目每周三播出。

10月，《生活与法》《东阳老娘舅》正式开播。《生活与法》栏目通过模拟情景剧的形式展现生活中的法治案例，内容包括婚姻、继承、劳动、医疗、家庭财产、交通事故、房屋买卖租赁与物业管理纠纷、老人妇女儿童权益保护等十类与日常生活有关的法律纠纷。《东阳老娘舅》栏目通过电视民生调解与司法行政工作相结合

图80 7月9日，东阳广播电视台与浙江传媒学院成立产学合作基地

的方式，开展预防矛盾、化解纠纷、宣传法律政策等工作，宣传和引导更多群众通过人民调解的方式来化解矛盾纷争。两档节目分别在周三、周五18:40播出，每周1期。

12月，新媒体中心成立，至12月末，拥有上万微信用户群。

【行风热线栏目】《行风热线》播出221期，反映问题2215件，转办315件，现场答复1087件。《阳光行动》播出680篇，联动《行风热线》播出“整改进行时”“解读两会”等小专栏，推出“告别煤锅炉，改善空气质量”等连续报道，并与市政府“8890”便民服务平台进行合作，对“8890”接到的投诉事件进行选择性报道，一些老百姓投诉长久的问题得到解决。《市民问政》关注商贸、教育、治堵、转型升级、食品卫生等13期内容，邀请相关领导和市民进行面对面沟通交流。

【开拓经营创收】广告中心开拓创收新渠道新方法，办好《车时间》《家装秀》两档节目，承接市休闲购物节活动，举办汽车团购节、房产团购节、婚庆及母婴童用品采购大会等一系列活动，新培育饮料、汽修、家电、红木、餐饮、商业银行等多行业的广告客户，广告创收1902万元。

文艺专题部完成东阳城市形象宣传片、纪委等部门汇报专题片的拍摄制作以及《田野的风》《生活现在时》《城市管理之窗》等栏目的制作播出，举办《老爸老妈来欢畅》《喜啦啦形象大使电视选拔赛》《圆梦天使》等大型活动，承接《最美东阳人》的前期策划、舞美和录制播出，创收244万元。

（吴宛凝）

东阳日报社

【概况】《东阳日报》为对开双面彩色报纸，周一、周二、周四为对开12版，周三、周五为对开8版，周六为对开4版，周日为四开16版。出版354期，期发数4.3万份，订阅价为228元。营业总收入5100万元，利税超1000万元，拥有固定资产4100万元。年末职工数126人，有正高职称2人、副高职称3人、中级职称17人、初级职称7人。获市级及以上新闻一等奖9件，其中中国县市区域报新闻奖一等奖5件。

举办新春音乐会、南街高峰论坛、春夏秋季汽车展销会、“郎酒”捐资助学、第二届房博会、送文化下乡、百万寒衣送温暖等各类活动80余次。

【宣传报道工作】在中心工作报道上，保证版面，创新报道形式，发挥舆论引导作用，为各项重大活动营造舆论声势。从市委、市政府中心工作中找主题，用系列报道延伸时政新闻，助推各项工作的实施。其中，“回眸十二五·展望十三五”获省新闻出版局阅评组的好评。重点推出“每周聚焦”栏目，对社会上不文明行为和违章、违排、违建进行曝光，并进行反馈。本报记者采写的“东阳义乌同城化亟需统筹推进”在浙报内参发表。在省级及以上报刊上发表100余篇，34件作品在市级及以上各类新闻奖评选中获48个奖项。1人被评为浙江日报报业集团“优秀人物”、1人被评为“浙报先锋”，1人被评为金华市级劳模、1人被评为金华市优秀新闻工作者，2人被评为中国县市区域报“百佳报人”、1人被评为浙江省县市区域报“十佳领军人物”、1人被评为浙江省县市区域报“十佳采编工作者”、5人被评为东阳市“十佳”记者。

【媒体融合发展】推进传统媒体和新兴媒体融合发展，基本完成全媒体平台、组织架构的搭建。推动新闻的全媒体运营制度建设与流程再造，实现重大事件、重要选题及独家特色报道的全媒体链条式传播。1月，“无线东阳”“东阳淘”上线。10月8日，“浙江新闻·东阳频道”上线，该报有报纸、杂志、网站、客户端、微博、微信六大形态，用户数超过40万人。对各媒体平台产品的功能与服务进行细分，通过产品间的互补，优化平台的用户体验，为用户提供更精准的服务。东阳新闻网东阳侬社区以服务本地用户为中心，成为东阳最活跃的本地网上社区。牵头组织线下活动，先后举办“两美东阳·毅路有爱”的青年毅行活动、“拒绝车载抛物·让爱随车而行”大型公益活动。“幸福暖心之家”摄影大赛和“网友植树节·建造亲子纪念林”活动。

【宣传阵地拓展】继续开展《东阳人》杂志和《东阳新农村》杂志编纂工作，《东阳人》杂志为广东中山、嘉兴、青海商会出3期增刊。开通浙江新闻东阳频道，提高新闻时效性和广泛性。编印《东阳城市手册》。创办“青苗”学生习作周刊。

【“浙江新闻”客户端·东阳频道上线】10月8日，“浙江新闻”客户端·东阳频道上线，在一个月时间内，东阳频道的新闻点击率超过15天占据全省33个县（市）

区频道第一，其他天数点击率均保持在前5名的第一方阵。市委常委、宣传部长楼守威在"浙江新闻"客户端·东阳频道上线一月小结上批示："强力打造、融会贯通、构建网上舆论最高峰。"

（王　健）

东阳新闻网

【概况】 东阳新闻网发布新闻2万余条；制作《行进东阳精彩故事》《寻找最美"两江"水》《东阳文化礼堂》《寻找东阳抗战记忆》等专题29个。

东阳新闻网选送的新闻作品《"东阳人的平凡一天"系列人物报道》获2014年度浙江网络新闻一等奖和金华新闻三等奖；《治水兴业促转型——东阳全民大治水》获2014年度浙江网络新闻三等奖；《振兴发展 传承共创——聚焦2014世界工艺文化节》获2014年度金华新闻三等奖。在市"飘萍新闻奖"评选中，作品《寻找最美"两江"水》获一等奖，《建设"两美东阳"聚焦2015年"两会"》获二等奖，《不一样的讲台不一样的爱》获三等奖。东阳新闻网获"浙江在线2014年度十佳支站"称号。

【东阳新闻网改版】 6月，完成对东阳新闻网的首页改版工作。新版延续旧版的简洁大气风格，精简导航栏。首页顶端可以扫描东阳发布和新闻网手机版二维码进行关注；全市重点宣传工作和本网重点宣传栏目出现在首页突出位置。《东阳发布》和《市民问政》等一些本网重点推进的栏目放在显眼位置。根据本地特色，网站舍弃娱乐财经等版块，新开横店片场这一版块。东阳依社区和论坛图库中心仍然出现在首页。

【寻找最美"两江"水大型采访活动】 东阳新闻网组织采访团策划推出寻找最美"两江"水大型主题采访活动。此次采访活动历时3个月，分南线和北线两路进行，东至虎鹿镇白溪江源头、南到湖溪镇南江上游、西到白云街道江滨景观带人工湿地、北到六石街道石马水库，寻找东阳百姓的治水"足迹"，探寻最美"两江"水，利用新媒体优势，采取文字、图片、微博、论坛结合的形式，通过东阳发布、东阳新闻网微信联合推送，全方位呈现全市治水工作亮点。

【《市民问政》栏目】 8月，市民问政平台与"8890"便民服务中心进行数据衔接，将审核通过的留言转移"8890"平台进行单位交办。交办涉及65个部门的留言593条，回复率98.1%；92个部门单位主动进行政务公开，密切联系群众，发布公告2313条。

【东阳依社区】 东阳依社区论坛有会员6.9万人，新增会员3700人，主题帖文总数21.6万篇，其中浏览量过万的主题帖336篇。微信端浏览量每日平均独立用户约1500个。

（王雅楠）

新华书店

【概况】 5月1日，东阳市新华书店重建的东阳书城正式营业，地址新南路2号。新华书店有小连锁店8家，分布在横店镇、湖溪镇、六石镇、千祥镇、南马镇、画水镇、巍山镇和江北新区。实现销售7525万元。教材发行实现循环教材全品种政府买单。新华书店开展各项精品活动、名家(杨红樱、芝麻哥哥)进校园以及东阳市第六届暑期亲子读书等一系列活动。转变业务部工作职能，加强微信营销，增强业务部线上营销能力。完成全市学习资料、"三读丛书"以及幼儿教材的征订和发放工作。

（胡康莉）

图81　8月25日，市民在新华书店内的"抗战"图书专柜前选购图书。为纪念中国人民抗日战争暨世界反法西斯战争胜利70周年，新华书店专门设立"抗战"图书专柜，方便市民选购

医疗卫生

概述

【概况】 2015年，全市拥有医疗卫生机构521家，其中市级医疗卫生单位17家、社区卫生服务中心（卫生院）15家，卫生服务站101家，村卫生室222家，门诊部9家，个体诊所、厂矿医务室157家。设三级乙等医院2家，二级甲等医院3家、二级乙等医院4家。9家医院通过平安医院创建。省示范社区卫生服务中心1家，甲等卫生院4家，乙等卫生院6家，全部社区卫生服务中心（卫生院）通过省规范化创建。各医院开放床位4249张（含民营医院849张），其中综合性医院2740张，中医院400张，妇幼保健院350张，精神病医院240张，社区卫生服务中心（卫生院）150张，其他专科369张，每千人口拥有床位数4.97张。拥有各类卫技人员6001人，执业（助理）医师2365人，每千人口医生数为2.85人；注册护士1959人，每千人口护士数为2.36人；医护比例为1∶0.83；具有高级职称454人，中级职称1334人。医疗卫生单位固定资产总值9.91亿元，房屋建筑面积71.1万平方米，其中业务用房50.25万平方米。专用医疗设备6.25亿元，5万元以上设备1380台。

【医疗机构基本建设】 总用地面积1.2万平方米、总建筑面积3.8万平方米，总投资1.4亿元的市人民医院人才公寓工程通过验收并交付使用。占地面积900平方米、建筑面积1872.7平方米，投资300万元的横店医院龙山凤社区卫生服务站投入使用。占地面积450平方米、建筑面积1800平方米，投资398万元的江北街道社区卫生服务中心公共卫生综合楼主体完工。东阳市人民医院多层停车场项目列入2016年市政府投资重大项目，该项目设计为总建筑面积19268平方米，地上3层，地下1层，总停车位647个，总投资6334万元。东阳市中医院、红会医院迁建项目列入东阳市“十三五”重大前期建设项目。东阳市横店医院住院楼修建项目、城东街道社区卫生服务中心职工宿舍楼拆建工程、六石街道社区卫生服务中心门诊楼维修改造工程、市中医院门诊简易房建设项目、东阳市红会医院门诊楼、综合楼修建项目、东阳市精神病医院病房大楼建设项目被列入2016年政府一般性投资项目。

【机构变更】 4月3日，根据《中共金华市委办公室、金华市人民政府办公室关于〈东阳市人民政府职能转变和机构改革方案〉的通知》，中共东阳市委、东阳市人民政府《关于东阳市卫生和计划生育局主要职责内设机构和人员编制规定的通知》，设立卫生和计划生育局。卫生和计划生育局挂爱国卫生运动委员会办公室牌子，不再保留卫生局、人口和计划生育局。卫生和计划生育局下设办公室、人事教育科、规划财务科（统计科）、行政审批科、医政科教科（市献血办）、公共卫生科（法制

图82　5月16日，2015年浙江省海峡两岸急诊质控高峰论坛在市人民医院召开

图 83　7 月 28 日，一市民在市人民医院用银行卡刷卡交费（包康轩 / 摄）

科、应急办）、计生指导科、家庭发展科 8 个职能科室。

【市第七人民医院挂牌成立】

3 月 13 日，市精神病医院举行东阳市第七人民医院、杭州市第七人民医院协作单位挂牌仪式。市精神病医院是浙江省二级乙等精神病专科医院，是东阳市唯一的精神病防治专科医院，2014 年 9 月正式更名为东阳市第七人民医院。该院依靠专科优势，突出特色，拓宽学科范围，开展重性精神疾病、抑郁症、神经症、心身疾病、睡眠障碍、心理咨询等专科诊疗业务，年门诊 3 万余人次。先后获省级平安医院、省级残疾人小康·阳光庇护中心、金华市爱心家园、金华市文明单位等荣誉。杭州市第七人民医院（简称杭七院）是浙江省三甲专科医院，是省内防治和治疗精神疾病的权威。建立协作关系后，双方将在医院管理、医疗技术、人才培养、质量管理、学科建设等方面进行深入交流。

【人民医院门诊一站式结算服务】

从 7 月 9 日开始，市人民医院门诊处的 24 台自助挂号机都配备 POS 机，市民只需用银行卡就可以刷卡交费，实现门诊一站式结算服务。

【海峡两岸急诊专家在东阳交流】

5 月 16 日，2015 年浙江省海峡两岸急诊质控高峰论坛在市人民医院召开，海峡两岸 10 余家医疗机构的 200 余名医学专家及急诊医务工作者代表参加论坛。论坛安排 7 个专题报告，内容涵盖台湾急诊医学质量的管理与提升、危重急症转诊制度的建立、两岸急性心梗与重大外伤抢救制度与挑战、急诊信息化等多个方面。通过汇报、综合讨论等环节。上午，台北荣总医院急诊医学部的颜鸿章医师做题为“台湾医疗质量提升策略运用”的报告；浙江省医学会急诊医学分会主任委员张茂做“浙江省急诊医学质量控制现况与规划”的专题报告；台湾长庚纪念医院急诊医学部主任陈日昌做题为“台湾危重急诊转诊制度的建立”的报告。4 名报告人通过图表、数据、医疗实例等形式，具体阐述大陆急诊医学质量控制的现状与未来、台湾医疗质量提升策略等方面情况，内容涉及急诊医疗领域的前沿、热点问题。下午，台湾长庚医院黄集仁主任的“两岸急性心梗抢救制度与挑战”、中国医药大学附设医院郑凯文医师的“两岸重大外伤抢救制度与挑战”、浙二医院的蒋国平教授的“急诊质控与急诊信息化体系建设”的专题汇报，通过具体的急诊疑难病例，与参会代表针对治疗方案进行交流与讨论。

【市首家助产士门诊成立】 6月14日，东阳市首家助产士门诊在市妇女儿童医院成立。助产士门诊为免费全日制开放，每天可以为20名孕妇制订分娩计划，1名助产士每次接待一对夫妻，每次20分钟。助产士门诊的开设，打通"分娩前的最后一千米"。

【海峡两岸住院医师培训研讨会】 8月8～9日，由浙江省卫生计生委科教处主办，浙江省医学科技教育发展中心、台湾台中荣总医院、东阳市人民医院联合承办的浙江省住院医师规范化培训基地联合体建设管理培训班暨海峡两岸住院医师培训研讨会在市人民医院召开，全省各地住院医师规范化培训基地相关负责人300余人参加此次会议。

嘉兴市卫生局、温州医科大学、东阳市人民医院等7家单位就基地联合体建设做交流发言，对2015年住院医师规范化培训报名招生工作相关情况进行说明。国家卫计委科教司教育处陈昕煜处长就国家住院医师规范化培训制度的建设情况进行介绍，省卫计委科教处副调研员方才妹介绍浙江省住院医师规范化培训工作推进情况，台湾台中荣总医院介绍台湾住院医师培训制度情况、培训经验，东阳市人民医院介绍东阳市住院医师规范化培训体系建设情况。会议期间，台湾和大陆的专家，围绕"住院医师规范化培训"这一主题进行探讨和交流。

【东阳市启动单针机采血小板预约服务】 12月2日，东阳市启动单针机采血小板预约服务，首次开展一次采集两个治疗量血小板工作。据了解，血小板通常输注给危重病人，例如白血病、大出血或需要进行大手术的病人。随着临床用血量加大，尤其血小板预约量更是大幅增加。为此东阳市引进血细胞分离机采集血小板，欢迎市民根据用血需要预约采集。

（吕奕全）

医疗和科研

【概况】 4～5月，国家卫计委主任李斌、副主任王国强分别到市人民医院和市妇幼保健院调研，对人民医院的法人治理结构、精细化管理和妇保院的中医药与妇幼卫生结合模式予分肯定。完成金华首家"健康东阳"公众服务平台建设，以预约挂号、卫生政务、健康宣教、诊疗信息查询、个人健康管理、排队叫号查询等多功能于一体的公众健康服务平台，居民可以通过平台查询自己的健康管理档案。

完成区域内医学临床检验中心建设，实行城乡医院检验结果互认、资源共享。

加强医院内部管理，运用先进的医院管理工具如品管圈、PPS、5S等提升医院管理质量，人民医院运用平衡计分卡手段综合医院管理，在医疗技术与运行、医疗品质与安全、教学与科研以及后勤保障等方面发挥重要作用，提升医院管理效率和成效。

推动单病种规范化治疗，开展门诊日间病房、门诊日间手术等，减轻病人医疗费用，提高医疗资源的利用。2015年新参加住院医师规范化培训157人，参加初级卫技人员继续医学教育1302人，参加社区护士岗位培训21人。到上级医院进修165人。

【基本药物推广】 5月，实施新一轮国家基本药物制度，基药品种从500余种增加到1050种，基层医疗机构增加自选药品246种。

【卫生对口支援工作】 6家市属医院、1家中心卫生院和5家山区及半山区的卫生院开展对口支援工作，常年安排1名医生在对口医院服务；262名城市医务人员完成支援农村卫生工作，每人服务10次。

【医学重点学科建设】 制定《东阳市医学重点学科资金管理方案》，横店集团医院的甲状腺外科学获浙江省第三批非公立医疗机构临床特色学科，市人民医院的

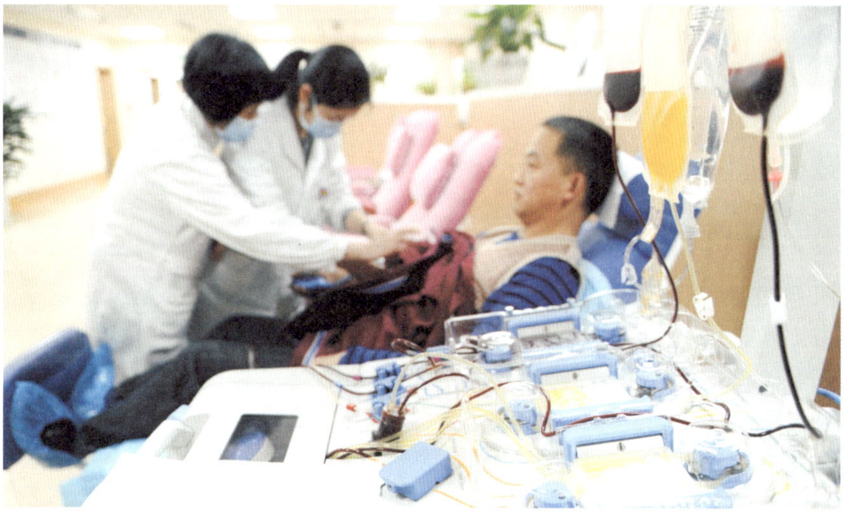

图84　12月2日，东阳市启动单针机采血小板预约服务

胸外科学(乳腺外科)获金华市第四批优先发展医学重点学科,市妇幼保健院的中西医结合儿科学、市红会医院的整形外科学(手足)和结石病学获金华市第四批扶持发展医学重点学科。

(楼晓昉)

公共卫生服务

【概况】 全市居民平均期望寿命79.66岁(男性77.24岁,女性81.28岁)。居民前五位死亡原因为恶性肿瘤、脑血管疾病、呼吸系统疾病、心脏病、损伤和中毒,占总死亡的85.62%。恶性肿瘤、糖尿病、脑卒中、冠心病急性事件发病率分别为433.85/10万、375.95/10万、529.27/10万、48.01/10万,恶性肿瘤发病前5位分别为肺癌、肠癌、胃癌、甲状腺癌和肝癌,占所有部位肿瘤61.11%。全市建立居民电子健康档案783667人,建档率93.70%。全市建立3个健康主题公园(博大公园、江滨节庆广场和南山森林公园),设置20个健康小屋。

【卫生信息化体系建设】 市卫生信息中心完成以健康东阳服务平台、市临床检验中心、区域孕检系统、基层医疗单位门诊电子病历系统、基层医疗单位机房改造工程等为建设重点的区域卫生信息化体系建设,建成全市统一的预约挂号平台、实现区域内检验优质资源的共享、提升孕产妇管理水平、优化基层门诊流程、改善基层机房环境。

【传染病防治】 甲乙类传染病报告发病率252.23/10万,比上年增长16.81%。针对手足口病、流行性腮腺炎、流感、诺如病毒感染性腹泻等聚集性疫情,采用新技术快速确诊并及时采取控制措施。完成查螺185.36万平方米,指导横店、巍山、六石、湖溪等有螺地区的灭螺和环境改造工作。

【高危人群管理】 加强艾滋病综合防治示范区工作,各街道镇乡卫生院(社区卫生服务中心)组建成立高危行为干预队,检测202853人,发现艾滋病抗体阳性73人(包括既往阳性10人)。

【结核病防治】 开展结核病人免费痰检、痰培养、肝功能检测、X线胸片检查,确诊肺结核病人502例,耐多药肺结核患者16例,对确诊的肺结核病人免费提供抗结核药品固定剂量复合制剂。

【预防接种】 继续实施扩大免疫规划,提供11种疫苗免费接种,可相应预防12种传染病,通过常规免疫、查漏补种、应急接种接种免费疫苗321805人次,常住儿童和流动儿童的“五苗”单苗接种率95%以上。开展麻疹、脊灰疫苗查漏补种工作,二苗接种率95%以上。

【慢性病综合防控】 开展全市慢性病监测工作,创建国家级慢性病综合防控示范区。2013年5月,通过省级慢性病综合防控示范区创建,2014年12月,通过国家级慢性病综合防控示范区考核,成为金华市首家创建国家级慢性病综合防控示范区的县市。至年末,全市高血压患者登记人数99665例,发现率11.92%,管理人数89740例,管理率69.47%,规范管理人数62344例,规范管理率69.47%,血压控制人数66673例,血压控制率74.30%;糖尿病患者登记人数23566例。糖尿病发现率2.82%,管理人数20350例,管理率49.36%,规范管理人数13112例,规范管理率64.43%,血糖控制人数14217例,血糖控制率69.86%。

(鲁世俊)

妇幼保健

【概况】 全市产妇总数7592人,建卡率99.93%,高危妊娠管理率100%,住院分娩率100%,孕产妇系统管理率98.55%,孕产妇死亡率14.03/10万,围产儿死亡率4.86‰,5岁以下儿童死亡率4.17‰,婴儿死亡率2.74‰,新生儿死亡率1.96‰,7岁以下儿童保健管理率99.35%,3岁以下儿童保健系统管理率98.30%,托幼机构卫生合格率99.20%。

全市初婚免费婚检率100%,全市妇女病普查完成率110.34%,两癌筛查任务完成率100%,新生儿疾病筛查率99.04%,新生儿听力筛查率99.80%。孕产妇艾滋病、梅毒检测率100%,发现2例艾滋病病毒感染和44例梅毒感染孕产妇,均实施母婴阻断措施。

加强对B超、化验等技术和终止妊娠药品管理,出生人口实名制信息平台运转顺利,规范开展出生医学证明电子化档案管理。开展全市5个国家级、18个省级妇幼卫生监测工作。

启动“百千万女性健康工程”深入农村,举办33场义诊服务,覆盖15个街道镇乡、33个村庄,3万余名村民直接得到实惠,取得阶段性成果。

开展妇幼健康优质服务示范工程相关工作,6家市级接产单位通过国家爱婴医院复核。市妇幼保健院开展中西医结合特色诊疗、保健服务和技术培训,“中医药+妇幼健康”服务被国家卫计委定为“东阳模式”在全国推广。“儿童穴位保健操”作为金华市中医适宜技术,推广到金华市所有镇乡医院和托幼机构。

(徐云萍)

爱国卫生

【公共场所卫生整治】 完成迎宾大道以西区域控规全覆盖,编制完成停车系统、地下空间利用等专项规划,完成黉门广场及四周街景立面改造。推进空闲地整治,完成城区空闲地整治58处,绿化面积88.3万平方米,修建临时停车场15处2.93万平方米。开展治堵保畅工程,新增3条道路实施机动车单向行驶,启动实施城区停车收费服务管理,新增公共自行车2000辆。市污水处理有限公司三期工程、江滨景观带湿地公园,建成投入使用。开展街道、机关单位卫生、园林绿化、街路共建等11个考核体系的考核工作,强化工作督导。

【病媒生物防制工作】 巩固提升病媒生物防制成果。完善病媒生物防制工作网络,组织开展城区四害孳生地调查,举办病媒生物防制知识培训班,组织开展春秋、夏季除“四害”工作,启动“灭蚊先进城区”创建工作,城区所有农贸市场“四害”消杀服务完成续签,通过“灭鼠灭蝇先进城区”省级复查。

【健康素养提升工作】 推进全民健康素养提升行动,开展公共卫生服务月活动。开展控烟工作,组织第28个世界无烟日宣传活动,新评选无烟单位37家,其中省级无烟单位2家;人民医院巍山分院、妇保院、横店集团医院创建浙江省健康促进医院。

【基层爱国卫生运动】 组织开展第27个爱国卫生月活动,新创建卫生先进单位(卫生村)58家,其中省级4家,金华市级5家;9家省级卫生先进单位和1个省级卫生村通过省级复查。横店(国家卫生镇)和湖溪(浙江省卫生镇)通过复查。参与横店城市风貌综合提升行动。

【农村改水改厕工作】 开展全市改水基线调查和农村集中式供水水质检测工作,自来水普及率为93.79%,比上年增长4.15%,推进农村污水治理工作,完成106个行政村污水治理工程,受益农户43200户,农村卫生户厕普及率90.86%,比上年增长6.43%,无害化卫生户厕普及率77.76%,比上年增长17.82%。

(张鑫阳)

卫生应急工作

【概况】 2013年,东阳市被确定为省级卫生应急示范县创建试点。经过两年试点建设,2015年11月,通过省级卫生应急工作示范市考评验收。

【卫生应急管理】 完善卫生应急管理机构,逐步建立“分类管理、分级负责、条块结合、属地为主”的卫生应急管理体制。将公共卫生和卫生应急工作经费纳入市、镇两级财政预算,强化投入,保障医疗设备、应急物资、装备等卫生应急硬件建设,逐步建立起与全市经济社会相适应的卫生应急投入保障机制。通过加强部门协作,动员社会团体和人民群众的广泛参加,做到市镇联动、部门联动、干群联动,形成群防联控的卫生应急工作合力。建立由28名专家组成的卫生应急专家咨询委员会,80余名业务骨干组成的卫生应急处置和医疗救援机动队,通过规范开展应急知识培训和卫生应急演练,提升应急处置能力。

【举办金华市2015年中东呼吸综合征应急处置演练】 7月,金华市2015年中东呼吸综合征应急处置演练在东阳市举行。包括金华市卫计委在内的49家部门和单位130余人观摩此次演练。演练场景按照实战要求设置,从病例在基层单位的就诊与发现、流行病学调查、专家会诊、疫情报告、采样送检、病例转运、疫点消杀、卫生监督、医疗救治、密切接触者管理和社区健康教育等方面开展演练。金华市专家分别就疫情处置、卫生监督、医疗救治和病例转运等主要演练环节进行点评,对东阳市卫生应急队伍的表现给予肯定。

(鲁世俊)

卫生监督

【概况】 全市设公共场所1403家,包括住宿380家,沐浴场所203家,美容美发场所777家,影剧院3家,歌舞厅20家,体育馆2家。发挥卫生监督协管员的作用,实行“网格化”卫生监督管理。打击无证行医12户次,其中西医1户,中医3户,口腔8户。行政处罚12户,罚款12户,罚额5.91万元,没收违法所得1312元,联合取缔无证行医窝点1个;接受投诉举报2起,办结2起,实施行政处罚1起,反馈1起;未发现非医学需要的胎儿性别鉴定和选择性别的人工终止妊娠行为,未查获“医托”行为。

与市环保局联合对全市医疗废物集中回收处置的医疗机构进行监督检查,重点检查组织制度的建立、人员培训、个人防护、分类收集与登记情况、运送与暂存、医院污水等工作。出动卫生监督人员45人次,监督检查医疗机构65家次。

开展2015年校园卫生安全健康行动。开展学校教学环境卫生检查与监测,按要求完成30%。3所学校在暑期对照明系统进行改造按要求配备灯具。

监督检查集中式供水单位4家12家次,监督检查二次供水单位10家次。出动卫生监督人员4108人次,监督检查各类生产经营单位8452户次数,开展各类专项整治和专项检查活动17次,完成各类重大会议、活动及节庆期间卫生安全保障3次。立案查处违法案件147起,罚没款40万余元,移送公安机关1起,处理举报投诉31起。新发卫生许可证325家次,参加现场审查390家次,发放从业人员健康证和卫生知识培训合格证5370人次。

卫生监督所获全省县市区考核第一名,继续保持“金华市文明单位”荣誉、获金华市行政执法案卷评查优秀案卷,是东阳市唯一获奖的行政处罚案卷;连续3年获金华市卫生监督案卷评查第一名;获金华市卫生计生监督技能竞赛个人一等奖,团体三等奖。

(包春华)

计划生育

【概况】 全市上报出生人口8016人,计划生育率90.01%,多孩违法生育发生率0.95%,年度卫生性别比106.96(女为100),出生人口性别比113.76(女为100)。实施单独两孩政策,严厉打击“两非”(非医学需要的胎儿性别鉴定、非医学需要的人工终止妊娠),立案处理15人。征收抚养费8000余万元,“三查”服务率99.42%。开展“5·29”会员活动日和“7·11”世界人口日大型咨询宣传活动14场,发放宣传资料32000份,发放避孕药具2300份,悬挂宣传标语180条,送戏下乡100场,建立宣传街19条,开展关爱行动,为育龄家庭投入4项手术险和特殊家庭险18.6万元,理赔145件,获理赔额16.24万元。走访失独家庭和困难户227户,发放公益金141.9万元。 (陆建贞、张晓凌)

【计划生育家庭奖扶特扶工作】 做好农村部分计划生育家庭奖扶特扶工作。5307人享受独生子女奖励扶助,奖励扶助金640.55万元;279人享受特别扶助,特别扶助金203.88万元;双农二女户4724人,奖励扶助金340.13万元。审批放弃再生育对象51对,走访独生子女失独家庭12户,发放慰问金4.8万元;补助失独家庭辅助生育1户、发放慰问金5万余元;补助计划生育手术并发症8人、发放慰问金74453元。(杜明华)

【流动人口计划生育管理】 全市流入全员409065人,其中流入已婚育龄妇女147602人。流出全员88129人,其中流出已婚育龄妇女25214人。3月,南马镇、白云街道、横店镇在外来人口较集中的企业对外来已婚育龄妇女进行免费孕环情检查,检查人数3000余人次。完成重点对象反馈7590条,应接收反馈40356条,应反馈通报3449条,应入库通报3147条,应反馈孩生育服务36条。上传公安数据425483条。南市街道、白云街道、横店镇、南马镇的10个村居定为全国流动人口的动态监测抽样点,核查201440人次,问卷录入200份。创建南马镇和巍山镇省级流动人口规范化服务中心,横店镇规范化服务中心建成。 (周瑶新)

红十字会

【概况】 东阳市红十字会接受社会爱心人士和固定募捐箱募捐款278.7万元,物资价值1.8万元,分别用于博爱送万家活动、专项救助基金、救援队购买装备等项目。11月13日,和教育局、卫生局、团市委联合印发《关于印发东阳市红十字会学校工作委员会组成人员名单和工作职责的通知》,建立学校红十字工作委员会,进一步指导开展学校红十字会工作,宣传传播红十字文化和精神。

【红十字会筹资募捐】 东阳富仕特磁业有限公司捐赠30万元,分别用于购买救援指挥车和农村贫困家庭救助。市红十字会、市妇幼保健院推出“母亲康乐”救助项目筹资54.29万元,用于救助东阳市范围内农村妇女“两癌”筛查项目实施过程中发现并确诊的患有宫颈癌和乳腺癌的农村贫困妇女。东阳花园田氏医院捐赠6万元,用于救助贫困股骨头置换患者的关爱助医基金。与人民医院合作成立“民院广济助医基金”，筹集资金160万元用于救助困难家庭患者及特殊患者，资助开展医学相关项目。

【红十字会帮贫助困】 救助贫困家庭心脏病患者的“康心救助基金”项目，救助心脏病患者74人，发放救助资金141.72万元。为外来务工人员困难家庭设立“母婴平安”项目，救助高危孕产妇患者224人，救助资金28.46万元。徐丹丹救助基金，为徐丹丹姐弟三人拨付救助资金3.6万元，用于保障三姐弟的生活学习。2015年博爱送万家走访慰问2个镇40户困难群众，7名麻风病人、100名精神病患者及器官、造血干细胞和遗体角膜捐献者5.82万元，物资价值1.8万元。

【红十字会救护培训】 开展23期救护员培训，培训红十字救护员1918人，普及培训25期，参加培训8130人。5月12日，在人民医院为参加横店马拉松比赛医疗通讯保障的259名医护人员、志愿者进行现场救护知识培训。5月下旬，分4期对供电局584人进行现场救护知识培训6～7月，为志愿者、保安、幼师培训救护员300余人。9月，先后为市财政局、横店影视学院师生，部分企业培训救护员400余人。10～12月，参加金华市红十字会组织的2015年金华市中小学生自救互救知识及技能竞赛，获团体二等奖。与市教育局联合组织全市3000名学生参加“金华市‘小脚丫基金会杯’中小学生自救互救知识竞赛”，4名学生获一等奖、3名学生获二等奖、4名学生获三等奖、8名学生获优胜奖。

【红十字会关爱生命】 开展“三献”活动，组织志愿者利用各种活动发放宣传资料，每月18号固定为献血车跟车宣传服务活动日。经志愿者宣传发动献血人数422人，献血14万毫升。登记志愿捐献遗体35人，成功捐献3人；登记器官捐献13人，成功捐献7人；登记眼角膜捐献18人，捐献6人；造血干细胞采样123份，超额完成采样任务，2名造血干细胞捐献志愿者实现捐献。

【红十字会应急救援】 东阳市红十字救援队出勤125次，启动救援预警2次、大型联合应急演习5次、军训活动1次、救援案例分析会1次，山地救援26次，水上救援43次，城市搜救12次，山林灭火9次，安保值勤15次，安全知识讲座20次，救援45人次，招募新队员1批16人，开展各种理论培训、救援技术培训、医疗急救知识培训、体能训练、体能及技术考试、外部联谊等活动57次。出动队员1589人次，挽回经济损失500余万元。

（李晓媚）

2015“美丽东阳”旅游摄影大赛获奖作品

蔡宅风情　摄影 / 王小希

街道镇乡

吴宁街道

【概况】 2015年，辖区总面积31平方千米，下辖11个社区、31个经济合作社，下设64个居民小区。辖区总户数32198户，总人口85201人，其中男性41838人、女性43363人。出生人口1045人，出生人口性别比111.35(女为100)，人口自然增长率5.56‰。2015年城镇居民人均可支配收入41229元，农村居民人均纯收入22430元。完成税收50106万元，比上年下降17.3%，其中国税9852万元、地税40254万元。

【吴宁工业】 吴宁街道主要以服装、针织、木雕工艺品、机械加工等行业为主，有工业企业320家，建筑房产103家，批零商业485家，住宿餐饮58家，服务业335家。12家规模以上企业完成工业总产值28.04亿元，比上年增长2%；规模以上工业主营业务收入27.33亿元，比上年增长1.1%；规模以上企业用电量1377万千瓦时；工业投资额1216万元，比上年增长51.8%；固定资产投资额27.38亿元，比上年增长27.7%；完成外贸出口总额6864万美元，比上年下降21.6%。完成个转企20家。新培育2000万元以上企业1家：东阳市鑫宏建材有限公司。

【吴宁农业】 年末常用耕地面积164.53公顷，山林面积1367.9公顷。粮食播种面积85公顷，总产量510.6吨，种粮大户1户，承包及流转耕地13公顷。做好成家里、西岘两个蔬菜基地建设工作，开展重大动植物疫病防控工作。完成115台拖拉机和驾驶员的年度检审验工作。

【吴宁“三改一拆”】 拆除石材加工市场违建面积近0.46万平方米，取缔影响“五溪”水质的石材加工企业11家，整顿违建企业7家。拆除违章建筑522宗，拆除面积129458.7平方米，完成当年任务的107.87%。旧厂房拆除建筑面积53225平方米，完成年度任务的266.5%；旧住宅区改造完成面积24.83万平方米，覆盖受益居民990户；城中村改造总面积105.93万平方米，受益居民10298户。向“三改一拆”办申报36个无违建小区，其中抽查的2个小区达到无违建标准。

【吴宁“五水共治”】 境内十条河流及支流落实“河长制”，每周三组织广大党员干部开展常态化护河行动。投入1370余万元，清出淤泥垃圾2800吨，截污5600米。投资500余万元的卢三溪河道综合整治项目基本完工，沿线涉及的两个排污口责令企业自行接入污水管。雅溪肃雍堂至提升总泵段排查出排污口10个，10月完成截污工程。西溪排查出排污口25个，该段截污纳管工程完成。东溪由建设局委托上海专家组织排污口排查，其中大寺下小区完成截污工程，塔脚小区完成雨污分流处理。东阳江沿线第一批重点排污口整治完成的6个。

【吴宁“五城同创”】 街道完成春季绿化各类苗木补种19.59万株，新增绿化面积19.55万平方米，清除垃圾2.3万吨，拆除各类违规设置广告牌440余块；重点开展空闲地专项整治工作，完成空闲地整治23宗，总面积21.98万平方米，其中绿化面积19.2万平方米，停车场设置2.78万平方米。

【市重点项目建设】 东阳二中迁建工程：主体工程基本结顶。迎宾大道景观带建设：丁家、下庄76户完成拆迁。37省道改建工程：全线开展施工，推进涉及南山房屋拆迁工作。

【经济合作社股份制改革推进】 经济合作社股份制改革涉及31个经济合作社，召开班子会议和社员(代表)大会，形成改革决议，开展“人口调查，资格界定”和“清产核资、股权量化”工作。其中18个经济合作社完成股份制改革工作。

【吴宁文教卫生】 有幼儿园28所，小学5所，初中4所，高中3所。有各级各类医疗机构26家，其中市级医院2所、街道卫生院3所、社区卫生服务站11所。开展文化走亲38场次，举办邻居节文艺晚会和重阳节文艺联欢。9月1日，在节庆广场举办“纪念中国人民抗日战争暨世界反法西斯战争胜利70周年”吴宁街道文艺会演。开展第27个爱国卫生月活动，投入资金17.76万余元，利用各媒介宣传34次，清除垃圾286吨，清除卫生死角100个，清理臭水池（塘）39个，清理积水坛缸97个，清除露天粪缸、棚厕、旱厕11个，疏通阴沟及下水道124条，新建污水管网9.47千米，整治道路9.9千米。开展夏、秋两季除“四害”工作，督促居民做好室内、庭院的卫生清洁工作，发放室内灭鼠饵料12500包，室外灭鼠药540千克，灭鼠毒饵站130座，灭蟑饵剂38000包，灭蟑烟剂37200个，灭蟑方便贴600盒，灭蚊蝇药剂180千克，球形芽孢杆菌200千克。

【吴宁社会保障】 推进街道、社区两级365便民服务体系建设。街道365便民服务中心为居民办理各类事项6621件，完成8890热线交办事项380件。完成2015年度的医保征缴工作，有成年人20265人、未成年人1475人参保。保障救助低保户、“五保户”122人，支付救助金48万元，临时困难补助6万元，慈善救助18.5万元。发放“4050”就业失业证885人，办理社保补贴1637人，创业补贴52人，帮助困难人员就业3965人，帮助失业人员就业98人，完成退休人员资格认证15057人、异地资格认证200人、居保和补征地资格认证2339人。加大对签订劳动合同的监察力度，接待投诉举报98件，调查处理92件，结案率94%。为农民工追发工资61.9万元。

【吴宁社会管理】 签订2015年安全目标管理责任书348家，加强烟花爆竹“双禁”巡查和消防安全监管，落实安全生产培训工作，做好安全常识宣传教育。检查企业2280家次，其中高危企业288家次，查出隐患165条家，当场整改142条家，发出整改指令书23家，完成整改，指导督促企业做好安全生产管理台账191家次，实现小微企业安全生产托管30家。做好三查和二胎全过程管理，落实单独二孩政策和计生奖扶政策，完成国家流动人口监测调查工作。强化纠纷调处，做好信访维稳工作。调处矛盾纠纷142起，涉及金额280万元；接访42批，接访人数133人；来信来访71件，答复68件。加强企业“两链”风险管控，妥善处置皮卡王集团民间集资等上访工作。推广基层社会管理综合信息系统录入工作，开通“平安通”信息平台64个。发放平安宣传资料28900张，横幅50条，与学校签订《远离毒品责任书》24800份。

【吴宁组织建设】 各基层党组织开展自查自纠，理出村级组织运行问题7个、“不守规矩”问题8个；历史遗留问题和重点矛盾纠纷8个，及时开展整转。结合“千名机关干部下农村”调研活动，开展村（居）党员干部“守规矩”宣讲活动，帮助确定创业承诺事项22项，明确任务16条。及时调整班子分工及联系社区，完成街道各办公室中层干部新一轮竞聘工作。蒋桥头小区党支部、培新小区党支部创建为东阳市级党建示范点，东阳市圣华工艺品公司支部和顺风集团党委建成东阳市党群服务中心规范化建设示范点。各小区支部开展党员五星积分管理，对10名失联党员予以除名处

2015年吴宁街道村（居）基本情况

表24

社区名称	小区（个）	组数（个）	村（居）支部（总支）书记	村（居）委主任
卢宅	6	29	金芳	郭江明
江滨	6	24	潘余洪	卢希梁
东街	6	27	张桂潮	马瑛瑛
西街	5	31	周英华	张鹏丽
东岘	7	48	麻银火	邢方浩
迎晖	7	58	金利扬	马百胜
朝阳	6	54	郭旭军	孙云才
城南	4	29	胡筱阳	杜宁
西园	7	29	陈伟	王国兆
荷塘	6	30	卢胜华	施志安
兴平	4	8	卢彩萍	陈福星

理。规范发展党员工作，审批预备党员45人，预备党员转正41人，列入考察对象30人。落实党员发展计划41人。开展党风廉政、机关效能教育13次、效能通报3次，开展效能督查77次，督促检查中发现问题5件。立案检查9件，全部结案。

（徐凌子）

白云街道

【概况】 2015年，辖区总面积57平方千米，辖8个社区，40个小区。辖区总户数15660户，总人口40313人，其中男性19927人、女性20386人。出生人口587人，出生人口性别比117（女为100）。完成税收85824万元，比上年增长13.5%，其中国税26274万元、地税59550万元。

【白云工业】 75家规模以上企业完成工业总产值55.37亿元，比上年增长7.8%；规模以上工业主营业务收入44.21亿元，比上年增长0.3%；规模以上企业用电量7602万千瓦时；工业投资额9.91亿元，比上年增长7.8%；固定资产投资额47.67亿元，比上年增长9.1%；完成外贸出口总额41085万美元，比上年下降4.3%。培育"小升规"企业13家，新增亿元企业2家。

白云街道是东阳市"商贸联动"的主战场。形成东阳木雕城、东阳红木家具市场、东阳国际建材装饰城、中国古典工艺城、东阳国际汽配城、东阳针织服装市场、东阳中国木雕文化博览城、浙中华泰皮革商贸城等专业市场以及宝马、奔驰、奥迪等汽车4S店。园区在运行商贸服务业重点项目40家，其中建成开业项目18个，前期对接项目7个，准备新建项目7个，继建项目8个。木雕城二期A地块工程建设完成，B地块完成总工程量的74%，B1市场交易区于11月8日建成开业。浙中名品港·奥特莱斯广场名品体验中心投入使用。汽车城二期二手车市场正式开业运营。世贸广场商业综合体（银泰城）完成银泰城主体部分结顶，完成项目总开发工程的40%。

【白云农业】 常用耕地面积72.87公顷，可利用林地面积951.13公顷。农村集体收入16259万元，固定资产在建工程64439万元，现金存款49913万元。

【白云重点工程】 开发区初级中学项目完成建筑工程量97%。江滨南街西延工程一期（书院路—南田路段）完工；二期（南田路—西一路段）完成工程施工招投标，涉及二期工程完成房屋拆除工程量98%，完成雨污水总管铺设和道碴层铺设，完成工程量50%。望江大桥完工。

【白云村镇建设】 白云街道涉及股份改革的经济合作社36个，35个经济合作社完成股份制改革工作，过渡成立35个董事会、监事会，35个股份经济合作社有股东22590人，资产96421.25万元，其中4个村发放股权证书。拆除违章建筑131105平方米，完成全年任务的109.25%；旧住宅区改造191户、65095.18平方米，占全年任务的203.42%；城中村改造626户、159624.9平方米，占全年任务的106.42%。10月，完成辖区40个小区"无违建"创建；11月，完成验收。完成上进房屋征收协议签订工作，签订协议116户，占地面积11530.83平方米，建筑面积27353.12平方米，完成上进拆迁安置小区的地面附属物处理等工作，完成上进小区被征收人旧房拆除工作；完成珊瑚里房屋征收协议签订工作，签订协议147户，占地面积13289.4平方米，建筑面积27540.5平方米；完成金星拆迁小区房屋征收协议签订工作，签订协议211户，占地面积19854.37平方米，建筑面积48047.75平方米，完成小区拟安置新基公示；完成白殿小区城市拆迁前期4个自然村约400户被征收人房屋现场丈量评估工作；完成笠里小区旧房拆除工作。

【白云文教卫生】 设街道综合文化站、广播电视站各1处，农民工文化活动中心4个，市级文化示范村6个，农家书屋8个。设幼儿园20所，在园幼儿4980人，专任教师275人；小学7所，在校生7194人，专任教师383人，初中2所，在校生2788人，专任教师185人，九年义务教育覆盖率100%。

各级各类医疗卫生机构2个，其中街道卫生院7所；病床1665张，专业卫生人员75人，其中执业医师514人，执业助理医师3人，注册护士10人。医疗机构（门诊部以上）完成诊疗10.8万人次。农村安全饮用水普及率100%，农村卫生厕所普及率100%。新型农村合作医疗参保人数1.85万人，参保率100%。

2月2日，白云初中举行黛妃百万教育基金会成立暨颁奖仪式，仪式上对11名优秀教师和48名优秀学生进行颁奖。白云初中黛妃百万教育基金会由黛妃化妆品（上海）有限公司总经理葛志平出资100万元设立。

【白云社会保障】 城镇低保户16户,低保人数17人,支出10.2万元。农村最低生活保障户数88户，人数97人，支出23.3万元，比上年降低9%，月人均260元，比上年增长6%;国家抚恤、补助各类优抚对象52人,抚恤事业费支出72.3万元,比上年降低3%。社区服务设施19个,其中社区服务中心8个,社区服务站8个,其他社区服务设施3个。

【白云社会管理】 完成上级转交各种信访件70件。每月15号信访接待日接待群众来访96批206人次，未发生非正常到省赴京上访。7月,重点开展涉疆人员的排查工作。调处各类矛盾纠纷203起,重大疑难纠纷16起,其中非正常死亡纠纷5起，纠纷标的额1106.06万元;走访重点社区矫正人员110人次，社区戒毒及康复人员4人;开展普法宣传活动,在杨家农民工文化活动中心成立农民工法制培训学校，发放各类法制宣传挂图100份，书籍50余本,图册200余份,开展法律服务讲座2次。受理8890事项151项,办结116项,在办17项,退办18项。落实5家社区居家养老服务中心;救助困难群众140余人，救助款发放7万余元;大病救助、优抚补助11万元。

【白云组织建设】 开展"学制度、明纪律、守规矩"专题活动,梳理制度清单16条、农村干部"责任清单"和"负面行为清单"80条，制订小区创业承诺事项125项;开展农村干部不守规矩"十种现象"专项整治行动,组织专题学习以及专项体检工作;落实农村党员积分管理，处置后进党员12人，其中开除党籍8人，除名2人，完成整转1人，继续帮教1人。新建白云小商品工业园、西城工业园2个党建服务中心以及下昆溪、银田2个小区示范点。8月,投资40余万元对每个小区的公开栏进行升级改造,统一格式,统一公开内容。开展效能检查18次,查处23人次,其中辞退3人、口头告诫1人、通报批评19人;收到各级转交纪检信访件11件，报结6件，移送公安、检察院3件,2件属重复信访;街道纪工委立案7起,办结7起。

2015年白云街道村(居)基本情况

表25

村(居)名称	自然村(个)	村(居)支部(总支)书记	村(居)委主任
中山社区	5	张梁俊	虞大伟
接官厅社区	5	叶华锋	张　斌
望江社区	4	吴海燕	李　伟
白云社区	5	包闪闪	张红华
十里头社区	4	应国彪	李桂芳
蓝天社区	7	单　津	单朝阳
昆溪社区	6	包日进	吕金文
莲花山社区	4	郭兰芳	蔡国盛

【白云基础设施】 投入基础设施建设资金3.6亿元。竣工工程投资7751万元。完成昌盛路南延(东义路至珊瑚路)道路工程、珊瑚里拆迁安置区挖方地块(老村西)土石方工程、望江大桥建设项目、西城三期五号路(书院路至洞口小区)道路工程、白云商贸园区污水提升工程等工程;完成平川路、江滨南街(八华南街至南田路)、甄山路、西城三期等路灯亮化。完成小商品园区4号路道路工程施工图施工图设计、马象路(麻车路至昌盛路)等施工图设计、截污纳管施工图调整设计。完成木雕城二期麻车小区拆迁安置区配套工程等工程的施工招投标。完成洞口新区供电一户一表安装工程，完成供水一户一表安装工程;完成上进小区、下南田小区安置区基建变压器建设;完成麻车小区供电、供水一户一表设计。

（俞欢慧）

江北街道

【概况】 2015年,辖区总面积89平方千米，辖6个社区,2个行政村。辖区总户数24465户,总人口62093人，总人口中男性31124人,女性30969人。出生人口871人，出生人口性别比104（女为100)。完成税收42918万元,比上年增长10.6%，其中国税18387万元、地税24531万元。有工业企业425个，其中规模以上工业企业41个,各类金融机构6家。

【江北工业】 41家规模以上企业完成工业总产值23.96亿元,比上年增长16.9%。规模以上工业主营业务收入21亿元,比上年增长

8.8%；规模以上企业用电量7388万千瓦时；工业投资额13.01亿元，比上年增长7.2%；固定资产投资额24.35亿元，比上年增长16.1%；实际利用外资308万美元；完成外贸出口总额9984万美元，比上年增长27%。

市工业重点技改项目伟成塑胶公司项目投入800余万元，部分设备进厂。日升昌药业公司项目投入1100余万元，实验室迁入启用，发酵罐等部分设备到位。通过评审的“两化”融合项目3个，5家企业实现小升规，浙江日升昌药业有限公司产值首次达到亿元以上。规模以上企业培育中心标准厂房3幢、40224平方米，职工宿舍1幢、4071平方米建成投入使用，入驻企业3家。

【江北农业】 农作物播种面积748.7公顷。稻谷247.33公顷，玉米71.07公顷，小麦23.33公顷，其他谷物8.87公顷，豆类111.13公顷，薯类63.2公顷，油料50.33公顷，棉花3公顷，中药材3.33公顷，蔬菜133.9公顷，西瓜3.33公顷，花卉苗木10公顷，其他作物7.73公顷。粮食总产量2989.3吨，豆类337.2吨。茶园2公顷，总产茶叶1.9吨。果园面积19.6公顷，产柑橘、果用瓜等396.8吨。生猪年末存栏数450头，年内生猪出栏数400头，家禽年末存栏数8200只，年内出栏数活鸡13500只，活鸭2500只，活鹅1400只，兔年末存栏数2100只，年末出栏数5400只。

【江北林业】 治理周店、光耀、楼宅采石场，整治废弃矿山，建立山林生态环境管理和保护机制，发动群众绿化造林。启动大型生态公墓建设，开展“移风易俗，文明祭祀，保护北山生态休闲区”公益活动。组织党员800余人、青年志愿者300余人次，开展文明祭祀活动，发放宣传册3万余册，张贴宣传标语400余幅，签订党员干部，村(居民)代表文明祭祀承诺书2200余份。成立永久、甘溪两支护林队。开展北山旅游休闲区前期建设工作，休闲区规划内的塘下村90%农户签订土地流转合同，种植金桂等苗木4000余株。投入1000余万元完成北四路等10条道路绿化，新增绿化面积4200平方米。

【江北“五水共治”】 制定《“五水共治”和大气污染防治工作责任清单》，对燃煤锅炉淘汰、垃圾禁焚处理、活水连通工程、农村生活污水治理等19项内容落实责任领导，明确工作职责。落实“河长制”，由班子成员担任江北区域内东阳江的8个排污口排长，3条河流落实执行河长，制定详细的整治计划。完成污染源点整治678处，完成21个小区(自然村)农村生活污水治理工程管网建设。完成中小河流治理重点县综合整治及水系连通试点项目整体工程量的95%，完成浪坑溪周边自行车绿道4.5千米路基建设，基本完成12个小区活水连通工程甘溪行政村塘下自然村水系连通，王户口、周店、毛蓬水系连通项目开工建设。浪坑溪入选省级“河道生态建设优秀示范工程”。

【江北重点工程建设】 完成望江路(北四路至北五路)工程招标及上王、骆店、石门小区土地征用工作，基本完成箱涵开工建设、土路基平整以及浪坑溪以北污水管网埋设。完成八华路(广福路至北四路)项目可行性研究批复和预算编制。4月20日，浪坑旅游休闲垂钓中心工程开工建设，主体工程完工。上王、东溪等7个小区市政配套工程开工建设。

【江北民生实事】 开展西楼自然村“空心村”整治，拆除188户、1.4万平方米。完成旧住宅区改造6.11万平方米，城中村改造15.95万平方米，拆除违法建筑6.02万平方米。开展“空闲地”整治工作，绿化“空闲地”35.8万平方米，建成公共停车场3个、面积3932平方米。

【江北文教卫生】 设高中1所，初中2所，小学8所，幼儿园23所。有教师421人，其中教办8人，中学教师119人，小学教师284人，在编正式幼儿园教师11人。有初中生936人，小学生4152人，入园幼儿3100人。奖励基金会有吉荣奖教奖学基金会、圣琦奖教奖学基金会、文星奖教奖学基金会和七星教育奖励基金。

江北街道卫生服务中心(卫生院)管辖亭塘、月亮湾、凤凰社区服务站和5个村卫生所及7家私人诊所。编内工作人员53人，其他从业人员12人。初级职称34人，中级职称18人，高级职称1人。对辖区居民开展常年免费全面体检和妇科检查，建立个人档案。门诊108685人次，比上年增加3749人次。全年业务收入1334.8万元，比上年增长20.2%，其中，医疗收入660.1万元。

江北综合文化站配备专职干部和工作人员3人。有11个农家书屋。王峰、西范、荣跃、高园下等小区(村)办有大型广场视频、体育健身广场38个，健身器材活动场所60个。

江北广播电视站于2013年

2015 年江北街道村(居)基本情况

表 26

村(居)名称	自然村(个)	组数(个)	村(居)支部(总支)书记	村(居)委主任
茗田社区	5	14	单玲琳	朱伟东
亭塘社区	5	7	斯宏晓	骆伟良
月亮湾社区	10	10	吴榴潮	傅晓峰
猴塘社区	10	16	杜志赛	杜一凤
临江社区	5	8	申屠文彪	吴景波
凤凰社区	5	5	马宗强	徐锋平
甘溪行政村	5	6	李章兴	王德福
永久行政村	1	3	金文龙	金龙德

9 月正式在广电大楼附楼挂牌营业，站内职工由原先的 6 人增加到 13 人。许村、蟾院、世纪花城等用户全部划入江北广电站管辖，数字电视用户 17000 户，宽带用户 2900 户。投入 6 万元，对西范工业区增加光节点 20 个，江北范围内全部实现通互动、通宽带。

【江北社会保障】 6040 人享受职工退休养老保险，每人每月最低领取 1510 元。参加医疗保险 19292 人。参加未成年人项目保险 1054 人，低保保险 173 人。低保户 106 户，低保人数 120 人，全年发放补助款 15 万元。

12 月，东阳市慈善总会江北协会成立，有会员 196 人，理事 69 人。协会筹集赞助款 522 万元。救助江北居民中重大疾病困难患者 49 人，计 7.45 万元。

【江北基层组织建设】 推进街道“两新”党建工作，调整街道“两新”党委成员，建立领导班子成员联系企业指导党建制度，规范 15 家企业的党员活动室，新建日升昌药业有限公司和炜晟包装有限公司 2 家企业支部，建立 3 个企业党建示范点。举办“勿忘国耻·圆梦中华”文艺会演，纪念中国人民抗日战争和世界反法西斯战争胜利 70 周年活动。

【江北社会管理】 受理便民事项 2071 项，处理矛盾纠纷 361 起。调处劳资纠纷 385 起，涉及金额 1418 万元。各小区（村）建立由 298 名党员、干部组成的小区（村）安全生产网格员队伍，对农户和企业的消防安全、排水排污等进行全方位的监管。农村股份制经济合作社改革各小区（村）基本完成。开设上王、下宅口、王户口、山口、许村、月亮湾花园 6 个小区居家养老中心，实现“老有所养”。公益性生态公墓完成选址工作。

（张道驰）

六石街道

【概况】 2015 年，辖区总面积 65 平方千米，辖 1 个社区、22 个行政村。辖区总户数 15771 户，总人口 40078 人，其中男性 20105 人、女性 19973 人。出生人口 495 人，出生人口性别比 116（女为 100）。完成税收（含上卢管理处）19659 万元，比上年增长 8.5%，其中国税 12753 万元、地税 6906 万元。

【六石工业】 （含上卢管理处）55 家规模以上企业完成工业总产值 37.03 亿元，比上年增长 11%；规模以上工业主营业务收入 30.45 亿元，比上年增长 5%；规模以上企业用电量 9816 万千瓦时；工业投资额 24.32 亿元，比上年增长 2.9%；固定资产投资额 30.49 亿元，比上年增长 7.6%；完成外贸出口总额 10339 万美元，比上年增长 4.4%。

【六石农业】 耕地总面积 1420.4 公顷，培育 3 公顷以上种粮大户 42 户，流转面积 480.4 公顷，种植早稻 413 余公顷，晚稻 466 余公顷，落实早稻示范畈 5 个，单季稻新品种示范畈 1 个，建育秧中心 2 个，烘干机 40 台，晨光畈粮食功能区如期竣工。

【六石“五水共治”】 清理陈年生活垃圾 3708 吨，建筑垃圾 9318 吨。建立河长制，确定班子成员任河长，各村主职干部任段长。街道河长每周一次巡查，村级河长每周二次巡查，记好巡查日志。设立“只为治水”公众号，建立镇级河溪微信群，完善河长公示牌。各村确定 1～2 名保洁员，实行全河段全河流保洁。白溪江于 10 月实现第三方保洁。投资 2200 万元开展中小河流治理项目，打造石马溪精品景观带。

加快农村生活污水治理工作。62 个村完成施工图纸设计和图纸会审工作，58 个村完成财政审价工作，54 个村完成招投标，在招标的基础上56个村实行开工建设，完成管网施工48个，终端开工21个，终端完工13个（2015年任务数33个，2014年任务数19个）。

【六石“三改一拆”】 投资65万元完成蟠松垃圾中转站及有机垃圾处理站的建设。2015年拆除违章建筑13万平方米；旧住宅区改造完成81户、计2.62万平方米；城中村改造完成102户、3.37万平方米。岩口、张麻车空心村整治连片拆除危旧房61户、5500平方米，占地面积4500平方米。

【六石“美丽乡村”建设】 制订《六石街道创建美丽乡村建设先进县市打造美丽乡村精品线实施方案》，按照点（张麻车、北后周、湖心塘）、线（S211省道、经十一路、纬八路）结合，打造六石美丽乡村金名片，北后周村、湖心塘村种植10余公顷高粱，消灭抛荒田。3个精品村投资200余万元进行绿化。精品村和S211省道沿线村完成12000平方米赤膊房整治。开展S211省道沿线新建、湖心塘、后里、蟠松、枫树下、樟村6个串点成线的村“四边三化”工作。投入530余万元用于春季绿化造林和森林村庄创建工作。北后周村通过制作垃圾分类文化墙，给每户配备分类垃圾桶，宣传垃圾分类知识，提高村民垃圾分类意识，推进美丽乡村建设。

【六石重点项目建设】 3月，经五路以西的传感器工业园等项目开工建设。在前期试运行基础上，东阳海关监管点正式搬入国际物流园。木雕园区一期、二期入园的29家企业施工。配合开发区做好木雕小镇前期规划设计工作，涉及金鸡、徐庄等8个行政村（22个自然村），面积267公顷，初步完成征用前土地走界确界工作。投资175万元，完成镇西路、六吴线方会段2千米沥青面罩面工程，面积1.8万平方米；完成六石镇区雨污管道规划设计及各小区污水专项设计，集镇东区完成招投标，年末开工建设。

【六石文教卫生】 设文化站、广播电视站各1个。全街道有高中1所，在编教师90人，在校学生1021人；初中1所，在编教师78人，在校学生1050人；小学3所，在编教师118人，在校学生2662人；幼儿园10所，教职员工55人，入园幼儿1500人。年末有各级各类医疗卫生机构12家，社区服务中心1个，医务人员92人，卫生服务站11个。新型农村合作医疗参保人数2.47万人，参保率98%。

完成樟村精品文化礼堂创建，北后周村文化礼堂创省级一流文化礼堂；新建石马村抗日将士纪念碑，石马村文化礼堂创建成为以爱国主义题材为主的文化礼堂。投资500万元建设的樟村、吴良小学餐厅体艺馆完成竣工验收并投入使用；完成樟村小学、吴良小学塑胶操场建设，开展六石初中操场东扩规划前期准备工作；完成六石小学第二餐厅招投标等工作的中间验收，完成六石初中标准化学校创建。全年举办各类大小文化活动18次；六石小区朵朵金花舞蹈队情景剧舞蹈《南京1937》，获东阳市“勿忘国耻、圆梦中华”街道镇乡文艺会演金奖；创建东阳市特色文化广场1个，示范文化广场2个、市文化广场活动带头人2人、市农村优秀业余文艺演出队2支、市农村特色文化活动2项。

【六石社会保障】 城镇低保户数6户，享受人数6人，支出3万余元；农村低生活户数352户，人数547人，支出252万余元；“五保”供养14人，支出11.1万元；国家抚恤、补助各类优抚对象71人，支出114万元；社会医疗救助41人次，支出18.4万元；重点优抚对象医疗救助23人次，支出5万元；社会临时救助和慈善临时救助128人次，支出15万元；慈善助学5人次，支出2.5万元。敬老院1所，常设床位105张，建成24

图85　11月18日，村民在六石街道北后周村垃圾分类文化墙前走过（包康轩/摄）

2015 年六石街道村（居）基本情况

表 27

村（居）名称	自然村（个）	村（居）支部（总支）书记	村（居）委主任
樟　村	3	赵劲松	韦国强
康　夏	2	韦建春	韦建春
鹤　峰	3	王加元	周国天
石塔山	3	陈仲浩	陈金渭
石　马	4	吴美仁	王国良
金　鸡	4	陈宝生	陈明星
横　塘	7	陈晓浩	陈曙晖
裘家岭	2	潘茂荣	潘茂余
王　村	1	王培林	王晓良
吴　良	1	吴永良	吴永良
夏溪潭	3	吴友尧	吴新才
紫　光	2	金朝生	王美跃
蟠　松	3	蒋世良	吴维扬
枫树下	3	王新华	徐元华
里宝塘	3	吴仲彬	吴寿福
后　里	3	厉新勇	张向阳
岩　口	1	吴其永	吴金宝
六石社区	7	许志明	许时伟
新　建	5	徐雪仙	虞康民
徐　庄	4	王海水	严成效
湖心塘	3	吴子祥	吴伟平
桐　坑	1	楼胡林	楼小欢
北后周	1	卢豪杰	卢国庆

家农村居家养老服务机构，29 个行政村建立村级便民服务中心。

【六石社会管理】 排查调处矛盾纠纷 128 起，其中治安案件调处（有书面协议）57 起，村（居）基层调委会调处 7 起，调处一起意外死亡的赔（补）偿纠纷，涉及赔偿金额 250.31 余万元。重视街道、村干部联合接访工作。街道、村（居）干部参与联合接访 1239 余人，其中村（居）干部 787 余人，接待 15 批 30 人次。受理信访 65 件，其中上级转办 56 件，办结 65 件。

【六石党建】 制定《2015 年六石街道党风廉政建设和反腐败工作组织领导与责任分工》，与各村（小区）、部门站所、街道干部签订《六石街道党风廉政建设目标管理责任书》；召开“从严管理落实年”、廉政建设分析会、一岗双责研讨会等专题会议 12 次；听取班子成员汇报分管领域党风廉政建设情况汇报 4 次。开展党风廉政建设专题学习 12 次，观看教育警示片 10 次。开展不守规矩村干部整治和纪检信访调处及案件查处。对不守规矩村干部和不作为村干部诫勉谈话 8 起，对不守规矩的党员诫勉谈话 18 起。受理纪检信访件 10 件，回复 10 件；立案 6 起、查处 6 起，超额完成案件查办目标。

【六石街道启动地质灾害区群众迁移工作】 11 月 26 日，六石街道派出 7 个工作组到裘家岭村地质灾害隐患区域，了解农户基本情况及群众对搬迁安置点选择意向，科学合理制定搬迁实施方案。该街道对裘家岭村滑坡地质灾害区域群众发放了搬迁通知书，468 名村民领取临时避灾租房补贴逾 14 万元。

（陈　雯）

城东街道

【概况】 2015 年，辖区总面积 61 平方千米，辖 1 个社区、18 个行政村。辖区总户数 15169 户，总人口 41643 人，其中男性 20924 人、女性 20719 人。出生人口 574 人，出生人口性别比 121（女为 100）。完成税收 8077 万元，比上年下降 17.7%，其中国税 5329 万元、地税 2748 万元。新兵应征入伍 28 人，超额完成 7 人。其中大学生新兵 18 人，比例 85%，获市征兵工作先进单位。

2015年城东街道村(居)基本情况

表28

村(居)名称	自然村(个)	组数(个)	村(居)支部(总支)书记	村(居)委主任
李宅社区	7	32	李长春	李康红
徐田	3	8	徐守强	徐天伟
宲卢	1	16	卢阳春	卢阳春
奎吾堂	2	9	张才金	李惠彪
堂鹤	3	18	李茂良	李成斌
东安	2	8	王瑞荷	黄新平
五四	1	8	李财洪	王振伟
单良	1	8	单章新	单南平
东光	4	10	单红标(主持工作)	单志荣
塘西	6	14	王志龙	王志龙
湖店	3	12	华美绍	胡柏忠
东锋	4	9	郑承阳	洪国良
东兴	3	17	李世亮	李世跃
东升	4	15	斯文兵	斯福良
斯村	4	16	胡凤鸣	王万成
和堂	3	24	楼一品	楼瑞强
东联	3	13	楼金岳(主持工作)	徐德军
东屏	3	13	卢志高	卢志高
雅溪	2	12	楼正其	楼正其

【城东工业】 17家规模以上企业完成工业总产值12.55亿元,比上年增长9.3%;规模以上工业主营业务收入11.14亿元,比上年增长4.1%;规模以上企业用电量5194万千瓦时;工业投资额8.26亿元,比上年增长22.9%;固定资产投资额12.51亿元,比上年增长34.4%;完成外贸出口总额2602万美元,比上年下降5%。有建筑企业1家,从业人数16526人,总产值7.5亿元。

完善李三、宲卢、东联工业功能区规划,形成宲卢、李宅磁性行业集聚,引导企业转型升级,培育企业上档次、上规模。推进之江路老工业园区改造提升工程,完成浙江欣旺科技有限公司土地征收和东阳市富坤电子商务楼项目落实工作。

【城东重点工程】 37、40省道全线贯通,基本完成路基工程;完成第二污水处理厂总体工程量的三分之一;东阳江南岸治理工程项目完工;市文体中心第一期完成主体建设,周边配套工程建设正在快速推进;看守所污水终端建设及地基平整工作基本完工;完成石材物流园区征地和规划论证;完成小九天旅游开发项目的审批立项工作。

【城东农业】 农用地面积5298.77公顷,耕地面积1722.75公顷。粮食作物播种面积1523.2公顷。新增家庭农场1家,蔬菜基地15.34公顷,完成17.34公顷斯村花卉园、单良休闲农业园建设,粮食总产量10823吨。

【城东"三改一拆"】 制定落实无违建实施方案和考评奖励补助办法,明确时间节点和责任主体。制止新增违法用地行为67宗;拆除违章建筑总面积102623.74平方米;完成旧住宅区改造总面积64520平方米。

【城东"五水共治"】 启动19个行政村(社区)的污水管网建设。开工47个自然村,完工45个,终端开工40个自然村,完工40个。投资7820余万元,完成污水管道长75千米。执行"河长制",强化河道共管,确保责任到人。清理河道36千米,清运垃圾4900吨。

【城东环境整治】 投资400余万元扩建环卫队伍和村保洁人员队伍。完成3个阳光房建设,配备垃圾分类处理机械,发放垃圾分类桶7000余个,被评为东阳市创建国家卫生城市工作先进单位。

【城东综合治理】 签订安全生产、森林防火等各项安全责任书,企管所建立每月定期排查制度,组织安全生产专项检查,及时反馈信息,组织200余人次安全知识培训,未发生安全生产造成人员死亡事故;开展一次消防通道专项整治;成立应急救灾小组,制订应急预案，开展抗击洪涝灾害演练。建立信访维稳处置小组，开展矛盾隐患大排查，依法开展稳控工作。完成村规民约修订工作，完成各类信访事件，报结119件，被评为市信访工作先进单位。

【城东文教卫生】 设初级中学2所，25个班，学生1032人，教师72人，小学8所，76个班，学生3486人，教师153人，幼儿园11所，43个班级，幼儿1207人，有教师94人。适龄儿童入学率和小学升初中升学率100%。

有各类医疗卫生机构22家，各级各类卫生人员69人，其中卫技人员60人，有社区卫生服务中心1家，社区卫生服务站4家，村卫生室17家。各类传染病得到有效防控，甲乙类法定传染病年发病率为582/10万。免费体检7397人次。

【城东社会保障】 参加市低保264户、274人，其中五保户55人，重残低保36人，投亲靠友22人，非农2户4人，医疗救助35人次，市慈善救助40人次。街道有老年协会1个，下设分会19个，会员7100余人次。参加农村医保25344人。

（张良田）

南市街道

【概况】 2015年，辖区总面积83平方千米，辖26个行政村，下设166个村民小组。辖区总户数16284户，总人口44522人，其中男性22864人、女性21658人。出生人口575人，出生人口性别比110(女为100)。完成税收8789万元，比上年下降5.2%、其中国税5544万元、地税3245万元。

图86 8月4日，市委书记黄敏（前排左二）在东阳市方维装饰有限公司车间了解企业生产情况

【南市工业】 以家纺、磁性电子、皮具箱包、塑料塑胶、红木木雕家具五大产业为主导。27家规模以上企业完成工业总产值19.17亿元，比上年下降0.2%；规模以上工业主营业务收入16.89亿元，比上年下降4.2%；规模以上企业用电量3918万千瓦时；工业投资额6.33亿元，比上年增长6.9%；固定资产投资额7.1亿元，比上年增长19.3%；完成外贸出口总额2421万美元，比上年增长14.3%。有木雕红木家具业生产企业332家，产值5.78亿元，有金华市名牌大清翰林、国祥红木，东阳市名牌港龙、会六、铭华等红木家具品牌。

工业功能区内完成294穴坟墓搬迁，杆线迁移四条850米，实施纬三路、纬四路建设，配套基础设施建设完成投入376万元。大联老工业区8个区块完成重新规划编制工作，规划建筑面积33.6万平方米，拆除占地10.8万平方米旧厂房，其中4个区块完成建设标准厂房8万余平方米，2个区块3.8万平方米在建设中，完成投入8050余万元。

【南市农业】 常用耕地面积1481.84公顷，其中水田面积1252.95公顷。农村经济总收入373260万元，农民人均所得19500元；农林牧渔业总产值15236万元，其中粮食作物产值42731万元。各村经济总收入6719.49万元，其中经营收入1504.63万元。农作物播种总面积2207.1公顷，其中粮食播种面积1553公顷，粮食总产量9784.8吨，粮食作物以水稻为主。主要经济作物播种面积579.53公顷，总产量7486.2吨。新增流转土地34公顷，家庭农场12家，南乡农机等农民专业合作社5家，特色农产品有南枣、蜜枣。

【南市文教卫生】 设街道综合文化站1处、广播电视站3处，村级文化活动室26处，金华市级文化达标村3个，东阳市级文化达标村11个，区域文化活动中心3个，文化广场26个，农民公园3个，篮球场20个，排球场18个，露天舞池20个。群众文体队伍67支，室内文体活动面积10680平方米。幼儿园12所，在园幼儿2090人，专任教师75人；小学5所，在校学生3236人，专任教师149人；初中3所，在校学生1740人，专任教师120人，九年义务教育覆盖率100%。教育经费5074.45万元。

有各级各类医疗卫生机构20个，其中街道卫生院1所，病床30张。专业卫生人员51人，其中执业医师17人，执业助理医师3人，注册护士17人。法定报告传染病发病率232/10万，农村安全饮用水普及率99.9%，农村生活污水集中治理率37.5%。

【南市"三改一拆"】 拆除违章建筑20.1万平方米，完成年度任务的134%。完成大联、沧江、紫溪、柳塘、陈宅区块改造提升规划，其中大联村溪边地块9000余平方米、麻塘地块3.4万平方米标准厂房完成建设，柳塘村6800平方米、沧江村麻塘园地块32000平方米改造完成土建工程，沧江村3.8万平方米、柳塘6500平方米实施升级改造。华鑫塑胶二期、创威电炉、富万家红木、宏业麻纺、博华塑料等企业拆除旧厂房9578平方米，完成旧厂房改造78908平方米，占年度任务的225%。

表29

2015年南市街道村(居)基本情况

村(居)名称	自然村(个)	组数(个)	村(居)支部(总支)书记	村(居)委主任
官清岭	3	3	葛立辉	朱敏强
官 清	6	6	朱建民	朱建民
广 丰	4	4	江龙春	蒋军卫
大 联	7	15	张卫勇	张伟鑫
沧 江	2	6	乔立新	乔大寨
西 雅	3	3	厉朝平	陆德根
柳 塘	1	3	陈会金	陈会金
陈 宅	2	8	陈孝春	陈有明
紫 溪	3	8	邵立宏	邵英杰
山 联	3	3	陈贺龙	陈惠平
高 潮	4	4	吴能民	吴方洪
南 峰	3	3	胡志金	胡军民
五 一	5	5	厉文化	孙俊杰
槐 堂	6	6	厉国标	方学如
廿里牌	3	6	葛浩仁	葛天财
后 赵	1	3	周秀华	周秀华
岘 峰	3	3	吴成信	厉剑传
南 溪	2	15	杜加祝	杜志正
安 儒	5	17	蒋贤民	蒋顺鑫
梨 枫	2	6	刘瑞千	刘成义
石 盆	1	10	吴云良	吴忠明
横 城	6	6	胡承土	蒋金余
西 坞	3	3	潘有星	吴永福
上 朱	1	6	朱贡跃	朱正相
后 塘	3	8	杜龙游	陈湖斌
贾 宅	1	6	贾钦月	贾志忠

【南市"四边三化"】 东永线、后葛线、宁画线、218省道的公路沿线实施环境整治，投资800余万元，修建花坛96个、计12306平方米，种植乔木4210株，绿化苗木14460平方米，铺设人行道2400米、计5260平方米，整治赤膊房95幢、计29850平方米，完成后葛线及柳塘"金三角"地块的绿化改造。

【南市社会保障】 有公办南市敬老院和民营南市养老中心2家养老机构。城镇最低生活保障户数2户2人;农村最低生活保障户数179户185人;农村"五保"集中供养9人，"五保"、低保支出84.09万元。国家抚恤、补助各类优抚对象64人，抚恤事业费支出52.58万元。医疗救助64人，救助金额28.55万元。困难群众临时救助210人，救助金额19.25万元。完成安居工程3户，补助1.9万元，居家养老照料中心27个村，补助108万元，实施水库移民帮扶项目5个，补助87万元。农村居民养老保险和医疗保险实现全覆盖。

【南市"五水共治"】 落实周三党员干部公益日活动制，各村每次组织活动人数不少于10人；坚持宣

图 87　9 月 9 日，后赵村实施截污纳管工程

传发动先行，向全体村民发出“垃圾分类倡议书”，11 个村完成垃圾阳光房建设，启动生活垃圾分类收集工作；落实 3 条主河道日常卫生保洁，落实河道长责任制，加强对企业污水排放的监督管理，关停 3 家排污不达标养猪场；34 个自然村实施截污纳管建设，终端开工 23 个村。投资 150 万元的陈宅工业区污水处理工程完成。

【“平安再融入，满意再提升”宣传活动】　9 月，开展平安建设宣传活动，围绕“平安南市，共建共享”，不断提升人民群众安全感、平安建设知晓率、参与率和群众对党委政府抓平安建设工作满意率。宣传社会治安、安全生产、食品药品，生态环境治理，开展打击“两抢一盗”“治安重点地区整治”“黄赌毒”等专项活动；宣传南市街道平安校园、平安企业、平安家庭、平安交通、食品安全创建等工作；宣传南市街道在开展平安创建活动中先进典型和先进事迹及各成员单位执法为民、服务群众的情况；宣传人民群众参与平安建设和综治工作，开展矛盾纠纷化解、群防群治和志愿服务等感人事迹；面对面近距离宣传防诈骗、防盗抢、防触电、防火灾、防溺水、防交通事故、防食物中毒等安全防范知识，宣传邪教危害，提高群众自我保护意识和防范能力。

（邵　剑）

横店镇

【概况】　2015 年，辖区总面积 121 平方千米。下辖 10 个社区，18 个行政村。辖区总户数 33539 户，总人口 91474 人，其中男性 45573 人、女性 45901 人。出生人口 1037 人，出生人口性别比 117 （女为 100）。完成税收 293641 万元，比上年增长 19.1%，其中国税 184302 万元、地税 109339 万元。建成区面积 13.7 平方千米，建成区常住人口 115184 人，城镇化率 68.36%，建成区绿化面积 4.32 平方千米，绿化覆盖率 31.55%。

2015 年，横店镇入选国家发改委中小城市综合改革试点镇。11 月 23 日，2015 年中国中小城市科学发展评价指标体系研究成果发布，横店镇跻身“建制镇综合实力前 100 镇”暨“全国科学发展百强镇”，排名第 30 位。

【横店工业商贸】　76 家规模以上企业完成工业总产值 186.7 亿元，比上年增长 1.1%；规模以上工业主营业务收入 154.88 亿元，比上年增长 3.6%；规模以上企业用电量 55360 万千瓦时；工业投资额 21.86 亿元，比上年下降 15.2%；固定资产投资额 54.9 亿元，比上年增长 17.4%；完成外贸出口总额 124773 万美元，比上年增长 7.1%。实际利用外资 300 万美元。7 家小企业升规模以上企业，横店集团东磁有限公司成为 50 亿元以上企业。

联宜电机通过并购太原刚玉实现上市。总投资近 3 亿元的电镀集聚区完成建设并投入试运行；17 项市重点技改项目，完成投入 11.17 亿元；35 个两化融合项目，完成投资 3642 万元，其中新建项目完成投资 1193 万元，续建项目完成投资 2450 万元。15 家低效工业用地企业，签订《低效用地整改协议》，投入资金 5000 万元进行旧厂区改造，完成改造面积 6.8 万平方米。新增国际级著名商标 1 个，新增省级著名商标、名牌产品 4 个，新增省级高新企业 3 家。

三星级以上宾馆 8 家，床位数 3120 张，住宿餐饮企业 73 家，实现社会消费品零售总额 60 亿元。

【横店影视文化产业】　横店影视文化产业实验区新增企业 51 家，入区企业 638 家，其中“唐德影视”在创业板首发上市，“欢瑞世纪”实现借壳上市，3 家企业新三板挂牌，新增工作室 99 家，入区工作室累计 242 家。实现营业收入 150 亿元，比上年增长 21.75%；上缴总税收 15 亿元，比上年增长 11.28%；接待剧组 171 个；接待游客 1518 万人次，比上年增长 10.42%。

由横店影视制作公司立项出品的《西游记之大圣归来》创国内

动画片记录，票房9.56亿元，取得中国动画电影票房第一。9月19日，获第30届中国电影金鸡奖最佳美术片；9月26日，在第二届丝绸之路国际电影节上获2015年度最佳动画片，被国家新闻出版广电总局电影局授予“国际传播突出贡献奖”。

7月14日，横店电影院线有限公司重组为横店影视股份有限公司，该企业居全国院线前7强、自营院线第5位。5月10日，横店圆明新园（万花园）启幕，台湾收藏家林嘉玮向圆明新园捐赠清乾隆铜鎏金龙纹出戟文觚等3件圆明园流失文物。8月10日，亚洲最大的野生动物标本馆横店中国世界野生动物标本馆开馆，展馆由7个展厅组成，展出亚欧、美洲、非洲、极地、大洋洲等区域的1200余只（件）动物标本。

图88 6月3日，市委常委、横店镇党委书记俞佩芬（右二）检查综合治理信息化建设工作

【横店农业】 农林牧渔业总产值19206万元，粮食播种面积1951公顷，粮食总产量17048吨，产值4105万元，主要经济作物蔬菜的播种面积545公顷，总产量17506吨，产值4902万元。镇域内有耕地面积1854公顷，有效灌溉面积1456公顷。

成立东阳市横禾粮食专业联合社，创建省级“著名商标”1个、省级名牌产品1个，评定金华市级“著名商标”1个，金华市示范性家庭农场1家、东阳市示范性家庭农场2家，金马村创建金华市农家乐特色村；在218省道淮泗、上城、赵宅等路段以及横黄线全线空地上种植油菜，总面积66.67公顷，完成上城、金马、塘溪向日葵和屋基丘籽莲基地建设，吸引游客近8万人次。屋基丘籽莲基地申报国家农业科技成果转化项目，成为金华市良种繁育基地。创建屋基丘、文南、塘溪、半傍山、三景头、金马6个精品村，完成基础设施完善、道路硬化、环境绿化美化洁化、垃圾分类处理、美丽田园建设、危旧房拆除等创建工作。112个村（小区）股份制改革完成，农村宅基地确权颁证率78.5%。增加流转面积103.87公顷，土地流转率73.32%。

投入3300余万元，完成“东阳市南江横店段圆明园桥至湖溪大桥治理”“东阳市中小河流治理重点县综合及水系连通试点横店镇项目区”等工程，完成中小河流改造15条62.71千米，南江综合治理6.01千米、加固堤防5.08千米；82个村（小区）投资1.5亿元开展农村生活污水治理，20个村（小区）完工；赵宅、半傍山、屋基丘、赵宅、良渡、塘溪、文南、杨店、禹山脚、马祖自然村投资8000万元开展旧村改造，改造面积9万平方米；南上湖千亩晚稻高产示范畈扩建粮食加工中心，添置烘干辅助设施1套，稻谷输送带4条，最高亩产918.8千克。

【横店村镇建设】 制订《横店城镇转型升级发展战略规划》。40省道改建工程屏岩山隧道完成大半工程量；完成城管环卫用房，八一、荷栖泽、岩前3处垃圾中转站建设；3月13日，拆除横店镇影视大道与江南路交叉口的“钉子户”，影视大道（国防路—长征路）道路改造正式启动；4月，投资1400万元完成“横店马拉松”环境提升应急工程，包括影视大道“白改黑”工程、华夏大道至218省道段沥青路面铺设、万盛南街旅游大厦附近人行道及沥青路面铺设、万盛北街近千米隔离栅安装、长征路和金佛庄路的人行道、排水管网改造及沥青路面铺设；7月，投资320余万元的夏源大桥改造工程完工并通车；7月24日，工业大桥爆破拆除，新建工业大桥设计宽度为26米，年末完工；12月，启动包括长征路、金佛庄路、度假村路、都督路等道路“白改黑”改建工程，完成对218省道后岑山交叉口沥青铺设。

10月29日，原农村合作基金会大楼被拆除，万盛南街电影主题街区改造工作进入实施阶段。万盛南街电影主题街区改造长度380米，为万盛南街江南路至医学

图 89　11 月 2 日，市委书记黄敏督查横店城市风貌综合提升工作现场（黄祥 /摄）

路段。年末，街区店招改造和立面提升完成。

【横店城市风貌提升工作】 10 月 19 日，召开横店镇城市风貌综合提升工作动员大会。工作重点为镇容镇貌整治工程、基础设施提升工程、影视文化景观工程 3 大工程。全镇划分为 17 个区块，同步推进城市风貌综合提升工作。11 月 12 日，市五创办工作人员入驻横店指导横店镇城市风貌综合提升工作，梳理出马路市场整治、汽修店整治、建筑工地管理、垃圾治理、农贸市场管理 5 个重点问题以及 336 个具体问题。组织对先期完成整治任务的村（小区）进行考评验收。11 月 23 日，新录用的 98 名公务员，在横店进行为期 15 天的体验式实践锻炼活动。

【横店文教卫生】 设高职院校 1 所，在校学生 3000 余人，高中 1 所，初中 3 所，在校学生约 3200 人，小学 12 所，在校学生 10600 余人；小学以上教师 990 人，其中中高级职称教师 528 人，中高级教师占比 53.33%。有幼儿园 30 所，入园幼儿 6282 人，其中等级幼儿园 24 所，入园幼儿 5662 人，等级幼儿园在园幼儿覆盖率 90.13%。

有各级各类医疗卫生机构 74 家，医疗床位 745 张，专业卫技人员 753 人，其中中高级职称卫技人员 216 人，中高级职称卫技人员占比 28.69%。

推进农村生活垃圾分类投放、分类收集、分类运输、分类处理，在 6 个精品村庄试行，确定湖口、烈光坞两个重点试点村，投入 400 余万元，购置数台垃圾清运车辆和垃圾作业车辆和 3500 个分类垃圾箱，对镇区主要街道实行 18 小时保洁，次要街道 16 小时保洁。12 月 10 日，启动“垃圾不落地”试点工作，在十里街推行沿街商铺垃圾巡回收集机制，有 15 个 240 升容量的垃圾桶。

7 月 30 ~ 31 日，由省爱卫办副主任胡伟带队的国家卫生镇复查组，对横店镇巩固国家卫生镇创建成果进行考核。

【横店社会保障】 救助困难群众 374 人，发放慈善救助金和民政救助金 48.88 万元。农村政策性住房保险参保率 99.6%。设敬老院 1 所，社区养老机构 37 所，拥有床位 372 床，每千名老人拥有床位 20.07 床。横店镇慈善协会拥有慈善基金 1108 万元，救助支出 44.41 万元。其中，救助困难群众、困难职工 322 人次、26.41 万元；大病专项救助 40 人次、12 万元；助学 20 人次、24 万元；助老济困 2 万元。

【横店机制改革】 2015 年，横店镇成立基层民主协商议事会，特聘 21 名固定商议员，举行议事会第一次会议。横店镇基层民主协商的内容包括该镇经济社会发展规划的编制和修订，横店镇城乡建设总体规划、重大产业规划、重要基础设施建设规划、重要公共服务设施建设规划的编制和调整，涉及该镇人民群众、法人或其他组织切身利益的征地拆迁、旧村改造、社会保障、文化教育、医疗卫生、公共交通、社会治安、城乡管理等方面重大决策措施的制定和调整等。同时，横店镇民主协商形成以“收集、提议、告知、协商、决策、反馈、监督”为基本环节的镇级协商民主机制。

10 月 8 日，在横店成立全市首支乡镇一级特勤中队。

【横店组织建设】 推进“从严管理落实年”活动，推出“办事处联村干部说事会”制度，探索建立村（小区）干部积分管理办法，启动园区党群服务中心建设，重点推进 218 省道沿线四星级党支部和 6 个精品村庄，按“6+X”要求创建市党建示范点工作。实行“联村干部说事会”制度，推出“点亮微心愿·共筑横店梦”主题活动。5 月，横店镇整合资源在得邦照明公司建成占地 7000 平方米的横店

2015 年横店镇村(居)基本情况

表 30

村(居)名称	自然村(个)	组数(个)	村(居)支部(总支)书记	村(居)委主任
横店社区	10	45	吕永苗	华鸣春
桥下社区	11	11	马立育	王　伟
禹阳社区	10	41	黄云山	申屠德明
禹山社区	11	26	张伟中	马阿弟
屏岩社区	11	44	韦国强	吴卫华
荆溪社区	12	46	傅晓峰	朱骏义
南上湖社区	8	8	徐伟疆	郑云钢
禹东社区	5	5	蒋远飞	应朝勇
米塘社区	8	8	金　芳	包洪其
维风社区	8	8	潘忠浩	陈晓南
七一村	6	9	张惠仁	王拥军
八一村	7	7	陈正华	吴天根
绕溪村	1	5	李光明	李贵娟
烈光坞村	2	4	董国庆	董国庆
湖口村	1	1	楼跃群	周钢洪
六联村	6	6	朱加帅	单松寿
马山前村	4	7	张德金	曹文清
富贤塘村	1	2	张锐荣	张能松
五官塘村	4	6	何一华	金营军
联盟村	3	4	包君进	包秀军
金马村	2	2	贾钦寿	贾镇君
中兴联村	4	4	舒旺盛	潘革明
荷栖泽村	4	4	吕勇钢	张欣兰
柏塔村	1	4	陈洪范	陈梓年
官桥村	3	10	陈晓华	陈国平
仁棠村	1	6	陈正洪	陈志伟
路西村	1	4	胡全威	胡加明
环　龙	1	1	贾学武	贾新乐

电子产业园区党群服务中心。10 月 6 日，中央党校调研组一行 8 人调研横店主要企业的党建工作情况。

【航空产业发展】 2 月 4 日，横店集团与大型国有企业中国商用飞机有限责任公司签署航空产业合作协议，达成购买由该公司生产的 ARJ21–700 飞机的意向。中国商飞公司董事长金壮龙，省委常委、常务副省长袁家军，金华市委常委、东阳市委书记徐建华，金华市委常委、常务副市长金中梁，市委副书记、市长朱建军，市委常委、常务副市长李宝春，市委常委、横店镇党委书记俞佩芬和横店集团董事长、总裁徐永安等出席签约仪式。朱建军主持签约仪式。

（史缜睿）

南马镇

【概况】 2015 年，辖区总面积 103 平方千米，下设 3 个工作片，辖 30 个行政村，93 个自然村。辖区总户数 22419 户，总人口 60132 人，其中男性 31223 人、女性 28909 人。出生人口 713 人，出生人口性别比 127 (女为 100)。完成税收 23891 亿元，比上年增长 2.3%，其中国税 14303 万元、地税 9588 万元。工业税收增长 4.76%。

【南马工业】 53 家规模以上企业完成工业总产值 80.6 亿元，比上年增长 6.4%；规模以上工业主营业务收入 75.92 亿元，比上年增长 7.1%；规模以上企业用电量 11445 万千瓦时；工业投资额 17.12 亿元，比上年增长 20.6%；固定资产投资额 18.81 亿元，比上年增长 14.2%；完成外贸出口总额 28169 万美元，比上年增长 16.8%。

招商洽谈项目 7 个，规模以上企业和亿元企业培育达标各 4 家，上市挂牌后备企业 8 家，完成股改 2 家，获东阳市知名商标 1 只、金华市名牌产品 3 个、东阳市名牌产品 5 个；通过“省级企业研究院”认定并设立“博士后

图 90　12 月 16 日，花园金波科技股份有限公司在花园红木家具城举行挂牌暨新项目投产典礼仪式

工作站”1 家；列入国家星火计划项目 2 个，增加省级科技型中小企业 2 家，增加金华高新技术企业、研发中心、专利示范企业各 1 家，增加东阳市级技术研发中心、东阳市级专利示范企业各 2 家；花园新材料、花园金波 2 家企业完成股份制改造；推进红木家具产业转型升级，38 个村开展标准厂房建设，其中 17 个村竣工，建成标准厂房面积 45.6 万平方米；花园生物募投、亨普公司、华万多项目投产，花园金波完成上海金波搬迁投产；通过省消防安全隐患重点整治单位的考核验收。

【南马农业】　农村经济总收入 22266.7 万元，农民人均收入 23500 元。粮食播种面积 1844.54 公顷，粮食总产量 11097.2 吨；粮食作物以水稻为主，主要经济作物有席草、蔬菜，其中席草为本地特色产业，席草种植面积 30.67 公顷，产量 301.3 吨；蔬菜的播种面积 221.67 公顷，总产量 7368.2 吨；畜牧业以猪、家禽为主，肥猪出栏 2875 头，生猪年末存栏 3205 头，家禽出栏 51500 只，年末存栏 39750 只；土地流转面积 484.87 公顷；创建平原绿化工程，完成溪西村市级森林村庄创建；开展土地整理，新增耕地 11.07 公顷；推进上安恬村古民居改造工程；推进“一户多宅”清理、空心村和赤膊房整治，泉府和夏居两个试点村，拆除旧房 360 间，面积 1.37 万平方米。

【南马城镇规划】　南马镇城镇总体规划通过市政府审批，村庄建设规划通过论证 16 个村，批准 7 个。投资 1240 万元的西区污水处理厂，完成工程量的 40%；基本完成投资 400 万元的长山路建设工程；完成横黄线塔山下至长畈路口段的硬化工程；配合开展横店通用机场建设，完成西山坞、南城两个自然村的土地征用；投资 3500 万元的防军小学新建工程竣工通过验收；投资 876 万元的南马镇中心小学食堂、教师宿舍工程主体结顶；110 千伏防军变完成主体工程。

【南马新农村建设】　拆除违法建筑 26 万余平方米，其中卫片执法图斑面积 4.6 万平方米，旧厂房改造 3.4 万平方米，拆除旧住宅区 286 户、4.3 万平方米，投资 60 余万元复垦复绿 5.4 公顷。深化五水共治，强化镇村两级干部的责任意识，落实“河长制”，深化“清三河”工作，完成“黑臭河”深化提升整治 3 千米，花园吉祥湖完成清淤截污纳管。推进农村生活污水治理，管网开工 55 个村，完工 12 个村；推进垃圾分类工作，5 个村启动试点工作；南江护岸（长畈—南新—上安恬段）完成 80%，绕川坑横溪段堤岸完成整治。

【南马文教卫生】　设幼儿园 16 所，在园幼儿 2990 人，专任教师 137 人；小学 7 所，在校学生 5643 人，专任教师 255 人；初中 2 所，在校学生 2379 人，专任教师 147 人；高中 1 所，在校生 1137 人，专任教师 99 人，其中中学高级教师 28 人；职业技术学校 1 所，在校学生 1009 人，专任教师 58 人。

设各级各类医疗卫生机构 1 个、社区卫生服务站 5 个，病床 30 张，每万人拥有病床 5 张，固定资产总值 1935.09 万元；专业卫生人员 93 人，其中执业医师 32 人，执业助理医师 14 人，注册护士 27 人；医疗机构（社区卫生服务站以上）完成诊疗 26.81 万人次；30 个行政村村民参加新型农村合作医疗 39907 人，参保率 100%。

设镇综合文化站 1 处，村级文化活动中心 30 处，省、市级文物保护单位 27 处，18 个行政村举办各类文艺会演、文化培训 466 人次，创建精品文化礼堂 1 个。南马镇小、防军小学通过省“标准化学校”验收，南马镇中、南马实验小学通过市“美丽校园”验收；南马镇中心卫生院创建国家满意乡镇卫生院、浙江省卫生监督协管示范点。

10 月 16 日，由花园集团、花园村主办的花园第八届体育运动

2015 年南马镇村(居)基本情况

表 31

村(居)名称	自然村(个)	组数(个)	村(居)支部(总支)书记	村(居)委主任
泉　府	2	11	金拱法	金士亮
下　格	1	6	何　健	陈文虎
和　庄	2	5	吴立青	吴猛虎
联　合	2	5	蔡险峰	张永进
葛　府	2	8	丁跃进	吴洪卫
双溪口	2	10	金德月	包跃权
华　西	6	23	葛天中	徐芳卿
长　畈	1	12	赵洪仪	张均良
南　新	8	22	张德明	张福全
南　马	4	17	吴惠胜	吴军波
前　宅	1	16	吴兴华	吴国纲
花　园	10	10	邵钦祥	邵君伟
下安恬	4	26	马进文	马军江
上安恬	2	17	马顺森	马长华
龙　山	2	9	杜文德	杜军伟
西山脚	2	8	马茂大	马四弟
新五联	5	9	陈子根	陈汉余
绕　川	3	7	许文权	许星全
防　军	4	34	—	包红中
夏　居	2	14	申屠忠良	申屠忠良
南　湖	4	20	胡天清	胡国胜
东　湖	5	30	胡德富	胡永吉
双　峰	5	20	周康为	吕灵明
双　溪	5	21	方向正	钟福友
石舍塘	1	5	包清阳	包清阳
和　平	3	6	蔡志威	徐得富
雅　村	2	9	骆寅福	骆寅福
大　仁	1	7	陈志庆	包民富
大　厦	1	13	马必成	朱红阳
溪　西	1	9	厉大庆	厉世雨

大会开幕。40 个代表团参加田径、棋类、球类、趣味运动等项目的个人或团体比赛。10 月 27 日，为期一个月的南马镇花园第四届金秋赏菊文化旅游节开幕，展出 600 余个品种的 20 余万盆菊花。

【南马社会保障】 农村最低生活保障户 338 户，人数 369 人，发放低保金 152.2 万元。月人均 343 元，医疗救助 89 人次，民政部门资助参加合作医疗 584 人次。国家抚恤补助各类优抚对象 192 人，敬老院 2 所，床位 350 张，收养农村“五保”人员 46 人，社会寄养老人 282 人。社区服务设施 30 个，其中社区服务中心 2 个。花园村实施 16 年免费义务教育，开通免费公交车；建成运行居家养老照料中心 26 所。11 个村启动生态化公墓建设。

【南马社会管理】 实现消防队伍和几家大企业的联网工作，形成自动报警服务系统，成立外来人口管理服务所，配备 18 名专职协管员持证上岗；在主要路口、学校、公共场所安装视频监控探头 187 个，设立治安岗亭 3 个，治安卡点 6 处；成立专门的群防群治组织，10 个大行政村筹资形成资金依托，由派出所统一管理，专门负责对全镇范围内案件高发区域进行治安巡逻，排查安全隐患；开展浙江省平安建设信息系统数据录入。

【南马组织建设】 开展中层干部竞聘上岗。开展农村基层工作巡查，在农村干部中开展不守规矩“十种现象”专项整治行动，实施党员积分管理，规范党员管理。实施“第一书记”制度，帮助两个软弱落后村党组织进行整转。推动党组织规范化建设，建立 3 个金华市级党建示范点和 1 个市级两新党群服务中心示范点。查处各类违纪违法行为，党纪立案 10

图 91 花园村西田小区文体广场上，村民们开展体育健身锻炼（包康轩／摄）

件，其中开除党籍 1 人，留党察看 2 人，严重警告 2 人，警告 5 人。

【花园村全民健身工作成为全省学习典型】 10 月 13 日，《浙江日报》刊发花园村田径场“体育设施改善、健身热潮涌动”的图片新闻，南马镇花园村改造村中心广场用于全民健身，得到省委书记夏宝龙的批示肯定，成为全省学习典型。10 月 16 日，省委书记夏宝龙在省体育局专报上再次就此事做出批示。11 月 29 日，省体育局局长孙光明到花园村调研。12 月 15~16 日，全省加强体育场地设施建设和利用工作现场会在花园村召开。

【南马镇火灾等安全事故防控综合治理体系建设迎接验收工作会议召开】 7 月 8 日，东阳市召开南马镇火灾等安全事故防控综合治理体系建设迎接验收工作会议，研究部署各项准备工作。南马镇为浙江省治理体系建设重点区域。7 月初，省督导组实地抽查南马镇 5 家企业和 1 个消防工作站，对南马镇区域性火灾隐患整治、基层日常管理以及教育培训基地建设等内容进行核查。南马镇完成全镇范围内企业排查登记工作。

【怪溪江河段长工作会议召开】 5 月 15 日，怪溪江河段长工作会议在南马镇政府召开。会议要求沿江各镇乡落实“河长制”，强化硬件投入，提升镇级污水处理设施效能；利用微信群开展交流，互相学习优秀治水经验；制定有关排污口分布、整治情况的图表。南马镇、千祥镇、马宅镇有关负责人就怪溪江河段整治情况进行汇报。南马镇投入 300 余万元整治怪溪江，于 2014 年 6 月消灭垃圾河，建立长效管理机制，按时保质开展截污纳管；千祥镇探索推行“1+2+3+N”模式治水；马宅镇治水施行社会化管理，怪溪江沿线各村污水管网建设全部启动，推广农村生活垃圾分类处理。

（杜　鹃）

巍山镇

【概况】 2015 年，辖区总面积 178 平方千米，设 6 个工作片，辖 2 个社区，29 个行政村。辖区总户数 26628 户，总人口 71127 人，其中男性 35960 人、女性 35167 人。出生人口 676 人，出生人口性别比 123（女为 100）。完成税收 18728 万元，比上年增长 6.8%，其中国税 10064 万元、地税 8664 万元。

计划生育率 89.96%，综合避孕率 88.43%，三查率 99.12%，生育过程全管理率 100%，外来人口登记率 85%，征收社会抚养费 719.88 万元，征收率为 75.63%。

【巍山工业】 形成以氟化工、缝配机械、金银丝产业为主的工业体系。38 家规模以上企业完成工业总产值 28.14 亿元，比上年增长 14%；规模以上工业主营业务收入 21.18 亿元，比上年增长 4.1%；规模以上企业用电量 7921 万千瓦时；工业投资额 6.6 亿元，比上年增长 43.3%；固定资产投资额 7.64 亿元，比上年增长 37.2%；完成外贸出口总额 13146 万美元，比上年增长 7.3%。

增加产值 2000 万元以上企业 6 家，4 个重点项目实施技术改造。11 月，总投资 1530 万元的浙江康峰化工有限公司年产 500 吨二硝基三氟甲苯项目建成投产；总投资 1000 万元的浙江朋诚科技有限公司年产 500 吨高强度高红硬性钨镍合金材料项目建成投产。12 月，总投资 1600 万元的浙江巍华化工有限公司年产 12000 吨对氯三氟甲苯项目建成投产；总投资 2000 万元的浙江鼎坚玻璃有限公司年产 370 万立方米的 LOW-E 玻璃产品项目建成投产。

东阳市永尔佳环保科技有限公司、东阳市飞华环保科技有限公司、浙江环迪工贸有限公司、浙江省东阳市铁锚科技有限公司、东阳市爱霆服饰有限公司 5 家企业建成投产。

【巍山农业】 常用耕地面积 2581.47 公顷，其中有效灌溉面积 2295.13 公顷。农业总产值 20055 万元，其中粮食作物产值 8027 万元，经济类作物总产值 8328 万元，养殖业总产值 3700 万元，经济类作物产值比重占农业产值的 41.5%。粮食总产量 23718 吨，其中：粮食作物以水稻为主，水稻 19209 吨，小麦 1524 吨，玉米 1982 吨，豆类 1033 吨。作物种植有水稻、小麦、玉米、豆类、油菜、花生等近 20 个种类。

投资 800 余万元完成上卜宅、光里湖、王坑、巍山社区 4 个农田基础设施建设，投资 700 余万元完成白坦、清溪 2 个连片粮食生产功能区农田基础设施建设。沈良村 77 公顷水稻定量栽培示范中心畈最高亩产 1004.5 千克，平均亩产 973.2 千克。开展村经济合作社股份合作制改革，涉及户数 24080 户，人数 65133 人，量化资产 32473.3 万元；完成股份合作改革村数 31 个，完成证明书换发、银行账户变更、资料归档数 31 个。

【巍山林业】 造林面积 20 公顷，封山育林面积 53.3 公顷，低产林改造面积 13 公顷，零星种植树木 12 万株；生产木材 280 立方米，毛竹 11 万根，杂竹 9 吨，坚果 46 吨，油茶籽 1.8 吨，笋干 11 吨。

【巍山建筑业】 建筑企业完成税收收入 2309.6 万元，浙江宏成建设集团有限公司上缴税收 435 万元，浙江巍山建设有限公司纳税 739 万元，浙江广扬建设集团有限公司纳税 251 万元，东阳市永盛

2015 年巍山镇村(居)基本情况

表 32

村(居)名称	自然村(个)	组数(个)	村(居)支部(总支)书记	村(居)委主任
巍山社区	7	57	赵闻樵	赵闻樵
沈　良	2	12	金孝英	沈永明
曙　光	4	11	吴忠良	赵庚余
象　岗	5	32	吕小华	周潮森
环　峰	3	20	吴式青	应明强
上卜宅	6	29	赵再杨	卜东来
王　宅	5	26	王庆浩	王庆浩
胡　村	2	22	胡国平	胡文明
楼下畈	2	7	王品余	邢洪明
麻　家	2	5	麻洪仁	楼世明
尚　誉	1	4	何文锦	金德忠
巍屏社区	10	25	冯跃进	金立伟
茶　场	4	18	王保华	王利明
金　鑫	3	7	金向晨	金国新
白　坦	2	27	吴绍亮	吕满珍
古渊头	3	23	李惠康	李江平
光里湖	5	32	叶桂芳	徐生良
雅　联	3	25	斯大潮	应梦侠
尚武宅	4	18	赵伯仁	赵玉成
清　溪	2	6	王高良	何旭辉
市　前	2	6	楼桂阳	楼仁保
怀　鲁	6	35	马国良	陈忠红
八字墙	4	28	王国忠	王全心
同　乐	3	20	李荣贵	俞中初
东方红	4	17	朱益群	叶国栋
东莘桥	3	15	李文良	方斯文
仙学塘	4	21	吴跃华	吕跃生
罗　店	5	23	戚美忠	徐方云
甲　丘	5	13	虞希龙	朱安华
大　山	4	19	楼荷光	楼　坚
岭　典	3	17	王有金	王樟龙

房地产开发有限公司纳税130万元，东阳市宏华建设有限公司纳税99.5万元，东阳巍五房地产开发有限公司纳税102.8万元，浙江国阳建设有限公司纳税44.9万元。

【巍山村镇建设】 12月，投资400余万元的长安大桥动工建设；投资120万元完成渼沙下段绿化景观带建设；投资900余万元完成21个村（高大、莘桥头、桓松、平安、施家田、程店、下林口、溪西、黄西塘、岢山、山头金、象岗、麻家、看芝、余店、胡村、新屋、罗店、楼下畈、学典、尚誉）18公顷的绿化面积，安装路灯1000余盏，铺设特色人行道3.8千米，新增硬化面积2万余平方米。“三改一拆”拆除各类违章建筑768宗，面积12万平方米；完成空心村拆除4.2万平方米。

投资2000余万元完成巍山镇（六怀工业功能区）污水处理厂一期建设工程。

完成总投资578万元的光里湖村污水治理建设工程、总投资114万元的怀鲁藤塘下自然村污水治理建设工程、总投资86万元的溪西村污水治理建设工程、总投资120万元的怀鲁岢山村综合楼建设工程。

【巍山文教卫生】 设镇文化站、广播电视站各1个；小学4所89个班，在校学生3822人，毕业生662人，专任教师181人，其中大学本科学历122人、专科学历54人。初中2所41个班，在校学生1944人，毕业人数659人，专任教师140人，其中大学本科学历127人，专科13人，九年制义务教育覆盖率100%。

设医疗卫生院（室）29家，其中市属医院1家，社区卫生服务站11家，专业卫生人员348人。其中执业医师148人，执业助理医师21人，注册护士156人。平均每千人拥有卫生技术人员5.5人，平均每千人拥有执业医师2人，平均每千人拥有注册护士2人。

【巍山社会保障】 全镇参加城乡居民医疗保险53211人，参保率96%，医疗报销金额2716万元。有卫生院（室）29家，开展医疗服务，定期组织农民免费体检。开展困难群众，大病医疗等救助工作，发放救助金30万元。最低生活保障人数551人，发放最低生活保障198.08万元。集中供养34人。筹办象岗、王宅、山头金、中甲、尚武宅、凤仪、方联、西坑沿、岭典村岭下、大山村笑山10家居家养老中心。

【巍山综合治理】 加强外来流动人口管理登记，登记率86%。排查矛盾纠纷344起，化解344起（其中：人民调解21起）。发生各类劳资纠纷70起，结案68起，涉及金额120万元。与30个行政村（社区）、76名网络管理员、55家烟火爆竹单位、262家企业签订专项责任书及安全生产目标管理责任书。开展租用厂房安全生产、劳动密集型企业消防安全专项检查。组织70余名企业负责人和安管员参加安全生产补证培训，11家企业通过金华市级安全生产标准化企业验收，48家企业签订小微企业安全生产托管服务协议。

【巍山组织建设】 收到党员关爱基金捐款32400元，慰问困难党员88人，离任干部关爱57人。培训入党积极分子49人，发展预备党员55人，按期转正51人。

【白坦金银丝区块实施新规划】 4月17日，巍山镇白坦金银丝区块控制性详细规划方案通过市规划局等部门论证。这是东阳市计划启动提升改造9个老工业区中的第一个规划方案。白坦金银丝区块新规划主要以金银丝及相关配套产业为主，进一步增强产业集聚性，推进工业区转型升级，完善规划区块配套设施及工作、生活环境提升，将白坦村金银丝区块打造成为现代新型工业区块。

为了加速推进东阳市低效用地清理、老工业园区改造提升和“三改一拆”旧厂区改造工作，该规划形成“一心三区、一轴两廊”的空间布局结构。一心：以新建商住区为核心形成的生活服务中心；三心：环城商路以西的西部工业区，环城南路以东、诸永高速以西的中部工业区，诸永高速以东的东部工业区；一轴：以区块徐巍线为产业发展轴。两廊：以白溪江滨水景观为滨水景观廊，以诸永高速两侧绿化为高速绿休廊。

【王宅村成立首个村级协商民主议事会】 11月5日，巍山镇王宅村协商民主议事会成立。这是东阳市成立的第一家村级民主协商议事会。王宅村商议会成员分固定商议员和特邀商议员，其中固定商议员17人，包括党员代表、村民代表、退休工人、老干部、经商建筑等各界能人智士，采用自然村民主推荐、党总支资格审查、张榜公示、镇党委审定的方式产生，以聘任的方式开展工作，实行一年一聘；特邀商议员实行一事一邀，人数一般控制在6人以内，以具体涉事对象或涉及该领域的专家学者为主，协商议事完成自行辞邀。该议事会的主要职责是根据党总支提议，商议本村经济社会发展、民生事业、村务管理等各项重要事项，并向村两委提出建议。

（楼伏初）

歌山镇

【概况】 2015年，辖区总面积64平方千米，辖21个行政村，75个自然村，314个村民小组。辖区总户数15646户，总人口41792人，其中男性21172人、女性20620人。出生人口472人，出生人口性别比126(女为100)。完成税收15198万元，比上年增长12.7%，其中国税6914万元、地税8284万元。

【歌山工业】 28家规模以上企业完成工业总产值23.46亿元，比上年增长13.6%；规模以上工业主营业务收入17.77亿元，比上年增长13.3%；规模以上企业用电量14663万千瓦时；工业投资额6.22亿元，比上年增长13.7%；固定资产投资额7.23亿元，比上年增长7.6%；完成外贸出口总额5043万美元，比上年增长16.3%。

完善工业区基础设施建设，工业区道路基本完成，园区供水供电问题得到初步解决，有入园企业7家；开展企业用地情况普查，解决部分闲置厂房；开展低效用地企业清理，推进北江农垦场改造提升项目工程，盘活存量建设用地4.56公顷。推动工业产业转型升级，新建4个技改项目；完成“两化”融合企业4家，完成小上规培育企业6家。

【歌山农业】 家庭承包耕地流转面积865.07公顷，比上年增长8.2%，其中流转粮食生产面积783.47公顷，比上年增长10.1%；新增家庭农场12家，歌山镇帅乔家庭农场获评金华市示范性家庭农场；通过农产品质量认证两家，新注册农产品商标4个。农村集体资产财务管理不断规范，完成土地确权、经济合作社股份制改革。

【歌山镇重点工程建设】 完成中天凤凰谷项目建设，凤凰谷天澜度假酒店正式营业；人工湿地污水预处理系统进入试运行；集镇污水处理设施改造提标工程进展顺利；东阳江护岸工程完工；中小河流治理重点县项目进入收尾阶段。

【歌山“五水共治”】 推进水质提升系统工程，强化污水排放监督管理，持续巩固“清三河”成果，防止整治效果反弹；推动“河长制”管理常态化，建立健全“河长”工作台账，确保治水取得实效。开展每周三环境整治，每周选定3个行政村，组织全体干部实施交叉互查，对环境卫生状况和整治工作开展情况进行抽查，发现问题的进行书面通报、限期整改。持续推进治水重点工程，东阳江护岸工程建设完成；中小河流治理重点县项目建设进入收尾阶段；农村生活污水处理设施建设基本完工。

【歌山“美丽乡村”建设】 完成旧厂房改造86300平方米，旧住宅改造54616.58平方米，拆除违法建筑86461平方米。开展“两路两侧”专项整治，整改问题点45处。创建西宅、凤山、尚侃、林头4个精品村，打造美丽乡村精品线。开展垃圾分类收集处理示范点创建，完成垃圾分类处理设施建设，加强宣传教育，完善垃圾分类处理工作机制。继续做好“四边三化”工作，对东嵊公路、徐巍线沿线开展绿化补种。推进村庄绿化，创建歌山、西宅2个森林村庄。

【歌山文教卫生】 设初中1所、小学8所、持证幼儿园11所，教职工300余人、在校学生4100余人。完成歌山一中教工宿舍楼、歌山中心小学教工宿舍楼和体育馆、中心幼儿园、上蒋幼儿园建设。西宅小学“浙江省乡村学校少年宫”推进素质教育创新。歌山唐宋古窑址被列为省级重点文物保护单位，林头关帝阁等12处建筑被列为市级文物保护单位。加强古民居修缮等非物质文化的传承和保护，东古古建创作工作室被授予市古建非遗传承基地称号。加快全民健身路径和农户体育健身工程建设，基本实现农家书屋行政村全覆盖。设卫生院1个、社区卫生服务站8个，在职医护人员43人。

【歌山社会保障】 实施社会保障普惠化工程，办理城乡居民养老保险980人次，本地退休资格认证2443人次，异地资格认证570人次。办理城乡居民基本医疗保险26809人次，办理政策性农房保险10943户，参保率96.8%。居家养老服务中心建设基本实现行政村全覆盖，为居家老人提供日常就餐、生活照料、医疗保健等综合服务。扩大城乡居民医保、城乡居民养老保险、政策性农民住房保险覆盖面。

【歌山社会管理】 全镇有治保调解信息员26人，定期开展村治保主任调解培训。每月开展两次以上治安巡逻。调解纠纷19起，调处成功19起。办理市转信访案件90件，办结90件。

2015 年歌山镇村(居)基本情况

表 33

村(居)名称	自然村(个)	组数(个)	村(居)支部(总支)书记	村(居)委主任
乾　兴	3	6	何忠明	陈兴仙
四　汇	4	9	厉荣桂	厉荣桂
楼村头	2	9	楼海波	楼小明
林　头	5	30	徐月生	何乐明
尚　侃	3	10	金长法	—
象塘夏楼	2	10	楼世良	楼航峰
歌　山	1	8	郭乔良	郭志伟
王村光	3	10	王利杨	王福跃
畈　干	6	15	金伟忠	金美强
陈塘沿	1	4	吴巧芳	吴荣仁
五　祥	6	6	吴星强	吴炉宾
大　里	1	17	王永兴	蒋少华
石　潭	2	16	俞国尧	俞秀明
凤　山	10	31	楼国荣	楼永久
塘　下	4	6	吴红良	吴红良
泮　田	3	6	赵文龙	吴朝伟
上　蒋	5	19	金桂法	许芳珍
安　溪	4	15	陈德新	蒋生荣
西　宅	7	31	卢淑华	胡耀良
双　村	2	10	何正林	胡伟钢
淑　玉	1	6	金晓红	金晓红

【歌山基础设施】 诸永高速公路过境,境内长 5.4 千米,双向 4 车道,设有歌山出口,通往温州、诸暨、杭州等地。310 省道 1 条,境内长 10.4 千米,双向 4 车道。有县级公路楼怀线、里歌线 2 条,境内长 18.339 千米。乡道 19 条,总长 37.892 千米;村道 48 条,总长 61.46 千米。跨东阳江桥梁 10 座,总长 800 米。有邮政网点 3 个,电信服务网点 1 个。

镇区道路总长度 62.07 千米;道路铺装面积 37.24 万平方米。辖区园林绿化面积 3.4 公顷。绿化覆盖率 38%,人均绿地 0.69 平方米。

【全市小康型老年体育示范村会长培训会在歌山镇林头村举行】 4 月 28 日,在歌山镇林头村举办全市小康型老年体育示范村会长培训会,对 46 个第三批小康型老年体育示范村进行授牌。

【歌山镇打造渔具休闲产业基地】 7 月 1 日,以北江农垦场为核心区块的“浙江东阳(歌山)渔具休闲产业基地”获市政府批准。基地位于歌山镇,以东阳市北江农垦场为核心区块,东临嵊州——义乌省道,南至东阳江畔,距诸永高速歌山出入口 3 千米,距甬金高速怀鲁出入口 5 千米。基地暂规划面积 20 余公顷(350 亩),规划建设生产加工区、展示交易区、电子商务区、垂钓休闲区以及基地配套设施。在产品结构上,培育形成渔线、渔轮、钓竿、渔网、鱼饵、渔具配件等完整产业链。在功能上,涵盖生产加工、展示销售、垂钓休闲于一体,使产品实现“一站式”采购,致力打造成为在全国具有一定影响力的渔具休闲产业基地。

【东阳歌山凤凰谷生态旅游度假园】 2015 年 12 月,东阳歌山凤凰谷生态旅游度假园开园。该园是东阳北区最大的娱乐项目中心,衔接横店影视文化游、东城木雕文化游。

歌山凤凰谷生态旅游度假园项目中天集团回归东阳市投资,由中天全资子公司——东阳市歌山凤凰谷生态观光农业有限公司独立开发的生态农业旅游项目,2013 年 10 月被列为省重大产业项目,2013 年 12 月被列为省重点工程,2014 年 1 月破土动工。该项目主要分为人文体育区、生态农业区与度假中心区三个区域,其中人文体育区占地 16.47 公顷(247 亩),包括自驾驿站、山地骑行、景观谷、慢跑、游步道等项目,以素质拓展、体育运动为主要功能;生态农业区占地 6.67 公顷(100 亩),分为养殖体验区、规模化种植区、采摘体验区、农业种植体验区、农产品制作体验区、农家乐、农耕博物馆、高科技农业参观区等,以参与性较强的农事体验、耕作劳动为主要功能;度假中心区14.67公顷(220亩),包括游客接待中心、青少年户外素质拓展区、室内童玩中心、休闲度假中心、露天婚庆草坪等。

(陈 侃)

千祥镇

【概况】 2015年,辖区总面积104平方千米,辖88个自然村,33个行政村。辖区总户数17811户,总人口45530人,其中男性23602人、女性21928人。出生人口439人,出生人口性别比101(女为100)。完成税收4998万元,比上年下降4.2%,其中国税3702万元、地税1296万元。

【千祥工业】 16家规模以上企业完成工业总产值6.59亿元,比上年增长6.3%;规模以上工业主营业务收入5.37亿元,比上年增长1.8%;规模以上企业用电量177万千瓦时;工业投资额1.2亿元,比上年增长9%;固定资产投资额1.53亿元,比上年增长1%;完成外贸出口总额3729万美元,比上年下降23.1%。有各类箱包企业及加工点866家,从业人员1.5万余人。

完善田心工业功能区建设,平整土地32.67公顷,总投资2800万元。创新推动老工业园区改造升级,通过厂房出租等方式引入先进企业入驻。新增工业性投入1.2亿元,新增规模以上企业3家。整治落后产能,分类清理整改低效用地企业11家,取缔关停木制品及红木家具企业10家,整治高污染燃料锅炉22个。开展夏季安全生产“百日攻坚”“安全生产集中整治月”等活动,排查整改各类安全隐患114起,整治危化品经营户5家,关停不符合安全经营条件的烟花爆竹经营户28家;完成安全生产标准化建设企业7家,实行安全托管的小微企业11家。

【千祥农业】 耕地面积1461.6公顷。农林牧渔业总产值15486万元,其中粮食作物产3259万元。粮食播种面积1741.27公顷,粮食总产量10508吨。粮食作物以水稻为主。主要经济作物有元胡、浙贝母、杭白芍、席草、蓝莓。投资514万元,完成造田造地15.26公顷;投资418万元,完成旱改水10.52公顷。

建成浙贝母无公害标准化生产基地146.67公顷、省级生态循环种植模式示范基地21.67公顷、省级旱粮示范基地30公顷,通过省级现代农业园区验收,逐步形成集中连片的标准化中药材示范区206.67公顷,示范区良种覆盖率90.3%。推进农村特色产业发展,结合箱包、药材、羊肉、席草等本地产业,培育各类产业特色村11个,推动农民创富增收。推进农村股改,村集体量化资产总额1.28亿元。

【千祥新农村建设】 投资139万元完成柽溪、大路等6个清水河道项目;投资60余万元启动岭脚深塘水库除险加固工程。完成后周、张宅造田造地15.26公顷;完成前马旱改水10.52公顷。投资50余万元完成三联马墅至南下线连接道路硬化;投资170万元的南下线至养老中心连接道路完成路基工程的80%;投资2867万元的柽溪江三联至金村段综合治理工程完成总工程量的92%。

拆除各类违章建筑14.38万平方米,基本完成三宝、南王坑等20个村的“无违建村”创建工作,组建镇、村多级巡查队伍,确保新增违章即查即拆。完成旧住宅改造3.62万平方米,旧厂区改造1.26万平方米。实施王山头、下东陈两个村的空心村整治试点,完成村庄规划编制,拆除危房和各类违章5781平方米。

投资688万元实施绿网工程,重点推进双徐线金村、柽溪段等道路绿化升级改造,初步形成由南下线、双徐线、琴千线、光千线等精品线构成的精品路网。完成26处“两路两侧”“四边三化”问题整改;完成火烧迹地造林和油茶经济林41.34公顷;创建后马等4个东阳市级森林村庄。

【千祥环境综合整治】 推行“1+2+3+N”并联管理模式,实行主要河道保洁第三方管理,进一步完善河长制,落实镇、村定期巡查管护职责,开展“清三河、防反弹”“清溪护河”专项整治等大型活动4次。投资362万元完成镇区污水处理站改造提升和二级管网改造,并投入使用。投资3551万元推进农村生活污水治理,新开工建设27个村,至年末开工建设58个村,其中管网完工35个,终端完工25个。建立健全镇、村、监理三监管机制,下发书面整改通知书28份,确保污水治理工程质量进度。新增投资100余万元对全镇垃圾清运实行市场化运作;规范村级保洁队伍建设;试点推行农村生活垃圾分类减量化处理工作,完成金村机器房、胡山和麻田阳光房3个试点村的垃圾处理用房建设。

完成镇区千一、千二、上东陈等村的违章拆除和乱堆乱放清理，开展镇区主要道路、公共场所的乱设广告、牛皮癣等的集中整治。完成镇区主要道路划线1960米，划设停车位326个，安装绿化带护栏3000米。

【千祥社会管理】 推动“平安建设信息系统”和“网格化管理、组团式服务”两网有机融合，形成线上线下联动处理机制，办结上报事项266件。定期开展信访接待工作，建立“挂牌销号”制，办理来信来访60件，调处各类劳资、工伤纠纷50起。完成8890平台交办事项138件，回访满意率100%；加强对非法集资的防范处理工作，维护社会和谐稳定。成立千祥镇协商民主议事会，聘任专职商议员15人；完成“六五”普法考核；创建金华市级民主法治村1个。

【千祥民生实事工程】 投资447万元完成小型水库移民解困项目28个。完成规范生态墓地建设12个；新建居家养老服务照料中心8个；新建秀溪、前马等7个便民服务中心，建成28个。投资1500余万元的农民饮用水工程投入使用，日供水量2400吨。投资500余万元的镇区休闲广场完成土地平整和规划设计。妥善协调解决东永高速一系列工程建设遗留问题，7月6日东永高速通车。完成城乡公交一体化改造，12月开通东阳城区至千祥的城乡公交。

【千祥文教卫生】 设镇综合文化站、广播电视站各1处，浙江省级文化示范村2个，金华市级文化示范村3个，区域文化中心6个，

2015年千祥镇村(居)基本情况

表34

村(居)名称	自然村(个)	组数(个)	村(居)支部(总支)书记	村(居)委主任
金　村	3	21	马世东	马旭平
柽　溪	3	9	马丁灯	马为民
云　头	2	5	陈松勤	陈宝金
万　祥	3	14	马福兴	王冬菊
千　南	2	18	陈鸿翔	陈鸿翔
千　二	2	14	吕荣刚	吕荣刚
千　一	2	12	叶长华	叶秉春
东　一	3	8	黄亚民	黄亚民
甘　棠	4	30	马旭标	马旭标
后　马	3	12	陈国水	陈凤华
上东陈	2	10	陈金彬	陈永明
下东陈	2	10	陈新明	陈新明
胡　山	2	10	胡志康	胡义东
升　楼	3	6	楼文献	楼阳春
秀　溪	3	12	楼跃进	楼联军
新　民	3	18	黄雁南	黄德才
九峰一村	3	12	黄永清	黄永清
九峰二村	3	12	赵计划	包淳兴
三　联	3	16	陈元宝	陈元宝
四　友	4	20	卢裕民	卢之江
前　马	3	8	陈国宝	胡文正
高　宅	2	19	李丁寿	李丁寿
南王坑	2	8	陈章新	陈柏兴
石门张宅	2	16	张新忠	卢祖送
三　宝	5	26	许金燕	厉先光
光　周	2	3	陈炳焘	陈继康
后　周	2	16	李跃光	马红军
隔　塘	1	10	黄学敏	黄学敏
民　宅	1	4	叶汝龙	陈文龙
林　甘	1	8	马光强	马方宝
麻　田	3	14	陈香菊	马卫春
大　路	6	26	史德刚	史永安
岭　脚	3	21	陈拥军	黄卫大

图 92　9 月 1 日，千祥镇新三联小学正式启用

文化达标村 12 个，文化礼堂 8 个，各类图书室 33 个，藏书 6.6 万册。有腰鼓、太极拳、太极剑、健身操等群众文体团队 68 支，有东阳市级文物保护单位 6 处。幼儿园 4 所，幼儿教学点 4 个，在园幼儿 980 人，专任教师 45 人；小学 4 所，在校学生 2630 人，专任教师 135 人；初中 2 所，在校学生 1163 人，专任教师 102 人。九年义务教育覆盖率 100%。教育经费 5457 万元，比上年增长 2.5%。投资 5310 万元的新三联小学建成，9 月投入使用。

创建镇级文艺演出团队“千祥镇启明星文宣队”；新建九峰一村、秀溪、三宝、麻田 4 个文化礼堂；岭脚、后周、张宅、大路等 5 个村举办“农民春晚”活动，丁宅村举办元宵晚会。组织开展文化走亲等各类活动，举办跨区域文艺晚会和“铭记历史、梦圆中华”文艺会演等大型文化活动 10 余次。后周、石门张宅 2 个村成功创建省级文化示范村。创立“千祥微讯”微信公众号，信息平均阅读量达 1500 余人次。

设各级各类医疗卫生机构 22 家，其中镇中心卫生院 1 家，病床 30 张。专业卫生人员 101 人，其中执业医师 45 人，执业助理医师 24 人，注册护士 21 人。城乡居民医疗保险参保人数 30935 人，参保率 98.7%。

【千祥社会保障】 城镇最低生活保障户数 2 户，人数 2 人，支出 13488 元，比上年增长 6.6%，月人均 562 元，比上年增长 6.6%；农村最低生活保障户数 333 户，人数 416 人，支出 146.74 万元，月人均 294 元；医疗救助 65 人次；“五保”供养 23 人，支出 18.33 万元；国家抚恤、补助各类优抚对象 196 人。敬老院 1 所，床位 50 张。

完成低收入农户调查 248 户、413 人。开展城乡居民医疗保险工作，全镇参保人数 30935 余人，参保率 98.7%。城乡居民社会养老保险参保人数 23889 人，参保率 52%，其中城乡居民养老保险享受待遇 8818 人。

【千祥基础设施】 7 月 6 日，东永高速全线通车试运营，境内长 7 千米，双向 4 车道，连接诸永高速与金丽温高速，东永高速千祥互通口位于云头村。诸永高速过境，境内长 4 千米，双向 4 车道，通往温州、诸暨等地。县级公路双徐线、下新线、琴千线、画南下线 4 条，总长 39.5 千米。年末有邮政支局 1 处，邮政营业所 3 处，电信服务网点 7 个。

镇区道路总长度 9.6 千米，道路铺装面积 10.8 万平方米。有汽车客运站 1 个，日间往返东阳、磐安、义乌、金华、杭州等地；城乡公交汽车线路 3 条。有供电营业所 1 处，高压输电线路 4 条。

【千祥中药材示范区通过省现代农业园区（示范区）验收】 7 月，千祥中药材示范区通过验收，被认定为浙江省第六批省级现代农业园区（示范区、精品园）。自 2010 年示范区项目实施，千祥镇按照省现代农业园区建设标准，开展基础设施建设、生产加工及配套设施建设、技术及示范效应推广等创建工作。示范区建成浙贝母无公害标准化生产基地 140 余公顷（2200 亩）、省级生态循环种植模式示范基地 20 余公顷（325 亩）、省级旱粮示范基地 30 公顷（450 亩），形成集中连片的标准化中药材示范区 200 余公顷（3100 亩），示范区良种覆盖率达 90.3%。

（蒋玮锋）

湖溪镇

【概况】 2015 年，辖区总面积 98 平方千米，下设 3 个工作片，辖 28 个行政村。辖区总户数 16540 户，总人口 42073 人，其中男性 21160 人、女性 20913 人。出生人口 396 人，出生人口性别比 93（女为 100）。完成税收 7688 万元，比上年增长 14.4%，其中国税 5480 万元、地税 2208 万元。

【湖溪工业】 21家规模以上企业完成工业总产值10.63亿元，比上年增长10.2%；规模以上工业主营业务收入8.31亿元，比上年增长12%；规模以上企业用电量2980万千瓦时；工业投资额2.33亿元，比上年增长16.4%；固定资产投资额2.62亿元，比上年增长30.4%；完成外贸出口总额4084万美元，比上年下降8.7%。

增加规模以上企业3家。认定低效用地企业11家，关停2家，征收保证金95.88万元。实施旧厂房改造4.63万平方米，完成年度任务231.5%。引进内资8713万元，浙商回归5518万元。投入1.02亿元实行东园、永禄老工业区整体改造提升。

【湖溪农业】 常用耕地面积1501.92公顷。农作物播种面积4486公顷，其中粮食种植面积3554公顷。粮食总产量14334.3吨，其中谷物13310.1吨，豆类308.1吨，薯类716.1吨。油料198.4吨。甘蔗产量360.8吨，中草药材类175吨，蔬菜类4914吨，八里湾蔬菜大棚品种多，产量高，常年供应市场需求。果用瓜5717.2吨，其中西瓜5400吨。席草119吨，为中国墙纸原料。完成规模土地流转172.6公顷，林地流转170.6公顷，新建农业产业化项目12个，完成投资5000万元的1000公顷高标准农田建设项目、中小河流整治。引进全市首个"互联网+农业"概念项目"吉祥岭生态农业园"。

【湖溪重点工程建设】 投资106万元落实污水处理，投资490万元拓宽改造南徐线公路路面，投资580万元完成南湖路镇西段加宽改造提升工程，投资50万元完成复兴路与里歌线连接段路基铺设等集镇基础设施建设。投资490万元完成湖溪镇中体育馆建设。

【湖溪新农村建设】 开通"湖溪治水"公众微信号，建立"生态湖溪，洁美湖溪"微信工作群，确定每周三为集中护河日，"清三河"达标创建，整治排污口32个，全镇75个自然村完成管网设计，65个村完成招投标并进场施工，42个村完成管网建设，10个村污水进处理厂化解，26个村完成终端建设。15个村实现垃圾分类处理，建成镇垃圾资源化处理站。沿江6个行政村投入2400万元治理污水。从南江村段到楼店村段，南江河道砌石护岸，跨江建起8座桥梁。建起黄藤岩农家乐等8家农业观光企业，增设和扩建天宝寺、松屏公园、螺峰公园、香山公园、茶山殿、楼店乐善寺、黄藤岩道观等宗教游乐场所。建成6座太阳能堆肥房，镇发放村农户分类垃圾桶1.2万个。实施违法用地和违法建设"两网化"管理，新增违建87宗全部拆除，整改率100%。巩固"无违建创建"工作，拆违109宗、4.9万平方米，完成年度任务122%，整治非法"一户多宅"115宗、5890平方米，整改卫片执法违法用地图斑13个，面积2.33公顷。

【湖溪文教卫生】 设幼儿园3所，在园幼儿912人，专任教师44人；小学5所，在校学生1904人，专任教师105人；初中1所，在校学生923人，专任教师71人，九年制义务教育覆盖率100%。高中1所，在校学生755人，专任教师62人；成人文化技术学校1所。2015年教育经费4130万元，其中，镇政府投入33万元。

设医疗卫生机构7家。其中，镇中心卫生院1家，社区卫生服务站6家。每千人拥有医疗床位1.4张，专业卫生人员68人。其中执业医师25人、执业助理医师15人，执业护士14人，其他卫生技术人员（药剂、检验、麻醉）14人。建成湖溪镇中体艺馆工程和5所学校塑胶跑道，更新学生课桌椅500套，开展镇区卫生环境大整治，通过浙江省卫生镇和文化强镇复评。南塘村建成省级文化示范村，白水口村通过省级文化示范村复评。南塘、镇西、东雅被评为金华市文明村；康庄、石洞口、八里湾建成村文化礼堂。举办湖溪镇第四届文化艺术周，成立湖溪镇基层民主协商会。

【湖溪社会保障】 城镇最低生活保障户数6户，人数6人；农村最低生活保障户数241户，人数274人；医疗救助57人次；"五保"供养25人；国家抚恤、补助各类优抚对象118人，支出75.4万元。敬老院3所，床位300张。城乡居民社会养老保险人数25678人，参保率98.7%。完成26个行政村村级居家养老照料中心建设，提升镇西等5个村居家养老照料中心，对康庄、郭三等5个村生态墓地进行规范化建设。农村医保征收25678人，参保率98.7%。"五保户"25户、25人，低保户241户、274人，医疗救助283681元，民政救助73700元。

【湖溪社会管理】 健全每月15日镇信访接待日和10日镇村联合接访日制度。镇司法所受理矛盾纠纷62起，成功调处62起，成功率

2015 年湖溪镇村(居)基本情况

表 35

村(居)名称	自然村(个)	组数(个)	村(居)支部(总支)书记	村(居)委主任
南　塘	3	8	张永兴	张四洪
湖　溪	1	11	张　耕	张　耕
大　连	5	10	严长春	姚军民
溪　南	4	6	王春芳	叶大新
上红湖	3	8	宣克明	葛红旗
东　雅	2	12	郭天伟	郭正斌
清　潭	2	10	李永君	李昔阳
南　江	4	9	吕中明	卢康君
十八坞	5	10	卢德花	金中法
楼　店	3	13	楼锦祥	吕向阳
后　西	4	15	周良彬	杜徽东
后　东	3	14	历德花	杜锦群
罗　青	1	12	申屠琳	申屠福民
罗青郭	2	6	郭金平	洪跃明
八里湾	4	7	孙辉辉	张海阳
镇　西	3	10	张立明	吕　拯
郭　一	2	18	郭栋梁	郭永文
郭　二	2	23	赵为平	郭培龙
郭　三	2	12	郭庆元	王志明
三甲村	2	11	杜金民	周新田
新　塘	3	15	何云潭	金红强
夏　黄	1	6	吴梦琪	黄江能
前山何	2	19	何永明	何林华
金　宅	3	14	金利平	王　阳
白水口	2	12	蔡希新	蔡少华
郭上坞	3	17	蔡红军	郭　杰
康　庄	3	14	厉海华	胡向阳
蛟　塘	1	14	蔡喜庆	李召忠

百分之百。解决信访积案 134 起,未发生信访群体性事件。建立手机平安通信息系统,利用广播、电子屏、横幅开展平安宣传,宣传车进村入户宣传 8 次,发放宣传资料 1.1 万份。组织安全生产大检查 6 次,开展烟花爆竹店、木制品企业、油漆店整治、锅炉整治等专项整治 35 次,企业创标 8 家,锅炉整治 22 家,安全托管企业 3 家,关停烟花爆竹店 24 家,木制品企业 7 家。创建"省级无邪教示范乡镇",建成螺峰反邪教主题公园,组织反邪教文艺会演。

【湖溪群众文化】 设立东阳市第一家镇级文联,下辖婺剧促进会,会员 180 人;江南书画院,会员 60 人;摄影协会,会员 30 人;武术协会,会员 300 人。书画院 3 名画师在国家级出版社出版个人画册,每年在各村举办巡回画展。摄影协会 1 人晋升浙江省摄影协会。武术协会 10 人获得省、市各类武术比赛冠军。

11 月 1 日,湖溪镇第四届文化艺术周系列活动在郭宅一村文化广场开幕。艺术周期间,举办各类文艺会演,小品、婺剧等专场,演出活动中穿插书画现场比赛、广场舞比赛和现场摄影创作大赛。11 月 1 日,展示 20 余个武术节目,演员 400 余人。

【湖溪宗教名胜】 湖溪天宝禅寺坐落蟠龙山腰,与杭州灵隐寺接缘,经扩展,寺庙恢宏,香火兴盛。黄藤岩宇灵宫为省内著名道观。前山何祝圣寺、前山松门尖道场、楼店乐善禅院、郭宅结石洞水祝庵、郭宅香后殿、后山店云庆寺等宗教名胜场所为群众提供精神家园。

【湖溪名牌产品】 "中国墙纸"诞生于南塘村,远销欧洲。"浙江东园工具"生产园林工具,出口 100 余个国家。"明东"牌管卡为浙江省著名商标,出口欧洲。大森木业、金田实业产品出口日本。"湖

图 93　8 月 4 日，首届"印象象田"葵花摄影比赛开幕

溪黄酒"为非遗产品。"立新"西瓜、"鸡笼山"牌土鸡蛋为农业畅销品牌。

【湖溪特色产业】　郭一村象田自然村以自然风光为依托，建起水库、风车、荷塘、步行道，连片种植向日葵、荷花等景观作物，投入600余万元，打造18公顷葵花基地，成为湖溪镇首张乡村旅游名片。8月4日，首届"印象象田"葵花摄影比赛开幕，大批游客前往游玩，成为横店影视城外景基地。投资100万元对国家级文保单位镇西村马上桥自然村古建筑花厅进行维修，接待电视剧摄影剧组10批，场租费8万元。郭上坞村发展特种养殖，每年供应横店东磁大厦万余只鸽子。

【全市精品村精品线建设现场推进会举行】　7月21日，在湖溪镇举行全市精品村精品线建设现场推进会。市领导姚激扬等带领相关部门负责人先后参观湖溪镇上红湖村和溪南村的精品村建设。全市有23个精品村3条精品线建设。

（黄有福）

画水镇

【概况】　2015年，辖区总面积120平方千米，下辖18个行政村，74个自然村，444个村民小组。辖区总户数21097户，总人口54697人，其中男性28335人、女性26362人。出生人口693人，出生人口性别比116(女为100)。完成税收7005万元，比上年增长10%，其中国税4272万元、地税2733万元。

【画水工业】　画水镇经济以工业为主，中国结、阀门和红木家具是该镇的主导和特色产业。全年完成工业总产值33.7亿元，比上年增长12.7%，18家规模以上企业完成工业总产值10.3亿元，比上年增长11.7%；规模以上工业主营业务收入8.74亿元，比上年增长7.3%；规模以上企业用电量3362万千瓦时；工业投资额9.04亿元，比上年增长8.6%；固定资产投资额9.3亿元，比上年增长9.8%；完成外贸出口总额1505万美元，比上年增长0.8%。引进内资2.05亿元，浙商回归1.4亿元。

完成竹溪工业园区总投资4900万元的7个基础项目，完成竹溪功能区至金义东快速通道及宁画线连接线工程、投资560万元的竹溪大桥工程。金义东产业带王凡工业区投资1300万元的基础设施完成80%的工程量。引进项目10个，总投资7.2亿元。推进上坞老工业区和宁画公路沿线改造提升。推进红木家具行业小上规、个转企工作，有红木企业280余家，小上规完成2家，个转企完成35家。

【画水农业】　常用耕地面积1793.4公顷，其中水田1655.8公顷。农业总产值17645万元，农民人均纯收入12445元，完成粮食复

图 94　11 月 8 日，画水镇黄田畈村华阳村民在晾晒火红的"中国结"(包康轩 / 摄)

种面积3800公顷，粮食总产量1.8万吨，建设粮食生产功能区面积250公顷。早稻播种面积515.47公顷，比上年增长15.2%；晚稻种植面积1967.07公顷，比上年增长1.7%，粮食总产量2.3万余吨。水稻机械化插秧面积650余公顷。主要经济作物蔬菜的播种面积200公顷，总产量3900吨。

设绿色农产品基地1个，无公害农产品基地7个，东阳市级农业龙头企业3家，农民专业合作社20家。加强粮食功能区建设，陆宅粮食功能区获“金华市示范性粮食生产功能区”称号。完成景山、里山、石塘坑自来水厂建设，落实日常管理，完成东溪滩、田前坞、白洋坞3个水库整改工程。加强特色农业培育，推动甘蔗、葡萄、黄心李、枇杷4大优势水果产业发展。投资50余万元完成松材线虫病防治工作。

完成18个村经济合作社股份制改革工作。发放加工费4000余万元，新培育来料加工经纪人6人，从业妇女3000余人，连续四年获来料加工先进乡镇。

2015年画水镇村(居)基本情况

表36

村(居)名称	自然村(个)	组数(个)	村(居)支部(总支)书记	村(居)委主任
我溪村	4	30	朱明山	朱胡海
联丰村	3	13	王会德	王　建
画溪村	6	56	王会山	王国强
西山村	1	10	许锦春	许庆进
画塔村	4	22	王宝明	钟永航
明焕村	6	25	蒋　斌	金德进
月峰村	5	19	陆枝富	陆胜跃
陆秀村	4	21	陆国兴	陆文勇
吴宅村	2	13	吴国洪	陆苏燕
画南村	4	26	陆金木	蒋军阳
黄田畈村	10	60	蒋正伟	蒋云进
陆宅村	6	37	陆枝高	吴有元
四和村	4	18	叶芹辉	许炳火
王凡村	4	13	胡森财	胡国献
紫薇村	1	7	许明清	许国有
许宅村	5	32	许基平	许锡富
洪塘村	4	25	郭昌献	郭良君
林　村	1	8	金洪武	金提飞

【画水新农村建设】 完成江滨公园、溪东公园建设，实施镇区部分道路“白改黑”、人行道、路灯改造工程；完成南江岸边平原段违章建筑拆除以及拆后复绿工作；启动画溪环村南路、画溪二村黄山园和画溪五村3条道路建设。完成两江流域养猪场、砂场整治，70个村启动污水工程官网建设。推进农村生活垃圾处理设施建设，在吴宅、林村等5个村建立太阳能垃圾房。拆除违章建筑39.1万平方米，完成旧住宅区改造7.1万平方米，完成旧厂房改造13.4万平方米。投资1000余万元完成宁画线、江滨路、金义东公路—竹溪园区、宁画线—竹溪园区、稠岭线等主要公路沿线绿化、亮化工作，绿化面积5000平方米。

【画水社会管理】 落实“网格化管理”，排查矛盾纠纷95起，成功解决90起。配发平安通手机74部，实行信息即时采集。开展六五普法宣传教育，加强流动人口和重点青少年管理。做好禁毒和反邪教工作，完善基层社会治安防控体系，有治安视频监控68个。做好安置帮教工作，36名社区矫正者未出现脱管、漏管和严重再犯罪情况。

【画水文教卫生】 设镇综合文化站1个，文化休闲广场28个，村级文化活动室18个，文化达标村7个，各类群众文体队伍50余支，图书室19个，各类藏书6.5万册。省级文物保护单位1处，市级文物保护单位11处，市级文物保护点20处。幼儿园15所，在园幼儿1900人，专任教师84人；初中2所，教职工89人，在校生1163人；小学4所，教职工184人，在校生3785人。九年制义务教育覆盖率100%。全年教育经费4092万元。投资600余万元的画水镇中心幼儿园建成开学。设中心卫生院1所，社区医院4个，医护人员 86 人。完成永乐、洪塘两村文化礼堂建设。

【画水社会保障】 城镇最低生活保障户数 6 户，人数 6 人，支出 3.09 万元，月人均 429 元；农村最低生活保障户数 400 户，人数 421 人，支出 70 万元，月人均 140 元；医疗救助 72 人次；“五保”供养 36 人，支出 23.6 万元，月人均 507 元；国家抚恤、补助各类优抚对象 42 人，支出 8.1 万元。敬老院 1 所，床位 42 张。城乡居民社会养老保险参保人数 2.3 万人。完成 18 家居家养老服务中心建设和 74 个自然村的生态公墓建设，实现 100%覆盖。新增洪塘村金华市级标准化社区 1 个。

【画水基础设施】 设省级公路金义东快速通道 1 条，境内总长 6 千米。县级公路佛王线、稠铃线、黄横线、佛画线 4 条，总长 23 千米。有邮政网点 3 个，村邮站 15 个，电信服务网点 2 个。镇区道路总长度 4.9 千米；桥梁 3 座，总长度 360 米。有汽车客运站 2 个，日间往返东阳市区、义乌、金华等地，有变电所 2 座，高压输电线路 11 条。

【全市农村生活污水治理现场推进会召开】 7 月 31 日，全市农村生活污水治理现场推进会在画水镇召开，重点推进完成农村生活污水治理村镇乡街道层面的竣工验收工作，市委督导组、相关部门及各镇乡街道负责人到现场观摩。画水镇作为全市试点对许宅村金钩、画南村溪南农村生活污水治理进行竣工验收，金钩、溪南接户率、农户改厕、雨污分流、三类废水接入率等均实现 100%。

（毛颖莹）

虎鹿镇

【概况】 2015 年，辖区总面积 97 平方千米，分设 4 个工作片，辖 18 个行政村。辖区总户数 11273 户，总人口 30682 人，其中男性 15696 人、女性 14986 人。出生人口 292 人，出生人口性别比 93 （女为 100）。完成税收 2773 万元，比上年减少 22.5%，其中国税 1045 万元、地税 1728 万元。生育全过程管理 100%。征收社会抚养费 171.48 万元，其中征收历年社会抚养费 24.17 万元，当年社会抚养费征收率为 61.65%。

【虎鹿工业】 4 家规模以上企业完成工业总产值 3.83 亿元，比上年增长 6.4%；规模以上工业主营业务收入 3.33 亿元，比上年增长 0.4%；规模以上企业用电量 203 万千瓦时；工业投资额 1 亿元，比上年增长 10.6%；固定资产投资额 1.3 亿元，比上年增长 27.3%；完成外贸出口总额 474 万美元，比上年增长 2.8%。缝配城实现销售 16 亿元。

企业增加投入用于技改，新增技改立项 4 项，总投资 6000 余万元，浙江华洋缝制有限公司、喜啦啦饮用水公司、浙江小康建材有限公司技改项目投产，效益平均提升 50%以上，投资 500 万元的东阳市东白新陈标牌工艺厂基本建成。新培育小上规企业东阳市经纬达机械制造厂，产值超 2000 万元，税收超百万元。对老工业园区 39 家企业进行调查摸底，建立一企一档，完成经纬达、大千、伟杰三家企业旧厂房改造 7900 平方米，完成市下达任务的 158%。做好招商回归工程，签约回归项目 4 个，盘活闲置土地 0.18 公顷，东阳市芝麻开门工贸有限公司上缴税收 40 余万元。

【虎鹿农业】 粮食播种面积 2062.27 公顷，粮食总产量 12800 吨。茶叶总产量 118 吨；蔬菜的播种面积 324.8 公顷，总产量 731 吨。辖区内有无公害农产品基地 12 个，其中茶叶基地 5 个，蔬菜基地 6 个，专业合作社 15 家，农业龙头企业 3 家。

建设香榧基地 40 公顷、水果基地 23.2 公顷，高山蔬菜种植面积 62 公顷，建立常年蔬菜批发零售门市部 1 个。浙江省农作物新品种扩展鉴定基地 2 公顷，高粱新品种 6 个，春玉米新品 12 个。全镇种植景观农业油菜基地 66.67 公顷，全镇新创家庭农场 36 家，东阳市虎鹿镇炎川家庭农场和东阳市纯香源家庭农场被评为金华市示范性家庭农场；东阳市虎鹿镇庆阳家庭农场被评为东阳市示范性家庭农场；东阳市西垣玉山香榧专业合作社被评定为国家级示范合作社。农业基础设施建设持续加强，完成农村集体经济股份制改革、土地确权登记工作，组织土地流转 40 余公顷。有东阳市农业产业项目 4 个，林业项目 12 个，一般性农业产业项目 4 个，种粮大户 35 户，种植单季稻示范 21.34 公顷，种粮高产竞赛农户 2 户。组织 350 人次开展农业技术培训 4 次，组织 20 名茶叶经纪人进行培训。组织 15 个水果专业户外出考察学习。

【虎鹿文教卫生】 设镇文化站、广播电视站各 1 个，有村级文化活动中心 18 个。全镇有初中 1 所，教职员工 47 人，在校学生 641 人；小学 5 所，教职员工 73 人，在校学生 1179 人；幼儿园 5 所，教职员工41人，入园幼儿538人。九年制义务教育覆盖率100%。教育经费2644.62万元。

设各级各类医疗卫生机构15家,其中镇医院1家,卫生服务站3个,服务中心1个,医务人员35人。农村安全饮用水普及率100%，农村卫生厕所普及率96%。新型农村合作医疗参保人数2.1182万人,参保率98%。

【虎鹿社会保障】 城镇最低生活保障户数14户,人数16人,支出4.8万元;农村最低生活保障户数255户,人数301人,支出109.07万元；医疗救助20人次;“五保”供养13人,支出10.35万元;国家抚恤、补助各类优抚对象99人,支出91.23万元。敬老院1所,床位150张。建成18家农村养老服务机构。18个行政村建立村级便民服务中心。

【虎鹿新农村建设】 拆除违建面积25700平方米。投资1.2亿元用于治水，其中，白溪江护岸3000万元、中小河流治理3000万元、农村生活污水工程6000万元。白溪江护岸工程完工，进入审计阶段；中小河流整治完成工程量的80%；农村生活污水治理启动45个自然村,管网完工23个,终端完工21个；垃圾分类工作启动,完成12个村阳光房建设任务,分类垃圾桶配发到位。深化河长制,落实周三护河日和党员干部公益日活动制度;改进垃圾清运模式,引进专业保洁公司统一运行;成立垃圾分类“五级联创”网格化管理格局,使垃圾分类执行到户,全民参与改善环境。

【虎鹿缝配产业园】 缝配产业成交额16亿元,占地面积10公顷,营业房750间,经营户438户。

2015年虎鹿镇村(居)基本情况

表37

村(居)名称	自然村(个)	组数(个)	村(居)支部(总支)书记	村(居)委主任
蔡宅	1	15	蔡淑贞	蔡倡东
葛宅	3	15	葛忠兰	葛茂荣
虎峰	3	16	张文华	吕荣孝
合力	4	11	黄金良	张飞高
燕山	1	3	徐忠明	徐满元
孙宅	2	12	曹德其	孙金浩
东山	1	12	孙洪华	孙燕康
白峰	2	16	卢云东	张明亮
厦程里	4	32	程增尧	程生泉
溪口	6	17	刘华田	刘俊
新周村	4	14	—	周益山
三星	4	15	蒋益明	斯庆平
尚周	1	8	刘生阳	刘立德
西垣	3	11	刘晓锋	刘旭平
白溪	4	25	朱位高	朱喜浩
潦溪	2	7	蒋小新	郑海熔
夏岩	2	8	王顺扬	朱金耀
仙芝陵	1	6	裘寿成	裘明仙

虎鹿浙江缝配城位于浙江省东阳市虎鹿镇,创建于1984年,经营家用、工业缝纫零配件及服装生产中所需的所有工具及附件机械产品。是嵊州、诸暨、东阳交界之地。紧靠37省道，距金甬高速蔡宅出口处1千米,交通十分便利。

【虎鹿基础设施】 甬金高速公路过境,境内长11千米,双向4车道,设蔡宅1个出口,通往宁波、金华。310省道1条,境内长10千米,双向4车道。县级公路1条,总长18千米。连村道路42条,总长74.828千米。设邮政局1处，邮政网点3处，电信服务网点1个,电信业务收入1000余万元。

镇区道路总长73千米;道路铺装面积65万平方米；桥梁3座,总长度423米。有汽车客运班车线路1条,日发东阳城区、义乌等地；变电所1座，主变压器2台,高压输出电线路5条,供电所增容600千伏安，改造户联线20千米,农灌线1万米。全镇建成区森林覆盖率26%，人均公共绿地7.6平方米。

【2015智美杯浙江自行车系列公开赛（金华站）在虎鹿镇举行】 9月26～27日,由浙江省体育局、

金华市体育局、东阳市人民政府主办，浙江省体育竞赛中心、东阳东白山省级旅游度假区管委会、东阳市体育局承办的2015智美杯浙江自行车系列公开赛（金华站）在虎鹿镇举行，全国各地200名自行车爱好者参加，吸引50余家媒体报道。中国选手丁勇以5分05秒49的成绩获第一名。

【蔡宅村入选第三批省级非遗旅游景区】 10月，省文化厅、省旅游局联合公布第三批浙江省非物质文化遗产旅游景区，虎鹿镇蔡宅村入选，被评定为浙江省民俗文化村。这是东阳市继横店明清民居博览城、南马镇花园村后的第三个省级非遗旅游景区。

蔡宅村非遗资源丰富，踩高跷、舞龙、分龙等非遗项目与当地生产生活密切关联，民众支持度和参与度较高，有较为广泛的传承人队伍，且经常开展传承活动。蔡宅对村内的非遗项目保护切实有效，初步形成具有示范效应的保护集群。

（杨德桦）

东阳江镇

【概况】 2015年，辖区总面积140平方千米，辖3个工作片，27个行政村。辖区总户数8245户，总人口22600人，其中男性11586人，女性11014人。出生人口190人，出生人口性别比114（女为100）。完成税收1405万元，比上年下降13.8%，其中国税581万元、地税824万元。

【东阳江工业】 3家规模以上企业完成工业总产值2.3亿元，比上年增长13.8%；规模以上工业主营业务收入1.86亿元，比上年增长0.7%；规模以上企业用电量156万千瓦时；工业投资额0.1亿元，比上年增长11.1%；固定资产投资额0.24亿元，比上年增长29.8%。

实施“东阳江人经济回归”工程，拓宽虚拟经济回归渠道，探索虚拟经济发展新模式，新引进建材贸易类虚拟经济企业2家，有虚拟经济企业10余家。

【东阳江农业】 年末常用耕地面积981.27公顷、水田656.8公顷。完成涉及上陈、三甲院等9个行政村566.67公顷土地的高标准农田建设项目，推进包括两个区块66余公顷的粮食功能区建设。培植扶持传统效益农业，创新试种彩色油菜6.67公顷，新增种植桑葚6.67公顷，白茶13.34公顷，香榧26.67公顷；创建农村电子商务服务平台，完成6个村“邮乐购”服务平台建设。加强农产品质量安全抽检和动植物疫病安全防控，加强农村实用人才培训，完成2期160余人次农业技术培训。

【东阳江“五水共治”】 完成镇区段东阳江河道生态化治理工程设计审查，做好项目工程的地质勘探、测量、施工图设计、预算编制等前期工作，项目于9月开工进入施工阶段，完成三甲院、上陈堰坝及堤防基础开挖工作，完成堤防护脚基础800米混凝土浇筑工作。对全镇池塘及周边沟渠特别是库区外9个行政村的150口水塘建立“塘长”管理制，为东阳江、仙门溪等7条主要河道设立河道警长，做好巡查和台账记录工作。落实“周三护河日”制度，对东阳江和仙门溪两条主要河流实行河道保洁市场化运营。对全镇27个行政村治水工作推进情况、村庄环境卫生及小流域水环境进行“一月一督查”。

开展农村生活污水处理设施项目建设。全镇59个自然村中，44个村开展污水管网铺设工作，其中38个自然村完成污水管网铺设，20个自然村基本完成污水终端建设。

【东阳江村镇建设】 规划建设镇区公交车站和公共停车场，配套建设生态公厕；实施镇区里歌线、友谊路段亮化工程，完成100余盏路灯安装。进一步落实“户集、村收、镇中转、市填埋”的垃圾收集清运机制，对镇区的保洁实施市场化运作。

拓宽横锦水库大坝至新码头的道路，完成路面浇筑；对环库道路的急险弯道进行拓宽改造，对八达至尚锦的道路进行路面改造，实施东风至黄埔尖岩自然村的3千米的道路建设。

完成阳光房建设选址和招投标工作，24个村动工建设，15个村完工。完成各村宣传栏设置、垃圾分拣车和垃圾分拣员配备，7000余个分类垃圾桶分发到户。通过签订党员承诺、召开户主大会、绘制垃圾分类墙画等形式进行宣传。

【东阳江“三改一拆”】 拆除违法建筑26268平方米，完成年度任务的105.1%。交通主干道两侧违法建筑整治3处，完成处置率100%。启动上陈、紫阳（高楼下）村的空心村整治工作，成立空心村整治领导小组。上陈、紫阳（高楼下）村排摸387户30738平方米，完成确权登记和旧房丈量工作。高楼下自然村被列为“东派”民居示范工程的试点村。推进黄埔村（王毛弄）农房改造工作，完成三甲院、白泉两个村农房改造的立项工作。完成旧住宅拆除面积17405.2平方米,占年度任务的116%;旧厂区拆除面积13601平方米,占年度任务的136%。完成上陈村、五星村的森林村庄创建。实施19个村的移民补助项目建设。

【东阳江社会事业】 全镇享受农村低保215户、236人,人均月救助金额为200元,其中五保户32户、32人,人均月救助金额为745元;低保重残33户、33人,人均月救助金额为424元;孤儿4户、4人,人均月救助金额为960元。养老服务补贴12人,人均月救助金额为1000元。慈善总会救助24人,人均救助金额2000元;慈善助学8人,人均救助金额5000元。民政局临时救助12人,人均救助金额2000元。医疗救助29人,救助金额6万元。全镇有73户73人农村特困残疾人纳入重残基本生活保障,人均月救助金额424元。享受托安养35户35人,其中集中托养5人,月救助金额1250元,居家安养30人,人均月救助金额500元。申请无障碍设施20个项目,包括拐杖、助行器、轮椅、GPS定位监护系统等辅助器具配送,两家卫生间改造补贴3万元;完成残疾人抢救性康复救助2人,人均年补助金额为1.2万元;残疾人康复医疗救助1人,补贴1万元;精神康复补助10人,补贴6000元。白内障免费手术救助40例,补贴3.2万元。助听器免费配送15例,补贴3万元。假肢免费安装1例,补贴8000元。安排福利企业就业培训12人,同时组织全镇残疾人水果种植专业户41人参加残联组织水果种植培训课程,给予种养殖补贴。完成就业帮扶193户,残疾人贴息1户,1万元。残疾人燃油补贴8人,人均年补贴金额600元。总补贴金额15.48万元。残联临时救助18人,人均救助金额300元。自然灾害受灾人数63人,倒塌房屋61间,直接救济损失45万元,救灾支出10万元。

参加城乡医保基金保险14770人,成年人参保率98%;城乡居民养老待遇领取人员、企退

2015年东阳江镇村(居)基本情况

表38

村(居)名称	自然村(个)	组数(个)	村(居)支部(总支)书记	村(居)委主任
五星村	5	19	郭跃群	张兆平
紫阳村	2	11	杜荣仁	许峰峰
下街头	2	10	杜文辉	郭明强
召塘里村	3	6	吕安东	吕安东
上陈村	5	25	陈恩林	冯先锋
三甲院村	2	20	李云明	李云初
茜畴村	2	11	叶光荣	叶光荣
枫树头村	1	7	卢跃明	卢跃明
横锦村	1	5	叶天生	王洪良
三兴村	3	6	王召荣	施海明
双合村	2	8	厉洪良	厉进生
天山村	1	7	厉福强	厉妙够
锦源村	3	6	厉巍良	张忠强
东门村	1	4	张荣民	周汉标
上柴村	2	4	陈新潭	陈炉明
新东村	2	5	吴洵行	周正强
八达村	2	13	任国平	吕群芳
黄铺村	3	10	施光兰	叶文生
学陶村	1	7	徐仁德	徐文彬
东风村	2	7	徐明文	徐国强
岭下施村	1	6	施利芳	施利群
岭下村	1	4	徐忠明	徐国强
金浦村	3	8	徐明孝	徐拥军
庆泉村	2	5	何正龙	吕新权
尚锦村	1	5	吕财灯	吕财灯
尚舒村	3	6	汪杨钟	汪淑明
天秀村	3	8	袁火根	金光生

人员认证5078人；参加农村住房保险7639户；政府下拨大中型水库移民后扶项目补助资金175万元，完成项目11个；新增紫阳村、三兴村、锦源村、上柴村、黄铺村、东风村、金浦村、尚舒村、庆泉村、天山村、双合村11家居家养老照料中心，全镇有居家养老27家，参加居家养老322人；发放特困党员、退休村主职干部等各类慰问补助金4万余元。

完成农村经济合作社股份制改革工作，消除家庭人均年收入4600元以下贫困现象。通过整合调整便民服务中心岗位及人员设置，完善镇级便民服务大厅的功能。启动4个村生态公墓规范化建设。

【东阳江文教卫生】 设幼儿园2所，小学1所，初中1所，九年一贯制学校1所，九年义务教育覆盖率100%。设各级各类医疗卫生机构7个，其中镇卫生院1所，社区卫生服务站4个，卫生室1个。

完成新东村文化礼堂建设，创办中亚电影文化博物馆，开展文化走亲、好戏连连看等系列文化活动，开展文化走亲等系列活动17场，推出节目252个，观看人数1.4万余人次。举办第四届镇农民运动会，开展东阳江镇“横锦水库水源保护杯”气排球比赛。成立镇教育基金，募集资金30余万元；优化教育基础设施，投入90余万元对镇中心幼儿园附属楼房和场地进行整体翻新整修；探索发展新型教学模式，引进以“生态化教学”为理念的浙江尚学传麒实验学校。11月，在东阳江镇举办东阳市2015“婺韵心声”婺剧文化艺术节。

【东阳江社会治理】 组建“东阳江镇社会治理信息处理中心”，实行全镇村村治安监控联网全覆盖；完成村规民约的修订和完善工作，通过市“六五”普法验收；进一步落实部门联勤联动、每月10日镇村联合接访和信访维稳每日一报等工作制度，加强社区矫正和矛盾纠纷化解工作，化解矛盾纠纷5件，处理信访案件5起，矫正人员保持全市唯一一个“零重新犯罪”镇乡。开展租用厂房安全生产专项整治工作，对23家厂房租用企业进行建档管理；开展烟花爆竹专项整治，对23家烟花爆竹零售店实行“一店一人”专人联系监管制度，排查关停8家安全生产隐患点；开展红木家具行业安全生产整治工作，对存在安全生产隐患的红木家具企业关停1家、停业整顿1家；开展简易货梯专项整治，整治拆除3家企业；开展小微企业安全生产托管工作，6家企业实行托管；加强“水上执法中队”巡查执法，做好饮用水源保护工作；重视汛期防汛工作，实现安全生产事故“零增长”，水上交通安全连续30年“零事故”。

【东阳江组织建设】 制定《2015年度东阳江镇机关干部绩效考核办法》和重点工程、重点项目、重要工作专项考核办法，建立联村干部下村服务清单制度。建立实行农村党员积分制管理和农村干部积分制管理制度，制定《2015年度东阳江镇农村主职干部绩效考核办法》和农村干部不守规矩管理办法，实现党员干部从严管理新常态。在全镇27个行政村开展农村党员户挂牌工作，向农户发放“共产党员联系卡”。试点村召塘里村引进6家企业入驻，村集体收入增加60余万元。沿里歌线的10个行政村，开展示范点布置工作。成立专门的整转工作组，集中整顿东风村、东门村；完善党建活动场所建设，完成金浦村、尚舒村的村级活动场所建设。全年“三公”经费支出下降12.69%，其中公务接待支出下降24%，公车支出下降0.09%，会议支出下降67%。

【东阳江生态休闲旅游特色村培育】 重点做好白泉、八达、新东、天山等特色村培育，创建集创作拍摄、度假养生、农耕体验、民宿等为一体的东阳江山水生态休闲线。制定白泉村“山水休闲游”、新东村“桑果采摘游”“农耕体验游”和天山村“云生活休闲游”生态休闲旅游项目，白泉村完成200米农耕文化艺术墙、2000米生态观光路建设，新建休闲观光亭，修建2000米环水库景观道路；新东村完成0.1公顷游乐场所、1000米沿岸生态观光路、水上乐园等休闲游乐项目建设，修建自来水蓄水水库及防洪堤。5月11日，在东阳江镇召开全市旅游工作现场推进会，举办东阳江镇首届桑葚节，开展农副产品展览、现场农事体验等一系列休闲文化活动。通过新闻媒介、微信等平台宣传乡村休闲旅游。东门村发展休闲观光农业，完成15.74公顷土地流转和五彩油菜农业示范基地项目申报，完成五彩油菜种植图案绘编和栽种工作。天山村接待游客7万余人次，白泉村接待2万余人次。新东村接待2万余人次，5~6月果桑采摘季，实现果桑收益40余万元。

【市中亚电影文化博物馆在东阳江镇开馆】 5月23日，市中亚电影文化博物馆在东阳江镇正式开馆，这是中国首批文化电影博物馆之一。2015年是中国电影诞生110周年。为纪念中国胶片电影的发展过程，东阳市民间收藏家冯

图 95　中亚电影文化博物馆内陈列的放映机

再平投资 900 万元，花近 10 年时间，从全国各地乃至其他国家搜集近百台电影放映机、数千份电影海报和电影连环画、几千卷电影胶片及各种电影道具，创办市中亚电影文化博物馆。

【横锦创作休闲小镇建设推进】 完成项目前期规划编制、论证公示，横锦创作休闲小镇项目区块第一期 11.67 公顷土地挂牌出让。第二期挂牌出让的土地中二幅 2.2 公顷集体土地完成农转用报批工作。项目建筑施工设计图纸按规划设计，完成无障碍施工围墙砌筑；和乐社区卫生服务站地块完成协调回收工作；落实完成项目区集体土地的征收工作；剩余 2 家异地安置企业与涉及镇乡街道协调处理新厂房建设问题，1 家企业完成拆迁安置，1 家企业的安置厂房主体结顶。

（陈双双　曹航鑫）

马宅镇

【概况】 2015 年，辖区总面积 112 平方千米，分设 3 个工作片，辖 17 行政村，68 个自然村。辖区总户数 9950 户，总人口 25563 人，其中男性 13056 人、女性 12507 人。出生人口 252 人，出生人口性别比 105(女为 100)。完成税收 2092 万元，比上年下降 15.8%，其中国税 1249 万元、地税 843 万元。全年计生率 93.8%，社会抚养费政策兑现率 77.9%。

【马宅工业】 6 家规模以上企业完成工业总产值 2.63 亿元，比上年增长 0.3%；规模以上工业主营业务收入 2.64 亿元，比上年增长 0.6%；规模以上企业用电量 221 万千瓦时；工业投资额 0.25 亿元，比上年下降 7.6%；固定资产投资额 0.83 亿元，比上年增长 45.6%；完成外贸出口总额 3 万美元，比上年下降 79.3%。

实现工业总产值 44185 万元，比上年增长 5.99%；完成规模以上工业完成销售产值 26289 万元，比上年增长 0.27%。完成固定资产投入 9078 万元，其中工业性投入 3243 万元，完成任务的 135.1%；引进内资 4546.5 万元，完成任务的 227.33%。完成“两化融合”企业 2 家；开展低效用地清理工作，分类处置 3 宗 1.32 公顷。兑现工业奖励资金 49.75 万元。完成全程代理服务 14 项，解决企业发展难题 60 个；调处劳资纠纷 5 起，追讨工资 99.56 万元；协调解决工伤事故 3 起，涉及金额 7.5 万元。实现商贸服务业营业额 11800 万元，比上年增长 8.26%，纳税 245 万元，比上年增长 8.29%。黄龙农庄投资 1.57 亿元，年末投入试运营。

【马宅农业】 中药材以元胡、鸢尾、白芍、浙贝、白术等为主，特色农产品以茶叶、草莓为主。有耕地 949.27 公顷，其中水田 679 公顷。完成元胡标准化栽培技术示范等 9 个农业产业化项目验收。新培育市级效益农业项目 5 个。新建水稻良种示范基地 21.34 公顷，完成 866 余公顷粮食生产任务，产量超 5000 余吨。抽检农产品质量安全 209 批次，合格率 100%。组织开展农业技术人才培训 5 次，培训 720 人次。注册家庭农场 2 家。

【马宅重点工程建设】 完成投资 130 余万元的圣智桥及延伸段建设；完成投资 34 余万元的政府路人行道铺设工程；完成投资 80 余万元的画南下线马宅村段边沟改造及人行道铺设工作；完成投资近百万元的画南下线亮化工程设计、审价等招投标前期工作。完成一事一议项目 2 个、水库后扶项目 8 个、河道整治项目 4 个、病险山塘水库整治 1 个。完成 3 个村的农民饮用水工程、3 个村的农民饮用水提升和 2 个氟超标村饮用水治理工作。

【马宅“五水共治”】 镇级污水处理厂投入正常运行。55 个自然村的村级农村生活污水处理工程开工，其中主管网完工44个(含采用净化槽技术6个)，终端开工34个村，完工31个村；完成南江库区一级饮用水源保护区农家乐项目整顿规范提升工作，投资70余万元启动农家乐泔水处理工程，投资20万余元购置餐厨垃圾专业清运车用于库区农家乐餐厨垃圾清运处理。完成投资300余万元的柽溪江马宅段第一期改造工程。完成4家养猪场沼气池改造提升。

【马宅新农村建设】 完成各村的基础设施建设，塘里村采用机械化处理房模式，其余16个行政村都采用太阳能垃圾处理房模式，投入3.9万元购置17辆垃圾分类清运车，投入62万元购置10420个分类垃圾桶，全年处理垃圾2000余吨。

投资200余万元开展诸永、东永两条高速和S218省道、画南下线两条主干道沿线的绿化工作。完成三线(画南下线、政府路、下新线)沿线赤膊房整治(74户28399平方米)。整治坟墓5处。

拆除违法建筑1.54万平方米，完成全年任务的102.4%；拆除卫片执法图斑3宗、0.24公顷，完成造田造地项目3个、13.62公顷。处置新增违建10宗400.4平方米。七秩塘村完成“空心村”整治区域内53户、4520.6平方米建筑相关的准备工作，山坞村“空心村”整治工作全面完成。完成雅坑、徐宅、塘里等4个村农房改造145户、3.9万平方米。

【马宅社会保障】 城镇最低生活保障户数2户，人数2人，支出1.59万元；农村最低生活保障户数223户，人数249人，支出83.1万元；医疗救助106人次，支出57万元；“五保”供养5人；国家抚恤、补助各类优抚对象120人。敬老院1所，床位100张。城乡居民社会养老保险参保人数9847人。17个行政村建立村级便民服务中心。

完成10个居家养老服务中心建设。南江养老中心有16名老人入住。完成7551户的农村住房保险基金收缴工作，完成居保退休认证1001人。投入205万元落实对低保户、残疾人等弱势群体的帮扶；消除家庭人均年收入4600元以下的贫困户。

【马宅文教卫生】 设幼儿园1所，在园幼儿258人，专任教师18人；小学1所，在校学生662人，专任教师37人，小学适龄儿童入学率100%；初中1所，在校学生394人，专任教师37人，初中适龄人口入学率100%，小升初升学率100%，九年制义务教育覆盖率100%。教育经费1887.55万元。

设医疗卫生机构5家，其中镇卫生院1家，社区卫生服务站4家，专业卫生人员40人。农村安全饮用水普及率96%，农村饮用水合格率95%，农村卫生厕所

2015年马宅镇村(居)基本情况

表39

村(居)名称	自然村(个)	组数(个)	村(居)支部(总支)书记	村(居)委主任
下　陈	3	2	陈阿娜	陈重进
和　协	5	8	陈先进(副书记，主持工作)	沈德海
张　塘	2	5	张旭刚	张昕波
三　和	3	6	张添强	杨常伟
马　宅	7	16	马海荣(副书记，主持工作)	马正东
祥　旺	3	9	徐涵周	叶　土
七秩塘	3	8	葛中伟	陈世忠
杨　岩	4	12	杨伟强	杨水龙
王　楼	2	12	王国平(王潭支部) 郭良丰(北楼支部)	徐有军
屠　梁	3	14	申屠立民	申屠金华
瑶昌桥	3	6	申屠斌	申屠秋高
白岩坞	3	5	王新爱	王航峰
雅　坑	5	10	张　伟	张宝阳
塘　里	2	14	马宝其	许根木
徐　宅	10	18	徐　来	徐军良
岭　山	5	13	陈为海	顾荣华
宅　溪	5	8	厉公民	厉红娟(村务负责人)

图 96　12 月 16 日，初中女子足球队参加八人制足球比赛（包康轩 / 摄）

普及率 100%，新型农村合作医疗参保人数 16437 人（不包括在校学生），参保率 97%以上。参加健康体检 7878 人。

完成 1 个文化礼堂建设。5 名马宅籍企业家出资 1000 万元设立马宅教育发展基金。开展医疗救助、慈善助学、慈善救助、临时救助等 74 例，发放救助金 31.7 万元。

【马宅社会管理】 加强因农村私人建房纠纷、宗苏食品债权、中仑建设债权、军人复退等引起的各类矛盾纠纷的排查化解，排查处理历史遗留或重大矛盾纠纷 29 起，处理“8890”信访事项 84 项，答复信访件 169 件。投资 3.2 万元添置 20 部风力灭火机免费发放至各村。完成 2 家企业安全生产标准化建设和 20 家小微企业安全生产托管。

增加专职消防员 4 人，消防站出警 38 起，挽回经济损失近 500 万元。淘汰黄标车 141 辆，淘汰锅炉 4 台。

【市第一届中小学生校园足球联赛在马宅镇中心小学举行】 12 月 16～18 日，由体育局、教育局主办的东阳市第一届中小学生校园足球联赛在马宅镇中心小学举行，全市 15 支小学、初中、高中的男女足球队参加为期三天的比赛。横店三校代表队男女队分别获联赛第一名。

【马宅镇教育发展基金成立】 6 月 17 日，马宅镇教育发展基金正式成立。马宅镇教育发展基金是东阳市第 35 个奖教奖学基金，由南京星飞冷却设备有限公司董事长顾星康、浙江中冠投资有限公司董事长葛中伟、浙江响亮教育科技有限公司总裁徐昔文、东阳市雪花秀针织有限公司董事长陈建平、浙江万朋公司董事长兼 CEO 申屠祖斌共同发起建立，每人分别向基金捐赠 200 万元，共计 1000 万元，每年拿出固定收益作为教育发展基金进行发放，旨在激励扎根马宅山区教育的教师和勤奋好学的学生，推动马宅教育可持续发展，为偏远山区培养更多的人才。奖励项目分为奖教和奖学两项，奖励对象包括优秀教师、优秀班主任、初中毕业年级成绩优秀者和品行优秀、成绩优异的学生。

（金泽华）

佐村镇

【概况】 2015 年，辖区总面积 154 平方千米，下设 5 个分中心，辖 25 个行政村。辖区总户数 9411 户，总人口 25445 人，其中男性 13352 人、女性 12093 人。出生人口 277 人，出生人口性别比 126(女为 100)。完成税收 1482 万元，比上年增长 5.5%，其中国税 491 万元、地税 991 万元。

【佐村工业】 3 家规模以上企业完成工业总产值 3.22 亿元，比上年增长 19.3%；规模以上工业主营业务收入 1.65 亿元，比上年增长 6.5%；规模以上企业用电量 325 万千瓦时；工业投资额 0.25 亿元，比上年下降 7.6%；固定资产投资额 0.3 亿元，比上年下降 23.9%；完成外贸出口总额 64 万美元，比上年下降 1.2%。

金鑫化学有限责任公司产值 1.9 亿元，比上年增长 26.67%。引进青南农业观光项目。6 月，生产新型建材企业的开明新型建材有限公司投产。

【佐村农业】 年末常用耕地面积 1464 公顷，其中水田 238 公顷。推进茶叶、毛竹、香榧、油茶、高山蔬菜、银杏、金银花 7 大产业的建设，新流转土地 20 余公顷，新成立农民专业合作社和家庭农场 5 家，完成农业产业化项目 15 个，培育梦的牌香榧、合旺香榧两个品牌。开展“美丽田园”建设，在斯光村、桑梓村、香溪村等地种植 60 余公顷观赏性油菜花。获 2015 年度东阳市农业经济竞赛活动一等奖。

【佐村重点工程建设】 实施农村生活污水工程建设，至年末，全镇

70个自然村，58个村完成管网建设，44个村完成终端建设；推进农村生活垃圾分类工作，建成阳光房22个。

【佐村文教卫生】 设镇级成人技术校1所，创建省级标准化成技校，下设宅口和上村分校教学点。设中心幼儿园1所，申报省二级幼儿园，专任教师4人，在园幼儿112人；小学3所，佐村中小学和宅口小学创建省级标准化学校，在校学生482人，专任教师34人；初中1所，在校学生277人，专任教师26人，九年义务教育覆盖率100%。启动“教育云”应用，将现代化教育技术运用到山区教育，创建阳光食堂透明厨房，确保山区学生的饮食安全。国家财政性教育经费1523.4万元，财政预算内教育经费1484.3万元。设广播电视站1处，完成岱溪村文化礼堂建设。

各级各类医疗卫生机构13家，其中镇中心卫生院1家，社区卫生服务站7个，村级卫生室5家，专业卫生人员34人，其中执业医师和助理26人，注册护士6人，药师和检验师各1人。开展第七轮农民健康体检，进一步完善公共卫生管理制度，全镇60岁以上老人健康体检率67.97%。农村安全饮用水普及率100%。新型农村合作医疗参保人数17651人，参保率99.41%。

【佐村集镇建设】 开展集镇总体规划编制工作，投资近2000万元，先后建成镇便民服务中心和休闲文化广场，建成佐村新区3条道路，初步形成“两纵三横”的佐村新区布局。实施佐村至上岭线（谷岱）、桑梓至岱溪、恒坑至下里坑等道路建设，缩短佐村、西营等5个区域间的通行距离。推进怀万线连接线工程建设，佐村、岱溪至怀万线的连接线完工，恒坑、厦城至怀万线的连接线完成政策处理和前期准备。

【佐村社会保障】 佐村敬老院完成原址重建，建成上村、厦城等18个村的居家养老服务中心。开展台风“灿鸿”灾后重建和修复工作，及时清理塌方63处，修复公路31处，救助受灾农户61户，农业生产基地4个。投入10余万元完成查螺、水田灭螺、环境整治等工作。开展生态墓地规范化管理工作，实行骨灰跟踪管理，严厉打击私自建造空墓等行为。2月，完成村经济合作社股份制改革工作。开展上林口等村农村饮用水安全提升申报工作，对饮用水源加装净化消毒设施，加强对农村分散式供水点水质监测。完成山合、罗峰2个村的山塘整治工程，在大塘光、上村、石井坑实施万里清水河道整治。启动实施佐村映珠塘村13.34公顷、五联村20公顷的喷微灌建设。完成13.34公顷造田造地、6.67公顷旱地改水田、146.67公顷高标准农田改造等工程。

图97 7月29日，市委书记黄敏（前中）视察佐村镇岱溪村新农村建设

【佐村社会管理】 完善镇村干部联合接访，接待来信来访97批次、135人次，市级转交办信件32批次，回复率100%，办结率100%。镇村干部参与联合接访1015人次，接待群众65批次，结案65件，办结率100%。做好8890平台信件的受理处理工作，完成91件，办结率100%，满意率100%。将全镇重新划分为69个网格，在原有网格员的基础上新增69名网格信息员，用平安通平台实时快速上报信息。建立6支森林志愿消防队，投资80余万元建成佐村镇专职消防队，在全镇21个村、3所中小学校和全镇公路要点部位安装90余个视频监控，连续11年获“平安镇乡”称号。开展小微企业安全托管、红木家具行业专项整治、矿山安全整治等工作。

【佐村组织建设】 全镇党员1334人、42个党组织，其中行政村党支部25个。开展“从严

2015 年佐村镇村(居)基本情况

表 40

村(居)名称	自然村(个)	组数(个)	村(居)支部(总支)书记	村(居)委主任
佐 村	3	18	斯佩华	周伟忠
桑 梓	4	22	王荣良	王红兰
上林口	1	5	吴正其	刘忠良
谷 岱	5	22	金永德	马利荣
斯 光	2	6	郭秩云	郭满堂
前 塘	2	6	赵茂朝	赵炳华
罗 峰	7	16	应维尧	马荣辉
友 谊	3	9	王龙华	钱飞鹏
厦 城	3	12	金章伟	张银塘
宅 口	4	18	梁正岗	金福元
山 合	5	8	金尧龙	金尧龙
珊 门	1	4	王今治	金和忠
流贵塘	1	4	王 飞	张美龙
香 溪	2	10	楼雪花	蔡桂跃
大塘光	3	8	应鸣龙	王毅峰
上 村	3	12	王维龙	张宝兰
石 桥	3	6	吴国良	吴召干
白牛畈	2	5	许响彬	王巧萍
五 联	5	14	徐顺福	杜成桂
五 丰	5	14	陈德孝	陈伟强
西 营	3	11	楼钢田	楼晓辉
赵 楼	2	5	赵生伟	金爱良
石井坑	3	8	王康来	楼召兰
俞 家	2	5	俞云标	俞晓红
平 坑	3	5	徐林刚	楼齐平

管理落实年”活动，执行“五议两公开”“三务”公开等制度。修订《2015 年度行政村主职干部绩效考核办法》《2015 年度农村党员积分管理标准》《两新组织党员积分管理实施意见》和《两新组织党员积分评定标准》，从规范岗位职责、履职行为、监管考核等方面着手，实现以制度规范人和事的管理；深化周巡月查季考评督查制度，提高队伍执行力。

【市“深化万名医师支援农村卫生工程”启动仪式在佐村镇举行】 1 月 9 日，市“深化万名医师支援农村卫生工程”启动仪式在佐村镇佐村中心卫生院举行。副市长蒋令树出席。启动仪式上，人民医院与南马中心卫生院，人民医院巍山分院和佐村中心卫生院，中医院和三单乡卫生院，横店医院和东阳江镇卫生院，妇幼保健院和马宅镇卫生院，红会医院和虎鹿镇卫生院分别签订支援协议。

市领导走访了佐村镇前塘村“送医下乡”现场，详细了解村医疗室的建设情况。浙江金立建设有限公司东阳分公司捐资 2 万元，用于帮扶前塘村医疗室后续建设。

（马凯琳）

三单乡

【概况】 2015 年，辖区总面积 89 平方千米，下设三单片、青溪片、玉溪片 3 个片区，辖 14 个行政村，141 个村民小组。辖区总户数 4200 户，总人口 11432 人，其中男性 6019 人、女性 5413 人。出生人口 121 人，出生人口性别比 120(女为 100)。人口密度为每平方千米 131 人。完成社会抚养费征缴 78.91 万元。完成税收 74 万元，比上年下降 70.9%，其中国税 2 万元、地税 72 万元。

【三单特色产业】 耕地面积 525.7 公顷，常用耕地面积 507 公顷，其中有效灌溉面积 235 公顷。粮食播种面积 504.6 公顷，粮食总产量 2213.4 吨。特色农业以茶叶、香榧、高山蔬菜为主。其中茶叶采摘 475 吨，晒制烟叶 71 吨，炒制香榧 260 吨，小京生花生150吨，高山蔬菜采摘420公顷。

林地面积7449.7公顷，全乡森林覆盖率96%，着力发展乡村旅游业，新增林地流转32.5公顷，新增绿化面积8.2公顷，投资1.4亿元引进星月理想庄园和飞尔静心园两大项目，完成两个项目的选址、可行性研究以及立项等工作，计划在2016年正式开工。以金航村为试点推广徽派农房改造，逐步改善村居面貌，建设华阳村6.67公顷香榧基地和金航村百亩芍药花基地，改善村居环境面貌。

【三单新农村建设】 完成创业承诺67项，三单、搭钩、金航、阁溪等行政村创建首批环境卫生示范村，做到房前屋后主干道、溪里均无生活垃圾，搭钩、下西楼2个行政村完成东阳市级“森林村庄”创建，获2015年“东阳市森林消防一等奖”。公开举行招投标26次，节支694164元，增收69440元。完成14余公顷造田造地的规划、设计和招投标工作，完成0.9公顷农村土地综合整治项目，3.07公顷旱改水工程。出台公路养护长效机制，完成三单村、金航村的接线接坡工程，“三时线”4千米的大中修和前田焦坑公路路基拓宽工程，并启动前田村的接线接坡工程，恢复台风塌方、水毁路面工程149处，公路养护考核位列全市第二。

拆除违章建筑10808平方米，完成卫片执法整改28宗，整改面积7.9公顷。完成搭钩、下西楼两个村的空心村整治，拆除危旧房105户，拆除危旧房面积10600平方米，安置用地总面积8775平方米；完成全乡农房改造7980平方米，完成率159.6%。14个行政村兴建太阳能阳光房，实现太阳能阳光房全覆盖，实行垃圾无害化处理率，发放分类垃圾桶4088个，制作宣传栏60余块。投资550万元对集镇范围内的破损路面、陈旧花坛、露天线缆、沿街赤膊房进行集中整治，浇筑柏油路2.5千米，新装路灯105盏，整治三单村长期存在的沿街遮阳棚、占道经营、随意倾倒等不文明现象。

动员群众推进“五水共治”工作，落实乡、村两级干部“周三护河日”行动，深化“河长制”管理，建立“河长制”公示牌，建立河道治理微信举报平台，实时接收群众举报与监督，36条大小河流常年水质达二类水标准。推进农村生活污水管网铺设，投资1800余万元完成26个自然村的农村生活污水管网铺设和终端建设工作。

【三单文教卫生】 总投资460万元的中心校学生宿舍楼竣工并投入使用，建筑面积1990平方米，最多可容纳340名住校生。优化农村饮用水，完成自来水管网改造21000米，安装净化设施16台，13个行政村完成饮用水净化工程。青溪村山塘水库工程开工，完善基础水利设施。

三单村文化礼堂通过东阳市精品文化礼堂验收，举办“纪念抗战胜利70周年”文艺会演，组织队伍参加东阳市镇乡街道文艺会演，获银奖。

设乡文化站1个，村级文化活动中心14个。幼儿园1所，在园幼儿100人，专任教师13人；小学1所，在校学生428人，专任教师29人；初中1所，在校学生280人，专任教师20人，九年制义务教育覆盖率100%。

设各级各类医疗机构6家，其中乡卫生院1家，社区卫生服务站5家，专业卫生人员14人。法定报告传染病发病率0，农村安全饮用水普及率100%，农村卫生厕所普及率100%，新型农村合作医疗参保人数9241人，参保率95.8%。

【三单社会保障】 农村最低生活保障户数216户，人数216人，补助60万元；医疗救助12人次，支出14万元。“五保”供养5人，支出10万元。敬老院1所，床位10张。城乡居民社会养老保险参保4237人，享受城乡居民社会养老保险2004人。

基本完成全乡消除“4600”低收入农户的任务，11个行政村居家养老服务中心开业运行。全乡298名残疾人，新增托安养对象4人，残联发放补助2.4万元。为20户贫困残疾人家庭发放农资补助2000千克。新增3个来料加工项目，来料加工经纪人新增2人，发放来料加工费1500余万元，补助来料加工贴息贷款36974元。

【三单组织建设】 完成基层软弱涣散支部整顿工作，确立村支部书记为软弱涣散整改工作第一责任人，通过市领导帮扶，乡党委引导，第一书记督查，整合各种资源，加强对中村、华孙两个软弱涣散支部的整顿转化，健全每月15日的党员学习活动日，做到“五有三落实”（学习有计划、有资料、有记录、有笔记、有体会，学习时间落实、内容落实、人员落实）。14个党员活动室完成规范化建设，各村的村级办公场所按村级事务准入制要求清理规范。全乡驻村干部走村入户率90%以上，真正杜绝“松、散、懒”的作风问题，实现对百姓诉求事事有回音，件件有着落。全乡

536名党员，18个党支部，参与系列活动覆盖面100%。活动查摆、整改问题56个；解决矛盾纠纷、历史遗留问题12件。

【三单乡“四分三化”推进垃圾分类工作】 5月，三单乡制订农村生活垃圾分类处置实施方案，明确将农村垃圾分类工作作为长期重点工作来抓，通过分类投放、分类收运、分类利用、分类处置（四分）等来实现垃圾减量化、资源化和无害化（三化）。该乡累计发放垃圾分类宣传资料4000余份，村民知晓率达90%以上，完成阳光垃圾房建设的行政村达12个。

2015年三单乡村(居)基本情况

表41

村(居)名称	自然村（个）	组数（个）	村(居)支部书记	村(居)委主任
搭 钩	5	5	单涨跃	单成良
前 田	4	18	单春华	单兴尧
中 村	1	5	单万荣	单万荣
三 单	3	17	单立良	单国朝
山 背	5	5	单法良	胡甘伟
华 阳	6	16	金法龙	楼福华
金 航	5	7	楼善良	楼立峰
钱 溪	3	13	曹志强	曹江云
青 溪	2	6	黄锦荣	—
下西楼	3	8	曹生良	曹明亮
蟠 溪	5	14	陈宏良	何永干
玉 溪	3	9	张卫良	张忠良
阁 溪	3	6	张富良	张向良
华 孙	6	12	何炉明	何黎明

【北片乡镇地质灾害防汛联合演练】 6月17日，北片乡镇在三单乡钱溪村组织开展山洪灾害防御演练。演练模拟突发强降雨袭击时，地质灾害村钱溪村溪流洪水上涨、山体滑坡威胁村民生命财产安全的情形。应急预案启动后，抢险救援队分成多个救援小组，分头开展河道疏导、堆防洪包、转移群众和医疗救助等抢险科目演练。江北街道、六石街道、巍山镇、佐村镇、东江镇、虎鹿镇、马宅镇、三单乡和上卢管理处代表到场观摩。地质灾害防汛演练，提高群众应急反应能力，在“灿鸿”台风强降雨期间，三单各村启动应急预案，落实防汛抗灾措施，未造成人员伤亡；大蟠溪村遭遇重大地质塌方危机，无人员伤亡。

图98 6月17日，东阳市北片乡镇在三单乡钱溪村组织开展地质灾害防汛联合演练

【三单乡团委联络点——“莳光记”】 7月22日，三单乡与青年自发群众组织合作，在市区挂牌了三单乡团委联络点——“莳光记”，青年联络点以“读书、行走、畅聊、会友”为主线。每周三他们将会举办小型读书分享会，也可以讲述各自所掌握的专业知识，并不定期地举办亲近自然的户外活动。同时，“莳光记”小分队也会时不时地和大家一起寻访周边的美食。作为青年交友、交心、交流的平台，该联络点共有管理人员9人，会员60余人。联络点自成立以来，先后受到团浙江省委、团中央等上级部门的肯定。

（吴丹青）

上卢管理处

【概况】 2015年，辖区总面积40平方千米，辖4个社区（37个小区）、1个行政村。辖区总户数10736户，总人口27157人，其中农业人口26220人，非农业人口937人；流动人口5616人。

【上卢重点工作】 完成广福东街东延工程、传感器一期项目用地项目、S211省道拓宽工程、中天东阳广场项目、迎宾大道两侧绿化景观工程、公交客运总站项目、东阳市农房集聚区块用地规划工程相关的征地拆迁工作。

【上卢农业】 种植业总体以大户为依托，辐射带动散户。复种面积3.34公顷以上的种粮大户17个，承包及流转耕地面积182.65公顷，大小麦、水稻复种面积293.2公顷。申报科技示范户25户。申报农业产业化项目6项，其中种植业4项，生态畜牧养殖1项，林业1项。征集"十三五"现代农业发展重点项目2个。生猪、鸡等家禽实行程序化免疫，免疫率100%。生态公益林补助544.4公顷，发放补助资金21.23万元；林木采伐50立方米；完成火烧迹地更新造林35.2公顷，通过林业局验收；开展二类森林资源调查，完成外业调查工作。完成"消除4600"工作统计工作。

【上卢环境整治】 做好4条河流和115口池塘日常护理工作，坚持周三集中护河日活动，完成桐坑溪、锦溪、盘溪等河道清理保洁对外承包工作，落实专人检查反馈。完成看守所污水排污口整治工作。开展农村生活污水治理工作，至年末，24个小区开工建设，高速公路以北污水终端处理工程开工。完成盘溪整治工程，完成涉及湖沧村、陈店村、华店小区的堰坝工程，东阳江护岸改造工程完成90%，总投资3300余万元，完成混凝土浇筑和挡墙砌筑6300米，护坡1500米。完成社姆新村、上卢社区、华店社区的垃圾分类工作，建立3个太阳能垃圾处理房，分类垃圾桶发放到每户农户，受益农户6189户。

2015年上卢管理处村(居)基本情况

表42

村(居)名称	自然村(个)	村(居)支部(总支)书记	村(居)委主任
湖沧社区	8	楼继航	刘立尧
夏渠社区	8	杜　峰	金国良
华店社区	7	郭孝杰	陆益华
上卢社区	14	应　翔	蔡旭东
社姆新村	7	吴薛祥	何盛行

【上卢新农村建设】 完成东湖文化礼堂建设；举办管理处文艺会演；组织13余次文化下乡、文化走亲活动。完成民兵整组工作；做好现役干部信息的统计工作；为部队输送双合格应征青年12人。完成"电商换市"工作，完成社姆—落鹤山风景区报批工作。

【上卢文教卫生】 设3所高级小学、1所初级中学。学校配有电脑房、语音室和各类电教设备，教学硬件齐全。设1所卫生院，在原有的基础上配备必要的医疗仪器、救护车等办公设备。

【上卢社会保障】 低保资金20.5万元发放到户；完成9户符合条件农户的低保受理工作；完成百合、仓前小区水库移民项目，为每个村争取到10万元的专项补贴，清塘角、朱村小区水库移民项目完成上报；完成临时困难家庭住房救助7户，医疗救助41人(17万元)，慈善救助22人(3.95万余元)；开展慈善助学工作，为5名学子提供2.5万元助学金；完成夏渠、社姆新村联山、瞿村、界上虞4个村(小区)的居家养老服务照料中心工程建设，华店小区居家养老服务照料中心年末完工；优抚、老龄、殡葬管理等其他民政工作。

（陆益华）

人物和表彰

省、金华市道德模范简介

【浙江省道德模范孙炎明】 孙炎明，男，1962年10月出生东阳市虎鹿镇人，中共党员，东阳市公安局看守所监管民警。2011年被评为浙江省第二届道德模范。

孙炎明自1982年参加公安工作以来，情注公安，心系人民，工作勤勉敬业，操守廉洁自律；自2004年患脑癌以来，3次大手术，一直笑对人生，激情工作，默默无闻地工作在公安监管工作的第一线。他把人性化管理贯穿于日常管理之中，使其分管的监室始终保持秩序良好，安全无事故。他先后多次受到嘉奖，被评为金华市“优秀人民警察”、浙江省“百名优秀基层民警”“感动中国”2010年度人物、公安部“2010警界骄傲”等。

【金华市道德模范周丽君】 周丽君，女，1985年出生，东阳市六石街道人，东阳市爱心联盟成员、东阳市义工协会成员。2009年被评为金华市第一届道德模范。

周丽君以炽热的爱心和恒心，无怨无悔地奉献志愿服务事业。只要志愿服务组织有活动，她都会积极参与：她组织参与“爱在这里传递”为黔东南贫困生助学行动、“冬来送温暖”为贵州黔东南苗族侗族自治州贫困群众募捐活动、为四川地震受灾群众募捐等活动。

【金华市道德模范林南珍】 林南珍，男，1957年出生，江西省星子县蛟塘镇人，中共党员，生前系东阳市惠民公交公司驾驶员。2011年被评为金华市第二届道德模范。

林南珍爱岗敬业，在惠民公交公司6年从未出过安全事故，连小刮擦也没有，公司也未接到过一个关于他的投诉电话。2011年1月26日，东阳市吴宁西路上，正在驾驶公交车的林南珍突发疾病，在他生命最后一刻用残存的意识支配着完成一生中最后一次连贯动作：打右转向灯、踩刹车、拉手刹……公交车稳稳地停在人民医院附近马路右侧。车上30余名乘客安然无恙，车旁路人安然无恙，车辆安然无恙。可是他自己却一头倒在驾驶座旁，再也没有醒过来。

中华全国总工会追授林南珍全国“五一劳动奖章”。

【金华市道德模范陆润德】 陆润德，男，1943年出生，东阳市画水镇人，中共党员，东阳市黄秀公司总裁。2013年被评为金华市第三届道德模范。

陆润德始终坚持“有钱要让大家赚”的宗旨，组织引导画水许多家庭办绣花厂致富。陆润德以扶贫济困为己任，乐善好施，先后资助老弱病残、寡孤独和遭遇天灾人祸的困难群众数百人次。陆润德热衷社会公益事业（修桥铺路、捐资办学、城镇建设、支援灾民等），他都积极主动、带头贡献，累计捐助总额超1000万元。自1986年开始，连续三十多年陆润德都对全镇七十岁以上的老人进行慰问，累计六万余人次，慰问款总额逾五百万元。陆润德在公司善待员工，乐于为职工排忧解难。公司安置70余名残疾职工，使他们各尽其能，自食其力。

【金华市道德模范吕剑剑】 吕剑剑，男，1983年出生，东阳市横店镇人，中共党员浙江省东阳市长庚置业有限公司董事长。2015年被评为金华市第四届道德模范。

在各地频频出现各种奢华土豪婚礼的当代社会，2014年5月20日，浙江东阳小伙子吕剑剑却把自己的婚宴办成慈善晚宴：婚礼现场，新郎吕剑剑宣布出资380万元用于慈善事业，并发动现场参加婚宴的亲朋好友结对63个特优特困学生。“让爱心成为习惯，让公益成为风尚，让慈善成为自然。”近年来，吕家用于慈善事业的钱达2000万元。

（东　鉴）

名录

【2014年度东阳市文明街道、文明单位、文明村(社区)】 2015年2月4日,中共东阳市委、市政府授予东阳市文明街道、文明单位、文明村(社区):

东阳市文明街道(1个)

六石街道

东阳市文明单位(13个)

东阳市环保局

金华出入境检验检疫局东阳办事处

浙江稠州商业银行股份有限公司东阳支行

平安银行股份有限公司金华东阳支行

中国邮政储蓄银行股份有限公司东阳市支行

上海浦东发展银行股份有限公司金华东阳支行

东阳市建澜小学

浙江海天建设集团有限公司

浙江广扬建设集团有限公司

天祥建设集团有限公司

四达氟塑股份有限公司

东阳市索普健身器材有限公司

横店文化产业联合会

东阳市文明村(社区)(13个)

白云街道:接官亭社区

六石街道:康夏村

城东街道:东升村

南市街道:西雅村

横店镇:环龙村

南马镇:联合村

歌山镇:安溪村

千祥镇:隔塘村、大路村

东阳江镇:天秀村、黄铺村

马宅镇:白岩坞村

佐村镇:平坑村

【第九届东阳市科技标兵】 2015年2月15日,东阳市人民政府授予第九届东阳市科技标兵10人:

王茂峰　市人民医院

刘玉涛　中天建设集团有限公司

朱炎钊　浙江联宜电机股份有限公司

何耀耀　浙江朋诚科技有限公司

李玉平　横店集团东磁股份有限公司

杨　雪　浙江恒成硬质合金有限公司

陈　亮　浙江普洛得邦制药有限公司

金中军　浙江普洛康裕制药有限公司

金龙心　市政府蔬菜管理办公室

顾丽丽　中核苏阀横店机械有限公司

【东阳市第一届道德模范名单】 2008年9月19日,东阳市精神文明建设委员会表彰东阳市首届"道德模范"10人:

陆润德　东阳市黄秀公司

周丽君　东阳市六石街道学研徐村

卢德明　东阳市江北街道办事处

张荣海　东阳市市场监管局

许庆梅　浙江东峰制冷配件有限公司

张哲明　东阳市日欣实业有限公司

黄黎建　东阳市行政执法局

马美光　原东阳市聋哑学校

龚爱花　花园集团

傅旭霞　东阳市江北街道甘东小区

【东阳市第二届道德模范名单】 2010年11月3日,东阳市精神文明建设委员会表彰东阳"道德楷模"东阳市第二届"道德楷范"10人:

卢汉成　东阳市广电台白云广电站

孙炎明　东阳市公安局看守所

李鑫荣　东阳市消防平安志愿服务队

陆晶晶　东阳市人民医院

张鹏丽　东阳市吴宁街道西街社区

张　镭　东阳市公路管理段

周小芳　东阳市佐村镇佐村村

徐月华　东阳市南市街道槐堂村

蔡希新　东阳市湖溪镇白水口村

蔡锦林　东阳市中医院

【东阳市第三届道德模范名单】 2013年9月16日,中共东阳市委、东阳市人民政府表彰"最美东阳人"——东阳市第三届"道德模范"10人:

卢大根　浙江新东阳建设集团有限公司

卢满玉　东阳市六石街道石马村

包民伟　东阳市南马镇防军村

任苏红　东阳市公安局江北派出所

吴兆震　东阳市白云街道白云社区

俞日晶　东阳市城东街道办事处

胡航军　东阳市永发缝配批发中心

徐　萌　东阳市横锦水库管理局

徐宏凯　东阳市城市管理行政执法局

虞希龙　东阳市江北街道界上虞村

【东阳市第四届道德模范名单】 2015年9月17日,中共东阳市委、东阳市人民政府表彰东阳市第四届道德模范10人：

卜孝明　东阳市全贺工艺品厂
王欢欢　金华市消防支队东阳大队
许永富　画水镇西山村
张为民　东阳市人民医院
张坚伟　东阳市东古古建工程有限公司
张海刚　佐村镇厦城村
陈　政　东阳市东政电机有限公司
黄文龙　东阳市公安局
楼利民　东阳闲时光农林开发有限公司
虞　辉　伟基建设集团

（东　鉴）

【市内晋升高级专业技术职务知识分子名单】 2015年市内晋升高级专业技术职务知识分子203人。

高级经济师18人：

曹生炜　横店集团英洛华电气有限公司
王海雷　中天建设集团有限公司
赵明亮　东阳市房地产管理局
徐朝菡　东阳市房地产管理局
蒋镇红　东阳市青少年宫
韦黎明　浙江驰成建设有限公司
蒋　平　浙江驰成建设有限公司
赵春海　浙江新东阳建设集团有限公司
李普阳　歌山建设集团有限公司
杜忠平　浙江宏信建设有限公司
张胜海　花园集团有限公司
刘秀龙　浙江广丰建设集团有限公司
娄临平　浙江小九天建设集团有限公司
郭贤彬　东阳市工艺精品馆
邵君芳　浙江花园生物高科股份有限公司
王芬朝　鼎立建设集团股份有限公司
陈筱君　浙江东阳市废旧物资总公司
任立荣　浙江石金玄武纤维有限公司

高级工程师108人：

陆正民　东阳市大江水电勘测站
楼向南　浙江省东阳市公路管理段
丁顺峰　浙江省东阳市公路管理段
徐国权　东阳市顺风交通设施有限公司
蒋晶祥　东阳市交通建设监理咨询有限公司
王黛芳　浙江省东阳市公路建设工程有限公司
杜凯凯　浙江省东阳市公路建设工程有限公司
金华良　浙江金顺路桥建设有限公司
张炜凌　浙江金顺路桥建设有限公司
应丽丹　浙江横店禹山生态工程有限公司
方仕龙　浙江横店禹山生态工程有限公司
吴蒋杰　浙江广厦市政工程有限责任公司
毛健华　浙江城正建设工程有限公司
王良荣　浙江金鲁建设有限公司
朱向友　东阳市中驰生态建设股份有限公司
舒亚伟　浙江华厦建设集团有限公司
虞　娴　浙江海航建设有限公司
李跃明　浙江海天建设集团有限公司
胡初华　浙江海天建设集团有限公司
韦志军　浙江海天建设集团有限公司
黄　伟　浙江海天建设集团有限公司
吴晓群　浙江海天建设集团有限公司
李金阳　浙江海天建设集团有限公司
葛岸丽　浙江利越市政园林有限公司
马青丽　浙江利越市政园林有限公司
赵向群　浙江海纳建设有限公司
周昌和　浙江省东阳市南方建筑工程有限公司
何朝阳　浙江省东阳市南方建筑工程有限公司
马志广　广厦建设集团有限责任公司
邵培株　广厦建设集团有限责任公司
楼兰兰　广厦建设集团有限责任公司
黄光平　广厦建设集团有限责任公司
山建华　广厦建设集团有限责任公司
方莲华　歌山建设集团有限公司
李巧琴　歌山建设集团有限公司
刘丽航　歌山建设集团有限公司
楼　晓　歌山建设集团有限公司
卢世银　歌山建设集团有限公司
周向明　歌山建设集团有限公司

胡正强　中凌建设有限公司
胡惠民　浙江中特建设有限公司
潘新平　晨阳建设集团有限公司
何巧芬　浙江横店建筑工程有限公司
蔡冬华　浙江省东阳市横店园林古典建筑公司
卢从华　中天建设集团有限公司
宋健松　中天建设集团有限公司
徐小江　中天建设集团有限公司
吴军洪　中天建设集团有限公司
陈万里　中天建设集团有限公司
叶　青　中天建设集团有限公司
楼杰平　中天建设集团有限公司
王淑芳　中天建设集团有限公司
滕　云　中天建设集团有限公司
谢祥辉　中天建设集团有限公司
何照傲　中天建设集团有限公司
俞海霞　中天建设集团有限公司
陈志勇　中天建设集团有限公司
马超群　中天建设集团有限公司
陈政平　中天建设集团有限公司
程湘伟　中天建设集团有限公司
邵　波　浙江省东阳市市政环境工程有限公司
陈伟锋　利越集团有限公司
张汝庆　浙江省东阳市市政环境工程有限公司
方伟阳　浙江中垚建设有限公司
黄成刚　浙江中垚建设有限公司
林仕全　浙江广宏建设有限公司
杜恩杨　浙江广宏建设有限公司
葛浩亮　利越集团有限公司
徐世泉　浙江省东阳市九州建设有限公司
包宁军　浙江省东阳市江南建设有限公司
张　进　浙江省东阳第三建筑工程有限公司
李震东　浙江省东阳第三建筑工程有限公司
程勇俊　浙江省东阳第三建筑工程有限公司
周秋荣　浙江省东阳第三建筑工程有限公司
周小强　浙江省东阳第三建筑工程有限公司
黄世忠　浙江省东阳第三建筑工程有限公司
杜国平　浙江省东阳第三建筑工程有限公司
文云峰　浙江省东阳第三建筑工程有限公司
谢艳峰　浙江省东阳第三建筑工程有限公司
程庆萍　浙江省东阳市规划建筑设计院
蒋　涛　浙江省东阳市规划建筑设计院
卢建峰　东阳市测绘管理处
任明强　东阳市城乡规划管理处
郭晓亚　东阳市直属审计所
方　勇　东阳市直属审计所
卢敏珍　浙江省东阳木雕古建园林工程有限公司
王雨龙　浙江鼎阳建设有限公司
陈国平　浙江新东阳建设集团有限公司
沈昆明　浙江宏成建设集团有限公司
黄浩华　浙江省东阳市华阳建设有限公司
徐淑辉　浙江驰成建设有限公司
葛杭玲　鼎立建设集团股份有限公司
陈其明　东阳市建设工程质量安全监督站
王　刚　东阳市天元建设有限公司
楼兴才　中恒元建设有限公司
斯惠花　东阳市园林管理处
何江平　浙江小九天建设集团有限公司
石晓兰　东阳市横锦水库管理局
宋光明　广厦建设集团有限责任公司
杜永明　浙江莹光化工有限公司
马华品　东阳市华品科技发展有限公司
任红阳　浙江普洛得邦制药有限公司
齐雪飞　浙江普洛医药科技有限公司
周洪钟　浙江巍华化工有限公司
吴一新　横店集团得邦照明股份有限公司
楼晓天　横店集团东磁股份有限公司
金宇航　浙江联谊电机股份有限公司
金永波　浙江联谊电机股份有限公司

一级演员 1 人：

赵　雷　东阳市婺剧艺术传承中心

教授级高级工程师 3 人：

吴险峰　中天建设集团有限公司

虞功平　中天建设集团有限公司

金裕民　伟基建设集团有限公司

高级工艺美术师 6 人：

王柏新　东阳市吴宁艾洛设计工作室

李华敏　东阳市长江工艺品有限公司

杨国强　东阳市杨氏竹木工艺品有限公司

马正良　东阳市吴宁马正良木雕工作室

吴航程　东阳市木雕研究设计院

何章生　浙江新东阳木雕有限公司

高级农艺师 3 人：

胡红强　东阳市农技推广中心

方有龙　东阳市横店镇农技站

赵洪良　东阳市巍山镇农技站

主任技师 1 人：

陈龙寿　东阳市婺剧艺术传承中心

中学高级教师 60 人：

吕小瑶　巍山高级中学

郭英丹　东江镇中心学校

吴惠英　东阳中学

吴朝辉　东阳中学

何玲玲　东阳中学

李再宇　东阳市横店高级中学

周永刚　东阳市横店高级中学

李文淳　东阳市横店高级中学

厉军萍　东阳市外国语学校

胡芝萍　东阳市南马高级中学

朱文仙　东阳市南马高级中学

许倩倩　东阳市巍山高级中学

程伟林　东阳市巍山高级中学

杨旭升　东阳市巍山高级中学

马优民　东阳市巍山高级中学

李　俊　东阳市湖溪高级中学

吕　颖　东阳市湖溪高级中学

邝春霞　东阳市技术学校

陆跃娟　东阳市技术学校

蒋建华　东阳市技术学校

徐劲波　东阳市技术学校

蒋晓霞　东阳市技术学校

严向能　东阳市技术学校

张伟英　东阳市第二职业技术学校

刘享英　东阳市吴宁镇初级中学

吴彩萍　东阳市吴宁镇初级中学

楼黄芳　东阳市吴宁三中

蒋晓珍　东阳市吴宁三中

许建萍　东阳市吴宁三中

陈红燕　东阳市外国语学校

刘飞燕　东阳市外国语学校

张　瑛　东阳市白云初级中学

李越昊　东阳市城东街道李宅初级中学

李　婷　东阳市横店一中

卢俊芳　东阳市横店一中

程炜萍　东阳市横店二中

楼欢跃　东阳市横店二中

胡彩芳　东阳市江北初级中学

胡　俊　东阳市江北初级中学

楼燚清　东阳市江北初级中学

王超燕　东阳市六石街道初级中学

徐晨阳　东阳市巍山镇中学

金藕娟　东阳市南马镇初级中学

葛德强　东阳市马宅镇初级中学

王士民　东阳市巍山镇怀鲁初级中学

王新华　东阳市画水镇画溪初级中学

蒋庆宝　东阳市南市街道南溪初级中学

张　莉　东阳市实验小学

胡远萍　东阳市吴宁第五小学

马笑莲　东阳市外国语小学

方晓荣　东阳市南马实验小学

徐江英　东阳市城东街道斯村小学

韦超萍　东阳市六石街道中心小学

陈海萍　东阳市六石街道中心小学

吕彩芳　东阳市江北华店小学

蒋晓忠　东阳市画水镇中心小学

任满娟　东阳市白云甘井小学

胡婷婷　东阳市实验幼儿园

斯　婷　东阳市第二实验幼儿园

贾凤光　东阳市南马镇中心幼儿园

高级讲师 1 人：

李雪莲　东阳市教师进修学校

研究员 1 人：

王加更　东阳市农业技术推广中心

副研究员 1 人：

赵　军　东阳市城区学校管理办公室

（司松松）

2015年度东阳市纳税大户企业

表 43　　　　单位：万元

序号	纳税人名称	法人代表	国地税税费合计
一、纳税十强企业			
1	横店集团东磁股份有限公司	何时金	42756.99
2	中天建设集团有限公司	楼永良	24924.67
3	浙江东阳农村商业银行股份有限公司	韦凯华	24354.54
4	华谊兄弟传媒股份有限公司	王忠军	17159.55
5	横店集团得邦照明股份有限公司	倪　强	16726.42
6	浙江普洛得邦制药有限公司	祝方猛	14756.14
7	浙江新光建材装饰城开发有限公司	虞云新	14109.64
8	横店集团房地产开发有限公司	徐飞宇	13264.20
9	国网浙江东阳市供电公司	汪志奕	12845.84
10	金华市烟草公司东阳分公司	傅龙萍	12088.98
二、纳税超亿元企业			
11	华谊兄弟传媒股份有限公司浙江分公司	王忠军	11645.31
12	印纪影视娱乐传媒有限公司	肖文革	10878.84
13	浙江天弘光耀传媒有限公司	李月英	10738.70
14	浙江普洛康裕制药有限公司	葛萌芽	10174.77
三、纳税超五千万元企业			
15	东阳盟将威影视文化有限公司	徐佳暄	9101.73
16	海天建设集团有限公司	应培新	8630.91
17	东阳市中天房地产开发有限公司	张益堂	8352.33
18	新丽电视文化投资有限公司	曹华益	6946.67
19	浙江横店影视城有限公司	桑小庆	6811.70
20	东阳市乐视花儿影视文化有限公司	曹　勇	6708.85
21	浙江省东阳第三建筑工程有限公司	楼正文	5789.78
22	浙江横店建筑工程有限公司	项正军	5553.41
23	浙江华谊兄弟影业投资有限公司	王忠磊	5535.29
24	东阳市金牛小额贷款有限公司	胡天高	5484.89
25	浙江联宜电机有限公司	许晓华	5325.19
26	歌山建设集团有限公司	何向全	5042.26
27	浙江东阳中国木雕城有限公司	张友才	5029.69

续表 43

序号	纳税人名称	法人代表	国地税税费合计
	四、纳税百强企业		
28	东阳市国丰小额贷款有限公司	金尧龙	4800.21
29	浙江巍华化工有限公司	吴顺华	4538.81
30	千乘影视股份有限公司	周之光	4414.29
31	横店影视股份有限公司	徐天福	4159.75
32	浙江同力服装有限公司	龚松林	4057.85
33	欢瑞世纪影视传媒股份有限公司	陈　援	4049.07
34	浙江凯文控股集团有限公司	卢楷文	4010.95
35	浙江英洛华磁业有限公司	魏中华	3999.95
36	浙江唐德影视股份有限公司	吴宏亮	3940.54
37	浙江东阳天娱影视文化有限公司	龙丹妮	3917.45
38	浙江诸永高速公路有限公司	叶维延	3875.76
39	浙江中腾置业有限公司	李大彬	3705.59
40	浙江省东阳市新兴房地产开发有限公司	李德尧	3460.25
41	冀发集团有限公司	王　骥	3411.35
42	浙江梦幻星生园影视文化有限公司	王　力	3366.64
43	强视传媒有限公司	游建鸣	3226.50
44	东阳市东杜投资有限公司	虞方定	3131.19
45	东阳青雨传媒股份有限公司	张　静	3050.79
46	东阳市横店共荣置业有限公司	周建伟	3017.45
47	东阳市新天地房地产开发有限公司	黄孝富	2722.33
48	浙江新东阳建设集团有限公司	卢大根	2627.66
49	东阳瑞吉祥影视传媒有限公司	贺　昤	2623.26
50	东阳市凤凰通宝小额贷款有限公司	韦中总	2594.49
51	东阳市蓝天白云置业有限公司	李　君	2505.57
52	中国移动通信集团浙江有限公司东阳分公司	贾丽娟	2481.59
53	浙江唐德影视股份有限公司东阳分公司	吴宏亮	2461.56
54	浙江新亚实业有限公司	金常青	2400.76
55	浙江东阳中广影视文化股份有限公司	万　荣	2366.23
56	中国农业银行股份有限公司东阳市支行	马政良	2328.61
57	东阳长城影视传媒有限公司	赵非凡	2317.60
58	东阳市汇峰文创小额贷款有限公司	葛　率	2269.00

续表 43

序号	纳税人名称	法人代表	国地税税费合计
59	东阳市广杰置业有限公司	金从杰	2205.05
60	浙江花园建设集团有限公司	朱建平	2187.38
61	浙江海森药业有限公司	王式跃	2127.44
62	浙江横店热电有限公司	金庆伟	2068.13
63	浙商证券股份有限公司东阳新南路证券营业部	俞刚平	2031.30
64	广厦建设集团有限责任公司	何　勇	1971.92
65	浙江日升昌药业有限公司	傅龙云	1894.20
66	东阳市同盈小额贷款有限公司	龚松林	1742.17
67	浙江省东阳市美臣房地产开发有限公司	邵英平	1742.06
68	东阳市广富置业有限公司	马开富	1621.82
69	金华银行股份有限公司东阳支行	杜晓弟	1610.44
70	东阳市光明电力建设有限公司	徐晓泉	1587.14
71	东阳紫风影视制作有限公司	马中骏	1564.38
72	浙江花园生物高科股份有限公司	邵钦祥	1563.82
73	浙江博纳影视制作有限公司	于　冬	1511.77
74	浙江野风药业股份有限公司	周卫国	1499.79
75	浙江东峰制冷配件有限公司	许庆梅	1482.27
76	浙江思科国祥制冷设备有限公司	陈俊健	1479.31
77	浙江中元磁业股份有限公司	任元月	1469.14
78	长城影视股份有限公司浙江东阳分公司	赵锐勇	1423.01
79	浙江花园铜业有限公司	潘建锋	1412.17
80	浙江常升影视制作有限公司	王忠磊	1410.47
81	浙江华厦建设集团有限公司	许宝鸿	1407.47
82	中信证券股份有限公司东阳中山路证券营业部	许国胜	1395.87
83	浙江好乐多商贸有限公司	王执明	1385.14
84	中国人寿保险股份有限公司东阳市支公司	严　鹏	1380.10
85	横店集团控股有限公司	徐永安	1364.04
86	浙江绿宇制冷配件有限公司	葛富民	1359.37
87	中国工商银行股份有限公司东阳支行	楼巧云	1349.44
88	东阳市三阳银泰置业有限公司	张永平	1331.51
89	东阳市花园红木家具开发有限公司	邵钦培	1327.80
90	浙江中服投资开发有限公司	周国权	1286.09

续表 43

序 号	纳 税 人 名 称	法人代表	国地税税费合计
91	中国建设银行股份有限公司东阳支行	张伟青	1242.83
92	浙江广宏建设有限公司	何飞龙	1236.64
93	利越集团有限公司	葛德法	1218.71
94	中国电信股份有限公司东阳分公司	张　斌	1201.35
95	浙江横店普洛进出口有限公司	吴　兴	1199.23
96	东阳光线影业有限公司	王长田	1138.73
97	东阳市世贸房地产开发有限公司	王向荣	1129.94
98	浙江伟成塑胶有限公司	丁伟民	1096.23
99	东阳市恒业太平洋百货有限公司	胡敏杰	1092.50
100	天祥建设集团有限公司	胡刚锋	1091.87

2015 年度东阳市获党委、政府表彰的先进集体

表 44

序号	获表彰集体	荣 誉 名 称	表彰单位 / 表彰文号	表彰时间
		一、省 级		
1	东阳市	2014 年度县市党政领导科技进步与人才工作目标责任考核优秀县(市、区)	浙委办发〔2015〕70 号	2015 年 12 月
2	东阳市	2015 年度全省扩大有效投资优秀单位	浙政办发〔2016〕32 号	2016 年 3 月
3	东阳市	2015 年度平安市、县(市、区)	浙委发〔2016〕7 号	2016 年 3 月
4	东阳市	2015 年度社会主义新农村建设优秀单位	浙委发〔2016〕11 号	2016 年 4 月
5	37 省道东阳李宅至义乌青岩刘改建工程(东阳段)	省重点工程立功竞赛先进集体	浙政办发〔2015〕56 号	2015 年 5 月
6	“五水共治” 工作领导小组办公室	2015 年度浙江省“五水共治”工作先进集体	浙委办发〔2016〕10 号	2016 年 2 月
7	市政府办公室	2015 年度全省政务信息工作先进单位二等奖	省政府办公厅文件	2016 年 3 月
8	横店镇	2014~2015 年度全省社会治安综合治理先进集体	浙委办发〔2016〕20 号	2016 年 3 月
		二、金华市级		
1	东阳市	2015 年度人口和计划生育目标管理责任制考核良好单位	金委办发〔2016〕6 号	2016 年 2 月
2	东阳市	2015 年度县(市、区)综合考评一等奖	金委发〔2016〕4 号	2016 年 2 月
3	东阳市	2015 年度社会主义新农村建设优秀单位	金委发〔2016〕7 号	2016 年 2 月
4	东阳市	2015 年度金华市社会治安综合治理优秀县(市、区)	金委发〔2016〕8 号	2016 年 2 月
5	东阳市	2015 年度粮食安全责任制考核良好单位	金政发〔2016〕23 号	2016 年 3 月

续表 44

序号	获表彰集体	荣誉名称	表彰单位/表彰文号	表彰时间
6	东阳市	2015 年度和"十二五"期末实行最严格水资源管理制度考核良好单位	金政办发〔2016〕96 号	2016 年 11 月
7	东阳市人民政府	金华市工业经济综合目标责任制考核先进单位一等奖	金政发〔2016〕5 号	2016 年 1 月
8	东阳市人民政府	金华市工业投资和"机器换人"技术改造工作先进单位一等奖	金政发〔2016〕5 号	2016 年 1 月
9	东阳市人民政府	2015 年度安全生产目标管理考核优秀单位	金政发〔2016〕8 号	2016 年 2 月
10	东阳市人民政府	2015 年度商务工作外贸工作综合奖三等奖	金政发〔2016〕13 号	2016 年 2 月
11	东阳市人民政府	2015 年度电网建设工作先进单位	金政办发〔2016〕19 号	2016 年 3 月
12	东阳市人民政府	2015 年度国家森林城市创建工作先进县（市、区）	金政发〔2016〕26 号	2016 年 4 月
13	东阳市人民政府	2015 年度扩大有效投资优秀单位	金政发〔2016〕28 号	2016 年 4 月
14	横店镇政府	2015 年度"8890"最佳乡镇政府（街道办事处）	金政发〔2015〕42 号	2015 年 10 月
15	维稳办	百日维稳攻坚大会战表扬单位	金委发〔2016〕3 号	2016 年 1 月
16	信访局			
17	公安局			
18	民政局			
19	横店电子产业园区管委会	金华市经济开发区（工业园区）综合考核先进单位二等奖	金政发〔2016〕5 号	2016 年 1 月
20	横店镇	金华市十强工业强县（乡、街道）	金政发〔2016〕5 号	2016 年 1 月
21	安监局	2015 年度安全生产目标管理优秀单位	金政发〔2016〕8 号	2016 年 2 月
22	横店集团得邦照明股份有限公司	2015 年度金华市技术创新能力十强企业	金政发〔2016〕9 号	2016 年 2 月
23	横店集团东磁股份有限公司			
24	横店集团东磁股份有限公司	2015 年度金华市工业十强企业	金政发〔2016〕10 号	2016 年 2 月
25	横店集团得邦照明股份有限公司			
26	浙江思科国祥制冷设备有限公司	2015 年度金华市高成长标杆企业	金政发〔2016〕10 号	2016 年 2 月
27	浙江横店横店得邦进出口有限公司	2015 年度自营出口先进企业（自营出口超 1 亿美元的流通企业）	金政发〔2016〕13 号	2016 年 2 月
28	浙江横店普洛进出口有限公司			
29	横店集团浙江英洛华国际贸易有限公司			
30	横店集团东磁股份有限公司	2015 年度自营出口先进企业（自营出口超 1 亿美元的生产企业）	金政发〔2016〕13 号	2016 年 2 月

续表 44

序号	获表彰集体	荣誉名称	表彰单位/表彰文号	表彰时间
31	冀发集团有限公司	2015年度自营出口先进企业（自营出口超5000万美元的生产企业）	金政发〔2016〕13号	2016年2月
32	浙江同力服装有限公司			
33	东阳得邦照明有限公司			
34	浙江巍华化工有限公司	2015年度自营出口先进企业（自营出口超2000万美元的生产企业）	金政发〔2016〕13号	2016年2月
35	浙江普洛康裕制药有限公司			
36	浙江联宜电机有限公司			
37	浙江新亚休闲用品有限公司			
38	东阳同力服装有限公司	2015年度自营出口先进企业（自营出口超1000万美元的生产企业）	金政发〔2016〕13号	2016年2月
39	浙江东峰制冷配件有限公司			
40	东阳市华东园林工具有限公司			
41	东阳市巍华制冷材料有限公司			
42	浙江普洛康裕生物制药有限公司			
43	浙江省东阳市定达皮具有限公司			
44	东阳市中信五金工具有限公司			
45	东阳市索普健身器材有限公司			
46	浙江东阳东磁稀土有限公司			
47	东阳市万利电子有限公司			
48	东阳市毅龙制衣有限公司			
49	东阳市现代塑胶制品有限公司			
50	浙江省东阳市塑料有限公司			
51	浙江省东阳市喜中喜寝具有限公司			
52	浙江横店得邦进出口有限公司	2015年度自营进口先进企业（自营进口2000万美元企业）	金政发〔2016〕13号	2016年2月
53	横店集团浙江英洛华国际贸易有限公司	2015年度自营进口先进企业（自营进口1000万美元企业）	金政发〔2016〕13号	2016年2月
54	横店集团东磁股份有限公司			
55	浙江横店普洛进出口有限公司			
56	华谊兄弟传媒股份有限公司	2015年度境外投资先进企业	金政发〔2016〕13号	2016年2月
57	印纪影视娱乐传媒有限公司			
58	横店集团控股有限公司			
59	浙江省东阳市第三建筑工程有限公司	2015年度对外承包工程先进企业	金政发〔2016〕13号	2016年2月
60	中天建设集团有限公司			
61	金厦建设集团有限公司			

续表 44

序号	获表彰集体	荣誉名称	表彰单位 / 表彰文号	表彰时间
62	印纪影视娱乐传媒有限公司	金华市文化影视时尚产业十强企业	金政发〔2016〕12 号	2016 年 2 月
63	华谊兄弟传媒股份有限公司			
64	横店集团得邦照明股份有限公司			
65	浙江东阳中国木雕城有限公司			
66	横店影视制作有限公司	金华市文化影视时尚产业十佳成长型企业	金政发〔2016〕12 号	2016 年 2 月
67	横店影视股份有限公司			
68	公安局	2015 年度金华市综治(平安、维稳)工作先进集体	金委发〔2016〕8 号	2016 年 2 月
69	吴宁街道			
70	六石街道			
71	横店镇			
72	红十字救援队			
73	禁毒办	2015 年度金华市禁毒工作先进集体	金政办发〔2016〕16 号	2016 年 3 月
74	国网浙江东阳市供电公司	2015 年度电网建设工作先进单位	金政办发〔2016〕19 号	2016 年 3 月
75	市委办公室	2015 年度金华市党委系统信息工作先进单位	金华市委办公室	2016 年 4 月
76	市委办公室	2015 年度党委信息工作先进单位三等奖	室字〔2016〕11 号	2016 年 4 月
77	市政府办公室	2015 年度政务信息工作先进单位一等奖	室字〔2016〕11 号	2016 年 4 月
78	浙江横店影视城有限公司	2015 年度金华市十佳旅游龙头企业	金政发〔2016〕27 号	2016 年 4 月
79	浙江东阳中国木雕城有限公司			
80	东阳市外国语小学	金华市模范集体	金政发〔2016〕30 号	2016 年 4 月
81	国网浙江东阳市供电公司			
82	东阳市公安局吴宁派出所			
83	东阳市人民检察院	2015 年度金华市社区矫正工作先进集体	金委办发〔2016〕21 号	2016 年 5 月
84	公安局			
85	司法局吴宁司法所			
86	司法局东阳江司法所			
87	市人大常委会法制工委	2011 ~ 2015 年金华市法治宣传教育优秀集体	金委办发〔2016〕32 号	2016 年 5 月
88	市委宣传部			
89	市公证处			
90	吴宁街道			
91	湖溪镇			
92	东阳江镇			

续表 44

序号	获表彰集体	荣誉名称	表彰单位 / 表彰文号	表彰时间
93	佐村镇	2011～2015 年金华市法治宣传教育优秀集体	金委办发〔2016〕32 号	2016 年 5 月
94	千祥镇	2015 年征兵工作先进单位	金政发〔2016〕44 号	2016 年 7 月
95	城东街道			
96	白云街道			
97	江北街道	2015 年度基本无违建乡镇(街道)	金政发〔2016〕49 号	2016 年 9 月
98	湖溪镇			
99	虎鹿镇	2015 年度无违建创建先进乡镇(街道)	金政发〔2016〕49 号	2016 年 9 月
100	东阳江镇			
101	三单乡			
102	千祥镇政府	2015 年度无违建创建工作先进集体	金政发〔2016〕49 号	2016 年 9 月
103	东阳江镇政府			
104	三单乡政府			

2015 年度东阳市获党委、政府表彰的先进个人

表 45

序号	姓 名	工作单位	荣誉称号	表彰单位 / 表彰文号	表彰时间
			一、省 级		
1	申屠向明	东阳市南马向明布衣柜店	第五届浙江省优秀中国特色社会主义事业建设者	浙委发〔2015〕26 号	2015 年 12 月
2	厉国强	公安局	全省“百日维稳攻坚大会战”先进个人	省委省政府办公厅	2016 年 1 月
3	程晓忠	吴宁街道			
4	金承锦	环境保护局	2015 年度浙江省“五水共治”工作先进个人	浙委办发〔2016〕10 号	2016 年 2 月
5	郭 珊	市政府办公室	2015 年度全省政务信息工作先进个人	省政府办公厅文件	2016 年 3 月
6	韦力朝	市场监管局	2014~2015 年度全省社会治安综合治理先进个人	浙委办发〔2016〕20 号	2016 年 3 月
7	杜时杭	义务工作者协会	2015 年度全省禁毒工作先进个人	浙政办发〔2016〕35 号	2016 年 3 月
8	张学群	横店影视文化产业实验区管委会	2015 年度“无违建县(市、区)”创建工作先进个人	浙政发〔2016〕13 号	2016 年 4 月
			二、金华市级		
1	姚 杰	东阳市 8890 便民服务分中心	2015 年度“8890”金牌话务员	金政发〔2015〕42 号	2015 年 10 月
2	吕剑剑	东阳市长庚置业有限公司	第四届金华市助人为乐模范	金委发〔2016〕23 号	2015 年 11 月
3	黄万健	东阳市委维稳办	百日维稳攻坚大会战表扬个人	金委发〔2016〕3 号	2016 年 1 月

续表 45

序号	姓名	工作单位	荣誉称号	表彰单位 / 表彰文号	表彰时间
4	卢志军	东阳市信访局	百日维稳攻坚大会战表扬个人	金委发〔2016〕3 号	2016 年 1 月
5	傅前云	东阳市公安局			
6	叶文明	东阳市民政局			
7	钱喜讯	东阳市白云街道党工委			
8	傅为民	东阳市江北街道党工委			
9	张　雷	东阳市南马镇委			
10	赵小仙	东阳市佐村镇党委			
11	傅为民	东阳市江北街道党工委	2015 年度金华市综治(平安、维稳)工作先进个人	金委发〔2016〕8 号	2016 年 2 月
12	吴闪闪	东阳市横店镇综治办			
13	李成奎	东阳市南市街道综治办			
14	金国平	东阳市江北街道临江社区			
15	朱晓婷	东阳市法院南马法庭“晓婷法官工作室”			
16	郑叶飞	东阳市横店影视城有限公司广州街·香港街分公司	2015 年度金华市禁毒工作先进个人	金政办发〔2016〕16 号	2016 年 3 月
17	郭英子	东阳市人民政府法制办公室	2015 年度政府法制工作先进个人	金政发〔2016〕4 号	2016 年 4 月
18	韦凯华	浙江东阳农村商业银行股份有限公司	金华市劳动模范	金政发〔2016〕30 号	2016 年 4 月
19	邵君芳	浙江花园生物高科股份有限公司			
20	陈尚进	浙江东峰制冷配件有限公司			
21	胡天高	横店集团控股有限公司			
22	韦中总	中天建设集团有限公司			
23	郭华中	浙江东阳建工集团有限公司			
24	陈君卿	东阳市人民医院			
25	吴旭华	东阳日报社			
26	吕良军	东阳市公安局交通警察大队			
27	马淑珍	浙江省东阳市国家税务局			
28	楼美刚	东阳市吴宁第二小学			
29	楼杨林	中天教育园区董事会			

续表 45

序号	姓 名	工 作 单 位	荣 誉 称 号	表彰单位/表彰文号	表彰时间
30	楼永福	东阳市白云街道昆溪社区	金华市劳动模范	金政发〔2016〕30 号	2016 年 4 月
31	张永平	东阳市将军殿农林开发有限公司	金华市劳动模范	金政发〔2016〕30 号	2016 年 4 月
32	李永君	东阳市湖溪镇清潭村	金华市劳动模范	金政发〔2016〕30 号	2016 年 4 月
33	胡向前	东阳市三单乡人民政府	金华市劳动模范	金政发〔2016〕30 号	2016 年 4 月
34	徐月星	东阳市歌山镇林头村	金华市劳动模范	金政发〔2016〕30 号	2016 年 4 月
35	陈国康	东阳市白云街道办事处	金华市劳动模范	金政发〔2016〕30 号	2016 年 4 月
36	陆锻钰	东阳市公安局画水派出所	被记二等功并授予“金华市见义勇为勇士”荣誉称号	金政发〔2016〕33 号	2016 年 5 月
37	楼永明	东阳市六石街道桐坑村	被记二等功并授予“金华市见义勇为勇士”荣誉称号	金政发〔2016〕33 号	2016 年 5 月
38	李　阳	东阳市人民法院刑事审判庭	2015 年度金华市社区矫正工作先进个人	金委办发〔2016〕21 号	2016 年 5 月
39	金旭东	东阳市财政预算局	2015 年度金华市社区矫正工作先进个人	金委办发〔2016〕21 号	2016 年 5 月
40	蔡旭东	东阳市司法局经济开发区司法所	2015 年度金华市社区矫正工作先进个人	金委办发〔2016〕21 号	2016 年 5 月
41	王　卉	东阳市司法局南市司法所	2015 年度金华市社区矫正工作先进个人	金委办发〔2016〕21 号	2016 年 5 月
42	韦宛辛	东阳市司法局歌山司法所	2015 年度金华市社区矫正工作先进个人	金委办发〔2016〕21 号	2016 年 5 月
43	王江明	东阳市委政法委综治科	2015 年度金华市社区矫正工作先进个人	金委办发〔2016〕21 号	2016 年 5 月
44	斯培曜	东阳市司法局宣传科	2011～2015 年金华市法治宣传教育优秀个人	金委办发〔2016〕32 号	2016 年 5 月
45	胡跃斌	东阳市教育局人事科	2011～2015 年金华市法治宣传教育优秀个人	金委办发〔2016〕32 号	2016 年 5 月
46	薛海蓉	东阳市卫生监督所法制科	2011～2015 年金华市法治宣传教育优秀个人	金委办发〔2016〕32 号	2016 年 5 月
47	陈小斐	东阳市国土资源局南马分局	2011～2015 年金华市法治宣传教育优秀个人	金委办发〔2016〕32 号	2016 年 5 月
48	张　斌	东阳市白云街道接官亭社区	2011～2015 年金华市法治宣传教育优秀个人	金委办发〔2016〕32 号	2016 年 5 月
49	胡小骏	卫计局	2015 年征兵工作先进个人	金政发〔2016〕44 号	2016 年 7 月
50	胡华芳	教育局	2015 年征兵工作先进个人	金政发〔2016〕44 号	2016 年 7 月
51	何晓峰	公安局治安大队	2015 年征兵工作先进个人	金政发〔2016〕44 号	2016 年 7 月
52	杨竹山	工商联	2015 年度无违建创建工作先进个人	金政发〔2016〕49 号	2016 年 9 月
53	华德华	招商局	2015 年度无违建创建工作先进个人	金政发〔2016〕49 号	2016 年 9 月
54	周　云	巍山镇	2015 年度无违建创建工作先进个人	金政发〔2016〕49 号	2016 年 9 月
55	朱向前	千祥镇	2015 年度无违建创建工作先进个人	金政发〔2016〕49 号	2016 年 9 月
56	包闪闪	马宅镇	2015 年度无违建创建工作先进个人	金政发〔2016〕49 号	2016 年 9 月

2015 年度东阳市获条线表彰的先进集体

表 46

序号	获表彰单位	荣誉名称	表彰单位 / 表彰文号	表彰时间
一、国家级				
1	东阳市	国家传统知识知识产权保护示范市	国知发管函字〔2015〕205 号 国家知识产权局	2015 年 11 月
2	东阳市人民政府	保护发展森林资源目标责任制建立和执行过程优秀等次	国家林业局	2015 年 12 月
3	怀鲁小学	第一批全国学校体育工作示范学校	教育部办公厅	2015 年 1 月
4	浙商银行金华东阳支行	全国银行业“雷锋岗”	中国银行业监督管理委员会	2015 年 3 月
5	金华市烟草公司东阳分公司	烟草行业县级营销部标兵单位（2012～2014 年）	中国烟草总公司 中烟办〔2015〕100 号	2015 年 4 月
6	东阳富士特磁业有限公司	2014 年度“浙江省红十字功勋奖”红十字功勋奖铜奖	浙红办〔2015〕16 号	2015 年 4 月
7	市教育局	全国义务教育发展基本均衡县(市、区)	国务院教育督导委员会	2015 年 4 月
8	南马镇花园村	全国民主法治示范村(社区)	司法部、民政部	2015 年 5 月
9	国网浙江东阳市供电公司变电检修班	二〇一五年度全国质量信得过班组	中国质量协会、中华全国总工会、中华全国妇女联合会、中国科学技术协会	2015 年 6 月
10	500 千伏吴宁变电站工程	2015 年度中国电力优质工程奖	中国电力建设企业协会	2015 年 6 月
11	横店镇第三小学	全国校园足球特色学校	教育部	2015 年 7 月
12	马宅镇中心小学	全国校园足球特色学校	教育部	2015 年 7 月
13	市检察院	全国检察宣传先进单位	最高人民检察院、检察日报社	2015 年 8 月
14	吴宁五校	全国青少年科技教育创新优秀学校	中国科协、教育部、科技部、环境保护部、共青团中央、自然科学基金委、香港特别行政区	2015 年 8 月
15	南马镇花园村	中国乡村旅游模范村	国家旅游局	2015 年 9 月
16	农工党东阳市委会	全国优秀县级组织	农工中发组字〔2015〕22 号	2015 年 11 月
17	500 千伏吴宁变电站工程	2014~2015 年度国家优质工程奖	中国施工企业管理协会	2015 年 11 月
18	东阳市司法局横店司法所	全国先进司法所	司发通〔2015〕106 号	2015 年 11 月
19	巍山镇怀鲁小学	全国学校体育工作示范学校	教育部	2015 年 11 月
20	东阳技校	中国职业技术教育学会单位会员	中国职业技术教育学会	2015 年 11 月
21	国网东阳市供电公司工会委员会	全国模范职工之家	中华全国总工会	2015 年 12 月
22	市教育局	国家义务教育质量监测“县级优秀组织单位”	教育部	2015 年 12 月
23	外国语小学	全国优秀少先队集体	共青团中央、教育部、全国少工委	2015 年 12 月
24	南马镇花园村	中国美丽乡村建设示范村	中国互联网新闻中心、中国网	2015 年 12 月
25	民建东阳市基层委员会	全国先进集体	民建中央	2015 年 12 月

续表 46

序号	获表彰单位	荣誉名称	表彰单位/表彰文号	表彰时间
26	东阳市司法局	“我的调解故事”主题征集展播活动优秀组织奖	司法部办公厅	2016 年 1 月
27	浙江东阳农村商业银行股份有限公司城东支行	中国银行业文明规范五星级营业网点	中国银行业协会	2016 年 1 月
		二、省级		
1	东阳市	省旅游发展十佳县(市、区)	总评委〔2015〕2 号 浙江省旅游协会和浙江日报报业集团	2015 年 4 月
2	东阳市	2015 年浙江省知识产权工作示范县(市、区)	浙知发管〔2015〕35 号 浙江省知识产权局	2015 年 12 月
3	东阳市	浙江省卫生应急工作示范县(市、区)	浙卫发〔2015〕90 号	2015 年 12 月
4	东阳市	2015 年度重大农业植物疫情防控工作综合评定考核良好单位	浙植指发〔2016〕1 号	2016 年 5 月
5	东阳市	2015 年市区、县(市)交接断面水质保护管理考核优秀	浙环发〔2016〕15 号	2016 年 5 月
6	国网浙江东阳市供电公司	第十届浙江省消费者信得过单位	省消费者权益保护委员会	2014 年 2 月
7	市红十字会	2014 年度浙江省造血干细胞捐献工作先进集体	浙红办〔2014〕43 号	2014 年 12 月
8	市委党校	浙江省党校系统先进单位	浙党校发〔2015〕2 号	2015 年 1 月
9	浙江东阳农村商业银行股份有限公司	全省农信系统优胜单位	省农信联社 浙信联发〔2016〕9 号	2015 年 1 月
10	浙江东阳农村商业银行股份有限公司	浙江省文明单位	省精神文明建设委员会 浙文明〔2015〕5 号	2015 年 1 月
11	南马镇花园村	最具文化创意旅游小镇	省旅游局	2015 年 1 月
12	东阳市财政局	2014 年度财政支农工作先进单位	省财政厅 浙财办发〔2015〕14 号	2015 年 2 月
13	吴宁街道办事处	第三次全国经济普查浙江省先进集体	省人民政府第三次经济普查领导小组 浙经普组〔2015〕2 号	2015 年 2 月
14	中国邮政集团公司浙江省东阳市分公司六石支局	2014 年度“省级青年文明号”	浙青文〔2015〕1 号	2015 年 3 月
15	东阳市惠民公共交通有限公司	全省城市公交春运工作先进单位	省城市公共交通协会 浙公交协〔2015〕4 号	2015 年 3 月
16	东阳市交通运输有限公司	交通运输企业安全生产标准化达标(二级企业)	省交通运输厅	2015 年 3 月
17	金华市烟草公司东阳分公司	烟草行业县级卷烟营销部标兵单位(2012～2014)	省烟草专卖局	2015 年 4 月
18	烟草专卖稽查大队	浙江省卷烟打假工作成绩突出集体		

续表 46

序号	获表彰单位	荣誉名称	表彰单位 / 表彰文号	表彰时间
19	中共东阳市委宣传部	全省农村文化礼堂建设先进县（市、区）、全省基层宣讲工作先进集体	省委宣传部	2015 年 4 月
20	东阳市公路管理局里坞公路站	浙江省工人先锋号	浙江省总工会 浙总工发〔2015〕38 号	2015 年 4 月
21	虎鹿镇中心小学六（2）中队	省级“李四光中队”	省国土资源厅 省环保局、团省委	2015 年 4 月
22	马宅中心学校	浙江省生态文明教育基地	浙生态办函〔2015〕28 号	2015 年 6 月
23	东阳市财政局	2014 年度全省基层财政管理工作优秀单位	浙江省财政厅办公室 浙财办发〔2015〕69 号	2015 年 6 月
24	浙江东阳农村商业银行股份有限公司	“2015 走千家、访万户、共成长”劳动竞赛活动竞赛目标一等奖	省农信联社 浙信联办〔2015〕106 号	2015 年 6 月
25	东阳市烟草专卖局启点 QC 小组	浙江省优秀 QC 成果二等奖	省质协	2015 年 7 月
26	东阳中学	浙江省一级普通高中特色示范学校	省教育厅	2015 年 8 月
27	巍山高中	浙江省无烟单位	省爱国卫生运动委员会	2015 年 8 月
28	外国语学校			
29	东阳二中			
30	巍山高中	浙江省二级普通高中特色示范学校	浙江省教育厅	2015 年 9 月
31	东阳三中			
32	南马高中			
33	中国民主促进会东阳市支部委员会	民进浙江省委会社会服务爱心模范	民进浙江省委会	2015 年 9 月
34	东阳市司法行政法律服务中心	三星级司法行政法律服务中心	浙司〔2015〕99 号	2015 年 10 月
35	东阳市财政局	2014 年度全省财政预算执行工作质量综合考核优秀单位	省财政厅 浙财预执〔2015〕106 号	2015 年 11 月
36	东阳市财政局	《浙江财税年鉴（2015 卷）》组稿工作先进单位	省财政厅 浙财办〔2015〕12 号	2015 年 11 月
37	东阳市财政局	2015 年度财政信息工作先进单位	省财政厅 浙财办〔2015〕118 号	2015 年 11 月
38	巍山镇中心小学	浙江省首届时政知识竞赛团体奖	省教育厅	2015 年 11 月
39	巍山镇中心小学	浙江省中小学生艺术节一等奖	省教育厅	2015 年 11 月
40	东阳中学			
41	三联初中			
42	横店一中	浙江省校园足球特色学校	省教育厅	2015 年 11 月
43	三联小学			
44	虎鹿中心小学			

续表 46

序号	获表彰单位	荣誉名称	表彰单位 / 表彰文号	表彰时间
45	歌山镇大里小学	浙江省校园足球特色学校	浙江省教育厅	2015 年 11 月
46	东阳市烟草专卖局专卖稽查大队	浙江省卷烟打假工作成绩突出集体	浙江省烟草专卖局 浙烟专联〔2015〕79 号	2015 年 12 月
47	浙商银行金华东阳支行营业部	浙江省 A 级网点	浙商银行总行	2015 年 12 月
48	科协	2015 年度县级科协工作先进单位	浙科协发〔2015〕25 号	2015 年 12 月
49	虎鹿镇	2015 年度浙江省森林城镇	浙森组〔2015〕2 号	2015 年 12 月
50	团市委	浙江省共青团优秀调研成果二等奖	共青团浙江省委	2015 年 12 月
51	吴宁司法所	浙江省第四批星级规范化司法所	浙江省司法厅 浙司〔2015〕131 号	2015 年 12 月
52	防指办	专项(山洪灾害防治项目建设)优秀防指办	浙防指〔2015〕27 号	2015 年 12 月
53	东阳市司法局吴宁司法所	五星级规范化司法所	浙司〔2015〕131 号	2015 年 12 月
54	东阳市司法局佐村司法所	三星级规范化司法所		
55	中国民主促进会东阳市支部委员会	民进浙江省委会优秀基层组织	浙进〔2015〕36 号	2015 年 12 月
56	浙商银行金华东阳支行	浙江省财贸系统“工人先锋号”	浙江省财贸工会	2015 年 12 月
57	市教师进修学校	省十二五师干训工作先进单位	浙江省教育厅	2015 年 12 月
58	吴宁二校	浙江省教育系统关心下一代工作先进集体	浙江省教育厅	2015 年 12 月
59	东阳二中	浙江省招收空军飞行员先进单位	南京军区空军政治部	2015 年 12 月
60	东阳市汽车技术学校	浙江省文明示范驾校	浙江省汽车驾驶员培训行业协会	2015 年
61	中国银行东阳横店支行	中国银行业文明规范服务五星级营业网点	浙江省银行业协会	2015 年
62	市青少年综合服务中心	首批省级示范性青少年综合服务平台	共青团浙江省委 团浙办〔2016〕1 号	2016 年 1 月
63	市武警中队	先进中队	武警浙江省总队	2016 年 1 月
64	东阳市供销社	2015 年综合业绩考核特等奖	浙合指〔2016〕1 号	2016 年 1 月
65	市检察院	省级先进基层人民检察院	省检察院	2016 年 1 月
66	水务局	2015 年度全省县市水利工作综合考核优秀单位	浙水办〔2016〕1 号	2016 年 1 月
67	浙江东阳农村商业银行股份有限公司	全省农信系统信息新闻工作先进集体	省农信联社 浙信联办〔2016〕4 号	2016 年 1 月
68	浙江东阳农村商业银行股份有限公司	全省“十强农商银行”	省农信联社 浙信联发〔2016〕5 号	2016 年 1 月
69	市规划建筑设计院	浙江省勘测设计行业企业文化建设优秀单位(三星)	浙江省勘测设计协会	2016 年 1 月
70	市教育局招生自考办	浙江省教育考试工作先进集体	省教育厅	2016 年 1 月

续表 46

序号	获表彰单位	荣誉名称	表彰单位 / 表彰文号	表彰时间
71	吴宁一中	浙江省阳光体育后备人才基地	省体育局省教育厅	2016 年 1 月
72	巍山高中	浙江省卫生先进单位	省爱国卫生运动委员会	2016 年 1 月
73	教师进修学校			
74	市场监管局	2015 年度省基层市场监管部门创新争优创建放心市场及提升商品市场发展先进单位	浙工商综〔2016〕6 号	2016 年 2 月
75	“刑事检察办案区建设”	全省检察机关创新成果	省检察院	2016 年 2 月
76	横店影视城秦王宫景区服务有限公司导游部	浙江省巾帼文明岗	浙巾双协〔2015〕1 号	2016 年 2 月
77	横店影视城广州街香港街分公司导游部			
78	中国工商银行东阳江北支行			
79	东阳市农村信用合作联社六石信用社本部			
80	东阳市农村信用合作联社巍山信用社本部			
81	兴业银行金华东阳支行			
82	东阳市供销社	2015 年度全省供销社系统信息宣传工作先进单位	浙合办室〔2016〕18 号	2016 年 2 月
83	司法局	全省“三改一拆”“五水共治”工作先进集体	浙司办〔2016〕28 号	2016 年 3 月
84	东阳市安监局	2015 年度省级政务信息工作先进单位	浙安监管办便函〔2016〕6 号	2016 年 3 月
85	浙江东阳农村商业银行股份有限公司	浙江治安安全示范单位	省综治办省公安厅	2016 年 5 月
86	广厦学院志愿服务站	浙江省优秀志愿服务集体	浙江省志愿者协会浙志协〔2016〕1 号	2016 年 6 月
87	浙商银行金华东阳支行党支部	先进基层党组织	中共浙商银行委员会	2016 年 7 月
88	横店集团英洛华电气有限公司团委	省级先进团委	共青团浙江省委团浙〔2016〕25 号	2016 年 7 月
89	金华银行东阳支行团支部	省级先进团支部		

2015 年度东阳市获条线表彰的先进个人

表 47

序号	姓名	工作单位	荣誉名称	表彰单位 / 表彰文号	表彰时间
			一、国家级		
1	朱榕贵	东阳日报社	百佳报人	中国县市报研究会中研〔2015〕11 号	2015 年 12 月
2	赵晨红				

续表 47

序号	姓名	工作单位	荣誉名称	表彰单位/表彰文号	表彰时间
3	吴兆震	中国农工民主党东阳市委员会	“最美家庭”提名家庭	全国妇联	2015 年
4	周晓玫	东阳市司法局	“我的调解故事”主题征集展播活动一等奖	司法部办公厅	2016 年 1 月
5	汤惠平	东阳市安监局办公室	2015 年度安全监管监察系统政务信息报送先进个人	安监总厅函〔2016〕45 号	2016 年 3 月
二、省级					
1	王满红	东阳二中	南京军区空军招收飞行员先进个人	南京军区空军政治部	2014 年 1 月
2	胡贤女	中国农工民主党东阳市委员会	第十一批浙江省优秀科技特派员	浙江省科技厅 浙科发农〔2015〕16 号	2015 年 1 月
3	马美兰	东阳市农科所			
4	王国华	城校办(一)	浙江省教育系统关心下一代先进工作者	浙江省关心下一代工作委员会	2015 年 1 月
5	王润英	中核苏阀横店机械有限公司	浙江省三八红旗手	浙妇〔2015〕10 号	2015 年 2 月
6	楼巧云	中国工商银行浙江省东阳支行	全国巾帼建功标兵	浙妇〔2015〕17 号	2015 年 2 月
7	杜巧飞	吴宁街道办事处	第三次全国经济普查省级先进个人	浙江省人民政府第三次经济普查领导小组	2015 年 2 月
8	王耀君	中国邮政集团公司浙江省东阳市分公司	全省十佳投递营销经理	浙邮工劳〔2015〕10 号	2015 年 3 月
9	李　军	江北街道猴塘社区	浙江省“红十字公益之星”	浙红〔2015〕12 号	2015 年 4 月
10	俞日松		2014 年度“浙江省红十字功勋奖”红十字功勋奖铜奖	浙红办〔2015〕16 号	2015 年 4 月
11	吴红花	巍山镇校	浙江省优秀教育教学论文评选三等奖	浙江省教学厅教研室	2015 年 5 月
12	徐云峰	东阳市环保监测站	浙江省“最美环保人”提名奖	浙江省环保厅	2015 年 6 月
13	胡剑文	东阳日报社	浙报先锋	浙报集团 浙报集团党委〔2015〕36 号	2015 年 6 月
14	吴兆震	中国农工民主党东阳市委员会	农工党浙江省委会六十年六十人	农工党浙江省委会	2015 年 7 月
15	陈丽卿	中国邮政集团公司浙江省东阳市分公司	浙江省邮政通讯技术能手	浙邮分传〔2015〕36 号	2015 年 7 月
16	邱照峰	巍山镇校	省第三届青少年学生阳光体育运动会跆拳道优秀教练员	省体育局 省教育厅	2015 年 7 月
17	赵雪燕	东阳中学	浙江省教坛新秀	浙江省人民教育基金会 浙江省特级教师协会	2015 年 8 月
18	杜璟洽				
19	李飞鹏	巍山镇	省级绿色家庭	浙妇〔2015〕38 号	2015 年 9 月

续表 47

序号	姓名	工作单位	荣誉名称	表彰单位/表彰文号	表彰时间
20	邵钦祥	南马镇	省级绿色家庭	浙妇〔2015〕38 号	2015 年 9 月
21	程　婧	东阳市财政局	2015 年度财政信息工作信息积极分子	浙财办〔2015〕118 号	2015 年 11 月
22	陈　雯	东阳市六石街道社区卫生服务中心	基层综合技能比武一等奖	浙江省卫计委 浙江省总工会 浙卫办〔2015〕30 号	2015 年 11 月
23 24	赵锦浩 金　磊	东阳市烟草专卖局	浙江省卷烟打假工作成绩突出个人	浙江省烟草专卖局浙烟专联〔2015〕79 号	2015 年 12 月
25	任文明	东阳市江北街道	浙江省机关干部百条好家训	浙妇〔2015〕58 号	2015 年 12 月
26	吴时根	东阳市财政局	2015 年度全省财税系统先进工作者	浙江省人力资源和社会保障厅 浙江省财政厅浙人社发〔2015〕137 号	2015 年 12 月
27	楼伟龙	中国农工民主党东阳市委员会	坚持和发展中国特色社会主义学习实践活动先进个人	农工党浙江省委会 农工浙〔2015〕41 号	2015 年 12 月
28 29 30	宁先平 孙丽雅 陈小芳	浙江广厦建设职业技术学院	民办教育优秀教师	浙江省民办教育协会	2015 年 12 月
31 32	徐丹英 郭润润	巍山镇校	2015 年浙江省中小学生艺术节优秀指导员	浙江省教育厅	2015 年 12 月
33	吴兆震	中国农工民主党东阳市委员会	浙江好人榜	中共浙江省委宣传部 浙江文明办、浙江文明网	2015 年
34	郭跃平	东阳日报社	优秀人物	浙报集团 浙报集团党委〔2016〕5 号	2016 年 1 月
35	王江峰	东阳市供销社	2015 年度全省供销社系统信息宣传工作先进个人	浙合办室〔2016〕18 号	2016 年 2 月
36	胡锡炎	东阳市司法局	全省法律服务“三改一拆”“五水共治”工作先进个人	浙司办〔2016〕28 号	2016 年 3 月
37 38	赵志强 吴旭华	东阳日报社	十佳领军人物 十佳采编工作者	省记协县市区域报工委〔2016〕6 号	2016 年 3 月
39	蔡旭东	东阳市司法局经济开发区司法所	全省首届明星司法所长		
40	厉一民	东阳市司法局东阳江司法所		浙司办函〔2016〕8 号	2016 年 4 月
41	方尚龙	东阳市横店镇调委会	浙江省首届人民调解智库成员		

（东　鉴）

附　录

重要文件选辑

中共东阳市委　东阳市人民政府 关于进一步加快旅游业发展的若干意见

东委发〔2015〕1号

各镇乡党委、政府，各街道党工委、办事处，市机关各部门、各单位：

为充分发挥旅游业在全市经济转型、产业升级、民生改善和环境提升等方面的促进作用，经市委、市政府研究，提出如下意见：

一、总体要求

1.指导思想：认真贯彻落实党的十八大和十八届三中、四中全会精神，紧紧围绕强市名城“两美”建设目标，坚持“大旅游、大产业、大市场”的发展理念，切实把旅游业作为加快经济转型升级、推进赶超发展的战略性支柱产业加以重点培育，发挥横店影视旅游规模效应和联动效应，整合优势旅游资源，着力打造“影视木雕红木家具游”“明清古宅游”“山水休闲游”三大旅游精品线，加快推进旅游一体化、全域化发展，进一步打响“影视名城、木雕之都”旅游品牌，努力把我市建设成为华东地区一流、全国知名的旅游城市和旅游目的地。

2.工作目标：到2016年，全市接待国内外游客1800万人次，实现旅游总收入超150亿元；到2020年，全市接待国内外游客超3000万人次，实现旅游总收入超260亿元；完成旅游总投资230亿元以上；旅游就业人数年增长超过12%，成为省旅游产业发展示范县（市、区）。

二、主要任务

（一）加快旅游平台建设

3.强化旅游规划引导。提高旅游规划水平，加强旅游规划管理。强化旅游规划与相关规划的衔接融合，充分发挥城乡规划对旅游产业的科学指导和调控作用，将重点旅游项目和旅游基础设施建设纳入全市国民经济和社会发展规划；市域总体规划、土地利用规划、道路交通规划、特色村镇规划应充分考虑旅游产业发展需要。重大旅游项目、重点旅游片区规划、立项，必须有市旅游部门专家参与会审，征求旅游主管部门意见后按程序审批。

4.推进旅游项目建设。加快横店万花园、梦上海、通用机场等项目建设，不断升级改造演艺节目，推进影视外景拍摄基地建设；加快中国木雕文化博览城等项目建设，积极创建国家5A级旅游景区；加快卢宅保护利用项目建设和李宅、蔡宅古建筑群的开发利用，健全旅游服务功能；加快横锦创作休闲小镇、东白山旅游度假区等项目建设，努力创建省旅游风情小镇、省旅游度假区。对创建为省旅游风情小镇、省级旅游度假区的给予30万元奖励。对创建为国家3A、4A、5A级旅游景区的分别给予20万、40万、80万元奖励。

5. 加强产业融合和新兴业态培育。大力推进旅游与文化、体育、农林、工业、商贸、会展等相关产业融合发展，加快旅游新业态的培育。结合新型城镇化和美丽乡村建设,培育一批乡村风情小镇、特色文化村落、民宿特色村,积极发展以文化鉴赏、运动健身、养生休闲、摄影采风等为主题的乡村旅游产品,打造乡村旅游精品。

6. 积极推进旅游项目招商引资。挖掘、包装一批旅游招商引资项目,制订出台旅游项目招商引资管理办法,鼓励和引导民间资本投资旅游业,推动旅游市场向社会资本全面开放,努力形成国资、集体、民营、混合所有制齐头并进的大格局。

7.加强旅游资源保护。切实加强自然与人文旅游资源的保护,未经批准,任何单位和个人不得占用、开发旅游资源,严禁在风景名胜区、旅游度假区、旅游景区等规划范围内进行非法采石(挖石、取石)、取土、挖砂、建坟、采伐林木或其他改变地形地貌的活动。

(二)加快新兴旅游产品开发

8. 重点打造“木雕红木家具游”。规划建设木雕文化工艺街,营造世贸大道工艺文化氛围,合理布局有机联系又各具特色的市场群体,完善公共服务平台和基础设施,通过几年努力,将其打造成中国工艺美术大道。充实中国木雕博物馆藏品,丰富其内涵,理顺管理体制和运营机制,增强教育培训、创作体验、产品销售、作品展览、学术研究、文化交流功能,真正发挥其品牌影响力、文化吸引力和产业带动力。规划建设2个以上省级特色小镇,引导培育100个左右博物馆、艺术馆、珍藏馆和大师馆,提升木雕文化品位,增强木雕文化旅游吸引力。大力实施木雕文化、红木产业链条延伸战略,通过产品交易、专题展览、企业兼并、大师挂名、资本合作等方式,加强与广东、福建等地文化交流,输出东阳木雕文化价值,拓展木雕红木家具市场,扩大“木雕红木家具游”品牌影响力。发展木雕商贸旅游,开通东阳新客运西站至卢宅、横店的旅游班线,实现定时定点,统一车容车貌,规范运营服务,统一车票价格。着力推进影视木雕合作,制定奖励政策,引导中国木雕博物馆与横店影视城有限公司开展旅游营销合作,实施三年行动计划,充分利用横店影视城的品牌影响力和营销力量,快速提升“木雕红木家具游”人气。加大形象宣传和市场营销力度,拓展以上海为中心、华东地区和广东为主要客源地、辐射全国的客源市场,努力将“木雕红木家具游”打造成东阳市的又一知名旅游品牌。

9.积极培育“明清古宅游”。加快以卢宅为核心的古民居文博中心建设,在卢宅建设游客服务中心,开展古宅旅游产品的展示宣传,提供古宅旅游的票务、导游、交通等服务。规划开发“三宅”各具特色的旅游产品,着力将文化资源转化为旅游产品。加快卢宅历史展示、建筑文物展览、非遗文化体验、美术书法鉴赏、古玩玉石交易、传统小吃品尝、民俗文化表演等旅游项目建设;推动李宅宗祠文化展示、祭祀典礼展演、旅游团餐服务等产品开发;引导蔡宅挖掘名人文化、布置古街风物、开发休闲场所,提供特色民宿,开设沿水观光路线,增加游览内容和乐趣。规划改造周边建筑,协调景区风貌;引导种植景观植物,改善沿线环境;整合提升农村公交班线,规范旅游交通。合理安排“三宅”利益机制,加大宣传推广、旅游产品点线合作和地接奖励力度,努力把“明清古宅游”培育成为东阳市新兴的旅游产品。

10.努力开发“山水休闲游”。大力推进横锦创作休闲小镇和东阳木雕小镇建设。横锦创作休闲小镇要以水为纽带,以异国建筑为基调,高标准打造法式、德式、俄式、英式、日式五大功能组团,形成一步一美景、一窗一世界的游览风情,争创“浙江省十大文化创意小镇”;东阳木雕小镇要以东阳木雕为品牌,衔接木雕产业园、木雕家具城,形成产镇城联动,产业、居住、旅游、购物为一体的具有东阳气韵的江南水乡。以天山、白泉为重点,大力发展农家乐,开发民宿旅游,试行统一对外形象宣传、统一安排接待游客、统一收费服务标准、统一结算的管理模式,合理安排村庄之间、农户之间的利益分配,大力推进村庄环境和旅游沿线景观改造;积极开发农耕文化展示、农村民俗展演活动,丰富旅游内容,彰显农耕文明,增强旅游的趣味性和吸引力;主动对接影视旅游,布局开发外景拍摄、明星沙龙、剧本创作基地等旅游产品,逐步将横锦创作休闲小镇培育成为我市新兴的“山水休闲游”的龙头产品。加大东白山、三都·屏岩、落鹤·社姆山等山水旅游资源的开发力度,形成以横锦创作休闲小镇和东白山旅游度假区为龙头,其他自然景观为节点的山水旅游环线。

(三)优化旅游接待服务

11.提升旅游饭店品位。合理发展高星级酒店,规范发展经济型酒店,鼓励发展特色文化主题酒店和特色民宿,推进住宿业旅游服务标准化,提升服务品质和档次。加强和创新社会宾馆管理,严格依法准入、退出,通过评定旅游推荐饭店等形式,将经济型酒店、社会宾馆等纳入标准化管理。支持旅游饭店实施节能节水减排工程，创建绿色环保企业。对创建为三星、四星、五星级旅游饭店的，分别一次性给予10万、30万、50万元奖励；在原有星级基础上获得更高星级的，给予补差奖励。根据旅游饭店接待数量和服务质量，结合绿色饭店、省(金华市)最佳饭店、优秀旅游饭店、特色文化主题酒店创建等情况，每年评选5家优秀饭店给予每家5万元奖励。

12.优化旅行社品质服务。鼓励旅行社做大做强，转变经营方式。对新进入全国旅行社百强、全省旅行社50强的旅行社一次性分别奖励20万、10万元。对新创三星级、四星级、五星级品质旅行社的，一次性分别奖励3万、5万、10万元；在原有星级基础上获得更高星级的，给予补差奖励。

(四)强化旅游宣传和市场营销

13.大力拓展客源市场。为推进木雕红木家具游、卢宅李宅蔡宅古宅游、横锦山水休闲游(简称"三大游")，提高地接奖励标准，设立地接贡献奖，单个旅行社每季地接人数达到1000人以上的每人奖励20元，在市内住宿的每人每天加20元奖励；单个旅行社组织千人团(三天内)，每次奖励5万元，在市内住宿的，再奖励1万元，具体操作细则另行制定。巩固深化东阳、义乌"双城游"合作，加强与周边地区旅游线路合作、营销合作、品牌合作，形成区域旅游资源共享、市场共享、利益共享的发展格局。

14.强化旅游形象宣传。整合全市旅游宣传资源，建立宣传、旅游、外事、文化、新闻、旅游企业等部门和单位组成的旅游联合宣传机构，借助知名媒体，多渠道、多方式宣传东阳旅游形象。鼓励、支持旅游企业自行开展宣传推介、举办旅游节会活动。经市委宣传部审批审核，凡宣传东阳旅游形象或"三大游"的落地广告和高炮广告，面积在130平方米以上的每年每块奖励10万元；凡在省级以上重要新闻媒体宣传介绍东阳"三大游"景点的文字、图片，每篇文章奖励500元，每张(组)图片奖励300元，在重要版面刊出、有较大影响的酌情增加奖励（最高不超过2000元）。

15.提升智慧旅游水平。加强旅游信息化建设，实施"智慧旅游"工程，加快构建东阳智慧旅游中央管理平台和公共服务平台，加强东阳旅游网与国内各主要旅游网站的合作和链接，推进旅游行业智慧服务、智慧管理与智慧营销一体化发展。逐步实现交通、公安、农业、工商等涉旅数据信息共享。依托"数字东阳"和无线宽带建设，积极推进全市重点景区、窗口地区及星级饭店实现无线宽带覆盖。积极发展旅游电子商务，支持鼓励旅游景区、酒店、旅行社等旅游企业开展旅游在线服务、电子导游、网络营销、网络预订和网上支付等服务。具体奖励办法另行制定。

16.丰富旅游商品供给。依托东阳市自然资源和人文资源，加强旅游商品的研发和生产，着力研发集民俗文化、艺术鉴赏、纪念收藏、便携实用于一体的旅游特色商品，重点开发以东阳木雕(红木家具)、竹编等工艺品及火腿、香榧、茶叶、粉干、草席等特色农产品为主的系列旅游商品。结合举办中国(东阳)木雕竹编工艺美术博览会、中国·横店影视节，开展"东阳木雕红木家具特色旅游商品设计大赛""游客最喜爱旅游商品"评选活动，对获奖企业和个人予以表扬奖励。对参加省、金华市旅游商品大赛获奖作品的个人和研发单位，给予同等奖励。

(五)完善旅游配套体系

17.推进旅游交通便捷化。加强主要通景公路改造提升，构建便捷通达的旅游交通网络。积极推进义乌至东阳、城区至横店旅游快速通道建设，开通串联义乌国际商贸城、中国木雕城、中国木雕博物馆、横店影视城等旅游专线。进一步完善横店旅游环线建设。加快专用步行道、生态绿道、城区和横店镇公共自行车租赁服务系统建设。进一步完善旅游交通指引标识系统，加强旅游道路交通标识规范化建设，推进旅游交通指引标识系统全域化。

18.推进公共配套舒适化。建设集全市旅游信息咨询和集散服务等功能为一体的旅游服务中心，在游客集散点和人流集中场所设立旅游咨询服务点。科学规划全市停车场，在城市主要出入口规划建设游客换乘停车场，在大中型公共建筑物及商业街区、旅游区，按标准配建、增建停车场，缓解旅游旺季停车压力。在旅游景区新(改)建一批生态环保型公共厕所，增加无障碍设施。加强横店集镇建设管理，推进景区环境综合整治和通景道路"三化"工作，打造精品景区。

19.推进旅游市场规范化。加强旅游行业协会建设，完善行业自律功能。加强旅游诚信体系建设，构建面向景区(点)、饭店、旅行社、导游以及社会接待场所的监管平台。建立覆盖旅游各要素的游客满意度调查评价体系，定期发布游客满意度评价报告。加大联合执法力度，规范旅游合同文本签订和旅游广告宣传，规范旅游行业收费和服务，规范公交、出租车、三轮车等涉旅行业服务管理。加强旅游安全监管工作，建立“企业为主、行业监管、条块结合、综合联动”的旅游安全生产管理模式。

三、保障措施

20.加强组织领导。整合各方资源，理顺管理体制，营造合力兴旅的工作格局和浓郁氛围。成立由市主要领导任组长的市旅游发展工作领导小组，建立市旅游工作联席会议机制，定期研究和协调解决旅游业发展中的重大问题。各镇乡街道要专门确定旅游工作分管领导，重点乡镇要成立旅游工作办公室，落实专职人员；涉及旅游项目的政策处理工作，按照属地管理原则，由所在镇乡街道为主负责。旅游部门要主动与有关职能部门对接，统筹协调相关行业、部门的旅游业务指导、管理、监督工作。相关涉旅部门、单位要各司其职，积极配合，合力支持旅游产业发展。

21.加强要素保障。加强财政支持。2015 年市财政安排旅游发展专项资金 700 万元，分三年达到 1000 万元，以后随经济社会发展水平逐步提高，滚动使用，重点支持重大旅游项目建设、旅游规划编制、旅游宣传促销、旅游教育培训、重大课题研究及本《意见》奖励补助等。各镇乡街道要根据旅游业发展的需要，切实加大财政支持力度，重点旅游镇乡街道相应设立旅游发展专项资金。

加强用地支持。优先落实旅游重点项目建设用地，每年安排一定比例的用地指标用于旅游业发展；对重特大旅游项目实行“一事一议”。保障乡村旅游用地，引导农村土地承包经营权依法有序流转，鼓励和支持农村土地承包经营权依法向家庭农场、农民合作社流转，发展乡村旅游和农业休闲观光旅游。支持农村集体经济组织利用非耕农用地，在不改变土地农用性质的前提下采取作价入股、土地合作等方式参与旅游开发。鼓励各类投资主体在符合市（镇乡）总体规划和产业发展规划的前提下，利用存量房产等土地资源兴办旅游业，依法合理利用荒山、荒地等发展旅游项目。

加强金融支持。按照中国人民银行等国家七部委《关于金融支持旅游业加快发展的若干意见》精神，加强和改进旅游业的信贷管理和服务，支持旅游企业发展多元化融资渠道和方式，规范发展旅游业保险市场，提升旅游保险服务，改进旅游业支付结算服务，支持发展旅游消费信贷。

22.推进依法治旅。全面宣传贯彻《旅游法》，不断提高依法治旅水平。加强旅游执法队伍建设，建立健全旅游市场联合执法监管机制，推进旅游投诉统一受理、及时处理，规范旅游市场秩序，依法从简从快处理旅游事故或纠纷，保护游客和经营者合法权益，提高人民群众对旅游业的满意度。

23.实施人才兴旅。加强旅游人才队伍建设，开展旅游骨干人才培养培训计划，积极培养和引进导游讲解、市场营销、酒店管理和旅游新业态等紧缺专业型人才。打破身份界限，允许事业人员、聘任人员、合同制人员混合在岗，文化、广播、新闻出版人员兼职从事旅游业。成立市导游服务中心，稳定导游队伍，对获得高级导游资格或外语导游资格并在本市旅行社连续工作 5 年的每年奖励 5000 元。对星级饭店、旅行社、旅游景区（点）引进的中高级人才，经市人力社保部门认定，享受市有关人才引进政策。旅游企业员工参加省、金华市专业技能竞赛获奖的，给予省、金华市竞赛同额奖励。

24.强化督查考核。把各涉旅部门、镇乡街道的旅游推进工作纳入市委、市政府年度绩效考核，并将考核结果作为对部门目标责任制考核和领导干部政绩考核的重要内容。市督考办要定期督查通报全市旅游相关工作落实情况。每年度评选旅游工作先进镇乡街道、部门单位和优秀旅游企业，由市政府给予通报表扬和奖励。

本《意见》自印发之日起执行。以前有关规定与本《意见》不一致的，按本《意见》执行。

中共东阳市委
东阳市人民政府
2015 年 1 月 15 日

中共东阳市委 东阳市人民政府
关于加快推进2015年度农业农村工作的若干意见

东委发〔2015〕6号

各镇乡党委、政府,各街道党工委、办事处,市机关各部门、各单位:

2015年是全面深化改革的关键之年,做好今年的农业农村工作,对加快推进强市名城"两美"东阳建设具有十分重要的意义。2015年农业农村工作的总体要求是:全面贯彻落实中央、省农村工作会议和市委十四届七次全会暨市政府十四届六次全会精神,主动适应经济发展新常态,按照稳粮增收、提质增效、创新驱动的总要求,全面深化农村改革,全面推进农村法治建设,推动新型工业化、信息化、城镇化和农业现代化同步发展,以"五水共治""百村改造""美丽田园"建设为抓手,加快转变农业发展方式,着力改善农村生态环境,着力拓展农民增收渠道,加快美丽乡村建设步伐,让农业更强、农村更美、农民更富,为经济社会持续健康发展提供有力支撑。

一、加快转变农业发展方式,建设现代农业

立足东阳市基本农情,稳健推进财政支持粮食生产综合改革试点工作,保障粮食安全,加快转变农业生产方式、经营方式、治理方式,推进绿色农业发展,进一步提升全市农业发展层次。财政安排5385万元,主要用于中央、省有关农业生产各项直补配套资金,重点扶持粮食生产功能区和现代农业园区建设,提高农业产业化经营水平,着力构建优质、高效、生态、安全的现代农业产业体系。

1. 保障粮食生产及农产品质量安全。现有耕地面积保持基本稳定,确保全年完成粮食播种面积25666.7公顷(38.5万亩)、蔬菜播种面积5333.3公顷(8万亩),总产量分别达到14.2万吨以上和12万吨以上,提高"米袋子""菜篮子"的自主供应能力。进一步完善农产品质量安全体系,把农产品质量安全作为转变农业发展方式、加快现代农业建设的关键环节,强化农业投入品源头监管,保障农产品质量安全。

2.着力发展生态循环农业。大力推广有机肥、配方肥,减少化肥使用量。以强化病虫害预报、统防统治和高效环保农药推广为着力点,推进农药减量。深化畜禽养殖污染治理,推广生态养殖模式,全面推广三沼综合利用技术,加快病死动物无害化处理中心建设。推进农业废弃物资源化利用,建立健全秸秆等农作物废弃物的长效管理机制。开展永久基本农田污染治理。统筹推进渔业、林业、农家乐等产业化项目。

3.大力推进美丽田园建设。以218省道旅游精品线、东阳江山水文化线、卢宅李宅蔡宅"三宅"旅游线这三条线为重点,投入500万元,结合美丽景区建设,大力推进景观农作物引导性种植,根据不同季节种植向日葵、油茶、紫云英等作物,形成花海花田景观。结合粮食生产功能区建设,成片种植水稻、小麦、葡萄、水生蔬菜等作物,形成麦浪稻浪和果蔬景观。建设一批产业特色鲜明、乡土气息浓郁、田园风光优美的休闲观光农业示范点。

4.推进农业"两区"建设。完善规划,依托农业资源优势,结合市场需求,规划粮食、果蔬、中药材、畜牧业、香榧等农业主导产业协调发展、互补联动、农业休闲观光等发展格局。深化农业"两区"建设,努力把"两区"建成稳粮增收、生态循环、质量安全的示范区,推动"两区"建设从"盆景"向"风景"转变。加大薄弱环节、关键环节的建设力度,提升发展蔬菜、茶叶、水果、中药材等七大主导产业,进一步提升东阳市农业发展层次。

5.完善现代农业经营机制。进一步完善农村土地承包经营权登记制度,搞活承包经营权权能,引导农户以土地入股方式开展土地股份合作,规范流转程序,发展适度规模经营。鼓励培育家庭农场、专业大户、大中专毕业生、农业合作社、产业化龙头企业等新型农业经营主体发展现代农业。加强

农产品流通市场建设，因地制宜培育主导产业农产品产地市场，加强农产品营销队伍培育，鼓励创建跨区域农产品营销网络，加大东阳特色优势农产品品牌宣传、营销推介力度，提高品牌农产品市场占有率。

6. 推进农村确权赋权改革工作。全面推进村经济合作社股份制改革。创新工作举措，加强业务指导，强化工作督查，积极稳妥做好村经济合作社的清产核资、成员资格界定、股权设置工作，确保年底前全面完成村经济合作社股份制改革工作。通过改革，基本建立“确权到人（户）、权跟人（户）走”的农场集体产权制度体系。逐步搭建股权交易平台、建立股权流转机制，探索在县域范围内开展股权流转交易机制。依法保障农民宅基地权益。

二、扎实推进农村环境整治，建设美丽村镇

围绕创建全省“美丽乡村建设先进县”的目标，深入推进“四边三化”“三改一拆”，按照保护、利用、改造、发展相协调的原则，从解决农民生活中最需要解决的治水治污、旧房改造、村庄绿化、环境美化、公共设施配套等问题入手，因地制宜抓整治。

1.农村生活污水治理工程。财政安排2亿元，继续大力推进农村污水管网与终端处理设施的新建与改造提升。以卫生改厕、化粪池改造、雨污分流、规范施工为重点，坚持量质并举，进一步提高农村生活污水截污率。全年农村生活污水治理实现行政村全覆盖、自然村覆盖率达到75%，新增受益农户50000户以上。充分调动基层组织积极性，创新资金筹措机制，全面加快农村生活污水治理进度，并将农村生活污水治理成果纳入镇、村干部实绩考核的重要指标。

2.农村垃圾处理工程。财政安排4500万元，用于完善“户集、村收、镇中转、市处理”的城乡垃圾一体化处理机制，镇乡街道有机垃圾处理设备购置、用房建设和运行补助，山区村太阳能垃圾处理站建设补助，分类垃圾筒购置发放等，深入推进农村生活垃圾收集和分类处理。

3. 农房改造工程。财政安排4000万元，强势推进空心村改造工程。要重点推进拆违建、一户多宅清理，为空心村改造腾出空间。要整合干部力量、土地、资金等要素，为空心村改造提供有力保障。每个镇乡街道要完成2个以上空心村的改造工作。空心村改造要同步结合自来水供给、截污纳管、垃圾分类减量化处理，确保改造后的村一步跨入美丽乡村。加快推进农房集聚区建设，以下山脱贫、地质灾害搬迁、危旧房户为重点，在城郊接合部和中心镇推行平面式集聚安置，启动建设上卢集聚区一期工程。要科学编制农房改造规划，注重自然风貌、传统文化和建筑民居保护。行政村建设规划编制和1:1000地形图测绘所需费用，全部由市财政给予补助。安排26.7公顷（400亩）以上的土地指标用于农民建房，建立农民建房计划单列专项土地指标统筹分配机制，对全市农房改造、“城中村”改造、危房困难户等几个口子的土地指标进行整合，由市农办统筹后再安排到位。全年完成3个省级农房改造示范村建设，农房连片改造2000户。

4. 村庄整治工程。财政安排3300万元，其中2300万元用于推进村庄整治工程、美丽乡村特色村建设，重点打造3条美丽乡村风景线、20个美丽乡村精品村和特色村，继续推进农村技防设施建设；其中1000万元用于精品线与精品村的沿线绿化提升，省道、高速公路沿线农户赤膊房整治补助等工作。

5.中心镇、中心村建设工程。以“三改一拆”为抓手，财政安排5300万元，推进新型城镇化建设。其中2000万元用于南马、巍山、歌山、千祥四个中心镇建设；2800万元用于其他镇乡街道所在地集镇建设（吴宁、白云、江北除外），重点用于基础设施建设和绿化工程；500万元用于10个中心村基础设施、公共服务设施及发展壮大村级集体经济项目建设。通过中心镇、集镇和中心村建设，引导人口向中心镇、集镇和中心村集聚，促进土地节约集约利用，完善公共服务，壮大中心镇、集镇和中心村经济。

6.平原绿化工程。把握绿化重点，扩大绿化总量，将平原绿化工程与“四边三化”“三改一折”、农村环境整治等美丽乡村建设重点工作相结合，为创建“美丽贝城”打基础。财政安排800万元，主要用于农村平原绿化、创建森林村庄、省级森林城镇、通道沿线林相改造的奖励和补助。全年计划完成平原绿化573.3公顷（8600亩），森林抚育800公顷（1.2万亩），创建省级森林城镇1个、省级森林村庄2个、金华市森林村庄6个、东阳市森林村庄20个以上。财政安排300万元，用于全市林业有害生物防控工作补助和防治药剂、器械购置，抓好重点镇乡街道的死松树清理和松材线虫病防控工作，以及突发性马尾松毛虫防治和古树名木病虫害防治。

7.历史文化村落保护工程。财

政安排500万元，按照因地制宜、合理利用、适度开发的原则，以保护和传承优秀传统文化、彰显美丽乡村地方特色为目标，把环境整治和保护乡村村落特色紧密结合起来；以3个省级历史文化保护利用重点村、13个省级历史文化村落保护利用一般村建设为重点，通过典型示范带动，促进历史文化村落保护工作。

三、扎实推进基础设施建设，打造现代农村

坚持科学规划，充分发挥规划的引领作用，从实际出发，有步骤、有计划地推进农村基础设施建设，统筹城乡发展，加快推进农村现代化。

1.中小河流治理工程。财政安排17721万元，用于以横锦水库大坝至东阳江镇区段为重点的东阳江流域9个、南江流域3个中小河流治理和全国中小河流治理重点县综合整治试点7个项目区建设；开展泗渡溪二期生态河道整治建设。

2. 强塘工程和农田水利建设工程。财政安排4010万元，用于水库除险加固及整改、横锦和南江灌区节水改造、20座重点山塘整治、30千米清水河道整治、61千米农田渠系改造、106.7公顷(1600亩)高效节水灌溉、山洪灾害防治、水利设施维修养护、水库安全鉴定和除险加固前期等工程项目。

3.农村土地综合整治工程。财政安排15000万元，其中11000万元用于实施土地开发、农村土地综合整治工作；3000万元用于高标准基本农田建设；1000万元用于“两违”整治复垦、地质灾害防治和废弃矿产治理工作。

4.农村公路提升工程。加强农村公路建设与养护，进一步优化农村道路环境。财政安排2000万元，用于102千米农村公路安保工程建设，20千米农村联网公路建设，10千米平安道路创建及事故多发路段整治和临水临崖工程建设。

5.村级公益事业“一事一议”财政奖补项目。财政安排3000万元，配套中央、省村级公益事业一事一议财政奖补项目资金，用于农村生活污水治理项目建设，加强督查指导，切实解决农民群众最关注、最期盼的问题。

6.农民饮用水工程。财政安排680万元，用于农村饮用水集中式工程管网延伸和南马水厂改造，提升和改善1.4万农村人口饮水条件。财政安排400万元，用于横锦水库、南江水库等水源环境保护区范围的水环境综合整治、生态保护工程建设。

四、扎实推进民生保障工作，打造幸福农村

坚持以人为本，民生为重，大力推进民生保障工程，让人民群众共享改革发展的成果，使广大农民“劳有所得”“老有所养”“困有所助”“闲有所乐”，确保农民生活水平和幸福指数不断提高。

1. 农民健康工程。财政安排37900万元，用于完善城乡社区卫生服务网络，改善农民医疗卫生保障条件，进一步保护和增进农民健康。开展城乡居民基本医疗保险，参保率达95%以上，完善大病医疗保险政策，强化农民健康体检工作，60岁以上老年人健康体检率达65%以上，提升基层医疗卫生服务能力建设，促进服务均等化。

2.农民素质提升培训工程。紧紧围绕增强农民创业就业能力目标，财政安排400万元，重点用于农村实用人才和农民创业就业技能培训，计划完成农民培训1.2万人，不断提升农民科技文化素质，培育有文化、懂技术、会经营的新型农民。

3.城乡文化阵地建设工程。财政安排580万元，重点用于完善工艺大道和镇、村两级文化阵地，加快公共文化服务标准化建设。创建省、市级文化示范村(社区)，加强文化广场、农村综合性文化服务中心、镇乡文化站等文化阵地建设。深化送文化下乡活动，积极开展“文化走亲”及群众性文化活动，发掘和保护民间艺术，着力发展先进文化和农村特色文化。加强文化队伍建设，提高公共文化服务能力。创新公共文化服务模式，实行公共文化服务供需对接，推动公共文化服务向社区和农村基层延伸。

4.农村居民社保幸福工程。财政安排110万元，深入开展全民参保登记，建立基础数据库，力争社会保险制度全覆盖；完善城乡居民基本养老保险政策，增加缴费档次，提高政府补贴标准。积极为农村劳动者提供免费的职业介绍、职业指导、技能培训，对首次创业且经营满一年以上的农村劳动者，给予相应创业补助、社会保险补贴和小额担保贷款。

5.村级便民服务中心建设。按照利于村级事务办理、方便群众办事、提供优质服务的目标，财政安排880万元，用于村级组织和农村社区办公经费、村级便民服务专职代办员(村务工作者)队伍建设。

6.生态墓地规范化建设工作。财政安排400万元，用于生态墓地规范化建设和“三沿五区”坟墓整治。对建成并投入使用的生态

墓地，进一步加强绿化覆盖，完善焚烧坑、道路、停车场、警示牌等基础设施，建立和健全生态墓地的使用和管理制度，使全市生态墓地基本达到规范化、生态化建设和管理要求，不断提升全市生态墓地整体水平。

7.养老服务体系建设工作。财政安排1900万元，用于加强养老服务体系建设。坚持政府主导，积极鼓励民资投入，完善双轮驱动、多元发展的养老服务体系。筹建市社会养老中心，指导佐村镇敬老院、南市街道敬老院等公办养老机构改造和白云福寿居、江北黉门里、城东红枫林等民办养老机构建设；加强养老护理员和失智失能老人家庭护理人员培训工作，提升养老护理水平。加快推进居家养老服务工作，新建居家养老服务照料中心130家，督促已经运作照料中心建立长效运行机制，提升服务水平。

8.低收入农户收入倍增计划。财政安排500万元，用于扶持山区村村级建设项目20个以上，补助偏远山区群众下山移民脱贫工程，对低收入农户发展生产贷款和山区发展项目贷款实行贴息，扶持来料加工业发展，逐步改善山区群众的生产生活条件，引导山区群众发展特色产业，进一步提高山区群众和低收入农户的增收致富能力。

五、创新工作机制，切实加强对三农工作的领导

切实加强和改善对“三农”工作的领导，确保劲头不松懈、力度不减弱、力量有加强，为农村改革发展提供有力保障，不断增强农业农村工作生机与活力。

1. 坚持把三农工作放在重要位置来抓。始终坚持把农业农村工作作为重中之重来抓，不断强化党委统一领导、党政齐抓共管、农村工作综合部门组织协调、相关部门各负其责的农村工作领导机制和工作机制。要坚持从实际出发，因地制宜、改进作风，深入开展农业经济竞赛，健全农村工作考评机制，扎实推进“三农”各项工作落实，为促进农村经济社会又好又快发展提供根本保证。

2. 加大强农惠农政策扶持力度。坚持把农业农村作为各级财政支出的优先保障领域，加快建立投入稳定增长机制，持续增加财政农业农村支出，优化财政支农支出结构，重点支持农民增收、农村重大改革、农业基础设施建设、农业结构调整、农业可持续发展、农村民生改善，充分发挥政策性金融和合作性金融作用，保障金融机构农村存款主要用于农村，着力改善农村金融服务环境。鼓励各种社会力量与乡村结对帮扶，参与农业科技推广、产业发展和公共设施建设。

3.加强农村基层党建工作。认真贯彻落实党要管党、从严治党的要求，加强以党组织为核心的农村基层组织建设，充分发挥农村基层党组织的战斗堡垒作用，深入整顿软弱涣散基层党组织，不断夯实基层组织基础。进一步选好管好用好带头人队伍，加强镇村两级党组织班子建设。严肃农村基层党内政治生活，加强党员日常教育管理，发挥党员先锋模范作用。严肃处理违反党规党纪的行为，坚决查处发生在农民身边的不正之风和腐败问题。以农村基层服务型党组织建设为抓手，强化镇村二级便民服务网络建设，多为群众办实事、办好事，通过服务贴近群众、团结群众、引导群众、赢得群众。

4. 创新和完善乡村治理机制。深入开展农村法治宣传教育，增强各级领导、涉农部门和农村基层干部法治观念，引导农民增强学法尊法守法用法意识。健全依法维权和化解纠纷机制，引导和支持农民群众通过合法途径维权，理性表达合理诉求。依法加强农民负担监督管理。依靠农民和基层的智慧，通过村民议事会、监事会等，引导发挥村民民主协商在乡村治理中的积极作用。深入开展农村“平安创建”活动，坚持依靠群众、群防群治，加强和改进农村社会治安综合治理，完善适应社会主义新农村建设要求的农村警务工作机制和农村多渠道解决争端机制，切实维护农村社会和谐稳定。

本意见的实施细则，由市农办牵头会同各有关部门制订。

中共东阳市委
东阳市人民政府
2015年2月17日

中共东阳市委
关于开展“从严管理落实年”活动的实施意见

东委发〔2015〕19号

各镇乡党委、街道党工委，市机关各部门、各单位党组织：

为深入学习贯彻党的十八大、十八届三中、四中全会和省委十三届六次全会、市委十四届七次全会精神，坚定不移地落实党要管党、从严治党，不断巩固扩大党的群众路线教育实践活动成果，根据金华市委统一部署，市委决定在全市党员干部中开展“从严管理落实年”活动，现提出如下意见：

一、“从严管理落实年”活动的总体目标要求

从严治党和从严管理党员干部，需要持续发力，必须狠抓落实、狠抓执行。开展“从严管理落实年”活动，就是通过全市统一推动、深化专项整治、开展集中活动等方式，把从严管理的各项要求落实到党员干部队伍建设的各个方面，把从严管理的各项制度和措施推行到位、落到实处，以从严管理的新常态推动党员干部素质提高、形象提升、服务提效、作用提质，推动市委各项工作任务的有力落实。

二、紧扣东阳实际，明确从严管理抓落实的重点内容

从严管理党员干部涉及多个方面，从中央、省委、金华市委要求及我市具体实践看，2015年要突出落实以下六个方面内容：

1.严格思想建党。对党员干部来说，思想上的滑坡是最严重的病变，提高党员干部素质，第一位的任务是坚定理想信念。要坚持不懈地抓好党员干部的思想建设和理论武装，引导党员干部坚定理想信念。开展习近平总书记系列重要讲话精神的学习轮训，把学习贯彻习近平总书记系列重要讲话精神，特别是有关严明政治纪律和组织纪律的重要论述列入各级党委（党组）中心组学习科目，并作为干部教育培训的重要内容，纳入各级主体班次的培训课程，不断把学习贯彻工作引向深入。旗帜鲜明地开展意识形态领域斗争，牢牢把握意识形态工作主动权、主导权、领导权，引导党员干部主动同损害党的形象与威信的言行展开斗争，勇当战士，不当绅士。常态化开展党性教育和党性锤炼，充分发挥各级党校和各类教育基地作用，坚持深化在实践中锤炼党员干部党性的有效举措，广泛宣传各类先进典型，强化党员干部的党性意识、纪律意识、规矩意识。（牵头单位：宣传部；参与单位：组织部、党校）

2.严管干部队伍。党要管党首先是管好干部，从严治党关键是从严治吏。要坚持从严治党、从严治吏，把从严要求贯彻到干部队伍建设全过程。完善从严选拔工作机制，严格干部选任工作程序，改进竞争性选拔干部办法，完善年轻干部和后备干部培养选拔机制，落实带病提拔倒查机制。加强对重点对象和关键岗位干部监督，加大对领导干部个人事项报告的抽查核实力度。加强对配偶已移居国（境）外的国家工作人员任职岗位的管理，规范领导干部亲属经商办企业、担任公职和社会组织职务方面的制度。健全完善立体化干部考核评价机制，强化平时考核、年度考核、专项考核。修订党政领导班子和领导干部实绩考核评价体系，加大对“为官不为”现象的治理和调整不适宜担任现职干部的力度，切实解决干部不敢担当问题。（牵头单位：组织部；参与单位：纪委、编办、人力社保局）

3.严肃党内生活。党内政治生活是党组织教育管理党员和党员进行党性锻炼的主要平台，从严治党必须从党内政治生活严起。要教育引导党员干部严格遵守党内政治生活准则，进一步增强党内生活的政治性、原则性、战斗性。建立领导班子和领导干部综合分析研判机制，通过定期专题分析会，对领导班子和干部队伍思想政治建设特别是坚持民主集中制、严格党内生活以及作风建设情况进行综合分析。落实基层党组织“三会一课”，健全每月集

中党日活动制度，定期召开基层党组织专题组织生活会并开展党员民主评议工作。严格落实党员领导干部双重组织生活制度。（牵头单位：组织部；参与单位：市委办、纪委）

4.严抓基层党建。贯彻党要管党、从严治党方针，必须扎实做好抓基层、打基础的工作。要深化基层服务型党组织建设，进一步提高基层党组织的凝聚力、感召力、战斗力。强化组织制度规范化落实。围绕推进基层治理法治化，制定出台全面推进依法治村的制度。抓好不守规矩村干部管理办法，建立村（居）干部积分制管理办法，规范基层干部权力运行。严格入党积极分子群众推优、政审等发展党员九项制度落实。坚持把政治标准放在首位，确保新发展党员质量。深化完善农村党员五星积分评定管理，对后进党员进行重点帮教整转，组织实施好“宗教工作基层基础建设年”活动，严格按照党内规章规定处置不合格党员，畅通党员出口。认真抓好基层党建各项保障制度的落实。（牵头单位：组织部；参与单位：纪委、督考办、统战部、政法委、民政局、财政局、农业局）

5.严正作风建设。作风建设是攻坚战，也是持久战，要以最严格的标准、最严厉的举措治理作风问题。要深入持久贯彻落实中央八项规定和省委、市委有关规定，健全作风建设治本机制。常态化开展正风肃纪检查，巩固正风肃纪专项整治成果，经常性开展作风效能检查，持续加大执纪监督、公开曝光力度，使高压态势成为工作常态。对出现“四风”问题反弹和新的严重作风问题，集中开展专项整治。健全常态化联系服务群众工作机制，坚持开展走亲连心、民情体验等活动，落实好镇乡街道驻村干部“记录户情档案”、农村党员联系群众、专职代办员等制度，推动党员干部与群众常走常亲。畅通群众监督渠道，全面推进党务、政务和各领域办事公开，以此带动村务、居务公开。继续用好市民问政、行风热线等平台，加强社会监督、舆论监督。（牵头单位：纪委；参与单位：市委办、市府办、组织部、宣传部）

6.严守廉政底线。反腐倡廉必须常抓不懈，经常抓、长期抓，形成不敢腐的惩戒机制、不能腐的防范机制、不易腐的保障机制。要坚守党规党纪和法规规章，巩固深化纪律检查体制改革实践成果，将党风廉政建设纳入法治化轨道。深入推进惩治和预防腐败体系建设，认真贯彻落实《东阳市建立健全惩治和预防腐败体系2013~2017年工作细则》。落实党风廉政建设党委（党组）主体责任，理清党委领导班子、党委主要负责人、分管领导班子成员责任，进一步完善履行党风廉政建设主体责任，强化责任追究，构建权责清晰、任务明确的责任落实体系。强化权力监督制约机制，加强民主决策，紧扣重点领域、关键环节加强制度建设，防止利益冲突，以制度管人、管事。保持案件查办高压态势。严明党的纪律，坚决惩治腐败，坚决纠正“四风”，坚决整治基层党员干部侵害群众利益问题，着力形成不敢腐、不能腐、不想腐的有效机制。（牵头单位：纪委）

三、开展专题活动，集中推进从严管理各项要求的落实

在“从严管理落实年”中开展系列专题活动，以组合式设计、交替式启动、平行式推进的方式，由市委整改办牵头，全市统一集中行动，推动从严管理和重点整治各项举措落实。市级以上领导干部还要按照中央和省委统一部署，落实好“三严三实”专题教育有关要求。

1.“学制度、明纪律、守规矩”专题活动（2~6月）

目标要求：坚持思想建党与制度治党同向发力、同时发力，把思想建党摆在首位，把制度治党贯穿始终，通过教育拧紧思想“总开关”，依靠制度增强行为“硬约束”，切实形成人人知规矩、守规矩的浓厚氛围。

主要工作：一是梳理清单。各部门单位对照中央和省委、市委有关党要管党、从严治党系列文件精神，梳理修订本部门单位重点落实的“从严管理制度清单”。二是组织学习。组织广大党员认真学习，明晰从严管理制度清单，做到人人学制度、人人明制度。各部门单位党委（党组）主要负责人要为党员干部上一次“学制度、明纪律、守规矩”专题党课。三是自查自纠。在学制度的基础上，各部门单位、各级党组织认真开展自查，对教育实践活动整改落实情况进行“回头看”，重点查找整改落实方面存在的问题，查找执行政治纪律、组织纪律、干部人事工作纪律、廉洁自律方面的问题，查找贯彻市委市政府决策部署方面的问题，完善整改落实计划。四是开展农村干部“守规矩”专题教育整改活动。梳理形成村（居）干部“责任清单”和“负面行为清单”；组织开展农村主职干部“守规矩”专题培训；结合“千名机关干部下农村”调研活动，组织开展村（居）党员干部“守规矩”宣讲；对照排查存在问题，逐村列出四张清单（村级组织运行问题清单、党

员干部“不守规矩”问题清单、历史遗留问题和重点矛盾纠纷清单、创业承诺任务清单），并提出切实可行的整顿举措，明确整转工作的责任人和整转时限。五是开展“守规矩”模范和“不守规矩”案例集中宣传通报。在全市范围内选树一批“守规矩”模范进行宣传，排摸一批“不守规矩”案例进行通报，发挥先进典型的引领示范作用和反面案例的教育警示作用。

2. 深化专项整治整改活动（3~6月）

目标要求：坚持问题导向，紧扣《市委落实中央巡视组反馈意见集中整改十大行动实施方案》、《深化整改落实、巩固和拓展教育实践活动工作计划》，以及中央和省委、市委统一部署的专项整治，重拳出击，对影响东阳发展的问题进行重点整治。

主要工作：一是对领导干部利益冲突和利益输送等“一家两制”问题进行整治。重点整治领导干部配偶子女经商腐败、违规存放公款、以权谋房、以房谋财、虚假投资、“期权”交易等问题。二是对机关效能和干部作风方面的问题进行整治。重点整治遇事不请示报告、对待上级部署任务消极怠工等纪律涣散问题，以及职能部门推诿扯皮、衙门作风、干部走读、收红包、参与酒局牌局、慵懒散等作风问题。三是对违规支出“三公”经费问题进行整治。重点整治违规接待、公车私用、公款旅游等问题，建立“三公”经费支出情况向本单位老干部通报制度。四是对关系群众切身利益的问题进行整治。重点规范中介组织管理，深化“不守规矩”专项整治，打击农村黑恶势力。五是对影响基层基础的问题进行整治。重点抓好软弱涣散村（居）党组织整顿、村级组织运行不规范整顿和少数参教信教党员整改。六是对选人用人方面的问题进行整治。重点深化违反干部任用标准程序、跑官要官和说情打招呼、三超两乱、干部档案造假、领导干部违规兼职、裸官6项整治。牵头部门要根据责任分工，逐项明确深化整治的具体办法，每月通报整治情况，确保任务全部落实。

3.落实从严管理“四个知晓”专题活动（3~5月）

目标要求：党员领导干部要实时了解每一名下属的基本情况，知道下属有什么特长、有什么不足、有什么表现、有什么想法；农村、社区、两新领域的基层党组织要实时掌握每一名党员的动向，知道党员在哪儿、在干什么、在想什么、最需要什么。以“四个知晓”为基础，从早从小从细落实党员队伍和干部队伍的思想建设和日常管理。

主要工作：一是广泛开展谈心谈话。探索建立“固定谈话日”制度，落实“联系不漏户”四个必到制度，通过开展大规模谈心谈话和走访活动，了解掌握每一名下属、每一名党员的基本情况。二是落实请示报告等工作制度，教育引导党员干部及时报告重大事项、思想动态。三是有针对性地开展思想政治工作，落实关心关爱措施。加强党员干部心理疏导，强化人文关怀，帮助解决党员干部具体困难。认真落实优秀村党组织书记参照享受事业岗位副局级待遇报酬，开展党委群众工作员选聘工作，充分发挥党员关爱基金作用，切实加强对基层党员干部的关心关爱。四是做好督查。由市委整改落实督导组负责，对党员领导干部、基层党组织落实“四个知晓”情况进行抽查。

4. 高质量党内政治生活锻炼专题活动（6~8月）

目标要求：“七一”前后，每个领导班子分别召开一次高质量的民主生活会，以批评和自我批评为武器，加强领导班子思想政治建设，提高领导班子和领导干部发现、解决自身问题的能力；每个基层党组织分别召开一次专题组织生活会，让每名党员都接受一次严肃的党内政治生活锻炼，增强党性意识和组织意识。

主要工作：一是会前认真征求意见。延续教育实践活动中的有效做法，通过走亲连心、民情体验、谈心谈话等多种方式，广泛征求党员干部和群众意见，梳理班子和个人存在的主要问题。二是督导组会前把关。每个领导班子和党员领导干部都按照“找准问题、剖深根源、画像自己”的要求，认真撰写剖析材料。市委整改落实督导组要对所督查单位及党员领导干部的剖析材料进行从严审核把关。农村、社区、两新等领域党员，要对照“党性体检”清单，写出体检报告。三是认真组织会议。“七一”前后，各级领导班子以“三严三实”为主题召开专题民主生活会，认真开展批评与自我批评。市委整改落实督导组参加所督查单位的领导班子民主生活会；基层党组织召开专题组织生活会，全面开展“党性体检、民主评议”，上级党委要派员参加指导基层党组织专题组织生活会。党员领导干部要以普通党员身份参加所在支部的专题组织生活会。四是狠抓整改落实。对民主生活会和专题组织生活会中查找出的问题，结合整改整治，抓好落实。

5.“构建从严管理常态，争创转型升级先锋”实践活动（全年）

目标要求：通过建立从严管

理党员干部的新常态，树立党员干部一心一意谋发展、心无旁骛抓落实的新形象，推动强市名城“两美”东阳建设。

主要工作：一是建立一线攻坚突击队制度。总结选派干部到重点工程一线锻炼的经验，积极选派干部到“五水共治”“三改一拆”等全市重点难点工作一线攻坚克难，组建一线攻坚突击队，在实践中锤炼党员干部。对抽调、选派干部工作情况开展日常巡查和专项考察，全面了解工作进展和干部表现情况。二是开展“提效能、优服务、促发展”活动。部门单位党员围绕改进工作作风、强化工作执行、提高服务效能等，深化争当“办事员”活动；镇乡街道干部围绕深入基层一线、加强联系群众、提升服务能力等，深化争当“新村民”活动；村（居）普通党员围绕承诺践诺、服务群众等，深化争当“贴心人”活动；村（居）党组织书记围绕“吃得了亏、干得了事、放得了心”的目标，深化争当“好书记”活动；企业党员重点围绕工程项目、技术革新等，开展技术竞赛、项目攻关、建言献策等活动，深化争创“岗位先锋”活动。三是宣传表彰先进。在部门单位干部层面选树“十佳办事员”，在镇乡街道干部层面选树“十佳新村民”，在村（居）党组织书记层面选树“优秀书记”，在基层普通党员层面选树“十佳贴心人”，进行集中表彰、集中宣传，营造比学赶超的良好氛围。

6、推进“依法治村”专题活动（全年）

目标要求：把全面推进依法治村融入农村经济社会发展的全过程，教育和引导农村党员干部增强法治观念和法治为民意识，提高依法办事能力，发挥基层党组织在基层治理法治化中的战斗堡垒作用，全面实现农村治理模式从“能人治村”向“依法治村”转变，让广大群众在自我管理、自我服务中增强法治意识和权利义务观念，提高依法管理社会事务的意识和能力。

主要工作：一是推进法治村干部建设。开展农村干部涉农法律法规专题培训，提升农村干部法治意识。推行农村干部积分制管理办法，深化不守规矩村干部管理，健全落实村干部坐班、值班或轮班制度，切实加强对农村干部日常管理。二是规范村级组织运行。突出抓好村级组织运行“三项制度”和“五议两公开”工作法落实，建立村级组织运行动态监管制度，继续开展软弱涣散村（居）党组织集中整顿工作，切实提升村级组织运行规范化水平。三是抓好党员队伍管理。抓好农村党员五星积分管理办法落实，严格操作程序，加大低分党员整转力度，推动党员服务中心工作，联系服务群众。四是修订完善村规民约。及时指导修订村规民约和村民自治章程，通过健全和完善村规民约，加强村民的法治观念，提高村民的道德素质。

四、切实加强对“从严管理落实年”活动的组织领导

1.落实领导责任。“从严管理落实年”活动是市委深化延续群众路线教育实践活动，落实从严管党治党要求的重要载体。各级党委（党组）要把抓好“从严管理落实年”活动的落实，作为履行党建工作责任制的重要内容，坚持党委抓、书记抓、各有关部门抓，一级抓一级、层层抓落实。党委（党组）主要负责同志要切实履行第一责任人职责，党委（党组）成员要认真履行分管领域责任。各督导组要加强督促检查，定期开展明察暗访。市委整改落实办要落实好指导、协调职能，定期分析研判，推动活动落实。

2. 坚持求真务实。各级党委（党组）要紧紧围绕从严管理党员干部这一要求，结合实际谋划和细化“从严管理落实年”活动的具体方案，明确工作目标、工作举措，落实工作责任，防止照搬照套、上下一般粗。要把推进工作、群众满意作为评价和检验“从严管理落实年”活动的重要标准，防止走过场、搞形式。

3. 健全长效机制。各级党委（党组）要着眼于巩固教育实践活动整改和重点问题专项整治成果，切实加强长效机制建设，扎紧制度篱笆。要结合教育实践活动中已明确的制度建设计划，把上级已出台的制度承接好，把活动中的经验做法固定好，防止重复建设、短期效应。

4.两手抓两促进。把抓好“从严管理落实年”活动与全面深化改革、推进法治东阳建设结合起来，与“五水共治”“三改一拆”等中心工作结合起来，以从严管理党员干部的实际成效，为“两美”东阳建设提供强有力的组织保障和作风保障。

中共东阳市委
2015 年 3 月 2 日

东阳市节约用水管理办法

第一章 总 则

第一条 为保护和合理利用水资源，加强节约用水管理，建设资源节约型社会，保障国民经济和社会可持续发展，根据《中华人民共和国水法》、《浙江省水资源管理条例》、《浙江省节约用水办法》及《浙江省超计划用水累进加价水费征收管理暂行办法》，结合本市实际，制定本管理办法。

第二条 本市内从事取水、供水、用水以及相关管理活动的单位和个人，应当遵守相关法律、法规、规章和本办法。

第三条 市水务局为本市节约用水主管部门，负责组织、指导、监督、协调本市区域内的节约用水工作，并具体负责指导、协调和监管农业节约用水、城市供水节约用水以及城市供水管网通达范围内的农村节约用水管理工作。

市经信局负责组织、指导、监管本市区域内的工业节约用水工作。

市发改、教育、科技、财政、建设、农业、商务、卫计、统计、市场监督管理等有关部门按照职责分工，做好节约用水相关工作。

第四条 节约用水工作应当遵循统筹规划与综合利用、总量控制与定额管理、全面推进与因地制宜、超额加价与节约奖励相结合的原则。

第五条 城市总体规划、重大建设项目和产业结构布局，应当与水资源承载能力相适应，严格限制高耗水项目，积极发展节水型工业、农业和服务业，鼓励回用再生水，收集和综合利用雨水。

第六条 任何单位和个人都有节约用水的义务，有权对浪费水资源的行为进行制止、举报。

第二章 节约用水管理

第七条 市发改局应当会同水务、农业、经信、商务等有关部门根据本市水资源状况和水资源综合规划，编制本市的节约用水规划，报市人民政府批准后执行。

节水规划应当包括节水目标、节水措施、节水设施建设等内容。

市发改局应当会同市水务局，根据水量分配方案、城乡用水状况、下一年度可用水量预测以及上级主管部门下达的取水控制总量，制定本市的年度用水计划。

第八条 各行业主管部门根据国家和省定额用水标准，结合本市生产、生活用水实际，制定本市居民生活用水定额、行业综合用水定额和单项用水定额，报市人民政府批准后执行。用水定额应当根据水资源承载能力、供水能力和经济社会发展情况，按照节约降耗的要求适时修订。

第九条 直接从河道、山塘、水库、地下、水工程拦蓄的水域内取水的单位和个人，除依法不需办理取水许可证的外，应当于每年 11 月 15 日前提出下一年度用水计划申请，按照取水许可审批权限，报水务部门依据规定和程序核定。

第十条 本市节约用水实行居民用户和非居民用户分类管理。对非居民用户实行定额管理和计划用水相结合的制度，非农业用水户应当安装符合国家规定的计量设施。居民生活用水推行一户一表制，非居民用水户推行总水表与分水表分别计量的分级计量制度。生产经营用水与生活用水应当分开计量，工业企业的主要用水车间和用水设备应当单独安装计量设施。

农业灌区应当有计划地逐步安装计量设施。新建、改建、扩建灌溉工程时，其计量设施应当与主体工程同时设计、同时施工、同时投入使用。

第十一条 水务、经信、商务等部门分别按其职能，建立节约用水稽核制度，加强节约用水的指导和稽核；同时市水务局应当建立节约用水情况通报制度，定期向社会发布节约用水有关信息，其他部门应及时向市水务局报送有关材料，协助工作。

第十二条 用水计划的核定和调整，应当遵循合理、公正、公开和效率的原则。用水计划应当满足单位用户开展生产经营等活动合理用水的需要。

用水户用水计划由各行业主管部门和节水主管部门根据用水户的申请、用水户前 3 年的用水情况、当地水资源承载能力及供水能力、行业用水定额等因素核定。

第十三条 经核定的计划用水户需要调整用水计划的，应当向原核定机关提出申请，说明调整理由，同时提供相关证明文件及报告书，经批准后方可实行新的标准。

第三章 节约用水促进和调节措施

第十四条 新建、扩建、改建建设项目应配套建设节约用水设施，选用节水型工艺、设备和器具，节约用水设施必须与主体工程同时设计、同时施工、同时投产使用。

用水户必须保证节水设施的正常运行。已建建设项目没有配套节水设施的，应当按照有关要求，在规定时间内进行节水设施的配套建设。

第十五条 大耗水工业和其他大耗水建设项目，在项目可行性研究报告中应当包含合理用水的专题论证内容。发改等行政主管部门在依法对项目可行性研究报告进行审批或者核准时，应当对该项内容一并予以审查。各相关行政主管部门应当严格执行相关法律、法规、规章和技术标准与规范，严格控制大耗水企业的引进和大耗水项目的建设。

第十六条 各供水企业、非居民用水户应当加强供(用)水设施的维修管理，定期进行管网查漏；对管网漏损率高于国家规定标准的，应当及时维修和改造。

第十七条 工业用水应当采用节水型工艺、设备和产品，推行清洁生产，提高水的重复利用率。生产设备冷却、锅炉冷凝以及洗涤等用水应当循环使用、综合利用，降低单位产品产出的平均耗水量。

第十八条 非居民生活用水户应当每 3 至 5 年进行水平衡测试或节水评估，经测试或者评估不符合节水要求的，应当及时整改。

第十九条 禁止生产、销售、使用国家和省明令淘汰的高耗水工艺、设备和产品。

生产者、销售者或者生产经营使用者应当在规定的时间内停止生产、销售或者使用被国家和省明令淘汰的高耗水工艺、设备和产品。

第二十条 各镇乡街道应当根据农业产业结构调整的要求，因地制宜推广喷灌、滴灌、渗灌、薄露灌溉等先进高效农业节水灌溉技术、畜禽节水型设施和饲养方式。

第二十一条 建设生活污水集中排放和处理设施时，应当因地制宜建设回用水设施。

新建房屋使用公共供水的，应当安装质量符合国家标准的节水型便器水箱和配件。

新建宾馆、饭店、住宅小区、单位办公设施和其他相关建设项目，应当逐步建设中水回用系统。

以水为主要原料的生产企业应当对生产后的尾水进行回收利用。

第二十二条 园林绿化、环境卫生、建筑施工等用水，应当优先利用江河塘溪水、再生水。

城镇绿地、树木、花卉等植物的灌溉，应当推广喷灌、微灌等节水型灌溉方式，鼓励利用经无害化处理后的废水。

第二十三条 日洗机动车规模 50 辆以上的单位应当安装和使用循环用水设施。

第二十四条 为鼓励节约用水科学技术研究，推广先进技术，提高节约用水科学技术水平，在节约用水工作中做出显著成绩的单位和个人，给予适当奖励。

第二十五条 用水户应当按照计量缴纳水资源费或者水费。任何供水单位不得对用水户水费实行包费制。

第二十六条 非居民生活用水应逐步实行计量收费和超计划累进加价制度。

非居民用水户在用水计划范围内用水的，依法按照规定的标准缴纳水资源费或者水费；超过用水计划用水的，按照超计划累进加价制度缴纳水资源费或者水费。

超计划用水累进加价水费按下列标准缴纳：

(一)超计划水量在 20%(含)以下部分，按现行水价的 1 倍缴纳；(二)超计划水量在 20%以上、30%(含)以下部分，按现行水价的 2 倍缴纳；(三)超计划水量在 30%以上部分，按照现行水价的 3 倍缴纳。

居民生活用水实行阶梯式水价，由发改局会同相关部门按定价权限确定并报市政府同意实施。

第二十七条 超计划用水累进加价水费的收入缴入财政专户，实行收支两条线管理，主要用于节水技术研究、开发、推广，节水设施建设和水平衡测试补助，节水管理和奖励。

水资源费的收取、使用和管理，按照《浙江省水资源费征收管理办法》的规定执行。

第四章 监督与罚则

第二十八条 非居民用水户应当按规定向市水务局以及市经信局、市商务局等行业主管部门提供用水统计报表，并对节约用水监督检查人员的工作给予配合，如实提供有关资料和情况，不得拒绝、拖延或者虚报。

第二十九条　有下列行为之一的，按照下列规定进行处罚：

（一）违反本办法第十条规定，自备水源户未安装取水计量设施或者安装的取水计量设施不符合国家计量标准，或者擅自拆除、更换取水计量设施的，按照《浙江省水资源管理条例》第四十九条的规定予以处罚；

（二）违反本办法第十四条第一款规定，建设项目的节水设施没有建成或者没有达到国家规定的要求，擅自投入使用的，按照《中华人民共和国水法》第七十一条的规定予以处罚；

（三）违反本办法第十九条规定，在生产经营中使用国家和省明令淘汰的高耗水工艺、设备、产品的，按照《中华人民共和国水法》第六十八条的规定予以处罚；

（四）违反本办法第二十六条规定，用水户拒不缴纳水资源费的，按照《中华人民共和国水法》第七十条的规定予以处罚。

第三十条　有下列行为之一的，责令限期改正；逾期不改正的，处3000元以上3万元以下的罚款：

（一）违反本办法第九条、第十三条规定，用水户未申报用水计划（含变更计划）的；

（二）违反本办法第十条第一款规定，使用公共供水的非居民用水户不按照规定安装计量设施的；

（三）违反本办法第十六条规定，城市供水企业和非居民用水户的供（用）水管网漏损率超过国家规定的标准，未及时进行维修和改造的；

（四）违反本办法第十八条规定，未按规定进行节水评估或者经评估、测试不符合节水要求，又不及时进行整改的；

（五）违反本办法第二十三条规定，日洗机动车规模50辆以上的单位未安装和使用循环用水设施的；

（六）违反本办法第二十五条第一款规定，用水户拒不缴纳水费的；

（七）违反本办法第二十五条第二款规定，对用水户水费实行包费制的。

第三十一条　违反本办法第二十八条规定，非居民用水户拒绝提供报表和有关资料或者提供虚假报表、资料的，责令改正；拒不改正的，处500元以上5000元以下的罚款。

第三十二条　水行政主管部门和经信、商务等有关行业主管部门及其工作人员在节约用水管理中有下列情形之一的，对直接负责的主管人员和其他直接责任人员，由所在单位、上级主管部门或者监察机关按照管理权限给予行政处分；构成犯罪的，依法追究刑事责任：

（一）对符合法定条件的批准（核定）事项，未按照法定程序和时限予以批准或者核定的；

（二）对不符合法定条件的批准（核定）事项，予以批准或者核定的；

（三）对节约用水违法行为依法应当给予行政处罚而不予处罚，或者行政处罚显失公正的；

（四）其他滥用职权、玩忽职守、徇私舞弊的行为。

第五章　附　则

第三十三条　本办法所称的再生水，是指污水和废水经过处理，水质得到改善，符合国家规定标准的水质要求，可以在一定范围内使用的非饮用水。

本办法所称的中水回用系统，是指建筑物或者建筑小区内将排水（污水）经过收集、储存和处理，用于生活中冲厕、洗车、浇灌植物、喷洒地坪等低水质用水的新型水管系统。

第三十四条　本办法自2015年10月1日起施行。

东阳市人民政府办公室
2015年7月9日

东阳市人民政府关于深入推进依法行政加快建设法治政府的实施意见

东政发〔2015〕34号

各镇、乡人民政府，各街道办事处，市府各部门：

为全面推进依法行政，加快建设法治政府，根据国家、省和金华市有关工作部署，结合我市实际，现提出如下实施意见：

一、总体要求和目标

1.总体要求。全面贯彻党的十八大和十八届三中、四中全会及习近平总书记系列重要讲话精神，围绕强市名城“两美”东阳建设的中心工作，增强转型升级意识，以体制机制创新为突破口，以推进政府职能转变、健全行政决策机制、创新行政执法体制、严格规范行政执法、完善纠纷化解机制、深化政府管理服务、强化行政权力监督、推行政务信息公开、加强社会法治宣传为着力点，加快建设职能科学、权责法定、执法严明、公开公正、廉洁高效、守法诚信的法治政府。

2.目标任务。努力构建依法科学民主的行政决策机制、严格规范的执法机制、健全有效的矛盾纠纷化解机制、高效的政府管理机制、严密的行政监督运行机制、透明的政务全面公开机制、完善的普法宣传教育机制，切实将政府的各项工作纳入法治轨道，努力构建现代政府体系。

3.基本原则。坚持处理好法治与经济社会发展、法治与行政体制改革、法治与行政效率、法治与政府工作全局的关系，坚持法治政府建设长远规划和年度重点工作推进相结合，切实做到勇于担当、敢于负责，不断提高依法行政的能力水平。自觉运用法治思维和法治方式解决深化改革、推动发展、化解矛盾、维护稳定等实际问题，保障公民合法权益和社会公平正义，努力建设有限、有为、有效政府。

二、推进政府职能转变

4.深化行政审批制度改革。加强对国家、省和金华市取消、下放或调整行政审批事项的衔接，强化行政审批事项动态管理，清理行政审批前置条件，优化行政审批流程，取消或调整非行政许可审批事项，不断提高审批服务效能。率先推出一表制审批、多证联办机制，优化“多证联办、模拟审批”等审批服务模式，努力推行“一门受理、内部流转、同步审批、统一发证”的“一口式”审批服务。全面清理行政审批前置环节，全面清理非行政许可审批事项，加强事中事后监管。深化商事登记制度改革，放宽市场准入条件。全面实行企业负面清单外“零地”项目政府不再审批，企业独立选址项目高效审批，探索企业非独立选址项目市场化要素供给机制和政府不再审批办法。加大监督检查、监管执法力度，切实加强事中事后监管。

5.加快“四张清单一张网”建设。编制完善并公布政府权力清单和责任清单，规范权力运行，接受社会监督；加大简政放权力度，推进企业放管结合力度，依法公开权力运行流程，打造集阳光政务、行政审批、便民服务于一体的政府政务服务网。

6.推进政府各项事权规范化、法定化。推进政府机构改革，优化机构设置和人员编制配备。制定部门责任清单动态管理办法，加强政府部门职责动态管理。进一步推进强镇扩权改革，深化中心镇发展改革和横店小城市培育试点。

7.加强社会管理和公共服务职能。加强对中介机构的规范、监督、指导。加大对社会组织的培育扶持，把政府履行的辅助性、技术性和服务性事项，委托移交给社会组织，推动政府职能归位。引导各类社会主体发挥行业自律、专业服务和社会治理功能。

三、完善行政决策机制

8.建立健全依法决策制度。制定《东阳市人民政府重大行政决策程序规定》，科学合理设定重大决策范围、行政决策程序，把公众参与、专家论证、风险评估、合法性审查和集体讨论确定为重大行政决策法定程序。制定重大行政决策出台前向人大报告制度。加强决策前期调查研究，健全重大决策论证制度，对涉及经济社会发展全局性的战略问题，组织智囊机构和专家学者提供决策咨询。实行重大行政决策风险评估制度，涉及民生、重大项目和重大政策的决策事项，应当进行社会稳定、生态环境、社会效益、经济效益等方面的风险评估。建立行政机关内部重大决策合法性审查机制，未经合法性审查或经审查不合法的，不得提交讨论。建立法律专家团队，充分发挥法律顾问在制定重大行政决策、推进依法行政中的积极作用。

9.加强规范性文件管理。加强规范性文件制定的计划性，严格执行行政规范性文件制定程序，定期进行规范性文件清理，及时公布继续有效、废止和失效的行政规范性文件目录。强化规范性文件的合法性审查，严把审查标准，严守审查时限，提高审查质量。强化规范性文件的备案工作，对规范性文件做到有件必备、有备必审。加强与人大备案审查机构的沟通联系，加大规范性文件纠错力度，做到有错必纠。严格落实规范性文件“三统一”制度。

10. 加强行政机关合同管理。加强对行政机关和市属国有企业合同的监督管理，凡签订涉及国有资产、财政资金使用和自然资源、公共资源利用的合同实行合法性前置审查及备案，未经合法性审查不得对外签订。加强行政机关履行合同的流程管理，完善行政机关重大合同内部备案和档案管理制度。建立财政、审计、人民银行、市场监管、法制、金融办等部门参与的协调机制，加强对行政机关合同履行和管理情况的监督。

11.普遍推行政府法律顾问制度。建立以政府法制机构人员为主、专家和律师参与的政府法律顾问队伍。落实政府部门聘请法律顾问制度，充实市、镇乡（街道）政府法律顾问队伍，到2015年6月底，实现市、镇乡（街道）和政府各部门法律顾问全覆盖，充分发挥法律顾问在行政决策和规范性文件审查、行政复议、行政应诉等环节的作用。

四、推进行政执法体制改革

12.推进综合执法。深化行政执法体制改革，全面推进综合行政执法。理顺城管执法体制，相对集中执法权。推进行政执法中心下移，强化行政执法属地管理。合理确定综合行政执法范围，在市容环境卫生、城乡规划、城市绿化、市政公用、环境保护、工商行政管理（室外公共场所无照经营）、公共交通（人行道违法停车）、土地和矿产资源、建筑业、房地产业、人防（民防）、水行政、安全生产、石油天然气管道保护、陆域渔政、林政、教育、商务、旅游、价格、体育管理等21个方面的法律、法规、规章规定的全部或部分行政处罚及相关行政监督检查、行政强制职权。部门下设多支执法队伍的，原则上归并为一支，实行部门和领域内集中行政执法，业务主管部门直接承担执法职责的，不再另行设置具有独立法人资格的执法队伍。完善执法协作机制。稳步推进横店镇相对集中执法权改革，推广南马联合执法做法。

13.规范行政执法主体。从事行政执法的机构必须具有法定职能，其设置应符合机构编制管理规定，实现机构、职能法定化。加强执行执法人员管理，严格实行行政执法人员持证上岗和资格管理制度。完善执法证件管理，申领前应当经综合法律知识培训考试合格，行政执法单位非正式在编人员不得申领行政执法证件，规范辅助执法人员管理。

14.增强乡镇（街道）依法行政责任。进一步理顺机关部门与镇乡（街道）行政执法权限与责任，做到权责相统一。建立镇乡（街道）行政执法案件法律审核机制，把好政策、法律关。

15.建立健全行政执法和刑事司法衔接机制。健全完善案件移送程序，防止有案不移、有案难移、以罚代刑，建立行政机关和司法机关信息共享、案情通报、案件移送制度。

五、严格规范行政执法行为

16. 加大重点领域执法力度。严厉查处食品药品安全、安全生产、环境保护、城市管理、“五水共治”、“三改一拆”等领域的违法案件，依法惩处各类违法行为。建立重点领域行政执法效果报告制度，健全行政执法专项检查和评议机制。

17.严格遵照执法程序，明确具体操作流程，落实执法全过程记录制度。落实行政执法案件主办人制度、案件审核制度和重大执法决定法制审核制度。规范执法文书制作。严格执行行政处罚“缴费分离”和“收支两条线”管理制度。继续抓好部门和乡镇（街道）的行政执法案卷评查。加强日常执法监督检查，落实执行过错责任追究制度。

18.全面深化行政执法裁量工作。建立健全行政处罚、行政许可等裁量权基准制度，细化、量化行政裁量标准，确保相同或类似的行政违法行为所受的处罚基本一致。建立行政处罚裁量基准动态调整机制，每年开展一次行政许可、行政强制、行政收费裁量抽查工作。

19.强化基层政府依法行政工作。加强基层法制员队伍建设，对乡镇（街道）行政决策、规范性文件、行政合同等进行合法性审查，对行政执法案件进行审核，对村规民约进行把关指导，加强镇乡（街道）干部和执法人员的依法行政培训。完善乡镇（街道）法治政府建设年度考核评价机制，量化细化依法行政考核评价标准，强化考评结果应用。

六、加强行政争议和矛盾纠纷化解

20.强化行政诉讼应诉工作机制。主动适应行政诉讼机制变化和人民法院案件变立案审查制为立案登记制的改革，积极配合人民法院行政审判活动，支持人民法院依法独立行使审判权，自觉履行人民法院依法做出的生效判决和裁定。严格执行行政负责人出庭应诉制度。加强机关部门和乡镇（街道）的应诉能力建设，组织开展出庭应诉技能培训和庭审观摩活动，提高行政诉讼能力，督促行政机关严格规范行政行为、积极履行应诉职责。健全和完善府院联席会议制度，每年至少召开一次会议。

21.提高行政复议公信力。充分发挥行政复议依法化解行政争议主渠道作用，畅通行政复议渠道，提高运用听证方式审理行政复议案件的比例，提升行政复议公信力。加强行政复议规范化建设，加强行政复议场所的装备建设，充实行政复议应诉人员配备，配备听证速录人员，推动行政复议队伍专业化、职业化。推行行政复议决定书网上公开，提高行政复议工作透明度。加强行政复议监督，落实行政复议决定备案审查制度。加强行政复议与司法、信访良性互动，增强行政争议化解能力。

22.健全社会矛盾纠纷预防化解综合机制。完善调解、仲裁、行政裁决、行政复议、诉讼等有机衔接、相互协调的多元化纠纷解决机制，完善人民调解、行政调解、司法调解联动工作体系，健全司法确认制度。建立健全重大矛盾纠纷领导包案、挂牌督办和责任追究制度。进一步加强市、镇乡（街道）、村（社区）三级调解平台建设，推进企事业单位调解组织和行业性、专业性调解组织建设，做好医患、交通、环保、征地拆迁、工资福利和历史遗留问题等重点领域矛盾纠纷的排查化解。加强对调解人员的业务培训，提升化解疑难复杂矛盾纠纷的能力和水平。

23.发挥仲裁制度的作用。引导合同当事人自愿选择通过仲裁方式解决民商事纠纷，发挥仲裁在化解社会民商事纠纷中的重要作用。引导行政机关和国有企业在签订合同时选择通过仲裁方式解决合同争议。建立健全仲裁与诉讼、仲裁与执行的衔接机制，确保生效仲裁裁决得到及时执行。

七、创新政府管理服务方式

24. 构建三级行政服务体系。进一步理顺审批管理体制，解决行政审批管理机构职能定位、平台功能、进驻事项、运作模式、业务协调、后勤保障、考核培训和监督管理等问题，强化审批管理机构对审批服务事项及行为的协调和管理职能，理顺审批职能部门、审批服务窗口的关系，形成市、镇乡（街道）、村（社区）三级行政服务平台一体化格局。

25.深化“8890”便民服务平台建设。强化市、镇乡（街道）联动，统一热线号码，统一对外标识，统一服务标准，统一数据平台。细化部门8890诉求办理工作明细单，加强对部门和乡镇（街道）及时接收、按时办结、群众满意度等情况的实时跟踪监督，进一步提高办事效率。

26. 健全公共法律服务体系。健全便民法律服务体系，推动法律服务资源下沉。健全法律援助体系，进一步扩大法律援助范围，推出针对不同群体和类型的专项服务措施，完善市、镇乡（街道）、村（社区）三级法律援助服务平台，推动法律援助工作向基层延伸、向行业拓展。健全法律顾问体系，积极培育企业法律顾问市场，进一步提高企业法律顾问覆盖率；逐步推广建立村（社区）法律顾问定期定点、区片集中值班机制，实现村（社区）法律顾问从有形覆盖到有效覆盖。

27. 加快社会诚信体系建设。加快“信义东阳”建设，加强社会主义核心价值观宣传教育，大力弘扬中华优秀传统文化。教育引导公民把诚实守信作为基本行为准则，营造诚信光荣、失信可耻的社会氛围。依法建立自然人、法人和其他组织共同参与的社会信用体系。建立以公民身份号码为基础的公民统一社会信用代码制度，健全公民和组织守法信用记录，构建“红黑名单”制度，完善守法诚信褒奖机制和违法失信行为惩戒机制。规范信用服务行业发展。加快企业信息公开，强化企业责任，提高政府监管效能。

28.建立政府购买法律服务制度。重视法律服务机制建设，建立法律服务项目清单，落实政府购买法律服务制度。对重大决策论证、社会稳定风险评估、法律风险评估、法治政府建设考核评估、行政应诉案件代理等事项实施政府购买服务。

八、强化行政权力监督和制约

29.严格落实党风廉政建设责任制。加强廉政风险防控，动态排查廉政风险点，重点防止工程建设项目审批、公共资源交易、国有资产转让等领域及行政裁量方面的权力寻租。

30.自觉接受外部监督。自觉接受人大及其常委会的法律监督和政协的民主监督，接受人民法院、人民检察院依法实施的监督，更加重视群众和舆论监督，保障人民群众依法监督政府的权利。进一步加强政府层级监督，加大行政责任追究力度。

31.强化行政内部监督。加大对《浙江省县级以上人民政府行政执法监督条例》的实施力度，加强对政府内部权力运行的监督，对财政资金分配使用、国有资产监管、政府投资、政府采购、公共资源转让、公共工程建设等权力集中的部门和岗位分事行权、分岗设权、分级授权、定期轮岗，强化流程防控，防止权力滥用。完善政府内部层级监督和监察、财政等专项监督，建立健全常态化监督制度，明确监督重点，改进监督方式，加大监督力度。

32.加强审计监督。保障审计机关依法独立行使审计监督职能，对公共资金、国有资产、国有资源和领导干部履行经济责任情况实行审计全覆盖。加大审计整改和公告力度。完善审计工作保障机制，推进审计职业化建设。

33.加大行政问责力度。完善问责制度，严格依法追责。建立重大决策责任终身追究制度及责任倒查机制，对决策严重失误或依法应当及时作出决策但久拖不决造成重大损失、恶劣影响的，严格追究相关行政负责人和责任人员的法律责任。严格执行《中华人民共和国行政监察法》、《中华人民共和国公务员法》、《行政机关公务员处分条例》，完善纠错问责机制，健全责令公开道歉、停职检查、引咎辞职、责令辞职等问责方式和程序。

九、全面推进政务公开

34.完善政务公开制度。坚持以公开为常态、不公开为例外原则，推进决策公开、执行公开、管理公开、服务公开、结果公开。依据权力清单，向社会全面公开政府职能、法律依据、实施主体、职责权限、管理流程、监督方式等事项。

35.建立行政审批流程和行政处罚结果公开机制。推进行政审批全流程公开，实行实时监督。对行政处罚案件的类别、处罚依据、处罚结果通过政务网进行全面公开，促进行政执法的公平、公正，充分保障公众的知情权、参与权、异议权和救济权。

36.推进重点领域政府信息公开。推进财政预算、公共资源配置、重大建设项目批准和实施、社会公益事业建设等重点领域的政府信息公开。涉及公民、法人或其他组织权利、义务的规范性文件，按照政府信息公开要求和程序予以公布，未经公布的不得作为行政管理的依据。

37.推进政务公开信息化。加强浙江政务网东阳服务大厅建设，充分运用信息技术手段，充实公开内容，创新公开方式，提供便捷的行政管理服务。

十、健全法治宣传教育长效机制

38.建立健全“大普法”工作格局。强化对普法工作的领导，把坚持全民普法和守法作为长期基础性工作。充分发挥宣传、教育、司法、文化部门和人民团体在普法教育中的职能作用，落实“谁执法谁普法”的普法责任制，加强普法讲师团、普法志愿者队伍建设，建立社会“大普法”工作格局，严防普法工作形式化。深入开展法律进机关、进乡村、进社区、进学校、进企业、进单位活动，引导全民自觉守法、遇事找法、解决问题靠法。继续深化法律进机关、进乡村、进社区、进学校、进企业、进单位等“法律六进”活动，开展全方位、多层次的法治宣传教育。落实媒体公益普法制度，充分运用广播、电视、报纸等媒体，打造一批受群众欢迎的优秀法治宣传教育栏目，重视运用网络、微博、微信、楼宇广告、户外电子显示屏等媒介，提高法治宣传教育的覆盖面。

39.强化青少年法治教育。把法治教育纳入国民教育体系，确保中小学法治教育“计划、教材、课时、师资”“四落实”。加强青少年法治教育基地建设，开展适合青少年成长特点的法治宣传主题教育活动，努力构建“学校、家庭、社会”三位一体的青少年法治教育网络，营造青少年学法、守法、用法的浓厚氛围，为青少年健康成长创造良好的法治环境。

40. 提升法治宣传教育的实效。建立健全行政执法部门以案释法制度，根据不同部门、不同行业、不同对象的特点和法律需求，开展有针对性的法治宣传教育，力求贴近实际、贴近生活、贴近群众，不断增强全民法治观念，推动形成全民守法的良好氛围。重视开展专题法治宣传，做到法治宣传围绕中心工作同步推进，发挥好法治宣传教育对中心工作的保障与推动作用。

十一、加强法治社会建设

41.推进基层治理法治化。增强基层干部法治观念和法治为民意识，提高依法办事能力，镇乡（街道）要把依法加强社会治理作为重要职责，发挥推动、指导基层依法治理的重要作用，建立重心下移、力量下沉的法治工作机制。健全基层法治机构，抓好公安派出所、司法所等基层执法司法单位建设。完善村民自治、社区居民自治和企业事业单位民主管理制度，健全基层选举、决策、管理、监督机制。健全村级重大事务决策机制，全面提升村务监督委员会制度，探索村（居）务公开、厂务公开的新途径新办法。深化民主法治村（社区）创建，发挥市民公约、村规民约、行业规章、团体章程等社会规范在社会治理中的积极作用。

42. 建立完备的法律服务体系。把基本公共法律服务纳入全市政府公共服务发展总体规划，加快构建覆盖城乡、惠及全民的公共法律服务体系，为人民群众提供公益性、均等性、普惠性、便利性的法律服务。落实法律援助政府责任，扩大援助范围，健全司法救助体系。加强涉外法律服务，引导和扶持一批规模较大、实力较强的法律服务机构向专业化、规模化发展。

43.围绕中心工作拓展法治实践平台。加强法治对中心工作的引领和保障作用。坚持把治水、治气、治土等人居环境整治和产业转型升级，作为深化法治东阳建设的大平台、试验田、试金石和活教材，不断提高社会治理法治化水平。围绕中心工作，强化法律执行，形成依法治理长效机制。强化执法司法保障，严格依法办事，维护法律尊严。整合法律服务资源，助推中心工作纳入法治轨道。利用正反典型，善于以案释法，推动形成遵法守法良好氛围，发挥法治的保障和推动作用。

十二、加强组织领导和工作保障

44.健全法治政府建设领导机制。强化统一领导，健全组织领导体制，明确行政首长依法行政责任。各镇乡（街道）和各部门要建立由主要负责人牵头的领导协调机制，研究解决法治政府建设的重大问题，落实法治政府建设的具体任务和工作措施，统一领导和协调本单位的依法行政工作，并围绕中心工作，结合本单位实际，每年部署不少于两项依法行政重点工作，发挥牵引和突破作用，带动法治政府建设各项工作全面深入开展。

45.改进法治政府建设考核评价。量化、细化法治政府建设（依法行政）考核评价标准，提高考核分值。将依法行政成效作为衡量政府领导班子和领导干部工作实绩的重要内容，纳入政府目标考核、绩效考核指标体系。加强对法治政府建设进展情况的督促检查，结合法治政府建设年度重点工作，开展定期检查或专项检查。对工作推进不力、存在问题较多的，予以通报批评，并责令改正，确保法治政府建设的各项任务落到实处。

46.提高政府工作人员法治思维和依法办事能力。建立健全市政府常务会议每月一次的学法制度，市政府各部门和乡镇（街道）根据实际开展集体学法。加强领导干部任职前法律知识考查。强化党政干部法律学习辅导，组织多种形式的依法行政专题培训，切实提高领导干部和工作人员运用法治思维和法治方式解决实际问题的能力和水平。大力加强行政执法队伍建设，切实提高思想政治素质、业务工作能力、职业道德水准。

47. 加强政府法制机构建设。充实市、镇乡（街道）及部门法制人员力量，配备专兼职法制员，法制机构在编在岗实际工作人员应到岗到位，不得擅自挪作他用，真正做到机构设置、人员配备与所承担的职责和工作任务相适应。加强法律服务队伍建设，建立公职律师制度。加大对法制干部的培养、使用和交流力度，重视提拔使用政治素质高、法律素养好、工作能力强的法制干部。政府法制机构及其工作人员要提高新形势下开展工作的能力和水平，努力当好政府及其部门领导在依法行政方面的参谋、助手和法律顾问。

东阳市人民政府

2015 年 7 月 20 日

关于进一步促进全市经济平稳发展创新发展的若干意见

东政发〔2015〕49号

各镇、乡人民政府，各街道办事处，市府各部门：

为认真贯彻落实省委、省政府关于稳增长调结构促改革等各项工作部署，促进我市经济平稳发展、创新发展，根据省政府《关于进一步促进全省经济平稳发展创新发展的若干意见》（浙政发〔2015〕18号）精神，结合我市实际，现提出如下意见：

一、加快工业转型升级

（一）加大工业投入力度。加大对企业技术改造扶持力度。凡实施零增地技改的企业，在符合国家相关法律法规和军事、航空等要求的前提下，企业厂区范围内容积率、厂房高度不再设定上限指标限制，绿地率不再设定下限指标限制。对工业企业2015年1月1日以后购置的设备，在《东阳市工业企业设备投入、技术进步和节能降耗奖励实施办法》（东政办发〔2014〕148号）奖励的基础上，再增加设备投资额的三个百分点对企业予以奖励；对投资额1亿元以上，设备投资额7000万元以上项目，在东政办发〔2014〕148号文件奖励的基础上，再增加设备投资额的五个百分点对企业予以奖励；重点行业由行业协会组织5家以上骨干企业统一对某个重要工序进行自动化、智能化研究或改造，并向市经信和财政部门报备的项目（单位企业项目设备投资200万以上），在东政办发〔2014〕148号文件奖励的基础上，再对企业予以增加设备投资额五个百分点的奖励。进一步优化对工业企业的服务环境，加大重点工业项目的推进力度，通过项目示范和政策导引，促进工业企业加大项目投入，加快建设速度。

（二）深入推进“机器换人”。围绕“互联网+”、《中国制造2025》和建设“强市名城”战略目标，以我市列入省信息化和工业化深度融合国家综合示范区和磁性材料行业列入省十大“机器换人”试点行业为契机，扎实推进一批“机器换人”和“两化融合”示范项目，以点带面推动我市工业企业“机器换人”；为鼓励工业企业在技术改造中采用工业机器人和智能化制造系统，对购置工业机器人和软件的企业，按购置款10%—30%予以奖励。

（三）加快改造提升和“腾笼换鸟”。要进一步推进低效工业用地清理，逐步建立工业用地亩产效益评价体系。鼓励企业利用存量建设用地实施老厂区改造升级，符合条件的可予以办理征收出让，具体参照老工业园区改造相关政策执行。对符合规定的工业园区（功能区）和小微企业创业园（基地）建设项目，鼓励企业提高工业用地利用率。容积率达到行业规定最低标准且自用之外仍有厂房空余的企业，允许其将空置厂房出租，但承租企业必须符合效益、安全、环保等方面的要求，承租企业产生的产值、税收等效益指标可纳入出租企业的亩产效益评价。企业确因融资抵押需要对企业用地进行分割的，可按照《关于规范工业用地分割登记的意见》（东政办发〔2013〕384号）规定执行。

严格执行企业污染物达标排放和污染物排放总量控制制度，着力推行高耗能行业用能权有偿使用，对企业超标部分用能量实行加价收费。严格执行国家产业政策和节能减排标准，淘汰高耗能高污染产业和落后的生产工艺、设备及产品，防止“十五小”和“新五小”等企业死灰复燃。在节能降耗和污染防治方面，提供更多、更全面的技术支撑与服务，积极支持符合条件企业的相关项目申报国家和省、市财政专项扶持资金，促进我市企业健康和可持续发展。

坚持“腾换”并举，充分利用腾出的发展空间。低效用地企业可通过国有土地使用权转让、收购储备等形式进行整改。企业生存发展存在困难，业主又不愿意继续从事工业的企业，其工业用地可按规定流程办理转让或由政府收购储备。具体流程和收购土地的价格和补偿方案参照《东阳市企业低效工业用地清理工作实施方案》(东政发〔2013〕67号)文件规定执行。相邻企业要求受让且用于扩大再生产的，可以给予优先和政策倾斜。

(四)推进并购重组。全面落实国家、省市出台的鼓励兼并重组政策,引进股权投资机构,积极推进企业上市，支持金融机构提供信用贷款、并购贷款等金融服务，引导金融机构和民间资本设立并购基金，支持优势企业在生物医药、磁性材料、红木家具等行业加大并购重组力度，鼓励上市公司并购募投项目落户我市。

引导行业龙头企业对本行业或关联行业出现资金运作困难的企业进行兼并重组；鼓励原贷款银行通过延长贷款期限、挂息转贷、贷款打包出售等形式参与关停倒闭与困难企业的债务重组；鼓励企业对关停倒闭企业或资不抵债困难企业实行承债式重组，支持债权人以债权置换股权的形式参与企业整合重组。

(五)抓好工业强镇培育。加快培育一批规上产值超20亿元工业强镇(街道),在土地指标等要素方面给予进一步的倾斜。市财政安排一定额度的专项资金，用于奖励围绕目标任务抓好工业投资任务落实的镇(街道)。鼓励工业强镇(街道)从提升园区开发建设水平、大力培育特色主导产业、加快创新驱动发展步伐、推动集约节约高效发展、强化企业主体培育等方面突破，在全市发挥引领示范作用，努力推进工业转型升级取得新进展。

二、支持外贸进出口

(六)加大出口支持力度。支持'211'工程重点潜力企业和年出口50万美元以上(含)出口企业参加广交会，对上述企业自行调剂广交会摊位联营参展的,给予每个标准摊位(9平方米)2万元补贴,每个企业每届最高补助4万元。

(七)积极开拓国际市场。组织实施2015年度重点支持展会目录工作,把“一带一路”相关展会作为重点,进一步开拓国际市场。

(八)积极扩大进口规模。金华海关东阳监管点、金华市出入境检验检疫局东阳办事处要优化通关环境,真正实现“一次申报，一次查验,一次放行”,为东阳红木家具原木进口提供便利。

(九)积极培育消费热点。制定东阳市2016年度电子商务发展实施意见，将农村电子商务发展作为镇乡街道年度考核内容，激发镇乡街道推进农村电子商务工作积极性。

三、继续发挥投资关键作用

(十)加快重大项目推进。根据年度目标任务，要求各业主单位把项目建设任务细化分解到每一周,量化明确到每个月,精心安排部署，集中力量实施，攻坚克难,全力推进。进一步缩短项目特别是重点项目的项目建设周期，减少目前项目建设周期过长的问题，提高项目投资的有效性。同时,深入开展扩大有效投资“百日攻坚”活动，调动全市上下抓项目、扩投资工作积极性,确保年度投资目标任务顺利完成。

(十一)重点难题破解。对全市各级重点建设项目中存在的难题进行全面梳理，并筛选一批重点建设项目作为集中攻坚对象，开展专项会战攻坚活动，力争在难题破解上取得突破性的进展。同时,积极申报省重大产业项目，多渠道争取新增建设用地指标。

(十二)深化投融资改革。尽快出台我市投融资体制改革实施方案，创新政府扶持企业发展方式,设立政府产业引导基金,扶持主导产业发展,推进转型升级。建立产权交易市场,建立知识产权、企业产权、金融资产、排污权、水权、碳排放权、低碳技术、农村土地承包权、林权等产权交易市场，依法合规开展非上市公司股份转让试点。继续鼓励社会资本参与政府公共设施建设，建立并完善全市PPP项目库，筛选较成熟的项目引入PPP模式，破解项目融资难题,努力营造政府、企业双赢的局面。

(十三)积极鼓励民间投资。实施《政府核准的投资项目目录(浙江省2015年本)》及配套管理办法。引导浙商总部回归和资本回归，对成效突出的单位给予适当奖励。按月兑现浙商回归项目新型墙体材料专项基金、散装水泥专项资金“即征即退”政策。支持民间资本筹建浙商成长基金。搭建民营企业与央企的互动平台,建立健全对接央企长效机制。

四、保持消费稳定增长

(十四)促进住房消费。制订出台促进房地产市场平稳健康发展的政策意见。探索实施“房票”制度、市场回购房源、人才购房补贴、农村居民进城购房优惠、培育住房租赁市场等政策举措。允许在国家规定范围内适时调整普通商品住房认定标准，科学把握商品住房套型结构。全面清理住房公积金使用障碍和门槛,扩大“公转商”贴息贷款试点,做好非公企业住房公积金缴存扩面工作,支持省内异地购房公积金贷款。提高土地、房屋等被征收补偿对象的货币化安置力度。

（十五）加快旅游消费提升。推动旅游业和各行业融合发展，加快新兴旅游产品开发，鼓励和指导符合条件的旅游景区开展A级景区创建工作。充分发挥横店影视旅游规模效应和联动效应，整合优势旅游要素资源，加大政策扶持力度，进一步打响“影视文化游”、“木雕红木家具游”、“明清古宅游”、“山水休闲游”四大旅游品牌。

（十六）持续加大影视文化产业扶持力度。对进入横店产业实验区发展的新老影视文化企业，其优惠扶持政策继续按照《关于进一步加快横店影视文化产业发展的若干意见》（市委〔2012〕46号）和《关于加快文化产业全域化发展的实施意见》（市委〔2014〕5号）执行；入区满十年的影视企业，继续按照市委〔2012〕46号文件明确的后五年奖励政策执行。

鼓励和支持入区企业从事国家法律法规允许经营的对外文化贸易业务，进一步扩大实验区招商范围，吸引微电影、网剧制作与发行，影视版权、文化知识产权的咨询、保护服务，游戏、文化产品开发设计、制作、交易，组织策划综艺文化活动及文体赛事，影视衍生产品开发设计、推广等行业企业入驻。继续加大在实验区运营的后期制作公司支持力度。加快设立影视产业发展担保基金。对实验区发展作出重大贡献的影视企业，可实施重点支持。

（十七）推进建筑业持续健康发展。加快推进建筑产业工业化。在巍山六怀工业区规划建设建筑产业化基地，鼓励企业通过现代化的制造、运输、安装和科学管理的生产方式，推动建筑设计标准化、构配件生产基地化、施工机械化、组织管理科学化，改变我市传统粗放型的建筑施工方式，实现建筑业生产发展方式的根本转变，走规范化、科学化、精细化道路，形成现代建筑产业和新的经济增长点。鼓励扶持企业成立设计公司，作为服务业发展的重点，拓展产业链，做大做强企业。

着力推进“走出去”发展战略。采取以老带新的方法积极推动建筑企业主动“走出去”开拓国际市场，整合资源配置，形成联合开拓市场的机制。各相关部门要落实相关政策，扩大对承包工程保函、贷款贴息等融资支持规模，加大扶持力度，鼓励建筑企业“走出去”发展过程中投保出口信用保险，降低企业对外承包经营风险和成本，推动企业立足现有西亚、非洲市场，积极开拓周边市场，扩大“东阳建筑”国际竞争力和国际市场影响力。

定期开展建筑业领域违法犯罪及工程款拖欠专项执法行动。通过专项执法行动，在全社会形成打击违法犯罪和恶意拖欠工程款、公司借款等行为的高压态势和强大舆论氛围；市有关部门要各司其职，互相配合，集中力量查处、执行一批标的较大，影响较大的经济案子；发挥政府、司法部门的优势，帮助企业开展对外联络沟通工作，协调处置一批经济债权纠纷；敦促部分项目经理或工程承包者依法有序经营，远离恶意拖欠借款、挪用公司资金、合同诈骗等违法犯罪行为；帮助企业规范和完善各项管理制度，有效规避和防范法律风险。通过专项行动，营造有利于我市建筑业发展的法制环境，为企业发展保驾护航。

根据企业的发展需要，由市相关部门与企业对接，在创新发展、市场开拓、经营方式、企业用地等方面制订出可操作、能落实、有突破、出成效的扶持政策，对企业的方案报经市政府审议后，成熟一个，审议一个，实施一个，促进企业转型升级和稳定健康发展。

五、强化创新驱动

（十八）推进创新平台建设。选择在我市的国家级高新技术企业中争取组建国家重点实验室、省级企业重点研究院、省级企业研究院、省级研发中心等研发平台，加强全市创新体系建设。支持横店电子产业园区探索建立省级高新园区。

（十九）促进科技成果产业化。以“东阳人智力回归工程”为依托，积极推进民企对接现代技术、现代金融“双对接工程”。建立磁性材料、医药化工、工艺美术等重点优势产业共性关键技术政府牵头攻关机制。引导我市重点优势创新项目争取申报省级重大科技专项。依托浙江大学、浙江工业大学东阳技术转移中心开展校企合作，解决企业技术难题，加快院校科研成果转化产业化。加强线上和线下相结合的技术市场体系建设，鼓励科技成果进行网上竞价拍卖模式，实现技术交易的常态化。

（二十）激发创业创新活力。优化创业创新环境，推进市科技孵化中心建设，为科技创业人员和科技型初创企业提供必要的资源和服务，促进科技成果转化，培养成功的科技企业和企业家，创造新的经济增长点。加快培育各类科技型企业，对符合认定条件的科技型中小企业，及时认定为高新技术企业。依托横店国家文化科技融合示范基地，运用高新技术，培育一批文化科技优势企业，力争影视文化领域企业在申报国家高新技术企业方面有新的突破。加大政府购买服务力度，推进科技资源共享，大力推广应用“创新券”，2015年全市科技型、初创型企业发放使用创新券600万元以上。积极推动推动我市省级企业研究院及研发中心等创新平台的科技基础设施、科学仪器设备向社会开放共享。

（二十一）加大重点骨干企业扶持培育力度。完善小微企业金融服务考核激励和尽职免责制度，引导银行单列小微企业信贷计划，用足用好定向降准、再贷款、再贴现、金融专项债等政策工具。落实小微企业招用高校毕业生就业的社会保险补贴和培训补贴等政策。要围绕年初确定的“小升规”、亿元企业培育目标任务，落实联系制度，加强跟踪监测，促进做大做强。积极组织龙头骨干企业参与省、金华市第二批“三名”培育试点企业，建立健全“三名”培育试点企业分级培育库，制定扶持激励政策，安排财政专项资金，发挥典型示范作用。

六、培育经济新增长点

（二十二）做深项目前期。积极参与“一带一路”和长江经济带战略，谋划一批重大项目和工程，争取列入更高层次规划，并争取相关政策支持。重点抓好全市重大前期项目的推进，准确把握好项目前期深度要求，严格控制好前期各节点工作时耗，切实做好项目前期工作和项目开工的衔接工作，尽快使项目进入实施阶段，要保证项目动起来，落实好项目开工的条件，为项目推进奠定基础。

（二十三）创新财政支持经济发展方式。发挥财政资金“四两拨千斤”的杠杆作用，按照市场化运作原则，设立规模为3亿元的政府产业基金，促进市外优质资本、项目、技术、人才向我市聚集，推进企业并购重组及工业经济转型升级，建设一批大项目、好项目。

（二十四）加快特色小镇创建和小城市培育试点工作。鼓励各地开展特色小镇培育、创建工作，支持横店国家新型城市化试点，全力保障特色小镇和小城市培育试点启动建设土地指标。

七、加大资源要素保障力度

（二十五）强化用地保障。加强对省重大交通、能源、水利等基础设施建设项目以及重大生态、民生项目的用地保障力度；积极推进“机器换人”技术改造力度，争取用地指标奖励；对列入省重大产业项目库的项目，市政府给予用地指标优先考虑，市国土局加快供地进度，业主加快建设速度积极申请用地指标资奖励；积极开展造田造地、旱改水、高标准农田建设，严格推行表上剥离再利用机制，有效保护现有耕地资源，提高补充耕地质量，切实保障建设项目占优补优、占水田补水田耕地补充耕任务的完成和项目的顺利推进。

（二十六）强化金融保障。各银行业金融机构要深入贯彻落实全市金融形势分析会精神，积极向上争取更多的信贷规模，持续加大信贷的有效投入，确保完成全年新增贷款100亿元目标。银行业金融机构要积极帮助企业做好转贷续贷，支持企业充分利用市财政转贷专项资金进行转贷；对续贷企业不得随意追加担保人或抵押物。在加快不良贷款核销和批量转让处置的同时，坚持“以时间换空间”，在司法处置中要谨慎使用财产保全等措施；防止随意抽贷、停贷、压贷，协助政府及有关部门帮助企业防止“两链”风险蔓延扩张。要主动调低贷款利率上浮幅度，规范中间业务和服务收费行为，对中小企业实行让利优惠。

（二十七）强化人才保障。鼓励我市企业积极引进海内外高层次人才。引进人才入选国家、省“千人计划”及金华“双龙计划”的，按照《关于进一步加强人才智力引进工作的补充意见》（市委〔2013〕43号）文件规定予以奖励；支持企业积极申报创业创新人才团队。深入实施“百博入企”工程，鼓励企业与国内外高等院校、科研开展人才、技术和项目合作。深入实施省“151”人才、专技人才知识更新和“百校千企”“千企千师”工程。组织行业龙头骨干企业参加省组团赴北京、上海、南京等地万亿产业专场招聘会。

八、做好对企业精准服务

（二十八）落实税费优惠政策。认真落实《国务院关于税收等优惠政策相关事项的通知》（国发〔2015〕25号）精神，对国家统一制定的税收等优惠政策，要逐项落实到位；我市已出台的优惠政策，有规定期限的，按规定期限执行；没有规定期限又确需调整的，设立过渡期，在过渡期内继续执行；与企业已签订合同的优惠政策继续有效，对已兑现的部分不溯及既往。

（二十九）切实降低企业成本。落实好工商业电价调整政策，切实减轻工商业用户负担。地方差别电价增加的电费收入用于推动当地经济结构调整和节能减排等工作。降低失业保险费率，自2015年起失业保险费率从3%下降到2%，用人单位和职工个人缴纳费率各降0.5个百分点。

（三十）健全考核管理。加快投资项目库建设，对投资项目进行分类管理，对新开工项目或有发展前途的项目要明确责任，抓紧落实各项配套条件，促进固定资产投资健康快速发展；严格执行政府投资重点建设项目考核、扩大有效投资考核、市重大前期项目考核等考核制度，上级考核可以发放的奖金，要建立考核制度，及时发放，做到奖惩分明，确保项目建设高效推进，项目管理规范有序。

（三十一）分类帮扶企业。认真贯彻落实省政府要求，深入开展“五帮一化”服务企业活动，对年销售产值超10亿元的大企业，配合省级相关部门做好联络帮扶工作；按照年初“走企连心精准服务”活动领导走访安排，对年销售产值超亿元企业，由市级领导负责进行联系帮扶；一般规上企业，由涉工部门班子成员进行联系帮扶；“小升规”培育及规下重点企业，由各镇乡、街道领导班子成员进行联系帮扶。镇乡（街道）务必确保10%专职、20%兼职的工业经济管理人员队伍；要进一步加强和提升全程代理员代理工作。市有相关部门要履行减少审批、简化程序、加快进度的承诺，切实跟进服务，使一站式服务落到实处。

（三十二）完善经济运行预测预警。加强经济数据统计监测工作，加快建立和完善我市重点扶持培育的针织服装、生物医药、装备制造、木雕·红木家具、皮具箱包、现代建筑业、电子机械等产业的统计制度，将网络零售纳入社会消费品零售总额统计范畴。要继续强化经济形势分析，完善提升对微观企业运行情况的监测能力。

（三十三）在本意见实施中，对同一企业的财政奖励（补助）额度原则上以不超过该企业当年上缴税收的留市部分为限。

本意见自2016年1月7日起施行，有效期至2016年12月31日止。已发布的市级稳增长政策与本意见不一致的，以本意见为准。国家、省政策另有规定的从其规定；本意见实施过程中，如上级出台新规定的，按新规定执行。

东阳市人民政府

2015年12月4日

2015“美丽东阳”旅游摄影大赛获奖作品

明清宫苑 摄影/孙振华

重要文件目录

2015年中共东阳市委文件目录

表 48

发文字号	文件标题	发文日期
东委发〔2015〕1号	关于进一步加快旅游业发展的若干意见	2015年1月14日
东委发〔2015〕2号	关于全面深化法治东阳建设的实施意见	2015年1月12日
东委发〔2015〕3号	关于市委常委分工的通知	2015年1月19日
东委发〔2015〕4号	关于建立东阳农村商业银行股份有限公司党组织和纪检组织的通知	2015年1月26日
东委发〔2015〕5号	关于表彰2014年度东阳市社会管理综合治理先进集体和命名平安镇乡街道的决定	2015年1月26日
东委发〔2015〕6号	关于加快推进2015年度农业农村工作的若干意见	2015年2月17日
东委发〔2015〕7号	关于表彰2014年度落实党风廉政建设责任制先进集体的通报	2015年1月30日
东委发〔2015〕8号	关于表彰2014年度先进镇乡街道、部门的决定	2015年2月4日
东委发〔2015〕9号	关于印发《东阳市2015年全面深化改革工作要点》的通知	2015年2月4日
东委发〔2015〕10号	关于表彰2013-2014年度“十佳学习型党组织”“十佳学习型党员干部”的决定	2015年2月4日
东委发〔2015〕11号	关于命名表彰2014年度东阳市文明街道、文明单位、文明村(社区)的决定	2015年2月4日
东委发〔2015〕13号	关于表彰2014年度东阳市“五水共治”工作先进集体和先进个人的决定	2015年2月17日
东委发〔2015〕14号	关于2014年度镇乡街道和市机关部门单位党政正职考核优秀特等次的通报	2015年2月17日
东委发〔2015〕15号	关于调整、完善市领导和市机关有关部门对口联系民主党派、工商联及有关统战团体的通知	2015年2月26日
东委发〔2015〕16号	关于表彰2014年度创建国家卫生城市工作先进单位和先进个人的通报	2015年2月26日
东委发〔2015〕17号	关于表彰2014年度政府特别奖的通报	2015年2月28日
东委发〔2015〕18号	关于命名2014年度市级航母企业、巨人企业与小巨人企业的决定	2015年2月28日
东委发〔2015〕19号	关于开展“从严管理落实年”活动的实施意见	2015年3月2日
东委发〔2015〕20号	关于印发2015年度全市政府投资重点建设项目、政府投资重大前期项目、政府投资一般性建设项目、政府投资一般性前期项目、产业发展类重点建设项目、工业重点新建项目、工业重点续建项目、工业重点技改项目的通知	2015年3月6日
东委发〔2015〕21号	有关于表彰2014年度市功勋企业家、市经济建设杰出人物的决定	2015年3月10日
东委发〔2015〕22号	关于进一步加快工业经济发展的若干意见	2015年3月16日
东委发〔2015〕23号	关于表彰2014年度全市信访工作先进单位和先进个人的通报	2015年3月16日
东委发〔2015〕24号	关于表彰2014年度人口和计划生育工作先进单位和先进个人的通报	2015年3月16日
东委发〔2015〕25号	关于表彰2014年度东阳市“三改一拆”行动和“无违建”创建工作先进单位和先进个人的决定	2015年3月18日
东委发〔2015〕26号	关于成立东阳市铁路(轻轨)建设工作等领导小组的通知	2015年3月17日
东委发〔2015〕27号	关于印发《镇乡街道党(工)委书记履行基层党建工作责任制考评办法(试行)》的通知	2015年3月31日

续表 48

发文字号	文件标题	发文日期
东委发〔2015〕28 号	关于中共东阳市委宣传部（市文化广电新闻出版局）主要职责、内设机构和人员编制规定的通知	2015 年 4 月 3 日
东委发〔2015〕29 号	关于东阳市卫生和计划生育局主要职责内设机构和人员编制规定的通知	2015 年 4 月 8 日
东委发〔2015〕30 号	关于建立市卫生和计划生育局党组织和纪检组织的通知	2015 年 4 月 9 日
东委发〔2015〕31 号	关于撤销市文化广电新闻出版局党组织和纪检组织的通知	2015 年 4 月 9 日
东委发〔2015〕32 号	关于推进基层协商民主规范化建设的指导意见	2015 年 4 月 27 日
东委发〔2015〕33 号	2015 年度市级机关部门工作目标责任制考核意见	2015 年 5 月 4 日
东委发〔2015〕34 号	2015 年度镇乡街道工作目标责任制考核意见	2015 年 5 月 4 日
东委发〔2015〕35 号	关于加快发展红十字事业的意见	2015 年 5 月 7 日
东委发〔2015〕36 号	关于调整市“美丽县城”建设工作领导小组办公室组成人员的通知	2015 年 5 月 11 日
东委发〔2015〕37 号	关于深入开展招商引资活动的若干意见	2015 年 5 月 30 日
东委发〔2015〕38 号	关于从严落实“河长制”的若干意见	2015 年 7 月 11 日
东委发〔2015〕39 号	关于表彰东阳市优秀机关部门党委（党组）书记、优秀镇乡街道党（工）委书记的决定	2015 年 8 月 3 日
东委发〔2015〕40 号	关于全面加强基层党组织和基层政权建设的实施意见	2015 年 8 月 7 日
东委发〔2015〕42 号	关于表彰东阳市第四届道德模范的决定	2015 年 9 月 17 日
东委发〔2015〕43 号	关于表彰东阳市第十六个中国记者节“十佳记者”的通报	2015 年 10 月 29 日
东委发〔2015〕44 号	关于表彰 2015 年度东阳市“飘萍新闻奖”的通报	2015 年 10 月 29 日
东委发〔2015〕46 号	关于调整市委全面深化改革领导小组及专项小组组成人员的通知	2015 年 11 月 12 日
东委发〔2015〕47 号	印发《关于对市纪委派驻机构实行统一管理改革的实施方案》的通知	2015 年 12 月 1 日
东委发〔2015〕48 号	关于进一步推进行政村区域调整后续完善工作的意见	2015 年 12 月 1 日
东委发〔2015〕49 号	关于开展农村基层巡查工作的实施意见	2015 年 12 月 3 日
东委发〔2015〕50 号	关于撤销东阳市人民法院等纪检组织的通知	2015 年 12 月 9 日
东委发〔2015〕51 号	关于印发《东阳市安全生产“党政同责、一岗双责”暂行规定》的通知	2015 年 12 月 21 日

（杨相桢）

2015 年东阳市人民政府文件目录

表 49

发文字号	文件标题	发文日期
东政发〔2015〕1 号	关于同意虎鹿镇后坟自然村更名为厚文自然村的批复	2015 年 1 月 30 日
东政发〔2015〕2 号	关于表彰 2014 年度市重点项目建设优胜奖、市重大前期项目工作优胜奖和重点项目建设优质服务奖的通知	2015 年 2 月 6 日
东政发〔2015〕1 号	关于同意虎鹿镇后坟自然村更名为厚文自然村的批复	2015 年 1 月 30 日
东政发〔2015〕2 号	关于表彰 2014 年度市重点项目建设优胜奖、市重大前期项目工作优胜奖和重点项目建设优质服务奖的通知	2015 年 2 月 6 日

续表 49

发文字号	文件标题	发文日期
东政发〔2015〕3号	关于2014年度认定和延续(复评)确认东阳市知名商标和东阳市名牌产品的通知	2015年2月9日
东政发〔2015〕4号	关于表彰2014年度食品安全工作先进集体和先进个人的通报	2015年2月10日
东政发〔2015〕5号	关于加快推进省信息化和工业化深度融合国家综合性示范区建设的实施意见	2015年2月12日
东政发〔2015〕6号	关于表彰2014年度东阳市"纳税超亿元企业""纳税超五千万元企业""纳税超千万元企业"的通报	2015年2月16日
东政发〔2015〕7号	关于公布2014年度东阳市科学技术奖的通知	2015年2月16日
东政发〔2015〕8号	关于表彰命名2014年度涉农先进单位和先进个人的决定	2015年2月16日
东政发〔2015〕10号	关于表彰第九届东阳市科技标兵的通知	2015年2月16日
东政发〔2015〕11号	关于命名2014年度"建企航母"等各类先进单位的决定	2015年2月16日
东政发〔2015〕12号	关于表彰2014年度东阳市建筑业发展功臣等先进个人的通报	2015年2月16日
东政发〔2015〕13号	关于表彰2014年度东阳市市长质量奖的通报	2015年3月2日
东政发〔2015〕14号	关于公布2014年东阳市专利实施奖的通知	2015年3月12日
东政发〔2015〕15号	关于调整有关副市长分工的通知	2015年3月9日
东政发〔2015〕16号	关于公布第六批东阳市非物质文化遗产代表作名录的通知	2015年3月16日
东政发〔2015〕17号	关于表彰2014年度东阳市十佳商贸服务企业和东阳市十佳商贸服务业优秀经营者的通报	2015年3月20日
东政发〔2015〕25号	关于进一步完善城乡居民基本养老保险制度的实施意见	2015年5月19日
东政发〔2015〕26号	关于公布2015年第一批重点事故隐患整改单位的通知	2015年5月26日
东政发〔2015〕27号	关于2015年度东阳市木雕.红木家具龙头骨干企业评选结果的通报	2015年6月10日
东政发〔2015〕31号	关于印发《东阳市节约用水管理办法》的通知	2015年7月30日
东政发〔2015〕33号	关于网上公开行政处罚结果信息实施办法(试行)	2015年7月21日
东政发〔2015〕34号	关于深入推进依法行政加快建设法治政府的实施意见	2015年7月21日
东政发〔2015〕35号	关于表彰2014年度征兵工作先进单位和个人的通报	2015年7月22日
东政发〔2015〕39号	东阳市人民政府法律顾问工作规则(试行)	2015年7月31日
东政发〔2015〕41号	关于明确李强等职务兼任的通知	2015年8月31日
东政发〔2015〕42号	关于印发《东阳市湿地保护规划(2015-2020年)》的通知	2015年9月10日
东政发〔2015〕43号	东阳市行政败诉案件通报与过错责任追究暂行办法	2015年9月10日
东政发〔2015〕44号	关于命名表彰2015年度"东阳市市容环境卫生工作先进集体""东阳市优秀城市美容师"的决定	2015年10月26日
东政发〔2015〕45号	关于2015年度东阳市木雕.红木家具十大精品评选结果的通报	2015年10月26日
东政发〔2015〕47号	关于调整全市最低工资标准的通知	2015年11月20日
东政发〔2015〕48号	关于推广运用政府和社会资本合作模式的实施意见(试行)	2015年11月26日
东政发〔2015〕49号	关于进一步促进全市经济平稳发展创新发展的若干意见	2015年12月10日
东政发〔2015〕51号	关于给予陆锻钰等两名同志记个人三等功的决定	2015年12月9日

(赵丽娅)

统计资料

2015 年东阳市经济社会主要指标

表 50

名　称	单 位	2014 年	2015 年
一、综 合			
年末总人口(户籍人口)	万人	83.42	83.64
地区生产总值	亿元	439.25	464.31
其中:第一产业	亿元	17.38	17.59
第二产业	亿元	215.11	223.31
第三产业	亿元	206.77	223.41
人均生产总值(按常住人口计算)	元	53487	56140
二、财政、金融、保险			
财政预算总收入	亿元	70.01	81.19
其中:公共财政预算收入	亿元	41.48	48.62
其中:税收收入	亿元	38.69	42.79
公共财政预算支出	亿元	48.05	61.04
年末金融机构各项存款余额(本外币)	亿元	818.57	899.63
其中:储蓄存款余额	亿元	421.93	481.33
年末金融机构各项贷款余额(本外币)	亿元	643.27	701.93
保费收入	亿元	17.45	19.49
赔款、给付	亿元	6.27	6
三、农业			
耕地面积	公顷	31397	31295
粮食作物播种面积	公顷	19534	19019
粮食总产量	吨	122339	119284
肉类总产量	吨	12650	12995
水产品总产量	吨	9696	7581
四、工业			
规模以上工业企业单位数	家	501	538
规模以上工业总产量	亿元	472.31	516.47
规模以上工业企业主营业务收入	亿元	435.72	474.46
规模以上工业企业利润总额	亿元	26.02	24.44
五、建筑业、投资、房地产			
建筑业企业单位数	家	200	201
建筑业企业总产值	亿元	2102.54	2228.77
固定资产投资额	亿元	219.41	254.21
其中:工业投资	亿元	120.69	127.93
服务业投资	亿元	93.77	122.03
房地产开发投资额	亿元	47.38	45.09
商品房销售面积	万平方米	71.43	48.59
其中:住宅	万平方米	64.95	44.59
六、交通、邮电、电力			
公路里程	公里	2342	2351
民用汽车拥有量	辆	155813	180823
年末公交车路数	路	135	131
年末实有公共汽(电)车营运车辆数	辆	150	170
年末实有出租汽车数	辆	456	456
邮政业务收入	亿元	1.32	1.41
电信业务收入	亿元	9.2	9.32
全社会用电量	万千瓦时	362664	376467
其中:工业用电	万千瓦时	244423	249229
居民生活用电量	万千瓦时	64004	67886
七、内外贸易、旅游			
社会消费品零售总额	亿元	208.81	229.9
出口总额	亿美元	24.3	25.44
进口总额	亿美元	2.42	1.8
当年实际使用外资金额	万美元	2422	2005
星级饭店客房总数	间	3243	3001

续表 50

名　称	单 位	2014 年	2015 年	名　称	单 位	2014 年	2015 年
国内外游客人数	万人次	1560.61	1825	全体居民人均消费支出	元	22607	24331
旅游总收入	亿元	113.16	137.73	城镇常住居民人均可支配收入	元	38105	41229
八、教育、科技、文化、卫生				城镇常住居民人均消费支出	元	27421	29739
普通高等学校数	所	2	2	农村常住居民人均可支配收入	元	20466	22430
中等职业教育学校数	所	8	5	农村常住居民人均消费支出	元	—	16451
普通中学学校数	所	45	44	十、社会保障			
小学学校数	所	91	87	各种社会福利收养性单位数	个	27	27
普通高等学校学生数	人	14920	14724	各种社会福利收养性单位床位数	张	6506	6668
中等职业教育学校在校学生数	人	7611	6682	基本养老保险参保人数	人	432139	493567
普通中学在校学生数	人	42292	42715	其中：城镇职工基本养老保险参保人数	人	269054	261385
小学在校学生数	人	70929	71582	基本医疗保险参保人数	人	863173	866258
全年专利申请受理量	项	2011	2035	其中：城镇职工医疗保险参保人数	人	202719	214330
全年专利授权数	项	1581	1638	失业保险参保人数	人	111955	115307
其中：发明	项	80	173	城镇居民最低生活保障人数	人	100	92
公共图书馆图书总藏量	千册	334	358	农村居民最低生活保障人数	人	4802	4795
剧场、影剧院个数	个	1	4	十一、资源与环境			
体育场馆个数	个	15	15	森林面积	公顷	100371	99391
医疗卫生机构数	个	42	145	工业废水排放量	万吨	1300	1181
其中：医院	个	12	14	工业二氧化硫排放量	吨	2756	3870
医疗卫生机构床位数	张	4250	4462	氮氧化物排放量	吨	1341	1428
医疗卫生机构技术人员	人	5832	6240	烟（粉）尘排放量	吨	6463	6664
其中：医生（执业医师＋执业助理医师）	人	2253	2351	污水处理厂集中处理率	%	85.04	89.4
九、人民生活				城区空气质量优良以上天数	天	234	318
全体居民人均可支配收入	元	30908	33578				

2015年东阳市各镇乡街道工业主要经济指标(2015年12月止)

表51

乡镇名称	固定资产投资额(万元)		工业投资额(万元)		实际利用外资(万美元)		外贸出口总额(万美元)		国税局税收收入(万元)		地税局税收收入(万元)	
	本月止累计	累计同比±%	本月止累计	累计同比±%	本月止累计	累计同比±%	本月止累计	累计同比±%	本月止累计	累计同比±%	本月止累计	累计同比±%
经济开发区(含六石、上卢)	304897	7.6	243157	2.9	0	0.0	10339	4.4	12753	12.9	6906	1.2
吴宁街道	273808	27.7	1216	51.8	0	0.0	6864	-21.6	9852	-26.5	40254	-14.7
白云街道(商贸园区)	476686	9.1	99057	7.8	0	0.0	41085	-4.3	26274	-5.1	59550	24.2
江北街道(高新园区)	243490	16.1	130067	7.2	308	0.0	9904	27.0	18387	5.3	24531	15.0
城东街道	125061	34.4	82610	22.9	0	0.0	2602	-5.0	5329	-12.3	2748	-26.4
南市街道	70988	19.3	63297	6.9	0	0.0	2521	14.3	5544	-0.9	3245	-11.9
横店镇	548974	17.4	218587	-15.2	1697	179.4	124773	7.1	184302	11.6	109339	34.3
南马镇	188146	14.2	171249	20.6	0	0.0	28169	16.8	14303	0.5	9588	5.2
巍山镇	76439	37.2	66053	43.3	0	0.0	13146	7.3	10064	8.8	8664	4.7
歌山镇	72268	7.6	62168	13.7	0	0.0	5043	16.3	6914	5.2	8284	19.8
千祥镇	15349	1.0	12010	9.0	0	0.0	3729	-23.1	3702	-5.9	1296	0.9
湖溪镇	26244	30.4	23308	16.4	0	0.0	4084	-8.7	5480	9.6	2208	28.4
画水镇	93040	9.8	90380	8.6	0	0.0	1505	0.8	4272	6.9	2733	15.2
虎鹿镇	12964	27.3	10000	10.6	0	0.0	474	2.8	1045	0.7	1728	-28.6
东阳江镇	2428	29.8	1000	11.1	0	0.0	0	0.0	581	2.7	824	-22.6
马宅镇	8318	45.6	2483	-7.6	0	0.0	3	-79.3	1249	-26.7	843	8.1
佐村镇	2950	-23.9	2650	7.7	0	0.0	64	-1.2	491	14.7	991	1.4
三单乡	0	0.0	0	0.0	0	0.0	0	0.0	2	-60.0	72	-71.1
乡镇合计	2542050	15.9	1279292	6.0	2005	-17.2	254386	4.7	310544	5.8	283805	14.8

便民指南

【救急电话】

火警：119
报警服务台：110
医疗急救指挥 中心：120
交通事故报警：122
高速公路报警：12122

【举报投诉电话】

机关效能举报投诉：96178
物价举报投诉：12358
消费举报投诉：12315
产品质量举报 投诉：12365
市容、行政执法举报投诉：96310
安全生产举报投诉：86655110
农业违法行为举报投诉：12316
旅游服务举报投诉：86636939
劳动保障举报投诉：12333
道路运输举报投诉：96520
路政管理举报投诉：96266
环保举报投诉：86690035
文化市场举报投诉：12318
计划生育举报投诉：86655803

【水电故障报修电话】

电信故障报修：112
电力故障报修：95598
自来水故障报修：86627141
有线电视故障报修：86630094

【服务、新闻热线】

号码百事通：114
行风热线：86650228、86671890
东阳日报社新闻热线：86691610
市电视台电视新闻热线：86632076（时政）
86600000（民生）
市电视台广播新闻热线：86622530
市网管中心、网络新闻热线：86632262
邮政特服号：11185
电信服务热线：10000
移动服务热线：10086
联通服务热线：10010
气象信息服务：96121
“148”法律服务热线：86655148
殡葬服务：86399395

索　引

说明：

一、本索引分数字索引、主题分析索引、表格索引三部分。

二、数字索引按首位数字大小顺序排列；主题分析索引按汉语拼音顺序排列，同音字按声调排列，同音同调字按下一字的音序排列；表格索引按表格顺序排列。

三、索引词后的阿拉伯数字表示内容所在的页码。

四、同一主题的内容在文中多处出现的，在其索引词后用不同的页码标明。

五、本年鉴的"特载""专辑""大事记""组织机构及其负责人""附录"未作索引。

数字索引

主题分析索引

A

B

C

D

F

G

H

J

K

L

M

N

P

Q

R

S

T

W

X

Y

Z

表格索引